2028 한국교회 출구전략

2028 한국교회 출구전략

엮은이 이상화

초판 1쇄 발행 2017. 12. 18.

발행처 도서출판 브니엘
발행인 권혁선

등록번호 서울 제2006-50호
등록일자 2006. 9. 11.

서울특별시 송파구 백제고분로28길 25 B101호 (05590)
마케팅부 02)421-3436
편집부 02)421-3487
팩시밀리 02)421-3438

ISBN 979-11-86092-57-6 03230

독자의견 02)421-3487
이메일 editorkhs@empal.com

북카페 주소 cafe.naver.com/penielpub.cafe
페이스북 www.facebook.com/penielbooks
인스타그램 @peniel_books

도서출판 브니엘은 독자들의 책에 관한 아이디어나 원고를 설레는 마음으로 기다리고 있습니다. 책으로 엮기를 원하는 아이디어가 있으신 분은 위의 이메일로 간단한 개요와 취지, 연락처 등을 보내주십시오. 머뭇거리지 말고 문을 두드리세요. 길이 열립니다.

도서출판 브니엘은 갓구운 빵처럼 항상 신선한 책만을 고집합니다.

교계전문가 65인이 내놓은 한국교회 미래 전망

2028 한국교회 출구전략

이상화 | 엮음

브니엘

【 일러두기 】

1. 본서는 2012년 5월부터 긴 시간에 이루어진 대담녹취이므로 대담자들 가운데 대담 당시의 직임과 책 출간 현재의 직임이 다른 경우가 있습니다. 그러나 본문은 방송 당시의 상황을 그대로 담고 있기에 당시의 직임과 바뀐 현재의 직임을 같이 기록하였으며, 목차에는 독자들의 이해를 돕기 위해 현재의 직임만을 기록하고 있음을 양해해주시기 바랍니다.

2. 본서는 대담을 글로 옮긴 것이므로 현장성을 살리기 위해 간혹 축약된 언어가 그대로 기록된 경우가 있습니다. 그리고 방송 당시의 상황에서 시간이 흘러 책이 출간된 시기의 상황이 변화된 경우도 있음을 말씀드립니다.

생명의 길 되신 예수 그리스도를 지니고 있는 한국교회가 '길'을 찾고 있다. 그 '길'에 대한 한국교회의 탐색은 세상의 소망으로 존재하기 위해 처음교회의 본질을 회복하고자 하는 몸짓이다. 극동방송의 교계 시사프로그램인 〈FEBC 교계전망대〉는 이상화 목사가 진행을 맡은 지 5년을 훌쩍 넘긴 시간, 그 탐색의 방향을 제시해왔다. 이 책은 그 논의의 소중한 기록이다. 부디 이 책이 한국교회가 가야 할 그 '길'에 이정표가 되고, 그 '길'을 함께 고민하는 교계의 구성원들에게 귀한 통찰이 되기를 소망한다.

김장환 목사 (극동방송 이사장)

표준을 낮게 잡는 공동체에는 미래가 없다. 〈교계전망대〉는 말 그대로 한국교회의 현실을 예리하게 점검하고 나아가야 할 방향과 표준을 제시하는 방송이라 생각한다. 순간순간 시대정신을 가지고 진행된 방송 프로그램이 한국교회가 나아가야 할 바람직한 방향의 책으로 묶여졌다는 것은 그래서 큰 의미를 갖는다. 아무쪼록 한국교회가 이 책을 통

해서 나아가야 할 방향을 좀 더 명료하게 발견하고 더욱 힘 있게 뛰어
갔으면 하는 바람을 가져본다.

　　　　　김경원 목사 (서현교회 원로, 한국기독교목회자협의회 명예회장)

그동안 FEBC 극동방송의 〈교계전망대〉 진행을 담당해왔던 이상화 목
사가 프로그램에 참여했던 여러 전문가들과의 대담 내용을 다시 정리
해서 책으로 내게 된 것은 한국교회를 위해 매우 유익한 일이라 생각한
다. 많은 목회자들이 한국교회의 오늘과 내일을 염려하고 있는데, 이
책이 교회의 현재를 정확히 진단하고 미래를 잘 준비하게 하는 데 큰
도움을 줄 것이다. 모든 한국교회의 목회자들이 목회방향 설정의 좋은
지침서로 삼길 바란다.

　　　　　김성원 목사 (광주중흥교회, 교갱협 광주전남지역 대표회장)

종교개혁 500주년을 맞아 극동방송의 〈교계전망대〉가 한국교회의 위
기 상황을 직시하여 중요한 주제를 짚고, 새로운 대안을 위해 수고를
아끼지 아니했다. 그동안 방송했던 내용을 다시 활자로 정리하여 출판
하니 반갑기 그지없다. 이 책이 교회의 미래를 생각하는 목회자들에게
한국교회를 거시적으로 또한 미시적으로 볼 수 있는 안목을 제공하며,
이 땅에 하나님의 나라와 건강한 교회를 세워가는 소중한 선물이기를
바란다.

　　　　　김지철 목사 (소망교회, 한국기독교언론포럼 이사장)

이 책에는 한국사회와 교회의 핫이슈가 다뤄지고 있다. 각 분야 전문가
들의 날선 진단과 효과적인 대안이 제시되고 있으며, 한국교회의 희망

을 얘기하고 있다. 진행자 이상화 목사는 전문가들의 이야기라는 구슬을 꿰어 값진 목걸이로 만드는 장인의 역할을 멋지게 해내고 있다.

박성규 목사 (부전교회)

이상화 목사는 목회자협의회, 교회갱신협의회, 기독교언론포럼에서 실무를 지휘하며 한국교회와 사회를 잇는 가교역할을 훌륭히 해내왔다. 교계에서 가장 균형잡힌 개혁적 인물이기에 그의 시각과 비전을 모은 이 책에 큰 기대를 건다.

변상욱 대기자 (CBS 기독교방송)

한국교회와 성도들이 새로워져야 한다고 저마다 소리를 높인다. 한국교회는 종교개혁 500주년을 기쁨과 감사로만 보낼 수 없는 현실을 마주하고 있다. 아무리 눈을 비벼 봐도 길을 찾을 수 없는 탄식의 시대 속에 머뭇거리고 있다. 때마침 좋은 참고서가 나온다기에 기뻤다. 한국교회와 성도를 향한 따스한 격려와 절절할 요청이 흠뻑 녹아져 있는 이 책은 우리가 어떻게 새로워져야 할지, 어떻게 새로워질 수 있을지 요긴한 지침을 제공해주는 귀한 길잡이가 될 것이다.

송태근 목사 (삼일교회)

알리고 싶어도 모르면 할 수 없고, 전하고 싶어도 인맥이 없으면 불가능한 일이 전망대 사역이라 생각한다. 한국교계를 넘어 열방에 이르기까지 해박하고 폭넓은 인맥과 아는 모든 분으로부터 존경과 사랑받는 이상화 목사가 탁월한 혜안과 지혜로 시대를 읽고 앞서 전망하는 뛰어난 감각과 재치로 이끌어온 방송사역이 글이 되어 다시 한 번 그날들을 상기하게 한다니 기대감에 설레게 된다. 출간을 축하하며 축복한다.

이수훈 목사 (당진동일교회)

방송의 말은 대개 허공으로 흩어져버린다. 그런데 이상화 목사는 용케
도 그걸 글로 잘 붙잡아두었다. 그 성실함과 디테일이 놀랍다. 다양한
분야의 65인을 통해 바라본 교계 전망. 종교개혁 500주년까지의 한국
교회 5년이 담겨 있다. 여전히 전망이 어려운 한국교회, 이 책을 렌즈
삼아 전망해보길 바란다.

이의용 교수 (국민대학교, 교회문화연구소장)

그동안 이상화 목사는 어려움에 빠진 한국교회를 위해 수고를 많이 했
다. 특히 교회 갱신을 위해 열정을 다해 노력해왔는데, 이번에 출간되
는 이 책에는 교회 회복을 위한 엮은이의 마음이 그대로 녹아 있는 것
같다. 목회자들과 성도님들에게 기도 제목과 생각꺼리를 제공하는 책
이 되기를 바라며 추천한다.

이찬수 목사 (분당우리교회)

이상화 목사가 진행을 맡은 〈교계전망대〉가 한 권의 책으로 나오게 되
어 반가운 마음 금할 수 없다. 이 책은 위기에 처한 한국교회의 현실을
진단하고, 교회가 나아갈 방향을 치열하게 모색한 성찰의 역사이다. 널
리 읽히어 한국교회와 사회를 새롭게 하는 실천들이 우리 가운데 더욱
많이 일어나길 간절히 바란다.

임성빈 총장 (장로회신학대학교)

한목협의 사무총장으로 예리한 통찰력이 늘 돋보이는 〈교계전망대〉이다. 분명 한국교회의 미래준비에 크게 일조할 것이다.

장영일 목사 (범어교회, 교갱협 대구경북지역 대표회장)

종교개혁의 두 가지 과제는 교리개혁과 교회개혁이다. 전자는 루터나 칼빈에 의해 완성된 듯하지만 후자는 지금까지 미완의 과제로 남아 있다. 종교개혁 500주년을 보내면서 나온 본서는 이 땅에서 하나님의 교회가 어떻게 개혁되어야 할지를 한국교회의 과거에 대한 철저한 반성과 현재의 모습에 대한 치밀한 분석, 그리고 미래의 방향에 대한 분명한 대안으로 제시하고 있다. 이에 본서는 교회개혁에 대한 간절한 소원과 열렬한 소망이 오롯이 담긴 소원서요, 실제적인 교회개혁의 방향과 방안을 제시하고 있는 탁월한 지침서이다.

전광식 총장 (고신대학교)

늘 새로운 시각으로 상황과 현장을 복음적으로 재해석하려고 노력하는 〈교계전망대〉가 책으로 묶여 나오게 된 것이 참으로 기쁘다. 한국교회의 미래를 새롭게 내다보는 귀한 자료로 쓰임받기에 충분하다고 여겨 강력히 추천하는 바이다.

정연철 목사 (양산삼양교회, 교갱협 부울경지역 대표회장)

자신을 점검하는 사람과 공동체에만 진정한 미래가 있다. 이상화 목사가 각 분야의 전문가들과 함께 나눈 한국교회의 진단과 대안 모색이 한국교회의 미래에 꼭 필요한 밑거름이 되리라 믿으며 추천한다.

조현삼 목사 (광염교회)

개인신앙 위주의 한국교회 현실에서 한국사회와 교계의 시사적인 문제에 대해 각 분야의 최고 전문가를 모시고, 관련 정보와 해석을 다양한 각도에서 제공한 방송프로그램이 있다는 것은 놀랄 만한 일이다. 극동방송의 〈교계전망대〉이다. 기획자로서, 작가로서, 진행자로서 이 프로그램을 직접 만들어온 이상화 목사가 그간의 콘텐츠를 엮어 출판한데 대해 진심으로 축하하며, 이 책이 한국교회의 나아가야 할 방향을 제시하는 데 기여할 수 있기를 바란다.

지용근 대표 (지앤컴리서치)

교회는 세상에서 고립돼 있는 섬이 아니다. 세상 한가운데로 파송받아 주님의 복음을 전파하며 세상을 치유하는 세상 안의 신앙공동체이다. 그동안 〈교계전망대〉라는 이름으로 방송된 내용이 책으로 나온다니 크게 기뻐할 일이다! 우리 사회의 문제들을 끌어안고 성경적인 시각으로 씨름하고 기도했던 내용이 많은 분들에게 새로운 시야를 열어주면 좋겠다. 진행을 맡은 이상화 목사와 담당 프로듀서와 제작진들에게 주님의 은혜가 넉넉하길 기도한다.

지형은 목사 (성락성결교회)

교회를 개척하고 십수 년 동안 자신과 가족을 철저하게 희생시켰던 친구 목사 하나가 있다. 그런 그가 어느 날 새벽기도를 나가기 위해 화장실에 들어갔다가 갑자기 쓰러져 의식불명이 되어버렸다. 고등학교 1학년과 3학년 두 아들의 자녀교육, 아내의 안위, 노후대책과 같은 말은 사전(事典)에나 있는 단어이지, 그에게는 전혀 해당하지 않는 죽은 언어였다. 하나님께서 선한 목적을 따라 세상을 섭리(攝理)하시는 것을 신앙으로 고백하지만 나이가 그렇게 많은 것도 아니고, 평소에 건강이 그렇게 좋지 않은 것도 아니었는데 경각 중에 어려운 일을 당한 그와 부인을 뵙고 돌아오는 시간 내내 마음이 정돈되지 않아 참 어려웠다.

사실 조금만 눈을 크게 뜨고 주변을 둘러보면 "하나님, 도대체 살아 계시기나 한가요?"라고 질문하고픈 불편한 진실들이 지천에 널려 있다. 한 개인의 삶은 물론이고, 크게는 전 지구촌의 상황에 이르기까지 애써 외면하고 싶지만 피할 수 없는 마음아린 상황들은 자괴감을 들게 하는 데 충분하다. 하나님이 계시지 않는 것처럼 느껴지고 모든 피조물이 탄식하는 일들이 격렬하게 일어나는 현장이 바로 세상이다. 지금 세상은 부당하고 뒤틀린 개인과 사회, 그리고 전 지구촌의 문제 앞에 한 없이 초라하고 쪼그라들어 희망을 잃어버린 채 서 있다.

이런 상황 속에서도 한 가지 희망을 보는 것은 뜻 있는 사람들이 당면하는 고통과 고난을 감소시키려는 노력을 부단하게 진행하고 있다는 점이다. 할 수만 있다면 고통당하는 이웃들을 향해 도움의 손길을 뻗치고자 하는 운동들이 지구촌 곳곳에서 일어나고, 사랑의 실천을 위한 세계시민사회의 연대가 계속 이어지고 있다. 피조세계의 건강과 온전함을 추구하는 수많은 사람들의 헌신이 활발하게 일어나고 있는 점은 분명히 장려할 만한 일이다. 그러나 이 활동들을 좀 더 세밀하게 보면 고통과 고난에 관여하는 범위와 그것을 줄이기 위한 방법, 그리고 헌신의 시간에 있어서 종종 견해 차이가 있다는 것을 확인할 수 있다. 여기서 인간의 모든 노력이 불안전성과 동시에 부분성을 가질 수밖에 없다는 사실을 새삼 깨닫는다.

여기서 십자가에 달리신 예수 그리스도를 주(主)로 고백하는 그리스도인과 그리스도인들의 공동체인 교회의 역할과 차별성이 있는가를 진지하게 물을 수밖에 없다.

- 과연 교회는 소망의 그루터기일 수 있는가?
- 과연 그리스도인은 세상 사람들이 믿을 만한 존재인가?
- 세상의 모든 것은 무너져도 주님이 머리이신 교회만은 믿어도 좋다는 말을 자신 있게 할 수 있는가?
- 만약 "그렇다"고 대답할 수 있다면 그 근거와 이유는 도대체 무엇인가?

여기에 실린 네 영역, 33개의 주제는 이 질문들에 대한 대답들을 모색한 담론들이다. 한국기독교 안에서 교회가 소망의 그루터기인 것을 증명해 보이기 위해 분투하는 이들이 글만으로는 다 표현할 수 없는 마음의 격정을 말로 쏟아놓은 내용들을 정리한 것이다.

나는 "정곡을 찌르지 못하면 감동이 없다"는 문장을 참 좋아한다. 자주 글을 쓰면서 느끼는 것은 지금 쓰고 있는 글을 말로 표현하면 더 명징하게 전달할 수 있을 것이라는 생각을 할 때가 잦다. 그러나 또 달리 말을 글로 기록해 놓으면 그 글이 더 많은 선한 영향력을 끼칠 수 있을 것이라는 생각을 동시에 한다.

김용환 PD의 권유로 시작된 FEBC 극동방송의 〈교계전망대〉라는 시사프로그램을 2012년 5월 5일 토요일 방송분부터 맡아 진행하면서 두 주에 한 번씩 참 다양한 전문가들을 만나고, 그분들의 이야기를 경청할 수 있는 특권을 누렸다. 그 과정에서 그냥 말로 흘려보내 버리기엔 아깝다 못해 땅을 칠 만한 한국교회의 현실과 방향성, 그리고 바람직한 대안을 짚어주는 말들을 들었다. 그래서 그 말들을 주워 담을 수 없을까를 함께 생각했다. 그 결과가 바로 이 책이다. 열정과 격정을 가지고 때로는 한국교회의 안타까운 현실을 앞에 놓고 울먹이면서, 때로는 소망을 가지고 기쁨으로 한국교회가 이 세상의 유일한 희망공동체가 되기 위해 무엇을 어떻게 해야 할 것인가를 나눈 담론들이 이 책의 내용이다.

매주 진행자로서 전문가들이 축적해놓은 것들을 잘 풀어내놓을 수 있도록 마당을 만드는 일은 부족한 진행자로서는 버거운 일이었지만, 매 주제를 다루면서 새로운 발견이었고 큰 보람이었다. 그저 말 놀이터만 만들면 대담자들은 마음껏 놀았다. 맞바람을 맞아 연이어 창공을 비상할 때 얼레의 연실이 술술 풀려나가듯 그렇게 대담자들의 말은 꼬리에 꼬리를 물고 시원시원하게 이어졌다. 그렇게 이 책은 기꺼이 대담에 응해주고 자신의 전문적인 지식과 현장의 경험을 다함없이 나누어주셨던 대담자들 덕분에 빛을 보게 된 결과물이다. 그러므로 대담자들 한 분 한 분께 깊은 감사를 드릴 수밖에 없다.

사실 수많은 말들로 구성된 구어체의 대담내용이 읽을 만한 글로 정리되는 과정에서 긴 시간 동역했던 교갱협 실무책임자인 최민화 실장과 유성문 실장의 헌신적인 수고가 너무 컸다. "안녕하십니까. FEBC 극동방송 〈교계전망대〉를 진행하는, 서현교회를 섬기고 있는 이상화 목사입니다"라는 오프닝을 만 5년 반 넘게 매번 함께 들으며 방송을 준비해 주었던 PD님들(한경은, 김경화, 백두현, 김용환, 남현용, 강보람 PD)께 감사를 드린다. 그리고 무엇보다 프로그램 재편성 시기마다 부족한 진행자를 교체하지 않고 참아 보아주신 김장환 회장님과 한기봉 사장님께 깊은 감사를 드린다.

말을 글로 만드는 지난한 작업과 엄청난 분량을 정제하고 또 정제해도 큰 볼륨으로 나올 수밖에 없는 본서를, 기꺼이 출간하기로 용감하게 결단하고 실제로 작업을 진행한 도서출판 브니엘 권혁선 대표의 못 말리는 끈기에는 박수를 보낼 수밖에 없다.

프롤로그를 마치면서 그동안 받았던 은혜 위에 더 큰 은혜를 경험하는 교회가 되기를 소원하면서 서로 격려하며 섬기는 아름다운 영적 공동체 서현교회의 김경원 목사님과 당회원 장로님을 비롯한 모든 성도와 동역자들께 감사의 인사를 올린다. 끝으로 묵묵히, 그러나 따뜻한 기도로 언제나 부족한 종의 사역을 뒷받침해주는 아내 승민에게 고마움을 전하고 싶다. 그리고 나름 자기의 길을 뚜렷이 걸어가고 있는 아들 건희와 늘 아버지를 응원해주는 딸 가은이에게도 감사를 전한다. 아무쪼록 본서가 희망 없는 세상에 새로운 희망을 보게 하는 작은 도구가 되기를 바라는 마음이 간절하다.

주후 2017년 12월 14일
마포 서교동 언덕에서 세상에 기쁨과 소망을 주는
엮은이 이상화

| Part. 2 |
한국교회, 다음세대를 생각하라

한국교회,
새로운
돌파구를
찾으라

. . .

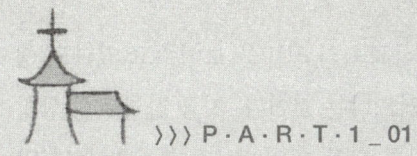

한계점에 선 한국교회,
무엇을 어떻게 할 것인가?

오늘날 우리 사회에는 한국교회를 바라보는 다양한 시각이 존재한다. 이런 상황에서 먼저 한국교회가 과연 어떤 한계점에 와 있는가를 짚어보고, 이어서 그 한계점을 돌파하기 위한 대안은 없는가를 모색해 보려고 한다. '한계점에 선 한국교회, 무엇을 어떻게 할 것인가?' 라는 주제로 한국기독교목회자협의회 상임총무(2017년 현재 대표회장)이자 부산시온성교회 담임인 이성구 목사와 한국기독교목회자협의회 신학위원장이자 성락성결교회 담임인 지형은 목사와 더불어 돌파구를 찾아보고자 한다.

사회자 _ 주제가 다소 무거운 느낌이 들기도 하고 냉소적인 분위기가 있기도 한데, 어떻게 생각하는가?

※ 이 원고는 2014년 6월 28일과 7월 5일에 방송된 원고이다.

이성구 _ 사실 주제 자체가 한국교회의 고민을 보여주고 있다고 생각한다. 과연 이렇게까지 말해야 되느냐는 것이다. 지금 한국교회 상황은 쉽게 돌파구를 찾을 수 없을 만큼 모든 영역에서 치부를 너무나 많이 드러내고 말았다. 어디서부터 어떻게 수습해야 할지 알 수 없는 지경에 이르렀다. 개교회는 물론이고 연합운동도 거의 다 무너진 상황이다. 그래서 세상에서는 한국교회를 형편없이 내려다보고 있고, 우리 스스로도 자신감이 떨어졌다. 교회성장도 완전히 멈춘 정체상태, 아니 오히려 쇠퇴 일로를 걷고 있다. 유럽에서 나타났던 교회 노쇠현상이 벌써 한국교회에도 나타난다. 이 같은 총체적인 어두운 상황들을 무슨 다른 말로 표현하기가 매우 힘들어서 일단 '한계점'이라는 용어를 사용할 수밖에 없다는 생각을 하게 된다.

사회자 _ 이런 냉철한 자기 인식과 통절한 자기반성은 충분히 필요하지 않을까 생각한다.

지형은 _ '한계점에 선 한국교회, 과연 무엇을 어떻게 할 것인가?'를 많이 생각해보았다. 한계점이라는 단어가 매우 강하게 다가온다. 나는 한국교회가 한계점에 다다른 세 분야가 있다고 본다. 하나는 한국교회 전체를 아우르는 연합기관의 문제점, 또 하나는 한국교회 각 교단 선거에서 나타나는 난맥상, 그리고 세 번째로 교회 중직들이 보여주는 병리현상이 바로 그것이다.

사회자 _ 지금 한국교회의 전체적인 지도력에서부터 개교회 내에서 벌어지는 다양한 문제점으로 말미암은 한계상황을 간략하게 언급했는데, 물론 교계 내부의 그런 문제들도 당연히 있을 테지만, 교회가 사회에서 영향력을 발휘하는 데서도 한계상황에 직면했다고 봐야 하겠는가?

이성구 _ 물론 시대적으로 우리 사회 자체가 위험사회로 접어든 것은 사실이고, 교회도 역시 그런 국면으로 접어든 것이 아닌가 생각한다. 매우 적나라하게 한국사회 전체가 무법천지로 변해가는 상황 속에서 한국교회도 그와 같은 병폐를 고스란히 닮아가는 듯한 느낌을 받는다. 그리고 독선적인 흑백논리에 빠져서 자기만 옳고 남을 부정하는 태도를 보이고, 큰 것은 선이고 작은 것은 악이고, 혹은 작은 것은 선이고 큰 것은 악이라는 이분법적 접근방법은 분명히 문제가 있다. 다양성을 인정하지 못하고 나와 다르면 무조건 틀렸다고 생각하면서 적으로 돌려세우는 의식구조를 여실히 드러내는 현상 자체가 한계상황에 다다른 것이라고 본다.

사회자 _ 그래서 우리는 지금까지 위기라는 말을 많이 사용했는데, 한계점이나 한계상황과 위기는 어떤 관계가 있다고 생각하는가?

지형은 _ 저도 지금까지 위기라는 말을 많이 써왔는데, 한계점이라는 용어를 생각하면서 새롭게 생각을 정리하게 되었다. 흔히 말하듯 위기란 위험하다는 의미도 있지만 그와 동시에 기회이기도 하다. 그런데 한계점이란 더는 앞으로 나아갈 수 없는 끄트머리 상황이다. 오늘날 한국사회와 한국교회는 바로 이와 같은 상황에 도달했다는 것이다. 그러므로 한계점이라는 용어를 사용해서 우리 자신을 훨씬 더 진지하고 심각하게 잘 성찰할 수 있을 것이다. 김영삼 대통령 시절이던가? 삼풍백화점이 무너지고 성수대교가 붕괴되는 상황 속에서 총체적 위기라는 말이 두루 공감을 얻었던 기억이 난다. 위험사회를 넘어서 재앙사회로 치닫는 시대에 한계점이라는 용어는 오늘날 우리가 우리 자신과 교회를 성찰하고 자성하는데 적절한 모티브를 제공해준다고 생각한다.

사회자 _ 그러니까 대부분의 사람들이 한계점에 와 있다는 점에 대해서는 공감하고 있는 것 같은데, 한 걸음 더 들어가서, 그렇다면 한국교회가 구체적으로 어떤 한계점에 와 있다는 것인가?

이성구 _ 지금 우리는 어떤 지엽적인 문제로 말미암은 한계점을 이야기하는 게 아니다. 윤리와 도덕적인 문제를 가지고 따지기도 하지만, 그게 한국교회를 한계점으로 몰고 가는가? 아니다. 오히려 더 본질적인 문제가 자리 잡고 있다. 신학적이고 신앙적인 문제가 노정되어 있다. 한국교회가 복음을 이해하거나 하나님 나라를 이해하는 부분에서 문제가 있다는 것이다. 이에 대한 반성이 있어야 한다. 겉으로 드러나는 단순한 문제가 아니라 더욱 심층적으로 전반적인 본질의 문제를 다시 한 번 들여다봐야 한다.

지형은 _ 신학은 무슨 거창한 게 아니라 우리 신앙을 다른 사람들이 잘 알아듣게 합리적이고 논리적으로 차분히 설명하는 것이다. 기독교 신앙에서 신학적으로 아주 중요한 명제는 언제나 행동이나 윤리보다 존재가 앞선다는 것이다. 그러니까 어떻게 살아야 하고, 어떻게 말해야 하는 것보다 도대체 내가 누구인가 하는 질문이 앞서게 된다. 우리가 진정으로 예수님을 만났는가, 중생했는가, 거듭났는가, 칭의의 사건이 있느냐가 문제라는 것이다. 한 사람의 그리스도인으로서 내가 예수 그리스도, 삼위일체 하나님과 날마다 만나고 동행하는 자리가 근본적으로 필요하다. 그래서 한국교회를 이야기할 때 이런저런 지엽적인 문제보다는 오히려 더 중요한 근본으로 들어가서, 과연 그리스도인이라는 존재가 무엇을 의미하는지에 대한 아주 무서운 반성이라고 할까 치열한 내면의 성찰이 필요하다고 본다. 그러는 가운데 경험하는 엄청난 변화는 우리 삶과 행동으로 나타날 수밖에 없다고 생각한다.

사회자 _ 행동이 존재를 결정짓는 것이 아니고 존재 자체가 행동에 영향을 미칠 수밖에 없다는 말씀이신 것 같아, 저 또한 거기에 동의하는 바이다.

이성구 _ 1970년대부터 벌써 번영신학 문제가 나오고 교회도 기업이라는 말을 주저 없이 사용하던 미국으로부터 한국교회도 많은 영향을 받았다. 그런데 이제는 결국 '교회의 본질과 하나님 나라를 어떻게 보아야 하는가?'라는 이런 근본적인 질문을 다시 한 번 던져보아야 할 때라고 생각한다. 도대체 어떻게 교회를 세습한다는 이야기가 나온단 말인가? 교회를 곡해해도 이렇게까지 할 수 있는가? 교회를 어떻게 보았기에 이런 현상이 나타나는가 말이다. 교회를 무슨 힘이나 권력으로 지배하는 기관으로 본 게 아닌가? 교회는 그야말로 자기를 비우는 곳이고 예수님의 낮아지심을 따르는 곳인데, 어떻게 힘의 논리를 따르는 집단이 되었는지…. 이것이 바로 한국교회의 엄청난 비극이다. 본질적으로 교회에 대한 이해, 목회자들의 사고방식에 문제가 많다. 심지어

교인들도 그런 생각을 많이 갖고 있는데, 교회가 크지 않으면 뭔가 무능하고 잘못되었다고 생각한다. 돈이든 권력이든, 무슨 힘을 갖지 않으면 스스로 아무것도 아니라고 생각하는 자본주의식의 논리가 교회 안에서 건강한 신학을 몰아내고 말았다.

지형은 _ 교회 세습은 대단히 기분 나쁘기도 하지만, 요즘 말로 아주 '웃픈 현실'이다. 어쨌든 그게 우리 현실이고 어쩔 수 없이 벌어지는 현상인데, 도대체 어떻게 거기에 대처해야 할 것인가? 이에 대해 혹자는 아주 간단하게 성령 충만하면 다 된다고 하기도 한다. 이 표현 자체에는 100% 공감한다. 정말 맞는 말이긴 하다. 그런데 과연 성령 충만이란 무엇인가? 성령 충만에 대해서도 다양한 견해 차이가 있다. 그러니 뭔가 더 근원적인 치료가 필요하다. 대증요법이 있어야 한다. 어떤 증상이 드러나 있으니까 증상에 대응하는 방법을 모색해야 한다. 또한 단순히 겉으로 드러나는 현상을 치료할 뿐만 아니라 뿌리에서부터 전혀 새롭게 접근하는 근원적인 치료가 필요하다.

사회자 _ 결국 기독교적인 입장에서 본다면 이것은 신학적인 문제로 접근해야 할 것 같다. 그렇다면 이제 신학의 문제를 잠깐 이야기해보자. 이런 부분에서 우리 한국교회의 신학에는 어떤 문제가 있는가?

지형은 _ 앞서 언급한 것처럼 한국교회는 1970년대부터 이미 번영 신학의 문제를 안고 있었다. 어쨌든 1970년대는 빌리 그래함 목사의 전도집회, 엑스플로, 민족복음화 대성회 같은 대형 집회가 많았다. 그 당시 여의도 광장에 100만~200만 명까지 모이면서 한국교회 전체의 강력한 영적 힘이 분출되었다. 그런데 1970년대의 뜨거웠던 신앙과 신학에 구조적인 문제가 있었다. 우선은 1970년대에 한국교회를 부흥시킨 신학의 근저에는 번영신학이 자리 잡고 있었다는 것이다. 물론 1970년대의 신앙과 신학이 그 당시 한국교회와 한국사회에 하나님의 메시지를 전하면서 나름대로 긍정적인 역할을 했다고 생각한다. 그러나 이제 시대가 바뀌었다. 복음의 본질은 바뀌지 않지만

> **자본주의식의 논리가 교회 안에서 건강한 신학을 몰아내고 말았다.**

복음의 적용은 시대와 사회에 따라 늘 새롭게 재해석되어야 하는데, 한국교회는 과거의 영화에 취해 꾸준히 그와 같은 작업을 해내지 못했다고 생각한다.

이성구 _ 맞다. 1970년대는 참 묘한 시대였다. 그러니까 1970년대를 이끌어갔던 신학적인 기조는 "교회도 기업이다"라는 로버트 슐러 목사의 말이라든지, 물론 빌리 그래함 목사의 전도집회가 좋은 영향을 끼친 것은 사실이지만, 여기에 지나치게 방점이 찍혀 있기도 했고, 또 여의도순복음교회의 출현을 통해서 많은 목회자들이 대형교회에 대한 꿈을 키웠다. 복음과 영혼 구원에 대한 강조를 많이 했지만 현상적으로는 어떻게든 외형적인 규모를 키우는 모습으로 나타났다. 1970년대 말에 신학교를 다녔던 우리 세대는 모두 예외 없이 조용기 목사처럼 되기를 꿈꾸었다. 한국교회의 부흥이 영혼을 살리고 사회를 바꾸어 하나님 나라를 세우는 방향과는 전혀 다른 쪽으로 나아가지 않았는지 반성해 본다.

지형은 _ 한국에서 제일 큰 교회를 은퇴하신 목사님과 대화를 나눈 적이 있다. 한국의 대형교회 목사들이 존경을 받는 경우도 있고 그렇지 못한 경우도 있는데, 그분은 정말 존경을 많이 받는 분이다. 그분이 "우리 때는 나를 포함해서 모두 다 똑같았다. 무조건 큰 교회를 만들고 싶었다"는 이런 말씀을 하셨다. 그분은 대형교회를 의도적으로 추구하지도 않는 분으로 알려져 있었고, 실제로 워낙 메시지가 좋아서 사람들이 모였다고 생각했는데 솔직한 고백을 해주셨다. 그래서 생각하는 것은 우리 세대도 이미 늦었고 지금의 40대 이전 젊은 세대에서 새로운 패러다임을 만들어야 할 것 같다. 언제나 기독교 역사가 타락할 때는 번영신학 쪽으로 갔고, 그때마다 새롭게 강조된 것이 십자가 신학이었다. 루터의 95개 개혁조항에서도 맨 마지막 결론이 십자가 신학이었고, 히틀러시대에 독일교회들이 다 넘어갔을 때조차 거기에 저항했던 칼 바르트의 신학선언에서도 가장 먼저 나오는 것이 "예수 그리스도의 십자가만이 우리의 유일한 기준이다"라는 고백이다. 이제 십자가 신학을 신학 교육현장과 일반 성도들의 삶 속에서 어떻게 접목하여 신앙으로 승화시킬 것인가 하는 문제가 남는다. 결코 쉽지 않은 과제이다.

사회자 _ 그렇다면 신학교에서 이 십자가 신학을 신학과 목회의 기준으로 가르쳐져야 하는데 어떻게 생각하시는지 궁금하다.

이성구 _ 이게 보통 문제가 아니다. 왜냐하면 십자가는 희생과 사랑이 어우러져 있어야 하는 건데, 요즘 목회자 후보생들 사이에도 기꺼이 희생하려는 사람이 별로 없다. 이건 신학교에서도 그렇지만, 교회에서도 마찬가지다. 교회에서 기꺼이 묵묵히 헌신하는 사람이 없다고 한다. 교회 안팎에서 누구나 이구동성으로 하는 말이다. 십자가가 사라졌다고 말이다. 오직 편안함, 영광, 유익, 누릴 것만 추구하고 챙긴다. 더더구나 본질의 문제에 다가서려고 하지 않는다. 깊은 고민과 성찰이 필요하지만 어느 누구도 선뜻 나서지 않는다.

사회자 _ 오늘 두 분의 말씀은 "한국교회에서 나타나는 현상적인 문제들은 한계점에 다다랐고, 그렇기에 우리가 모두 근원으로 돌아가 복음을 회복해야 한다"는 결론에 이르게 되는데, 그건 바로 십자가로 돌아가야 한다는 말씀인 것 같다.

지형은 _ 맞다. 교회를 바라보는 인식부터 근본적으로 확 바꿔야 한다. 종교개혁이 있었던 1500년대 초에 많이 회자되었던 것처럼 "머리끝부터 발끝까지 새로워져야 한다." 한국교회도 처음부터 끝까지 모든 인식을 좀 더 철저히 바꾸어야 한다고 생각한다. 그러나 인간적으로는 저부터 자신이 별로 없다. 오직 하나님의 도우심과 임재하심을 구할 뿐이다.

이성구 _ 한국교회의 갱신은 모든 목회자가 품고 있는 마음이 아닐까 생각한다. 바쁘게 사역하다 보면 어디로 가는지 잊어버리기 쉬운데, 그럼에도 많은 목회자들에게 이런 과제를 생각하게 하고 도전하게 하시는 것을 감사한다. 이런 생각과 꿈을 품은 목회자들이 있는 한 하나님이 조국교회를 버리시지는 않을 것이다.

사회자 _ 사랑하는 한국교회가 한계점에 도달해 있다는 것을 인정하기가 참 마음 아프고 힘든 일이다. 그러나 정확한 자기 인식에서 출발할 때 새로운 돌파구를 열어갈 수 있지 않을까 생각한다. 앞서 말씀하신 대로 한국교회를 사랑하는 많은 목회자들도 지금 우리가 위기상황을 넘어서서 한계점에 와 있다고 진단한다. 그러나 한계점을 넘어서면 새로운 출발점이 된다. 부족한 부분은 보충하고 연약한 부분은 다시일으켜 세우고 협력해서 새롭게 전진하는 기회를 얼마든지 맞이할 수 있다고 본다. 지금 우리는 '한계점에 선 한국교회, 무엇을 어떻게 할 것인가?' 란 주제로 한국교회의 현안과 나아가야 할 방향을 모색해보고 있다. 지금까지 한국교회가 한계점에 와 있다는 여러 가지 신호를 살펴보았다. 근원적인 문제가 많다는 의견도 함께 나누었다. 그렇다면 이제 그 한계점을 돌파하기 위해서 어디서부터 다시 시작해야 하겠는가?

지형은 _ 한국교회에서는 일치와 갱신, 섬김의 문제가 매우 중요한데, 아무래도 일치의 문제가 가장 시급하다고 생각한다.

이성구 _ 한국교회가 바깥에서부터 제대로 기대를 받지 못하고, 종교를 선택할 때도 기독교가 제일 뒤처지고, 안티-기독교 세력도 엄청나게 늘어나 수많은 비난을 뒤집어쓰기 시작하면서, 우리는 한국교회의 한계상황을 더 심각하게 인식할 수밖에 없다. 이렇게 욕을 먹는 데는 여러 가지 이유가 있다. 그 가운데 하나는 목회자들이 부도덕하다는 평가를 받는 점이고, 다른 하나는 한국교회가 분열되었다는 것이다. 도대체 누가 한국교회를 대표하는지 모르겠다는 것이다. 실례로 국가에 엄청난 일이 일어났을 경우 대통령이 기독교계의 조언을 구하기 위해 누구를 대표로 만나야 할지 모르겠다고 할 정도이다. 그래서 갱신의 문제가 교회와 목회자들의 내적인 문제라면, 일치의 문제는 밖으로 드러나는 외적인 문제이다. 우리 사회에서 한국교회가 어떤 모습으로 비칠까 하는 부분은 매우 심각하게 고민해야 할 문제로 부각되고 있다.

지형은 _ 어쨌든 우리 사회에서 현상적으로 천주교와 불교, 기독교를 대표하는 분이 누구인지 분명히 할 필요가 있다고 생각한다. 기독교에서는 이를테면 큰 교단과 중소 교단이 적절하게 역할을 나눠서 순번을 정해 한국기독교를 대표하는 일을 하면 좋지 않을까 싶다. 그리고 어떤 연합체든 대표가 권력을 많이 가질 필요는 전혀 없다. 또 행사를 많이 할 필요도 없다. 각 교단 중심으로 각종 행사가 이루어지도록 하면 되고, 연합기관의 대표는 상징적인 역할만 해도 충분하다고 본다.

이성구 _ 교회는 철저하게 권력을 내려놓지 않으면 안 된다. 그래서 오죽하면 총회장, 노회장 대신 총회종, 노회종, 이런 식으로 아예 명칭을 바꾸자는 제안을 하겠는가? 그리고 이제는 교단들이 공교회 중심으로 가자는 것이다. 수많은 분열의 이유도 공교회 중심이 아니고 개별적으로 단체를 만들었기 때문이다. 한국교회는 대표가 없는데 선장이 너무 많다. 교단이 너무 많다고 하는데 30개 정도의 교단이 한국교회의 95%를 차지하고 나머지 5%가 한 200개 교단이 넘는다. 단 몇 사람이 모여서 교단 하나를 만들고 수장을 하고 있는 현실이다. 이런 상황을 볼 때 너무나 아쉽고 안타깝다.

사회자 _ 축구에서도 오른쪽 공격수가 공을 몰고 들어갈 때 반드시 반대편을 보라고 한다. 그렇지 않으면 골을 제대로 넣을 수가 없기 때문이다. 지금 한국교회도 진보와 보수 진영으로 나뉘어 서로 논의와 교류의 장이 없는데, 그렇다면 한국교회의 대표성, 연합과 일치와 관련해서 양쪽이 어떻게 지혜를 모아가면 좋겠는가?

지형은 _ 이 땅에서 살아가는 그리스도인들 가운데 보수와 진보가 다 섞여 있다. 또 극우, 극좌라고 불리는 분들이 한국기독교 지도자 중에도 있다. 이분들이 끊임없이 만나 서로 대화를 나누어야 한다고 본다. 그래서 한국교회의 열린 보수와 열린 진보 사이에 소통의 마당이 있어야 한다고 생각한다. 중도 좌파와 중도 우파에 속한 분들이 같이 만나서 이야기를 나누면 어렵지 않게 통할 것이다. 비록 시간이 걸리더라도 남의 이야기를 듣고 자기 이야기도 하고, 그래야 공론의 마당이 생기고 건강한 민주주의로 발전하게 된다. 극좌와 극우에 있는 분들은 서로 통하기가 쉽지는 않을 것이다. 그러나 그런 분들 중에 자기 이익이나 욕심을 따라 움직이는 분들 말고, 진심으로 각자의 이념을 추구하는 분들은 한 번 만나서 길게 이야기하면 오히려 극과 극은 더 쉽게 통할 수도 있을 것으로 생각한다.

사회자 _ 그런 점에서 한국기독교목회자협의회는 많은 노력을 기울였던 것으로 알고 있다!

이성구 _ 사실 한목협 같은 연합기관은 한국교회 역사상 존재한 적도 없고 앞으로도 달리 나올 수 없다고 본다. 하나님께서 귀한 기회를 주셨고 아주 멋진 분들이 함께했다. 1998년 창립이후 긴 시간 동안 신학적인 문제 때문에 분열이나 위기가 온 적이 한 번도 없었다. 절제와 자제를 알고, 마음을 열어 들을 줄 아니까 무슨 이야기든지 함께 나누면서 여기까지 왔다. 그래서 고신교단과 기장교단이 서로 만나 무슨 말이든지 편하게 한다. 우리가 처음 만나서 했던 이야기가 "기장은 예수님에게로 거듭나야 하고, 고신은 사회를 향해 거듭나야 한다"는 이야기를 했었다. 각자 보지 못한 부분을 서로 보완하는 아주 의미 있는 만남이었다. 이와 같은 만남의 장을 지속하고 확대하는 것이 일치를 위한 좋은 밑받침이 되고 있다.

지형은 _ 기장의 강원용 목사와 합동의 옥한흠 목사가 서로 만나서 대담을 나눈 적이 있는데, 강원용 목사는 한국의 정치와 사회 영역에서 그리고 신앙적으로 명백하게 진보였고, 옥한흠 목사는 누가 보더라도 명백한 복음적 보수주의자였다. 두 분이 함께 대담을 나눈 이후에, 옥한흠 목사가 "내가 진보 같고 강원용 목사가 보수 같다"고 말씀하신 적이 있다.

이성구 _ 실제로 그날 옥한흠 목사가 충격을 받았다. 자신이 생각하는 진보 쪽에 있는 지도자들은 성경과 별로 상관없이 인간적인 논리로 사는 분들이 아닌가 생각했던 것이다. 그런데 강원용 목사가 모든 이야기를 성경적으로 하니까 충격을 받아서 뭔가 거꾸로 된 것 같다고 할 정도로 서로를 너무 몰랐던 것이다. 서로 너무 모르면서 모든 판단을 끝냈기 때문에 만나지도 듣지도 말하지도 않으려고 했던 것이다. 이게 얼마나 잘못된 일인가? 나도 많이 느끼고 있다.

사회자 _ 다름을 틀림으로 생각하기 때문에 오는 소통의 단절일 것이다. 이제 연합과 일치영역에서 갱신의 영역으로 넘어가 보도록 하자. 한계점을 극복해야 할 네 가지 영역이 연합과 일치, 갱신, 통일, 섬김이라고 한다면, 이제 갱신의 영역에 대해서 말씀해주시면 고맙겠다.

이성구 _ 연합, 갱신, 섬김 사역은 한목협 같은 곳에서 초창기부터 열심히 추구해왔고, 우리가 풀어가야 할 가장 중요한 민족적 과제로 통일문제도 있다. 일치와 섬김을 포함한 모든 것이 갱신에 달려 있다고 생각한다. 그런데 다른 무엇보다 목회자의 갱신이 있어야 한다. 모든 문제의 근본인 목사가 바뀌어야 한다. 목사가 세속주의, 인본주의, 물량주의에 빠져 있는 것이 문제이다. 그래서 요즘 목사들이 바뀌어야 한다는 이야기가 줄을 잇고 있다.

지형은 _ 근본적인 곳에서부터 변화가 필요하다. 우리 기독교 목회 자체가 바뀌어야 한다. 왜냐하면 자기 밥그릇을 챙기기에 바쁜 이런 개별적인 교회구조에서 우주적이고 보편적인 공교회, 그리스도의 몸 된 교회로 나아가는 것이 바람직하기 때문이다. 지금 한국교회는 개별적인 구조이다 보니 개교회끼리 서로 경쟁하고 자기 것을 내세운다. 여기에서는 목회자의 윤리성이 담보될 수 없다. 생존 앞에서 윤리는 실종되고 만다. 갱신문제에서도 목회구조와 교단구조를 계속해서 고쳐나가야 한다.

이성구 _ 목회자 양산문제나 질적 저하문제, 무인가 신학교에 이르기까지, 또 기존 인가받은 신학교도 교단이나 학교를 유지하기 위해 해마다 많은 비용과 에너지를 낭비하고 너무 많은 목회자들을 배출하는 등 여러 가지 문제가 두루 섞여 있다. 이렇게 뒤엉킨 실타래를 풀려면 여러 분야에서 집중적으로 점검하고 고쳐나가야 하는데, 결국 전반적인 모든 문제를 점검하는 갱신이야말로 궁극적인 과제라고 생각한다.

사회자 _ 현대 목회자들이 마태복음 23장에 나오는 바리새인과 서기관보다 더 나을 것이 하나도 없는 것 같다. 그런 면에서 많은 목회자들이 회개의 대열에 동참하고 있다는 소식도 들리는 것은 고무적이라는 생각이 든다. 이제 사회 섬김 영역을 한 번 생각해보면 좋겠다. 대부분의 한국교회는 초창기부터 이웃과 사회를 아주 잘 섬겨왔는데, 이제는 이것을 좀 더 세미하게 시스템화할 필요가 있다고 본

> **다른 무엇보다 목회자의 갱신이 있어야 한다.**

다. 지역사회를 섬기는 노하우를 서로 공유하고, 지역적으로 연대하는 것이 절대적으로 필요하기에 이와 같은 시스템을 구축하기 위해선 무슨 일이든 해야 할 것으로 본다. 사회안전망을 조밀하게 만들어야겠다는 이야기는 오래 전부터 나왔는데, 실제로 구현하기가 참 어려운 모양이다.

이성구 _ 한국교회의 70%정도가 지역사회에 대한 봉사를 아주 잘 감당하고 있다고 말할 수 있는데, 그럼에도 불구하고 욕은 제일 많이 듣고 있다. 결국 제대로 홍보가 안 되고, 통합해서 같이 일하지도 못하고, 개별적으로 섬기다 보니 잘 알려지지 않을 수도 있을 것이다. 그래서 강력한 통제력과 상징성을 갖고 제대로 홍보도 해보자고 이야기하

는데, 과연 그게 맞는 건지 모르겠다.

지형은 _ 전반적으로 한국교회가 사회를 섬겨야 한다는 인식은 충분하고 또 그에 따른 실천도 많이 나아지고 있다고 본다. 그런데 함께 하고 홍보하는 등의 문제에서 한국교회 전체를 아우르는 어떤 사회봉사 단체가 필요하긴 하지만, 그에 앞서 올바른 방향성의 문제가 굉장히 중요할 것으로 생각한다. 전체 한국교회를 대표하는 어떤 봉사기관들이 필요하다기보다는 각 지역 사회별로 가야 한다. 최근 경기도 화성에 다녀왔는데, 교단이 서로 다른 4교회가 일 년에 4번씩 금요일 저녁마다 교회를 돌아가면서 모임을 갖고 있었다. 그때마다 성도들이 모두 같이 모여서 함께 예배한다. 그리고 교단을 떠나 지역사회를 위해 서로 머리를 맞댄다. 이처럼 한국교회의 사회봉사는 어떤 일정한 지역에서 생활밀착형으로 하는 것이 좋다고 생각한다. 생활밀착형으로 가면 홍보는 자동적으로 된다. 그런데 우리 한국교회는 늘 거대담론에 집중하기 때문에 조그만 일에는 힘을 모으지 못한다.

사회자 _ 그렇다면 이 부분에서도 서로를 연결할 수 있는 것은 작은 교회들이 아니겠는가?

이성구 _ 부산에서도 작은 교회들이 연합해서 사역들을 꽤 잘하고 있다. 재정은 큰 교회들이 많이 부담하고 작은 교회들이 실제적으로 여러 가지 일을 담당하는데, 구(區)별로 나누어 역할을 잘 감당하고 있다. 이처럼 각 지역에서 생활밀착형 봉사를 많이 하고 있음에도 불구하고 한국기독교에서는 사령탑도 없고 일관된 지휘 · 관리 · 행정 체계도 없어서, 누가 어디에서 뭘 하고 있는지조차 조사되거나 기록으로 집약되지 않고 있다. 그래서 아무런 통계도 없고 현황도 제대로 파악하지 못하고 있는 실정이다.

지형은 _ 그래서 지역에서 사회봉사 사역을 펼칠 때 협력하는 게 참으로 중요한 것 같다. 그 지역에 있는 여러 교회들이 협력해서 같이 하면 지역사회 주민들에게도 감동이 클 것이다.

사회자 _ 이제 같은 맥락에서 통일문제도 좀 다뤄야 할 것 같다. 통일시대에 대해서 이야기는 많이 하지만 역시 한국교회가 원탁에 앉아서 통일을 구체적으로 밀도 있게 논의한 것도 전무하다는 뼈아픈 지적도 있지 않은가?

이성구 _ 우리 국민 각자가 통일을 어떻게 받아들여야 하는 문제가 있다. 흔히 통일시대에 관한 이야기는 너무 멀게 느껴지거나 어떤 전문가들의 전유물로 생각하기도 한다. 그래서 교회에서도 통일을 위해서 기도하고 구체적인 행동에 나서는 경우에도, 결국 통일이 되면 예배당을 세우기 위해 헌금을 모으자는 이야기 정도에 그치고 만다. 진짜 왜 통일을 해야 하고, 어떻게 통일을 하고, 통일을 해서 뭘 할 것인지에 대해 성찰하는 노력이 많이 부족했다. 실제로 대다수의 목사들에게 통일신학이 없다. 그래서 매우 심각하게 고민을 해야 하는 문제이기도 하다.

지형은 _ 통일문제야 말로 한국교회에 보수와 진보의 편차가 극명

하게 드러나는 분야이다. 예를 들어 NCC계열에서 지금까지 조선그리
스도교연맹과 지속해왔던 관계는 진보적인 그리스도인들이 진행하였
고, 보수교단에서는 통일이 되면 교회를 세우겠다는 목표 정도를 갖고
있을 뿐이다. 더구나 보수적인 그리스도인들이 가진 통일 논의에 대해
서는 하나님이 손을 좀 대셔야 한다고 본다. 북한의 지도부와 위정자들
은 악마세력이라는 의식을 갖고 있기 때문이다. 그래서 보수적인 진영
의 통일 인식은 북한의 급변사태에 따른 체제붕괴를 기대하고 있는 듯
하지만, 일반 한국사회에서는 점진적이고 단계적인 통일을 통하여 통
일 비용을 비롯한 사회적인 충격을 최소화해야 한다고 본다. 이처럼 서
로 상이한 다양한 견해 차이를 보이는 통일분야야말로 전문가들이 서
로 진지하게 이론과 대안을 토론해 나가야 할 것이다.

사회자 _ 예전에 홍정길 목사는 "해방 전의 한국교회가 해방을 위
해서 많이 기도했지만 정작 제대로 해방을 준비하지 않았다"라고 말씀
했다. 지금 한국교회에서는 저마다 통일을 위해 기도하기는 하는데, 정
작 통일을 위해서는 구체적으로 준비하지 않고 있다는 자책과 반성이
필요한 것 같다.

이성구 _ 그래서 언제부턴가 통일을 평화통일이라고 이야기하기
시작했다. 그런데 어떤 분은 통일평화라고 말해야 한다고 그런다. 통일
이후의 평화를 강조해야 한다는 것이다. 평화적으로 통일한 다음에 정
말로 평화를 이루도록 해야 한다는 것이다. 하여간 목회자들이 통일을
위해서 무엇을 기도하며 어떻게 준비하는지가 매우 중요하다. 이와 관
련된 각종 사안들은 엄청나게 많은데, 우리가 큰 그림을 갖고 어떻게

협력해 나갈 것인가를 고민해야 하고 새롭게 정립하는 작업을 꼭 해야 한다.

사회자 _ 이제 토론을 정리를 해야겠다. 긴 시간 동안 여러 문제와 진단, 그리고 대안까지 말씀해 주셨는데, 마지막으로 한계점에 선 한국교회가 나아갈 길에 대해서 한마디씩 더 말씀을 부탁드린다.

지형은 _ 이번 대담을 계기로 다시 한 번 한국교회를 밑바닥에서부터 다시 생각한다는 면에서 유익이 있었다고 생각한다. 한국교회의 모든 그리스도인이 늘 성경에서 외치는 것과 같이 광야로 돌아가 첫사랑을 회복하는 것이 무엇보다 중요하다는 사실을 더욱 절감하게 된다.

이성구 _ 지금까지 한국교회의 한계점과 관련한 이야기들을 이어왔는데, 한계점에 섰다고 충분히 인정하면서도 이게 끝이 아니라 오히려 새로운 출발점이라는 사실을 기억하면 좋겠다. 하나님의 은혜에 대한 기대를 절대 꺾지 말아야 한다. 하나님께서 반드시 새롭게 하시리라 믿는다. "한국교회에 소망이 있는가?" 그 대답은 "여전히 샘물은 솟아나고 있다." 성령의 샘물이 우리 모두에게 흘러넘치리라 믿는다.

사회자 _ 귀한 말씀과 은혜를 이어받아 계속해서 다음세대로 흘러가는 일들이 나타나기를 소망해본다. 귀한 분들의 헌신이 있기 때문에 한계점은 끝이 아니라 분명 새로운 출발점이 되리라 믿는다. 오늘 두 분의 수고에 진심으로 감사드린다.

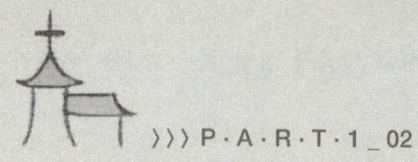

한국교회의 미래,
출구전략을 진단한다

선교 130주년을 넘긴 한국교회, 그 한국교회가 지금까지 걸어온 길을 제대로 파악하고, 어떻게 해야 바람직한 미래를 향한 방향을 설정할 수 있는지를 짚어보기 위해서 "한국교회 미래를 진단하다"라는 주제로 웨스트민스터신학대학원대학교 김선일 교수와 「한국교회 미래지도」의 공동저자이면서 아시아미래교회연구소장인 최현식 목사와 함께 이야기를 나누어보고자 한다.

사회자 _ 「한국교회 미래지도」가 한국교회의 놀이터에 폭탄을 던졌다고들 말한다. 2013년에 1편이 나왔고, 2015년에 2편이 나왔다. 이 두 책에 대해서 먼저 최현식 목사께서 간략하게 소개해주시면 좋겠다.

※ 이 원고는 2015년 4월 18일과 25일에 방송된 원고이다.

최현식 _ 2013년도에 「한국교회 미래지도」 1편을 출간했다. 대략적인 내용은 한국의 경제적인 위기와 맞물려 있는 한국교회의 영적, 경제적 위기를 진단한 내용이다. 그 책을 통해서 말하고 싶었던 것은 단지 이런 위기가 멀리 동떨어져 있는 유럽과 서방교회의 문제가 아니라 지금 우리 앞에 닥친 현실이라는 점이다. 특히 2편에서도 1편의 연장선상으로 위기가 계속해서 찾아오고 있는 상황이지만, 한국교회는 위기를 맞고 끝나버리는 공동체가 아니라 하나님이 주시는 지혜로 위기를 기회로 만들러 위기를 돌파해내면서 다시 한 번 소망을 품고 해법을 모색해보자는 이야기를 담고 있다.

사회자 _ 김선일 교수께서는 이 책을 어떻게 보셨는가?

김선일 _ 한국교회의 위기를 이야기할 때 항상 교회 내적인 관점에서만 봤는데, 지금 한국사회가 맞이하고 있는 경제적인 문제와 인구변동의 문제 등 거시적인 틀 속에서 한국교회를 바라보게 해주었다는 데 가치가 있고, 두 번째로는 이러한 위기 상황에 대해 우리 교회가 내적으로 어떻게 대응할 것인가를 제시했다는 면에서 가치가 있다고 본다.

사회자 _ 이 책들을 통하여 사회와 동떨어질 수 없는 교회의 공동체성을 보게 된다는 점이 중요한 특징이자 강점이라고 할 수 있는데, 2권에서 이야기하는 한국교회는 굉장히 암울하다. 한국교회를 암흑기의 전조로 평가했는데, 그렇게 진단한 특별한 이유가 있는가?

최현식 _ 우리가 주목하고 싶은 것은 교계의 지도자들이 생각하는 것과 같다. 거기에는 영적인 커다란 위기가 한국교회 안에 있다는 사실이 전제되어 있다. 이 책을 내면서 경제적인 부분을 많이 다루었지만, 이것은 영적인 위기가 없다는 것이 아니다. 영적인 위기가 있는데 거기에 더해서 경제적인 위기가 닥쳤을 때 두 위기가 동시에 어떤 현상들을 만들어낼지, 그 여파랄까 후폭풍이 어떤 것일지에 대해 진단하고 싶었다. 그렇기 때문에 교회가 깨어 있어서 하나님이 원하시는 교회를 세우는 일에 전적으로 마음을 쓰고 기도하는 것이 필요하다는 것이다.

사회자 _ 경제 위기가 영적 위기와 중첩되어 화학반응을 일으키면 굉장히 심각해질 것이다. 목회자나 지도자들을 만나보면 이 위기에 대해서 공감하고 있는가?

최현식 _ 만나는 분들마다 위기의식은 다 공유하고 있다. 특히 영적인 위기의식은 오래 전부터 가지고 있었는데, 문제는 현실적으로 '이 위기를 어떻게 이겨내야 할 것인가?' 하는 질문 앞에서는 상당히 막연해진다는 점이다.

사회자 _ 한국교회의 위기는 오래 전부터 나온 주제다. 그런데 객관적인 자료를 제시한 책이 나오면서 현실적으로 데이터에 근거해서 위기를 인식하는 것은 좋은데, 이런 위기의식이 지나치게 확대 해석되고 있지는 않은가 하는 이야기도 있는 것 같다.

김선일 _ 막연하게 위기의식을 가지고 있었던 것에 대해서 구체적으로 데이터를 제공하고 확실하게 경향을 진단해줬다는 측면에서 의미가 있는 것은 분명하다. 그런데 위기가 우리 앞에 곧 닥칠 것이라는 전조증상을 자꾸 이야기하다 보면 자칫 사람들은 이러한 경고에 대해서 둔감해질 수도 있다. 그래서 다가올 위기 자체를 현실적으로 심각하게 대처하기보다는 그냥 별 생각 없이 위기경고와 더불어 무감각하게 살아가는 습관을 보이기도 한다. 그런 측면에서는 이러한 위기에 대해서 훨씬 더 구체적이고 생생하게 제시해주어야 한다고 본다.

사회자 _ 이 책의 저자이신 최현식 목사께서는 다양한 목회자들을 만나고 교회에서 강의도 많이 하실 텐데, 한국교회의 위기의식에 대한 공감 정도는 어떻다고 생각하는가?

최현식 _ 개인적인 생각으로는 교회의 규모에 따라 다소 다른 것 같다. 규모가 작거나 주변에 영향력을 미칠 수 없는 규모의 교회들은 오히려 위기의식이 있다. 그런데 문제는 대형교회들은 아직 제대로 실감하지 못하는 것 같다.

사회자 _ 경제위기에 대한 진단을 통하여 2~3년 내에 위기가 닥칠 것이고, 2028년에는 완전히 침몰할 수 도 있다는 경고를 했는데, 그 이유를 좀 더 자세히 설명해주시면 좋겠다.

최현식 _ 영적인 위기를 전제로 깔고 설명하겠다. 큰 틀에서 두 가지로 설명하자면, 첫째는 경제적인 부채 때문에 닥쳐오는 어려움이다. 현재(책 출간은 2015년이다.) 가계부채가 1,060조를 넘어섰고, 특히 정부부채나 기업부채, 공공기관의 부채를 합했을 때 거의 1경에 가깝다고 학자들은 말한다. 이 엄청난 규모의 부채를 극복하기 위해서는 우리나라의 산업이 잘 돌아가야 되는데, 지금 한국 경제는 커다란 위기에 처해 있는 현실이다. 뉴스를 보니 국내 대기업 같은 경우 유동성 위기에 대비하여 현금을 500조 이상이나 쌓아놓고 있다고 한다. 절박한 위기의식을 갖고 자기들 나름대로 대응하고 있는 셈이다. 그러나 이 문제는 쉽게 해결되지 않을 것으로 보인다. 특히 부채가 계속 늘어날수록 어려움은 가속화될 것으로 생각한다. 또 하나, 2028년 무렵이면 우리나라에서는 급격한 인구구조의 변화가 나타나게 된다. 특히 베이비붐 세대 1,640만 명 정도가 대거 은퇴하면서 노령인구가 2,700만이나 되는 초고령화 사회에 진입한다. 지금까지 한 번도 경험해보지 못했던 인구구조이다. 그런데 저출산 위기를 해결하는 문제도 생각만큼 빨리 진전되지는 않을 것이다. 가까운 사례로 프랑스의 경우 출산율을 0.4명 올리는데 15년 동안 매년 40조씩이나 예산을 투자했다는 통계가 있다. 그만큼 저출산 패러다임을 바꾸는 것은 경제적인 문제일 뿐만 아니라 여러 상황이 종합적으로 얽혀 있다. 거기에 영적인 위기까지 더해지기 때문에 이런 문제를 해결하기란 굉장히 어려울 것이다.

김선일 _ 미래학은 미리 예측을 해야 하기 때문에 일종의 도박적인 위험요소를 안고 있다고 본다. 그래서 예측이 틀린 경우도 많다. 미국 같은 경우에도 인구가 늘지 않고 경제적으로 어려울 것이라는 전망을 했는데, 이민자들의 유입이 미국 사회의 경제성장과 미국교회를 갱신시키기는 큰 역할을 했다. 그렇다면 최현식 목사께서는 이와 같은 돌발변수들을 어느 정도 고려하고 있는가?

최현식 _ 물론 그런 변수들에 대해서 계속 주목하고 있다. 한 가지 오해하지 말아야 한 것은 미래학이란 예언을 하는 것이 아니다. 기업과 교회를 섬기는 사역을 하다 보면 많은 분들이 미래학자들을 무슨 예언가인양 대한다. 그러나 미래학자는 말 그대로 예측하는 전문가일 뿐이다. 여러 가지 일반적인 데이터나 현상들을 분석해서 대략 7~8개 정도의 시나리오를 발표하게 된다. 그런데 시대가 계속해

> **저출산 패러다임을 바꾸는 것은 경제적인 문제일 뿐만 아니라 여러 상황이 종합적으로 얽혀 있다.**

서 변하기 때문에 주의 깊게 지켜보고 있다. 그 변화가 일어나는 시점과 상황을 예의주시하면서 이미 발표한 시나리오를 최적화하는 작업을 계속하고 있다. 그래서 생각하지 못한 변수들이 나타날 때 이를 반영하여 끊임없이 기존 시나리오를 수정, 보완해가고 있다. 한국교회는 아직 미국과 같은 새로운 부흥과 회복이 일어날 조짐이 별로 없다. 이러한 예측이 빗나가 뜻밖의 회복과 부흥이 일어나면 좋겠다.

사회자 _ 이처럼 다양한 변수를 좀 더 헤아리면서 책을 읽으면 좋을 텐데, 책에서는 분명히 예측이라고 말하고 있음에도 불구하고 독자들이 예언처럼 받아들이는 풍토가 문제이기도 한 것 같다. 그런 점에서 한국경제의 여러 지표를 근거로 해서 이제 교회가 생각을 달리해야 한다는 예측과 대안을 제시해주셨는데, 그렇다면 한국교회가 당면한 경제적 어려움에 대해서는 어떻게 볼 수 있겠는가?

최현식 _ 한국교회도 역시 전망이 어둡다. 그 이유는 한국사회의

경제구조나 체제상 어려움 때문이다. 지금까지 산업을 이끌었던 자동차, 건설, 조선이 이미 한계에 봉착한 상태다. 그래서 조선업체들이 부도처리 되었고 많은 건설사들이 힘들어하고 있다. 중요한 것은 신산업으로 넘어가는 과정이 생각만큼 쉽지 않다는 것이다. 미국이나 유럽의 선진국들은 이미 3차 산업으로 넘어가고 있고, 중국이나 신흥국들은 우리나라의 2차 산업을 가져가 더욱 발전시키고 있는데, 우리나라는 생각만큼 새로운 산업을 펼쳐나가지 못하고 있어서 어려움이 많다. 인구를 비롯한 여러 문제가 수두룩하게 생겨나면서 앞으로 3~5년 이상 경제적인 어려움은 지속될 것으로 보인다. 제대로 선방하면 저성장이고, 저성장을 슬기롭게 극복하지 못하면 또 다시 금융위기와 외환위기까지도 치닫게 될 것으로 조심스럽게 예측하고 있다.

사회자 _ 이런 암울한 예측 속에서 교인들의 수평이동에 관한 통계치가 나와 있던데, 요즘은 70~80%가 수평이동이라고 한다. 아무리 교회가 부흥한다고 하더라도, 결국 냉정하게 표현하면 다른 교회의 성도가 이동해 와서 그 자리에 앉아 있다는 것인데, 이렇게 생각해볼 때 한국교회가 윤리선언을 한다든가, 또 뜻있는 분들 사이에서 기존 성도들의 등록을 받지 않는 운동들이 일어나고 있지 않은가?

김선일 _ 맞다. 교회의 본질이 무엇인지를 고민하는 신학생과 사역자들이 새로운 교회운동을 펼치고 있다. 한국교회에서 상당히 활발하게 투명하고 건강한 행정적, 재정적 구조를 만들어내려는 움직임을 보여주고 있기 때문에, 한편으로 위기를 목도하면서 다른 한편으로 새로운 가능성과 노력도 인정해주어야 한다고 본다.

사회자 _ 한국교회의 경제적인 부분을 조금 더 이야기해보도록 하자. 성도들을 교회가 진 빚을 해결하는 대상으로 바라보는 시각에서 빨리 벗어나야 한다고 이 책에서 많이 말하고 있는데, 저자로서 목회자들이 그런 이야기에 얼마나 귀를 기울이는 것 같은가?

최현식 _ 굉장히 어려운 질문이다. 사실 그랬으면 좋겠다. 교회들이 깨어 있어서 이제는 건물과 관리에 투자하는 것이 아니라 하나님의 사람을 세우는 교회가 되기를 간절히 부탁하고 싶다. 여전히 예전의 패러다임에서 벗어나지 못하신 분들이 많은 것 같다. 예를 들면 교회 건축을 하거나 세련되거나 좋은 프로그램을 돌리면 부흥할 수 있다는 생각이다. 실제로 강의를 가보면 교회건축을 앞두고 있기 때문에 그런 부분을 그냥 넘어가달라고 이야기하기도 한다. 이런 패러다임이 빨리 변화되어 하나님의 사람을 세우는 데 헌신할 수 있는 교회로 나아가면 좋겠다.

김선일 _ 위기가 온 것은 경제적인 패러다임의 문제만이 아니라 외부환경의 변화에 대처하여 기독교 복음의 본질을 가지고 통과해나갈 수 있는 야성이 약해졌기 때문이라고 생각한다. 우리 안에서 찾아오는 위기의 주요변수는 경제적인 위기가 아니라 어떤 면에서는 이 시대의 물량주의, 소비주의, 가시적인 성과주의에 교회가 깊이 물들어 있다는 것이다. 「한국교회 미래지도」는 경제위기에 대한 진단으로서 한국교회에 큰 충격과 자극을 던져주기도 했지만, 자칫 잘못하면 영적인 문제를 종속변수로 전락시킬 우려도 있지 않나 생각해본다. 그래서 이왕 한국교회와 목회자를 위한 책이라면 경제위기가 어떻게 한국교회에 영향을 주었고, 경제위기와 교회영성이 어떤 식으로 긴밀하게 상호작용했는지를 심층적으로 진단하는 것도 필요하다고 생각한다.

사회자 _ 영성과 지도력, 앞으로 교회가 추구해야 하는 프로그램들이 준비되고 있는 모양이다. 그런 측면에서 한국교회에 대안을 제시하는 노력까지 짚었는데, 실제적으로 한국교회에 초대형교회는 그렇게 많지가 않다. 오히려 작은 교회들의 노력들에 대해서는 어떻게 생각하는가?

최현식 _ 두 가지로 생각한다. 바람직한 방향으로 몸부림치면서 영혼을 향한 노력과 기도, 헌신을 다하는 교회들도 많다. 앞으로도 하나님이 기뻐하시는 좋은 교회를 세우고 유지해나가는 모습이 충분히 있을 것이다. 그러나 반대로 가슴 아픈 이야기지만, 그럼에도 불구하고 초대형교회를 꿈꾸는 작은 교회도 역시 많다는 것이다. 어떤 학자들은 "이 땅에는 두 개의 교회가 있는데, 그것은 초대형교회와 초대형교회를 꿈꾸는 작은 교회다"라고 말하기도 한다. 그 말에도 일리가 있다. 그렇기 때문에 지금이라도 하나님의 사람을 세우는 사역에 집중해야 한다. 경제적인 위기가 끝나고 분명히 부흥의 시기가 올 텐데, 이제부터 제대로 준비하지 않는다면, 곧 교회다운 헌신과 사명을 가지고 뛰지 않는다면 더 큰 위기가 찾아올 것이다. 그렇다면 또 다른 경제회복이 찾아올 때 생기는 신앙적 위기를 얼마나 감당할 수 있을까 의문이다.

사회자 _ 김 교수께서는 학교에서 강의하는 학생들이 대개 현장의 목회자들일 텐데, 그분들의 현실 인식은 어떠한가?

김선일 _ 얼마 전에 '새로운 교회운동'을 펼치시는 분들과 얘기를 나누었는데, 물량적인 대형교회와 가시적인 성과만을 추구하는 데서 벗어나서, 인격적인 교류를 나누고 한 사람, 한 사람을 그리스도의 제자로 양성하는 데 초점을 맞추는 공동체적 교회들, 선교적인 교회들을 세우자는 운동이 일어나고 있다고 한다. 그런데 이에 대해서 같이 공감하고 적극적으로 추진하는 사람들은 사실 너무나 적다. 현실에서 제대로 체험되지 못하고 있는 것이다. 자신의 상황에 어떻게 접목할지, 어떻게 풀어갈지 곰곰이 생각해볼 여유조차도 없는 모습을 보게 된다. 기성교회는 일단 기존의 자산과 인력과 경험으로 겨우 현상유지를 하고 있는 수준이기 때문에 새로운 흐름과 변화에 대해서 인식하고 대응할 여유가 없다는 느낌을 받는다.

사회자 _ 이제부턴 통일에 대한 부분과 한국교회가 나아갈 길에 대해서 이야기를 나누어야 할 텐데, 최현식 박사께서 지금까지 토론한 주제를 정리한다는 차원에서 한국교회 지도자들이 꼭 인식해야 할 부분이 있다면 무엇이라고 생각하는지 간략하게 말씀해주시면 좋겠다.

최현식 _ 「한국교회 미래지도」 2편을 출간하면서 던진 화두는 용기이다. 그리스도인이 타협하지 않고 살아가는 용기, 세상 속에서 하루하루 살아가는 삶은 교계지도자들이 생각하는 것보다 훨씬 어렵고 힘들다. 굉장히 치열하고 전쟁과 같은 삶을 살고 있다. 그럼에도 불구하고 복음을 붙들고 살아가고자 하는 용기가 없다면 이 세상에서 흔들리지 않고 살아내기는 힘들 것이라고 생각한다.

김선일 _ 신앙은 모험이 수반된다. 환경과 두려움에 모험으로 맞서야 한다. 용기도 신앙의 자산이다. 변화를 거부하다가 문제가 발생했을 때는 이미 늦다. 그래서 민감하게 변화를 인지하여 의미 있고 긍정적인 변화의 방향을 함께 모색해보고 거기에 대해서 유연한 사고로 대처하는 자세가 필요할 것이다.

사회자 _ 지금까지 한국교회의 미래를 생각하면서 현재 우리가 어떤 위기 상황에 처해 있는가를 살펴보았다. '변화를 선도할 것인가, 아니면 급급하게 뒤따라 갈 것인가?' 하는 것은 모든 공동체와 지도자들의 숙명적인 과제이다. 하루도 아니고 1초 사이에 급변하는 세상 속에서 결코 변질되지 말아야 할 복음의 본질과 마땅히 변화되어야 할 복음을 담는 그릇은 무엇인가를 다시 한 번 깊이 생각하게 된다. 지금 우리는 한국교회가 과연 변화의 쓰나미가 밀려오는 사회 속에서 어떤 방향으로 미래지도를 그려나가야 할지를 짚어보고 있다. 이제 좀 더 구체적으로 한 걸음 더 들어가서 통일에 대해 생각해보지 않을 수 없다. 한국교회가 어떻게 준비해야 할지, 「한국교회 미래지도」에 보면 통일 시기에 관한 이야기도 나오는데, 이 말씀을 좀 나눠주시면 좋겠다.

최현식 _ 가장 확실한 것은 머지않아 통일이 된다는 사실이다. 그러나 아직 불확실한 사실은 시기를 정확히 알 수 없다는 점이다. 중요한 것은 어떻게 통일을 준비하고 통일 이후에 어떤 일들이 발생할 것인가에 대해서 끊임없이 예의주시하면서 다가올 통일에 대한 숙제를 지금부터 차근차근 풀어나가야 한다고 생각한다.

사회자 _ 대략 언제쯤 통일이 가능할 것으로 예측하는가?

최현식 _ 향후 30년 이내로 생각하는데, 아직 열리지 않은 사회와 시대를 예측하는 것은 상당히 어렵고, 또 워낙 여러 변수가 많기 때문에 상당히 조심스럽다.

김선일 _ 30년이라고 예측하신 대략적인 이유를 설명해주시면 좋겠다.

최현식 _ 큰 틀에서는 북한 정권이 교체되면서 초기에 얼마나 안정감을 갖고 가느냐가 매우 중요했는데, 예상보다 훨씬 빨리 북한 정권이 안정기로 접어든 모습이고, 이제는 전체적인 부분들을 충분히 아우를 수 있을 만큼 통치 여력이 생겼다고 본다.

사회자 _ 대략 2025년에서 2040년 사이에 통일이 될 것이라 말씀하셨는데, 그 과정을 거치면서 대한민국은 어떤 상황을 맞이하겠는가?

최현식 _ 하나는 통일에 대한 소망과 기대가 젊은이들 사이에서 역동적이지 않다는 점이다. 통일준비에서 중요한 부분을 차지하는 것은 우선 마음이고, 그다음 단계로 다양한 부분에서 체계를 갖추어나가야 하는데, 젊은세대들이 통일에 대한 기대감을 그다지 많이 나타내지 않고 있다. 그게 큰 문제점이라고 생각한다.

김선일 _ 통일은 사건이 아니라 과정이므로 지금부터 통일을 새롭게 인식하고 대한민국의 미래를 준비하고 훈련하는 게 필요하다. 그런데 최근 몇 년 동안 통일에 대한 인식이 현저하게 낮아졌다. 예를 들어 독일 같은 경우는 통일되기 13~14년 전부터 TV방송을 공유했다. 상당한 문화적인 동질감을 축적하면서 서서히 통일이 이뤄졌는데, 우리나라는 점점 더 무관심과 분열과 이질적인 문화로 나아가는 상황이 굉장히 우려할 만한 수준이다. 우리 안에서 조차도 이질적인 많은 문화와 여러 사회가 공존하고 갈등이 생겨나는데, 이 갈등을 해결하고 공존하며 살아가는 것도 역시 일종의 통일과정이라고 볼 수 있다.

최현식 _ 통일이 되기 전에 주목해야 할 것들은 북한에서 탈출해서 한국으로 들어온 탈북민들이다. 이 사람들이 아주 많이 늘어나고 있는 상황인데, 한국사회에 잘 정착하고 있는가? 우리가 잘 도와주고 있는가? 한참 기대에 못 미친다. 이런 모습으로 통일이 된다면 과연 어떻게 흘러갈지에 대해서도 염려가 된다.

사회자 _ 그럼, 통일 이후에 한국교회는 어떻게 될 것인가를 물어보지 않을 수 없다.

최현식 _ 송구하지만, 한국교회에도 역시 큰 위기가 닥칠 것으로 예측하고 있다. 그렇게 보는 이유는 북한에서 예수를 믿는 지하교회 성도들이 많이 있는데, 그분들이 통일 이후에 한국교회로 대거 몰려들어 온다면 한국교회의 분위기와 지하교회의 영적인 분위기가 서로 공존할 수 있을까? 그분들이 과연 한국교회의 모습을 보고서 인정할 수 있을까? 반대로 한국교회는 신학적으로 발전하고 여러 면에서 체계적으로 성장해왔는데, 북한의 지하교회와는 상당히 이질적인 요소가 많다는 것 때문에, 서로 심각한 갈등을 빚을 것이고 서로 화합하면서 갈등을 해결하기도 참 쉽지 않을 것으로 보인다. 특히 해방 이후에 교회가 많이 갈라졌던 경험이 있는데, 앞으로 다가오는 위기와 갈등을 잘 극복하지 않는다면 또 다른 거대한 위기의 파도가 우리를 향해 몰려올 것으로 생각한다.

사회자 _ 그러면 이러한 상황에 대비해서 한국교회가 내려놓아야 할 것은 무엇이고 지속적으로 추구해야 할 것은 무엇인가?

최현식 _ 가장 중요한 일은 교회다움을 회복하는 것이다. 근본적으로 모든 것을 복음 앞에서 해결해야 한다. 우리가 과연 교회다움, 성도다움을 지켜나가고 있는가? 그렇지 않다면 지금이라도 다시 복음 앞에 엎드려서 하나님이 기뻐하는 사람으로, 복음을 붙들고 치열하게 살아갈 수 있는 그리스도인으로 새롭게 일어나야 한다.

김선일 _ 로잔언약이라는 복음주의 운동의 대표적인 선교기구가 있는데, 수년 전 남아공 케이프타운에서 '로잔복음화대회'를 열었을 때 대표적인 주제가 '화해'였다. 남아공은 인종문제가 심각했고 차별이 있었던 역사를 지니고 있다. 그 속에서 '화해'라는 주제로 모였는데, 우리나라와 북한에서 탈북한 사람들도 여기에 참석했었다. 이 '화해'라는 주제가 남아공뿐만 아니라 우리나라에서도 회복되고 조명되어야 할 필요가 있다고 생각된다.

사회자 _ 그런 맥락에서 본다면 교회다움의 회복이라고 이야기할 때 그 교회다움이란 어떤 교회를 뜻하고 어떤 복음이냐는 것이다. 이 질문과 대답이 한국교회 안에서 집중력 있게 담론으로 형성되고 있지 못한 상황이 문제이다.

김선일 _ 탈북자들을 도와주는 일은 한국교회들이 대부분 관심을 갖고 있고 나름대로 실천도 하고 있다. 그런데 단순히 도와주는 정도가 아니라 그 사람들을 진정으로 환대하고 동일한 존재로 동화되는 공동체를 만들어가는 이 과정과 가치에 대해서 얼마나 진지하게 인식하고 노력하고 있는지, 또한 복음이 무엇이냐고 할 때 인간관계와 사회와 공동체를 어떻게 변화시키는 능력을 보여주는가에 천착하는 것도 중요한 과제라고 생각한다.

사회자 _ 그런 차원에서 최현식 목사께 좀 더 물어보고 싶은 부분도 바로 그 지점이다. 교회다움의 회복과 복음 앞에 엎드리는 것, 진정 교회다움이 무엇인지에 관하여 교파나 신학이 다르고 행동양식도 다른데, 서로 어느 정도 공감대를 형성할 수 있을 것인가 하는 점이다. 목회현장에서도 성도들이 저마다 다양한 교회론과 영성의 색깔을 드러내는 모습을 보게 된다. 그런 분들에게 복음 앞에 엎드리자고 했을 때, 도대체 어떤 복음이냐고 질문하면 지도자들이 곤혹스러울 것 같다.

최현식 _ 복음이라고 이야기할 때는 본질적으로 성경을 말한다. 성경을 자기 식으로 해석하는 것이 아니라 성경에서 말하는 하나님의 뜻을 정확하게 해석하는 복음을 말한다. 예수님도 3년 공생애 동안 제자들을 가르치셨다. 그 당시에도 바리새인들이나 서기관들이 성경을 자기 방식대로 해석했다. 예수님은 이를 지적하시면서 제대로 정확한 하나님의 뜻을 알려주셨다. 그와 마찬가지로 한국교회 지도자들이 제대로 된 하나님의 말씀을 가르치고 삶의 현장에서 그 가르침대로 살아가려고 몸부림치는 모습이 있어야, 그게 바로 복음 앞에 엎드리는 것이라고 생각한다. 결국 믿음은 제대로 된 말씀을 들어야 생

> **복음이라고 이야기할 때는 본질적으로 성경을 말한다.**

긴다고 보고, 그런 의미에서 제대로 해석하고 적용하는 것이 첫 번째 선결과제이다.

사회자 _ 통일에 대해서 나누면서 한국교회를 살리는 응급처방 다섯 가지를 언급하셨는데, 이 부분을 소개해주시면 좋겠다.

최현식 _ 간단하게 소개하자면 첫째는 씨를 뿌려야 된다는 것이다. 많은 분들이 전도를 하면서 곧바로 열매를 거두길 원한다. 그러나 씨를 뿌린다는 것은 지금 당장 열매가 없어도 계속해서 역동적으로 일해야 한다는 것이다. 아무리 힘들어도 교회는 계속 씨를 뿌려야 한다. 지금 한국교회가 800~1000만 명의 그리스도인이라고 하는데, 우리 믿음의 선배들이 130년 이전부터 뿌렸던 씨앗의 열매인 것이다. 마찬가지로 지금 우리가 씨를 뿌리지 않으면 다음세대에서 열매를 거두지 못하는 위기를 겪을 수밖에 없다. 두 번째는 미래세대를 회복시키는 일이다. 이 세대를 하나님의 사람으로 세울 수 있도록 경제적 지원과

인적 지원을 아끼지 말아야 한다. 이 세대를 하나님의 사람으로 세우지 않는다면 한국교회는 존폐의 위기를 맞을 수밖에 없다. 이 세대를 잘 양육하기 위해서는 잘 준비된 교사가 필요하다. 믿음의 교사들을 잘 양육할 수 있도록 체계적으로 한국교회 전체가 잘 세워져가야 한다. 세 번째는 신중년(新中年)에 마음을 써야 한다. 2028년을 기점으로 인구구조의 중대한 변화가 있을 텐데, 도시교회는 70~80% 이상의 은퇴자들이 성도로 있을 것이고 시골교회는 90% 이상의 노년층들이 있을 것이다. 이러한 인적자원을 잘 활용할 수 있는 방법을 찾아야 한다고 생각한다. 네 번째는 미래를 준비하는 학교가 각 교회마다 있어야 한다고 본다. 2008년 서브프라임 모기지론 사태가 터졌을 때 재정적인 문제를 겪었던 분들을 돌보고 회복시키는 역할을 미국교회에서 감당했다. 마찬가지로 한국사회도 이런 경제적인 위기가 있을 때 그런 어려움에 처한 분들을 회복시키고 일으키는 일을 감당해야 될 통로가 교회여야 한다고 생각한다. 그래서 지금부터 성도들을 잘 양육하고 성경적인 청지기로 세워서 하나님이 주신 것들을 잘 쓸 수 있도록 훈련해야 한다. 다섯 번째는 통일을 위한 준비로 각 교회에서 구체적으로 실천할 수 있는 방안을 모색해야지만 다가오는 미래에 선제적으로 대응하는 역량을 키워나가는 처방이 되지 않을까 생각한다.

사회자 _ 다섯 가지를 살펴보았는데 경제 논리의 입장에서 본다면 투자의 영역이다. 그래서 우리가 건물을 짓기보다는 그 재정을 다른 곳에 사용하자는 말일 텐데, 김 교수께서는 어떻게 생각하는가?

김선일 _ 분명히 해야 할 일이라고 생각한다. 교회는 사람을 변화시키고 사람을 세우는 곳이다. 세분화시켰을 뿐이지 이미 기존에 하던 일들이다. 하나 추가하자면, 교회가 이런 투자와 헌신이 일어날 수 있는 내적 역량을 갖추어야 하는데, 그 역량은 하나님의 은혜를 깊이 체험하고 그 은혜를 나눌 수 있는 공동체이어야 한다. '공동체가 하나님의 은혜를 경험하고 격려하고 나누고 은혜에 따라서 살아가는 곳인가?' 라는 질문 앞에 당당한 이런 공동체를 세우고 건강하게 되면, 이 모든 일에 자연스럽게 관심을 가지게 되고, 이런 역량도 스스럼없이 표현된다고 본다. 또 하나 중요한 것은 신중년의 신앙이 세상 속에서 증인의 삶과 이웃을 섬기는 삶으로 나아가도록 격려하고 인도해주는 일이 중요하다고 생각한다.

최현식 _ 여기서 두 가지 정도를 덧붙여서 말씀드리고 싶다. 하나는 앞서 언급한 다섯 가지 사역은 지금까지 계속해왔고 앞으로도 지속해야 할 사역이지만 대형교회가 아니고는 할 수 없는 일도 있다. 그러나 한편으로 시대적, 지역적인 접근이 필요하다. 하나님께서 시대적 소명에 따라서 일을 맡겨주시므로 각 지역마다 시대적인 요청들이 있다. 그렇기 때문에 해당지역에 알맞은 사역을 차별화해서 시대적인 요청을 감당할 수 있는 사역을 펼치는 것이 가장 중요하고 건강한 교회가 될 수 있다는 것이다.

사회자 _ 아주 중요한 말씀이다. 시대성, 지역성, 공동체성이라는 특징을 잘 활용해서 여러 가지 대안을 충분히 수용해나가는 것이 매우 중요하다. 이제 세상 속의 한국교회에 대하여 짚어보자. 결국 교회의 사회적인 공공성 문제인데, 그렇게 노력한다고 해서 세상 사람들이 우리를 이해해 줄까?

최현식 _ 가장 중요한 것은 세상이 교회를 어떻게 보느냐가 아니라 하나님이 우리를 어떻게 보시는가 하는 것이다. 그러기 위해선 교회가 먼저 하나님 앞에서 건강하게 세워지는 게 필요하다고 생각한다. 한국 교회가 사도행전의 초대교회 모습으로 돌아가야 한다는 슬로건을 던졌는데 옳은 일이다. 지금까지는 영적인 측면에서 성령의 역사에만 초점이 맞춰졌다면, 이제는 초대교회에서 일어났던 실제적인 역할에 대해 다시 한 번 돌아봐야 할 것이다. 초대교회에서는 함께 떡을 떼고 공유했던 실제적인 삶과 협력을 통해서 좋은 이미지가 생겨나고, 그리고 복음을 증거했을 때 회복이 일어나고 하나님을 만나는 일들이 역동적으로 어우러지면서 점차 교회가 건강해졌다. 그래서 교회가 사회에서 어떤 일을 하는 것도 중요하고 교회 안의 가족들을 어떻게 하나님의 사람으로 세워줄지에 대한 고민도 필요하다. 그 모든 것이 건강하게 세워졌을 때 얼마나 커다란 영향력을 끼칠 수 있을지 기대된다.

사회자 _ 초대교회는 칭찬받는 공동체였기 때문에 자연스럽게 이방인들도 몰려왔던 것이다.

최현식 _ 세상에서 받아들일 만한 이미지를 만들어가는 게 아니라 먼저 교회의 진입장벽을 낮추고 소외된 자들, 어려운 이웃들이 교회 안으로 들어와서 회복된다면, 우리가 억지로 의도하지 않아도 자연스럽게 교회가 회복될 것이고 부흥할 것이고 건강하게 될 것이라는 생각이다. 지금 현재 한국교회의 빚이 4조 5천억 원에서 5조 원 정도 된다고 추산하는데, 그 물질이 지역사회와 이웃을 위해서 쓰였다면 어떤 일이 일어났을지는 상상에 맡기겠다.

김선일 _「하나님의 나그네 된 백성」이라는 책을 쓴 스탠리 하우어워스와 윌리엄 윌리몬은 이렇게 말했다. "기독교인이 세상을 변화시키는 것은 세상으로 나가서 세상을 개혁하고 변화시키는 것이 아니라 교회가 온전한 교회되게 함으로써 세상을 변화시킨다." 이것은 아주 중요한 원리이다. 예수님이 "너희가 서로 사랑하면 사람들이 너희가 내 제자인줄 알리라"고 말씀하신 것처럼 우리가 세상에서 이미지 메이킹하는 차원으로 교회 역할을 접근할 것이 아니라 교회가 먼저 대안적 공동체로 세워지는 것이 선결과제라고 본다.

사회자 _ 그러니까 교회 안에 들어온 사람들의 핍절함이 보이면 곧바로 그 필요를 채워주는 초대교회와 같은 모습이 중요하다는 말씀인 것 같다.

최현식 _ 안타깝게도 한국교회의 진입장벽은 여전히 몹시 높다. 이슬람은 생각보다 높지 않다. 누구에게나 열려 있고 굳이 종교적인 의식에 얽매이지 않는다. 그리고 소외된 자들을 마케팅 차원에서 활용하는 반면, 교회는 헐벗고 소외된 자들이 들어오기에 어려운 구조가 되어 있어서, 사실 이것은 근본적으로 변화시켜야 할 시급한 문제라고 생각한다.

사회자 _ 이슬람의 이면도 올바로 보여주면서 우리가 교회 안에서 해낼 수 있는 창의적인 변화를 이루어야 할 것이다. 이제 논의를 마무리하겠다. 한국교회의 바람직한 미래 방향을 위하여 기성세대들, 사역자들, 신학생들 중에서 어느 한 세대를 향한 구체적인 당부의 말씀을 해주시면 좋겠다.

최현식 _ 각 교회의 지도자들에게 부탁드리고 싶은 것은 지금까지 한국교회가 부흥했던 방식을 고집하지 않았으면 좋겠다. 판이 바뀌고 세상이 급속히 변화되고 있는데, 과거에 성공했던 경험들이 앞으로도 지속가능하다고 생각한다면 한국교회의 미래는 더욱 힘들고 암울해질 것이다. 그리고 교회를 많이 떠나고 있는 청년세대에게 부탁하고 싶은 것은, 물론 사회적으로 어렵고 고통스러우며 경쟁사회에서 치이면서 굉장히 힘든 가운데 있고, 교회의 모순을 보면서 떠나고 싶은 마음이 굴뚝같겠지만, 그럼에도 불구하고 교회가 희망이다. 그리고 하나님은 교회를 사용하실 것이다. 그래서 끝까지 믿음을 붙잡고 나아갈 수 있으면 좋겠다.

김선일 _ 복음은 우리에게 전혀 다른 삶을 살라는 헌신을 요구한다. 우리가 정말로 복음을 믿고 복음적인 삶을 살아간다면, 구체적으로 돈을 모으는 방식, 돈을 쓰는 방식, 다른 사람과 관계 맺는 방식, 인생을 살아가는 방식 등에서 복음에 합당한 삶의 방식이 나올 것이다. 그래서 아무리 외적으로 경제적인 위기나 인구변동의 문제, 문화적으로 세속화의 문제가 몰려온다고 할지라도, 복음에 기초한 올바른 생활양식을 갖추고 있다면 얼마든지 위기를 잘 극복할 수 있을 것이다. 때로는 위기가 우리로 하여금 진정한 복음을 전할 수 있는 기회가 된다고 본다. OECD 국가들을 조사해보면 우리나라의 행복도가 아주 낮은 편이다. 그중에서도 가장 행복하지 못한 지수는 경제 양극화와 공동체 붕괴이다. 이것이 어떤 의미에서는 교회가 치유해야 하고 분명히 해답을 줘야 하는 영역이라고 본다. 이렇게 경제가 힘들 때야말로 다시 교회와 그리스도인을 통해서 온 나라가 복음의 부흥을 맞이하는 전환점이 될 수 있다고 생각한다.

사회자 _ 지금까지 한국교회가 나아가야 할 방향에 대해서 여러 가지 방법을 모색해보았다. 한국교회 안에서 위기는 기회이고 하나님은 여전히 일하고 계시다는 사실, 우리가 이 사실을 굳게 믿어 의심치 않고 부지런히 계속해서 전진해나갈 수 있으면 좋겠다. 오늘 나와 주신 두 분께 깊은 감사를 드린다.

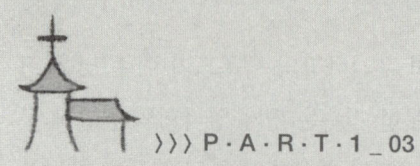

가나안 성도,
어떻게 이해할 것인가?

교회에 나가지 않고도 그리스도인이 될 수 있을까? 현실적으로 이런 일이 한국교회 안에서 일어나고 있고, 이에 대한 이해와 해결책이 필요하다는 논의가 지금 한국교회 내에서 활발하게 일어나고 있다. 분명 자신을 그리스도인이라 생각하지만 기성교회에 나가지 않고 있는 이들을 '가나안(거꾸로 하면 안나가) 성도'라고 일컫는다. 또 이에 대한 고찰을 담은 책이 발간되기도 한 상황이다. 이번 대담에서는 '교회에 나가지 않는 성도를 어떻게 이해해야 할 것인가?'를 주제로 이들은 누구이며, 교회는 어떤 대안을 가지고 접근해야 할 것인가를 다뤄보려고 한다. 「교회를 안 나가는 그리스도인 가나안 성도를 어떻게 이해할 것인가?」의 저자이자 실천신학대학원대학교 교수이신 정재영 교수, 그리고 리서치 전문회사인 〈지앤컴리서치〉를 운영하고 계시는 지용근 대

※ 이 원고는 2015년 11월 28일과 12월 5일에 방송된 원고이다.

표와 이야기를 나누어보도록 하겠다.

사회자 _ 오늘 이야기를 나눠야 할 주제를 '교회에 나가지 않는 성도들을 어떻게 이해하고, 또한 이들을 어떻게 보듬어야 할 것인가?' 라는 표현으로 사용해도 될는지 모르겠다. '가나안 성도' 라는 표현이 참 독특하긴 한데, 이 개념을 어떻게 이해하면 좋을까?

정재영 _ 이 표현은 이미 20~30년 전부터 쓰였다고 알려져 있다. 심지어 1971년도에 함석헌 선생님이 쓰신 표현에도 나와 있다. 어떤 사람이 분명히 기독교인인 줄은 알고 있는데, 도대체 어느 교회에 나가냐고 물어보니 '가나안 성도' 라고 에둘러 표현했다. 그래서 '가나안 성도' 가 무엇이냐고 물어보니 거꾸로 읽어보라고 했다는 것이다. 거꾸로 읽으면 '안 나가' 라는 말이 되기 때문에, 가나안이라는 지명보다는 단순히 말을 한 번 꼬아서 표현한 것이라고 볼 수 있다. 그래서 교회에 안 나가는 사람들을 가리켜 가나안 성도라는 표현이 정착된 것이다.

사회자 _ 대체적으로 신앙은 가졌지만 교회에 소속되지 않은 기독교인, 교회를 떠난 그리스도인으로 볼 수 있겠다. 지금 한국교회 안에서 기독교인의 정체성은 유지하고 있지만 교회에 안 나가는 그리스도인이 백만 명이라는 말도 있는데, 어디에서 나온 통계인가?

지용근 _ 2012년에 '한국기독교목회자협의회' 에서 기독교인들을 대상으로 여론조사를 했었는데, 그 당시에 종교를 묻고 개신교라고 대답한 사람들 중에서 현재 교회를 나가지 않고 있는 사람들이 10.5%가

나왔다. 그런데 2005년도 자료를 보면 전체 개신교인들이 860만 명 정도가 되는데, 그중에서 10%정도를 잡으면 86만 명이다. 또 그중에서 매 주일 교회에 출석하는 인원, 즉 교회 출석빈도를 조사했다. 한 달에 한 번도 나가지 않는 사람들의 비율 10.5%를 전체 인원에다 곱해 보니 100만 명 정도로 추정됐었다.

사회자 _ 정 교수께서는 종교사회학자로서 이 데이터를 신뢰할 만한가?

정재영 _ 상당히 신뢰할 만하다고 생각한다. 나 역시 온라인조사에서도 이런 질문을 던져본 적이 있었는데 젊은이나 고학력자들이 상당히 많았다. 이 조사에 따르면 200만 명 이상까지도 추정할 수 있는데, 젊은이랑 고학력자들이 많기 때문에 조금 과장된 수치라는 생각이 든다. 아마 '한목협'에서 조사한 100만 명이 합리적인 추정치라고 볼 수 있을 것이다.

사회자 _ 그게 보통 숫자가 아닌데, 이 정도의 숫자라면 인구동향 등으로 따져볼 때 어떤 의미가 있다고 보는가?

지용근 _ 보통 승용차 같은 경우에 마켓 쉐어(시장 점유율)가 5%정도 되면 사람들 눈에 보이기 시작한다고 한다. 그러니 전체 기독교인 중에서 10%정도 약간 웃도는 숫자가 교회를 나오고 있지 않다는 이야기는 우리 주변에 교회를 나오지 않는 그리스도인들이 굉장히 많다는 뜻이다. 그리고 또 한 가지는 10%정도가 교회를 나가지 않는데, 그 당시 조사결과에 따르면 교회를 이탈한 지 평균 10년 정도가 되었다는 것이다. 이 결과로 유추해보면 평균 10년 이상 교회를 떠나 있어도 여전히 종교는 기독교라고 생각하는 것이다. 그런데 10년이 넘어가면 본인이 스스로 그리스도인이라는 정체성을 잃어버릴 수 있다. 그래서 10년 넘게 교회를 나가지 않으면 본인 스스로 기독교인이라고 인식하지 않으려 한다는 추정이 가능하다.

정재영 _ 교회를 다닌 기간은 평균 14년 정도로 나왔고, 교회를 다니지 않은 기간은 10년 가까이 된 것으로 나왔는데, 평균 9년이 조금 넘기 때문에 조사 자체에서는 아직 본인 스스로 기독교인으로 동일시하는 사람들이 많이 있었다. 조사내용을 보면 교회를 다니던 당시에 스스로 구원의 확신이 있었다는 사람이 48%니까, 낮은 수치는 아니라고 본다. 단지 지금 현재도 구원의 확신이 있는지를 물어봤을 때는 1/4 정도로 줄었다. 이것은 아직까지 기독교인으로서 정체성을 유지하고 있지만 그 신앙이 굉장히 옅어지는 것을 볼 수가 있다. 그게 10년이 지나고 20년이 지나면 과연 계속 신앙이 유지될 수 있을까 우려된다.

사회자 _ 지금 한국교회를 이야기하고 있는데, 정 교수께서 쓰신 책을 보니 미국이랑 영국처럼 기독교의 역사가 긴 나라들도 우리와 같은 상황이 실제적으로 있었다고 하지 않았는가?

정재영 _ 그 부분에 대해서 많은 종교사회학자들이 연구하고 있는데, 영국교회에서 이와 비슷한 경험들을 많이 했다. 흔히 우리가 이야기하기를 유럽 기독교가 많이 약화되었고, 심하게는 망했다는 표현을 쓰고 있다. 예전에는 많은 사람들이 교회에 갔기 때문에 교회 건물을 웅장하고 화려하게 지었는데 지금은 텅 비어 있고, 심지어 음식점이나 술집으로 바뀌어서 유럽 기독교가 망했다는 표현까지 쓰고 있는 것이다. 실제로 유럽 종교사회학자들의 조사에 의하면 교회는 출석하지 않는데 여전히 신앙은 가지고 있는, 여전히 하나님을 믿고 있는 사람들이 많다는 것이다. 이것은 1994년도에 이미 책으로 출판이 되었다. 「영국의 종교」라는 제목의 책인데, 부제가 '소속되지 않은 신앙'이다. 이것이 우리 식대로 표현하자면 '가나안 성도'를 말하는 것이다. 교회에 소속되어 있지는 않지만 신앙을 가지고 있는 사람이 많다는 뜻이다. 미국, 캐나다 같은 북미에서는 제도종교에 소속되지 않으면서도 영적인 욕구를 가지고, 영적인 추구를 실행하는 사람들이 많다고 해서 이에 대한 연구결과들도 많이 출판되어 있다.

사회자 _ 미국교회는 이런 분야에 대해서 상당히 많은 연구가 발전되어 있는 것 같다. 이제 그 원인들을 좀 이야기해봐야 되겠다. 지금 이 숫자가 계속해서 늘어나고 있는 부분에 대해서 우려를 하고 있는데, 이 사람들이 제도권 교회에 안 나가는 원인과 배경이 어디에 있다고 보는가?

정재영 _ 크게 두 가지로 말씀드릴 수 있겠다. 하나는 우리 사회가 변하고 있다는 것이다. 앞서 영국과 미국의 사례를 언급했지만, 이른바 선진국이라고 하는 나라들은 대개 이런 경험들을 하고 있다. 우리나라도 유사한 경험들을 선진국보다 20~30년 뒤에 한다고 볼 수 있겠다. 흔히 포스트모던적인 경향, 탈현대적인 경향이라는 사회변화가 일어난다. 다시 말해 고도로 다원화된 사회이다. 그러면서 기존의 여러 보편적인 원리에 대한 합의가 무너지고 개인적인 취향이 강조되는 아주 강한 개인주의화 사회이다. 이 의미는 결국 기존의 제도를 받아들이지 않는 탈제도화 경향이다. 예를 들면 혼인제도를 인정하지 않고 독신으로 남는다거나 제도적인 학교 교육을 거부하는 것과 같은 경향들이 종교에도 영향을 미치면서 제도적인 교회에 출석하기를 꺼려하는 사람들이 늘어나고 있다는 것이다.

교회에 소속되어 있지는 않지만 신앙을 가지고 있는 사람이 많다는 뜻이다.

사회자 _ 교회는 공동체이고, 공동체성을 이야기해야 하는데….

정재영 _ 상당히 어려운 문제이다. 그런 점에서 종교사회학적으로도 그렇고 사역적, 그리고 신학적으로 유심히 관찰해야 하는 문제라고 생각한다.

사회자 _ 정 교수께서 쓰신 책을 보면 교회가 지나치게 실망을 주는 모습들을 짚어주셨다.

정재영 _ 사실 첫 번째 말씀드린 사회 변화에 대한 측면들이 크고, 또 하나는 기성교회에 대한 불만족이 자리 잡고 있었다. 설문조사에서도 보면 가장 많은 30%정도가 자유로운 신앙생활을 원해서라고 했는데, 그 밖에 24%는 목회자들에 대한 불만족이었고, 또 19%정도는 다

른 교인들에 대한 불만족이었다. 40% 이상이 기성교회에 대한 불만족
과 불만이 있었다는 것이다. 이 결과를 볼 때 한편으론 안타까운 반면,
다른 한편으론 불행 중 다행이라고 생각하는데 이유는 일종의 거대한
사회적인 변화에 따른 결과이기 때문이다. 만약 교회라는 제도 자체를
거부하는 것이라면 대안을 찾기가 어렵다. 그러나 안타깝지만 기성교
회에 대한 불만을 가진 것이라면 기성교회가 회복되고 갱신되면 돌아
올 여지가 있다는 것이기에 그런 점에서 불행 중 다행이라고 생각한다.

사회자 _ 지 대표께서는 교회의 사회적 신인도 지수와 신뢰수도 많
이 조사하셨는데 이 부분에 대해서 어떻게 보는가? 교회에 대한 불만
을 조사한 실제적인 자료들이 있을 것 같다.

지용근 _ 물론 여러 가지가 있다. 먼저 '가나안 성도'들의 인구 사
회적 특성을 살펴보겠다. 10.5%나 차지하고 있는 이 사람들은 대체로
학력이 높은 사람보다는 낮은 사람이 더 많다. 그다음으로 연령대가 낮
고, 여자보단 남자가 많고, 소득이 낮은 사람들이 더 많다. 지역적으로
는 특이할 만큼 부산지역이 높다. 부산지역이 불교세가 높은 것 같은
데, 부산에서는 좀 더 높은 비율의 가나안 성도들이 나타나고 있다. 또
하나는 인구 통계적으로 국가에서 인구조사, 종교조사를 10년에 한 번
씩 한다. 그래서 가장 최근 자료가 2005년 통계인데, 95년도 조사결과
랑 비교해본다면 10대, 20대, 30대까지는 개신교 인구가 계속 줄고 있
다. 심지어는 10대와 20대 같은 경우에는 21%, 22% 비율로 줄고 있
다. 지금은 2015년도 조사를 진행하고 있는데, 이번 조사결과 자료는
어떻게 나올지 궁금하다. 하락폭이 매우 큰 상태이고, 그 원인은 신뢰

도에 문제가 있다고 본다. 2년 전 조사할 때는 기독교에 대한 신뢰도가 전국 규모에서 19% 정도 나왔다. 특히 20대와 30대는 12%, 13%의 낮은 신뢰도를 보였다. 이런 요인들이 다 영향을 미치는 것 같다. 가나안 성도들이 교회를 안 나가는 이유 가운데 목회자에 대한 좋지 않은 인식이 가장 높게 나왔다. 7년 전 같은 조사를 했을 때보다 3배 정도 올랐다. 그리고 두 번째는 교인들이 배타적이라는 응답이 있었다. 과거에는 시간이 없다는 답이 많았는데 그건 계속 줄어들고 있다. 또 기존 교회들에 대한 불만이 있으니 동료들과 함께 소그룹으로 예배를 드리고 있다는 응답도 8%나 나왔다.

사회자 _ 그렇다면 이어서 지금의 신앙형태에 대해서 얘기해봐야 할 것 같은데, 목회자 없이 신앙생활을 하는 분들도 많은가?

지용근 _ 제일 안타까운 것은 제대로 된 신앙생활을 못하는 분들이 많았다. 설문조사에서도 '신앙 모임에 참여하고 있는가?' 라는 질문에 대한 답변 중 90% 이상이 참여하고 있지 않다고 했기 때문에, 결국 혼자서 신앙생활을 한다는 것이다. 나머지 약 10% 정도가 책에 소개한 대로 함께 모여서 일종의 가나안 성도들이 만든 교회에 참여하는 경우도 있었다. 그렇지 않은 경우에는 가족들끼리 예배를 드린다거나 특이하게 온라인상에서 예배를 드리는 경우도 있었다.

사회자 _ 지 대표께서는 소속감이나 구심점 없이 신앙생활을 하는 모습에 대해 어떻게 보는가? 이러한 현상이 점차 심화될 것 같은가?

지용근 _ 점점 더 그럴 것이다. 한국 개신교인들의 의식 정도를 보면 얼마든지 그런 추정이 가능하다. 사람들의 종교성이 점차 약해지고 있다. 이것은 불교와 가톨릭도 마찬가지다. 종교성이 떨어지기 때문에 교회에 대한 충성도도 떨어지고 있다. 특히 목회자들에 대한 기대감이 많이 떨어지고 있다. 과거 같으면 교회에 안 나가는 이유로 거리가 멀다는 게 있었는데, 요즘엔 목회자에 대한 부정적인 평가가 가장 높다. 반면에 교회를 다니는 이유도 목회자가 좋아서, 목회자의 설교가 좋아서가 가장 높았다. 긍정과 부정 요인이 함께 뒤섞여 있다. 목회자에 대한 의존도가 그만큼 높기 때문에 목회자로 인한 교회 이탈자들도 상대적으로 많이 늘어난다고 볼 수 있다.

사회자 _ 종교사회학적 관점에서 볼 때 지금 이런 추세로 나가면 얼마나 교회의 위협이 되겠는가? 아니면 한국교회가 이런 점들을 고치면 다시 회복될 가능성이 있다고 보는가?

정재영 _ 심정적으로 두 번째에 동의하고 싶지만, 문제는 많은 기독교인들이 얼마나 이 문제를 심각하게 받아들이느냐이다. 가나안 성도와 관련한 세미나 후의 반응은 두 가지였다. 하나는 굉장히 심각한 위기의식을 갖는 부류, 다른 하나는 굉장히 불편해하며 아예 듣고 싶어 하지 않는 부류였다. 사실 한국교회의 어두운 면이자 아픈 면이 드러난 것이기 때문에 이런 부분을 이야기하는 것이 신앙에 도움이 되지 않고 은혜롭지 않다고 반응하는 사람들이 있다. 사회학을 공부한 입장에서 볼 때 우리의 문제를 제대로 알고 올바로 고쳐나간다면 희망이 있지만 그것을 덮어두면 해결되지 않는다. 교회문제야말로 미봉책으로 해결되는 것이 아니기 때문에 우리가 함께 공감하고 개선의 노력을 기울인다면 희망도 함께 존재할 것으로 기대한다.

사회자 _ 이 같은 맥락에서 계속하여 한국기독교와 기독교인들의 인식에 대해 조사하면서, 정말 가능성이 없다고 생각되는 부분과 또 그나마 소망이 있다고 생각하는 부분이 있다면 어떤 것들이 있을까?

지용근 _ 우리나라 교인들은 대체적으로 목회자들의 사리사욕에 대해서 힘들어한다. 이 때문에 많은 교회들이 어려워지고 분쟁이 일어나고 있다. 이것이 가장 큰 관건이고 과제라고 생각한다. 감사하게도 건강하고 바람직한 목회를 하시는 분들이 많기 때문에, 그런 교인들은 아주 행복하게 신앙생활을 하고 있다. 그런 모델 교회들을 많이 개발하고 발굴해서 알리는 작업이 필요하지 않을까 싶다.

사회자 _ 정 교수께서는 종교사회학자로서 이러한 중요한 자료들을 만들어냈을 때 한국교회 지도자와 목회자들, 그리고 성도들이 그 자료들을 잘 활용하고 적용한다고 생각하는가?

정재영 _ 물론 소수 그런 분들도 계시지만 대부분은 그렇지 않다. 믿음과 함께 현실도 알아야 한다고 생각한다. 우리가 이 땅에 발을 딛고 신앙생활을 하며 살고 있는데 현실을 몰라서는 오히려 신앙생활하기가 힘들 것이다. 현실과 타협하자는 이야기는 아니지만, 현실을 제대로 알고 이해하고 이를 바탕으로 신앙생활과 목회가 이루어져야 한다고 생각한다.

사회자 _ 지 대표께서는 지금까지 계속 자료하고만 싸워오셨을 텐데, 좋은 자료를 내놓았을 때 적용이 되는 것 같은가? 아니면 여전히 직감적으로만 받아들이는 것 같은가?

지용근 _ 아직까지는 직감적으로만 받아들이는 것 같다. 사실 한국교회에서 조사통계가 언론에 발표되고 세미나에서 토론하는 것은 얼마 되지 않았다. 많이 활용되면 좋겠다는 바람이 있다.

정재영 _ 가나안 성도들 중에 상당수는 동일한 부류의 사람들이 아니다. 그중에 어느 정도는 분명히 한국교회를 사랑하고 건강한 문제의식을 갖고 있는 것도 사실이다. 근본적인 신앙에 대해서 질문을 하면 오히려 신앙이 없는 사람 취급을 받기도 한다. 안타깝지만 교회를 자기 발로 걸어 나왔지만 결국에는 내쫓김을 당했다고 표현을 하더라. 어쨌든 가나안 성도 현상이 좀 불편할 수도 있겠지만, 이것이 우리 한국교회의 현재 상황을 분명하게 보여주는 사례라고 본다. 그래서 피하지 말고 한국교회를 다시 되짚어볼 수 있는 기회가 될 수 있길 바란다.

지용근 _ 지금 우리가 우려하는 대로 젊은이들이 교회를 많이 떠나고 있는데, 이들을 어떻게 교회에서 품을 것인가 하는 문제는 교회 지도자들 전체가 함께 고민하고 관심을 갖고 기도해야 한다고 생각한다.

사회자 _ 이런 위기의식이 있어야 교회가 새로운 방향으로 나아갈 수 있지 않을까 싶다. 교회가 이 땅의 소망의 그루터기인데, 한국교회가 위기를 맞이했다는 것은 알 만한 분들은 다 알고 있는 사실이다. 교회다움을 회복하기 위한 여러 가지 방법이 제시됨으로써 다양한 원인을 짚어보고 대안을 세워야겠지만, 교회를 나가지 않으면서 여전히 자신을 그리스도인이라고 부르는 이른바 가나안 성도들에 대해서도 구체적인 대안이 필요하다는 목소리가 설득력을 얻고 있다. 그렇다면 이제 그리스도인에 대한 정체성은 가지고 있지만 교회는 출석하지 않는 성도들이 생겨나는 이유를 어떻게 볼 것인지 이야기를 나눠보자.

정재영 _ 몇 가지로 정리해보자면, 첫째는 지나치게 신앙을 강조하는 것에 대해 불편해하는 이야기들을 많이 들을 수 있었다. 많은 사람들이 기독교인이나 교회 분위기에 익숙하지 않은 게 아니다. 절반에 가까운 사람들이 모태신앙이었음에도 불구하고 이런 모태신앙이 오히려 신앙생활에 큰 불편함을 주었다고 한다. 그중에 대표적인 것이 구원의 확신이었는데, 왜냐하면 구원의 확신이란 하나님과 나와의 관계인데 왜 제3자가 그것을 확인하려고 하는지 한국교회는 지나치게 강요한다는 이야기를 들을 수 있었다. 두 번째는 교회 안에서도 소통이 잘되지 않는다고 했다. 특히 어렸을 때는 큰 고민 없이 신앙생활 하다가 나이가 들고 대학생이 되면서 많은 의문들이 생기게 된다. 그런데 이런 것들을 어디에다 질문할 데가 없다는 것이다. 이런 심각하고 근본적인 질문을 하면 마치 신앙 없는 사람 취급을 당하게 되니까 교회 안에서 제대로 된 대화와 토론이 이루어지지 않는다는 것이다. 세 번째는 신앙과 삶의 불일치로 설명할 수 있다. 교회 안에서는 구원의 확신에 대해서 굉장히 강조하면서도 삶에서는 실천하지 않는 모습들을 보니 이율배반적이고 위선적이라는 생각을 하고 있었다. 구원은 신학적으로 성화를 이뤄가는 과정이므로 죽을 때까지 최선을 다해야 하는 것인데, 구원의 확신이 있다고 말하기만 하면 그다음에는 아무것도 중요하지 않는 것처럼 신앙생활을 하는 사람들이 많다는 것이다. 이게 과연 제대로 된 신앙인이란 말인가? 이런 상황에서 구원의 확신이 없다고 말하면 오히려 신앙이 없는 것으로 치부되기에 견디기 힘들었다고 이야기하고 있었다.

사회자 _ 그 가운데 모태신앙이 절반 가까이나 된다는 것은 대단한 위험신호인데, 교회 안에서 이런 현상들이 가속화되고 있는 건가?

지용근 _ 충분히 그렇게 추정할 수 있는데, 이 분들에게서 나타나는 몇 가지 특징이 있다. 다시 말해 소득이 좀 낮고, 남자, 그리고 연령이 낮은 분들이 대부분이다. 그렇게 볼 때 우리 사회의 약자일 수 있는데, 결국은 이런 분들을 교회에서 품지 못해서 이탈하고 있는 것이다. 교회를 떠날 때 이 분들에게서 드러나는 특징은 목회자에 대한 인식이 안 좋거나 목회자와 갈등이 있거나, 교인들이 그리스도인으로서 배타적일 때 상처를 받고 교회를 떠나게 된다. 특히 교회에서 분쟁이 있을 경우에 더 이상 그 교회에서 신앙생활을 할 수 없으니 다른 교회를 가면 되지 않을까 생각하는데 그렇지 않다. 신앙이 약한 사람들은 다른 교회로 나갈 의지가 별로 없다. 겨우 어렵게 관계를 통해서 이 교회를 다니고 있었는데 이 교회에서 분쟁이 일어나면 혼자 신앙생활을 이어갈 수밖에 없는 것이다.

사회자 _ 그런데 한 번 상처받은 사람들이 그 상처가 계속 연상되기 때문에 안 나오는 건 아니지 않은가?

지용근 _ 여러 가지 요인이 복합적으로 작용한다고 말할 수 있지만 개인적인 성향의 문제일 수도 있다. 또 자기 나름대로 깊이 사고하는 '씽킹 그리스도인'(thinking Christian)은 조금 더 깊은 문제의식을 가지고 있다. 이것들이 교회 안에서 수용되지 못하고 문제아 취급을 받고 차단되고, 그래서 타 교회에 가 보지만 받아들여지지 않고, 그게 반복되다 보면 갈 만한 교회가 없다는 결론에 이르게 된

> **사실상 난민 같은 처지가 되는 상황이라고 볼 수 있다.**

다. 사실상 난민 같은 처지가 되는 상황이라고 볼 수 있다. 또 하나는 교회 규모가 클수록 이탈자들의 비율이 높다는 것이다. 교회생활을 관계중심으로 하면 대형교회의 경우 관계가 느슨하고 관리가 잘 안되니까 그만큼 소속감이 떨어지게 되고 신앙심도 떨어져서 그럴 것이다.

사회자 _ 이건 조금 다른 질문일지도 모르지만, 교회에 안 나가도 예배를 드릴 수 있는 최적화된 인터넷 환경이나 방송 환경 같은 것들은 어떻게 보는가? 또 대형교회도 익명성이 어느 정도 보장되는 공동체인데 이런 것은 어떤가?

정재영 _ 그런 환경적인 요인도 작용한다고 본다. 실제로 온라인상에서 예배를 드리고 있는 자매를 만나서 인터뷰를 했는데, 과연 컴퓨터 화면을 보면서 예배가 가능할까 하는 의문이 있었다. 그런데 그 자매는 예배에 더 깊이 몰입하게 되고 예배를 드리면서 눈물을 흘린 적도 여러 번 있었다고 고백했다. 그래서 우리가 선입견을 가지고 예단할 일은 아

니지만, 그럼에도 인터넷으로 예배를 드리는 것을 과연 바람직하게 볼 수 있을까 하는 의문은 여전히 남아 있다.

사회자 _ 교회는 공동체이지 않은가? 어디에도 소속되지 않고 신앙생활이 가능한가? 목회자들은 이 부분에 대해서 굉장히 질문이 많을 것이다.

정재영 _ 맞다. 물론 가나안 성도들에 대하여 몇 가지를 관찰해보기는 했었지만, 기존 교회에 출석하지 않고 스스로 혼자 예배를 드리는 것이 가능한가 하는 의문은 계속 있다. 사회학에서 볼 때 예배는 공동체 의례인데 혼자서는 공동체가 성립되지 않는다. 물론 이 분들이 교회에 대한 여러 가지 실망과 제도교회의 불편함으로 말미암아 꺼리는 마음은 이해하지만, 다른 한편으로 공동체란 다양한 사람들이 모여 일치를 추구해나가는 곳이다. 공동체 안에 배려, 희생, 헌신 같은 것들이 있어야 마땅하다. 이런 것들을 다 마다하고 혼자 예배드리겠다고 하는 모습은 건강한 신앙인이라고 보기는 어려운 측면이 많다.

사회자 _ 그렇다면 교회에 안 나가는 그리스도인들에 대한 조사를 통해 이분 들이 다시 교회로 돌아오고 싶어 하는 성향이 어느 정도라고 볼 수 있는가?

정재영 _ 이 부분이 굉장히 중요한 요점이라고 생각하는데, 왜냐하면 교회라는 틀 자체를 거부하는 것이 우리나라 역사에도 있었던 일종의 무교회주의와 통하는 것이 아니냐, 탈교회주의자 아니냐 하는 의구심이 있기 때문이다. 그런데 다시 교회에 나가고 싶은가라는 질문에 2/3가 당장 또는 언젠가 교회에 나가고 싶다고 대답했다는 것이다. 물론 그중 1/3은 교회에 나가고 싶지 않다는 의견도 있었다. 이 1/3에 대해서는 일종의 탈교회주의자라고 볼 수도 있겠지만, 오히려 다수의 2/3가 교회에 다시 나가고 싶다고 이야기하고 있었기 때문에 교회 자체를 거부한다기보다는 교회가 새롭게 회복되고 갱신되는 것을 추구하는 사람들이라고 보는 것이 옳다.

사회자 _ 교회가 갱신되면 돌아가겠다. 지 대표께서는 혹시 여기에 덧붙일 얘기가 있는가?

지용근 _ 다시 가고 싶다는 분들은 67%정도이고, 가능하면 빨리 가고 싶다는 분들도 13%정도이다. 확실히 교회의 여러 문제로 인해서 교회를 떠났지만 교회에 대한 그리움이 있다. 특히 어렸을 때부터 교회 생활을 한 사람들은 얼른 돌아가고 싶어 하는데, 이분들이 가고 싶어 하는 교회는 바른 목회자가 있는 교회라고 응답했다. 결국은 바르고 건강하고 정직하고 투명하게 운영하는 교회를 이분들은 계속해서 소망하고 있었다.

사회자 _ '바른 목회자'라, 이 말 속에 많은 의미가 함축되어 있다고 본다. 정 교수께서 볼 때 지금 돌아오고 싶어 하는 분들, 또 돌아오려는 분들을 위해 우리가 적절한 대안을 마련해야 한다면 무엇이겠는가?

정재영 _ 교회로 돌아오고자 하는 사람들을 무작정 끌어들인다고 오는 게 아니다. 오히려 신앙을 강요하는 강압적인 분위기 때문에 떠난 사람들이라서 그런 부분에 대하여 신중하고 조심해야 한다. 우리 교회에 다양한 생각이나 다양한 신앙관을 가진 사람들도 찾아와서 충분히 신앙생활을 할 수 있는 그런 분위기와 여건을 만드는 것이 중요하다. 또 하나는 이 가운데 90% 이상이 신앙생활을 하지 않고 신앙모임에도 참석하지 않고 있기 때문에 이들이 당장 교회로 돌아오기 어렵다면, 차선책은 교회 밖에서라도 신앙을 유지할 수 있도록 도와주는 새로운 신앙모임이나 신앙공동체가 필요하다고 생각한다. 어떤 회사의 사목 사역자에 의하면 그 회사 신우회에 나오는 사람들은 절대 다수가 주일날 교회에 출석하지 않는다고 한다. 당연히 목회자로서 주일에 교회를 나가도록 권면은 하지만, 주중에라도 이 사람들이 신앙생활을 잘할 수 있도록 도와주는 역할이 필요하다는 결론이었다. 상당히 공감이 되고 우리나라에 여러 신우회 모임이라든지 다양한 단체들을 통해서 이들이 신앙을 잃지 않도록 지켜주는 것도 굉장히 중요한 역할이라는 생각이 든다.

사회자 _ 목회자들은 그런 점에서는 상당히 고민이 많을 것이다. 지 대표께서는 여러 회사를 운영해본 경험상 만나는 직원 가운데 그리스도인들은 어떤 것 같은가?

지용근 _ 어디서나 떠나가는 사람을 억지로 오라고 해서 되는 것이 아니지 않은가? 돌아올 수 있는 환경이 조성되어야 한다. 우리나라에서 종교조사를 가장 처음 실시하여 통계로 나왔던 것이 1985년도였다. 1985년도에는 10대, 20대가 전체 개신교인 중 60%였다. 지금은 완전히 역전되었다. 그 정도로 80, 90년대에는 기독교가 젊은 종교였다. 그런데 지금은 많은 교인들이 고령화되고 수명도 늘어나다 보니 교회가 급속하게 보수화되었다. 그런데 가나안 성도들의 연령은 젊은 사람들이 많다. 이 젊은 사람들을 다시 교회로 데려오기 위해서는 교회문화가 조금 더 젊어져야 한다. 그런 문화나 환경이 만들어지면 많이 수용할 수 있지 않을까 생각하게 된다.

사회자 _ 정 교수께서는 면접조사도 많이 한 것으로 알고 있는데, 그렇게 조사하면서 인상 깊었던 면접대상이 있었는가?

정재영 _ 여러 가지 사례가 많았는데, 교회 안에서 신앙을 강요하는 것을 많이 힘들어하는 이야기를 들을 수 있었다. 그중 한 가지는 흔히 교회 안에서 하는 통성기도였다. 굉장히 불편해한다. 한국교회의 뜨거운 신앙을 보여주는 것으로 통성기도를 긍정적으로 바라보는 시선이 존재하는 반면에, 학자들은 우리나라 외에 다른 나라에서는 발견되지 않는 독특한 형태라고 여긴다. 이런 것들에 대해서 젊은 그리스도인들은 좀 더 조용하게 묵상하고 싶어 하고, 좀 더 깊이 내면에서 하나님과 만남을 경험하고 싶어 하는데, 크게 소리쳐서 기도하는 게 오히려 영적인 울림이 되지 않는다고 하더라. 상당히 공감이 되면서 한국교회가 좀 더 다양한 생각을 가진 사람들을 품어줄 수 있어야 하는데, 우리가 너무 획일적으로, 의도적으로 강요하는 것은 아닌지 생각하게 되었다.

사회자 _ 그런 측면에서 본다면 기존 교회들이 좀 더 노력해야 할 대안들도 모색되어야 할 것 같은데 어떤가? 중요하게 꼽아야 하는 게 있다면 뭐가 있을까?

정재영 _ 가장 중요하게 생각해야 하는 것들 가운데 하나가 바로 공동체이다. 물론 신학적으로도 공동체라는 말을 많이 쓰고 있는데 신학적, 선험적 의미의 공동체가 아니라 우리 교회가 현실적으로 살아내는 공동체를 말하는 것이다. 이제 공동체에 대해 좀 더 근본적이고 진지한 대화를 시작해야 하는 때가 되었다고 생각한다. 왜냐하면 목회자들이 생각하는 공동체도 사실은 저마다 서로 다를 수 있기 때문이다. 어떤 미국의 사회학자가 실제로 공동체라는 개념이 몇 가지나 되는지 조사해보았더니 99가지나 되더라는 것이다. 100여 가지나 되는 서로 다른 공동체를 꿈꾸면서 각자가 생각하는 공동체란 무엇인가 제대로 이야기도 안 해보고, 서로 그냥 이심전심으로 통하겠지 하고 생각하면서 정작 매우 다른 생각을 할 수 있는 것이다. 어쨌든 모든 사람을 획일화시키는 것은 사실 다양성을 생명으로 하는 공동체라기보다는 전체주의, 집단주의에 가깝다. 우리나라 말에 무서운 속담이 있는데 "모난 돌이 정 맞는다"는 말이다. 교회 안에서도 모가 나면 안 된다고 생각한다. 신앙에 대해서도 차이나 다름을 인정하지 않으려고 하는 듯한 태도가 교회 안에서도 팽배해 있다.

사회자 _ 다름을 잘못이라고 인식하는 것이 큰 문제라고 생각한다.

정재영 _ 우리는 말할 때도 다른 것을 틀리다고 표현하지 않는가? 이게 잘못된 언어 표현인데, 사실은 사람들의 잠재의식 속에 들어 있는 것이다. 그런데 한국교회 안에도 다양한 교단들이 있지만 각각의 차이를 다 존중하는 것처럼 교회 안에도 다양한 사람들이 다양한 신앙관을 가지고 있을 수 있기 때문에, 그런 것들을 서로 존중하면서 훨씬 더 공동체다운 모습을 갖춰나가면 좋겠다. 한국교회에서 이런 것들이 좀 진지하게 논의가 되어야 하지 않을까 하는 생각이 든다.

사회자 _ 지 대표께서는 여러 조사결과를 살펴보면, 기성교회들이나 기존 교회들이 좀 더 집중력 있게 변화되기 위해서는 어떻게 해야 하겠는가?

지용근 _ 인구 특성이 바뀌면서 교회도 마찬가지로 교회 구성원도 고령화되고 있어서 젊은 연령층을 수용하기가 참 어렵다. 어른들은 자기 생각 이외에는 잘 받아들이지 못하는 경향이 있는데, 특히 당회에서 젊은 층을 얼마나 잘 수용할 수 있는지가 굉장히 중요할 것이다. 그래서 당회 구성 연령층이 좀 바뀌면 좋을 것 같다. 40, 50대 연령층이 당회에 들어가야 한다. 그래서 전 연령층을 다 골고루 수용할 수 있는 체제가 되면 여러 가지 제도와 프로그램을 좀 더 많이 바뀔 수 있지 않을까 생각한다.

사회자 _ 교회헌법과 교회규약 때문에 어쩔 수 없는 부분도 있겠지만 그런 논의를 충분히 할 수 있는 구조는 필요하겠다. 이런 이야기가 있다. "지금 사회의 모든 공동체가 여성 중심으로 돌아가고 있는데, 유일하게 남성, 연세 높으신 어른들이 모든 것을 결정하는 구조는 교회에만 남아 있다." 교회가 젊은이들을 품고 싶고 어린 영혼들을 잘 양육하고 싶다면, 실제적으로 자녀들을 위해서 움직이는 엄마 입장도 좀 더 효과적으로 표현될 필요가 있을 것 같다. 물론 교회의 노력도 필요하지만 지금 잠시 교회 출석을 멈추고 있으나 그럼에도 불구하고 개인적인 신앙생활을 이어가려고 고민하는 분들이 많은 것이다. 이런 분들에게 한마디 하신다면?

정재영 _ 교회에 나가지 않는 분들이 다 같은 성향을 가진 건 아니지만 그중 상당수가 기존교회에 대한 상처를 갖고 있기 때문에, 먼저 그런 분들에겐 위로의 말씀을 드리고 싶다. 그분들은 문제아가 아니라 나름 건전한 의식을 가지고 교회 안에서 개선의 노력을 기울였지만 번번이 차단되면서 겪은 어려움에 대해서 위로의 말씀을 드리고 싶다. 그리고 먼저 이분들의 자존감이 회복되어야 한다고 생각한다. 잘못된 신앙관을 가진 것이 아닌데도 인정받지 못한 것 때문에 힘들어하는 부분에 대해서는 자존감의 회복이 필요하다. 또 하나 당부 드리고 싶은 것은 교회를 떠나게 되면서 또 다른 좋은 교회 이상에 맞는 교회를 찾아보려고 노력을 했는지 물어보니까 많은 분들이 일정 기간 노력했지만 언젠가부터 그런 노력을 전혀 기울이지 않고 있었다. 그래서 신앙이 점점 약해지는 것을 스스로 고백하는 이야기를 들었다. 사실 그중 일부는 최근에 교회를 다시 출석하기 시작한 사람도 있었다. 물론 이상적이고 완벽한 교회는 지상에 존재하기 어렵겠지만 그래도 건강하고 좋은 교회들이 우리 주변에 많이 있다. 이런 교회들을 찾아보도록 노력하는 것이 필요하지 않을까 생각한다. 신앙생활은 완전히 혼자서 할 수 없다. 특히 문제가 되는 것은 다음세대에게 신앙을 전수한다는 측면에서 보면 상당히 어려운 점이 많을 것이다. 내가 '가나안 성도' 라면 자녀들도 '가나안 성도' 가 될 수 있기 때문에 그런 점에서 공동체의 역할은 아이들에게 너무나 중요하다. 그러므로 좀 더 진지한 고민과 대안을 찾으려는 노력들이 계속 이어지면 좋겠다.

사회자 _ 지 대표께서는 계속해서 변화하는 통계들과 사회적인 현상들을 보면 교회를 떠난 분들이 다시 교회로 돌아오는 게 쉽지 않겠다는 생각이 드는데, 어떻게 보는가?

지용근 _ 당연히 쉽지 않을 것이다. 그런데 교회를 다니다가 안 다니던 부부 4~5가정이 함께 모여 성경공부를 하고 성경적인 가르침과 교제를 나누는 모임을 시작했다. 거기에서 충분히 신앙교육을 하고 서로 교제를 나누면서 몇 가정을 교회로 인도하는 것을 보았다. 특히 우리 사회에는 교회공동체가 아닌 신앙공동체가 상당히 많다. 어떤 중간 과정으로 그런 모임에 데려와서 같이 교제를 나누는 것도 필요하겠다는 생각을 했다.

사회자 _ 브리지 공동체가 필요하다는 말씀으로 들린다. 여러 가지 이유에도 불구하고 성경은 교회공동체의 중요성을 얘기하고 있기 때문에 교회를 포기할 수는 없다. 과연 이 시점에서 우리가 어떻게 해야 하는지를 전문가로서 조언해주시고 대담을 마무리하면 좋겠다.

지용근 _ 일반 사회에서 경험하는 것과는 달리, 교회 안에서 목회자나 교회 운영과 관련해서 발전되지 못한 모습들을 보면서 점차 괴리감을 느끼고 불만 요인으로 자리 잡게 된다. 그런 측면에서 목회자들에 대한 지도력 교육이 반드시 필요하다고 생각한다. 또 하나는 한국교회가 1, 2, 3세대로 넘어가면서 지도자 교체기간에 많은 부정적인 목소리가 나오고 있는데, 특히 은퇴 목회자나 새롭게 목회사역에 진입하는 목회자들에 대한 교육이 절실하다는 생각이 들었다.

사회자 _ 그런 측면에서 신학교의 역할도 굉장히 중요하겠다. 노회나 총회 같은 교회 정치제도의 중요성도 다시 한 번 느끼게 된다.

정재영 _ 강조하고 싶은 것은 공동체 안에서 서로 다름을 인정하고 다른 사람들을 존중해줄 수 있는 분위기가 되면 좋겠다. 이에 더하여 서로 토론이 가능한 공동체가 되면 좋겠다. 잘 아는 것처럼 한국교회 초기 전통에서는 굉장히 많은 의사소통과 상호토론이 이루어지는 일종의 시민공동체로서 교회의 모습을 발견할 수 있는데, 오히려 요즘 교회에서는 말이 많으면 별로 좋아하지 않는다. 말이 많으면 은혜가 되지 않는다는 표현들을 많이 하는데, 이런 분위기에 대해서 젊은 사람들은 굉장히 힘들어한다는 것이다. 교회가 좀 더 융통성 있고 서로 소통할 수 있는 공동체가 되면 좋겠다.

사회자 _ 소통과 공감이 중요하다는 말씀이신 것 같다. 자, 지금까지 교회에 나가지 않는 성도들이 증가하는 현상에 대해서 원인은 무엇이고, 교회에서는 어떻게 대처해나가야 할지 두 분과 함께 말씀을 나눠보았다. 두 분께 감사드린다.

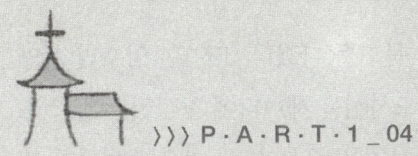

>>> P·A·R·T·1_04

영적 추수의 계절에
전도를 말하다

결실과 추수의 계절 가을이다. 계절을 따라 영적인 공동체에서도 추수를 위해 전도에 박차를 가하는 모습을 확인하게 된다. 부지런히 땀을 흘리면서 그리스도의 지상명령에 온전히 순종하고자 하는 모든 전도자의 손길과 발걸음이 아름다운 열매로 나타나게 되기를 바란다. 이번에는 웨스트민스터신학대학원대학교 김선일 교수와 새광명교회 박영민 목사와 함께 '가을, 영적 추수의 계절에 전도를 말하다' 라는 주제로 효과적이고 바람직한 전도에 대해서 이야기를 나눠보려고 한다.

사회자 _ 먼저 두 분의 사역을 소개해주시면 감사하겠다. 어느 모임에 갔더니 사역 가운데 가장 힘든 게 전도라고 하는 얘기를 들었다. 물론 당연히 전도는 해야 되지만 무척 어렵다고 정리할 수 있을 것 같다.

※ 이 원고는 2014년 10월 4일과 11일에 방송된 원고이다.

박영민 _ 1989년 인천으로 첫 목회를 나갔다. 1991년 양수리 수양 관에서 고(故) 이중표 목사님이 인도하시는 세미나에 참석했는데, 전도 사 시절인 그때 하나님이 두 가지 사역을 주셨다. 그 가운데 하나가 건 강한 교회를 세우고 목회자를 깨우라는 사명이었다. 그때 그 사명을 마음에 품고 2000년도에 광명시에 교회를 개척하여 지금까지 20여 년 동안 하나님이 주신 사명을 이루고 있다.

사회자 _ 목회뿐만 아니라 목회자들을 깨우는 사역으로 '전도 세미 나와 설교 클리닉'이라는 사역을 함께하시는 것으로 알고 있는데, 그 중 '탁월한 전도법' '여덟 손가락 전도법' '마실 전도법'이라고 이름 붙 인 전도 프로그램은 참 특이한 것 같다. 김 교수께서는 학교에서 전도 학을 가르치고 계시는데, 쉽지 않을 것 같다. 신학교에서의 상황은 어 떠한가?

김선일 _ 전도학이 학문영역으로 구축된 것은 얼마 되지 않았다. 전도학이 등장하게 된 것은 그만큼 전도가 힘들어졌기 때문이기도 하 고, 또 한편으로는 진정 예수 그리스도를 믿는다는 것이 무엇이고 복음 이 무엇인지 본질을 규명해보고 싶기 때문이기도 하다. 그래서 원래 전 도의 성경적이고 신학적인 의미가 무엇인지를 찾아보자는 의미에서 전도학이라는 학문이 시작되었다. 성도들에게 전도는 "먼저 빵을 발견 한 사람이 지금 빵이 있는 곳을 소개해주는 것"이라는 의미 정도면 충 분할 것 같다. 그러나 목회자는 이보다 더 긴 호흡으로 전도에 접근해 야 할 것 같다. 단순히 사람을 끌어오는 것이 아니라 한 영혼이 교회에 들어왔을 때 그 사람을 책임 있는 그리스도의 제자로 키워서 정착시키는 모든 과정이 전도라고 할 수 있다. 그러니까 전도학에서는 복음이란 무엇이고, 또 전도를 책임지는 삶은 어디까지이고, 회심이란 무엇인가 하는 내용을 집중적으로 가르치게 된다.

사회자 _ 가을이 되면 영적 추수를 위해서 각 교회마다 유난히 전도 축제가 많다. 새광명교회도 전도를 많이 하기로 유명한 교회인데, 어떤 프로그램이 있는가?

박영민 _ 우리 교회는 5명으로 개척했다. 심방할 가정도 없고 성경 공부할 사람도 없었다. 그래서 월요일부터 토요일까지 매일 전도했다. 하나님이 그것을 기쁘게 보셨던 것 같다. 우리 교회는 처음부터 총동원 주일을 한 달에 한 번씩 가졌다. 총동원주일을 하는데 사람들이 와서 보고 교인이 없어서 등록을 안했다. 그래서 당진에 계시는 부모님과 김포에 계시는 누님 가정과 대전에 사는 형제들이 한 달에 한 번씩 와서 자리를 채워주었다. 그러면서 사람들이 등록을 하고 조금씩 늘어가게 되었다.

사회자 _ 먼저 흡인력 있는 구조를 만들어놓고 전도를 하셨다는 말씀인데, 정확하게 사람들의 요구를 읽으신 것 같다. 김 교수께서는 각 교회마다 전도에 대한 필요성이 얼마나 크다고 보는가?

김선일 _ 전도축제나 새생명축제에 특별히 요청하는 내용은 전도에 대해 동기부여를 해달라는 것이다. 그 말은 교인들에게 전도에 대한 동기부여가 힘들다는 사실과 전도를 해야 하는데 입이 잘 안 떨어지고 몸이 제대로 안 움직인다는 사실에 대한 반증이기도 하다. 따로 전도의 동기를 부여해줘야 한다는 것은 서글픈 현실이기도 하다. 그만큼 성도들이 전도에 대한 자신감을 잃고 있다는 것인데, 이것도 우리가 다뤄야 할 중요한 주제인 것 같다.

사회자 _ 그렇다면 전도는 왜 해야 되는가? 이 부분에 대해서 성도들의 가슴에 불을 질러주시면 좋을 것 같다.

박영민 _ 전도는 누가 뭐라고 해도 주님의 명령이며 목회의 본질이다. 전도야 말로 우리의 진정한 행복이라고 말할 수 있다. 그리고 하나님 나라가 확장되는 것이기에 예수님을 믿는 사람으로서 당연히 기쁨으로 감당해야 하지 않겠는가?

사회자 _ 우리가 감동을 받으면 전하지 않을 수 없다는 말씀인 것 같다.

김선일 _ 그리스도인이 예수 그리스도의 은혜로 변화되었고 새로운 삶의 소망과 사명을 갖게 되었다면, 분명히 하나님 나라가 우리 안에서 이루어질 것을 믿는다면, 사실 이것을 다른 사람들에게 전하는 것은 자연스러운 소명이요 사명이 되어야 한다. 그런데 오늘날 전도가 어려워졌다는 것은 어떤 면에서 그리스도인의 정체성을 다시 재확인해 보아야 하는 중요한 시점이 아닌가 생각한다.

사회자 _ 하나님 나라는 성경의 가장 큰 주제인데, 하나님 나라가

이 땅에 임하기 위해서는 부름받은 하나님의 백성들이 전도하지 않을 수 없는 것이다.

김선일 _ 이미 우리에게 하나님 나라가 임했다는 사실을 널리 알려야 하고, 우리에게 부활의 소망이 있다고 증거하는 것이야말로 이 세상을 살아가는 목적이다.

사회자 _ 전도의 본질적인 사명은 알겠는데, 이것을 성취하는 실질적인 방법들이 필요하지 않을까 싶다. 실제적으로 전도를 많이 하고 계시는데, 어떻게 생각하는가?

박영민 _ 우리나라에는 정말 많은 전도법이 있다. 전 세계적으로 우리나라만큼 전도법이 다양한 곳도 없을 것이다. 모든 전도는 다 귀하다고 생각한다. 그 이유는 나름대로 하나님을 사랑하고 하나님을 전하기 위해서 나온 것이기 때문이다. 문제는 그냥 다른 사람이 하는 방법을 별 생각 없이 모방하거나 영혼을 사랑하는 마음이 없으면 전도가 안되고 쉽게 포기하고 만다는 사실이다. 그러기에 먼저 주님을 사랑하는 마음과 영혼을 사랑하는 마음을 가지면 좋을 것 같다.

사회자 _ 지금 한국에 나와 있는 여러 가지 전도방법 가운데 재미있는 방법, 효율적인 방법을 좀 소개해주시면 좋을 것 같다.

김선일 _ 전도방법마다 나름대로 가치가 있고 각자 검증된 결과도 있을 것이다. 전도는 원래 방법이나 기법은 아니지만, 기관차가 움직이기 위해서는 엔진이 있고 몸통이 있고 기름도 있어야 하고, 동시에 바퀴가 있어야 한다. 바퀴가 기관차의 본질은 아니지만 몸통과 엔진과 기름이라는 중요한 부분들을 앞으로 나아가게 만들 듯이 전도에 있어서도 방법이 필요하다. 이 방법은 시대와 상황에 따라 변화된다. 예전에는 노방전도도 하고 축호전도도 했는데, 요즘은 개인주의시대라 사람들이 사생활 영역을 침해당하는 것을 굉장히 싫어한다. 그래서 이런 상황에 좀 더 유연하고 관계 중심적으로 전도하는 방법들이 등장하게 되었다. 그러나 자칫 여러 방법에만 매달리면서 인위적인 결과를 내려고 하다 보면 꼭 문제가 발생할 수 있다. 그래서 빌리 그래함 목사는 "인간의 마음을 변화시키는 일은 하나님이 하시는 일이다. 그러나 전하는 일은 우리가 감당해야 한다"는 전도에 관한 명언을 남기기도 하셨다. 그러므로 전도할 때 내가, 우리가 꼭 결과를 내려고 욕심을 부려서는 안 된다. 전도는 한국교회 모두가 동역한다는 긴 안목으로 겸손히 영혼을 사랑하는 마음과 하나님의 증인된 자세로 임하는 것이 중요하다.

사회자 _ 복음의 증인되어야 하는 것은 알지만 시대가 바뀌면서 복음을 제시하는 방법에 대해서는 좀 더 깊이 고민하고 효율성을 따지게 되는 게 아니겠는가? 전도도 어떤 의미에서 유행이 있다고 해도 될까?

박영민 _ 계절을 따라서 옷을 바꿔 입듯이 시대에 따라서 전하는 방법도 바뀐다. 핸드폰도 이전에는 2G, 3G였는데, 지금은 LTE시대가 되었다. 물론 지금도 2G를 사용할 수는 있지만 상당히 불편하기도 하다. 그러므로 각 시대에 맞는 지혜로운 전도방법을 모색해야 한다고 생각한다.

김선일 _ 그래서 관계전도와 문화전도가 등장하게 되었다. 맞춤전도라는 말도 나오는데, 문화적인 필요와 정서와 관심사에 부응해서 복음의 접촉점을 찾은 다음 사람들한테 접근하자는 것이다. 자칫하면 너무 뜸들이고 사람한테 맞추고 이해를 구하려다 보니, 복음의 야성이 떨어지고 자신감이 없어지고 과거 노방전도를 다니던 열정과 자신감이 축소되는 면이 있는 것 같다.

사회자 _ 맞다. 야성이 사라지고 사람들에게 맞추려고 하다 보니 원색적인 복음은 많이 약화된 것 같다.

김선일 _ 복음전도는 성령이 하시는 일에 동참하는 건데, 우리는 내가 사람들한테 잘 보이고 복음을 설명하고 이해시키는 방법으로 접근하려고 하는 것 같다. 그래서 원색적으로 복음을 전하는 모습이 점차 사라지는 것 같다.

사회자 _ 그래도 양면의 균형은 필요하지 않을까? 김 교수께서는 계속해서 이런 부분을 연구하실 텐데, 양쪽의 균형을 어떻게 맞춰야 되는가? 성도들이 이것을 가장 많이 혼란스러워한다.

김선일 _ 얼마 전 시카고대학에서 사람들이 행복을 느끼는 순간에 대해 재미있는 실험을 했다. 출퇴근하는 사람들한테 어떠한 상태로 있을 때 가장 행복한지를 물었다. 대중교통으로 출퇴근하는 사람들이었는데 아무도 간섭하지 않고 혼자 있으면 가장 행복하다고 답했다. 그래서 두 그룹으로 나눠서 한 그룹은 혼자 있게 하고, 다른 그룹은 옆 사람과 계속 대화를 하게 했다. 그러고 나서 다시 한 번 조사했더니 혼자 있던 사람보다 옆 사람과 대화했던 사람이 훨씬 더 행복함을 느꼈다고 답했다. 이 실험결과를 통해서 보듯 낯선 사람에게 말을 거는 것은 행복하고 보람 있는 시간을 보내고 있다는 사실을 보여준다. 마찬가지로 전도도 우리 이웃과 주변의 낯선 사람들에게 말을 걸고 관심을 갖는 것에서부터 시작된다. 현대사회는 소외감과 고독함과 우울함이 문제인데 전도는 이를 깨뜨리는 행복의 통로이기도 하다.

사회자 _ 혼자 있는 것이 좋을 듯하지만 실질적으론 누구나 사회적 관계성을 요구하기에, 이를 잘 활용해서 낯선 사람이라도 마음을 열고 다가가는 것이 필요하겠다.

김선일 _ 낯선 자를 향한 환대를 굉장히 강조하는 편인데, 계속 낯선 자로 소외된 상태에 머무는 것이 아니라 먼저 다가가서 관심을 보이는 것은 중요한 출발점이 된다. 최근에 같은 아파트에 사는 분과 교제하면서 이분의 이야기를 들어주고 기도해주는 관계가 되있는데, 처음 만났을 때는 만날 때마다 인사만 열심히 했다. 그다음에는 산책에서 만났는데 자연스럽게 질문하고 얘기를 나누었다. 그렇게 어느 정도 친해지고 나니 본인의 사정을 이야기해주었다. 자기 부인은 병원에 입원해서 요양 중이라면서 나에게는 어떤 분이냐고 묻기도 하고, 그래서 자연스럽게 신앙에 대한 대화도 나누고 있다. 굉장히 자연스러웠다. 전혀 어색하거나 불편하지 않았다.

사회자 _ 열심히 전도하다 보면 아주 재미있는 에피소드가 많을 텐데, 좀 나눠주셨으면 한다.

박영민 _ 처음에는 전도지를 나눠주면서 복음을 전했다. 어느 날도 그렇게 하고 있는데 중학교 3학년쯤 되어 보이는 여학생이 다가왔다. 그래서 "예수 믿으세요" 하면서 전도지를 건넸는데, 한참 전도지를 보더니 확 구겨서 내 얼굴에 집어던졌다. 화가 나서 혼내주고 싶은 마음도 솔직히 있었다. 그런데 걸어가는 뒷모습에서

> **먼저 다가가서
> 관심을 보이는 것은
> 중요한 출발점이 된다.**

'하나님이 저 딸도 사랑하신다'는 마음을 주셨다. 그 여학생의 뒷모습을 보면서 많이 울었다. 하나님 아버지의 마음을 모르면서 복음을 전했던 것이다.

사회자 _ 처음에 말씀하셨던 한 영혼에 대한 사랑이 전제되기에 그런 것 같다. 이제 주제를 조금 돌리겠다. 전도에서 노방전도를 짚고 넘어가지 않을 수 없는데, 많은 분들이 교회를 안 가는 이유가 노방전도에 대한 거부감 때문이라고 한다. 이것을 어떻게 봐야 할까?

박영민 _ 찬성하느냐 반대하느냐는 접근보다는 정말 하나님이 기뻐하시는가가 중요하다. 예수님 당시에도 예수님이 전하는 복음도 싫어하는 사람들이 있었다. 노방전도를 했을 때 효과가 있는가 하는 문제인데, 10여 년 전까지는 어느 정도 되었다. 근데 요즘은 부작용이 훨씬 큰 것 같다. 이렇게 해서는 전도의 열매가 없기에 지혜로운 접근이 반

드시 필요하다. 우리 교회도 일단 관계를 맺은 다음에 교회로 초청하니까 거부하지 않고 참여하면서 정착하는 모습을 보게 된다.

김선일 _ 노방전도 자체보다 노방전도만이 최고라고 하는 게 문제인 것 같다. 성경에서 노방전도의 근거를 찾기도 하는데 그 근거는 약하다고 생각하다. 바울이 전도한 곳은 당대에 잘나가는 사람들이 모여서 철학이나 사상을 전파하는 중요한 통로였다. 오늘날로 치면 바울은 굉장히 효과적인 커뮤니케이션 방법을 이용한 것이었다. 지금 우리가 생각하는 비상식적이고 무례한 전도가 아니었다. 노방전도를 할 때 조심해야 하는 것은 비인격적이거나 무례해서는 안 된다. 그리고 세일즈맨이 상품을 판매하는 듯한 방법을 따라 해서도 안된다. 서로가 소외되고 단절된 사회 속에서 서로 알아가고 관계를 맺는 것은 중요한 실천이라고 생각한다. 그런 의미에서 노방전도를 보완해야 한다. 생판 전혀 모르는 사람을 대상으로 하는 것이 아니라 주변에서 스치는 사람들에게 다가갈 수 있는 관계를 늘리는 것이 유사 노방전도로 나아갈 수 있는 길이라고 생각한다.

사회자 _ 두 분의 말씀을 정리해보면 노방전도 자체에 문제가 있는 게 아니라 그보다 더 효과적인 방법이 있다면 무엇이든지 활용해보는 게 좋다는 의견이신 것 같다. 이제 두 분이 생각하는 바람직한 전도에 대해 이야기를 나눠주시기 바란다.

박영민 _ 첫 목회지에서 6년 반 동안 정말 열심히 사역했다. 그리고 개척을 하고도 노방전도, 축호전도를 하면서 열심히 사역하니 하나님께서 부흥하게 해주셨다. 3년 동안 열심히 했는데 사실 내가 전도한 사람보다 주변 사람들이 전도를 해주었다. 10여 년 전만 해도 노방전도나 축호전도가 잘되었다. 하루에 약 400명 정도를 만났다. 그런데 언제부터인가 잘 안 되는 것을 느꼈다. 그래서 더 열심히 하려고 호떡전도도 해보고 팥빙수도 하고 부침개도 하고 붕어빵, 건빵, 솜사탕 등 다 했지만 안 되었다. 3년 정도 하는 동안 사람들이 마지못해 받는 가지만 열매는 없었다. 관계는 좋아지는 것 같은데 복음을 전하거나 교회로 인도하는 것은 여전히 어려웠다. 그래서 무작정 나눠주는 전도방법을 멈추었다. 그리고 올해부터는 사람들을 일대일로 만나서 친해지고 친구가 되어 두 달 정도 관계를 맺다가 깊은 얘기를 나눌 수 있는 관계가 되면 교회로 초대하도록 했더니 좋은 결과를 낳았다. 관계전도가 가장 효과적이라고 말씀드리고 싶다.

사회자 _ 관계전도는 삶이 드러나야 하는데, 그 삶 속에서 본이 되면 자연스럽게 복음을 전하게 되는 것 같다.

김선일 _ 전도의 기초는 하나님 사랑과 이웃 사랑이라는 예수님의 명령에서 찾아야 한다. 먼저 하나님을 사랑하고, 하나님이 얼마나 우리를 사랑하시고 우리에게 복된 인생을 허락하셨는지를 충분히 묵상하고 감사하면, 자연히 이 사랑을 전하기 위해서 이웃 사랑으로 나아가지 않을 수가 없게 된다. 이웃을 사랑하는 게 굉장히 중요한 전도의 기초가 된다. 물론 관계전도가 유익하지만 관계를 전도의 도구로만 이용하면 안 되고, 관계 그 자체를 진정성 있게 유지해야 한다. 그것이 바로 이웃 사랑이다. 상대방을 소중히 여기는 관심이고, 모든 사람이 하나님을 찾고 있다는 영혼의 깊은 갈구를 감지해야 한다. 영적인 감각을 가지고 느끼고 받아주고 영적 여정의 동반자가 되어주는 것이 필요하다.

박영민 _ 우리 교회에서도 전도하기 위해 일시적으로 관계를 맺는 사람은 열매가 많지 않다. 그런데 한 영혼을 깊이 사랑하고 진심으로 다가가는 사람은 전도의 열매도 많다. 전도에 있어서 가장 필요한 것은 영혼을 사랑하는 마음이다.

사회자 _ 한 영혼에 대한 사랑이 전제되지 않으면 어떤 프로그램을 사용해도 프로그램으로 끝난다는 이야기다. 아마 추수의 계절 가을에 각 교회마다 하나님께 아름다운 결산보고서를 올려드리는 영적인 추수를 위해서 최선의 경주를 다 하고 있으리라고 생각한다. 그러나 최근에 한국교회가 보고하고 있는 전도보고서를 보면 교회와 목회자 수는 증가하지만 성도수는 오히려 줄었다고 하니 전도의 열매가 많지 않다는 반증이다. 이런 상황에서 새광명교회는 오히려 전도 잘하는 교회로 소문이 나고 있는데 그 이유는 무엇인지, 그리고 계획이 있다면 알려주시면 감사하겠다.

박영민 _ 억지로 전도하기보다 각자가 행복한 신앙생활과 행복한 삶을 알아가는 것이야말로 진정으로 성화되는 것이라고 생각한다. 한 명이 제대로 변화되면 한 가정을 행복하게 하고 교회도 행복해진다. 우리 교회 전도팀들은 요즘 정말로 행복하게 전도하고 있다. 헬스장, 백화점, 찜질방, 병원 등 어디든지 가서 쉬면서, 사람들과 관계를 맺으면서 진짜 행복하게 전도한다.

사회자 _ 듣고 보니 삶 자체가 전도라는 이야기다. "내가 행복하니까 당신도 이 행복을 나눠가지세요" 하고 계속 보여주면서 이야기를 나누는 것, 그래서 전도는 부담이 아니라 우리 자신의 행복을 자연스럽게 이야기하는 것으로 들린다.

김선일 _ 거기에 동의한다. 전도는 따로 하는 게 아니라 일상에서 얼마든지 일어나는 일이다. 저도 헬스클럽에 갔다가 관장과 친해지고, 식사하면서 서로를 알아가고 이야기를 나누는 가운데 영적 대화까지 하게 되었다. 한 번은 우리 강아지가 전도한 적이 있었는데, 강아지 때문에 친해져서 얘기를 나누게 되었다. 그 할머니가 살아온 사연을 이야기하셨다. 그래서 목사라는 신분을 밝히고 기도해 드리겠다고 했더니, 영적으로 절실한 필요가 있는 분이어서 가까운 교회에까지 연결시켜 준 적도 있다. 이러한 일들이 얼마든지 일상에서 일어날 수 있다. 우리가 조금만 더 하나님의 마음과 시선을 가지고 일상을 돌아보면 굉장히 많은 전도의 가능성이 생긴다.

사회자 _ 하나님의 마음과 하나님의 시선이라는 말씀이 마음에 와닿는다. 박 목사께서는 전도 강사로도 많이 섬기시는데, 사실 교인들은 전도에 대해 마음의 벽이 높다. 어떻게 이것을 낮추거나 없앨 수 있을까?

박영민 _ 우리 교회 성도들이 전도하는 것을 보면 예수님을 전혀 모르고 나와는 상관없는 사람들을 먼저 대상으로 한다. 모르는 사람들을 사귀는 것은 무척 어려운 일인데, 그래도 2~3개월 정도 사귀다 보면 친해지고 교회에 초청할 수 있게 된다. 이 사람들은 교회문화를 잘 모르기 때문에 교제하다 보면 어떤 경우에는 노래방에도 가고 등산도 같이 가고, 어떤 때는 술자리에도 가서 같이 앉아 있어야 한다고 한다. 그것이 관계를 맺는 데 가장 큰 어려움이었고, 마치 맞지 않는 옷을 입은 것처럼 불편했지만 그 사람들과 친해지면서 마음을 교감했다고 한다.

김선일 _ 성도들은 전도를 어려워하고 부담을 갖고 있다. 그중 하나는 거절당하는 경우이다. 누구나 전도하기에 앞서 머뭇거리게 되는 이유는 거절에 대한 두려움이다. 이것은 자연스러운 것이다. 한편으로 생각해보면 우리 일상에서 거절당하는 경우는 아주 흔하다. 우리는 항상 거절당하면서 살고 있다. 예를 들어 입학이나 입사, 혹은 청혼했을 때도 거절당할 수 있다. 아니면 같이 식사하자고 하는데 시간이 안 맞아서 거절당할 수도 있다. 우리 인생에 크고 작은 많은 거절이 있는데, 유독 전도해서 거절당했을 때를 훨씬 더 두려워한다. 왜냐하면 전도가 내 역량과 능력만큼 된다고 생각하기 때문이다. 그게 아니다. 전도는 하나님이 하신다. 그런 잘못된 생각에서 해방되어야 한나. 어떤 목사님은 "모든 전도는 성공한다. 전도하지 않는 것이 실패다"라고 말씀하셨다. 단지 증인의 역할을 충실히 할 뿐이지 우리가 사람을 변화시키는 게 아니라는 점을 분명히 알아야 한다. 하나님이 우리에게 원하시는 것은 결과가 아니라 신실함이다.

사회자 _ 굉장히 중요한 말씀을 해주셨다. 전도하면서 전도대상자들의 입장을 고려하지 않는 무례하고 무리한 선교나 전도를 하는 경우가 종종 있는데, 이에 대해서는 어떻게 생각하는가?

김선일 _ 그런 문제 때문에 어떤 지혜로운 방법을 사용할 것인가가 중요하기는 하지만 그보다 먼저 할 것은 들려주기보다 먼저 들어야 한다. 상대방의 이야기를 들어야만 나도 말할 수 있는 기회를 얻게 된다. 그래서 먼저 들어주고 상대에 대해서 알려고 하는 것이 선행되어야 한다. 나는 이전에 '가족전도공동체' 라는 것을 만들었었다. 가족에게 전도하는 사람들이 공동체로 모여서 정기적으로 기도하고 교제하게 했다. 그들이 처음에는 실패한 경험을 이야기 하더니 차츰 자신들의 성공담과 실패담을 나누었다. 그러는 가운데서 서로의 지혜와 방법을 배우고 적절한 방법을 찾아 자신들의 문제를 해결하는 여지가 생겼다.

사회자 _ 실제로 전도를 하면 할수록 점점 더 많은 열정이 생기는데, 성도들 중에는 절제시켜야 할 상황도 있는가?

박영민 _ 원래 예수님도 하나님의 나라를 전하실 때 비판을 받았고, 최고 전도자였던 사도 바울도 비판을 받았다. 역사적으로 봐도 복음이 환영받았던 시대는 거의 없었다. 마지막 때가 될수록 비판은 더 강해지고 더 많이 욕을 먹기도 하고, 심지어는 환란과 핍박을 당할 수도 있다. 그래도 복음은 사람들의 비난 때문에 멈춰서는 안 된다. 불신자들이 자기 발로 오는 경우는 극히 드물다. 그렇기 때문에 인도자들이 이웃에게 불편을 주어서는 안 된다. 그러나 지혜롭게 대처해서 그분들도 기쁘게 교회에 올 수 있는 그런 방법을 잘 찾아야 한다고 생각한다.

사회자 _ 김 교수께서는 환대전도라는 단어를 잠깐 사용하셨는데, 관계전도에서 환대는 중요한 단어인 것 같다.

김선일 _ 환대는 성경에서 굉장히 중요한 단어이다. 나그네와 손님을 대접하라는 말씀이 계속해서 나오고 있다. 나그네, 낯선 자는 나와 이해관계가 없는 사람일 수 있다. 내가 저 사람을 도와주어도 나에게는 아무런 유익이 돌아오지 않는 사람일 수 있다. 그럼에도 불구하고 우리가 다가가서 대접하는 것은 오늘날 현대사회에서 굉장히 혁명적인 작은 실천이기 때문이다. 이것이 사람들의 마음을 여는데 굉장히 중요한 밑거름이 된다. 실제로 이런 환대를 통해서 전도되었던 경우도 여러 번 경험했다. 그래서 환대의 마음을 갖고 성경 말씀 그대로 나그네를 사랑하는 것에서부터 전도가 시작한다. 미국 사우스웨스턴신학교에서 전도학을 가르쳤던 오스카 톰슨 교수는 자신의 전도학 저서에서 "전도는 관계를 타고 올라간다"라고 말했다. 이 관계가 환대에 있다고 생각한다.

사회자 _ 실질적으로 관계전도를 실행하고 계시는데, 어떤 방식인지 이해하기 쉽게 설명해주시기 바란다.

박영민 _ 먼저 많은 사람을 만나야 된다. 만나다 보면 그 사람의 성향과 종교성을 3분 안에 파악할 수 있게 된다. 교회에 관심이 있는지, 교회에서 받은 상처는 없는지 등을 파악하고서 관심을 갖고 다가가 그들과 친해지면 자연스럽게 복음을 전하는 것이다.

사회자 _ 전도대상자들은 상황이 다르기 때문에 전도자들이 각각 대처하는 방식이 달라야 될 것 같은데 어떤가?

박영민 _ 물론 다를 수밖에 없다. 전도대상자의 머리 스타일과 옷

입은 스타일, 대화 스타일을 보고서도 파악할 수 있다. 그러면 그 사람에게 맞춰서 관심사를 끌어내어 대화하고 공통점이 있다면 마음을 열게 된다. 연령과 직업을 파악하여 거기에 알맞은 접근방식을 택하는 맞춤형 전도라고 할 수 있다.

사회자 _ 일단은 전도대상자에 대한 상황 파악이 제일 중요한 것 같다. 어떤 의미에서 그분들이 알아들을 수 있는 언어로 이야기하는 것도 중요하겠다. '이중언어'라는 말을 쓰는데 복음의 언어를 그분들이 이해할 수 있는 방식으로 표현해내는 것에 대해 어떻게 생각하는가?

김선일 _ 사람들마다 각각 관심 있고 중요하게 여기는 게 있을 것이다. 그런데 뉴욕에서 도시 목회를 잘하고 계시는 팀 켈러 목사가 이런 말을 했다. '죄'에 대한 생각도 사람들마다 다르다는 것이다. 종교적 배경이나 도덕주의적 배경이 있는 사람들에게 접근할 때는 인간의 도덕적 타락이 하나님의 거룩함에 이를 수 없는 것으로 설명할 수 있지만, 죄에 대해서 남한테 피해만 안주면 된다는 식의 상

> **복음의 언어를 그분들이 이해할 수 있는 방식으로 표현해내는 것에 대해 어떻게 생각하는가?**

대주의적 개념을 갖고 있는 사람들도 있다. 그런 사람들에게는 우상숭배를 가지고 접근해야 한다는 것이다. 하나님 외에 다른 것을 추구하고 욕망을 채우려고 온통 집착하고 사로잡혀 있는 것, 내가 집착하고 사로잡혀 있는 것이 과연 나를 행복하게 해주는가에 대해 우상숭배라는 관점에서 접근할 필요가 있다. 또 어떤 사람에게는 영생과 하나님의 나

라, 나이가 많다거나 죽음에 대해 두려움이 있는 분들에게는 영원한 생명에 대해 강조하고, 또 젊고 현실에 관심이 많고 사회문제에 의욕이 있는 사람들에게는 하나님 나라와 관련된 복음을 전하는 것이 더 적절할 수 있다고 했다. 이와 같이 우리 각 사람의 관심사와 연령과 상황에 따라서 그 사람에게 다가가는 주제가 있다. 이런 것들을 고려해서 복음은 동일하지만 여러 가지 형식과 모양으로 전할 수 있다는 사실을 염두에 둬야 할 것 같다.

사회자 _ 이런 저런 방법이 있지만 우리가 기억해야 할 것은 복음의 능력과 영혼을 사랑하는 마음이다고 하셨다. 이런 차원에서 전도에 대한 간증을 좀 더 나눠주시면….

박영민 _ 먼저 아버지에 대한 간증을 하고 싶다. 우리 아버지는 학교를 다닌 적이 없다. 글도 모르신다. 내가 고등학교 2학년 때까지 폭력적인 아버지셨다. 어머니가 교회에 갔다 오시면 많이 때리고 성경을 찢는 무지막지한 아버지였다. 내가 초등학교 5학년이 되었을 때 아버지가 병에 걸리셨다. 서울대병원과 세브란스병원 등 큰 병원은 다 다녔는데도 병명이 없었다. 어머니가 살 소망이 없다고 자살소동까지 하곤 했었다. 내가 고등학교 2학년 일 때 아버지에게 전도를 했고 예수님을 믿기 시작하고 얼마 안 되어서 7년 동안 고생하던 병이 깨끗하게 나았다. 아버지가 병 고침을 받은 것이다. 그때 새벽기도부터 나갔는데 밤 12시에서 1시 사이면 교회에 가셨다. 교회로 가서 기도하다가 천국과 지옥을 체험하기도 하셨다. 이 과정에서 예수님을 분명하게 만났고 뜨거운 열정이 생겨 전도하기 시작했다. 우리 아버지는 새벽기도 하다가 생각나는 사람이 있으면 이른 새벽에 그 집으로 가서 대문을 붙잡고 그 냥 우셨다. 그러면 집주인이 깜짝 놀라서 뛰어나와 왜 이러냐고 물으면 "목사님이 전도하라고 했는데 당신이 생각나서 왔다"고 하면서 막 우시면 집주인이 우리 아버지한테 교회 나갈 테니 울지 말라고 하면서 전 도한 경우도 있었다.

사회자 _ 김 교수께서는 학교에서 전도를 가르치려면 전도를 많이 하셔야 할 텐데?

김선일 _ 복음을 전할 때, 그 복음이 학문적 용어로 '거시적 복음' 과 '미시적 복음'이 있다. '거시적 복음'은 하나님 나라를 이루고 예수 님이 주님 되시고 우리에게 영원한 부활의 소망을 주신 것이다. '미시 적 복음'은 우리 각자에게 와닿는 복음의 핵심이 있다. 전도할 때 이것 을 찾는 것이 중요하다. 미국에서 유학할 때 만났던 중국 학생이 있었 다. 당신은 어떻게 기독교인이 되었느냐고 물어봤다. 이 사람은 중국 본토에서 온 물리학자였는데, 사회주의자라서 신을 부정하고 유물론 적 사고를 받아들였다. 그런데 항상 부딪히는 문제가 우주의 기원에 대 한 문제였다. 어느 날 기독교인 모임에 우연히 참여하게 되었다. 거기 서 창세기를 공부하면서 창조주 하나님을 믿고 인정한다면 모든 고민 이 풀린다는 이야기를 들었다. 창조주 하나님이 이분에게 중요한 복음 의 통로였던 것이다. 또 친척 고모님은 아버지가 일찍 돌아가시고 우리 집에 와서 같이 살게 되었다. 그러면서 자연스럽게 교회를 다녔는데, 이분이 만난 하나님은 아버지 되시는 하나님이셨다. 이처럼 각 사람마 다 복음을 만나는 통로가 있다. 이것은 그 사람을 이해하고 들어주고 친구가 되어주는 그 과정을 통해서 가능하다.

사회자 _ 누구에게나 복음은 필요한데 그 접촉점은 다 다를 수 있다는 것이다. 다양할 수 있는데 그것을 어떻게 우리 전도자들이 찾아내서 적합하게 다가가느냐 하는 것이 굉장히 큰 관건인 것 같다. 이제 전도의 필요성과 더불어 전도가 어려운 이 현실 속에서 두 분의 부탁 말씀이 있다면 해주시고 마무리 하도록 하겠다.

박영민 _ 누구나 인생은 짧고 단 한 번 산다. 한 번 사는 인생을 통해 하나님을 가장 기쁘게 하는 사람이 되면 좋겠다. 그리고 언젠가 하나님 앞에 섰을 때 하나님이 정말 기뻐하시는 사람이 되도록 멀리 바라보고 신앙생활을 영위하는 지혜자가 되면 좋겠다. 우리에게 이런 신앙이 있다면 영혼을 구원하는 일에 헌신할 수밖에 없다. 그리고 나로 인해서 한 영혼이 구원받을 수 있다면 이것보다 더 가치 있고 복된 일은 없다고 생각한다. 인생에서 가장 좋은 일에 투자할 수 있는 것은 바로 영혼 구원이다.

김선일 _ 우리가 말하지 않은 한 가지가 있다면 교회의 중요성이다. 전도는 각 개인의 일이 아니라 어떤 의미에서는 예수 그리스도를 믿고 따르는 공동체의 문제다. 교회는 이 세상의 공동체와는 뭐가 다른가, 차별성을 보이지 않으면 궁극적인 전도는 이뤄지지 않는다. 교회가 공동체로서 서로 사랑하고 섬기는 환대 공동체가 될 때 전도가 이뤄진다고 생각한다. 얼마 전에 나온 '한국교회 분석 리포트'를 보면, 거기서 성장하는 교회, 정체하는 교회, 감소하는 교회를 조사했는데, 의외로 감소하는 교회의 특징이 다른 것은 안하고 전도만 강조했다. 그런데 성장하는 교회의 특징은 전도는 물론 교육과 봉사와 예배가 골고루 유기적으로 돌아갔다. 그래서 교회가 건강하고 활력이 있으니까 교인들이 자연스럽게 전도를 했다. 그런데 교회 공동체는 건강하지 못한데 전도만 강조해서는 사람들이 들어올 수가 없다. 오히려 왔다가도 떠나게 된다. 그래서 건강한 사랑의 공동체를 세우는 것이 잊지 말아야 할 전도의 중요한 근본이라고 생각한다.

사회자 _ 지금까지 두 분 말씀에 감사하다. 우리가 한 영혼을 사랑하고 신실함을 유지한다면 하나님이 우리 시대에 전도의 열매를 계속 맺게 하시리라 기대한다.

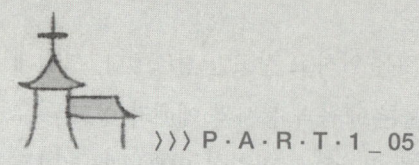

다시 일어서는 힘
: 종교개혁, 그 발자취를 따르다

교회력으로 10월은 루터가 가톨릭 전통에 대해서 개혁을 일으킨 의미 있는 달이다. 개혁교회가 10월 31일을 종교개혁일로 지키는 중요한 이유는 지상에 있는 모든 교회는 성경이 제시하는 완전한 교회의 표준을 따라 계속 개혁되어야 할 필연성이 있기 때문이다. 특히 2017년은 종교개혁 500주년을 맞이하는 뜻깊은 해이다. 그래서 국제신학대학원대학교 김재성 교수와 안양대학교 이은선 교수, 그리고 총신대학교신학대학원 안인섭 교수와 함께 종교개혁의 의미와 개혁교회에서 계속 진행되어야 할 바람직한 개혁의 방향성을 모색해보려고 한다.

사회자 _ 개신교인들이 믿는 신앙은 개혁신앙이기 때문에 종교개혁을 따로 떼어놓고 말할 수가 없다. 그래서 종교개혁에 대해 많이 이

※ 이 원고는 2014년 10월 4일과 11일에 방송된 원고이다.

야기하긴 하는데, 막상 종교개혁에 대해 설명하라고 하면 쉽지가 않다. 종교개혁이 무엇인지 먼저 간략하게 소개해주시면 좋겠다.

김재성 _ 지난 기독교의 역사, 예수님 사후 2천 년을 간략하게 돌아보면 교회는 유럽과 인류 문화를 지탱해온 굉장히 중요한 주춧돌이고 중심부였다. 그러나 막상 로마를 거쳐서 유럽의 여러 시대를 돌아보면 기독교라는 종교가 저변에 있었지만 한 시대를 통째로 바꾸는 일은 없었다. 그런데 16세기에 루터와 칼빈을 비롯한 종교개혁 세대는 단일군주제도에서 계급화사회로 완전히 뒤바뀌는 현상을 일으켰다. 로마가톨릭에서 개신교로 달라지는 정도가 아니라 기독교 신앙으로 말미암아 국가체제가 입헌군주제로 바뀌고 시장제도도 바뀌었다. 그래서 인류문화를 새로운 패러다임으로 바꾸어 세계 근대사회를 여는 물꼬가 터졌다고 정리하고 싶다.

이은선 _ 역사학에서 말하면 중세에서 근대로 넘어가는 과도기라고 정리할 수 있겠고, 교회 차원에서 보면 중세교회의 부패상을 뒤엎고 말씀을 토대로 개혁해서 성경적인 교회를 회복하고자 하는 개혁운동이었다. 개혁자들이 다시 성경으로 돌아가서 초대교회의 순수성과 사도들의 가르침을 회복하자고 하는 운동으로 정의할 수 있겠다.

사회자 _ 성경이 기준이기 때문에 성경으로 돌아가자. 성경의 기준에 부합하지 않는 것은 다 바꾸자는 것이 종교개혁이라는 의미로 들린다. 그렇다면 종교개혁이 일어났던 시대적 배경에 대해 알고 싶다. 16세기의 상황과 역사적 정황을 짚어달라.

김재성 _ 먼저 신앙적으로 보면 주교나 대주교들은 관료화되어 성도들의 영혼을 어루만져주는 신앙적인 지도나 목회적인 돌봄이 전무한 시대였다. 중세 말기의 교회는 루터가 강력하게 항의한 면죄부 판매, 성상숭배, 유품, 유물숭배 등에서 알 수 있듯이 종교는 일종의 희망사항을 구현하기 위한 미신적, 주술적인 수단에 불과했다. 성경은 가르치지 않고 형식과 행위에 빠졌다. 그 시대의 글 가운데 하나를 보면 많은 사람들이 양을 키워서 거래를 해야 하는데 산이 높고 강이 커서 일반인은 못 가고 중간에 성직자가 거간꾼 노릇을 했다. 이것을 종교와 신앙이라고 할 수 없었던 것이다. 종교개혁이 일어났던 시대에는 영혼은 지도해주지 않고 허울만 남은 교회에 대한 목마름이 배경이 되었다. 또 하나는 인문주의 운동이었다. '아드 폰테스'(ad Fontes), 즉 근본으로 돌아가자는 것이다. 또 당시에는 대학이 발전하기 시작하였다. 상당수 지식인 엘리트들은 헬라어, 히브리어 등 원어를 공부하였고 이 사람들이 개신교 최초의 지도자가 되었다. 루터와 칼빈도 마찬가지다. 이런 새로운 젊은 엘리트들이 준비된 상태에서 목마름을 충족시켜주는 대안세력이 되었다. 이들은 목숨 걸고 성경을 번역하고 성경을 해석하고 교회를 갱신하면서 중심세력으로 성장하는 과정에서 피를 바치기도 하였다.

사회자 _ '아드 폰테스', 근원으로 돌아가자는 말인데, 여기서 근원은 성경이다. 이 부분에 대해서 좀 더 자세히 말씀해주시면 좋겠다.

이은선 _ 두 가지를 말씀드리고 싶다. 한 가지는 바로 인문주의자들의 등장인데 이들은 교회의 부패상에 대해서 가장 강력하게 비판하고 교회가 윤리적으로 개혁되어야 할 필요성을 주장했다. 대표적으로 에라스무스가 교회의 부패상을 강하게 비판했고, '아드 폰테스'라는 목적을 위해 헬라어 성경을 출판했다. 반면에 당시의 교황들은 세상 문화에 깊이 빠져 있었다. 바로 종교개혁이 일어났던 직접적인 원인인 성 베드로 성당을 짓는데 필요한 엄청난 자금을 조달하기 위해서 당시 교황이었던 레오 10세는 면죄부를 팔기 시작했다. 그리고 그것 때문에 결국은 종교개혁이 일어나게 되었다. 교황들이 성도들을 영적으로 돌보지 않고 세상적인 문화에 취했고 그 문화적 성취를 위해서 돈을 쓰기 시작하면서 타락이 왔던 것이다.

사회자 _ 오늘날에도 시사하는 바가 큰 것 같다. 종교개혁을 말할 때 '마틴 루터'를 비롯해서 '존 칼빈' 같은 인물을 말하지 않을 수 없는데, 이처럼 종교개혁의 대명사로 알려진 분들이 어떤 생각을 가졌고, 어떤 일들을 추구했는지 짚어주면 좋겠다.

김재성 _ 먼저 루터 이야기를 잠깐 하겠다. 1483년 아이슬레벤에서 출생하여 1517년 10월 31일 뷔텐베르그에서 95개 반박 조항을 붙이게 되기까지 루터에게는 굉장히 훌륭한 선생님이 있었다. 법과대학원에서 공부할 무렵, 친구와 길을 가는데 갑자기 하늘이 어두워지고 낙뢰가 치면서 옆에 있던 친구가 그 낙뢰에 맞아 죽었다. 루터는 두려움 속에서 성자에게 "성 안나여, 나를 도와주소서!" 기도하면서 수도원으로 들어갔다. 수도원 원장은 요한 폰 슈타우피츠라는 분이었다. 이분은 어거스틴파 학자로서 루터의 영적 멘토가 되었고, 훗날 뷔텐베르그대학의 총장으로 가면서 루터를 데리고 가게 된다. 위대한 그루터기가 미리 준비되어 있었다. 요한 폰 슈타우피츠는 어거스틴의 신앙을 '루터'에게 그대로 전해주면서 모든 근본이 초대교회에 있다고 가르쳐주었다. 그 영향을 받은 루터로부터 면죄부에 대한 바른 성경적 안목으로 95개 조항의 반박문이 나오게 된 것이다. 이것은 불쏘시개가 되어 종교개혁에 불을 붙인 것으로 볼 수 있다.

사회자 _ 그러면 칼빈은 어떤 인물인지 정리해주시면 감사하겠다.

이은선 _ 칼빈은 제네바에 가서 종교개혁을 단행했는데, 1차 개혁에서는 3년 동안 실패를 거듭하다가 스트라스부르그에서 마틴 부처를 만나 영향을 받고 돌아와서 1541년부터 제네바에서 2차 개혁을 실행하였다. 칼빈에게 가장 중요한 것은 말씀을 토대로 교회와 사회를 바꾸겠다는 생각이었다. 제네바를 이와 같은 이상을 구현하는 도시로 만들기 위해서 하나님의 말씀을 잘 가르쳤고 권징도 강화했다. 존 낙스가 제네바에 가서 보고 "그리스도 이후의 가장 완벽한 기독교 학교"라고 말할 정도로 칼빈은 제네바를 완벽히 기혁했다. 루터도 종교개혁을 시작했는데 결정적인 것은 믿음으로 구원받는다는 '이신칭의' 였다. '이신칭의' 는 하나님의 은혜를 잘 드러내고 구원의 확신을 갖게 해주는 중요한 교리가 되었다. 그런데 하나의 약점이 있다면 성화에까지 연결시키지 못했다는 점이다. 그래서 칼빈은 루터가 발전시킨 믿음으로 구원받는다는 칭의와 함께 행위도 반드시 연결되어야 된다고 주장했다. 칭의와 성화는 결코 분리될 수 없음을 강조해서 종교개혁 신학을 더욱 성숙시킨 것이다.

사회자 _ 두 분이 대표적인 인물에 대해 설명해주셨는데, 루터를 루터답게 만든 요한 폰 슈타우피츠와에 대해서 언급하셨고, 또 칼빈도 마틴 부처에게서 영향을 받았다고 하셨다. 그렇다면 종교개혁 이전에도 종교개혁자들이 있지 않았는가? 그 역사적 흐름에 대한 그림을 간략히 그려주시면 좋겠다.

김재성 _ 종교개혁의 샛별이라고 하는 이름이 붙여진 존 위클리프라는 사람이 있다. 옥스퍼드에서 성경을 번역했는데 죽은 뒤에 무덤을 파헤쳐서 다시 태워 죽일 정도로 교황의 눈에는 가시 같은 존재였다. 그 뒤 위클리프에게 영향을 받은 얀 후스가 있는데, 이분이 루터에게 직접적인 영향을 미쳤다. 얀 후스는 프라하대학의 교수였고 프라하 광장에서 화형을 당했다. 현재 프라하 광장에는 얀 후스의 동상이 세워져 있는데 그는 위대한 개혁가였다.

사회자 _ 그렇다면 루터와 칼빈 이후에 중요한 개혁자들도 말씀해주시면 좋겠다.

이은선 _ 루터가 새로운 신학사상을 폭발시킨 창조적인 인물이었다면 그 사상을 조직화하는 데 결정적인 역할을 한 인물은 필립 멜란히톤이다. 우리나라에도 멜란히톤의 저서가 「신학총론」이라고 번역되어 있다. 또 칼빈은 제네바에서 종교개혁을 추진했는데 그 신학을 계속 발전시키기 위해서 '제네바 아카데미'를 세우고 신학사상을 계속 발전시켰다.

김재성 _ 종교개혁은 독일어권의 가장 북쪽 지방이었던 뷔텐베르크에서 시작되었고, 츠빙글리는 같은 독일어권이면서 도시의 독립성을 강조했던 취리히에서 종교개혁을 일으켰다. 츠빙글리는 1484년생으로 루터보다 한 살 아래였다. 츠빙글리와 루터는 일생 동안 많은 신앙적인 질문과 논쟁과 만남이 있었다. 결국 츠빙글리는 순교했다. 칼빈과 루터는 한 번 종교회의에서 만났고 편지를 여러 차례 주고받았다. 이들은 모두 당대의 지도자들로서 함께 모임을 갖기도 했다. 또 매우 중요한 분으로 독일의 남부 스트라스부르그의 마틴 부처다. 마틴 부처는 화해의 신학자였다. 당대의 학자들을 모아서 신앙의 일치를 위한 통합된 문서를 만들기 위해 가장 많은 노력을 기울였다. 또 존 불링거는 츠빙글리의 후계자인데 이분도 당대 최고의 학자였고 칼빈을 비롯한 다른 개혁자들과 많은 교제를 나누었다. 또 잊어서는 안 되는 인물이 존 낙스이다. 낙스가 없었다면 스코틀랜드의 종교개혁은 없었을 것이고, 오늘의 장로교라는 매우 성경적인 기관의 회복도 없었을 것이다.

사회자 _ 종교개혁이 굉범위하게 대륙에서 영국으로, 그리고 스코틀랜드로 건너갔고, 이것이 계속해서 동진했던 것 같은데, 단도직입적으로 종교개혁이 왜 성공했다고 보는가?

이은선 _ 종교개혁이 성공할 수 있었던 이유는 정치적으로 준비되어 있었기 때문이다. 아마 교황권이 강력한 시절이었다면 루터는 화형당했을지도 모른다. 그러나 당시는 영국이나 프랑스는 독립된 국가로 국가교회들이 등장하고 있었다. 문화적으로도 로마 가톨릭의 부패를 지적하면서 강력한 개혁을 요청하는 인문주의 세력들이 대거 등장한 것도 중요하다. 루터의 95개 조항을 논쟁하자고 했을 때 가톨릭교회에서는 아무도 오지 않았다. 아무도 반응을 안보였고 거기에 가장 쾌재를 부른 것은 인문주의자들이었다. 루터의 95개 조항을 각 나라말로 번역해서 뿌렸다. 인쇄술의 발전으로 종교개혁은 급속도로 퍼져나갔고 사람들에게 엄청난 영향을 미치게 되었던 것이다. 이렇게 인문주의적인 문화배경도 갖춰져 있었지만 종교개혁의 가장 핵심적인

> **성도들이 자신들의 피를 받쳤기 때문에 종교개혁이 성공할 수 있었다.**

성공의 원인은 루터의 등장이었다. 당시 교회가 부패했고 성도들의 영적인 목마름은 컸는데 아무도 채워주지 못했던 것이다. 루터는 당시 사람들의 목마름을 채워줄 수 있을 만큼 영적으로 무장하고 종교개혁에 불을 지폈고, 그것이 많은 사람들에게 공감대를 얻고 퍼져나가면서 종교개혁이 이뤄진 것으로 평가한다.

김재성 _ 거기에 덧붙여서 성경을 읽은 성도들이 자신들의 피를 받쳤기 때문에 종교개혁이 성공할 수 있었다. 사람들은 중세 1천 년 동안 라틴어로 읽어주는 미사에 수동적으로 참여하기만 했다. 일반 대중 가운데 99.9%는 라틴어를 모르는 사람들이었다. 루터는 1517년 10월 31일에 95개 조항을 붙인 뒤 1521년 보름스제국회의에 소환장을 받았지만, 가까스로 살아남아 바르트부르그 성으로 들어가서 최초로 독일어 성경을 번역했다. 이 성경을 읽고 영적으로 감동받은 사람들이 미사에 나가지 않게 되었다. 성경을 읽는다는 것은 성령의 감동이다. 말씀과 성령의 역사가 성도들로 하여금 핍박에 굴하지 않고 기꺼이 순교할 수

있는 용기를 주었고 종교개혁을 성공시켰다.

사회자 _ 그리스도인들이 이전에는 이해할 수 없었던 말씀을 종교
개혁을 통해서 듣고 읽고 이해하고 실천하게 되었다는 것, 그것이 종교
개혁의 가장 중요한 원인 중에 하나라고 설명하셨다. 나아가 종교적인
면에서뿐만 아니고 사회를 올바로 정립하고 새롭게 하는데도 영향을
끼쳤다고 하셨는데, 과연 어느 정도였나?

김재성 _ 중세시대에는 상상도 할 수 없었던 일이 벌어진 것이다.
사람들이 새로운 개혁신앙을 접하면서 근면, 성실, 직업에 대한 소명의
식을 깨우쳤다. 루터는 "성당에서 일하는 것과 젖소의 젖을 짜는 것이
다 하나님이 주신 거룩한 소명이다"라는 유명한 말을 남겼다. 이것이
바로 '코람데오'(Coram Deo) 정신이다. 하나님 앞에서 살고 모든 삶
의 영역에서 그분의 영광을 위해서 일한다는 엄청난 변화이다.

이은선 _ 칼빈의 경우는 근대사회로 넘어가는 시대인데 중세까지
는 교회에서 이자를 받지 못하게 했다. 성경에 가난한 자에게 이자를
받지 말라고 했고, 또 아리스토텔레스는 돈은 돈을 낳지 못한다고 했
다. 칼빈이 제네바에 갔을 때 다 장사하는 사람들이었는데 "이자를 받
으면 안 되는 것인가?" 하는 질문에 "당연히 가난한 자에게 돈을 빌려
주고 이자를 받지 않는 게 맞다. 그러나 장사나 물건을 만들어서 이윤
을 남기는 것은 이윤을 나누는 의미에서 이자를 받을 수 있다"고 명쾌
한 대답을 했다. 그렇게 자유로운 상업활동이 일어나면서 근대사회로
넘어갈 수 있는 토대가 만들어졌다. 칼빈은 민주주의 제도를 교회 안에

까지 정착시켰다.

사회자 _ 그리스도인들이 말씀을 이해하고 말씀대로 살기에 사회 변혁이 일어날 수밖에 없었던 상황이었다고 본다. 말씀을 들으니까 복잡하게만 생각했던 종교개혁의 역사가 머릿속에 이미지로 가득 채워지는 것 같다. 한 번 개혁된 교회는 항상 개혁하는 교회여야 한다는 종교개혁자들의 외침을 기억하면서 이 시대에 종교개혁이 갖는 의미를 새롭게 짚어보고 있다. 이번에는 종교개혁의 교훈에 대해 나눠보도록 하겠다.

김재성 _ 먼저 신앙적인 면에서 종교개혁의 의미와 교훈을 말씀드리겠다. 종교개혁은 무엇으로부터 시작했고 우리에게 무엇을 남겼는가? 종교개혁가들은 구원에 이르는 참된 길을 찾았고 우리에게 그 길을 남겨주었다. 로마서 1장 17절의 말씀처럼 의인이 되는 것은 공로나 업적이 아니라 선물로 주신 은혜로 된 것이라는 사상으로 13세기 토마스 아퀴나스가 7가지 성례제도를 통해서 업적을 쌓으라고 주장한 것을 완전히 뒤집었다. 믿음으로 말미암아 의롭게 된다는 것이다. 다시 말하면 구원론의 재정립이었다. 개혁신앙은 한 치도 틀림없이 바로 이 신앙의 유산을 물려받고 있다.

이은선 _ 믿음으로 구원받는다는 교리에 대해서 2가지만 말씀드리고 싶다. 하나는 오직 성경이다. 중세교회까지는 모든 것이 전통과 교황의 권위에 의해 이루어졌다. 그런데 루터는 교회의 모든 결정에 가장 절대적인 기준은 성경이 되어야 한다고 역설하였다. '솔라 스크립투라'(Sola Scriptura), '오직 성경으로'라고 외쳤다. 성경에서 외경을 제외시켰고 교황이 모든 것을 결정하는 교황수위사상을 무너뜨렸다. 또 하나는 성상도 숭배하고 성유물, 성인을 숭배하던 것에서 구원받기 위해서는 오직 예수 그리스도 한 분으로 충분하다는 유일신 신앙을 유산으로 남겨주었다.

사회자 _ 라틴어로는 솔라(Sola) 사상이라고 표현하는가?

김재성 _ 솔라(Sola)는 오직이라는 말인데 종합적으로 정리하면 개혁신앙의 특징은 다섯 가지다. 오직 성경, 오직 믿음, 오직 은혜, 오직 예수, 오직 하나님의 영광을 위해서다.

사회자 _ 이런 의미에서 종교개혁은 교회관에 큰 변화를 가져온 것 같다. 칼빈의 교회관이나 종교개혁자들의 교회관이 지금의 개혁신학에 어떻게 자리 잡았는지를 설명해주면 좋겠다.

이은선 _ 루터가 변혁시킨 두 가지 교회관을 말씀드리고 싶다. 하나는 교회의 본질이 무엇인가 하는 것이다. 천주교에서는 로마 교황이 교회의 우두머리가 된 가시적인 교회를 교회라고 했다. 그리고 조직교회의 밖으로 나가면 구원이 없다고 해서 조직으로서의 교회를 말했다. 이에 반대로 루터는 교회는 바로 구원받은 성도들의 모임이라고 강조하며 교회의 영적인 본질을 회복시켰다. 로마 가톨릭에 따르면 베드로가 1대 교황으로서 지금까지 계속 이어지는 사도계승권을 주장한다. 그러나 베드로가 1대 교황이었다는 성경적인 증거가 전혀 없을 뿐만 아니라 그 이후로 교황들의 타락한 역사를 보면 중세는 마치 도색정치일 정도로 타락했다. 또 다른 하나는 교회가 계급제로 굳어져 왔다는 것이다. 평신도는 온전히 성직자에게 순종만 해야 했다. 교황은 그 정점에 있는 우두머리로서 모든 권력을 누리고 있었다. 성경이 말하는 목자와는 거리가 멀었다. 그래서 루터는 일단 예수님을 믿으면 모두 성도라고 불렀고, 누구든지 예수님을 믿으면 하나님의 거룩한 제사장이 되기 때문에 계급제도는 다 없앴다. 교회 안에서의 차이는 오직 직분의 차이만 있다는 것이다. 교회는 영적인 공동체이고 교회를 구성하는 영적인 사람들 사이에는 아무런 신분적 차이가 없다고 했다.

김재성 _ 종교개혁은 우리에게 구원에 이르는 신앙을 올바로 회복하는 역사적인 유산을 남겼고 그로 말미암아 교회론을 바꿨다고 했다. 로마 가톨릭교회는 스스로 우리에게 은혜를 주입시키는 은혜주입설을 대행하는 기관이라고 보고, 성직자들을 구분하여 그들만이 구원을 전해주는 유일한 대행자라고 했다. 로마 가톨릭은 성직자와 평신도를 나누는 이원론적인 구조이다. 그래서 성(聖)자를 다 붙였다. 그리고 가르치는 교회와 듣는 교회로 교회를 두 개로 나누었다. 교회는 오직 성직자를 통해서 7가지 성례를 시행하고 참석자들에게는 구원에 이르는 은혜를 주입해준다. 그러면 공로를 쌓아 하나님 앞에서 구원받게 된다는 것이다. 그러나 개신교에서는 이 구원의 전달자를 성령님으로 바꿨다. 구원을 계획하신 분은 성부 하나님이시고, 완성하신 분은 성자 하나님인데, 구원을 집행하고 보존하고 임재하시는 분은 성령 하나님이라는 것이다. 이것을 조직신학에서 삼위일체의 외적사역이라고 말한다. 세 위격이신 하나님은 한 분이다. 그런데 가톨릭에서는 성령의 사역을 신비주의로 몰아서 덮어버렸다.

사회자 _ 결국은 성직자들에 대한 올바른 이해가 있어야 할 것 같다. 가톨릭의 7성례를 개신교에서는 세례와 성찬, 이렇게 2가지로 줄였는데 그것에 관하여 좀 더 설명해주시면 좋겠다.

김재성 _ 예수님이 직접 명령하고 실천하신 것은 세례와 성찬 두 가지다. 그 외에 가톨릭에서는 고해성사, 견진성사, 임직성사, 혼배성사, 종부성사 등 이렇게 5가지를 덧붙였다. 이 성례 없이는 구원을 못 받는다는 것이다. 이 모두 토마스 아퀴나스가 아리스토텔레스의 이론을 근거로 해서 이성과 철학과 종교를 논리적으로 짜맞추었던 것이다.

사회자 _ 그런 점에서 가톨릭에서는 성직자를 신의 대리자라고 보는 것인가?

이은선 _ 하나님의 은혜가 사제들을 통해서만 흘러간다는 건데, 종교개혁이 일어난 직접적인 계기가 되었던 것이 바로 면죄부이고 고해성사였다. 개신교에서는 죄를 지으면 자신이 직접 하나님께 나아가서 회개하고 용서받으면 된다. 그러나 가톨릭은 죄를 용서받기 위해 반드시 사제에게 가서 죄를 고백해야 하고 이를 통해서만 용서를 받을 수 있다고 가르친다. 하나님께서 반드시 사제라는 통로를 통해서만 은혜와 용서를 허락하신다는 것이다. 이것을 주입된 은혜라고 한다. 주사를 맞을 때 원하지 않아도 바늘을 찌르면 들어가듯이, 7성례를 할 때 믿음이 없어도 가서 앉아 있으면 은혜가 들어가기 때문에 가톨릭에서는 이러한 7성례 가운데 하나인 영세를 받지 않으면 구원받을 수 없다고 한다. 세례를 꼭 받아야 주입된 은혜가 원죄를 씻어줘서 구원받는다는 것이다. 모든 은혜가 전달되는 통로에는 반드시 사제가 들어가서 통로 역할을 한다고 주장한다. 그러나 종교개혁 이후로는 은혜의 전달 수단을 말씀과 성령으로 보았다. 말씀이 선포될 때 성령이 역사하시고 각자의 믿음으로 받아들여야 한다는 것이다. 자동적으로 은혜가 주어지는 것이 아니기 때문에 성도들이 직접 말씀을 읽고 그 말씀을 깨달으면서 받아들여야 한다. 가톨릭교회에 가면 암묵적 신앙이라는 것이 있다. 남미나 필리핀에 가보면 평생 교회에 다녔다는데 예수를 모르는 사람도 있다. 이게 무슨 이야기냐 하면 신앙 내용이 뭔지 잘 몰라도 신부님이 말하는 것을 나도 믿는다고 고백하면 천국에 간다는 것이다. 그 정도까지 미신적인 신앙이 되었다. 개신교는 말씀이 선포될 때 알아듣고 각자 믿음으로 받아들여야 구원받는다는 신학을 갖게 되었다.

김재성 _ 종교개혁 이후 교회관이 달라지면서 엄청나게 세상이 달라졌다. 왜냐하면 그 당시 가톨릭은 구원의 대행자일 뿐만 아니라 통치자와 지배계급과 결탁되어 있었다. 단일 군주체제를 유지하기 위해서는 역시 종교적인 힘이 동시에 필요했다. 그래서 찰스 5세 합스부르크 산하에 있는 여러 나라들이 전부 가톨릭 외에는 인정하지 않았고, 이들은 모두 계급주의 국가관이나 사회체제를 지지하였다. 플라톤이 국가론에서 주장했고 아리스토텔레스는 이것을 다시 4계급으로 나눴다. 머리 계급, 왕이나 귀족들, 어깨 계급인 무사, 그리고 가슴 계급과 하부 조직으로 나누었고, 이것은 절대로 바꿀 수 없는 신분제도였다. 그러나 종교개혁자들은 이마저도 과감히 바꾸기 시작한다. 왜냐하면 당연히 새로운 신앙을 가진 사람들은 직업에 대한 소명의식을 갖고 열심히 근면하고 절약하면서 살게 되었고, 그 이후로 은행이 생기면서 신흥상인들로 탄생하였다. 이들은 종교의 박해를 떠나 자유로운 도시로 모여들었고, 여기서 드디어 새로운 세상에 눈을 뜨게 되었다. 칼빈이 남긴 큰 공헌 중에 하나는 장로를 선출하는 것이었다. 민주적인 제도가 교회에서부터 시작했는데, 그 첫 출발이 치리하고 다스리는 장로를 교인들 손으로 직접 뽑고 당회를 구성해서 다스리는 것이었다. 이처럼 제네바사회가 민주주의로 가는 새로운 출발을 교회에서 시작했다. 존 낙스도 이것을 스코틀랜드에 정착시켰다. 존 낙스로 인하여 민주주의의 발상지를 영국이라고 하고, 그 이후 영국에서는 엄청난 역사가 일어났다.

사회자 _ 성도들에 대한 재발견이라고 받아들여도 될 것 같다.

이은선 _ 루터가 만인제사장을 주장하기는 했지만 교회 안에 정착시키지는 못했다. 루터교회는 목회자만 있고 그 아래 직제를 만들지 못했다. 그에 반해 칼빈은 장로교회를 만들면서 4중 직제를 만들었다. 거기서 가장 중요한 요소는 장로와 집사를 일반 성도로 세웠다는 것이다. 가톨릭에서 평신도는 교회행정에 절대로 참여할 수 없고 오직 복종만 있을 뿐이다. 그런데 칼빈은 종교개혁을 하면서 성경 말씀에 근거해서 초대교회 안에 장로와 집사를 일반 성도들이 담당하도록 했다. 가톨릭은 제직자를 임명했는데 초대교회는 선거로 뽑았다. 이 모든 제도를 성경에 근거해서 신분의 평등사상을 구현했다.

사회자 _ 결국 말씀의 재발견으로 이런 일들을 이루어냈고, 특별히 성도의 재발견이 사회적으로 파장을 일으키면서 일반 성도들이 하는 모든 일은 거룩한 일이라는 좋은 영향력이 오늘 날까지도 미치고 있는 것 같다.

김재성 _ 이 당시 지도자들은 전부 인문주의시대의 대학을 졸업한 최상급 학자들이었다. 당시 프랑스 파리에서 대학을 졸업한 사람들의 숫자가 400명이었는데, 칼빈도 그중에 한 명이었다. 비텐베르그의 인구가 약 2천~3천 명이었는데, 그중에 대학생은 40~50명가량이었다. 지도자들이 교육에 열정을 쏟으며 교육을 바꿨고, 자선기관을 세웠고, 물질의식을 새롭게 하였고, 또 소명의식, 광범위한 문화 참여와 발전 등을 통하여 모든 사람의 마음속에 삶의 의미와 가치를 부여해준 놀라운 시대였다.

이은선 _ 마지막으로 종교개혁에서는 기독교인들의 모든 직업은 하나님이 주셨다고 믿었다. 오늘날 자본주의가 문제가 많은 것은 직업을 하나님이 주셨다는 소명의식은 빠져버리고 탐욕으로만 가득 찼기 때문이다. 다시 한 번 직업 속에서 하나님이 주신 소명의식을 되찾아야지만 하나님의 영광이 드러날 것이라고 믿는다.

사회자 _ 이제 한국교회를 말하지 않을 수 없다. 한국교회가 종교개혁과 동떨어진 부분이 있다면 말씀해주시면 좋겠다.

김재성 _ 종교개혁의 교회는 고난받는 교회의 유산을 남겨주었다. 그런데 오늘날 한국교회는 이런 종교개혁자들의 꿋꿋한 정신을 다 잃어버렸다. 프라하광장의 얀 후스 동상 앞에 섰을 때 마치 이런 지적을 듣는 것 같았다. "너희는 너무나 호사스럽지 않은가? 너희는 너무나 태평하지 않은가? 너희는 너무나 무분별하지 않은가?" 그것이 종교개혁자들로부터 우리가 들어야 할 메시지라고 생각한다.

이은선 _ 종교개혁은 결국 성경으로 돌아가자는 운동이었다. '루터'와 '칼빈'이 종교개혁을 할 수 있었던 것은 세상의 잘못된 것이 그들의 눈에 보였기 때문이다. 마찬가지로 오늘날 우리들도 하나님 말씀으로 돌아가서 그 말씀을 묵상하면서 자신이 얼마나 벗어나 있는가를 인식하고 본래의 자리로 돌아가도록 해야 할 것이다.

사회자 _ 다음으로 종교개혁이 일어났던 그 당시, 그 시대상에 비추어볼 때 지금의 한국교회를 어떻게 보아야 할지, 한국교회는 어떤 문제점을 짚어야 자기반성을 할 수 있을지 말씀해주시면 좋겠다.

김재성 _ 종교개혁이 1517년 10월 31일에 일어났고, 그다음 날인 11월 1일이 만성절이었다. 이날도 미신적인 기적을 기대하면서 성인들의 유물이나 유품 앞으로 나가려고 했던 잘못된 관행과 관습에 대해서 루터가 문제 제기를 하면서 종교개혁이 시작되었다. 그 핵심 중에 하나는 면죄부 판매였다. 간단히 말해 물질로 인한 타락, 세속화, 이에 대한 성경적인 반성과 검증이었다. 그런데 오늘 21세기로 넘어온 한국교회도 엄청나게 몰려든 세속화와 상업주의, 물량주의, 외형주의 등과 같은 덫에 걸려 있다. 지난 30여 년 동안 한국경제의 부흥과 더불어 상업주의 논리에 좌우되었다. 나 자신을 포함해서 기복주의 신앙과 물질만능주의에 대한 진정한 자각을 했는지 의문이다. 교회 안에서 전해지는 복음이 세상의 축복과 똑같아 혼돈을 일으킨다. 교회가 주는 축복은 가난하고 외롭고 힘들고 어려움에도 하늘의 상급을 바라보는 것이었다. 그런데 세속적인 축복은 더 많이, 더 크게, 더 편안하게, 더 물질적으로 즐기는 쾌락주의로 흘러갔다. 이 둘을 구분해주지 못한 채 혼합주의와 혼돈스러운 상업주의가 우리 교회에도 들어와 있다.

> **물질로 인한 타락, 세속화, 이에 대한 성경적인 반성과 검증이었다.**

이것이 지금 가장 시급히 갱신해야 될 근본적인 문제라고 종교개혁의 정신에 기초해서 지적하지 않을 수 없다.

사회자 _ 완전히 표준이 달라진 것 같다. 십자가의 길을 가야 되고 십자가의 길을 걷다 보면 하늘의 상급이 있는데, 오히려 역행하는 것으로 보인다.

안인섭 _ 한국교회에 일어나는 문제점의 가장 본질적인 부분은 신앙과 삶의 불일치라고 여겨진다. 그러니까 한국교회가 사회로부터 지탄을 받는 이유는 바로 삶의 문제이다. 왜 그런 문제가 생겨났는가 생각해보면 결국은 신학의 부재가 삶의 부재로 나타났다고 생각한다. 그것이 결국 종교개혁 정신하고 맞물린다. 종교개혁이라는 말은 '레포메이션'(Reformation), 즉 어떤 본질, 형태로부터 이탈되었기 때문에 다시 돌아가는 개념이다. 한국교회가 그동안 선포하는 메시지나 성도들의 인식 속에서 예수 믿고 천국 간다는 값싼 복음에 익숙해져 있었다.

하나님이 주신 깊은 은혜에 대한 성찰과 뼛속까지 스며든 은총에 대한 깨달음이 없었기 때문에, 결국은 값싼 행동에 이르게 된 것이다. 삶과 신앙의 이분법으로 한국교회에 위기가 찾아왔다고 생각한다.

사회자 _ 이런 한국교회가 새로운 위상을 찾기 위해 새로운 개혁이 또 한 번 일어나야 한다는 외침이 참 많다. 그런데 왜 이렇게 거꾸로 가고 있는지 의구심을 갖지 않을 수 없다. 왜 그럴까?

김재성 _ 종교개혁자들은 절대로 완성되었다거나 자기 업적을 자랑하지 않았다. 개혁된 교회는 지속적으로 개혁해야 한다는 표어를 가졌다. 그것은 남을 쳐서 복종시키거나 기존의 질서를 깨부수거나 교단이나 교파의 제도나 구조를 혁신적으로 만들어야 한다는 것이 아니다. 개혁교회가 가졌던 가장 중요한 정신 중의 하나는 자기 부인과 십자가를 지는 일이었다. 진정한 종교개혁은 다른 사람에게 개혁하라고 외치는 것이 아니라 지금 내가 젖어 들어서 나도 모르는 사이에 관행과 관습으로 해오고 있는 일, 면죄부 판매와 같은 일, 마치 유물숭배와 같이 반성은 하지 않은 채 그냥 내게 행운이 떨어지기를 바라는 일, 이것을 부인하고 철저하게 나를 하나님 앞에 내어놓고 헌신해야 한다. 그리고 십자가를 등에 지고 가는 일이다. 자기를 부인하고 십자가를 지는 이 두 정신을 다시 한 번 강조하고 싶다.

사회자 _ 목회자들이 신학을 하는 것도, 목회를 하는 것도 그런 부분에서 많이 변화되어야 하고 다시 그 자리로 돌아가야 될 것 같다.

김재성 _ 지도층이 있었기 때문에 종교개혁이 가능했다. 문예부흥에서 종교개혁으로 넘어오는 시점에서 걸출한 지도자들이 성경 원어 공부를 충실히 해낸 대학시절을 거쳤고, 이들이 성경을 읽으면서 깊이 감동을 받고 진리를 확신하게 되었다. 바로 이들이 중추적인 추진 세력이 되었다. 루터뿐만 아니라 후계자들이 훌륭하게 이끌어갈 수 있는 신학적 지식과 영적이고 도덕적인 지도력, 그리고 지속적으로 순교할 각오에 이르기까지 충분히 지도력이 있었다. 지금 한국교회는 1세대가 가고 2세대가 지나고, 이제 그다음으로 지도력을 발휘해야 될 많은 분들 안에서 각성과 새로운 갱신이 있어야 된다고 말하고 싶다.

사회자 _ 결국은 16세기 종교개혁이 힘을 받을 수 있었던 것은 지도자들의 자기반성이었다. 한국교회의 지도자들을 많이 만나보실 텐데 과연 어떤가?

김재성 _ 최근 어느 기독교 신문에서 한국교회 차세대 지도자들을 소개한 기사를 보았는데, 그렇게 인정할 수 없는 분들이 모두 지도자라는 이름으로 둔갑해 있었다. 이름은 없어도 영혼을 위해서 씨름하는 분들을 존중해주어야 하는데, 대규모 종교행사를 개최하면서 거기에 기여하고 인력동원 능력이 있는 분들을 지도자라고 한다면 물량주의라는 척도에서 한 치도 벗어나고 있지 못하고 본다. 그러므로 갱신을 이끌어 낼 지도층, 우리 영혼에 맑은 물을 흘려보낼 수 있는 그런 메시지와 모범이 될 수 있는 일을 주도해나갈 수 있는 지도력이 회복되지 않는 한 한국교회의 갱신이나 개혁은 불가능하다고 본다. 오늘날 메시지를 책임지고 있는 목회자들과 교단에서 큰 책임을 맡고 있는 분들이 오히려 세속주의를 부추기는 명예욕과 권세욕, 인기영합에서 벗어나야 한다. 이것이 철폐되지 않으면 종교개혁은 헛구호에 불과하다.

사회자 _ 사심을 내려놓으면 길이 보인다는 말이 생각난다. 이런 점에서 볼 때 모든 지도자가 다 그렇지는 않으며, 간혹 전면에 드러나는 몇 분들도 있지만, 또 한편으로 이름 없이 빛도 없이 샘물처럼 사역하는 분들을 염두에 두어야 하지 않겠는가?

김재성 _ 정말 대다수가 그러리라고 생각한다. 아주 열악한 환경 가운데서 소수의 성도들과 함께 진실하게 순수하게 살아가려고 애쓰는 목회자들이 80~90% 이상이라고 생각한다. 그런데 언론 매체나 세상적인 영향력을 미치는 측면에서는 전혀 다른 세속적인 기준으로 지도자들을 바라보기 때문에, 그 사람들에게서 나타나는 부정적인 이미지가 한국사회의 신뢰를 오히려 무너지게 하는 역할을 하고 있다는 것이다.

사회자 _ 종교개혁 기념을 맞이해서 우리가 따르기를 원하는 종교개혁자가 있다면 말씀해주시기 바란다.

김재성 _ 우리나라에도 너무나 위대한 개혁정신을 가졌던 분들이 많다. 주기철 목사님이 보여주신 일사각오의 신앙은 세계교회에 자랑할 만한 일이다. 또 길선주 목사님은 평양 대부흥운동에서 회중 앞에 나가 부끄러운 죄를 고백하면서 모범을 보여주셨다. 이런 분들을 존중하고 지도를 받으며 따라가야 한다.

안인섭 _ 세계교회사에서 살펴보면 떠오르는 인물이 두 명이다. 존 칼빈과 아브라함 카이퍼이다. 루터가 일으켰던 종교개혁은 하늘로 향하는 문을 열어주었고 칼빈의 종교개혁은 세상으로 향하게 했다. 칼빈의 신앙은 이 땅에서 어떻게 살아야 하고 어떤 사회를 구축해야 하는지를 보여주었다. 그 모판이 제네바인데, 프랑스혁명에 따른 계몽주의 흐름 속에서 많이 희석되었지만, 이를 다시 일으켜 세운 인물이 바로 아브라함 카이퍼였다. 카이퍼의 말처럼 모든 삶의 영역에 그리스도의 주권이 세워져야 한다. 그런데 한국교회 안에는 그리스도가 충만하지만 교회 밖으로 나가면 그리스도가 없어지는 것을 보면서 칼빈과 카이퍼로 연결되는 개혁신학의 정신이 한국교회에 다시 회복되어야 한다고 생각한다.

사회자 _ 목회자들이나 성도들 중에는 열패감이 참 많은 것 같다. 개혁을 지향함에 있어 이미 탄성을 잃어버린 것이 아닌가 하는 자괴감까지 드는 상황인데 어떠한가?

김재성 _ 종교개혁으로 끝나지 않고 그 후 500년 역사에서 교회가 부패하고 썩을 때 하나님은 새로운 갱신운동을 허락하셨다. 그렇기에 이렇게 영적으로 침체하고 부패하고 세속적으로 교회가 몰매를 맞고 있고 교계지도자라는 분들이 낙인이 찍히는 흙탕물이 흐르고 있지만 그럼에도 소망을 가진다. 왜냐하면 하나님은 침체와 어두운 시대마다 성령의 강력한 능력을 불어넣어주셔서 침체되었던 사람들의 마음을 회복시키고 살아나게 만드셨기 때문이다. 예를 들면 미국에서 영적대각성운동을 일으킨 조나단 에드워즈 같은 분, 또 한국에서 1907년의 평양대부흥운동, 1960, 70년대 한국교회의 부흥운동처럼 성령의 새롭게 하심으로 개혁과 갱신과 함께 이어지는 부흥의 역사가 계속되고 있다는 소망을 갖는다.

사회자 _ 이제 종교개혁을 통해서 한국교회는 역사적, 상황적으로 어떤 방향을 지향해야 할 것인지 말씀해주시기 바란다.

김재성 _ 종교개혁자들로부터 믿음으로 구원받는다는 구원관이 회복되었고 그다음 교회관이 회복되었다. 가장 큰 진리의 회복이다. 이런 근거에 기초하여 한국교회가 나갈 방향도 성경이 가르쳐주고 있다. 곧 사도행전 2장에 처음 등장하고 있는 성령 공동체로서의 교회, 그곳에 성령이 부어져 사람들의 영혼을 감동시키시고 말씀 앞에 즐거이 앉아서 사도의 가르침을 따르며 순수한 마음으로 유무상통했던 사랑의 공동체, 서로 위로하고 격려하며 지속적으로 기도하고 은혜와 삶에 은사들의 발휘가 있었던 그리스도의 몸으로서 교회로의 회복이다. 개혁된 교회가 지향해야 될 가장 멋진 모델 교회는 바로 예수님이 승천하신 뒤의 예루살렘교회였다고 생각한다. 한국교회도 바로 이 모델을 목표로 삼고 정확한 말씀과 순수한 기도와 거룩한 사랑이 움직이는 성령의 공동체로 회복되어야 한다.

안인섭 _ 한국교회가 본질과 비본질을 잘 구분하면 회복된다고 생각한다. 그동안 한국교회는 세계교회가 놀랄 만큼 커다란 부흥을 일으켰다. 그런데 위기를 겪고 있는 중심문제를 살펴보면 종교개혁 이전의 중세 말과 비슷하다. 비본질적인 것에 너무 집중한 나머지 본질을 잊은 것 같다. 그래서 마치 교회 건물이 커지고 성도가 많아져 영향력이 생기면 성공했다고 생각한다. 본질적인 성경의 모습이 아닌 외피적인 모습에 집중했다. 그래서 정직하지 못한 그리스도인들이 양산되고, 그로 말미암아 그리스도인은 옳은 말을 하지만 믿을 수 없는 사람들이라는 말이 나오고 있다. 본질적인 내용, 곧 성경에서 가르치는 정신에 입각해서 이웃을 돌아보고 사회적 약자와 탈북인, 통일문제, 중국의 신학적 선교와 아시아의 신학적 기반을 확립하는 부분 등 하나님 나라를 확장해가기 위해서 더욱 섬기면서 나아가야 한다고 생각한다. 그러면 하나님도 기뻐하시고 세상 사람들도 한국교회를 신뢰하게 될 것이다. 그와 같은 회복이 있을 때 한국교회가 비로소 빛과 소금의 역할을 할 수 있지 않을까 생각해본다.

사회자 _ 종교개혁 500주년을 맞아 한국교회와 지도자들에게 꼭 당부하고 싶은 말씀이 있다면 부탁드린다.

김재성 _ 개혁교회들은 핍박과 환란 속에서 철저하게 하나님의 말씀을 신뢰하고 예배중심의 삶을 살아갔다. 곧 그 마음속에 하나님의 약속에 대한 소망이 있었던 것이다. 지금 한국교회 성도들도 내외적으로 어려운 중에 있어서 격려와 위로와 치유가 필요한 시대이다. 절대로 힘들어도 꿈을 잃지 말고 하나님의 약속에 대한 확신을 믿고 고난 중에서 전진하시기를 바란다.

안인섭 _ 무더운 여름이 지나가면 풍성한 결실의 계절인 가을이 오는 것을 아무도 막을 수 없다. 그처럼 하나님 나라는 반드시 성취되고 그 영광이 드러나게 되어 있다. 그 과정에서 우리는 나그네와 같이 살고 있기 때문에, 때로는 고난을 당할 수도 있고 때로는 억울한 일을 당할 수도 있고, 때로는 가난과 병과 여러 상황으로 힘들 수도 있다. 그러나 하나님의 보이지 않는 손이 역사를 이끌고 계시다는 역사 인식을 갖는다면 어떤 어려움 속에서도 우리는 반드시 하나님의 영광을 드러내는 성도가 될 것이라고 믿는다.

사회자 _ 결론적으로 한국교회가 현상적으로 실망스러운 부분도 있지만 그럼에도 소망을 잃지 말고 하나님의 약속을 굳게 잡고 함께 전진하자는 격려와 도전의 말씀이신 것 같다. 교수님들의 수고에 감사드린다.

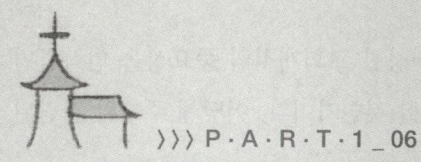

교회개척, 바람직한 방향성과 전략은 무엇인가?

지금 한국에는 67,000여 교회가 있다고 보고되고 있다. 그래서 한 집 건너 예배당이라고 말한다. 그런데 교회를 개척하고 생존하는 교회는 10%밖에 되지 않는다는 이야기도 들린다. 이런 상황 속에서도 복음의 사각지대가 있다면 여전히 교회개척은 필요하다고 본다. 그래서 안양석수교회 담임이자 전략적으로 교회개척을 준비해서 후배들에게 새로운 물꼬를 터주고 있는 김찬곤 목사와 미국 미시간 주에 본부를 둔 CRC교단의 Home Misssions Director인 정모세 목사(현재 Director of Mission Innovation)와 함께 '교회개척의 현황과 바람직한 방향성'을 주제로 지금 상황에서 왜 교회개척이 필요한지, 그리고 어떤 방향성과 전략을 가지고 교회개척을 해야 하는지를 짚어보려고 한다.

※ 이 원고는 2016년 3월 12일과 19일에 방송된 원고이다.

사회자 _ 오늘 토론 주제는 건강한 교회개척의 중요성을 인식하면서 어떤 방향성과 전략을 취해야 할 것인가이다. 어떻게 주제와 관련된 물꼬를 열어 주시겠는가?

김찬곤 _ 어떻게 교회를 통하여 하나님께 영광을 돌릴 것인지에 대해 고민하고 방향을 잡던 중에 함께 셀교회 패러다임을 연구하게 되었다. 여러 교역자들과 형제 모임에서 지난 8년 동안 매주 금요일에 모여서 셀교회를 공부했다. 그러면서 어떻게 하면 우리 교회만의 부흥과 성장이 아니라 전체 한국교회에 조금이라도 도움이 될 것인가, 어떻게 하면 우리가 키워온 역량을 하나님 나라를 위하여 사용할 것인가 고민하고 기도하고 있었다. 그러던 중에 뉴시티교회 오종향 목사와 만나게 되었다. 오종향 목사를 통해 City to City Redeemer에 대한 이야기를 듣게 되었고, 지난 2년 동안 미국에서 여러 목회자들이 와서 세미나를 하게 되었다. 그래서 더 건강하고 아름다운 교회를 세우는 것이 하나님이 기뻐하시는 뜻이라는 확신을 가지게 되었다.

사회자 _ 상당히 오랫동안 새로운 교회개척에 대한 패러다임을 정리해보는 귀한 공부가 계속 이어진 것 같다. 정 목사께서는 지금 어떤 사역을 하시는지 간단히 소개해주시기 바란다.

정모세 _ 북미와 캐나다 지역에 있는 CRC(Christian Reformed Church)교단의 선교본부(Home Missions)에서 캐나다와 미국 내 선교에 관한 사역을 총괄하고 있다. 이 선교본부에서는 세 가지에 초점을 맞추어 사역을 진행하고 있는데, 그 첫 번째 사역은 교회를 개척하고 기존 교회를 더 강하게 하는 것이다(Starting and strengthening Church). 두 번째는 지도자들을 세우고 제자들을 발굴하는 캠퍼스사역이다(Developing Disciples and Leader). 세 번째는 어떻게 하면 노회와 교역자들의 모임과 공동체를 서로 관련시켜 사역하는가에 초점을 둔다(Engaging Classes, Communities). 이중에서 교회개척 부분은 1990년대부터 굉장히 활발히 진행되어 매년 20개에서 40개 교회를 개척하고 있다. 선교본부가 주도해서 교단 중심으로 교회를 개척해 나가고 있고, 앞으로 10년 동안 250개 교회를 개척하려는 비전을 세워두고 있다.

사회자 _ 전략적으로 사역이 진행되고 있다는 생각이다. 이제 그럼, 이 시대의 교회개척 현황에 대해서 말씀을 좀 나누어야 할 것 같다. 셀교회 공부를 하시면서 한국교회의 상황 속에서 교회개척 현황에 대해 어느 정도 짚어보셨을 텐데, 이 부분을 어떻게 정리할 수 있겠는가?

김찬곤 _ 한국교회가 당면한 현 시점에서 과연 교회개척이 필요한가라는 점도 문제가 되겠지만, 지금 신학교에서 매년 졸업하는 학생수가 7천여 명에서 1만 2천여 명 정도라고 한다. 그러나 솔직히 제대로 통계가 잡히지 않을 정도로 많이 배출되는 것이 현실이다. 현실적으로 지난 10여 년 사이에 교역자와 교회수는 늘어나는데 교인수가 줄어들고 있는 기현상이 나타났다. 그렇기 때문에 부교역자로 사역할 마땅한 교회가 없는 형편이다. 단순히 출구전략 정도로 교회개척을 생각하지만, 이와 같은 현재 상황에서 그보다 더 중요한 원리가 있다는 사실을 파악해야 할 것 같다. 지금 한국에는 인구비례 1천 명당 한 교회가 세워져 있다. 교회가 부흥하는 시대에는 대부분의 나라에서 500명당 한 교회 정도가 세워진다고 한다. 그렇기 때문에 아직도 교회개척은 더 해야 한다는 것이다. 또한 우리나라 사람들의 십중팔구가 예수님을 모르고 교회를 다니지 않는다는 통계를 보면 여전히 많은 사람들이 전도대상자라는 것인데, 상황적으로는 여전히 교회개척을 고민할 필요가 있다고 생각한다.

사회자 _ 아직까지 교회개척의 여지는 굉장히 많은 것 같다. 정 목사께서는 미국교회나 한국교회 밖의 상황을 계속해서 보고 계실 텐데, 아까 말씀하신 교단에 대한 설명을 좀 더 듣고싶다.

정모세 _ 북미에서 네덜란드계 개혁주의 신학을 지향하시는 분들이 RCA(Reformed Church of America)라는 교단을 세웠는데, 1857년 이 교단에서 또 다른 화란계 교단을 세운 것이 CRC교단이다. 한국에서 많이 알고 계시는 미시간 주에 소재한 칼빈대학교와 칼빈신학교가 CRC교단의 신학교이다.

사회자 _ 좀 전에 "교단이 전략적으로 10년 동안 250개 교회를 개척할 계획"이라고 말씀하셨는데, 어떻게 동향을 파악하고 계시기에 이런 전략을 세웠는가?

정모세 _ 지난 1970~80년에 교회성장 운동이 일어났을 때 북미교회에서 교회를 성장시키는 가장 중요한 전략으로 교회개척 전략이 떠올랐다. 1990년부터 CRC교단에서 전략적으로 교회개척을 시작했다.

사실 지난 30년 사이에 대개 북미에서는 교회개척 사역이 그다지 중요하지 않은 변두리 사역이었는데 지금은 북미 교단들과 개 교회들이 교회개척의 중요성을 인식하여 교회개척을 우선순위에 두는 움직임이 일어나고 있고, 아울러 교회개척 사역에 집중하는 단체들도 많이 생겨나고 있다. 2000년대에는 매년 미국 내에서 개척되는 교회가 4천여 개 이상이라는 통계도 있다. 현재 북미도 그렇고 선교지에서도 교회개척은 가장 중요한 사역 중 하나로 자리 잡았다. 대세라고 볼 수 있다.

사회자 _ 이렇게 교회개척이 많이 일어나고 교회개척의 필요성도 충분히 인정할 수 있겠지만, 현실적으로 교회를 개척하면 10%정도만 생존한다는 슬픈 이야기가 있다. 매년 문을 닫는 교회도 많은데, 그럼에도 과연 교회개척이 필요한가라는 의문이 들 수밖에 없다. 어떤가?

김찬곤 _ 그럼에도 불구하고 교회를 개척해야 한다고 생각한다. 나는 60년 된 교회에서 담임목회를 하고 있고 교회를 개척해본 적은 없지만, 시간이 가면 갈수록 교회개척은 너무나도 중요하다는 인식을 점점 더 많이 하게 된다. 10%밖에 생존하지 못하는 이유가 있을 텐데, 먼저 그 이유를 정확하게 파악해야 하며, 그러고 난 후에 교회개척의 분명한 목적과 의미를 찾아야 한다. 그런 차원에서 본다면 단순한 출구전략이 아니라 교회의 본질을 회복하기 위해서는 교회개척이 가장 필요하다고 생각한다. 많은 사람들이 "갈 곳이 없으니까 교회를 개척하는 게 아닌가?" 묻기도 한다. 은퇴한 사람들이 치킨 가게를 너무 많이 해서 90% 이상이 문을 닫는다는 이야기와 마찬가지로 개척교회가 문을 닫는 것도 확률적으로는 비슷하게 나온다. 그 이유 가운데 하나는 준비

부족 때문일 것이다. 신학교에서나 기존 교회에서 이와 같은 문제점에 대해 같이 고민해야 한다고 생각한다. 존 칼빈은 마지막 남은 생애 동안 교역자를 세워서 건강한 교회를 세우는 것이 중요하다고 말했다. 이처럼 지금 한국에서 배출되는 많은 사역자들을 올바로 훈련시킨다면, 우리나라 복음화율도 훨씬 더 높이고 세계 복음화를 위해서도 쓰임받는 일에 굉장히 중요한 모델이 될 수 있다고 생각한다. 결국 개척자의 자질이나 준비 등의 문제가 해결되면 성공률은 훨씬 높아질 것이다. 교회개척자를 어떻게 선발하고 세워 나가느냐에 따라 확률이 10%에서 90%까지도 올라갈 수 있다는 자료를 살펴보기도 했다.

사회자 _ 준비된 개척 목회자라면 충분히 어려움을 극복할 수 있다는 것으로 들린다. 미국에서도 교회가 개척되었다가 많이 문을 닫는다. 그럼에도 불구하고 교회개척이 필요하다고 보는가?

김찬곤 _ 전 세계적으로 사회상황이 급변하고 사람들의 생각이 바뀌고 문화가 바뀌는 상황에서, 먼저 교회가 복음적으로 살아내고 사람들에게 복음이 무슨 의미인지 어떻게 복음으로 접근해야 되는지를 고민하고 나아가야 한다고 본다. 교회개척은 그런 노력을 기울이는 방법 중에 하나이다. 교회개척은 기술이 아니라 그 시대가 요청하는 교회가 되어야 한다. 그렇기에 아무리 교회가 많아도 시대와 상황에 맞는 새로운 교회들은 계속 개척되는 것이 반드시 필요하다고 본다.

사회자 _ 결국은 지금 살아내고 있는 삶의 현장 속에서 복음이 필요한 그 사람들에게 적합한 방식의 교회, 그리고 복음을 전달하는 도구로써 교회가 필요하다는 말씀인 것 같다. 선교 지향적인 교회라고 표현해도 좋을 것 같다.

김찬곤 _ 맞다. 많은 영혼들을 주님께로 돌아오게 하는 방법이 전도인데, 전도를 가장 열심히 하는 교회는 아무래도 개척교회이다. 그런데 단지 숫자를 채우기 위한 전도가 아니라 하나님 나라를 위해 훈련된 사람들이 전도에 앞장서야 하고, 이것은 우리 주님께서 다시 오시는 그날까지 가장 필요한 사역이라고 생각한다. 우리 교회가 건강하지 못하다는 안타까운 이야기들을 많이 하는데 가장 훌륭한 교회 갱신운동은 바로 교회개척운동이라고 생각한다.

정모세 _ 북미의 기성교회들이 불신자 한 명을 전도하려면 100명을 동원해야 하지만 개척교회에서는 10명만 있으면 된다는 통계를 본 적이 있다. 그 정도로 새로운 교회에는 교회 밖에 있는 사람들을 데리고 오기가 훨씬 더 수월하다. 기성교회에는 장애요소가 많은데, 개척교회는 그런 요소들이 비교적 적기 때문에 훨씬 더 효과적인 전도를 할 수 있다고 본다.

사회자 _ 현실적으로 교회개척은 재정이 관건이라고 할 수밖에 없는 상황이다. 김 목사께서는 오랫동안 셀교회를 공부하면서 이 부분에 대해 개척하는 목회자들을 많이 격려하고 지원하신 것으로 안다. 혹시 교회개척 과정에서 재정적인 한계를 극복하는 방안이 있을까?

김찬곤 _ 사실 현실적인 재정 극복방안이 그다지 많지 않다. 한국에서는 교회를 개척할 때에 개인이 개척하는 경우가 많다. 최근에 일어나는 교회를 분립하여 개척하는 방식이 바람직한 대안 가운데 하나가 될 수 있지만 그게 보편화되기는 어려운 실정이다. 이런 상황에서 개척 사역자들이 돈을 많이 들이지 않고 개척하는 방법이 무엇일까를 좀 더 세밀하게 연구해야 한다고 생각한다. 우선 그것은 목회 패러다임, 교회론 패러다임이 바뀌는 것이다. 먼저 교회건물을 소유하는 것이 아니라 단지 예배공간을 찾는다는 개념에서 출발하는 것이 필요하다고 본다. 왜냐하면 건물을 하나 빌려서 일주일 내내 유지하려면 한 달에 최소 100~300만 원까지 월세를 내야하는데, 요즘에는 문화센터 같은 공간을 활용하면 한 달에 20만 원정도만 지불해도 예배는 드릴 수 있다. 평소에는 셀교회가 방안이 될 수 있다. 그러나 본질적으로는 개인이 교회를 개척하기보다는 각 교단이 교회개척을 지원해야 한다고 생각한다.

사회자 _ 그런 측면에서 CRC교단이 좋은 모범이 되는 것 같다. 어떻게 사역하는 교단인지 소개를 부탁한다.

정모세 _ 지난 30년 동안 교회개척 사업에 중점을 두고 사역해왔는데 5년 전부터 사역의 방향을 전환했다. 특별히 재정에 대한 부분인데 전에는 교단에 돈이 많았기 때문에 교회개척에 많은 지원을 해주었다. 교단에서 거의 모든 개척교회 목회자의 사례를 전부 감당해주었고, 여러 지교회가 교단과 파트너가 되어 3년에서 5년 정도의 기간 동안 함께 지원했다. 그런데 한 가지 폐해가 교단에서 재정을 많이 지원하니까 교회개척을 하는 목회자들의 의존도가 높아져서 자생력이 없었다. 지원금이 끊어지면 교회들은 문을 닫는 상황에까지 이르렀다. 3년 동안 연간 최대 2만 5천 불을 지원해주는데, 전에는 그 돈으로 거의 사례와 건물을 짓는 데 썼다. 그러니까 3~4년이 지나도 자립하지 못하면 문 닫을 확률이 더 높았다. 그래서 파트너십계약을 다시 만들었다. 이제는 목회자 사례와 건물에 관한 것들은 교단이 아니라 지역 노회나 교회와 협력관계를 맺어서 거기에서 지원할 수 있는 길을 찾도록 코칭해준다. 그래서 교단에서 주는 지원금들은 사례와 건축 이외

**목회 패러다임,
교회론 패러다임이
바뀌는 것이다.**

의 필요한 부분에 사용된다. 또한 교단에서는 모든 개척하는 사역자에게 코치들을 지원한다. 또 혼자 개척하도록 내버려두기보다 그 지역에 있는 여러 사람들이나, 아니면 이미 개척을 경험한 목회자들과 함께 묶어주어 도움을 받게 한다. 이러한 도움과 지원을 통하여 사역자가 지속적으로 발전할 수 있도록 한다. 본인이 성장하지 않으면 개척교회가 성장할 수 없기 때문이다. 개척하는 사역자가 파트너들이 있을 경우에만 개척할 수 있게 만드는 장치로 계약서에 서명하게 한다.

사회자 _ 요즘은 목회자들이 교회개척을 기피하는 경향이 크다. 특히 대형교단에 속해 있는 목회자들은 아무래도 전체적으로 교회 숫자가 많으니까 기존 교회에서 사역하는 것을 목표로 신학교에 입학하는 경향이 많다. 이런 현실 속에서도 복음의 소외지대가 존재하는 한 주님의 교회는 계속 개척되어야 하고 효과적인 선교전략이 구사되어야 한다고 말씀해주셨다. 후배 목회자들과 개척을 준비하는 목회자들에게 당부하고 싶은 말씀을 부탁한다.

김찬곤 _ 신학교에 입학할 때에 마음과 졸업할 때 마음이 다르다. 1만 명을 목회하겠다고 했다가 1천 명, 또 5백 명, 그러다가 현실 속으로 들어가면 백 명이라도 괜찮다고 한다. 전국의 교회수가 6만 개가 넘는데 교인수는 평균 120~130명이다. 단지 큰 교회를 추구하기보다는 몇 명이 모이든지 건강하고 하나님이 기뻐하시는 교회를 세워가는 게 더 중요하고 큰 의미가 있다고 본다. 또한 복음으로 무장한 사람들을 훈련시키고 하나님의 나라를 위해서 헌신하는 사람으로 세워가는 교회가 되면 좋겠다. 최근 교회 안에서 볼 수 있는 안타까운 사실은 소비자신학이 팽배해 있어서 헌신을 찾아보기 어렵다는 것이다. 과거에도 물질적으로 복을 받는다는 기복주의에서 출발된 신앙의 모습이 많았다. 그러나 제대로 된 복음을 알게 된다면 자기 헌신은 절대적이라고 생각한다. 자기 헌신을 하지 않는 목회자나 성도가 있다면 자기 자신을 복음으로 점검해볼 필요가 있고, 십자가의 은혜를 아는 사람들은 그런 부분에 대해 성찰해 보아야 할 시기라고 본다. 이 시대가 어렵다고 하지만 이 시대만 어려운 것이 아니라 과거에도, 또 그 이전에도, 예수님 계실 때에도 세상은 어려웠기 때문에, 그 어려움 속에 어떤 방향성을 잡아가느냐에 따라 앞으로 좀 더 멋진 열매가 맺히지 않겠는가 하는 기대가 있다.

정모세 _ 지금 변화하고 있는 시대 속에서 이 시대와 소통하고 문화를 이해하고 모든 연령층에 있는 사람들에게 복음을 표현해내고 살아내는 새로운 교회가 반드시 필요하다고 본다. 기성교회들이 사람들을 충분히 끌어안지 못하는 한 계속해서 새로운 교회가 많이 생겨나야 한다고 생각한다.

사회자 _ 그렇다면 건강한 교회개척을 위해 먼저 목회자들이 준비해야 할 것이 있다면 어떤 것이 있을까? 준비된 사람이 중요하다는 말씀을 해주셨는데 어떤 부분을 준비해야 하는지 말씀해주시면 좋겠다.

김찬곤 _ 교회개척에 대해 준비해야 할 부분이 여러 가지 있지만 가장 중요한 것은 부르심에 대한 확인과 확신이다. 자기 속에 있는 내적 은사와 더불어 여러 가지 환경 속에서 대처해야 할 외적 필요들이 충족되어야 한다. 그런 의미에서 바른 신학정립, 교회관에 대한 정립과 왜 교회개척이 필요한지에 대한 분명한 믿음에서 출발하는 것이 가장 급선무이다. 단순히 갈 데가 없어서 교회를 개척하는 것이 아니라 아무리 좋은 교회에서 자신을 불러도 교회개척을 통해서 건강하고 아름다운 사람들을 세울 수 있다는 마음과 확신이 중요하다. 그리고 지역문제 등과 함께 교회개척을 위해 많이 공부해야 한다. 준비된 만큼 결과를 얻을 수 있기 때문에 그런 준비가 철저하게 필요하다고 생각하다. 그런데 준비부분에서 가장 중요한 것 중에 하나가 바로 복음설교이다. 어떻게 하면 사람들에게 예수 그리스도의 주되심을 믿고 삶의 자리에서 하나님 나라를 위해서 헌신하게 할 것인가를 철저히 준비해야 한다. 설교 준비, 지역에 대한 조사, 그리고 좋은 코치가 꼭 필요하다. 결국은 개척하는 사역자는 하나님과의 관계, 사람과의 관계가 잘 정립되는 것이 우선이라고 생각한다.

사회자 _ 그런 과정을 거치기 위해서는 상당히 긴 시간이 필요할 것 같은데, 어떻게 생각하는가?

김찬곤 _ 그래서 신대원에 재학 중이면서도 얼마든지 준비할 수 있다고 본다. 선교사로 나갈 때도 자신이 받은 소명에 따라 미리 준비한다. 공부만 하면 된다는 생각을 가진 학생들도 많은데 사역에 대해 미리 준비하지 않으니까 어려움이 더 가중되는 것 같다.

사회자 _ 그렇다면 미국 CRC교단에서는 어떻게 준비시키는가?

정모세 _ 교회개척에 세 가지 단계가 있는데, 첫 번째는 준비단계로 '평가'이다. 하나님이 부르셨다는 소명을 확인하는 것이 너무 중요한데, 그와 더불어 과연 나와 가정이 교회개척을 할 만한 성향인가? 그런 자질이 있는지를 객관적으로 평가할 수 있는 과정이 필요하다. 자신의 생각만으로 뛰어드는 것은 무모할 수 있다. CRC교단에서는 오랫동안 교회개척을 지원해왔기 때문에 이것이 가능한데, 한국적인 상황에서는 사실 여러모로 열악하기는 하지만, 그럼에도 교단 차원이나 지역 목회자들이 울타리를 만들어 객관적인 시각에서 평가할 수 있도록 하는 것이 중요하다. 지금은 좀 약화되기는 했지만, 이전에 CRC에서는 사역자의 개척 역량을 점검하기 위해 교회개척 경험이 있는 베테랑들이 여러 가지 방면에서 일주일 동안 부부를 평가했다. 그리고 마지막 날이면 두 사람을 따로 만나서 세 가지로 결과를 알려준다. 빨간불, 파란불, 노란불을 보여주는데 빨간불은 확실히 아니라는 거다. 그래서 다른 사역을 권한다. 그리고 파란불은 너무 준비가 잘 되어 있으니까 그대로 진행하면 된다는 의미이다. 그리고 노란불은 자질은 많이 있는데 지금은 때가 아니라는 것이다. 앞으로 1년 정도 인턴십을 거친다든지, 이러저러한 준비해야 할 상황을 말해준다. 그런 객관적인 평가 없이 개척에 뛰어드는 것은 상당히 많은 위험 부담을 안고 시작하는 것이다. 그렇게 개척을 해도 된다는 평가를 받은 분들은 실제로 개척훈련에 돌입한다. 이러한 훈련은 인턴십도 있고, 또 교회개척을 성공적으로 하신 분들에게 찾아가 1년 정도 함께하면서 배우고 준비하는 과정이 있다. 그리고 북-캠프라는 것이 있다. 교회개척을 하려면 13가지 중요한 부분들에 대해서 일주일 동안 집중적으로 훈련시키는 것이다. 이렇게 준비를 끝내서 내보낼 때에는 일대일 코치를 붙여줘서 정기적으로 도움을 받도록 한다. 그렇게 평가와 훈련의 단계를 거치면 마지막에 파트너십 계약을 한다. 중요한 것은 파트너십 팀이다. 혼자 하는 것이 아니기 때문이다. 이렇게 준비를 모두 끝내면 이제 드디어 개척을 시작한다.

사회자 _ 말씀 들으니 전방위적으로 개척하는 분들을 도울 수 있도록 하는 것이 필요해 보인다. 한국은 개척을 하겠다는 개인의 결단으로 이뤄지는 것이 대부분이고, 하다가 안 되면 접어버리는 악순환이 계속되고 있다.

김찬곤 _ 상당히 부럽고 부끄럽기도 하다. 교회개척 영역에도 전문적인 훈련이 필요하다. 요즘 한국교회 안에도 부분적으로 분리개척을 시도하는 흐름이 있는데, 그게 잘 정착되어 여러 기관이나 교단들에서 정책적으로 확립해야 할 것 같다. 아직 준비 단계에 있지만 감사하게도 'City to City Korea'가 내년에는 출범할 계획이다. 그런 기관이 세워지면 목회의 전략적인 부분에 도움이 될 것이다. 전략이 없다면 100전 필패이다. 마음만 가지고는 영적전쟁에서 결코 이길 수 없기 때문에 전략을 세우고 체계적이고 구체적인 훈련을 시킬 수 있는 사관학교 같은 개념의 훈련기관이 필요하다. 우리는 이론에 치우친 경향이 강한데 이론과 훈련, 이 두 가지를 잘 병행하면 후배들은 훨씬 더 건강하게 교회를 개척할 수 있을 것이다.

사회자 _ 미국 리디머교회(Redeemer church)에서 시작한 'City to City' 전략을 소개해주시기 바란다.

정모세 _ 'City to City'는 미국교회 개척단체 가운데 리디머교회에서 만든 교회개척센터이다. 기본적인 아이디어는 전 세계에 있는 글로벌 도시에 뉴욕의 리디머교회와 같은 모델을 지원해서 개척하는 운동이다. 그 교회 팀이 한국을 방문하고 있는 이유도 글로벌시대에 교회개척을 지원하기 위한 것이다. 한국교회의 개척사역에 대한 그림이나 실제적인 지원부분에서 세계교회와 교류하면서 개척사역 자료 등을 공유하면서 파트너십 관계를 맺는 일을 진행하기 위함이다.

사회자 _ 교회개척을 위해서 무엇보다 준비해야 할 것은 사람이라고 하는데, 이렇게 사람을 준비하는 하는데 효과적인 전략이 있다면 무엇일까? 그리고 간접적인 인프라가 있어야 하는데, 어떻게 구축하는 것이 바람직할까?

김찬곤 _ 교회 분립개척을 준비하는 과정에서 가장 중요한 것은 사역자들의 패러다임과 신학적인 토대라고 생각했다. 교회는 건물이 아니라 사람인데 어떻게 하면 사람에게 집중할 수 있을 것인가 하는 것이다. 개척교회는 건물 유지비 때문에 문을 닫는 경우가 90%이다. 그래서 한국에서는 개척을 준비하는 것이 굉장히 어렵다. 왜냐하면 이런저런 잡다한 일에 너무 바쁘기 때문이다. 그리고 교회개척의 건강한 모델을 찾기도 어렵다. 대다수는 대형 교회에서 체험한 부분이거나 안디옥교회 정도의 모델이고, 실제 현장에서 찾아볼 수 있는 다양한 모델은 굉장히 빈약하다. 그렇기에 가장 중요한 것은 복음적인 사

가장 중요한 것은 사역자들의 패러다임과 신학적인 토대

람이 되는 것이다. 평상시에 성경을 보고 말씀을 선포할 때에도 하나님의 무조건적인 은혜와 사랑 앞에 선다면 하나님 나라를 위해서 자신을 헌신하는 것이 충분히 가능하다. 그래서 이 은혜를 나누기 위해서는 사역자들이 불신자들과 계속 만나야 한다. 선교사도 마찬가지다. 선교를 나갈 때 언어와 기타 여러 가지는 준비하면서, 국내에서 전도도 해보지 않고 외국에 나가서 전도하겠다고 말하는 게 이상하듯 개척을 하려는 사람은 반드시 주변에 전도를 해야 한다. 그리고 개척에 성공한 선배나 주위의 동료를 찾아가 조언을 구하면 반드시 도움을 줄 것이다. 그리고 결국은 가족이 같이 개척하는 것인데 가족들과도 충분한 나눔과 동의를 얻어야 한다. 어느 교회에서든지 목회를 정상적으로 바르게 했다면 개척멤버로 어느 정도는 따라올 것이다. 저는 교회사역자들에게 항상 하는 이야기가 여기서 최고로 섬기면 반드시 따라가는 사람이 있으니까 하나님의 교회를 세우는 데 같이 헌신할 사람을 미리 준비시켜두라고 한다.

사회자 _ 방향을 돌려서 선교적인 교회에 대해서 얘기를 나누고 싶다. 개척된 교회는 어느 한정된 지역에 세워질 수밖에 없다. 개척할 때 지역이 어디냐에 따라 교회의 사역방향도 결정되는데, 그렇다면 교회를 개척할 지역을 선정하는데 어떤 전략이 필요할까?

정모세 _ 지금 말씀하신대로 지역교회를 세우는 과정에서 진짜 하나님의 뜻을 찾아가고 확인하는 시간이 필요하다고 본다. 특별히 어디로 누구와 함께 부르시는가에 대한 분별이 필요하다. 이를 위해 오랜 기도와 하나님의 음성을 듣는 것이 중요하다. 어느 지역으로 가는지가 굉장히 중요하고 기본적인 질문이다. 하나님은 벌써 일하고 계신데 그 부분에 대해서 고민하고 조사하면서 자연스런 연결점을 통해서 찾는 것이 중요하다. 그리고 팀이 중요한데 가장 가까이 있는 사람부터 팀을 만들어나가는 것이 굉장히 중요하다. 그러다 보면 전혀 예상치 않은 분들이 나타나기도 한다.

사회자 _ 말씀을 듣고 보니 일단 듣는 기도가 중요한 것 같다. 그럼에도 목회자들이 교회개척을 준비하면서 듣기보다 먼저 움직일 때가 많은데, 그 외에도 범하기 쉬운 실수가 많을 것 같다. 어떤 것을 조심해야 할까?

김찬곤 _ 너무 용감하면 결과가 엉뚱하게 나올 수 있다. 용기와 헌신은 필요한데 무지하면 어려움이 생긴다. 우리나라는 인터넷이 발달되어 있어서 시청 홈페이지에 들어가면 객관적인 자료를 많이 얻을 수 있다. 이런 객관적인 자료는 활용하지 않고 주관적인 판단만으로 움직이면 큰 실수가 있을 수 있다. 또 초대형교회가 성공하고 성장하는 것이 보일 때 그런 모델만 가지고 어디서든지 하면 될 줄 생각하는 어리석음이 큰 병폐이다. 지역에 따라서 상황화가 되지 않으면 아무리 좋은 프로그램이라도 현장에 적용되기는 어렵다. 그 상황을 철저하게 준비해야 한다. 여러 가지 패러다임의 개척방법이 있는데, 특히 미숙아 개척, 즉 자신이 준비되지 않은 상태에서 개척하는 것은 마치 조산하는 것과 같은 위험이 있다. 그리고 갈 때가 없어서 개척한다는 식의 상황은 만들지 말고 철저하게 자기 성찰 속에서 개척하면 나름대로 열매를 거둘 것이다.

사회자 _ 한국교회에 그런 바람이 불었는데, 교회를 개척하면서 카페를 열면 재정도 어느 정도 충당이 되고 주일은 문을 닫고 예배를 드리면 된다고 하는 것이다. 선교적인 교회를 지향하는 모범을 보여주는 교회개척의 실례가 있다면 소개를 부탁드린다.

정모세 _ 서양교회가 어렵다고 하지만 지금도 곳곳에서 하나님이 하시는 일들을 많이 보았다. 새로운 접근을 통해서 맥락과 상황에 맞게 지역에 있는 사람들에게 복음을 접하도록 하는 것이 중요하다. 조급하게 서두르면 실수하게 된다. 긴 안목을 가지고 가는 것이 필요하다. 공동체를 세우는 것이 하루아침에 되는 게 아니고 5년, 10년을 내다보면서 장기적으로 생각하면 전혀 조급할 것이 없는데, 단기간에 성과를 내려다보니 많은 실수를 불러오는 것 같다. 또 하나는 혼자 달려가지 않는 것이 필요한데 그것은 바로 겸손함이 전제되어야 한다는 것이다. 자기 혼자 다 할 수 있다는 생각을 내려놓고 코치와 팀이 필요하다는 사실을 받아들여야 한다. 그리고 중요한 것은 내 교회를 세운다는 개념이 아니라 그 지역에 하나님의 나라가 확장되는 것을 생각해야 한다. 이미 하나님께서 하고 계신 일을 찾으면 기회도 많고 방법도 다양해질 텐데, 많은 교회들이 남들이 하는 일들을 따라하기 바쁘다. City to City 사역도 좋기는 한데, 팀 켈러 목사가 리디머교회를 잘 세워나간 것은 팀 켈러였고 뉴욕이었기 때문에 가능했다. 절대로 모방하고 복사해서는 안 된다. 그 지역의 고민과 상황 속에서 하나님의 뜻은 무엇인지를 파악하고, 우리 교회의 역할은 무엇인지를 질문하는 것이 너무나 중요하다.

사회자 _ 토론을 마무리하면서 현실적으로 교회개척이 아무리 어려워도 준비된 전략적 교회개척을 통해 건강한 교회개척이 계속되어야 한다는 사실을 분명히 보게 된다. 그리스도의 지상위임명령을 수행하기 위해 필수적으로 진행되어야 할 과업임에 틀림없다는 것이다. 두 분 목사님께 감사를 드린다.

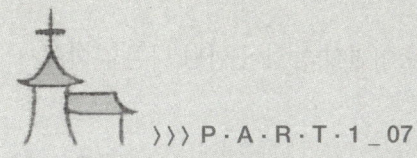

도시교회와 농어촌교회,
어떻게 상생할까?

　　도시화현상이 급속하게 진행되면서 시골교회는 여러 면에서 어려움을 맞이하고 있는 것이 현실이다. 이런 상황을 보면서 도시교회와 고향교회, 어떻게 협력할 것인가를 주제로, 도시와 고향교회의 아름다운 실제적인 섬김의 대안을 제시하고 있는 충주 대안보교회 이제흥 목사와 장터사회적협동조합 이사이신 정시몬 목사를 모시고, 현황과 대안을 짚어보는 시간을 갖고자 한다.

　　사회자 _ 먼저 사역을 소개해주시면 감사하겠다.

　　이제흥 _ 내가 시무하는 곳은 수안보 온천지역에 있는 대안보교회이다. 그곳에서 노인들을 주로 섬기는 사역을 하고 있다. 교회가 위치

※ 이 원고는 2014년 9월 6일과 13일에 방송된 원고이다.

한 곳이 관광지 주변이다 보니 농촌이면서 농업이 아닌 다른 분야에서 경제활동을 하는 분들이 많다.

정시몬 _ 경기도 고양시에 위치한 거룩한 빛 광성교회에서 사회복지와 장애인사역을 담당하고 있다. 장터사회적협동조합은 농촌교회 생산물을 도시교회에 판매하는 협동조합이다. 협동조합은 일반 기업과 달리 사장이 없고 조합원 한 명 한 명이 사장이 되는 구조이다. 이것은 교회의 기독교 정신과 일치한다. 모두 주인이 되어 농촌교회 성도들이 유기농과 친환경으로 수확한 것을 직거래를 통해 소비해주는 형태로서 유통이라는 거대한 힘을 이겨내야 한다. 협동조합이라는 것이 모두의 생각을 하나로 모아야 되기 때문에 어려울 수 있다. 그러나 탄력을 받으면 좋은 시장과 유통구조를 열어갈 수 있다.

사회자 _ 명분이 굉장히 중요할 것 같다.

이제흥 _ 우리가 처음에 내려갔을 때는 그 지역에서 농사를 지었다. 그때는 경험도 없고 좋은 농토가 아니어서 고생을 많이 했다. 그런데 이보다 더 힘든 것이 판로 개척이었다. 그래서 서울에서 섬겼던 교회들을 찾아다니면서 판매했는데 너무나 힘들었다. 그리고 몇 번 가다 보니 부담스러워서 결국은 다 접었었다.

사회자 _ 이게 지속성이 있다면 판로가 열릴 것 같은데, 어떻게 생각하는지?

정시몬 _ 협동조합은 종교시설에서 하기 어려운 구조인데 사회적 협동조합은 공익사업이기 때문에 기획재정부에서 직접 인가를 내준다. 어찌 보면 많은 준비가 필요한데 그만큼 반드시 하겠다는 의지가 있어야 가능하다. 이것을 준비하면서 강원도에서 제주도까지 전국을 두 번 정도 돌아다니면서 2년 동안 준비했다. 성실하게 생명목회를 하시는 분들을 만나면서 농촌교회 목회자를 통해서 생산물을 받으면 농촌교회가 살아나는 것을 봤다. 평생 교회를 나가지 않는 70~80세 되신 어르신들이 본인의 수확물을 팔아주니까 교회에 나오시곤 하셨다. 그런 생생한 얘기를 들으면서 교회를 설득시키고 이 일을 추진해나갔다. 지금은 매장을 세우고 물건을 받고 제값을 보존해주는 사역을 하고 있다.

사회자 _ 각자 형편은 다르겠지만 우리나라 고향교회의 현황을 좀 들어보고 싶다. 지금 초고령사회이기도 하고 다문화가정도 많은데, 어떤 상황인지 좀 들려주시면 감사하겠다.

이제흥 _ 우리 마을은 모두 36호 정도 된다. 온천관광지에 근접해 있는 지역이라 전형적인 농어촌교회를 대변할지는 모르겠는데, 일단 교회 자체에 취학예정 아동이나 학생이 없다. 그래서 과거에는 고향교회가 못자리의 모판이라는 말을 했었는데 이제는 정말 옛말이 되었다. 그리고 노인들도 한 분씩 돌아가시는 상황이다. 그래서 우리 교회 같은 경우는 무슨 획기적인 일을 준비해야 할 것으로 생각한다.

사회자 _ 그래도 요즘은 귀농이라고 해서 들어오지 않는가?

이제흥 _ 완전한 농촌 같으면 귀농이 가능할 거 같은데 우리 지역은 농사보다는 숙박업이 많기 때문에 상황이 다르다.

사회자 _ 농촌 자체가 도시화현상을 겪고 있다. 이런 차원에서 본다면 경제적으로도 많이 힘드실 것 같은데?

이제흥 _ 경제적으로도 많이 어려운데 그것 때문에 사역이 중단되거나 장애를 입는 것은 옳지 않다고 생각한다. 어느 교회든지 각자 어려움은 있겠지만 특히 농어촌교회가 경제적 부분에서 극명하게 어려움을 겪고 있다. 그러나 재정적인 어려움을 어떻게 극복해야 하느냐보다 더 시급한 것은 신앙의 초심을 잃지 않도록 조심해야 한다고 생각한다.

사회자 _ 말씀을 들으니까 도시교회를 섬기는 사람으로 부끄럽다. 도시교회에서 성도들이나 사역자들이 시골교회를 어느 정도 이해하고 있다고 생각하는가?

정시몬 _ 우리 교회가 장터(장애인과 새터민)라는 사회적협동조합을 준비할 때 가장 큰 축은 농촌교회였다. 농촌교회는 관심 있는 도시교회가 조금만 지원해주면 즐겁게 목회할 수 있다는 사실을 알게 되었다. 실제로 충북에 있는 한 교회를 선정해서 그 교회에 미리 유기농과 친환경 농사를 지을 수 있는 멍석을 깔아주고, 그분들이 목회자를 중심으로 농사짓는 방법을 바꾸어가면 실제로 구매할 사람들이 많다는 것을 설명해주었다. 그 결과 좋은 사례가 많이 나왔다. 농촌교회에 어르신들만 계시고 아이들이 없어도 관심 있는 도시교회가 조금만 돕는다면 서로 상생할 수 있는 길이 충분히 열려 있는 것을 보았다. 그리고 이제는 도시교회가 책임을 져야 한다는 취지에서 이런 사업을 하고 있다.

사회자 _ 어떤 의미에서 도시교회는 농촌교회에 대해 무한책임을 져야 한다는 표현을 들었다. 고향교회에서 많은 재원들을 더 넓은 곳으로 보내주셨고, 도시교회는 그 사람들을 받아서 성장하는 구조로 간다면 상생이라는 단어가 의미 있게 다가온다. '한국농어촌선교 단체협의회'에서 2010년도에 조사한 결과를 보면 면소재지 이하

> **농어촌교회가 경제적 부분에서 극명하게 어려움을 겪고 있다.**

한국 농어촌교회 1만 5천 곳 가운데 85%가 미자립이라고 한다. 어마어마한 숫자이다. 그 안에서 여러 교회들을 보고 계실 텐데 상황이 어떤가? 이 목사께서는 18년 동안 대안보교회에서 섬겨왔는데 그동안 경험하셨던 특별한 하나님의 은혜가 있다면 나눠주시면 좋을 것 같다.

이제흥 _ 초기에 결손아이들과 70대 이상의 노인 분들이 20여 명 나왔는데, 그때 벌였던 여러 가지 활동이나 예배가 아주 즐거웠다. 그 과정에서 아이들과 여행을 많이 했다. 충북에는 바닷가가 없으니까 정말 바닷물이 짠지 궁금해 해서 동해안과 서해안 갯벌에도 가고, 노인들은 서울 구경을 시켜드렸다. 그리고 차가 있는 집이 교회밖에 없어서 차량봉사를 많이 했다. 그러면서 좋은 평을 얻고 아이들도 잘 자라줬고 돌아가신 어른들도 위로를 많이 주고 가셨다. 이 모든 것은 하나님의 은혜였다는 것이다. 처음 시골에 내려와서 6개월쯤 지났을 무렵 첫 추

석을 맞았다. 우리 지역에 큰 묘가 하나 있었는데 거의 능 수준이었다. 버려져 있어서 추석 전에 집사람하고 둘이 3박 4일 동안 벌초를 했다. 무슨 계산이나 의도 없이 했는데, 그 이후로 노인들이 멀리 계시다가도 우리가 다가가면 일어나서 인사를 하셨다. 그분들은 원래 마을회관에 모여서 수시로 교회를 흥보하는 분들이었다. 그런데 산소를 벌초한 후부터 아주 살갑게 대해주셨고 지금까지 목회를 편하게 하고 있다.

사회자 _ 여러 가지 일이 있었겠지만 어른들이 인정할 수밖에 없었던 귀한 일이었던 것 같다. 정 목사께서도 고향교회를 섬기는 일에 앞장서면서 특별히 보람 있는 일을 경험한 게 있다면 나눠주시기 바란다.

정시몬 _ 2013년에 배추파동이 있었는데 진주에 있는 청원교회에서 절임배추를 서울에 보내고 싶다고 해서 폭락하기 전 가격으로 모두 구입해주었다. 이 교회는 비닐하우스 교회였고 목사님도 고생을 많이 했나. 이 일로 다른 마을은 배추 가격폭락으로 힘들어했지만 이 마을은 잔치 분위기였다. 이런 일들은 도시교회라는 이름으로 작은 교회든 큰 교회든 간에 먹을거리는 반드시 필요하기 때문에 꼭 큰 교회만 할 수 있는 게 아니다. 그때 절임배추를 다 받아주면서 청원교회가 부흥할 수 있었다. 그 일 이후로 목사님도 힘을 내셨고 우리도 참 감사했다. 이런 좋은 소식들이 농촌교회에서 얼마든지 계속해서 올라올 수 있다. 우리는 유통의 힘을 가진 대기업들과 싸우고 있다. 이제는 한국교회 성도들이 농촌교회를 조금만 관심 있게 바라본다면 상생할 수 있는 방법은 많이 있다.

사회자 _ 실질적으로 도시교회 성도들의 의식전환을 촉구해야 할 것 같은데, 반응은 어떤가?

정시몬 _ 사회적협동조합은 운동이다. 우리가 시작해서 우리 주변에 있는 교회들도 같이 동참하고 있다. 이 사역은 서로 긴밀하게 연결이 되어야 하고 초교파적으로 힘을 합해야 한다. 어느 교회든 찾아가서 방법을 모색하고 도시교회와 연결하면 된다. 이 일을 전담으로 맡을 부교역자를 쓰면 된다. 좀 큰 교회가 장을 열어주고 홍보해서 많은 교회들이 참여하고 구입해주면 된다고 생각한다. 우리 교회는 이 일을 운동으로 하고 있다. 이만큼 부흥했기 때문에 반드시 나눠야 된다는 취지로 하기 때문에 모든 교인이 동참하고 있다. 대신에 이것은 생명운동이기 때문에 유기농과 친환경이어야 한다. 그래서 친환경 인증절차를 지원하기도 한다.

사회자 _ 듣기만 해도 가슴이 따뜻해지는 이야기다. 도시교회가 생각을 조금만 바꾸면 얼마든지 할 수 있다. 그러나 점점 도시화가 가속되면서 고향교회가 많이 어렵다는 이야기가 자꾸 들려온다. 또 한국교회 전체의 성숙과 성장을 위해 도시교회와 고향교회의 긴밀한 협력이 그 어느 때보다도 필요하다는 말이 나오고, 실제적으로 그런 움직임도 일어나고 있다. 사회구조상 성도들이 도시로 떠날 수밖에 없는 상황이기 때문에 고향교회라는 말이 생긴 것 같다. 떠나버리니까 고향교회는 여러 면에서 어려움을 겪을 수밖에 없는데, 고향교회에서 여전히 사람들이 많이 떠나고 있는가? 아니면 혹 돌아오는 추세도 있는가?

이제흥 _ 우리 교회 같은 경우는 어느 정도 정리가 된 것 같다. 떠날 분은 떠나셨고 오실 분도 정해진 것 같고, 그래서 마을 이장님께서 한 가정이라도 더 유치하려고 애를 쓰시는데 쉽지 않다.

사회자 _ 그렇다면 거룩한빛광성교회는 어떤가?

정시몬 _ 우리 교회는 고양 신도시 교회이기 때문에 지방에서 올라오신 분들이 대부분이다. 30~40대 부부가 자녀를 양육하는 가정이 대다수를 이루고 있다. 그러다 보니 이동이 굉장히 잦은 곳이다.

사회자 _ 이번에 정부 부처에서 조사한 결과에 따르면 우리나라 수도권에서는 2년 반마다 한 번씩 이사를 한다고 한다. 도시교회는 실제적으로 이렇게 자주 이사하는 분들과 지역에서 올라오신 분들이 인적 구성을 이루고 있는 것 같다. 그렇다면 이 고향교회와 도시교회는 뗄 수 없는 불가분의 유기적 연합인데 서로 아픔을 공감하고 효과적으로 사역을 연계할 수 있는 방안이 필요할 것 같다. 어떤 방안이 가장 효과적일까? 먼저 이제흥 목사께서 도시교회가 이러 부분을 생각해주었으면 하는 바람이 있다면 말씀해주시기 바란다.

이제흥 _ 장터사회적협동조합 같은 경우 도시교회가 앞장서서 하는 것인데 시골교회에 경제적인 후원은 좀 되는 것으로 보인다. 그런데 젊은 목회자가 고향교회에 있기가 어려운 이유는 자녀교육의 문제가 크다. 교육비나 자녀교육의 어려움을 피부로 실감하는 것 같다. 그래서 큰 교회나 총회 차원에서 도와주었으면 하는 부분은 큰 병이 걸려서 대도시의 대학병원이나 종합병원을 가야 할 때 무작정 올라갔다가 예약만하고 다시 내려가야 하는 경우도 잦다. 그럴 때 예약이라도 할 수 있도록 도움을 주면 좋겠고, 또 법률적으로 상담을 받고 도움을 받을 수 있는 길이 있으면 크게 도움이 될 것 같다. 국가에도 114나 119와 같이 일관된 시스템이 있는 것처럼 이런 도움을 받을 수 있는 체계적인 연결망이 절실히 필요하다.

사회자 _ 어떤 의미에서 고향교회 성도들이 삶속에서 안고 있는 애환들을 빠르게 조치해줄 수 있는 그런 방법이 필요하겠다. 정 목사께서는 이 분야의 전문가로서 많은 농촌교회들과 오지에 다니실 텐데 어떻게 생각하는가?

정시몬 _ 우리는 사회적 협동조합이기 때문에 여기서 수익이 나면 공적인 목적으로 사용하고 있다. 방금 말씀하신 것처럼 농촌교회 목사님이 서울의 대학병원에 왔을 때 기거할 곳이 없다거나 다른 도움을 요청하면 얼마든지 연결해줄 수 있다. 우리와 연결된 목사님들은 아마 당연히 우리한테 연락을 하실 것이다. 그런데 우리가 모두를 다 할 수는 없으니까 이런 생각을 가진 교회들이 조금씩 늘어난다면 좀 전에 말씀하신 여러 부분도 현실적으로 가능하리라고 생각한다. 지금 한국 농촌교회의 지속적인 문제 중에 하나는 성도가 늘어나지 않아서 힘들고, 그러다 보니 농촌교회에 젊은 목사들이 가지 않고, 나이가 많은 분들이 계시는 악순환이 계속되고 있다는 것이다. 하나님의 교회라는 관점에서 도시든 농촌이든 간에 '어떻게 하면 즐겁게 목회하도록 도울 수 있을지' 단순히 생산물을 받아서 팔던 것에서 이제는 농촌교회를 위한 진지한 고민을 하고 있다.

사회자 _ 단순히 물건을 팔아주는 직거래가 아니라 그것을 감당해 줄 사람의 문제로 가고 있는 것 같다. 이런 부분에 대한 어떤 훈련과정 같은 것도 계획이 있는가?

정시몬 _ 이것은 신뢰성이 굉장히 중요하다. 농촌교회에서 목사님 이 농산물을 정말 잘 관리 감독해서 아주 좋은 물건이 올라와야 된다. 소비자들이 무조건 사는 게 아니다. 소비자들은 꼼꼼하게 따져보고 산 다. 일정 부분은 사랑의 마음이지만 문제가 있는 것을 계속 살 수는 없 는 것이다. 그런 신뢰관계 속에서 이후 여러 가지 일이 시작된다. 우리 도 궁금하다. 안정적으로 되었을 때 과연 어떤 일을 해낼 수 있을까 기 대하고 있다.

사회자 _ 비행기가 이륙하는 데 에너지의 3분의 2가 소비되니까 지 금은 굉장히 힘들게 달려가고 있는 것 같다. 지금 도시교회가 농촌교회 의 여러 가지 상황을 품으려고 애를 쓰는데, 더 능률 있게 하나님의 복 음을 전하는 사명을 잘 감당할 수 있기 위해서는 무엇이 필요한지를 정 확하게 말씀해주시면 좋을 듯하다.

이제흥 _ 여러 가지 어려움을 겪으면서 느끼는 것은 일차적으로 이 런 일들을 하나님이 담당하시고, 이차적으로 담임목회자가 담당한다 고 생각한다. 목회자가 목회 생존에만 목표를 두지 않으면 좋겠다는 생 각이다. 생존이나 야망이 배제되고 오직 하나님이 주신 소명과 사명을 붙들고 하나님의 뜻을 찾아가는 작업이 목회자 본인과 교회에서 꾸준히 계속되어야 된다고 생각한다. 그리고 이런 묵상들이 꽃을 피우려면 교계나 총회에서 양적성장만 환영하는 것, 그리고 어떤 영향력을 행사하는데 교세에 따라 비례하는 분위기는 교계에서 정화되어야 된다고 생각한다.

사회자 _ 사실은 한국교계 전체가 이 부분에 관심을 가져야 한다고 본다. 거룩한빛광성교회는 통합교단에 속해 있는데, 역할을 잘 감당하고 있는 것으로 안다.

정시몬 _ 그렇다. 주일날 교회에 성도들이 오기 때문에 우리도 장터에서 주일에 판매를 해야 한다. 많은 성도들은 '왜 교회가 주일에 자꾸 뭘 파는가' 라고 하면서 압박을 하기도 한다. 그러나 교회에서 농촌교회 농산물을 파는 것은 일반적인 상업판매 행위가 아니다. 그것은 넓은 관점에서 농촌교회를 살리는 공공의 선을 위한 것이다.

사회자 _ 신학적으로나 목회적으로 어떤 울타리를 쳐주지 않으면 거기에 헌신하는 사람들은 부담을 가질 수밖에 없다. 또 이런 차원도 생각해볼 수 있을 텐데 도시교회가 농촌교회를 일방적으로 도와준다는 시혜적 차원에서 하는 것 같은 시선도 있지 않은가? 그런 비판도 있을 것 같다.

정시몬 _ 맞다. 우리교회는 직접 전도를 하지 않고 전도대원을 훈련시켜서 지역의 작은 교회들에 파송하고 지원하고 있다. 서로 수고하는 것이기에 농촌교회 목회자들도 위축되지 말고 당당하게 요청하면 좋겠다.

사회자 _ 아까도 이 목사께서 말씀하셨지만 교회가 크기 여부를 떠나서 모두 상생할 수 있는 부분이 중요한 것 같다. 18년 동안 시골목회를 하시면서 여러 애로사항이 많을 텐데, 가령 어떤 게 있는가?

이제흥 _ 특별히 작다고 무시당하거나 그런 것은 없었고, 오히려 환영받고 사랑받았다. 어떤 때는 도시에서 목회하는 동기들이 안정권에 들어가기 전까지는 어려움이 많은데 미안할 정도로 혜택들을 많이 받았다.

사회자 _ 순수함과 꾸준함이 인정을 받으신 것 같다. 그런데 중요한 것은 이것이 자칫 잘못하면 목회자 중심의 운동으로 흐를 수도 있다는 점이다. 도시와 농촌의 연계과정이 성도들을 설득하고 이해를 구하고 동기를 부여해서 서로 교통하는 것이 필요한데 말이다. 일례로 사회적 협동조합을 하는 뜻이 아무리 좋더라도 성도들의 이해가 미진하지 않았을까 싶은데?

정시몬 _ 협동조합은 협동조합 기본법이 있다. 협동조합은 교육과 참여가 가장 중요하다. 그래서 끊임없이 좋은 것을 먹어야 되고, 하나님의 창조섭리 가운데 농촌의 땅이 살아야 되고, 농약을 사용하는 것은 모두가 죽는 것이라는 교육을 한다. 이 사역은 재정도 모여야 하고 농촌교회도 살아나야 하는 복잡한 애증의 관계이다. 자연스럽게 농촌교회를 위해 기도하게 되고, 누가 누구를 힘들게 하는지도 알아가게 된다. 시작은 이렇지만 어느 정도 안정궤도에 올라가서 수익구조가 어느 수준에 미쳤을 때 도시교회가 농촌교회를 위해서 얼마든지 선한 영향력을 끼칠 수 있다고 기대한다.

사회자 _ 성도들이 이 일에 적극적으로 참여하도록 하기 위해서는 무엇을 부탁하고 싶은가?

정시몬 _ 우리는 안전장치를 많이 걸어났다. 성도들은 분명히 자기 돈으로 사는 것이다. 이게 잘 안될 것 같다는 예상도 했다. 이 일을 하시는 분들이 발달장애인 분들과 새터민 분들 이다. 이분들을 봐서라도 생산물을 많이 사도록 여러 가지 안전장치를 해놓았는데, 그 이유는 이 일을 반드시 해야 하기 때문이다. 지금 농촌교회가 무너

> **지금 농촌교회가 무너지면 도시교회도 위험하다.**

지면 도시교회도 위험하다. 그래서 성도 한 명 한 명에게 농촌교회의 현실을 정확히 보여주고 교육한다. 이것은 운동이기 때문에 이 불이 잘 번질 수 있게 해야 한다. 이 일에 종사하는 분들은 정말 고생이 많다. 그분들의 수고를 통해서 한국교회에 좋은 모델이 될 수 있으면 좋겠다.

사회자 _ 이 목사께서는 고향교회를 오랫동안 섬겨오면서 이제는 도시와 함께 형제교회로 가야하는 공동운명체인데, 함께 신앙생활하시는 여러 성도님들께 어떤 부탁을 하고 싶으신가?

이제흥 _ 우리 고향교회 성도들은 아까 목사님이 말씀하신대로 저절로 바뀌지 않는다. 이런 도움이 있다면 마치 지팡이를 짚고 가는 사람에게 날개를 하나 달아주는 것과 같다. 이런 운동이 외부로부터 시작해서 농촌으로 들어온다면 큰 힘이 된다. 그런데 늘 본질을 잊지 말아야 하는 것은 교회의 존재목적은 사명이라는 것이다.

정시몬 _ 거룩한빛광성교회가 사명을 붙든 것처럼 성도들도 사명을 붙들어야 한다고 본다. 그런데 이 사명을 교육하는 일이 목사의 소임이고, 또 목사 자신도 사명을 다하기 위해 살아야 된다. 성도들에게 당부하고 싶은 말은 사명을 찾아서 가자는 것이다.

사회자 _ 오늘 두 분 귀한 말씀 감사하다. 이제 마무리를 해야 할 것 같다. 도시교회와 농촌교회의 상생을 위한 비전과 기도제목을 듣고 마무리하겠다.

이제흥 _ 우리의 기도제목은 "너와 나 모두가 미소 짓는 세상을 만듭시다"이다. 이것이 우리의 꿈이고, 거기에 일조하려고 열심히 애쓰고 있다.

정시몬 _ 보편적인 공교회 입장에서 한국교회는 하나이다. 우리가 조금만 마음을 열면 교회는 살아날 수 있고 한국교회의 신뢰도 역시 회복될 수 있다고 생각한다. 그런 비전을 품고 사역하며 살아가고 있다. 기도제목은 장터협동조합이 잘되면 좋겠다. 아무리 좋은 계획을 갖고 있어도 하나님이 풀어가 주시지 않으면 안 된다. 이 장터협동조합이 좋은 사례로 남을 수 있도록, 그리고 잘되기를 기도해주면 좋겠다.

사회자 _ 도시교회와 농촌교회가 다 상생하는 그날을 소망해본다. 두 분 오늘 귀한 말씀 나눠주셔서 감사하다.

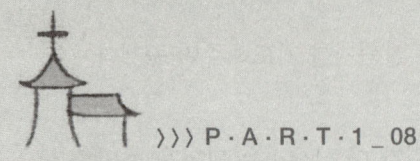

찬양사역의 과거와 현재,
그리고 미래를 말한다

어거스틴은 그리스도인은 정수리에서부터 발끝까지 찬양으로 채워져야 한다고 말한 바 있다. 이 땅의 성도들이 하나님께 더 크게 영광을 올려드리고 하나님의 강력한 임재를 경험하기 위해서 더 많이, 더 깊이 찬양을 올려드려야 하는 것은 아무리 강조해도 지나치지 않은 일이다. 사실 10여 년 전까지만 해도 대형집회에서 중요한 게스트 1순위는 찬양사역자였다. 이분들의 찬양과 간증으로 하나님을 더 깊이 만나는 경우가 참 많았는데, 요즘 한국교회 대형집회에서는 찬양사역자를 찾아보기가 어려운 현실이다. 그래서 오늘은 한국교회 찬양사역의 산증인이라 할 수 있는 찬양사역자 전용대 목사와 다윗과 요나단의 황국명 목사를 모시고, '찬양사역의 과거와 현재, 그리고 미래' 라는 주제로 한국교회 찬양사역의 현황과 바람직한 방향을 짚어보려고 한다.

※ 이 원고는 2014년 11월 22일과 29일에 방송된 원고이다.

사회자 _ 먼저 전용대 목사께서는 한국교회 찬양사역의 1세대 사역자로서 길을 개척했다고 말해도 과언이 아니다. 복음성가협회장도 오랫동안 맡으셨고, 올해에는 기독교문화예술대상에서 음악부분 대상을 수상하셨다. 먼저 축하드린다.

전용대 _ 모든 것이 하나님의 은혜이다. 상을 받으면서도 귀한 분들과 함께하는 시간이 없어서 아쉬웠지만 좋은 계기가 될 것으로 기대하고 있다. 올해로 36년째 찬양사역을 하고 있다.

사회자 _ 전 생애를 바치셨다고 해도 과언이 아닐 것 같다. 역시 찬양사역의 1세대라고 할 수 있는 다윗과 요나단의 황국명 목사께서는 요즘 해외집회가 많은 것으로 알고 있다.

황국명 _ 미국에서 14년 살다가 돌아온 지 1년이 채 안 되었다. 다윗과 요나단이라는 남성 듀엣을 만든 것은 1981년이었고 극동방송을 만난 것은 1985년이었다. 극동방송 덕에 여기까지 오게 되었다. 둘이 같이 하다가 친구가 먼저 미국으로 가고 혼자 남아서 '주만 바라볼지라'를 발표하면서 홀로서기를 했었다. 1998년도에 건강이 무너지고 의사가 죽는다고 경고하는 바람에 1년만 쉬려고 1999년 2월에 미국으로 건너갔다. 그런데 원래 계획과 달리 하나님이 14년을 그곳에 머무르게 하셨다. 그곳에 있는 동안 미국을 중심으로 이민교회들을 다니며 사역하다가 지난 1월 조국에 와서 또 열심히 사역하고 있다.

사회자 _ 두 분이 찬양사역자로 사역하겠다는 소명과 사명을 함께 받은 그 상황이 궁금한데 나눠주시면 좋을 것 같다.

전용대 _ 저는 열일곱 살 때 트로트 가수로 데뷔했었다. 그런데 TV 출연을 일주일 앞두고 성인소아마비를 앓게 되면서 장애를 갖게 되었다. 그래서 좌절 속에서 자살까지 생각하고 약도 많이 먹고 술도 많이 마셨는데, 오산리기도원에 가서 치료를 받았다. 영적인 어머니이신 최자실 목사님께 은혜를 갚으려고 했더니, 그러면 금요일마다 기도원에 와서 찬양을 부르라고 해서 10년 동안 하겠다고 약속한 것이 오늘날까지 이르게 되었다. 그 당시는 복음성가 가수라는 말이 없을 때였고 부흥강사를 모시는 집회에서 특별찬양을 담당했다.

황국명 _ 저는 친구랑 둘이서 대학가요제에 나가서 가수가 되려고 했다가, 그때 신학생이어서 하나님 노래를 부르기로 결단하고 무명으로 활동했었다. 그러다가 1984년도에 극동방송에서 개최하는 대회에 '친구의 고백'이라는 곡으로 나가 입상했다. 그때도 찬양사역이라는 말이 없었다. 방송국에서 교회를 연결해주면 가서 특송하고 돌아오곤 했는데 그때는 이게 평생사역이 될지 몰랐었다. 1980년대 후반부터 찬양의 붐이 일기 시작하면서 1990년대에는 일정이 굉장히 많아지고 바빠지기 시작했다. 그렇게 여기까지 30년을 달려왔다.

사회자 _ 말씀을 듣고 보니 두 분이 특별찬송을 하다가 점점 시간이 지나면서 자체적으로 집회를 끌고가는 형식이 되었다.

전용대 _ 찬양과 간증을 하면 은혜가 되었다고 소문이 나면서 점차 확산되었다. 그 당시에는 연예계에 몸담고 계시는 그리스도인들이 간혹 있던 시기였는데, 우리 같은 사람들이 나오니까 교회에서 반응이 좋았고 동질감을 갖는 시간이었다고 하더라.

황국명 _ 저는 1987년에 목사안수를 받았다. 그때는 복음성가 경연대회에 주로 신학생들이 많이 나왔다. 신학교를 졸업하고 목사안수를 받기 위해서는 활동을 멈추고 교회 안으로 다시 들어갔다. 당시 목사로 이 사역을 하는 사람이 아무도 없었기 때문에 심각하게 고민하고 기도하는데, 하나님께서 이 사역을 목회처럼 감당하라는 마음을 주셔서 말씀과 교회음악에 대한 서적을 가지고 공부하고 강의도 하면서, 섭외 연락이 오면 이 사역이 제 목회인 것을 밝히고, 최소한 한 시간 내지 그 이상의 시간을 할애해줄 것을 요청해서 집회를 해왔다. 미국에서는 3일 동안 찬양부흥회라는 타이틀로 10년 넘게 그렇게 해왔다

사회자 _ 긴 시간 동안 한 길을 걸어오신 것도 대단한데 어떤 의미에서는 아무도 가보지 않은 길을 걸어오신 것이다. '세상에서 방황할 때'나 '주만 바라볼지라'는 아직도 성도들이 좋아하고 은혜를 많이 받고 있다. 찬양 한 곡이 주는 영향력은 대단한 것 같다. 찬양으로 인한 놀라운 역사들을 경험하신 것이 많을 텐데, 그 이야기 좀 들려주시면 좋겠다.

전용대 _ 집회현장에서 병이 나은 경우도 많았고, 무엇보다 힘들고 지친 영혼들이 회복되는 일이 참 많았다. 저는 '주만 바라볼지라'를 개인적으로 찬양사역을 계속해야 한다는 의미로 받았던 것 같다.

찬양은 참 많은 은혜와 영향력이 있다. 그것을 알기 때문에 이 길을 갈 수 있다.

황국명 _ 저도 찬양 중에 병이 나았다는 간증도 있고 제 음반을 선물로 줘서 결혼에 성공한 사람도 있다. 간증 중에는 17년 동안 교회를 다니는 것 때문에 남편에게 얻어맞고 고난당하다가 남편을 위한 기도를 포기하는 순간, 남편이 갑자기 교회에 가겠다고 해서 왜 그런가 물었더니 어디서 무슨 노래를 들었는데 가슴에 와 닿고 좋아서 교회에 가기로 결심했다고 한다. 그래서 무슨 노래인가 알아봤더니 '친구의 고백'이었단다. 심지어는 자살하러 가는 길에 그 노래를 듣고 지금까지 살아 있다는 분도 있었다. 이민자들 중에는 남편 따라갔다가 공항에서 버림받고 구걸해서 30년, 40년을 근근이 버텨온 이민자들이 "그 찬양이 없었으면 난 죽었다"라는 눈물의 고백을 들을 때는 정말 소름이 돋았다. 그런 간증 때문에 이 사역을 지금까지 할 수 있었다.

전용대 _ 한번은 운전을 하면서 가는데 누가 경적을 울리면서 계속 쫓아왔다. 그러면서 차를 세우라는 거였다. 너무 심해서 한마디 해주려고 쳐다봤더니 "안녕하세요?" 하면서 넓죽 인사를 하더라. 자기가 교도소에 있을 때 제가 찬양사역을 왔었다면서 인사를 했다. 지금은 모범수로 출소해서 백화점에 생선을 배달하는 일을 하고 있었다. 이런 일들이 많이 있다. 그리고 저는 몸이 불편해서 특별히 자살 직전에 있는 사람들의 질문을 많이 받는다. 그러면서 복음을 전하고 있다. 그래서 우리 찬양사역자들의 역할이 참 크다는 것을 많이 느끼고 있다.

사회자 _ 정말 찬양 한 곡이 주는 위대한 영향력은 아무리 강조해도 지나치지 않을 것 같다. 요즘은 옛날처럼 뜨거운 찬양이 없는데 예전과 비교해서 어떤 차이가 있는가?

전용대 _ 예전에는 살기가 어려워서였는지는 몰라도 성령의 역사가 강했던 것 같다. 제가 부른 '세상에서 방황할 때'는 어른들의 찬양인데, 당시에는 어린 아이들도 울면서 그 찬양을 불렀었다. 그런데 언제부턴가 편하고 안락해지면서 많이 약해진 것은 사실이다. 또 하나는 교회가 세상의 문화를 검증하지도 않고 그대로 들여오는

> **교회 문턱을
> 너무 낮춘 것이
> 문제라고 생각한다.**

것, 교회 문턱을 너무 낮춘 것이 문제라고 생각한다. 하나님 중심의 무대가 되어야 하는데 사람들을 끌어모으기 위해서 세상 것을 무분별하게 받아들이는 게 문제인 것 같다. 또 더 나아가서는 저부터 찬양사역자들이 더 기도하지 못한 탓도 있다고 생각한다.

황국명 _ 저는 14년이란 세월 동안 한국을 떠나 있었기 때문에 좀 더 객관적인 시각으로 볼 수 있는 것 같다. 우리가 처음 시작했던 시절에는 문화라는 것이 없었는데, 지금은 너무 다양해져서 시대적인 변화의 흐름이 아닌가 생각한다. 예전에는 단순했는데 점점 요구가 많아지고 있는 것도 사실이다. 이민자들은 아직도 단순하고 순수함이 남아 있다. 그런데 한국에 와보니까 너무 다양해졌고 패러다임도 바뀌었고, 그런 여러 가지 이유 때문에 상황이 많이 달라진 것을 느꼈다. 예전에는

매일 집회를 했었다. 주일은 본 교회를 섬기면서 나머지 시간 동안 사역을 해도 얼마든지 가능했는데, 요즘은 집회를 주일에만 한다. 평일에는 모이지 않기도 하고 교회차원에서 패러다임의 변화도 있다. 또 그동안 다양한 찬양사역자들이 생기고 찬양예배가 휩쓸고 지나가면서 사역자들이 잘못 판단하고 연예인처럼 교회에 접근했던 이유도 있는 것 같다. 아무튼 여러 가지 이유로 침체되어 있는 것은 확실하다. 그런데 정작 성도님들은 찬양을 그리워한다.

사회자 _ 찬양사역자들이 복음의 본질에 집중하는 가사와 곡들을 만들어내야 한다는 요구도 있지 않나?

전용대 _ 전에는 다 동역자나 사역자라는 말을 썼다. 그런데 지금은 일부이겠지만 연예인처럼 된 모습을 본다. 성도들은 영적으로 우리보다 훨씬 뛰어나다. 찬양 중에 하나님을 노래하는지 자신을 드러내는지 다 알고 있다. 성도들은 신앙도 깊고 귀하신 분들이 많다. 우리보다 귀한 간증도 많고 노래를 잘하시는 분들도 있다. 이런 것에 대한 반감이 있다는 것을 목회자들을 통해서 듣게 된다. 그래서 찬양은 찬양으로 승부를 걸라고 말한다.

황국명 _ 찬양사역자가 예배자여야 하는 것은 기본이다. 그러나 사역의 방향이 단순히 예배 사역자인지, 아니면 찬양을 통한 메시지 전달자인지, 또는 간증인지 구분이 없다. 그리고 영성 있는 가사와 곡이 없다는 것도 문제이다. 그다음 찬양사역도 방향성이 있는데 그 방향이 혼란에 빠져 있는 것 같다. 교회마다 찬양팀의 선곡이 장년들과 동떨어진 너무 젊은이 위주로 되는 바람에 여기에서도 갈급함을 느끼시는 것 같다.

전용대 _ 제가 진행하고 있는 7080가스펠 공개방송에 상상을 초월할 정도로 많은 사람들이 몰려왔다. 모두 한결같이 말하는 것은 인도자들이 자기 시각으로 자기 것을 고집하는 게 아니라 회중을 위한 노래가 선곡되어야 한다는 것이다.

사회자 _ 교회는 모든 세대를 아울러야 하니까 그건 매우 중요한 말씀이다. 그런 의미에서 매체가 다양한데 교회가 집회 때마다 유명한 간증자들을 초대하고 싶어 하는 게 일종의 붐처럼 일어나고 있는데, 이것을 어떻게 생각하는가?

황국명 _ TV에 나오는 연예인 중에 신앙 좋은 사람을 교회로 초청하면 사람들도 좋아하는데, 그다음에 이 사람들이 안 좋은 일로 뉴스에 나온다면 그것은 문제라고 생각한다. 연예인을 초대해서 인원 동원에는 도움이 되겠지만 그 사람 때문에 교회에 대한 이미지가 실추되는 것도 고려해보아야 한다.

사회자 _ 이벤트로 끝나는 경우가 잦은 것에 대한 지적이신 것 같다. 이런 상황을 놓고 어떻게 대안을 만들어가야 하는지 두 분의 고견을 계속해서 듣도록 하겠다. 우리 믿음의 선배들은 만 개의 입이 나에게 있어도 그 입을 가지고 할 수 있는 일은 오직 하나님을 찬양하는 일밖에 없다고 고백했다. 일상 속에서 우리가 늘 듣는 찬양 배후에는 그 노래를 작사, 작곡해서 성도들이 들을 수 있도록 도와주는 찬양사역자들의 땀과 눈물의 헌신이 녹아 있다. 그래서 이 귀한 찬양사역자들의 현실이 어떤지를 짚어보고, 바람직한 찬양사역의 대안 마련을 모색해보기 위해서 이야기를 나눠보고 있는 중이다. 본격적으로 다음 이야기를 시작하기 전에 실제적으로 찬양사역을 하고 있는 분들의 인터뷰를 했는데 잠시 들어보겠다.

인터뷰 1(오한나) _ 찬양할 수 있다는 것만으로도 늘 감사하게 찬양하고 있는데, 그럼에도 불구하고 찬양할 수 있는 곳이 점점 적어지는 것이 안타깝다.

인터뷰 2(나요한) _ 2004년도 극동방송의 복음성가대회를 계기로 찬양사역을 시작해서 올해로 10년이 되었는데, 처음 찬양사역을 시작했던 분위기와 지금을 비교해보면, 그때만해도 찬양사역의 분위기와 CCM사역에 관심이 높고 찬양사역을 하려는 사람들도 참 많았다. 그런데 최근에는 청소년들이 CCM가수가 누구인지조차 모르는 경우가 많아서 안타까움을 느낀다. 그러면서 찬양사역에 대한 비전을 심어줄 수 있는 역할을 해야 할 것 같다는 생각을 하고 있다.

사회자 _ 찬양사역자들의 이야기를 짤막하게 들어보았는데, 후배들의 이런 이야기를 들으면 어떤 마음인가?

황국명 _ 마음이 많이 아프다. 왜 이런 일이 일어났는지는 여러 가지 이유가 있을 텐데 일단 시대의 흐름에 따라서 많은 변화가 있었다.

우리 때는 각자 대표곡이 있었다. 그래서 그 찬양이 듣고 싶으면 그 사람을 초청해서 간증도 듣고 찬양도 들었다. 그런데 지금은 그 노래를 부른 사역자가 아니라 먼저 특정한 곡이 많이 알려지게 된다. 옛날에는 작곡가, 작사가들이 굉장히 힘든 시절이었는데 지금은 저작권이라는 것이 생겨서 작곡, 작사가들이 저작권협회에 등록하여 자기 노래를 많이 알려야 된다. 그러다 보니 한 곡을 여러 가수한테 줘서 많이 부르게 하면 저작료가 들어왔다. 옛날에는 '주만 바라볼지라' 하면 다윗과 요나단, '주여 이 죄인을' 하면 전용대였는데, 지금은 가수를 소개하지 않기 때문에 누가 부르는 노래인지를 잘 모른다. 1990년대 후반부터 2010년까지는 찬양 워십 붐이 일어났고 가수를 초청해서 집회를 했다. 그런데 이제는 개교회에 수준 높은 찬양팀이 있다. 우리 찬양사역자들이 미처 생각하지 못한 것은 유행을 너무 따르다가 설자리가 없어진 것이다. 또 교회의 패러다임이 바뀌어 주중에 훈련이나 기도, 셀그룹으로 모이기에 점점 무대가 없어지고, 교회도 경제적인 여파로 예산이 축소되다 보니 사역자들을 예전처럼 많이 초대하지 못한다. 그래서 다각적으로 분석하고 대책을 세워야 할 것으로 보인다. 또 한 가지는 이제는 기획사와 음반이 사라졌다. 그래서 전용대 목사님과 김석균 목사님과 함께 후배들을 위해서 매개체를 만들어주기 위한 논의를 하고 있다.

전용대 _ 찬양사역자 1세대도 활동을 왕성하게 하는 분들은 대중가요와 같이 대표곡이 있다. 그런데 후배들은 어느 순간부터인가 반응이 빠른 유명한 곡을 불렀다. 그런데 시간이 지나고 나면 그 노래는 남지만 가수는 남지 않는다. 요즘 음반은 80% 이상의 곡이 중복된다. 그리고 기독교 언론들이 계속해서 노래를 발표할 수 있도록 앞장서서 장을 열어주어야 한다. 그 부분에 있어서는 극동방송에 정말 감사드린다. 지난주에 강원도에 가서 집회를 했는데 그 교회의 성도는 40명인데, 그날은 400명이 모였다. 그렇기 때문에 여전히 얼마든지 가능성은 있다고 생각한다.

사회자 _ 그렇다면 지금 사역하고 있는 후배들에게는 어떤 조언을 해주시겠는가?

황국명 _ 지금은 찬양사역이 혼란기에 있는 게 사실이다. 옛날에 우리가 시작할 때는 우리를 복음성가 가수라고 불렀다. 우리는 가수이다. 가수로 초청받아서 갔으면 그 노래 속에 있는 내 간증을 나누면 공감이 될 것이다. 그러니까 자신이 복음성가 가수인지 예배사역자인지 분명한 구분이 필요할 것 같다. 구분만 잘해주면 거기에 맞는 사역은 얼마든지 있다. 그래서 우선적으로 정리가 필요하다.

전용대 _ 중요한 것은 저도 집회를 가면 목사이면서 찬양가수이기 때문에 어떤 집회를 원하는지를 확인해서 찬양을 많이 원하는지, 간증을 원하는지 그 교회가 요청하는 것을 한다. 저는 후배들한테 집회를 많이 다니면서 배우라고 말하고 싶다.

사회자 _ 정말 가수로서 음반하나 제작하기가 참 힘든데, 현실은 어떠한가?

황국명 _ 예전에 음반시장이 살아 있을 때는 음반을 잘 만들면 어느 정도 활동이 가능했었다. 지금은 CCM 음반시장은 완전히 없어졌다. 스튜디오와 그리스도인 연주자들도 많아졌고 제작비도 낮아졌는데, 음반시장이 없어져서 제작을 하면 고스란히 빚이 되고 있다. 사역 현장이 없는 음반은 이제 의미가 없는 것 같다.

전용대 _ 지금도 CCM은 사비를 털어서 제작하는 상황이기에 음반을 내는 것은 곧 빚을 지는 일이다. 얼마 전에 기독실업인회라는 단체에 가서 기업이 잘되면 좋은 사역자들에게 앨범을 제작할 수 있도록 후원해주실 것을 부탁했다. 그 앨범은 누군가 소망을 찾게 되고 병을 고침받는 역사도 있다. 예전에는 기독교 문화가 세상을 이끌

> **반드시 기독교 문화가 만들어지고 투자가 이루어져야 한다.**

었는데 지금은 정반대로 끌려가고 있다. 반드시 기독교 문화가 만들어지고 투자가 이루어져야 한다.

사회자 _ 지금은 실용음악과가 많아져서 노래하는 사람과 연주하는 사람이 많이 생산되고 있다. 이런 상황에서 찬양사역이 어떤 방향으로 가야 할 것 같은가?

황국명 _ 참 많이 우려되는 상황이다. 실용음악과를 나와서 실습할 현장이 없는데 학교는 계속 늘어나고 학생들은 계속 배출되고 있다. 다음세대의 미래를 위해서 고민도 많이 하고 적절한 대책을 세워줘야 할 것이다.

사회자 _ 말씀을 종합해보면, 정확하게 섬기려고 하는 전문성 있는 사람들에 대해서는 그래도 교회가 제일 생산적인 구조이니까 이 부분에서 눈을 좀 떠야 할 것이라고 생각된다.

전용대 _ 저는 집회를 가면 늘 찬양사역자들의 앨범을 많이 사달라고 부탁한다. 찬양사역자들에게는 그것이 생활이고 선교이다. 또 하나는 철부지 같아도 격려하고 기도해달라고 요청한다. 관심을 가지고 기다려주면 언젠가 철이 든다. 신실한 후배들도 참 많다. 황 목사님과 함께 좋은 사역자들을 소개하는 프로그램을 준비하고 있다. 후배들을 생각할 때 늘 미안하고 안타까운 마음이다. 다시 찬양으로 가득한 세상이 되었으면 좋겠다.

황국명 _ 일단 수요가 있어야 공급의 의미가 있는 거니까 교회에서 무대를 많이 만들어주는 게 가장 필요할 것 같고, 자라나는 자녀들을 위해 앨범을 구입해서 찬양을 들려주시기를 부탁드린다. 지금 찬양학과를 졸업하는 학생들은 생활에 대한 아무런 대책이 없는 게 현실이다. 그 학생들이 살아갈 수 있도록 방법을 교회에서 찾아주면 감사하겠다. 예를 들면 레슨을 소개해주면 조금은 나을 것이다. 그리고 우리 선배들은 후배들을 잘 훈련시켜서 실력과 영성을 겸비한 찬양사역자들을 요청이 오는 교회에 연결해줄 수 있도록 그런 통로가 열리기를 기도하고 있다. 그래서 교회도 살고 사역도 살기를 바래본다.

전용대 _ 이 방송이 바로 시작이라고 생각한다. 극동방송의 이런 프로그램을 대하니 참 감사하고 기분 좋다. 저는 평소에 빚진 자라는 말을 많이 사용한다. 하나님께 사랑의 빚과 한국교회의 목회자와 교회들에 빚을 많이 졌다. 저를 이렇게 많이 사랑해주신 것처럼 우리 후배들을 사랑해주셔서 찬양이 가득한 세상에서 일꾼들로 쓰임받을 수 있도록 많은 관심을 가져주시길 부탁드린다.

황국명 _ 저는 양쪽 모두에게 소통과 배려를 부탁드리고 싶다. 교회와 찬양사역자 간에 서로를 이해하게 되면 상대에 대한 배려가 생기고 이 사역은 다시 힘을 얻을 것이라고 생각한다.

사회자 _ 두 분의 섬김과 헌신을 통해서 정말 찬양이 가득한 세상이 오게 되기를 소원해본다. 지금까지 찬양사역의 과거, 현재, 미래에 대해서 생각해보는 시간을 가졌다. 귀한 말씀을 해주신 두 분께 감사드린다.

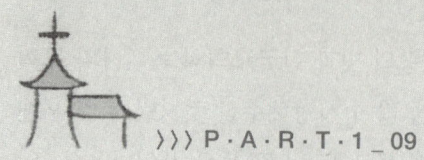

흩어진 교회, 직장사역의
중요성과 전망은?

진정한 신앙생활은 예배당 안에서만 이루어지는 것이 아니라 우리
가 숨 쉬고 호흡하는 모든 삶의 영역에서 구현되어야 정상이다. 그러므
로 신앙인들이 서 있는 일상의 삶 역시 하나님이 다스리는 신앙의 영역
안에 포함되어야 하는 것이 분명하다. 이러한 이해를 바탕으로 일터현
장이 신앙적인 삶을 구체적으로 구현해내는 교회요 예배의 현장이어
야 한다는 직장생활의 영성에 대한 중요성이 계속 강조되어야 할 필요
성을 느낀다. 다양한 직장에서 신앙과 삶의 일치를 추구하면서 하나님
나라를 일구어나가려는 신앙인들의 기도와 더불어, 구체적이고도 뜨
거운 몸짓을 확인하면서 하나님 나라를 향한 새로운 소망을 발견하게
된다. 그래서 직장사역연구소 소장이신 원용일 목사, 그리고 한국기독
소방선교회 총무이신 박영민 집사를 모시고 '직장생활 속에서 일과 영

※ 이 원고는 2016년 5월 21일과 28일에 방송된 원고이다.

성'이란 주제로 직장에서 일과 영성의 균형을 어떻게 잡아가는 것이 바람직한지, 그 방향성을 짚어보려고 한다.

사회자 _ 오랫동안 직장사역을 해오시면서 일터사역, 일터선교사, 이런 개념들을 많이 말씀하신 것으로 안다. 이 직장인사역, 직장인선교의 개념을 먼저 정리해주시면 좋을 것 같다.

원용일 _ 직장선교는 일터에서 일하는 그리스도인들이 주님께 하듯이 하고, 또 일터에서 복음을 전해서 자기 사역을 감당하도록 양육하는 일이다. 한마디로 이야기하면 모인 교회만이 아니라 흩어진 교회의 중요성을 인식하면 직장사역의 개념이 선명하게 들어온다.

사회자 _ 모인 교회가 아니라 흩어진 교회, 즉 요즘 선교적인 교회(Missional Church) 이야기도 많이 하는데, 그런 개념과 연결이 되는 것인가?

원용일 _ 그렇다. 서로 연결되고 통하는 개념이다.

사회자 _ 박 총무께서는 사실상 직장현장에서 예배하고 일하면서 모든 일을 주께 하듯 한다는 것, 이것이 참 쉽지 않을 텐데, 실제로 감당하시는 게 어떠한가?

박영민 _ 맞다. 직장생활을 하다 보면 우선 자기 업무가 있기 때문에 모여서 예배드리기가 쉽진 않지만 우리 같은 경우 아예 화요일 점심

시간이라고 정해 놓고 예배를 드리고 있다. 시간을 따로 구별하지 않고서는 예배드리기가 쉽지 않다.

사회자 _ 실제적으로 예배하면서 일할 때 얼마나 힘을 얻는가?

박영민 _ 우리는 신우회라고 하지 않고 선교회라고 말한다. 그렇게 한 것은 전도를 염두에 두었기 때문이다. 그래서 기존의 믿는 분들이 와서 정해진 시간에 구별된 예배를 드리고, 그리고 밖으로 나아가서는 기회가 왔을 때 개인 전도를 하고 있다.

사회자 _ 선교회라고 이름을 달기가 쉽지 않았을 텐데, 현재 한국교회 내에서 직장사역이 어떻게 진행되고 있는지 전체적인 현황을 짚어줄 수 있겠는가?

원용일 _ 직장에서 예배가 시작된 것은 1955년경 벽산그룹에서부터 시작된 것으로 알고 있다. 고(故) 김인득 장로님께서 영화사업을 벌이면서 주일에 일해야 되는 그리스도인, 비그리스도인 직원들이 어떻게 예배를 드리게 할까 고민하다가 그때부터 직장예배가 시작되어 지금까지 이어져오고 있다. 지금 예배를 섬기고 있는 동양물산이라는 회사가 벽산그룹의 계열회사인데, 요즘도 계속해서 예배를 드리고 있다. 1981년경부터는 직장신우회의 연합체인 직장선교연합회가 발족되어 지금까지 30여 년 활동해오고 있다. 다른 어떤 나라보다 독특하게 직장 내에서 그리스도인들이 모임을 갖는, 세계에서도 보기 드문 일터사역 활동이 진행되어 오고 있다. 또 직장사역에 관한 책이 발간되거나 구체적인 활동이 이루어진 것은 1990년대 말 2000년쯤이었고, 최근에는 여러 가지 책이나 자료들이 번역되기도 하고, 발행되기도 한다. 그리고 일터사역을 하는 분들이 서로 연합하는 모임도 활발하게 일어나고 있다.

사회자 _ 역사가 짧지 않다. 선교 130년 역사 속에서 직장인들이 "내가 서 있는 이곳이 예배와 선교의 현장이다"라는 자각을 통해 움직인 것이 한국교회 부흥에도 굉장히 큰 역할을 했을 텐데, 실제적으로 공직자들이 직장 내에서 예배를 드리고 선교회를 조직하는 것이 쉽지 않을 텐데, 어떻게 계속해서 유지되고 있는가?

박영민 _ 한마디로 말씀드리자면 지난 시간들을 생각해볼 때 하나님의 은혜가 엄청 컸던 것 같다. 저 같은 경우에는 하나님이 주신 구원의 기쁨이 크기 때문에 직장 안에서 그 감격을 같이 나누면서 동료들이 삼삼오오 함께 모여 예배를 드리게 되었다. 그러다 그 모임이 점점 커지다 보니 심지어 2005년과 2006년에는 남산직장선교연합회라고 10개 기관이 모여서 예배를 드리게 되었다. 수요일 점심시간에 120~130명까지 모인 적도 있었다. 그 당시에는 김동호 목사님이 직접 말씀도 전해주셨다. 그런 은혜를 받고 경험을 하다 보니 '이것이 사명이다. 우리는 대부분의 시간을 직장에서 보내지 않는가? 주일날만 신앙생활을 한다면 반쪽짜리 신앙인이 아닌가?' 하는 생각이 들었다. 선교사들처럼 멀리 선교하러 가진 못하지만 내 주변에 있는 동료들이 바로 땅 끝이고 전도해야 할 대상이라고 생각할 때, 직장이 직장으로만 끝나는 것이 아니라 사역지, 영적인 전쟁이 벌어지고 있는 사역지라고 생각하면 직장선교회의 예배를 통해서 늘 큰 힘을 얻는 것 같다.

사회자 _ 직장에서 영성을 균형 있게 유지한다는 게 쉽지 않은 일일 터인데 원 목사께서는 계속해서 직장사역 현장에도 계셨고, 또 교재도 발간하고 연구도 해오셨는데 직장 안에서 계속 영성을 유지할 수 있도록 어떻게 하면 좋겠는가?

원용일 _ 일터영성이란 일은 따로 있고 개인적인 그리스도인의 영성이 따로 있다고 생각하는 게 아니라 일 그 자체를 하나님이 내게 주신 일이고, 그 일을 주님께 하듯 하는 자세가 바로 일터영성이 아닐까 생각해본다. 성 프란체스코가 했던 이야기가 일터영성의 중요한 단서가 되지 않을까 생각한다. "복음을 전하세요. 필요하면 말을 전하세요." 일터에서 먼저 입을 통하여 전도하라는 말이 아니고 그보다 우선하는 게 삶이라는 것이다. 삶을 통해서 주변 사람들에게 내가 하나님의 사람이라는 것을 보여주면 그 자체가 바로 전도이고, 일터에서 우리가 보여줄 수 있는 바람직한 직장영성이라 할 수 있겠다.

사회자 _ 일할 때마다 그리스도인의 정체성을 가지고 일하다 보면 직장 안에서 감격적인 일도 있었을 것이고, 때로는 불이익을 당하는 게 아닌가 하는 조바심이 느껴질 때도 있었을 텐데 어떤가?

박영민 _ 사실 직장생활을 하다 보면 손해를 봐야 하고 항상 양보를 해야 한다는 것을 알고 있다. 그런데 사회생활이다 보니 결정적인 순간에는 항상 쉽지가 않다. 그래서 계속 기도하고 노력해야 할 부분이 많은 것 같다.

사회자 _ 직장인 예배를 가서 한 번씩 섬겨보면 참석한 크리스천 직장인들 가운데 힘들어하시는 분들이 많은 것 같은데, 그럼에도 불구하고 우리가 기도하면서 전진해야 한다는 말씀을 주셨다. 직장인사역, 직장인들의 일과 영성의 균형에 대해서 성경적인 근거가 확실해야 여기에 발을 딛고 그다음 단계를 바라볼 수 있지 않겠는가? 성경적인 모델을 한번 찾아볼 수 있을까?

원용일 _ 다니엘이라고 생각한다. 다니엘이 바벨론 메데 바사 제국에서 하나님을 믿는 사람의 정체성을 분명하게 보여주었다. 인간관계도 바람직하고 무엇보다도 직장인으로서 전문인의 탁월한 능력을 보여주고, 또 윤리적 결단이 요구될 때에는 용기를 내는 모습, 하나님과의 관계에서 기도하고 간구하는 친밀함, 목숨을 걸고 영성을 유지하는 모습이 다리오 왕이나 다른 주변 사람들에게 영적인 감화를 끼치고, 결국 삶으로 전도할 수 있게 되었다. 물론 쉽지 않다. 하나님이 그 시대에 다니엘이 필요했던 것처럼 오늘 우리 시대에도 역시 이런 하나님의 사람이 필요하다는 의식을 가지고 일과 영성의 균형을 유지하기 위해서 노력하면 좋겠다.

사회자 _ 특히 박 총무께서는 전문성과 인간관계, 그리고 그리스도인의 정체성에 대해 늘 고민하면서 기도하실 텐데, 선교회 구성원들과 함께 모여서 기도하실 때에 어떤 기도제목이 많이 나오는가?

박영민 _ 먼저 국가와 민족을 위해서 기도하고, 직장의 수장인 지도자를 비롯해서 전 직원의 영혼 구원을 위해서 기도한다. 물론 각자의 기도제목들이 있지만, 한편으로는 아무래도 각각 맡은 업무가 있기 때문에 자기 분야에서도 정말 열심히 해낼 수 있기 위해서 기도하고 있다.

사회자 _ "지금 당신이 서 있는 그곳에서 기독교적인 마인드를 가지고 지도력을 최대한 발휘하라." 이게 사실 기독교 리더십 아니겠는가? 직장 안에서 어떻게 움직이느냐 하는 것이 이 주제와도 맞닿아 있는데, 직장인 예배나 사역이 실제적으로 그런 부분을 지원하고 힘을 주고 에너지를 공급하는 원천이 되고 있는가?

원용일 _ 교회에서 성도들이 일터선교사로 훈련받고 파송받아서 사역을 감당할 수 있어야 하는데, 실상은 그러지 못하는 안타까움이 있다. 하나님이 원하시는 지도력이 일터에서 드러날 수 있도록 교회가 관심을 갖고 성도들을 하나님의 사역자로, 일터의 전도자로 세우기 위한 노력을 기울일 수 있었으면 좋겠다는 아쉬움과 안타까움을 많이 느끼고 있다.

사회자 _ 먼저는 교회가 이원론적인 접근을 하고 있다는 이야기다. 그러나 실제적으로 바깥에서 생활하는 시간이 더 많은 직장인들은 일터에서의 삶이 80~90%라고 해도 과언이 아닌데, 그 속에서 힘을 공급하고 더욱 영적으로 살아가게 하기 위해서 교회가 해야 할 것이 있다면 뭘까?

원용일 _ 일 그자체가 하나님께 드리는 예배라는 것이다. 교회에서 드리는 예배만이 예배가 아니고 일도 예배라는 점을 명심하면 좋겠다. 창세기 2장 15절에 경작하며 지키게 했다고 할 때, 여기서 경작하다는 뜻의 '아바드'라는 히브리어 단어는 일하는 것과 하나님을 섬기는 것을 둘 다 포함하는 단어다. 영어 단어 service에는 worship service라는 뜻이 담겨 있는 동시에, 일하고 봉사한다는 의미가 함

> **일 그자체가 하나님께 드리는 예배라는 것이다.**

께 담겨 있다. 바로 그와 같은 인식을 바탕으로 일터에서 예배자로 사는 것, 일터에서 일하는 것도 예배라고 하는 것, 이것을 교회가 강조하고 격려하고 세워줘야 성도들이 일터에서 바람직하게 설 수 있지 않을까 생각한다.

사회자 _ 한 주간 동안 여러 가지 업무 속에 사로잡혀 있다가 드리는 예배가 과연 영적으로 새로운 힘을 공급하는 에너지원이 되는가?

박영민 _ 그렇다. 저 같은 경우도 실제로 매주 예배를 드리는데, 사실은 한 주간 동안 살아내기 위해서 예배를 드린다. 여러 가지 스트레스나 무거운 문제들을 가지고 있을 때 예배를 통해서 많은 회복을 받는다. 매주 화요일에 예배를 드리기는 하지만 우리 회원들끼리도 수시로 어려운 점이 있고 기도제목이 있으면 서로 만나서 기도제목을 나누고 같이 기도한다. 그 안에서 기도응답이 이루어질 때 은혜를 같이 나누고 누린다. 화요일에 예배를 드리지만 주중에도 계속 영적 네트워크로 연

결되는 것 같다.

사회자 _ 요즘은 SNS나 인터넷 연결망이 있어서 훨씬 더 기도제목을 용이하게 나누고, 또 응답받는 것도 빠르게 소통하는 것 같은데, 그런 것들 중에 소개하고 싶은 인상적인 경험이 있는가?

박영민 _ 얼마 전에 점심식사를 하고 사무실에 들어왔는데 마침 사무실에 어떤 직원하고 나밖에 없었다. 그런데 이 직원이 저보고 언제 신앙생활을 하게 되었느냐고 물어봤다. 그때 순간적으로 이분에게 복음을 전하게 해달라고 기도했다. 그러고는 설명을 해주었다. "기독교는 종교가 아니다. 종교이기 이전에 죽고 사는 문제이다. 우리가 우리 죗값으로 죽어야 마땅한데, 2000년 전에 예수님께서 우리 죄를 위해 십자가 위에 달려 죽으시고, 지금까지 지었던 죄와 앞으로의 모든 죄를 예수님이 다 가져가셨다. 하나님의 자녀가 되는 권세는 엄청난 것이다. 우리가 직장생활을 하면서 서로 만났는데, 오늘 이 시간에 하나님이 선생님에게 영생을 깨닫게 하시기 원하는 것 같다. 영생을 주시는 예수님을 믿겠느냐?"고 했더니, 그러겠다고 해서 함께 바로 기도했다. "하나님, 저는 죄인입니다. 어디서 와서 어디로 가는지 알지 못하고 지금까지 하나님을 떠나서 살아왔는데, 오늘 이 시간에 예수님이 저의 구원자가 되어주시고, 저를 영원한 천국으로 인도하실 인도자 되시길 기도합니다. 이 시간에 저는 하나님의 자녀가 되었으니 너무나 감사합니다. 앞으로 영원토록 제 인생을 인도해주세요"라고 즉시 결심기도를 했다. 그런데 이분이 눈물을 글썽거리고 얼굴이 빨개지셨다. 그래서 "혹시 무슨 문제가 있느냐? 그 문제를 두고 같이 기도하면 안 되겠느냐?"라고 했더니, "이명이 너무 심해서 밤에 잠을 제대로 못 자고 대학병원을 가서 검사를 해도 아무 이상이 없다고 하는데 무슨 굿이라도 하려고 하고 있었다"고 이야기하더라. 그래서 "잘되었다. 이 시간에 같이 기도하자"고 했다. 그리고 다음 주부터 교회에 나가보라고 권면하면서 "하나님께서 모든 것을 다 응답해주시기 때문에 하나님을 믿는 자들에게는 생명이 있다고 했으니 예수님의 이름으로 꼭 기도를 하라"고 말했다. 그래서 주말에도 계속 기도하고 중보기도자들에게도 기도를 부탁했다. 월요일에 출근하여 이분의 이명이 어떻게 되었는지 궁금해서 물어보았다. "이명은 좀 어떠신가요?"라고 했더니 아예 없어져버렸다는 것이다. 그래서 지난주에는 가까운 교회에 등록했고, 이번 주에는 아예 가족들을 다 데리고 나가야겠다고 하시더라. 그래서 "제대로 하나님을 만난 거라고, 저도 그럴 때가 있었는데 하나님이 놀라운 계획을 가지고 계시는 것 같다"고 말해주었다. 이런 것들을 보면서 저를 통해서 하나님께서 복음을 전하게 해주시니까 감사했고 은혜를 받고 있다.

원용일 _ 직장사역의 산 증인이시다. 성경 속의 다니엘 이야기와 다를 바 없는 정말 귀한 사역이시다.

사회자 _ 이런 점에서 보면 직장인의 사역을 위한 한국교회의 전략적인 움직임이 필요하지 않은가?

원용일 _ 지금 말씀하신대로 이런 이야기를 비롯하여, 성경 속에 나오는 이야기와 여러 가지 수집한 이야기들을 통해서 '어떻게 하면 복음을 올바로 소개할 수 있을까?' 라는 고민을 한다. 그리스도인 직장인들이 말씀의 원리는 잘 알고 있지만 그것을 일터현장에서 적용하기가 쉽지 않다. 그래서 각자 자기 이야기를 함께 나누고 일터현장 속에 적용할 수 있는 방법을 어떻게 찾을 수 있을까 고민하면서, 2009년 10월에 요셉비전학교를 시작으로 그리스도인책임학교까지 12가지 학교 프로그램 강사 워크숍을 진행해왔다. 그래서 나에게 있는 이야기들과 골로새서 3장을 동료들과 함께 나누며 피차 가르쳐주는 은혜, 이로 말미암아 힘을 얻자는 의도로 만들어진 프로그램을 직장사역연구소가 진행하고 있다.

사회자 _ 실제로 이렇게 전략적으로 지원하는 기관과 현실적으로 다니엘처럼 살려고 몸부림치시는 분들이 서로 잘 연결되면 좋겠다는 생각이 든다. 직장사역연구소가 운영하는 요셉비전학교를 수료하신 분들이 각 직장에 들어가서 실제도 그렇게 삶을 살고 강의도 하는 것인가?

원용일 _ 그렇다. 신우회에서 함께 말씀을 나누기도 히고 교회에서 청년들이나 중고등학생들에게 설교와 강의 형식으로 전하기도 한다.

사회자 _ 교회에 들어와 있는 모든 분은 사업을 하든지 직장을 다니는 분들 아닌가? 칙접 사역을 해야 할 사명자들이다. 이런 측면에서 한국교회와 기관들의 직장사역에 대한 방향성에 대해서 성찰이 필요하다면 어떤 것을 짚어주시겠는가?

원용일 _ 교회와 목회자들이 일터사역에 대한 관심을 가지고 흩어지는 교회사역이 중요한 축 가운데 하나라는 인식이 필요하다. 물론 흩어지는 교회사역이 직장사역만은 아니다. 가정사역도 있고, 문화사역도 있고, 사회사역도 있고, 이렇게 여러 사역들이 있는데, 이 일터사역을 중요하게 여기고 이 부분에 좀 더 관심을 가질 수만 있으면 좋겠다는 생각이다. 어떻게 보면 목회자의 인식 변화가 교회의 인식 변화라고 볼 수 있다. 가정사역이 꼭 필요해서 한국교회를 세웠던 것처럼 직장사역도 분명하게 인식해서 성도들이 세상에 나가서 하나님의 사역을 감당할 수 있도록 힘을 주는 것, 그런 노력이 반드시 시작되어야 한다는 생각이다.

사회자 _ 원 목사께서 비밀 그리스도인이 되면 안 된다고 말씀하신 적이 있다. 실제로 직장에서 선교적인 삶을 살면서 이게 자기 자신에게 하는 말씀도 될 것이고, 함께 신우회나 선교회를 하시는 분들에게 부탁의 말씀이 있을 것 같다.

박영민 _ 마태복음 12장 32~33절에 보면 "누구든지 사람 앞에서 나를 시인하면 나도 하늘에 계신 내 아버지 앞에서 그를 시인할 것이요, 누구든지 사람 앞에서 나를 부인하면 나도 하늘에 계신 내 아버지 앞에서 그를 부인하리라"는 말씀이 직장선교에 대한 성경적인 모델이 아닌가 하고 생각한다. 직장에서 12~13년을 예배드리고 선교활동을 하면서 말로 다 할 수 없는 큰 복을 많이 받았다. 한 번 경험하고 나면 이 맛이라고나 할까? 직장에서 하나님을 나타내고 하나님을 전하는 일이 얼마나 하나님을 기쁘게 하시는지. 마태복음 6장 33절에서 "그런즉 너희는 먼저 그의 나라와 그의 의를 구하라. 그리하면 이 모든 것을 너희에게 더하시리라"고 하는데, 이 순서가 바뀌면 안 된다고 생각한다. 먼저 그의 나라와 의를 구하면, 무엇을 입을까 먹을까 마실까 하는 우리에게 필요한 세상의 복을, 하나님께서 자연적으로 주시는 복을 지금까지 마음껏 누리고 살아가고 있다.

사회자 _ 신앙과 삶의 일치는 성숙한 그리스도인이라면 반드시 추구해야 할 대명제이다. 이런 맥락에서 예배당만 교회가 아니라 직장도 교회라는 논의가 그 깊이를 더해가고 있다. 그래서 최근 한국교회 안에서는 일터사역 컨퍼런스나 직장인 예배가 활발히 열려서 직장 자체가 예배의 현장이 되어야 된다는 인식이 새로워지고 있다. 신앙인들이 서 있는 일상의 삶 역시 하나님이 다스리시는 신앙의 영역이라는 것, 분명한 신학적 근거를 가지고 있는데 이제부터는 직장사역과 관련한 실제적인 이야기를 좀 나누어보면 좋겠다. 특별히 직장인 예배가 가능하려면, 그리스도인 기업주나 그리스도인 직장인이 직장예배나 사역을 시작하려고 할 때 유념해야 될 부분이 있을 것 같다.

원용일 _ 직장에서 예배드리는 것은 아무나 할 수 없는 귀한 일이다. 그리고 한 걸음 나아가 기업이 가지고 있는 사명, 기획하고 생산하고 유통하고 A/S하고 재투자하고, 또 사회에 환원하고 계승하는 등 모든 요소에 기독교적인 마인드가 반영되어야 한다. 그런 면에서 예배를 드린다는 것은 '우리의 모든 일을 하나님께 올려드린다'는 일종의 각오와 고백을 드리는 것이다. 그렇게 하지 않고 그냥 예배만 드리고, 다른 기업과 똑같이 기업활동을 한다면 그 예배는 위선적인 종교행위에 지나지 않는다. 그래서 예배를 드릴 때는 그 모든 요소를 향한 결심이라고 이해할 수 있겠다.

사회자 _ 그리스도인 기업주 입장에서는 여러 가지로 고려해야 할 중요한 출발점이겠다. 그렇다면 공직에 있는 분들이 별도로 예배시간을 정해서 드리는 것에서는 여러 가지 유념해야 할 것이 있고, 또 조심해야 될 것이 있을 것 같은데, 어떤 부분에 주안점을 두고 유념하고 계시는가?

박영민 _ 직장이든 가정이든 간에 우리가 어디서든지 예배자로서 선다는 것 자체가 감사한 일이고 하나님께 영광 돌리는 일인데, 우리가 예배자로 바로 서겠다는 결단과 믿음이 있어야 한다. 업무시간에 예배를 드리는 것이 아니기 때문에 시간을 따로 내야 한다는 어려움이 있다. 그러나 내가 여기에 예배자로 서겠다는 결단을 하면 어떤 힘든 부분이라도 이겨낼 수 있지 않나 생각한다.

사회자 _ "하나님께 자신을 먼저 드리면 하나님께서 자신을 드릴 수 있도록 주변 환경을 정리해주신다"는 말이 기억난다. 실제로 이런 일을 경험하신 적이 있는가?

박영민 _ 상당히 많다. 조심스러운 부분도 있지만 직장에서 하나님께 예배를 잘 드리는 분들은 승승장구하는 경우도 많았다. 반면에 예배를 드리러 나오면서도 사람의 눈치를 많이 보는 분들도 있는데 나중에는 이도저도 아닌 경우가 되었다. 함께 예배를 드리는 분들을 통하여 하나님이 함께하시는 자와 그렇지 않은 자의 경우를 많이 보았기 때문에, 직장에서 우선적으로 하나님께 예배드리는 자리가 참 복된 자리라고 생각한다.

사회자 _ 하나님을 의식하면서 예배자로 살겠다고 결단하고 예배의 자리를 우선순위에 두었을 때 다른 일들도 게을리할 수 없다는 이야기로 들린다. 이런 직장인들의 간증이 있다면 좀 들려주면 좋겠다.

원용일 _ 뭐 특별한 간증보다도 지금 말씀하신 부분, 일터에서 예배자로 서고 바람직한 직장인으로 사는 삶이 조화를 이루는 게 바로 일터사역이고 직장사역을 바르게 행하는 모습이라고 생각된다.

사회자 _ 직장인 한 명 한 명이 하나님의 소명을 받은 자로 산다면 한국교회 전체가 변화될 것 같다는 생각이 든다. 이 부분에 대해서 조언을 주신다면?

원용일 _ 지금까지 우리가 이야기를 나눈 대로 흩어지는 교회의 구성원 중 한 사람으로서 일터에서 사역자의 역할을 감당하는 것이 우리의 소명이다. 일터에서 예배를 드리는 것만 아니라 자기의 업무와 일상을 통해서 소명을 발견한 사람들이 모여서 공동체를 이루면 그게 바로 직장사역이다. 한때는 일터교회라는 표현도 있고 일터에서 교회를 만드는 자체에 의미를 두는 분들도 있었는데 일터교회는 바람직한 직장사역이라고 생각하지 않는다. 일터사역은 일터에서 일하는 그 자체를 하나님이 내게 주신 소명으로 자신의 사역이라는 사실을 깨닫고 계속해서 전진해 나아가는 노력이라고 생각한다.

사회자 _ 이 부분에 대해서 상당히 많이들 깨어 있는데, 결국 중요한 문제는 지속성의 문제가 아닌가 싶다.

박영민 _ 우리 직장은 전에 '소방방재청'이었을 때, 2009년 2월 3일에 창립예배를 드린 이후로 지금까지 한 주도 빠지지 않고 계속해서 예배를 드리고 있다.

사회자 _ 출장 같은 것을 가면 못 오고 그러니까. 그런 점에서 SNS가 굉장히 좋은 역할을 할 것 같은데, 메시지를 요약해서 전한다든지 기도제목을 나눈다든지, 어떤 재밌는 에피소드가 있는가?

박영민 _ 상황이 아무리 변해도 예배의 불을 꺼뜨리지 않으려고 한다. 한 명이라도 예배의 자리를 지키면서 하나님께서 하나님의 때에 사람들을 연결해주시고 부흥해주시겠다는 믿음으로 예배를 드리고 있다.

원용일 _ 처음부터 다 갖추어 놓고 예배를 시작할 수는 없고, 선교회나 신우회의 바람직한 사역방향으로 한두 사람이라도 모일 수 있으면 함께 모여서 중보기도 모임을 먼저 시작하면 좋겠다고 제안한다. 직장선교회와 직장신우회의 세 가지 정체성을 이야기하는데, 예배 자체에 의미가 있다기보다는 중보기도와 사회봉사와 관계전도를 신우회의 정체성으로 삼아서 예배드리는 공동체로 세워갈 수 있으면 좋겠다고 직장사역연구소에서 제안하고 있다.

사회자 _ 직장인임과 동시에 어쨌든 그리스도인이란 말이다. 그러나 세상이 요구하는 전문성과 사역자로서 필요한 영성, 이 두 날개로 무장하는 것은 참 쉽지 않다. 직장인들에게 어떤 주문과 요구를 하시겠는가?

원용일 _ 직장선교사의 두 날개가 전문성과 영성이라고 생각한다. 두 날개 중에 한 날개가 문제가 되면 날지 못하는 것처럼 두 가지를 다 가지고 있어야 한다. 그리스도인 직장인들이 스스로 자기 자신을 직장선교사로 인식한다면 교회에서 배울 수 있는 영성뿐만 아니고 일터에서 전문성을 확보하기 위해 노력해야한다. 다니엘이 그랬던 것처럼 자신의 전문성을 바탕으로 그 능력을 다리오 왕이 인정해서 오히려 다른 두 총리를 대신 사자 굴에 넣을 수 있을 만큼 탁월한 능력을 가지고 있어야 한다는 것이다. 자기계발을 하는 사람들이 일만 시간의 법칙, 십년의 법칙을 말하는데, 이처럼 집중하고 몰입해서 자기 일에 전문성을 가지는 것이 정말 중요하고 필요하다. 해외선교사로 나가더라도 직업선교로 나갈 때는 자기 전문성이 중요하다. 전문성 없이 영성으로만 선교하려고 한다면 직업선교를 제대로 감당할 수 없다. 그래서 직장 속에서 그리스도인으로 살아갈 때 전문성 확보를 위해서 애쓰고 노력하는 자세가 정말 중요하다고 생각한다.

사회자 _ 직장인 예배나 직장인 선교사역이 잘 이루어지는 현장이 혹시 있다면 어디인지 좀 소개를 부탁드리고 싶다.

원용일 _ 일반 직장보다는 국가기관 같은 곳, 공기업 같은 곳에서 선교회, 신우회 활동이 활발하게 일어나는 것 같다. 경기도 이천에 있는 한 반도체회사는 회사가 아주 크다. 직원 수가 만 명, 만 오천 명인데, 서로 멀리 떨어져서 일하다 보니 한꺼번에 모이기가 쉽지 않아서 건물(site)별로 모이기 좋은 장소에서 평소에는 주중에 한 번씩 기도모임을 가지고, 매월 한 번 정도는 전체가 다 모여서 예배를 드리는 일을 계속하고 있다. 회사를 위해 기도하고 서로를 세워주고 하는 모습은 참 바람직하다. 또 한 건설회사 같은 경우에는 아침 일찍

> **전문성 확보를 위해서 애쓰고 노력하는 자세가 정말 중요하다.**

부터 나와서 예배를 드리고, 성경공부를 하는 자발적인 모습이 있는데 아주 의미 있어 보였다. 이처럼 열심 있고 헌신적인 분들이 일터에서 예배드리는 모습, 신우회 활동과 선교회 활동을 하는 모습을 통해서 우리 직장사역이 나름대로 잘 이루어지고 있지 않나 하고 생각하게 된다.

사회자 _ 상황마다 다 다르기 때문에 지혜가 필요하겠다.

원용일 _ 또 기억나는 한 회사는 파주에 있는 대기업이다. 직원들이 교대근무를 하는 시간에 맞추어 주일에 세 번 예배를 드린다. 예배는 아침 일찍도 있고 오후에도 있고 밤늦게도 있다. 이처럼 직장인들의 상황을 잘 고려해서 한 사람이라도 더 예배에 참석하게 하려는 귀한 노력이라는 생각이 들었다.

사회자 _ 하여튼 시작했으면 지속성 있게 하는 것이 중요하다는 생각이 든다. 사실 직장에는 위계질서가 있지 않는가? 최고 상사로서 그

리스도인의 영향력이 참 중요하다고 생각한다. 이분들이 어떤 의식을 가지고 어떤 역할을 감당해야 할지 말씀을 해주신다면?

원용일 _ 신우회도 가보고 그리스도인 기업도 가보고 하면서 지도자가 그리스도인이고 열심히 하는 분이면 많이 모이는 것 같다. 이것이 지도력일 수도 있겠는데, 특히 그리스도인 지도자들이 바람직한 리더십을 보여주어야 한다고 생각한다. 성경에서 바울이 자주 이야기하는 대로 자기 위에 하나님이 계신다는 것을 알고 윗사람으로서 아랫사람들을 잘 대해주고 주님을 대하듯이 하라는 말씀을 기억해야 한다. 이처럼 그리스도인 지도자들이 진정한 영성, 바람직하게 일하고 사람들을 잘 대해주고 윤리적으로 경영해가는 모습을 보여줄 수 있어야겠다고 생각한다.

사회자 _ 자기 위에 하나님이 계신다는 말이 참 의미 있게 들리는데, 그런데 교회에 가서 크리스천 직장인들이 직장에서 어떤 세계관을 가지고 직장생활을 헤아 할 것인가에 대해 전략적으로 정돈된 말을 듣지 못하기 때문에 직장인 예배에 와서 답답한 마음을 해소하는 분들이 있는 것 같기도 한데, 어떤가?

박영민 _ 우리 같은 경우 몇 분은 신앙생활을 여기에서 시작했다고 볼 수 있는 분들도 있다. 그래서 주일에 교회를 나가지 않기 때문에 어떻게 해서든 화요일 예배시간에 꼭 참석한다. 그런 분들을 보면서 감사하고 보람을 느낀다고 그럴까. 그래서 이분들을 점차 주일에 교회로 나갈 수 있도록 인도하는데 지난주에는 교회에 한 분이 나오시기도 했다.

그런 면에서 관계전도가 참 중요한 것 같다. 직장에서 동료들에게 복음을 전해서 그분들이 교회에 잘 정착할 수 있는 고리를 만드는 것이 필요하다.

사회자 _ 직장인사역을 염두에 둔다면 교회에서 목회자들의 설교에도 변화가 있어야 하지 않을까?

원용일 _ 그렇다. 직장설교라는 이야기를 많이 하는데, 직장설교는 직장에서만 설교한다는 게 아니라 직장인 청중을 염두에 두고 특별히 준비한 설교를 일컫는다. 이 부분은 목회자가 조금만 노력하면 가능하다. 성경 본문 자체가 직장인들을 대상으로 하는 본문들이 있다. 다니엘서 같은 경우에는 앞의 여섯 장이 정말 직장상황이다. 다니엘이 페르시아 제일교회 남전도회에서만 활동한 게 아니고 페르시아 정부종합청사, 바벨론 정부종합청사라는 일터에서 벌어진 일을 기록하고 있는데 그 정황을 그대로 읽으면 당연히 직장설교가 되는 거다. 또 바울이 골로새서, 에베소서 같은 데서 종들에게, 또 상전들에게 하는 이야기 같은 경우에도 당연히 직장설교이다. 한번은 강해설교하는 분들의 설교를 쭉 듣게 되었는데, 그분들이 직장설교 부분을 어떻게 전하실까 하고 기대했는데 다른 부분과 묶어서 대충 넘어가시더라. 기대한 부분을 빠뜨리고 말이다. 그건 정말 바람직하지 않다. 언제나 직장설교를 해야 하는 것은 아니지만 성도들 가운데 회중석에 앉아 있는 직업인들을 염두에 두고 설교할 수 있어야 되겠다고 생각한다. 또 말씀을 강해하고 적용할 때에만 직업인 청중을 염두에 둔다고 하더라도 훌륭한 직장인 설교가 될 수 있다고 생각한다. 목회자가 조금만 노력하면 직업인 성도들을 충분히 세워줄 수 있다.

사회자 _ 직장 안에서 예배를 드리고 싶지만 장소문제 때문에 상당히 힘들어하는 분들도 많아 보인다. 그런 점에서 지역교회와 직장예배가 연결되는 것도 필요하지 않을까? 교회가 직장인들을 함께 섬기는 모습이 있으면 좋겠다. 그런 점에서 통계나 현황들이 있다면?

원용일 _ 서울에서 조사하고 탐방을 했었는데, 직장인 예배를 하는 곳이 열아홉 교회, 스무 교회 정도 되어서 몇 군데 가서 참석도 했었다. 이런 교회들이 점점 더 많아지면 좋겠다. 규모가 크지 않더라도 인근에서 직장생활을 하는 분들이 잠시 와서 예배를 드린다면 신우회 모임의 시발점이 될 수 있다. 교회가 해외선교사를 연계해서 헌금하고 기도하고 후원하듯이 일터의 성도들하고도 연계해서 일터선교사로 파송하는 거다. 몇몇 교회가 일터에서 선교하는 분들을 보내는 것을 보았는데, 재정지원이 필요하면 신우회의 재정지원도 받고 서로 기도해주면서 연결고리를 가신다. 그러면 해외선교에 관심을 가지는 것처럼 얼마든지 직장선교를 세워줄 수 있다. 오늘 이곳에서 훈련받고 일터사역자로 서는 분들이 해외지점의 발령을 받는다면 그것이 바로 해외 직업선교로 이어지는 것 아니겠는가! 그런 관점에서 지역교회가 적극적으로 직장사역에 관심을 가지고 직장인 성도들을 세워주면 좋겠다는 생각을 하게 된다.

사회자 _ 마지막으로 직장 안에서 영성과 일의 균형을 위하여 어떻게 해야 할지 부탁의 말씀을 짤막하게 해주시면 감사하겠다.

원용일 _ 목사님들에게 꼭 말씀을 드리고 싶다. 어려운 경제 현실과 절망이 깊은 청년들에게 말씀으로 세워주고 후원하기도 하면서 힘을 보태주고 계신데, 세상 속에서 영적 순례의 길을 걸어가는 우리 성도들을 잘 인도해주시면서 흩어지는 교회의 주연배우들인 직장인들을 세워주는 역할을 잘 감당해주시면 좋겠다. 직장에서 사역을 잘 감당하도록 말씀으로 인도하고 지원 기도도 열심히 해주시기 바란다. 또 일터도 심방해서 고민을 들어보면 교회에서 보던 것과는 상당히 다는 것을 알 수 있을 것이다. 그렇게 서로 공감하면서 성도들을 세워주면 일터사역이 바람직하게 이루어지겠다고 생각한다.

박영민 _ 어느 기도원에 이런 글이 적혀 있더라. "낙 없다 낙심 말고 전도하여 기쁨 찾자." 돈이 많다고 부자가 아니라 간증이 많은 사람이 부자이다. 하나님께서는 직장에서 하나님을 나타내고 예수 그리스도를 증거하는 일을 기뻐하신다. 거기에 하나님께서 엄청난 은혜를 주시는 경험을 많이 했다. 직장에서 예배드리는 것에 대한 감동이 있는 분들은 지금 기도하고 결단하여 시작하기 바란다. 동역자는 하나님께서 붙여주신다. 한 곳에서 계속 기도하고 있으면 그곳에 하나님께서 교회를 세우시는 역사를 경험하게 된다. 직장에서 일만 하는 무미건조한 생활이 아니라 전도하면서 하나님과 동행하고 하나님이 기뻐하시는 삶을 살 수 있는 모두가 되었으면 좋겠다.

사회자 _ 직장생활 속에서 일의 전문성도 가지고, 또 깊이 있는 영성을 가지고 전도의 낙을 누리는 기쁨이 있으면 좋겠다고 말씀해주셨다. 두 분께 감사를 드린다.

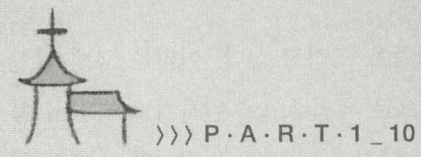

IS는 누구이고, 그들이 믿는
이슬람교는 무엇인가?

    이슬람 무장단체 IS의 반인륜적인 잔혹한 포로처형과 테러행위로 전 세계가 경악을 금하지 못하고 있는 상황이다. 전체 이슬람 내에서 IS가 어떤 위치를 가지고 있는지, 그리고 과연 이슬람에 대하여 어떻게 이해해야 할 것인지, 지금 국내에서는 이슬람이 어떤 방식으로 활동하고 있는지를 파악하는 것이 대단히 중요한 주제가 되고 있다. 그래서 이번에는 FIM선교회 대표이신 유해석 목사와 아시아연합신학대학교 선교대학원 아랍선교학 소윤정 교수를 모시고 'IS는 누구이고 그들이 믿는 이슬람교는 무엇인가?' 를 주제로 논의하는 시간을 가져보려고 한다.

    사회자 _ 유 목사께서는 현지에서 오랫동안 이슬람사역을 하셨는

※ 이 원고는 2015년 2월 14일과 21일에 방송된 원고이다.

데 먼저 이슬람사역을 하게 된 동기부터 말씀해주시면 좋겠다.

유해석 _ 1990년에 선교훈련을 받으러 영국으로 갔다. 어느 날 런던의 서점에 들러 우연히 책 한 권을 읽게 되었다. 미래학자들이 쓴 책이었는데 그 책 16장에 이렇게 쓰여 있었다. 전 세계는 녹색혁명이 일어날 것이고 또 전 세계는 남과 북으로 나뉠 것이라는 이야기였다. 녹색혁명에서 녹색은 이슬람의 색깔이고 이슬람에 의해서 앞으로 세계는 남과 북으로 나누어지게 될 것이라는 내용이었다. 그것을 보고 충격을 받았다. 이슬람이라는 종교가 정말 이런 종교인가 연구하다가 깜짝 놀랐다. 제가 속한 선교단체를 갔더니 어느 나라에 가겠느냐고 묻더라. 그래서 세 가지 조건을 이야기하였다. 첫째, 이슬람권으로 가겠다. 둘째, 선교사가 없는 곳에 가겠다. 셋째, 제일 힘든 곳으로 보내달라고 이야기했다. 결과적으로 2백만 명이 살고 있지만 한국 선교사가 없는 이집트로 가게 되었고 무슬림사역을 하게 되었다.

사회자 _ 책 한 권이 사람의 인생을 바꾸어 놓았다. 좋은 자료를 접하는 것이 매우 중요하다는 사실을 새삼 느끼게 된다. 소 교수께서는 이슬람 연구에 관심을 가지고 활발하게 작업을 하고 계시는데, 무슨 동기가 있는가?

소윤정 _ 저는 선교학을 전공할 때 신학석사 첫 학기에 영국 선교단체 소속으로 압둘마슈라는 필명을 가진 분이 오셔서 한 주 동안 집중수업을 했다. 그때 당시 40여 명 가까이가 함께 공부하고 있었는데 한국 상황에서는 무슬림이 늘기 시작한 때였다. 압둘마슈 교수님께 한국의 상황을 이야기했더니 깜짝 놀라면서 본인은 한국 상황을 모르고 강의하러 왔는데, 앞으로는 유럽과 같이 한국도 그런 상황을 접하게 될 것이라는 이야기를 하셨고, 그때부터 계기가 되어서 계속 연구하게 되었다.

사회자 _ 지금 IS문제가 굉장히 심각한데 계속 참사를 당하고 가까운 일본의 경우에도 큰 어려움을 당하는 것을 보게 된다. 일단 이해하기 쉽도록 IS의 정체성과 조직, 그리고 어떤 동기로 그렇게 움직이는지를 이야기해주시면 좋겠다.

유해석 _ IS라는 말은 이슬람 국가라는 의미이다. 꾸란과 샤리아 율법에 의해서 다스리는 사회를 만들겠다는 것이 목적이다. 이것은 이슬람 원리주의라고 하는데 역사적으로 이런 운동이 계속해서 이루어져 왔지만 계속 실패했다. 이슬람이 가장 찬란했던 때가 무함마드 당시와 후계자 네 명이 지배하던 시대였다. 이슬람이 가장 넓게 퍼졌고 힘이 있었던 때로 다시 돌아가자는 운동이다. 기독교로 말하면 청교도운동과 비교가 될 것이다. 신앙을 회복하자. 다시 해보자는 것이다. 그런데 이상한 것은 이슬람이 평화의 종교라고 이야기를 하지만 사람을 불태우고 목을 자르는 등 잔혹하게 죽이는데, 과연 무슨 평화의 종교란 말인가? 사실 이슬람에서 말하는 평화와 우리가 생각하는 평화는 질적으로 다르다. 우리가 생각하는 평화는 너와 내가 평화롭게 서로를 배려하면서 사는 것이라면, 이슬람에서 말하는 평화는 알라를 믿고 알라를 주인으로 모시는 무슬림이 사는 집이 평화의 집이다. 또 하나는 전쟁의 집이다. 알라를 믿지 않는 사람은 다 전쟁의 집에 사는 것이다. 결국 이 사람들이 말하는 평화는 "너희가 알라를 믿으면 평화롭다. 그러나 알라를 믿지 않으면 전쟁의 대상이 될 수밖에 없다"는 것이다. 이슬람을 무조건 믿어야 한다는 것이다. 기자나 구호요원, UN의 난민을 보호하려는 사람들조차도 목을 자르는데, 꾸란에 47장 4절에 불신자를 만나거든 목을 치라고 기록되어 있다. 그 당시에는 칼을 들고 있었기 때문에 목을 자르는 것과 동의어이다. 꾸란 8장 67절에는 적들의 심장에 두려움을 가져다주라고 이야기한다. 이것이 이슬람에서 말하는 지하드(성전-거룩한 전쟁)라는 개념이다. 이슬람에서 유일하게 천국갈 수 있는 방법은 지하드에 참전하여 죽는 것이다. 꾸란 3장 169절에 보면 "알라의 길에서 순교한 자를 죽었다고 말하지 말라. 그들은 알라의 양식을 먹으며 알라 곁에 살아 있느니라"고 이야기한다. 그렇기에 종교적인 욕구를 충족시키기 위하여 지하드, 즉 IS에 참가하게 되는 것이다. 두 번째는 유럽에는 굉장히 실업률이 높다. 구체적으로 프랑스의 경우는 실업률이 5%인데 무슬림 실업률은 25.6%이다. 프랑스 시골에 가면 무슬림이 바글바글하다. 그런데 IS에서는 집을 주고 부인을 주고 돈을 주기 때문에 실질적인 필요를 충족하고 종교적인 욕구를 충족할 수 있어서 IS에 들어간다고 볼 수 있다.

사회자 _ 꾸란에 대한 이야기도 나오고 지하드, 거룩한 전쟁 이야기도 나왔다. 이슬람에 대한 설명을 좀 더 해주시면 좋겠다.

소윤정 _ 학자 입장에서 이야기하고 싶은 것은, 이슬람을 전 세계화하기 위하여 사우디아라비아에 이슬람 선교국청을 두고, 전 세계에 이슬람 꾸란을 번역하고 각 지역의 이슬람 포교를 위한 유학생들과 이민자들을 포섭하기 위한 전략을 수립한다. 이런 배경에서 지하드를 내세워 이교도 중에서 특히 기독교인들을 대상으로 포교를 시작을 했는데, IS로 범위를 좁혀서 어떻게 IS가 유래되었는지를 먼저 살펴보면 이렇다. 1999년 요르단 출신이었던 아부 무사브 알자르카위라는 사람이 '유일신과 성전(聖戰)'이라는 것을 조직하게 된다. 이 조직은 한국과 긴밀한 관계가 있다. 왜냐하면 2004년도에 김선일 씨를 참수한 조직이 바로 이곳이다. 2004년에 이 조직이 오사마 빈 라덴에 충성을 맹세한 후 알카에다 이라크 지부로 변신한다. 2006년에는 이라크 이슬람국가라고 명칭을 변경한다. 그러고 나서 2011년 시리아 내전이 발생하게 되고, 이것을 장기전으로 보고 강대국이 수수방관하였기 때문에 IS가 커졌다는 말도 나온다. 2012년 1월에 알 바그다디의 핵심조직원인 시리아 출신 알 줄라니라는 사람이 시리아에 잠입해서 누스라 전선을 구축한다. 그리고 2013년 4월에는 아부 무함마드 알줄라니가 중심이 되어서 이라크 이슬람국가라고 2006년에 변경된 조직이 2012년에 누스라 전선이 구축된다. 2013년에 드디어 IS명칭을 가지게 되면서 4월에 누스라 전선과 충돌을 하고, 그러고 나서 알카에다와 결별을 선언한다. 2014년 6월 29일, 우리가 알고 있는 알 바그다디가 자칭 칼리파로 등극하게 된다. 이렇게 장황하게 설명하는 것은 한국 이슬람교에서는 IS가 자기들과 별 상관이 없다고 이야기하는데 그 뿌리가 알카에다에 있는 이상, 그리고 꾸란에서 성전을 내세우고 있는 이상, 외부 입장에서 봤을 때 정체성에서 이슬람이 아니라고 말할 수가 없다는 점을 강조하고 싶다.

사회자 _ 두 분 이야기를 종합해보면 이슬람이 가지고 있는 평화의 개념이 큰 문제인 것 같다. 평화의 집에 거해야 평화를 누린다. 알라를 믿지 않으면 평화가 아니다. 알라를 믿게 하기 위해서는 성전도 불사한다는 말을 하는 점이다. 이런 상황에서 이슬람이 품고 있는 세계 분포도는 어떻게 되나?

유해석 _ 전 세계 인구가 72억인데 그 가운데 무슬림 인구는 23%인 16억이다. 우리 한국에도 무슬림 인구가 25만 명 정도 되는 것으로 본다. 한국인 무슬림이 9만 1천 명이고 외국인 무슬림이 14만 명이고, 무슬림 부부의 자녀들은 자동적으로 무슬림이 되기 때문에 그 사이에 태어난 자녀들이 있다. 그다음에 외국인 무슬림과 결혼한 한국 사람들이 약 8천 명 정도이고, 불법체류자들 가운데 34%가 무슬림이고 이 사람들을 2만 명으로 잡으면 25만 명이라는 통계가 나온다. 그런데 문제는 앞으로 10년 안에 무슬림은 100만 명에 육박할 것이라는 사실이다. 원하든 원치 않든 이건 사실이다.

사회자 _ 100만 명이라는 숫자는 절대로 적은 숫자가 아니다. 특히 이슬람은 기독교인들을 멸시하고 적대감이 강하다고 이야기를 하셨는데, 그 부분을 좀 설명해주면 좋겠다.

소윤정 _ 기본적으로 꾸란에 보면 기독교인과 유대인들을 성서의 백성이라고 지칭하면서 이슬람과 기독교의 뿌리가 같다는 것을 강조한다. 그러면서도 기독교인은 옳은 길에서 벗어난 사람들이라고 이야기하며 바른 길로 인도하는 것이 이슬람 교인들의 목적이고 이슬람화의 목적이라고 이야기한다. 따라서 이슬람 교인들은 기독교인들을 계속해서 의식하는 것이다. 한국어로 번역된 꾸란에 보면 알라라는 말 대신에 하나님이라는 단어를 사용한다. 따라서 기독교인들 가운데 정확하게 하나님의 삼위일체론을 모르는 일반 신자들이 꾸란을 보았을 때 마치 기독교의 경전과 같은 것이라는 착각을 일으킨다. 우리가 분명히 알아야 할 것은 이슬람교의 알라는 핵심적으로 삼위일체론을 부인한다. 왜냐하면 예수 그리스도는 하나님의 아들이 아니고 마리아의 아들이라고 강조하고 있기 때문이다. 무엇보다 성령에 대하여 이야기할 때 성령은 하나님의 신이 아니고 천사 가브리엘이라고 이야기를 한다. 또 하나는 계시관에 있어서 꾸란과 성경이 다르다는 것이다. 성경은 하나님의 말씀으로 영감성, 역사성, 사도성을 중시하지만 꾸란에는 역사성이 없다. 역사가 결여되었다는 증거 중 하나가 아브라함의 종교라고 이슬람에서 강조하고 있는데, 아브라함의 배경이 전혀 기독교와 다르다.

사회자 _ 실제로 무슬림에게 복음 전도사역을 하셨는데, 사실 무슬림들도 계속해서 주장하는 것이 자신들의 도덕적 가치관이 높다는 주상을 하면서 폭력을 정당화시키는 것에 대해서는 어떻게 이해해야 할까?

유해석 _ 전 세계에 살고 있는 16억 무슬림이 다 똑같은 배경과 똑같은 생각을 가지고 있지는 않다. 동남아의 무슬림, 중동의 무슬림, 동북아의 무슬림이 다 다르다. 그럼에도 불구하고 분명한 사실은 무슬림 가운데 70%가 꾸란을 안 읽는다. 아버지가 무슬림이기에 그냥 자신도 무슬림이다. 혈족적, 문화적 무슬림일 뿐이다. 그런 사람들은 착하다. 왜냐하면 선행을 하면 천국 갈 가능성이 있다고 이야기하기 때문이다.

70%의 무슬림은 대부분 선량하다. 남을 잘 돕고 특히 외국인들에게 대접을 철저히 한다. 그러나 문제는 약 15% 정도의 종교적 무슬림들이다. 이 사람들은 하루에 5번씩 기도하고 꾸란을 암송한다. 거기에 15% 정도의 원리주의자들이 있다. 이 사람들이 지하드 전사가 되어서 실질적으로 행동하는 사람들이다. 이 15%에 들어가는 사람들은 꾸란을 암송한다. 꾸란의 분량이 신약성경보다 좀 적다. 그렇기에

> **이슬람교의 알라는 핵심적으로 삼위일체론을 부인한다.**

어렸을 때부터 암송하여 무함마드가 어떤 말을 했는지를 알고 무함마드의 삶을 따르는 삶을 살며 계속 연구했기 때문에, 그러한 근거에 기초하여 지하드를 실천하는 사람이 되는 것이다. 그렇기에 꾸란과 전혀 관계없는 것이 아니다. 어쩌면 이들이 이슬람의 본질을 따르는 사람으로 볼 수 있다.

사회자 _ 우리가 일단은 혈족적으로 자연스럽게 이슬람에 들어간 사람들과 종교적 이슬람 15%, 원리주의자 15%를 구분할 필요가 있겠다. 그리고 무함마드의 언행을 기록한 하디스라는 말을 자주 듣는데, 이게 어느 정도 작용을 하는가?

유해석 _ 꾸란에는 무함마드의 행함을 본받는 자가 무슬림이라는 말이 반복적으로 나온다. 무함마드가 죽은 지 2세기 후부터 무함마드의 기록이 널리 펼쳐 있는 것을 알 부하리, 알 이슬람이라는 사람들이 집대성했다. 하디스는 총 6개 정도가 있는데 이야기가 8만 개를 넘을

정도로 분량은 방대하다. 그렇기에 귀에 걸면 귀걸이, 코에 걸면 코걸이 식으로 쓰는 것이다.

소윤정 _ 무슬림이 가장 인정하는 하디스로는 무슬림 하디스와 부하리 하디스가 있는데, 얼마만큼 실생활에 적용이 되는가를 예로 들어 보면 여성 할례의 경우 이슬람 경전에서는 언급하지 않지만 하디스에는 정확하게 거행하라고 나온다. 그래서 이슬람국가 대부분이 여성할례를 하고 있다. 하디스의 영향 때문이다. 무슬림들은 대부분 꾸란을 잘 모른다. 오히려 전해 내려오는 하디스의 생활풍습을 통해서 무함마드가 행하라고 했던 것들을 전승으로 전해 받고 있기 때문에 하디스의 영향력은 상당하다.

사회자 _ 두 분이 보실 때 향후에 이슬람 문화권이 어떻게 될 것 같은가?

유해석 _ 계속 확대될 것이다. 이슬람은 성장하고 있는데 그 이유는 다산이다. 영국은 출산율이 평균 1.6명, 한국은 2013년에 1.18명이다. 반면에 영국에서 무슬림 출산율은 평균 6~7명이다. 전 세계적으로도 3.5명의 자녀를 낳는다. 그러니까 어느 통계에 따르면 1930년에는 전 세계 무슬림 인구가 2억 3천만 명이었지만, 지금은 전체 무슬림 인구가 16억 명이다. 이것은 전 세계적으로 1년에 2천만 명씩 낳았다는 것이다. 따라서 이슬람은 성장할 수밖에 없는 것이다.

사회자 _ 이런 상황 속에서 과연 우리나라는 어떻게 될 것인가에 대한 이야기를 나눠야 할 것 같다. 국내 이슬람교 확산 현황에 대하여, 이슬람권에서 온 사람들의 국내 상황에 대하여 심층적으로 논의하고 한국교회가 가져야 할 대안적 자세를 한 번 나눠보자. 거듭 말하지만 IS 무장단체의 반인륜적인 태도와 포로들에 대한 잔혹한 처형 소식을 접하면서 이슬람교에 대한 우려가 전 세계적으로 편만해져가고 있다. 국내에도 이슬람에 대한 우려가 점점 커지고 있는데, 특히 국내의 이슬람권에서 온 이주민들이 많이 유입되면서 이슬람을 믿고 개종하는 경우가 빠르게 늘어나고 있는 상황이다. 벌써 국내에도 이슬람 사원이 9개나 있다고 한다. 이런 상황에서 한국교회 내에 이슬람교의 교리와 문화, 사회적 태도 같은 이슬람 종교 전반에 대한 깊이 있는 연구와 이에 대한 대안 마련이 필요하다고 생각된다. 그래서 이번에는 국내 이슬람교 확산 현황과 이슬람권에서 온 이주민들의 국내 상황, 이슬람권 선교의 방향성을 살펴보자. 지금 한국 이슬람 실태가 어떠한가?

유해석 _ 한국인 이슬람과 외국인 이슬람을 정부 통계로 조사해 보니 현재 한국 안에 25만 명이 무슬림으로 살아가고 있다. 한국 내에서 이슬람이 확산되는 이유는 첫째, 이민이다. 외국인들이 들어오기 때문에 확산되고 있고 앞으로 이와 같은 일은 계속될 것이다. 그 이유로는 2012년에 정부 정책인 제2차 외국인 정착계획에 따라 2020년까지 한국에 외국인이 350만 명이나 들어오게 하겠다고 계획하고 있기 때문이다. 지금 외국인 통계는 175만 명인데 앞으로 350만 명으로 늘어나게 될 것이다. 장기적으로 볼 때 한국인 인구 가운데 14% 정도의 외국인이 계속 더 들어와야 한다고 정부가 계획하고 있다. 14%는 634만 명이다. 그러한 정도의 외국인 인구가 앞으로 10년, 15년 안에 한국으로 들어올 것이라 생각된다. 두 번째가 다산이다. 무슬림은 피임을 하지 않고 자녀를 많이 낳는다. 그 이유는 이슬람에서 무함마드의 고별설교에 따른 것이다. 이것은 예수님의 지상명령만큼이나 중요하게 생각하는 것인데 고별설교에서 자녀들을 많이 낳아서 이슬람을 번성케 하라고 했다. 또한 무슬림들은 결혼하지 않는 사람이 없다. 꾸란에서 "독신자는 결혼할지어다"라는 명령이 나온다. 세 번째는 꾸란에 보면 무슬림 여자는 반드시 무슬림 남자와 결혼하게 되어 있다. 이것이 법이다. 그러나 무슬림 남자는 다르다. 꾸란 5장 6절에 보면 "오늘날 너희에게 좋은 것은 많도다. 지금부터 성소의 백성들과 결혼할 수 있다"는 말이 나온다. 성소의 백성은 유대인과 기독교인이다. 그렇다면 한국에 무슬림이 와서 결혼하게 되면 영주권, 시민권을 금방 받는다. 한국처럼 빨리 주는 경우가 없다. 영국은 5년이지만 한국은 2년이다. 그래서 한국에 살고 싶으면 결혼해야 하는데 한국에는 유대인이 없고 한국에 있는 무슬림 여자들은 아직 어린아이가 대부분이기에 결혼적령기인 경우가 거의 없기에 결혼할 수 있는 대상은 기독교인 여성밖에 없는 것이다. 기독교인들과 결혼을 많이 하기 때문에 교회가 피해를 보게 된다. 마지막 이유로는 개종이다. 한국 사람들이 이슬람으로 개종한다. 1970년에 한국의 무슬림 인구는 3,700명이었는데 2009년에는 71,000명으로 늘어났다. 영국의 경우에는 1년에 약 10,000명 정도가 이슬람으로 개종한다. 영국 전체 무슬림의 12%가 백인이다. 그리고 프랑스에서는 1년에 4,000명의 프랑스인들이 개종하고, 한국도 1년에 7,000명씩 개종하는 나라가 되었기에 성장할 수밖에 없다.

사회자 _ 그렇다면 이슬람의 선교방법론은 어떤가?

소윤정 _ 전 세계 이슬람이 급성장할 수밖에 없는 이유 중 또 하나는 지금까지 IS에 대하여 이야기한 것처럼 이슬람이 내분되고 있는 상황을 보게 된다. 요르단과 IS가 전쟁하는 것처럼 이슬람 극단주의자들과 보편주의자들이 싸우고 있다. 특히 터키는 이슬람 사상가이자 평화운동가인 페트라 귤렌에 의해서 이미 1700년도에 이슬람이 현대화되었다. 이슬람사회에서 상황화를 한 것이다. 그래서 터키는 유럽과 영향을 주고받으면서 경제적으로 성장하게 되었고, 터키 사람들은 민족주의를 지향하면서도 이슬람을 버리지 않는 방법을 모색해왔다. 각국에 있는 여러 이슬람국가들이 터키와 같은 방법을 통하여 자국의 번영을 꾀하고 이슬람 무슬림으로서 정체성을 고수하려는 여러 움직임들이 현대 이슬람에서 나타나고 있다. 그런데 터키의 이슬람이 한국에 주는 영향은 상당히 크다. 또한 이슬람은 영적인 것들을 갈구하고 샤머니즘적인 것들이 가미되어 있기 때문에 한국적인 정서와 매우 잘 맞는다. 이슬람 영상뿐 아니라 터키문화원에서 2001년도 말에 처음으로 이슬람 수피즘(Sufism) 댄스를 시연하고, 이후에 각각의 공적인 무료공연 행사들이 등장하기 시작했다. 그런데 터키 수피즘을 문화적인 것으로 이해하는, 엄밀하게 말하면 수피즘 댄스 자체는 단순 공연이 아니라 예배의식이다. 이런 것들이 소개되면서 문화의 이름으로 많이 정착이 되었고, 또 하나는 인터넷 채팅을 들 수 있다. 우리가 이슬람 여성과 결혼한 사례를 보면 인터넷 채팅을 통하여 이슬람을 접하게 되어 개종한 경우가 굉장히 많다. 결국 기독교인들이 미디어 전략으로 온라인상의 선교방법들에 대해서는 무슬림보다 뒤쳐져 있다고 볼 수 있다.

사회자 _ 두 분의 이야기를 듣고 보니 이슬람의 현대화 전략이 잘 맞아 떨어진 것 같다. 최근 한국인 청년이 IS에 가담했다는 소리를 듣고 온 나라가 깜짝 놀랐는데, 어떻게 보는가?

유해석 _ 2014년 IS에 가담한 김 군의 경우 18세인데 얼마 전에 그 집에 다녀왔다. 그 어머니는 교회의 반주자이고 아버지도 독실한 그리스도인이다. 그 동생도 교회에 잘 다니고 있지만 김 군만 교회에 다니지 않았다. 이것은 단지 김 군의 문제만이 아니고 한국교회의 문제이다. 오래 전부터 한국교회를 향해 누차 이야기하는 것 중 하나가 신앙전승률을 높여야 한다는 점이다. 신앙전승률이란 부모가 믿는 신앙을 자녀가 믿게 하는 것을 말한다. 오랜 외국생활을 하다가 한국에 들어와 보니 한국의 대학교가 기독교보다 더 센 종교가 되어 있었다. 대학입시철이 되면, 고3 아이들이 나중에 대학 가면 예수를 잘 믿겠지 하는 생각으로 중직자 자녀들도 주일조차 자녀를 학원으로 보내는 한국교회의 분위기가 사그라지지 않고 있다. 실제로 대학교의 복음화율은 서울대학교의 경우 겨우 3.7%이고, 전국 대학의 기독교 복음화율은 4%로 잡고 있는 것을 확인한다. 앞으로 20년이 지나면 기독교 인구가 확연히 준다는 것이 여기서 나오는 이야기다. 그렇다면 여기서 '왜 기독교인들이 이슬람으로 개종하는가?' 라는 의문이 발생한다. 그것은 이슬람에서 기독교의 하나님과 알라는 똑같은 하나님이라고 수도 없이 가르치고 있기 때문이다. 본질적, 내재적인 속성은 철저히 다름에도 불구하고 그렇게 가르치는 것에 한국 기독교인들이 귀를 기울인다. 왜 그럴까? 〈국민일보〉에서 조사한 바에 따르면 '이슬람의 알라와 기독교의 하나님은 똑같은 하나님인가?' 하고 물었는데 한국 기독교인 가운데 24.4%가 동일한 하나님이라고 응답했다. 기독교의 하나님과 이슬람의 알라가 똑같다면 우리는 예수 그리스도를 통한 구원을 말할 수 없다. 따라서 교회에 오지 않아도 된다. 이것이 한국교회의 수준이다. 따라서 김 군뿐만 아니라 앞으로 그런 일은 가속화될 것이라고 생각한다.

사회자 _ 굉장한 경각심을 일으켜주는 말씀이다.

소윤정 _ 개인적으로 교회학교의 전도사 사역을 오래했지만, 한국교회의 가슴 아픈 현실은 중고등부 수련회나 아동부 성경학교를 하면 출석 학생의 절반도 참석하지 않는다는 것이다. 이것은 믿음을 전승하지 못할 뿐만 아니라 결국 한국교회가 역삼각형 구조로 변하여 믿음의 유산을 물려주지 못하는 결과를 초래하기 때문에, 향후 10년 뒤 한국교회의 미래를 쉽게 점쳐볼 수 있을 정도로 심각하다. 어린 아이들에게 이슬람교와 기독교의 다른 점에 대하여 일선 학교에서 가르치고 있기 때문에, 그것에 대응할 만한 교회학교 공과를 개발하여 어린이들에게 적극적으로 기독교 신관과 신앙관을 정확하게 알려줄 필요가 있다.

사회자 _ 결국 가족의 신앙생활이 굉장히 중요하다고 말씀하셨는데, 이야기를 들어보니 이슬람으로 개종하는 과정 속에서 중요한 것이 결혼문제다. 통계도 말씀해주셨지만 무슬림과 결혼한 한국 여성들의 가정 상황들에 대하여 말씀해주실 수 있는가?

소윤정 _ 그 부분에 대한 통계를 말씀드리면 무슬림 외국인과 결혼한 한국 여성이 2013년 12월에 1,683명인데, 그 가운데 45.8%인 750명이 파키스탄 무슬림과 결혼한 경우이다. 그러나 작년 하반기 인터넷

신문에 보도되어 논란이 되었던 것이 파키스탄 무슬림 무함마드 아씸과 결혼한 32세 신미선 씨 사건이다. 신미선 씨가 결혼하고 파키스탄에 가게 되었는데, 거기에 가보았더니 자신은 두 번째 부인이었고 아씸이라는 사람이 탈레반이었던 것이다. 그러다 보니 파키스탄, 방글라데시, 인도의 남성들로부터 납치나 살해 위협을 당했고, 그래서 결국 호주 시드니 여성난민의 집에서 두 딸과 함께 숨어 지내고 있다. 법적으로 일부다처제가 허용되지 않는 한국에서 혼인신고도 하지 못한 채 사실혼 관계 속에서 어려운 상황에 처해 있는 것이다. 9·11테러가 발생한 2001년도에 상영했던 '솔로몬의 딸'이라는 영화가 있는데, 2001년 극장에 나왔으나 지금은 인터넷에서 사라졌다. 실화를 바탕으로 상영된 이 영화의 내용을 간략하게 살펴보면, 미국인 베티라는 여성이 이란 남성과 결혼하여 이란으로 갔다가 인권을 박탈당하고 탈출하게 된다는 이야기다. 한국도 신미선 씨를 통해서 그와 같은 사례가 생겼다는 것이다. 그러나 최근에는 시대가 바뀌어서 한국 여성이 스스로가 무슬림 남성과 결혼을 하는 경우도 있다. 한국 사회가 경제적으로 어렵고 공장에서 평생을 일해도 가난한 신분을 벗어나기가 힘들기 때문이다. 한국까지 건너온 무슬림 남성의 경우에는 그 나라에서 지식층이고 한국까지 왔다는 것은 능력 있는 사람이라고 생각하게 된다. 그래서 이 남성들과 결혼해서 무역상 같은 것을 차리게 된다. 그러면 이 여성의 경우 공장에서 일하던 직공이 어느 날부터 사장님 부인이 되는 것이다. 한국사회에서 여성이 여러 가지 일들을 감당하고 남편은 본국에서 수출과 관련한 일들을 감당하게 되는 것이다. 무슬림과 결혼하면 결혼생활이 다 어려운 것은 아니다. 그러나 한국 여성의 입장에서는 10쌍이 결혼하면 5, 6쌍이 불행한 결혼생활을 하게 되니 문제가 있다는 것이다. 그렇기에 한국 여성으로서 이슬람교도인 무슬림과 결혼을 했을 때 어떤 영향력을 끼치는지를 확실히 알아야 하고, 그에 대한 계도를 해야 한다. 기독교인뿐만 아니라 한국 여성이 다문화결혼을 했을 때 어떤 어려움에 처하게 될지를 알려줘야 할 필요가 있다.

사회자 _ 같은 맥락에서 혈족관계를 통해 이슬람교인이 되는 경우가 70%라는 통계가 있다. 그리고 종교적으로 15%, 아주 강력한 원리주의자가 15%라고 이야기를 했는데, 이것을 구분할 필요가 있지 않나? 어떻게 구분을 해야 할까? 또 그분들을 대하는 여러 가지 태도도 중요할 것 같다.

유해석 _ 앞으로 한국에는 심각한 사회문제가 찾아오게 될 것이다. 지금까지 역사 속에서 경험하지 못했던 다문화사회가 도래하고 있는데, 다문화사회에서 가장 중요한 부분은 어떤 시각으로 무슬림들을 봐야 할 것인가이다. 한국에 들어와 있는 외국인들이 인종차별을 받을 가능성이 굉장히 크다. 이 문제는 교회가 해결해야 한다고 본다. 교회문을 활짝 열고 다문화사회를 대비해야 한다. 가슴을 활짝 열고 받아들여야 한다. 무슬림일 경우에는 함부로 교회에 데리고 와서는 안 되고 가능하면 일대일로 만나 충분히 교제하고 복음에 관심 있는 사람을 데리고 와야 한다. 무슬림들을 전도한다고 어설프게 무슬림에게 다가가지 말아야 한다. 혹 그럴 경우에는 무슬림 남자에게는 남자가 다가가야 하고 무슬림 여자에게는 여자가 다가가야 한다. 왜냐하면 한국의 기독교 여성들이 무슬림 남자에게 다가가서 섣불리 접근하다가 연민의 정으로 발전하여 결혼하는 경우가 많다. 무슬림 남자 입장에서 한국에서 여자가 다가와서 만나자고 하면 남자 입장에서는 너무나 기뻐하는데 대단히 위험한 행동이다. 그러기에 꼭 무슬림 남자에게 남자가 가야한다.

사회자 _ 성도들을 향한 중요한 조언이자 제안인 것 같다.

소윤정 _ 한국 정부에 바람이 있다면 다문화사회를 대비하면서 세계관이 다르기 때문에 국내에 있는 무슬림 남성과 결혼하는 한국 여성을 보호하기 위한 제도적인 장치가 필요하다고 생각한다.

사회자 _ 영국과 이집트에서 사역한 경험을 돌아보았을 때 정부의 역할이 얼마나 중요한가?

유해석 _ 유럽이 다문화정책을 실패했다고 발표했고 그에 대한 후속조치에 들어가고 있다. 그런 부분에 있어서 한국도 심각하게 고민해야 한다. 유럽의 오늘 모습은 한국의 내일 모습과 똑같다. 유럽에서 이슬람이 성장한 것과 한국에서 이슬람이 성장한 것이 똑같다. 그래서 한국 정부에 두 가지를 제안하고 싶다. 첫째는 다문화사회가 필요하다. 그러나 너무 이질적인 문화의 다문화는 반드시 충돌을 낳는다는 것을 전제해야 한다. 22년 전에 사무엘 헌팅턴이 「문명의 충돌」이라는 책을 썼는데 폭발적인 인구증가와 폭력적인 이슬람은 반드시 서구와 충돌을 일으킬 것이라고 예언했다. 당시에는 논란이 많았는데 현실적으로 이루어지고 있다고 본다. 그런 측면에서 봤을 때 한국 정부가 너무 이질적인 문화의 다문화는 신중히 고려해야 한다는 것이다. 태국 사람이나 중국 사람, 필리핀 사람들이 한국에 온다고 하면 별 문제가 없다. 그러나 이슬람의 문화는 상당히 문제가 심각하다. 무슬림이 와서 일할 경우에는 충돌이 일어난다. 그래서 이질적인 다문화는 심각하게 고려해야 한다는 것이다. 한국에 들어오는 인력을 보내는 송출국에는 인도네시아, 파키스탄, 방글라데시, 우즈베키스탄 등이 있다. 전 세계에서 무슬림 인구가 가장 많은 나라가 2억 7천만 명의 인도네시아

이질적인 다문화는 심각하게 고려해야 한다.

이다. 그다음이 파키스탄, 방글라데시 순이다. 이런 문제를 고민해야 한다는 것이다. 두 번째는 무슬림과 결혼할 때에는 제도적 장치가 필요하다고 생각한다. 싱가포르는 이것을 제도적으로 실행하고 있다. 싱가포르의 이민법에는 싱가포르 여성이 외국인과 결혼할 경우에는 반드시 노동청에 허락을 받아야 한다. 허락을 받지 않으면 결혼이 성사가 안 되고 시민권을 받을 수가 없다. 자녀를 낳았다고 할지라도 시민권을 안 준다. 지난 4년 반 동안에 한국에서 알카에다와 탈레반과 연관된 테러용의자 47명이 추방당했다. 이 사람들을 추방할 때에는 분명한 증거가 있어야 추방할 수 있다. 한국도 미국과 연관이 있기 때문에 잠정적 테러국이라는 사실을 알고 대비해야 한다.

소윤정 _ 세계교회에서 17, 18세기에 영적대각성이 일어났을 때 이슬람은 쇠퇴하고 있었다. 한국교회가 다문화를 경험하면서 지혜롭게 무슬림을 전도할 수 있으려면 영적으로 회복되어야 하고 선교 열정과 사도행전적인 영성을 회복해야 한다. 국가적인 차원에서는 일단 한

국 국민인 우리 여성들을 보호하는 제도적인 장치가 필요하다고 생각한다.

유해석 _ 일단 한국 기독교인들이 이슬람에 대하여 알아야 한다. 이슬람에 대해서 알면 알수록 문제는 줄어들 것이다. 왜 하나님께서 한국에 이슬람을 허락하였을까를 생각하면서 종교개혁자 마틴 루터를 생각하게 된다. 루터는 우리가 기독교인답게 살고 있지 않기 때문에 하나님께서 우리를 회개하게 함이라고 이야기하였는데, 결국 오늘 우리에게 주신 과제가 이슬람이라고 생각한다. 우리가 이야기를 나누지는 않았지만 많은 무슬림들이 기독교로 개종하고 있다. 최소한 200만에서 700만 명이 기독교로 개종했다. 많은 사람들이 이슬람을 떠나고 있다. 최근 미국의 풀러신학교에서 기독교로 개종한 800명을 대상으로 조사했는데, 첫 번째 이유가 기독교인들과 선교사들의 헌신적인 삶에 감동을 받았다는 것이고, 두 번째는 꿈에서 주님을 만났고 병 고침을 받아서 기독교인이 되었다는 것이다. 마지막으로는 이슬람에 대한 회의가 들었다는 것이다. 이 사람들에게 복음을 전할 수 있는 가능성은 얼마든지 있다. 따라서 한국교회가 이 일에 참여할 수 있는 계기가 되었으면 좋겠다.

사회자 _ 세계가 흘러가는 여러 상황 속에서 복음의 확장성이나 복음의 본질이 잘 전달되는 것이 중요한데, 이슬람을 빼놓고는 생각할 수 없게 되었다. 한국교회가 이슬람교를 더 잘 알아야 하겠다는 말씀에 공감한다. 2015년 2월 중순 현재, 미국이 수니파 무장단체 이슬람국가와 전쟁을 선포했고, 이런 상황 속에서 IS는 시리아 기독교 신도 150여 명을 납치하는 등 만행이 점입가경이다. 전 세계가 IS의 폭주를 막기 위한 대책 마련에 고심하고 있는데, 이 판이 점점 크게 벌어지면서 자칫 세계전쟁으로까지 이어지지 않을까 하는 우려를 낳고 있다. 기독교와 이슬람의 차이가 무엇인지, 우리가 잘못 알고 있었던 이슬람교에 대한 개념이 무엇인지를 구체적으로 알아보도록 하겠다. 우선 용어 정리부터 좀 하면서 이야기를 시작하면 좋을 것 같다.

유해석 _ 이슬람이라는 말은 '복종' 이라는 뜻이다. 다시 말해 이슬람은 종교를 의미하고 무슬림은 이슬람의 제4 분사용어로서 '복종의 행위를 취하는 사람' 을 뜻한다. 우리가 이슬람에 대해서 분명한 태도를 취해야 하는데, 요한1서 4장에 보면 "예수 그리스도께서 하나님의 아들로서 하나님으로부터 온 것을 부정하는 자마다 적그리스도니"라고 기록되어 있다. 그런데 이슬람에서는 예수님이 하나님의 아들이라는 것을 철저하게 부정한다. 그런 측면에서 우리는 이슬람이라는 종교를 정확히 배워야 되고 알아야 한다. 반면에 무슬림들은 이슬람이라는 종교를 믿는 사람들이다. 무슬림의 80%는 한 번도 복음을 들어본 적이 없는 하나님의 피조물들이다.

사회자 _ 기독교와 무슨 연관이 있기에 이슬람이 기독교의 이단이라는 별명까지 붙게 되었는지 설명을 부탁드린다.

유해석 _ 이슬람에 대해 전 세계에서 최초로 연구했던 사람은 다마스커스의 요한나이다. 이 사람은 모하메드가 죽은 지 20년 뒤에 태어난 사람이다. 이 사람의 아버지는 다마스커스의 우마이야 왕조에서 경제부 장관을 역임했던 만수르 가문의 유명한 사람이다. 요한나는 이슬람에 대한 회의를 품고 일생 동안 수도원에서 이슬람과 기독교를 비교 연구했다. 이 연구의 결론에 따르면 이슬람은 영지주의의 영향을 받아 창시된 종교이기 때문에 기독교의 이단이라고 결론을 내렸다. 그 이유는 영지주의의 영향을 받아서 예수님이 하나님의 아들이라는 것을 부정하고, 천사 가브리엘의 영향을 받아서 꾸란을 기록했다고 보았기 때문이다. 유대교 경전과 책에 나오는 내용들, 기독교 이단에서 나오는 내용들, 아랍 토속신앙에서 나오는 내용들을 모두 합쳐서 종합적인 산물로 이슬람이라는 종교를 만들었기 때문이다. 그러므로 이슬람을 연구해보면 그 속에는 수많은 이단성이 내재되어 있다는 것을 알 수 있다.

사회자 _ 그렇다면 혼합주의로 보아도 될 것 같다. 그리고 지금 영지주의에 대해서 말씀하셨는데, 극단적으로 영은 선하고 육은 악하다는 생각이 이슬람 안에 들어와 있는가?

유해석 _ 그렇다. 영지주의가 사용했던 경전 가운데 예수님의 유년기 복음이라는 책이 있다. 그 책 4장 12절에 예수님께서 어렸을 때 개울가에서 진흙으로 참새를 만드는 내용이 나오는데, 이 똑같은 내용이 꾸란에 두 군데 나온다. 이런 식으로 꾸란은 당시 아라비아에 있었던 모든 종교를 집대성한 혼합주의적 성격을 띠고 있다고 보면 된다.

사회자 _ 그러니까 결국 예수님 자체를 하나님으로 보지 않는다는 것이고 인간을 신격화한 것이 기독교라는 비판인 것 같다. 이와 같이 차이가 많다. 여기서 가장 큰 차이점이 뭔지를 하나씩 짚어주시면 좋겠다. 먼저 하나님에 대해 말씀해주시기 바란다.

유해석 _ 〈국민일보〉에서 이슬람의 알라와 기독교의 하나님의 차이를 조사했는데 한국의 기독교인들과 지도자들 가운데 24.3%가 이슬람의 알라와 기독교의 하나님은 똑같다고 대답했다. 이것은 굉장히 위험한 생각이다. 모르기 때문에 나타나는 현상인데, 알라와 하나님은 어떤 차이가 있는지 말씀드려 보겠다.

첫 번째, 알라는 자연 신앙적인 신이다. 어디에나 있다. 그러나 기독교의 하나님은 내주하시는 하나님이다. 우리 안에 거하시는 하나님이다. 이 세상 가운데 인간 속에 거하시는 신은 기독교밖에 없다. 예를 들어 성경을 보면 "너희가 하나님의 성전인 것과 하나님의 성령이 너희 안에 계시는 것을 알지 못하느냐?" 성령을 통하여 우리 안에 계시는 하나님, 우리는 이것을 내주하시는 하나님이라고 말하는데, 이런 개념이 이슬람의 알라에는 존재하지 않는다.

두 번째, 이슬람의 알라와 신도들 간의 관계는 주인과 노예들의 관계이다. 꾸란 19장 93절에 보면 "천지의 모든 것이 종으로 알라에게로 돌아온다"는 말이 있다. 그래서 무슬림들이 하루에 다섯 번씩 무릎을 꿇고 사우디아라비아의 메카를 향하여 절하는 것이다. 자신들이 종이라는 고백이다. 그러나 우리 하나님과 성도들의 관계는 아버지와 아들 사이의 인격적인 관계이다. 전통적인 이슬람에서는 인격적인 관계가 절대 나타나지 않는다.

세 번째, 이슬람의 알라는 호전적이다. 다시 말해서 상당히 폭력적이다. 꾸란 9장 5절에 보면 "어디서든지 이교도들을 발견하면 붙잡아라, 포위하라, 죽여라, 그리고 모든 매복 장소에서 기다리라"는 말이 나온다. 이런 구절을 꾸란에서는 칼의 구절이라고 한다. "길을 가다가 불신자들을 만나거든 그들의 목을 쳐라." 이런 구절이 109구절이나 꾸란에 기록되어 있다. 이슬람의 알라는 전투적이고 호전적이다. 그러나 우리 기독교의 하나님은 사랑이시다. 요한일서 4장 16절에 한마디로 "하나님은 사랑이시다." 여기에 무슨 말을 더 붙이겠나? 그렇다면 구약의 하나님은 호전적이지 않는가? 맞다. 그러나 우리는 구약의 하나님만을 믿는 유대인들이 아니다. 구약의 완성인 예수 그리스도께서 우리에게 하신 말씀에 귀를 기울인다면, 검을 가진 자는 검으로 망하리라고 하셨기 때문에 우리 기독교의 하나님은 사랑의 하나님이시다.

네 번째, 이슬람의 알라는 삼위일체를 부정한다. 철저하게 부정한다. "삼위일체를 말하는 그들에게 저주가 있으리라"는 말이 꾸란에 반복적으로 나타난다. 그러나 성경을 보면 마태복음 28장 19절에 "그러므로 너희는 가서 아버지와 아들과 성령의 이름으로 세례를 주라"고 분명히 되어 있다. 그러나 이슬람에서는 철저하게 삼위일체 하나님을 부정한다.

다섯 번째, 이슬람의 알라는 독생자를 부정한다. 예수님께서 하나님의 아들로서 이 땅에 오신 것을 철저하게 부정한다. 그러나 성경에는 하나님께서 직접 예수님을 향해서 "이는 내 사랑하는 아들이라. 내가 너를 기뻐하노라"고 말씀하신다. 그런가 하면 사복음서에 예수님께서 하나님을 향하여 아버지라고 하는 장면이 170번이나 등장한다. 또 3년 동안 예수님을 따라다녔던 제자들이 요한복음 1장 14절에 "말씀이 육신이 되어 우리 가운데 거하시매 우리가 그 영광을 보니 아버지의 독생자의 영광이요 은혜와 진리가 충만하더라." 제자들이 예수님을 하나님의 아들이라고 증명하고 있다. 이슬람에서는 철저하게 예수님이 하나님의 아들이라는 사실을 부인한다. 예수님은 14만 4천 명의 선지자 가운데 한 명일 따름이다. 이런 면에 있어서 근본적으로 차이가 있다.

사회자 _ 말씀을 정리해보자면 이슬람에서는 삼위일체를 부정하고, 독생 성자의 성육신을 부정하고, 사람과의 관계에서도 하나님은 비인격적인 하나님으로, 그리고 내주하시는 하나님이 아니고 별도로 떨어져 있는 하나님, 철저히 주종관계, 폭력적인 하나님으로 꾸란에서는 표현하고 있다. 그러나 우리 기독교에서는 자기 신앙을 고백하는 삼위일체 하나님, 그리스도께서 이 땅에 성육신하신 이야기를 인정하지 않는다면 신앙이 없는 것이라고 할 수 있을 것 같다. 또 하나님과의 관계 속에서 우리 안에 내주하셔서 항상 우리와 사랑으로 함께하시는 성령님, 이런 것을 볼 때 차이가 너무 많이 나는데 하나님에 대한 이런 차이점에도 불구하고 한국에 들어올 때 어떻게 교회지도자들조차도 24.3%가 알라와 우리의 하나님이 동일하다고 이해를 하는지 이유가 궁금하다.

유해석 _ 이처럼 근본적으로 차이가 많다. 그래서 하나님의 이름이 알라인가라고 질문할 때 그 의미를 잘 파악해야 한다. 언어적으로 봤을 때는 알라가 하나님인 것이 맞다. 중동의 모든 기독교인이 쓰고 있는 성경에도 하나님이 알라로 나온다. 그럼에도 불구하고 이슬람의 알라와 우리의 하나님이 다른 분이라는 것을 전제해야 한다. 그런데 한국에서 꾸란을 번역할 때 알라라고 하지 않고 하나님으로 한다. 그래서 한국의 기독교인들이 같은 하나님이라는 생각을 갖게 만드는 것이다. 일단 용어에 차이가 없다. 이런 면에서 이슬람을 한국에 전파하기 위한 시도라고 볼 수 있다.

사회자 _ 독생 성자 예수그리스도의 성육신을 부정하는 입장에서 예수님은 어떤 분으로 보고 있는가?

유해석 _ 이슬람에서는 예수님을 철저하게 부정한다. 일단 예수님이 하나님의 아들이심을 부정하기 때문에 평범한 선지자지만 조금 더 특별한 정도로 취급하고 있다. 그러나 예수님을 통한 구원, 예수님이 중보자라는 것은 이슬람에서는 불경한 언어로 받아들여 그런 사람들에게 저주가 있을 것이라고 꾸란에서 말하고 있다. 굉장히 놀라운 사실은 이 꾸란에 예수님이 메시아라는 말이 11번이나 나온다. 그런데 이 메시아가 무슨 말인지에 대한 설명이 없다. 우리가 알고 있는 메시아는 이사야서에 예언된 메시아, 창세기 3장에 약속된 메시아 인데 그 메시아라는 설명이 없기 때문에, 예수님이 메시아라는 것은 또 다른 별명쯤으로 치부하고 있다. 예수님은 철저하게 144,000명의 선지자 가운데 한 명이라고 이해하고 있다.

사회자 _ 예수님의 유일성을 부정하는 것인데, 그럼 도대체 천국은 어떻게 가는 것인가? 천국을 어떻게 이해하고 있는지가 궁금하다.

유해석 _ 이슬람의 구원관과 기독교의 구원관은 상당히 다르다. 예를 들어 무슬림 사람들에게 당신은 죽어서 천국 갈 수 있느냐고 물어보면 어떤 누구도 그렇다고 말하지 않는다. 오직 '인샤알라', 즉 알라의 뜻이라면 그렇다고 한다. 모든 무슬림은 자신이 구원받았다는 사실을 알 수가 없다. 그래서 무슬림들은 불확실한 구원관을 가지고 인생을 사는 사람들이다. 이슬람에서 구원을 받을 수 있는 방법으로 4가지가 꾸란에 기록되어 있다. 첫째는 알라의 일방적인 선택이다. 이것은 죽어서 심판대에 가봐야 안다. 우리 기독교인은 "당신이 죽으면 천국에 갈 수 있나?"라고 질문하면 곧바로 "아멘"이라고 대답할 수 있는데 무슬림은 절대로 그렇게 대답하지 못한다. 두 번째는 착한

이슬람에서는 예수님을 철저하게 부정한다.

일을 많이 하면 천국에 갈 가능성이 많다고 이야기한다. 나쁜 일을 많이 하면 천국에 못 간다. 그래서 이슬람에서는 말하기를 오른쪽 어깨 위에는 착한 일을 기록하는 천사가 있고, 왼쪽 어깨 위에는 나쁜 일을 기록하는 천사가 앉아 있다. 그래서 마지막 날 저울에 달아서 어느 쪽으로 기울어지는지에 따라서 달라지는데 그 선택권은 여전히 알라에게 있다. 그리고 세 번째로 이슬람에서 구원을 얻을 수 있는 방법은 이슬람의 첫 번째 성지라고 할 수 있는 사우디아라비아 메카의 카바 신전을 방문한 사람들이다. 꾸란에 보면 "누구든지 거기 거하는 자는 안전할 것이다"라는 말이 나온다. 따라서 무슬림들이 1년에 300만 명씩 메카로 몰려가는 이유가 거기에 있다. 이때가 절기로 '하지'이다. 라마단이 끝나고 몰려간다. 그런데 이 세 가지로는 이슬람에서 구원의 확신을 말할 수가 없다. 유일하게 구원을 얻을 수 있는 방법이 바로 '지하드'이다. 지하드는 알라와 이슬람의 확장을 위해서 싸우는 것이다. 꾸란에 보면 3장 169절에 "알라의 길에서 순교한 자를 죽었다고 말하지 말라. 그들은 알라의 양식을 먹으며 알라 곁에 살아 있느니라." 그러니까 알

라를 위해서 죽음을 당한 자는 심판을 받지 않고 천국에 간다고 하는 구원관이다. 그렇기 때문에 테러가 잦아지고 전쟁이 많아지는 것이다.

사회자 _ 알라와 이슬람의 확장을 위해서라면 자기 목숨도 아깝지 않게 내놓는 것인데, 그러면 그 사람들에게 천국은 어떤 곳인가?

유해석 _ 그 사람들에게 천국은 상당히 현실적이다. 꾸란에 보면 아주 독한 술인 카프리가 흐르는 강가의 실크 침대 위에서 남자를 한 번도 경험하지 못한 숫처녀 72명이 대기하고 있는 곳이 이슬람이 말하는 천국이다. 철저히 남성적 천국관이다. 그래서 꾸란에 보면 여자가 천국에 간다는 개념이 존재하지 않는다.

사회자 _ 그러면 여성은 어떻게 이해되는 것인가?

유해석 _ 하디스에 보면 남자를 잘 섬김으로 말미암아 그 남자가 받아들였을 때 천국에 살 가능성이 있지만, 꾸란에서는 그 부분에 대해서 침묵하고 있다.

사회자 _ 마지막으로 예수님의 재림을 기다린다는 말이 있는데, 이 같은 종말론을 어떻게 이해해야 하는가?

유해석 _ 꾸란에는 예수님이 재림한다는 이야기가 분명히 기록되어 있다. 그런데 이슬람에서 생각하는 예수님의 재림과 기독교에서 생각하는 예수님의 재림은 다르다. 기독교에서 예수님의 재림은 그와 더

불어 시작될 완성된 하나님 나라를 이야기하지만, 이슬람에서 생각하는 예수님의 재림은 시리아의 수도 다마스커스에 있는 대사원의 첨탑 가운데 예수님이 재림하신다고 생각한다. 그런 다음, 40년 동안 이 세상에 살면서 모든 교회의 십자가를 때려 부수고 모든 기독교인에게 무슬림이 되도록 전파한다. 그러고는 무슬림 여자와 결혼해서 자녀를 낳고 살다가 40년이 지나면 메디나의 모하메드 무덤 바로 옆에 예수님이 묻힐 것이라고 가르친다. 이것이 그들이 말하는 예수님의 재림이다.

사회자 _ 그런데 의문이 가는 것이 144,000명 선지자 중의 한 명인 예수님과 재림하실 예수님과의 차이는 무엇인가?

유해석 _ 똑같은데 조금 특별한 선지자로 예수님을 보고 있다. 그렇다고 해서 예수님이 죄를 중보하거나 대속의 삶을 위해서 이 땅에 오셨다는 것을 철저하게 부정한다. 예수님에 대한 믿음 자체가 없다.

사회자 _ 다섯 가지를 듣고 보니 이슬람과 기독교의 차이를 선명하게 알 수 있을 것 같다. 좀 더 듣고 싶은 것은 이슬람의 문화이다. 한국에도 모스크가 곳곳에 세워지고 있다는 이야기를 듣는데 이슬람의 문화에 대해서 꼭 알아야 될 것이 있다면 말씀해주시면 좋겠다..

유해석 _ 간단하게 말씀드리자면 우리나라의 조선시대로 생각하면 이해가 빠를 것 같다. 여자들이 남자에게 복종해야 되고 허락 없이 외출하면 안 되고 얼굴을 가려야 하는 그런 시대의 모습과 거의 흡사하다. 과거로의 회기라고 보면 된다. 영국에서는 모스크가 세워지면 바로 그 앞에는 시장이 세워진다. 왜냐하면 여자들이 마음대로 외출하지 못하기 때문에 이슬람 사원을 방문하고 돌아오는 길에 시장을 봐서 돌아온다. 그래서 모스크가 하나 생기면 그 앞에는 시장이 생기고 이슬람식으로 교육하는 학교가 생긴다. 그 지역이 게토화된다. 그래서 그 지역의 원주민들은 다른 지역으로 이사를 가고 그 지역은 이슬람화된다. 그런 면에서 우리도 긴장해야 된다. 모스크가 들어오려고 할 때 교회의 지도자들에게 알려서 함께 기도해야 한다.

사회자 _ IS의 여러 가지 반인륜적인 행태들을 바라보면서 이슬람교와 기독교의 차이점에 대해서 알아보았다. 귀한 말씀 나누어 주셔서 감사를 드린다.

한국교회, 다음세대를 생각하라

. . .

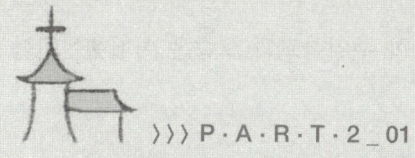

한국교회의 주일학교
사역을 진단한다

　　교회의 미래세대인 주일학교 교육은 교회사역에 있어서 아무리 강조해도 지나치지 않을 만큼 중요한 사역이다. 그동안 한국교회는 주일학교 교육을 통해서 전도의 활로를 뚫어왔고 다음세대의 신앙도 성숙시키는 귀한 사명을 감당해왔다. 그러나 시대의 변화와 함께 주일학교 교육이 위기라는 이야기가 계속해서 들리고 있어서 뜻있는 성도들의 마음을 안타깝게 하고 있다. 이런 상황을 직시하며 대한예수교장로회 합동총회 총회교육개발원 원장이신 노재경 목사와 극동방송 '우리는 주의 어린이' 진행을 맡고 있는 장지교회 홍승영 담임목사와 함께 한국교회 주일학교 사역의 현실을 진단하고, 바람직한 방향을 모색해보고자 한다.

※ 이 원고는 2016년 2월 13일과 20일에 방송된 원고이다.

사회자 _ 먼저 과거의 한국교회 주일학교의 모습은 어떠했는지를 돌아보면 좋겠다.

노재경 _ 지금과 다른 패러다임의 시대를 과거라고 한다면 그때는 주일학교가 마치 보물상자처럼 재미있고 쉼과 추억이 있는 곳이었다. 자신이 갖고 있던 궁금증을 해소하고 달란트를 마음껏 활용하는 장이 었을 뿐만 아니라 자신의 안식처라는 의식이 있었다.

사회자 _ 주일학교 자체가 일상의 출발점이었다 해도 과언이 아니 었다. 자 이제 현재 한국교회 주일학교 교육에서 가장 고민하고 계신 부분은 어떤 것인지 궁금하다.

노재경 _ 총회 본부라는 정책의 중심지에서 주일학교를 볼 때 아이 러니하게도 주일학교 현장에 교육이 없다는 위기감을 느낀다. 아주 심 각한 문제인데, 이런 결론에 도달하게 된 것은 1년 정도에 걸쳐서 전국 교회를 탐방하고 주일학교를 잘 운영하는 교회로 소문이 난 곳을 돌아 보면서 그곳에 마땅히 있어야 할 신앙교육, 영적인 교육을 볼 수 없다 는 것을 발견했다. 간단하게 말하자면 학생들이 주일학교에서 보내는 시간이 한 시간에서 두 시간 정도인데, 한 시간 정도 예배를 위한 찬양 과 설교를 하고, 그 이후에 공과공부를 하지만 대략 30분 정도 간단하 게 형식적으로 진행된다. 그런데 공과공부 시간에 출석을 부르는 데 10분이나 걸리고 나머지 시간에 공과를 공부해야 하는데, 그 시간이 되면 안타깝게도 부모님이 집에 가자고 부른다. 그래서 교사나 학생이 나 쫓기는 마음으로 분반공부를 마치게 된다. 그러다 보니 심도 있고 본질적인 신앙교육이 이루어지지 않는다. 한국교회의 위기는 주일학교 현장에 교육이 없다는 점이라고 진단한다.

사회자 _ 진정한 신앙교육이 없는 것이 문제라고 지적해주셨다.

홍승영 _ 그 말씀은 교회에서 교육하고자 하는 의지가 부족하다기보다 성도들의 공감과 지원부족을 지적하시는 것 같다. 교회가 부모님과 함께 교회교육을 해나가야 되는데 마치 부모님이 까다로운 고객 같은 느낌이다.

사회자 _ 부모님은 주일학교에 아이들을 맡겼으니까 신앙교육은 책임지겠지 하는 생각인 것 같다.

노재경 _ 현실적으로 학생과 부모들이 교회에 와서 배우기도 하고 여러 가지 일을 하기도 하지만, 궁극적으로는 그 영혼이 그리스도에게 뿌리를 내리고 교회에 뿌리를 내려야 하는데 제대로 뿌리를 내리지 못하는 현상이 나타난다. 교회에 나와서 신앙교육을 하는 걸 중요하게 생각하지 않는 것 같고 교회를 하나의 부속물로 여기는 것이 아닌가 생각해본다. 그래서 점점 교회에 나오는 빈도도 줄어들고 주일학교 학생이 감소하는 요인이 되는 것으로 보인다.

사회자 _ 금방 말씀해주신 것처럼 주일학교 학생이 줄고 있다고 하는데, 객관적인 지표가 있는가?

노재경 _ 각 교단 전체 교인의 통계숫자에 대한 감소뿐만 아니라 주일학교의 감소를 말하고 있다. 한 교단에서는 주일학교가 없는 곳이 50%라고 하는 실정이다. 두 개 노회에서 샘플조사를 했는데 40~50% 정도가 주일 학생들은 있지만 주일학교가 제대로 운영되지 않는 상황에 있다는 심각한 이야기를 들었다.

홍승영 _ 지금 말씀하신 교회들이 주로 미자립교회이거나 상가교회, 혹은 농어촌에서 목회하는 연세 높으신 목사님의 교회일 것으로 생각된다. 주일에 어린이들을 위한 프로그램을 갖지 못하는 교회들이 실제로 많이 있고 도움을 간절히 원하는 것으로 보고 있다.

사회자 _ 이런 여러 가지 어려운 상황에도 불구하고 교회들이 몸부림은 치고 있다. 실제적으로 총회에서도 모바일 앱으로 하는 것이라든지 최첨단 기기들을 이용해서 복음을 심어줄 방법에 대해 고민하면서 여러모로 애를 쓰고 있는 듯한데, 사실은 전문적인 주일학교 사역자가 없다는 말을 많이 한다. 이걸 어떻게 봐야 될까?

노재경 _ 제일 안타까운 현실이다. 약 15년 전부터 총회에서는 주일학교 교사를 양성하는 통신대학을 운영하고 있는데, 직접적인 교육이 여러 상황과 여건에서 어렵기 때문에 통신으로 교육하고 평가를 내리는 제도이다. 이런 학생들이 한때 1년에 200명에서 많을 때는 400명까지 있었는데, 그나마 지금은 20명 정도밖에 안 된다. 이것은 준교사와 정교사 과정을 이수했을 때 총회장 명의로 교사자격증을 수여한다. 그럼에도 불구하고 교사로 헌신하고 전문성을 키우는 데 있어서 꿩장히 미약한 수준이다. 그리고 개교회에서도 지금은 일일 세미나로 바꾸어서 수준 있는 교육이 제대로 이루어지지 않는 심각한 상황이라고 볼 수 있다.

사회자 _ 지금 교사로 헌신하는 사람이 적다고 말씀하셨는데, 목회현장에서는 자기 한 몸을 추스르기도 힘들어한다. 대학생, 청년들이 봉사를 해줘야 하는데 상황이 좀 어떤가?

홍승영 _ 가장 큰 어려움은 봉사자를 이끌어줄 수 있는 지도자의 마인드가 부족하다는 것이다. 현장사역자들이 바라는 것은 표준화된 프로그램이다. 어느 정도의 과정을 평신도 지도자들에게 열어주면 좋을 것 같다. 강화의 임마누엘교회에는 아예 주일학교 사역자가 없다. 부장 집사님 두 분이서 미취학 아동과 취학 아이들을 담당하는데, 아주 작은 교회인데도 그 지역에서 제일 많이 모인다. 성인 숫자보다 아이들이 더 많다. 재미있는 것은 유초등부 부장을 하시던 분이 멀리 이사를 가서 교회를 떠났더니 출석인원수가 3분의 1로 줄었다. 그 말을 듣고 아이들을 위해서 다시 그 교회로 돌아오셨다. 결국은 지도자의 역할이 크다는 것이다. 주일학교가 없는 40~50%의 교회들에도 교사 한두 명은 반드시 있다. 이 사람들을 데리고 교회학교를 소수라도 운영할 수 있을 것이다. 그런 분들을 교육하는 표준화 프로그램이 있으면 좋겠다고 생각한다.

사회자 _ 어느 교회나 영적 지킴이는 있다. 그 영적 지킴이들에게 꼭 필요한 도구를 들려줄 수 있는 표준화된 교육 커리큘럼이 있으면 좋겠다는 말씀이신데, 그런 경우는 총회교육진흥원이 굉장히 좋은 기관일 것 같다.

노재경 _ 총회에서 표준화 프로그램을 교회에 제공하는데 그것보다 중요한 것은 교회 운영 자체의 패러다임 전환이 필요하다고 생각한다. 지금 교회들은 당회 중심이고, 이슈 중심, 장년 중심의 시스템이다. 이 시스템을 바꿔서 교육중심의 교회 운영체제로 변화하면 좋겠다는 생각이다. 전국을 다니면서 희망을 발견할 수 있었던 것은 교회 자체가 교육중심으로 전환한 교회들은 아이들이 많이 모이고 교회가 살아 있었다. 아무리 도구를 쥐어줘도 교사가 없으면 의미가 없는데 교회가 교육에 가치를 두고 있는 곳은 교사들이 참여하고 학생들이 모이는 것을 보았다. 그래서 각 교회들이 교육중심의 신앙체계로 바꾸는 운동이 일어났으면 좋겠다고 생각한다.

사회자 _ 지금 주일학교에서 사역하는 교역자들은 신대원에서 공부하는 학생들이 대부분이다. 이분들이 장년목회로 넘어가기 위한 사다리나 디딤돌로 생각해서는 주일학교를 감당하기가 힘들지 않을까 생각하는데?

홍승영 _ 저도 교회에서 담임목회를 하고 있기 때문에 마음에 찔림이 있다. 제가 교회학교에서 사역하고 있을 때 담임목사님의 마음에 따라 교회학교의 방향이 결정되었다. 담임목사님이 교회학교를 잘 운영하기 원한다고 말씀하시며 상당히 많은 것을 후원해주시면 움직일 수 있는 여력이 많아진다. 그러나 사실은 대부분 교회가 어른 중심이어서 장년중심 프로그램으로 돌아갈 수밖에 없는데, 그럴 때 주일학교 사역자를 불러다 쓰면 주일학교에 집중할 수 없게 된다. 그럴 때 담임목사님과 장로님들의 마음이 상당히 중요하다고 본다.

노재경 _ 제가 보기에도 주일학교 사역을 하나의 과정으로 생각하는 것이 거의 대부분이다. 주일학교에 대한 본질적인 생각을 바꿔야 하는 것은 주일학교를 부흥시켰던 분들이 장년목회도 부흥으로 이끌 수 있다는 것이다.

사회자 _ 이제 이 얘기를 해보고 싶다. 주일학교 학생들이 잘 모이는 교회의 특징은 무엇일까?

홍승영 _ 두 말할 필요 없이 사역자와 교사가 열정적이어야 하고 팀워크가 좋아야 한다. 이런 교회는 교역자와 교사, 학생들이 함께 식사교제를 나누기도 한다. 굉장히 열정적이고 그 열정 속에서 프로그램에 대한 욕구가 많다. 그래서 프로그램이 일방적이지 않고 다변적이며 파이디온이나 어린이전도협회 등의 프로그램도 적극적으로 사용한다.

노재경 _ 핵심역할을 하는 분들은 담당부서를 맡고 있는 사역자이다. 그들이 제대로 사역하도록 교육중심의 사고로 시스템을 구축해나갈 때 사역자들이 힘을 가질 수 있다. 그런 교회는 학생들이 살아 있다.

사회자 _ 어느 장로님께서 말씀하시기를 "다음세대를 가장 염려하는 곳은 한국교회이다. 그런데 다음세대가 해야 할 일을 기성세대가 결정하는 것이 아이러니하다"고 했다. "아이들의 웃음소리가 들리지 않는 곳에는 더 이상 미래가 없다"는 말이 있다. 교회의 미래는 주일학교 교육과 분명히 맞닿아 있다. 그러나 현재 한국교회의 미래라고 할 수 있는 주일학교 교육에 대해서 "무엇을 해도 안 된다!"는 패배의식이 상당히 짙다. 이런 상황 속에서 과연 "무엇을 해도 안 되는 것인지, 아니면 무엇이 문제인지?"를 좀 더 구체적으로 살펴보고 싶다. 주일학교 사역이 왜 중요한가?

노재경 _ 주일학교 사역의 가장 중요한 이유는 주일학교에서 배웠던 가르침이 한 사람의 인생관과 가치관과 철학을 사로잡을 수 있고, 그다음에 더 나아가서 그 사람의 신앙이 다음세대에 전수되는 통로역할을 하는 동시에 그 사람의 일생을 통해 새로운 문화를 만들어내기 때문이다. 문화는 가치의 산물이기에 기독교 문화를 창달할 수 있는 곳이 바로 주일학교라고 생각한다.

홍승영 _ 아무래도 주일학교를 거쳤던 일꾼들이 그 교회에서 담임목사와 목회철학을 맞추며 주도적인 역할을 할 수 있는 것 같다. 담임목사가 20년 정도를 목회한다고 할 때, 전 10년과 후 10년으로 나누어 본다면 후 10년에 힘을 받아서 사역하는 경우는 어린이와 청소년이었던 성도들이 장년으로 성장하여 함께 사역한다면 그렇게 될 수 있다고 생각한다. 실질적으로 일꾼을 찾는 것과 함께 일꾼을 키울 수 있는 가장 중요한 모판이 바로 주일학교이다.

사회자 _ 결국은 교회의 영적 지속성을 위해서라도 포기할 수 없는 사역이라는 말씀이다. 그렇다면 부흥하는 주일학교의 특징은 무엇인가?

노재경 _ 굉장히 중요하고도 어렵다. 외형적 부흥과 내적인 부흥을 구분할 필요가 있다고 생각한다. 외형과 내형의 부흥을 말할 때 질과 양이 병행되는 것을 볼 수 있다. 그래서 부흥되지 않을 경우 내적 요인 때문인지, 아니면 외적 요인 때문인지를 분석해보고 상호적으로 노력을 기울여야 부흥의 역사가 일어난다고 생각한다. 실제적으로 교회의 분위기가 중요하다. 교육에 대한 적극성을 가지고 아이들을 사랑하고 사역자와 교사에 대해 관심을 갖고 기도해주고 행사나 광고를 진행한다면 더욱 힘을 받을 것이다. 자기들이 교회의 중심이라는 생각을 가질 수 있도록 배려해주는 것이다. 이런 외형적인 프로그램과 내형적인 요인들을 뒷받침하고 활력을 불어넣는 동력이 되는 것은 성령을 의지하여 기도하고 찬양하면서 영적 뜨거움을 회복하는 일이다.

> **일꾼을 키울 수 있는 가장 중요한 모판이 바로 주일학교이다.**

홍승영 _ 저는 젊은이 부서를 함께 섬기고 있다. 부임한 지 5년이 되었는데 많이 부흥되었다. 처음 갔을 때 청년이 5명 미만이었는데 지금은 150명 정도가 함께한다. 마음을 가지고 기도하며 열정이 있을 때 섬길 사람들을 붙여주고 세워주시는 것 같다. 지금 주일학교 현장사역자로 섬기고 계시는 모든 분께 부탁드리고 싶은 것은 결국 현장사역자의 능력과 열정만큼 교회학교가 부흥한다고 본다면 모두 함께 성장하는 사역자가 되어주시기를 요청하고 싶다. 특히 집사님들께 어떻게 하면 주일학교를 부흥시킬까 하는 생각보다 자신이 어떻게 하면 더 성장할 수 있을까를 생각하도록 부탁드리고 싶다. 집사님들은 교회에서 사역하는 분들이니까 10년의 목표를 두고 50대 중반에는 더 무게 있고 능력 있는 전문가가 되고자 노력하면 좋을 것 같다.

사회자 _ 우리는 누군가의 선배일 수밖에 없는 구조이다. 그런 점에서는 우리를 뒤따라오는 후배들이 우리 발걸음을 따라올 텐데, 노재경 목사님은 오랫동안 총회교육진흥원에 있으면서 기억에 남는 분이 계시다면 소개해주면 좋겠다.

노재경 _ 실제로 많지 않다는 것이 솔직한 고백이다. 그런 분을 찾고 싶고 만나고 싶다. 그러나 남아 있는 분이 몇 분 계시는데, 주일에 아이들을 양육하고 주중에도 아이들의 삶과 밀착하여 돌보는 분들이 몇 분 계신다. 그런 분들이 결국 영적 열심을 가지고 아이들을 양육하면 연초에는 서너 명이지만 연말에는 15명 이상의 아이들을 양육하는 것을 보았다. 그리고 이런 말씀을 드리고 싶다. 특별히 문제가 되는 아이들을 집중적으로 돌보니까 그 아이 한 명을 통해서 4~5명으로 시작했던 반이 70명으로 늘어나는 경우도 있었다. 그래서 해당교사는 교회에서 일본 선교여행도 보내주었다. 제한하지 말고 열린 관점으로 접근하면 주일학교가 다시 부흥할 것이라고 생각한다.

사회자 _ 영적인 아비의 심정으로 하라는 말씀이신데, 어떤 의미에서 복음의 능력을 간과하고 있는 것은 아닐까?

홍승영 _ 어린이를 계속 어린이로만 보는 시각이 있는 것 같다. 제가 아는 초등학교 3학년 여자아이는 주일 아침에 6시 40분쯤 일어나서 자기 반의 8명 새신자 친구들을 일일이 찾아가 교회로 데려온다. 그 일을 거의 반 년 이상했다. 아주 특별한 경우이기는 한데, 우리 어린이들도 충분히 주님을 위해서 시간을 드리거나 열정을 드릴 준비가 되어 있다고 볼 수 있다.

사회자 _ 그렇다면 장년세대들이 주일학교 어린이들을 어떻게 바라봐야 하는지 그 시각을 열여주시면 좋을 것 같다.

홍승영 _ 저는 늘 선생님들께 주일학교 어린이를 동역자가 되는 소망을 품고 지켜봐달라고 말하고 있다. 주목할 만한 것은 서인천의 한 교회에 계신 평신도 교사이신데, 저와 10년 정도를 교제했다. 초등학교 4~5학년을 가르칠 때 아이들이 너무나 말썽을 피워서 울기도 하고 금식도 했었단다. 지금은 교사가 10명 정도 되는데 그 학생들이 청년으로 성장하여 함께 교사로 섬기고 있다. 교육전도사님들이 저렇게 많은가 생각했을 정도로 여유 있게 교사 역할을 감당하고 있었다.

노재경 _ 한국교회는 문턱을 없애고 하나님을 모르는 학생들에게 다가가는 열린 자세가 필요하다고 생각한다. 열려 있어서 그 학생들이 편안히 찾을 수 있는 교회가 되어야 한다.

사회자 _ 두 분의 말씀은 결국 유초등부가 부흥하면 4~5년 후에는 중고등부가 부흥할 수밖에 없고, 또 대학과 청년부의 부흥으로 이어지는 선순환구조가 일어날 것으로 보인다.

홍승영 _ 충분히 그렇다. 대학에 가면 신앙을 잃어버린다고 우려하는데, 주일학교에서 보조교사 등으로 섬긴 친구들은 대학에 가서도 신앙을 잘 지키는 모습을 보게 된다.

노재경 _ 물론 그렇게 상급학교에 진학하면서 신앙을 잃어버리는 친구들이 있다. 그래서 오죽하면 한 성도는 자기 아이에게 교회에 가는 아르바이트를 시켰다는 이야기도 들었다. 한국교회가 다시 한 번 생각해봐야 할 것은 단순한 1차원적인 신앙교육에 머물러 있었다는 것이다. 주일학교에서 배운 공부를 삶의 현장에서 어떻게 살아야 하는지를 제공해줘야 하는데, 그렇지 못하고 단순히 하나님과 교회와 예배에 대해서만 머물러 있는 모습을 본다. 그래서 대학, 청년부 때는 어떤 삶을 살고, 직장인으로서는 어떤 삶을 살 것인가 하는 현장에 대한 고민과 구체적인 제공이 필요하다고 생각한다.

사회자 _ 유초등부에서 배웠던 하나님에 대한 이야기를 중고등부에서도 똑같이 듣기 때문인 것 같다. 교과과정이 많이 부족한 것은 아닐까? 천편일률적이라는 생각이 든다.

노재경 _ 전적으로 공감한다. 가장 기본적인 성경에 대한 내용 숙지와 그리스도인으로서 어떻게 살고, 사회문제는 어떻게 고민해야 하는지에 대한 교육과정을 개발하는 노력을 기울이고 있다.

사회자 _ 두 분의 말씀은 프로그램보다 앞서서 영혼에 대한 사랑과 관심이라고 하셨는데, 지금 세대는 이벤트로 주일학교 학생들을 모이게 하는 데는 한계가 있다. 이를 극복하기 위해 어떤 노력이 필요하다고 보시는가?

노재경 _ 이미 말씀드렸지만 그리스도인으로서의 신앙과 그리스도인으로서의 삶 사이에 간격이 있다. 신앙생활이 큰 힘을 주지 못하는 요인이 있지 않았나 생각하고, 그래서 이제는 성경의 이론중심교육을 바탕으로 실제적인 체험위주의 신앙교육이 필요하다고 생각한다. 결국 신앙은 삶으로, 그리고 실천으로 나타나야 한다. 거기에 대한 도구와 방법을 교육하는 것이 필요하다. 교단 차원에서 청소년을 중심으로 '3355+재미있는 학교 기도운동'을 시행하려고 한다. 구체적인 방법은 3355라는 것은 3명 이상 모여서 기도를 하는데 그냥 기도하는 것이 아니라 질문이 있는 기도를 하게 한다. 첫째, 그리스도와 교회와 세계를 위해서 나는 무엇을 할 수 있는가? 둘째, 그리스도와 교회와 세계를 위해서 우리는 무엇을 할 수 있는가? 질문하고 기도한다. 그리고 기도로 그치는 것이 아니라 예를 들면 고운 말하기, 순결 지키기, 청소하기 등 55로 다섯 가지 정도의 구체적인 실천항목을 정해두고 그에 맞는 삶이 따르는 영성생활을 하도록 돕는 것이다.

홍승영 _ 프로그램이 아니라면 결국 의미라고 생각한다. 말씀 안에서 자라나는 의미, 다음세대를 양육하는 의미 등이 현실화될 수 있도록 하는 것이라고 생각한다. 요즘 저는 '우리 어린이들의 부모님을 어떻게 하면 구조화하고 조직하고 연합할 수 있을까?' 하며 고민하고 있다. 체험중심의 프로그램을 말씀하셨는데 체험의 특징은 비용과 시간이 많이 든다. 이론교육은 선생님 한 분만 있으면 되지만 체험은 비전트립도 가야하고 기도원도 가야하고 성경캠프도 해야 하는 등 많은 비용과 에너지를 요구한다. 그럴 때 과연 교회가 부모님의 동의를 구하는 것이 가능한가 하는 것이다. 실질적으로 중직자 자녀들도 수련회에 오지 않는 경우가 있다. 학부모 중에 열심 있는 분들이 교사들을 후원하고, 또 다른 학부모를 설득하는 역할을 해주면 프로그램의 질이 달라지고 교회교육의 의미가 달라질 것이라는 기대를 해본다.

노재경 _ 교육은 지식의 주입을 떠나서 한 영혼의 삶을 통해 나타나는 울림이라 표현하고 싶다. 그 울림은 감동을 통해서 나오는 것인데, 삶으로 고백되는 체험이 있을 때 영혼에 감동이 있고 다른 생명에게 울림을 주는 것이라고 생각한다. 교리중심의 교육에서 삶이 병행되는 교육으로 전환하는 것이 반드시 필요하고, 이거야말로 참된 교육이다.

사회자 _ 요즘 주일학교 학생들이 너무 바쁜 것은 부정할 수 없는 현실이다. 학교 시험도 있고, 학원에서 내주는 숙제도 많고, 이런 상황 속에서 학생들도 신앙을 가지고 싶지만 자기 앞의 현실이 너무 힘들고 버거우니까 갈등을 할 수밖에 없다. 이럴 때 부모님의 역할이 중요하다. 어떻게 지도하면 좋을까?

홍승영 _ 기준의 문제라고 생각한다. 자녀의 일생을 하나님이 책임지신다는 믿음이 있다면 신앙교육도 잘할 수 있다. 한 교회에 가서 예배를 인도할 때 낯 뜨거운 일이 있었다. 주일 예배를 빼먹고 학원에 가면 안 된다고 했는데, 교인들의 표정이 다 안 좋았다. 나중에 알고 보니 그 교회의 담임목사 자녀가 학생회장인데 학원수업이 토요일에서 주일로 옮겨져서 주일 예배를 30분만 드리고 학원에 가

아이들의 신앙을 잡아주는 것은 부모님의 몫

있었던 것이다. 이런 일에 자유로운 사람은 없다. 기준을 분명히 해서 아이들의 신앙을 잡아주는 것은 부모님의 몫이라고 생각한다.

사회자 _ 결국은 교회에 맡기기만 한 뒤 방치하면 안 되고 부모가 함께하자는 말씀이다.

노재경 _ 사회의 흐름이 성공지향적이고 성공은 성적과 직결되기 때문에 부모님도 불안해하고 당사자도 불안해한다. 이것을 근본적으로 치유하고 대안을 제시해줘야 할 필요가 있다. 그래서 성공의 관점을 바꿀 필요가 있고 각양의 달란트를 충분히 발휘하도록 도와주는 것이 바로 성공이다. 그러니까 부모님은 폭넓은 삶의 조망이 필요하고 자녀들에 대한 기다림이 있어야 할 것 같다.

사회자 _ 마지막으로 한국교회 성도들과 특히 주일학교 교사들을 위한 당부 말씀을 해주신다면?

노재경 _ 교회가 가진 학생들에 대한 교육권을 가볍게 여기지 말고 귀중하게 생각하고, 그 시간을 가치 있게 보낼 수 있도록 제도적으로 새롭게 구축해나가는 것이 필요하다. 교회는 학생들의 삶에서 현장을 충분히 배려할 수 있는 터전으로서의 역할을 해줘야 할 것이다.

홍승영 _ 80년대 후반부터 기독교 교육의 위기를 이야기했다. 위기의식은 이 정도로 충분하고 이제는 소망의식을 가지면 좋겠다. 예전에는 교사세미나에 가면 재미있었는데 요즘은 무겁고 절망을 많이 느낀다. 이것부터 바뀌지 않으면 교회교육은 짐이 되고, 짐스러우면 잘하기가 어렵다. 하나님 앞에서 소망의식을 갖고 충분히 잘할 수 있다는 명제를 함께 품어나가면 좋겠다.

사회자 _ 이제 패배의식에서 벗어나 소망을 갖고 주일학교 아이들을 양육하길 기대한다. 두 분의 나눔에 감사를 드린다.

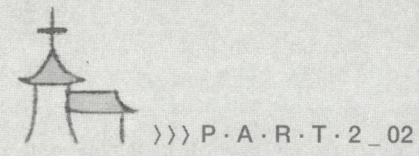

>>> P·A·R·T·2_02

교회는 다음세대를
어떻게 섬겨야 할까?

　　지금 대한민국에는 '기독교' 위에 '대학교' 라는 종교가 있다는 말이 있다. 학업에 대한 과도한 스트레스가 그 어느 나라보다 높은 대한민국에서 교회의 청소년사역은 어떤 상황일까? 그리고 믿음의 세대계승을 위해 바람직하게 작동하고 있는 것일까? 그래서 사랑의교회 교육부담당 김경덕 목사와 청소년사역 선교단체인 브릿지임팩트사역원의 고은식 대표와 함께 '교회는 다음세대를 어떻게 섬겨야 하는가?' 라는 주제로 다음세대들에게 어떻게 복음을 전하고, 어떻게 양육할지를 점검해보도록 하겠다.

　　사회자 _ 실제적으로 청소년들을 늘 가까이 하고 계시는데, 요즘 중2병, 고2병, 고3병 등을 앓고 있는 청소년들을 어떻게 사역하고 계

―――――――――――

※ 이 원고는 2014년 11월 8일과 15일에 방송된 원고이다.

시는지 소개를 부탁드린다.

김경덕 _ 사랑의교회에는 청소년부서가 총 5개 있다. 중등부 3개, 고등부 2개이다. 모든 교회가 마찬가지인데, 주일예배를 열심히 섬기고 부흥집회와 국내외 아웃리치 사역들, 수련회, 제자훈련, 큐티사역, 학교심방을 다니면서 친구들을 만나고 있다.

사회자 _ 교회사역은 그 자체가 전방위 사역인 것 같다. 그런데 청소년 전문 선교단체들이 점점 사라지고 있는 상황 아닌가? 브릿지임팩트 사역은 굉장히 귀할 것 같은데 사역의 내용과 목적을 좀 나눠주시면 좋겠다.

고은식 _ 브릿지임팩트 사역은 이름과 같이 다리역할을 하는 곳이다. 한국교회의 다음세대를 세우기 위해서 존재한다. 하나님과 교회, 교회와 청소년, 교회와 가정을 잇는 다리가 되자는 의미에서 사역을 진행하고 있다. 여러 가지 다방면의 사역을 하고 있는데, 청소년들을 직접 만나는 장으로는 청소년 캠프, 찬양 집회, 비보이를 통한 복음 공연, 교재개발을 통해서 청소년들에게 직접 다가가기도 한다. 또 사역자를 위한 청소년 사역자학교, 사역자 컨퍼런스 등을 통해서 사역자를 교육하는 자리도 마련하고 있다. 전문사역자 양성과정으로서 신대원생과 학부생을 위한 1년 과정의 인턴십 훈련도 하고 있다. 마지막으로 지역교회를 세우는 컨설팅 등으로 찾아가서 도와주는 사역도 하고 있다.

사회자 _ 교회 안팎에서 청소년들을 상담하고 격려하실 텐데, 특히

고3 수험생들을 보면 어떠한가?

고은식 _ 시험 때 특히 수능시즌이 오면 아이들은 신앙의 시험대에 서는 것 같다. 믿음의 자세에 따라서 세 가지 유형으로 나뉘는데, 믿음 없는 아이들의 경우, 또는 아이들은 믿음이 있으나 믿음 없는 부모님의 경우에는 교회를 멀리하게 된다. 수능이 다가오면서 고3 학생들이 빠져나가서 눈에 띄게 줄어드는 현상을 보게 된다. 인생의 가장 중요한 시기라고 할 수 있는데 그 시기를 하나님과 함께 견디는 게 아니라 오히려 믿음을 떠나게 되는 모습이다. 어쩌면 영원한 안녕이 될 수 있다. 또 한 유형은 믿음은 있으나 연약한 아이들이 있다. 이 아이들은 교회에 붙어 있기는 하는데 불안과 초조함은 더 강화된다. 주일예배 시간에 다른 친구들은 공부하는데 오히려 자신은 뒤처지고 있지 않나 하는 생각으로 강박관념을 갖게 된다. 기도를 하긴 하되 하나님이 자신의 삶을 인도해주실 것을 믿는 담대함이 아닌 부적과 같은 자세를 갖는 것 같다. 또 다른 유형으로 하나님을 인격적으로 체험하고 영접한 아이들에게는 오히려 담대함과 평안함을 경험하는 시기인 것 같다. 물론 약간의 불안함과 초조함이 있지만 이 아이들에게는 이와 같은 시기가 오히려 더 하나님 앞에 간절함을 가지고 나아갈 수 있는 시간이다.

사회자 _ 부모님은 신앙이 있음에도 불구하고 정작 자신의 믿음이 약해서 억지로 교회에 끌려나오는 아이들도 많지 않은가? 이 친구들은 도대체 어떻게 될까? 한국에 복음이 들어온 지도 130년이 넘었다. 이렇게 긴 역사가 있다 보니 가정에서 믿음을 전수받은 친구들도 많다. 교회에서 그런 친구들을 많이 볼 텐데 어떤가?

김경덕 _ 고등학생이 되면 부모님의 손에 이끌려오는 시기는 조금 지났지만, 사실 목사님이 말씀하신대로 심리적인 불안감이 종교행위를 하는 데 동기가 되기도 한다. 중학생까지는 용돈을 받거나 엄마와 싸우기 싫어서 교회에 오는 친구들이 있지만, 고등학생 이상이 되면 그런 경우보다 부모님께는 다른 곳에 간다하고 교회에 오는 친구도 있고, 기를 쓰고 예배에 참석하는 아이도 있다. 그 아이들의 마음에 무엇이 있는가는 하나님이 아시는데, 이 어려운 시기를 믿음으로 이겨내는 친구들이 있다는 것이 희망적이다.

사회자 _ 선교단체 사역을 하면 교회가 밖에서 별도로 청소년들을 만나는 건데, 그런 친구들은 대단한 믿음의 소유자인 것 같다.

고은식 _ 요즘 만나는 아이들은 몇 년 전보다 굉장히 유순하고 순종적인 아이들이 많다. 그것을 단편적으로 보면 요즘 교회의 아이들이 좋아졌다는 느낌이 들 수 있는데, 진단하기로는 반항적이고 자기 생각이 뚜렷한 아이들은 이미 교회에서 놓쳤고, 지금 교회에 남아 있는 아이들은 신앙을 떠나서 부모님께 순종적이고 긍정적인 아이들이 남아 있는 것 같다. 우리가 자랄 때만 해도 가정 안에서 신앙의 대 잇기가 이루어졌는데, 요즘은 그 부분이 실패하고 있는 것 같고 그게 한국교회 전체의 모습인 것 같다.

사회자 _ 그런 측면에서 본다면 공교육 문제를 다룰 수밖에 없는데 공교육 때문에 지금 학생들이 받는 스트레스가 굉장히 큰 게 사실이다. 교육시스템 때문에 신앙생활이나 믿음을 지키는 것, 교회에 출석하는 것이 힘들기도 한데, 어떻게 생각하시는지?

김경덕 _ 공교육에 대한 불신은 이미 우리 시대의 공공연한 현실이 되었다. 그래서 교회들을 중심으로 기독교 대안학교도 시작되었고, 그래서 이제는 기독교 대안학교에 대한 중간평가도 해야 하는 시기인 것 같다. 또 홈스쿨링을 하는 분도 계시고 여러 가지 시도가 있지만, 기본적으로 공교육을 배제하고 갈 수 없는 상황 속에서 그

> **그리스도인 교사들과 부모님의 역할이 굉장히 중요한다.**

리스도인 교사들과 부모님의 역할이 굉장히 중요한다. 공교육을 향해 누가 과연 돌을 던질 수 있을까? 결국은 그 시스템을 받아들이는 아이들에게 부모들이 어떤 가치관을 심어주는가의 문제라고 생각한다.

사회자 _ 점수로 환산되는 이 사회의 구조도 문제가 되지 않을까? 등수를 매기고 우열을 가리는 일을 안 할 수도 없는데, 어떻게 생각하는가?

고은식 _ 우선 공교육의 문제점을 외부적인 요인으로 생각해보면 소위 명문대를 가야 성공할 수 있다는 분위기 속에서 무한경쟁을 하게 되면서 여유를 잃어버리게 되는 것이다. 그래서 비전이나 행복, 그리고 신앙에 대해 고민할 여력이 없어졌다. 그나마 경쟁에서 살아남으면 행복이 보장된다고 하면서 좀 숨통이 트이게 되는 실정이었다. 그런데 요즘은 명문대를 가도 일자리를 찾기가 쉽지 않다 보니 아이들에게 큰 산

으로 다가와 있는 것 같다. 또 공교육의 내용도 절대적인 진리보다 상대적인 가치를 중시한다. 그런 교육내용으로 영향을 받고 있기 때문에 아이들에게 오직 예수 그리스도가 유일한 구원의 길이라는 사실을 믿는 믿음을 전수하려고 할 때 아이들이 거부감을 가질 수밖에 없는 환경에 있는 것 같다. 그래서 지금의 청소년사역이 그 어느 때보다도 힘든 시기이다.

사회자 _ 공교육이 시사하는 부분이 많은데 이런 상황에서도 다음 세대에게 신앙을 잘 전수하기 위해서 두 분이 애를 많이 쓰고 계셔서 감사하다. 청소년들을 섬기시면서 실제적으로 효과를 거두고 있는 부분들을 나누어주시면 좋겠다.

김경덕 _ 특별히 교육과 관련해서는 부모님의 의식을 바꾸는 것이 참 중요하기 때문에 청소년 자녀를 둔 부모를 위한 세미나와 기도회를 진행하고 있다. 그리스도인 부모로서 다시 거듭나는 변화가 없다면 아이들이 가정에서 가장 많은 가치관의 혼란을 경험하게 되기 때문에 교회교육과 같은 방향성 안에서 부모님이 같은 신앙적 가치관을 심어주도록 부모사역에 힘을 쏟고 있다. 특히 우리 교회는 제자훈련 철학을 가지고 사역하는 교회이기 때문에 주일교육만의 한계를 극복하기 위한 연장선상에서 토요일에 아이들을 힘 있게 제자훈련을 시키고 있다.

사회자 _ 지금 토요일에 모인다고 했는데, 그게 가능한가?

김경덕 _ 헌신된 아이들은 분명히 있고, 제자훈련은 모든 아이가 대상이 아니라 더 헌신된 아이들을 대상으로 하며, 그 또래의 아이들을 변화의 주역으로 파송하는 철학을 가지고 있다. 우리 교회는 토요일에 전 세대가 함께 모여서 새벽예배를 드린다. 그리고 마치자마자 각 부서에서 아이들 제자훈련, 엄마들 제자훈련, 이렇게 세대 간 제자훈련을 시키고, 제자훈련을 받은 지체들이 다시 공동체를 섬기는 사역을 진행하고 있다.

사회자 _ 어떤 의미에서는 믿음의 재생산이 일어나는 것으로 보인다. 제자훈련을 시키면 아이들이 동참을 잘하는가?

김경덕 _ 우리 교회는 제자훈련 철학이 있기 때문에 부모님도 원하고 아이들도 원한다.

사회자 _ 제자훈련이 문화로 자리 잡은 것 같다. 그런 의미에서는 아직 시도해보지 않은 교회들도 고3이기 때문에 안 된다는 생각을 버리고 시도해보면 좋을 것 같다.

김경덕 _ 충분히 가능하다. 실제로 고3 아이들 중에도 11월 정시에 매어 있지 않은 친구들이 있다. 그런 아이들을 중심으로 방학 때 6주 동안 집중적으로 사역한 적도 있었고 그 열매가 공동체를 풍요롭게 하는 현장을 확인하기도 했다.

사회자 _ 브릿지임팩트사역원도 주로 토요일에 모이는가?

고은식 _ 정기적으로 모이는 것은 거의 없고, 교회를 섬기는 차원에서 평일에는 교육활동으로 사역자들을 교육하고 학생들은 주로 시즌 때 만난다. 우리는 사역자들이 교회현장에서 사역하고 있기 때문에 주말에는 각자 교회에서 학생들을 만나고 있다.

사회자 _ 한국교회의 전반적인 문제와 맞물려 있는 문제이긴 하지만 청소년사역에 평생을 매진한 사람이 많지 않은 것으로 알고 있다. 상황이 좀 어떤가?

고은식 _ 청소년사역에 힘이 실리지 않는 큰 이유 중에 하나는 사역자들의 의식구조 속에 청소년사역은 담임목회를 하기 전에 지나가는 사역으로 생각하기 때문이다. 청소년사역을 잘하던 분들도 몇 년 후에는 장년사역으로 옮겨가기 때문에 전문성이 필요하지만, 지금은 신대원에서 공부하고 있는 분들이 잠깐 맡았다가 그만두는 경향이 있어서 전문성이 아쉽다. 그래서 그 부분에 대해 우리는 전문훈련과정을 중요하게 생각한다.

사회자 _ 지속적인 사역이 안 된다는 지적이신 것 같다.

김경덕 _ 그런 아쉬움들은 현장에 있는 모든 사역자가 공감하는 부분이다. 북미만 해도 청소년과 어린이사역에 헌신하는 분들이 많이 계시는데 한국교회 상황에서는 아직 요원한 것 같다. 절망하고만 있을 수는 없고 담임목회자가 되든 다른 세대의 사역자가 되든 간에, 중요한 것은 청소년사역이 세대 계승이라는 철학을 갖는다면 이 사역의 흐름들이 잘 이어가지 않을까 생각한다.

사회자 _ 그런 점에서 한국교회가 믿음의 다음세대를 품어야 된다고 하는데, 전문사역자로서 한국교회 청소년사역에 있어서 고쳐야 할 부분이 있다면 무엇이라고 생각하는가?

김경덕 _ 청소년 시기는 발달심리학자들이 정의할 때 질풍노도의 시기, 위기의 시기라는 말로 정의하는 것을 볼 때 참 힘든 시기임에는 틀림없다. 교회 안에 있는 청소년들도 힘든 세대인 것이 틀림없는데, 아이들에게 비전과 꿈이 없다고 나무라기 전에 먼저 교사와 사역자가 자신을 돌아보아야 한다. 청소년들은 어른들의 거울이자 자화상이기 때문에 먼저 모범을 보여주는 것이 필요하다고 생각한다.

사회자 _ 선교단체에서 청소년을 대상으로 사역하는 분이 그렇게 많지는 않은 것 같다. 그곳에 직접 가서 일하고 싶어 하지 않는 경향도 있을 텐데, 이 상황을 어떻게 받아들이고 또 해결해나가고 계시는지?

고은식 _ 말씀하신대로 쉽지 않은 사역이다. 이 땅에서 어떤 보상을 바라거나 만족할 만한 자리는 분명히 아니다. 청소년사역 자체가 거두는 사역이 아니라 뿌리는 사역이기 때문에 칭찬과 만족보다는 인내와 헌신이 요구되는 사역이다. 그러나 분명한 것은 그곳에 뿌려진 씨앗이 한 인생을 변화시키고, 그 한 사람을 통해 이 민족을 회복시키실 수 있는 하나님의 능력을 바라보고 나아가야 한다고 생각한다. 청소년 사역자들이 힘든 자리이다. 청소년사역은 교회에서 귀하게 여기고, 또 투자를 계속해야 되는 곳이다. 만약 한국교회가 지금을 놓치면 20년이나 30년 뒤에는 미래가 없다. 구호로만 그칠 것이 아니라 담임목회자들부터 이 부분에 대해서 각성하고 같이 마음을 모아서 갈 수 있으면 좋겠다고 생각한다.

사회자 _ 청소년목회는 흩어 뿌리는 사역이지 거두는 사역이 아닌데 이 부분을 도외시했을 때는 미래를 약속받을 수 없다. 충격적인 통계 가운데 하나가 2013년 CCC에서 발표한 조사 결과다. 대학 신입생들을 대상으로 조사했더니 초중고 시절에 열심히 신앙생활을 하던 아이들이 대학에 와서도 신앙생활을 하는 비율은 겨우 27%였다고 한다. 그러니까 10명 중 3명이다. 교회 허리인 청년들이 사라지고 있다. 실질적으로 교회가 어떻게 섬기고 있는지에 대한 전략의 부재라고 말해야 할 것 같다. 그런 점에서 청소년목회와 청년목회의 연계성을 어떻게 하면 좋을까?

김경덕 _ 교회 안에서 어른들이 청소년을 대할 때 수능만 잘 치르면 대학에 가서 자유롭게 신앙생활을 하고 봉사도 하고 연애도 해도 된다는 인식들이 청소년기의 신앙생활을 망치는 중요한 요인이라고 본다. 그리고 중고등부 아이들을 너무 필요 이상으로 지나치게 위로하고 격려하며 마치 온실 속의 화초처럼 키울 것이 아니라 아이들이 대학에 가서 싸워야 할 문화가 얼마나 패역하고 악한지에 대해 분명한 경종을 울려주어야 한다. 지금 이 시기에 철저하게 말씀과 기도로 훈련받지 않으면 대학생활을 이겨낼 수 없다는 강력한 자기 인식을 심어주는 것이 중요하다. 그리고 무엇보다 제일 중요한 것은 성경을 가르치는 것이다. 청소년사역은 아이들이 관심 가지고 있는 미래, 입시, 이성교제 등의 주제를 가지고 다루다 보니 정작 아이들이 성경을 모르고 복음을 경험하지 못한 상태에서 대학생이 된다. 그러니까 대학생활을 이겨낼 힘이 없다. 말씀 중심으로 돌아가는 것이 이 시기에 가장 필요하다고 생각한다.

사회자 _ 정확하게 짚어주신 것 같다. 좀 극적인 질문이 될 것 같은데 수능시험 직전에 있는 아이들에게 교회가 어떻게 다가가야 할까?

고은식 _ 아이들에게 가장 중요한 것은 수능을 잘 치는 것이 목적이 아니라 하나님과 동행하는 과정 속에서 하나님이 나와 함께하신다는 믿음을 가지고 나아가는 것이다. 하나님 앞에서 최선을 다하고 하나님이 열어주시는 길을 담대하게 나아가며 천국 소망을 품고 있는 아이는 언제나 담대함과 평안함을 유지할 수 있다는 생각이 든다. 수능을 잘 보게 하는 것보다 제대로 된 복음 메시지를 전해서 이 아이들이 하나님 앞에서 중심을 잡을 수 있도록 지도해주는 것이 필요하다고 생각한다. 인구의 자연감소보다 교회 청소년부를 비롯한 교육부서의 감소 폭이 훨씬 큰데, 그 중심에는 포스트모던사회에서 절대적인 진리보다 상대적인 가치를 우선시하는 큰 파도 앞에 있다는 것이다. 그런데 문제는 교회 안에서도 이를 견뎌낼 수 있는 복음의 능력을 잃어버리고, 물질만능주의로 세속화가 이루어지면서 신앙적인 가치관이 무너지고, 이것이 개인신앙의 체력을 약화시켰다고 생각한다. 그래서 가정 안에서 신앙교육이 실패하는 모습을 보이는 것 같다. 직분자마저 자녀교육은 신앙교육보다 입시위주의 교육을 우선하는 것을 보면서 우선순위가 하늘에 있는 것이 아니라 이 땅 가운데 있는 것을 보게 된다. 요즘은 청소년 사역자들이 많이 외로울 것 같다. 예전에는 청소년 사역자들의 열심으로 교회의 부서가 세워지고 부흥하는 시대가 있었는데, 지금은 주님이 오신 이래로 가장 힘든 시대인 것 같다. 교회에서 교육부서가 안 되는 것을 청소년 사역자들이 게으르기 때문이라고 단순히 폄하하는 것은 잘못이다. 교회와 가정과 사역자가 함께 합심해서 세워나가야 할 영역이라고 생각한다.

사회자 _ 실제적으로 교회현장 안에서 학년이 올라갈수록 아이들의 숫자가 줄어드는 것을 보면서 어떻게 생각하는가?

김경덕 _ 입시 지상주의는 전 세계 가운데 대한민국만의 특별한 정서인 것 같다. 대한민국의 유일한 거대 담론은 입시인 것 같다. 입시에 가까운 학년이 될수록 줄어드는 현상이 대한민국 6만 개 이상 되는 교회들이 똑같이 겪는 일이다. 그 외에도 세대와 세대를 분리시키는 사회적 요인도 있는 것으로 본다. 나만 해도 아날로그시대에 태어나서 디지털을 경험한 세대이지만, 지금의 청소년들은 디지털세대에 태어나서 아이패드로 한글을 배우고 디지털 없이는 하루도 살아갈 수 없는 사고와 생활패턴 자체가 디지털화 된 신인류가 탄생한 것이다. 그것을 아날로그세대의 교사와 부모들이 가르치기에 사고의 격차가 생기고 단절이 있어서 신앙계승의 단절을 만든 게 아닌가 생각한다. 교회에서 교사들이 학생들을 가르치기 어려운 이유, 부모들이 청소년 자녀들과 대화하기 어려운 이유에는 그런 사회적인 요인이 깔려 있다는 생각을 해본다.

사회자 _ 그럼에도 불구하고 모든 세대를 초월하는 변질되지 않아야 할 본질은 있지 않은가?

김경덕 _ 모든 것이 가변적이고 일시적인 시대일수록 변하지 않는 가치를 가졌다는 것은 오히려 포스트모던 세대에게 희망을 준다. 마치 어두운 시대를 밝히는 등대와 같다. 다원화된 세대 가운데 유일한 진리를 선포하고 전달하는 기독교가 상대적으로 입지가 좁아지는 측면도 있지만, 오히려 다변화 사회에서 변치 않는 하나의 진리

> **변하지 않는 가치를 가졌다는 것은 오히려 포스트모던 세대에게 희망을 준다.**

를 가르치고 기록된 계시로서 성경을 전하는 사역은 우리에게 너무나 필요하고 희망이 된다고 생각한다.

사회자 _ 그렇다면 지금 청소년들을 전도할 때 어떤 방법으로 하는 것이 좋을지 제안해주시면 감사하겠다.

고은식 _ 정답은 없는 것 같고, 방법론적으로 접근하기보다는 우리의 자세를 점검할 필요가 있을 것 같다. 첨단기술시대에 사람들이 갈망하는 게 하이터치이다. 인간의 영혼에는 하나님이 주신 영원을 갈망하는 마음이 있는데, 그에 대한 결핍이 더 크기 때문에 그러한 부분에서 진심으로 다가간다면 위기를 기회로 만들 수 있다. 한때 강남의 모 고등학교에 매주 햄버거를 들고 찾아가서 사역했는데 부유한 집의 아이들이었는데도 불구하고 햄버거 때문에 몰려왔다. 어른이 아무런 대가

없이 와서 가장 중요한 가치를 전해주고 싶다고 하니까 처음에는 4~5명 정도 모이다가 나중에는 60~70명이 모여서 그 자리에서 복음을 들었다. 이 복음을 새로 접하는 아이들은 예수님의 사랑에 대해 이런 것이 있었나 하고 놀라는 모습이었다. 이런 부분을 잘 채워줄 수 있다면 기독교의 절대 진리가 얼마든지 승리할 수 있다고 생각한다.

사회자 _ 결국은 진정성 있는 자세가 중요하다는 말씀으로 들린다. 그럼에도 불구하고 방법론도 더 많이 개발되어야 되지 않겠는가? 김 목사께서는 교회에서 아이들을 성숙시키기 위해 어떤 방법들을 개발하고 있는가?

김경덕 _ 청소년사역을 하면서 여러 어려운 점은 첫째, 아이들을 만나기가 어렵다는 것이다. 주중에 아이들을 만나는 것은 거의 불가능하다. 그래서 온라인을 적극적으로 활용하는 부분이 있고, 아이들을 만나기 위해 발품을 팔아야 하는 시대다. 학교로 찾아가고 독서실로 찾아서서 삼깐 대화를 나누면서 하나님의 사랑을 전하는 방편으로 사용할 수 있을 것이다. 요즘 청소년들은 이어폰을 끼고 스마트폰을 들여다보며 그 세계 안에 갇혀 산다. 그런 아이들에게는 전도하는 방식도 디지털을 사용해야 하는 시대가 되지 않았나 생각한다. 우리 교회도 처음 교회에 오는 친구들에게 복음을 소개할 때는 디지털을 사용하면 좋겠다는 생각으로 새가족반 교재를 디지털과 병행해서 시도해보고 있다. 디지털이 복음을 전하는 데 효과적인지에 대한 임상결과는 아직 없다. 본질은 전달방식이 아니라 내용이라 생각하고 복음을 훼손하지 않고 전달하는 일은 끊임없이 이루어져야 하기 때문이다. 한 친구는 신앙생활을 잘하는 고등학생 자매인데 처음에 교회에 어떻게 나오게 되었는지 물었더니 거리에서 나눠주는 전도지에 써진 "하나님은 당신을 사랑하신다"라는 말에 너무 감동이 되어서 교회에 나와 신앙생활을 하고 있다고 대답했다. 정말 인생의 무게에 버거워하고 있을 때 전달되는 복음의 메시지, 사랑의 메시지가 아이들에게 희망이 되는 현장을 경험하고 있다.

사회자 _ 감동이다. 청소년 사역자들을 훈련시키면서 피드백 받는 것이 있을 텐데, 정말 좋았던 것이 있다면 무엇이었는지 나눠주시면 좋겠다.

고은식 _ 지금 시대가 바뀌었다고 해서 방법도 바뀌어야 할 것으로 생각을 많이 하는데, 여러 가지 접근방법 중에 지금도 여전히 통하는 것은 아이들의 삶의 자리로 찾아가는 것이다. 우리가 너희에게 다가가겠다는 자세가 필요한 것 같다. 시험기간에는 터치할 수 없는데, 한 전도사가 학원과 독서실에 있는 아이들에게 "내가 교회에서 9시부터 새벽 1시까지 너희를 기다리고 있으니까 공부도 하고 치킨도 먹고 가라"는 메시지를 보냈다. 그러자 아이들이 그냥 터덜터덜 왔는데, 전도사님이 거창한 기도를 하거나 말을 많이 하는 게 아니라 가볍게 등을 두드려주면서 "수고한다. 잘하고 있다"라고 짧은 몇 마디로 격려해주자 나중에는 시험 때마다 아이들이 전도사님의 연락을 기다리는 것을 봤다. 그리고 교회를 안 다니는 아이들도 따라와서 치킨도 먹고 격려받고 하면서 교회에 나오게 되는 경우도 있다고 한다. 이처럼 아이들에게 삶의 현장으로 다가가는 것이 가장 중요한 사역이라고 생각한다.

사회자 _ 결국 이것은 예수님이 복음서에서 보여주신 방법이다. "따뜻한 접촉을 자주해라." 하지만 많은 시간이 필요하기에 교회 차원에서 사역자들에 대한 배려가 먼저 있어야 할 것으로 보인다.

김경덕 _ 그래서 청소년 사역자들은 풀타임사역자여야 한다. 신대원생들이 공부에만 신경 쓰다가 주말에만 사역해서는 상당히 어렵다.

사회자 _ 두 목사님께서 청소년들을 향한 사역을 오랫동안 해오셨는데, 개인적으로 따뜻한 이야기를 좀 나눠주시면 좋겠다.

김경덕 _ 청소년시절에 행복한 교회생활을 했던 기억으로 가득하다. 토요일마다 모여서 성경공부를 하고, 성탄절에 새벽송을 다니고, 청소년 중창단대회의 기억과 여름수련회, 겨울부흥회, 그리고 청소년 때의 꽃은 '문학의 밤'인데 행사를 위해 매일 교회에 가서 기도하고 준비했던 아름다운 추억들이 오늘의 우리를 만들지 않았나 생각한다. 오늘날 성인이 된 그리스도인들의 소중한 영적 추억이었던 것 같다. 그 시절에 기도하며 만났던 하나님이 평생 내 인생의 주인이 되어주셨던 경험이었다.

사회자 _ 그 시절에는 기타 하나만 가지고도 두세 시간 노래했었는데, 요즘 친구들이 그럴 수 있을까?

김경덕 _ 정말 다른 문화가 된 것 같다.

사회자 _ 그럼에도 불구하고 목사님의 메시지를 통해서나 아니면 선생님의 배려와 관계를 통해서 변화되는 아이들을 종종 보는가?

김경덕 _ 가출한 아이를 찾으러 다니다가 그 아이와 만나서 햄버거를 먹고 이야기를 나눈 다음 집으로 돌아와서 같이 신앙생활을 했던 경우가 있다. 그 교회를 떠나올 때 이 친구가 불러줬던 축복송을 잊을 수가 없다. 이 시기에는 설교 한 편에 인생이 좌지우지되는 것을 경험하게 된다. 수련회에서 설교를 듣고 인생의 방향을 바꾼 고3 학생도 있었다. 그리고 부모님과의 깊은 상처 때문에 놀이터에서 밤늦게까지 대화를 나눴던 친구들이 대학생이 되어서 부모님을 용서하고 화해하는 간증들이 많다. 가장 불안한 시기이지만 복음이 접촉되기가 가장 쉬운 시기라는 생각도 많이 한다.

고은식 _ 저의 부친은 개척교회에서 목회를 하셨고, 형은 어렸을 때부터 아버지를 따라 목사가 되겠다고 했다. 나는 어렸을 때부터 세상에 나가 세상을 누리고 돈도 벌면서 장로가 되어서 두 명의 목회자를 지원하겠다는 생각을 갖고 있었다. 그런데 고등학교 2학년 때 여러 가지 꿈을 갖고 설레는 마음으로 공부를 열심히 하던 시기에 교통사고를 당할 뻔했던 적이 있었다. 심부름 때문에 전속력으로 달리고 있었고, 그때 택시 한 대가 신호를 놓치지 않으려고 전속력으로 달려왔다. 그 순간 죽었다고 생각했는데 누가 뒤에서 잡아당겨 180도를 돌아서 겨우 가방만 택시 백미러에 치었다. 그때 누가 나를 잡아줬는지 보았는데 제 주변에는 아무도 없었다. 한 친구는 자기 눈앞에서 교통사고가 났다고 생각하면서 울고 있었다. 그때 저를 살리신 분은 바로 하나님이시라는 것을 알았다. 그래서 하나님께 감사하면서 진로를 결정하는 시기였는데, 제가 영원히 살 것만 같았지만 언제라도 하나님이 데려가시면 바로 하늘나라에 갈 수밖에 없다고 생각하게 되었다. 그러면 주님을 만나기 전까지 가장 중요하고 가치 있는 일을 하자고 생각했다. 그 당시에 주변을 둘러보니 청소년 아이들이 따뜻한 사랑의 손길이 없어 변질되는 모습들을 보면서 청소년사역을 평생 하고 싶다고 생각하게 되었다.

그 뒤 사역을 하면서 현장에서 만나게 되는 특별한 이벤트나 엄청난 사건을 통해서가 아니라 저랑 같이 있던 한 학생이 생각난다. 이 학생은 학생회장이었고 키도 크고 훤칠하게 잘 생긴 친구였다. 이 친구가 어느 날 놀다가 갑자기 울기 시작했다. 고등학교 2학년이었는데 자기에게는 꿈이 없고 대학도 가기 싫고 삶을 살아가는 이유를 모르겠다고 했다. 주변에서 잘한다고 칭찬하니까 학교나 가정이나 교회에서 가면을 쓰고 있었던 거다. 그때 해줄 수 있는 게 없었다. 그냥 들어주고 다독여주고 나의 청소년시절 이야기를 해주면서 공감해주었다. 그때 나의 무능함 때문에 자괴감에 빠졌었다. 근데 이 친구가 주일날 와서 싱글벙글하면서 완전히 뒤바뀐 모습을 보여주었다. 그러면서 자신에게 꿈과 비전이 생겼는데 바로 청소년 사역자가 되는 것이라고 했다. 자기가 너무 힘들어서 죽고 싶었는데 옆에서 들어주고 공감해주고 품어준 사람을 보면서 가치를 발견했던 것이다. 지금은 저와 함께 사역을 하면서 신학을 공부하고 있다. 저는 오히려 좌절감을 느꼈지만 진심이 통했던 것 같다. 그래서 아이들을 사랑하고 아이들의 옆에 있어만 준다면 우리 아이들은 하나님 안에서 변화된 인생으로 나아갈 것이라고 생각한다.

사회자 _ 하나님의 시각과 목사님의 시각이 달랐던 모양이다. 그런 점에서 지금 수능 이후에 각 교회마다 청소년 사역자들이 어떻게 아이들을 변화시킬지 열심히 고민하고 있을 것 같은데, 청소년 사역자들에게 힘내라고 격려 좀 해주시면 좋을 것 같다.

고은식 _ 청소년사역을 비중도 없고 대단하지 않게 생각할 수 있다. 그러나 하나님의 시선으로 바라봤을 때는 이 세상에서 할 수 있는 그 어떤 일보다 귀하고 소중하고 값진 일이다. 청소년 사역자나 교사를 하나님이 세우셨다면, 그 사람을 통해서 하실 일이 있고, 또 믿을 만해서 구원투수로 그 자리에 세우신 것이다. 하나님이 함께하신다는 마음으로 하나님이 거두실 열매와 하늘의 상급을 바라보면

> **청소년기는
> 인생의 계절 가운데
> 가장 중요한 시기이다.**

서 기쁨의 씨앗을 뿌리면 좋겠다. 그리고 우리 브릿지임팩트사역원도 그런 사역을 위해 존재하기 때문에 언제든지 필요할 때 연락을 주시면 함께 고민하고 나아가겠다.

김경덕 _ 발달심리학자인 에릭 에릭슨은 청소년기를 정체성 위기의 시기로 규정을 하면서 이 시기에 자기 존재의 해답을 찾는 것이 청소년기 이후의 인생에 결정적인 영향을 미친다고 말했다. 그렇다면 청소년기는 인생의 계절 가운데 가장 중요한 시기이다. 이 시기에 자신이 누구이고 어디를 향하는지, 자신에게 꼭 맞는 자리는 어디인지를 찾아주는 것이 우리 사회가 해주어야 할 가장 큰 일이다. 그런데 유감스럽

게도 학교와 사회와 가정이 그 일을 잘해주지 못하는 게 우리의 현실이다. 그래서 그 일을 할 수 있는 곳은 교회밖에 없다고 생각한다. 하나님의 말씀을 정확히 가르치고 하나님을 만나게 하고 하나님이 이 세상에 보내신 목적을 발견하게 하는 것이야말로 그 아이들의 인생을 가장 축복하는 최고의 일일 것이다.

사회자 _ 그런 차원에서 보면 엄청난 특권을 가진 것으로 생각된다. 그런데 가정의 이야기를 안 할 수 없는데 부모님이 교회의 청소년 부서를 바라보는 시각이 바뀌어야 할 것 같다. 시험을 잘 보고 성공하는 것도 중요하다. 그와 동시에 신앙생활의 우선순위가 바뀌면 안 될 것 같은데, 부모님들께도 한말씀 부탁드린다.

고은식 _ 부모들의 착각 중의 하나는 자녀가 고등학교를 졸업하고 대학에 진학하고 나서도 계속 통제될 수 있을 것으로 생각하는 것이다. 그런데 사실은 한 번 밀린 우선순위는 다시 회복되기 어렵다. 아이들이 고등학교 때는 공부를 열심히 하고 좋은 성적을 거둬서 그것으로 하나님께 영광을 돌려드려야 한다고 생각한다. 그런데 이보다 선행되어야 하는 것은 당장 오늘 주님이 오신다고 했을 때 이 아이가 천국에 갈 수 있는지 복음에 대한 점검이 필요하다. 만약에 그게 불확실하다면 먼저 아이들을 교회로 보내고 지원해야 한다. 그런데 안타까운 것은 학원 선생님들과는 친한데 교회사역자나 교사와는 과연 소통이 있는가 하는 것이다. 우리 아이들의 신앙교육을 담당하는 분들과 연계하여 같이 기도하면서 아이들을 인도했을 때 아이들이 바른 믿음으로 자라날 수 있도록 우선순위를 놓치지 않으면 좋겠다.

김경덕 _ 부모님이 자녀들을 사랑하는 방식이 변해야 한다고 생각한다. 자녀들을 사랑하는 마음으로 학교에 보내고 학원에 보내고 주일학교에 보내는데, 신앙교육에 대해서 성경이 말씀하시는 것은 네 학생에게 가르치라 하지 않고 네 자녀에게 가르치라고 했다. 말씀대로 부모님이 자녀에게 가르칠 영적 책임이 있는 일차적인 책임자라는 것을 아시면 좋겠고, 그 일들을 교회가 돕고 협력한다는 인식 속에서 교회 주일학교와 부모님이 함께 아이들을 인도해야 한다고 생각한다.

사회자 _ 아버지와 어머니의 심정으로 아이들의 진로와 영혼을 위해 봉사하려는 목회자와 교사들이 있다는 것은 한국사회가 오히려 희망을 가져야 할 것 같다. 그런 점에서 아무 대가를 기대하지 않고 계속해서 비용을 지불하기만 하는 교사들에게 박수를 보내지 않을 수가 없다. 끝으로 한국교회에서 청소년사역을 위해 책임 있는 분들에게 부탁의 말씀을 해주시면 좋을 것 같다.

김경덕 _ 청소년사역이 안 되는 이유에 대해서 분석하고 염려하는 사람들은 많지만, 정작 청소년을 찾아가서 복음을 전하고 함께 고민하고 울어주는 사람은 많지 않은 것 같다. 제가 기도하는 부분은 청소년사역 현장에 하나님의 마음을 품은 사람들을 계속해서 보내주시면 좋겠다는 것이다. 그리고 한국교회와 모든 그리스도인이 이 일에 마음을 모아주시면 좋겠다. 또한 대한민국 청소년들이 수능과 대학입시만을 목표로 삼는 게 아니라 과정으로 생각하면서, 또 하나님이 나를 이 땅에 보내신 이유를 발견하기 위해 공부하고 하나님의 목적을 내 인생의 목적으로 삼고 살아갈 수 있기를 바라며 기도하면 좋겠다. 그리고 정말

이 힘든 현장을 눈물과 헌신으로 지키는 사역자와 교사들의 기도를 통해 하나님이 다시 한 번 이 땅에 부흥을 허락하시리라고 믿는다.

고은식 _ 한국교회의 미래에 대해서 암울하게 예견하고 소망이 없다고 하는데 우리가 바라봐야 될 것은 현상이 아니라 하나님이다. 변화된 한 사람을 통해 민족을 구원하셨던 하나님을 바라보면서 더 이상 담론에 그치는 게 아니라 오늘 만나는 아이들에게 진심으로 다가가서 헌신할 수 있으면 좋겠다. 그리고 이미 그 자리에서 수고하시는 청소년 사역자들을 지원해주고 격려해주면서 함께 갈 수 있으면 좋겠다.

사회자 _ 한 자녀 한 자녀가 중요하다는 생각을 다시 한 번 해본다. 인생에서 가장 중요한 시기를 보내야 될 청소년들을 끝까지 주님의 사랑으로 품으려고 하는 교사와 목회자가 있는 사실 자체에 가슴이 뛴다. 오늘 함께해주셔서 감사드린다.

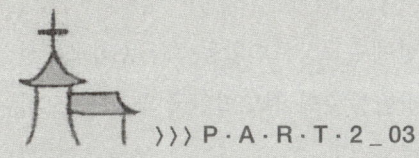

>>> P·A·R·T·2_03

다음세대를 살리는 여름사역,
어떻게 할 것인가?

각 교회 주일학교 1년 예산이 최고로 집중되는 시기는 여름이다. 여름이 오면 각 교단의 교회교육 관련기관들과 어린이 선교단체들의 발걸음과 준비도 덩달아 바빠진다. 담당교역자나 교사들에게는 1년 중 가장 분주한 시간이지만, 주일학교 학생들의 신앙을 키우고 새로운 은혜를 경험하도록 하기에는 더할 나위 없이 좋은 기회임에 틀림없다. 그래서 각 교회들이 이번 여름, 여름성경학교를 어떻게 효율적으로 계획하고 운영하는 것이 바람직할 것인가를 짚어보기 위해 '다음세대를 위한 여름사역, 어떻게 계획하고 운영할 것인가?'를 주제로, 독일에서 미성년기독교교육을 전공하고 안양대학교와 총신대신대원을 비롯한 주요 신학대학교에서 기독교교육을 강의하는 정은상 박사(현재 경민대학교 교수)와 독특한 주일학교 교육과 사역으로 관심을 끌고 있는 한주

※ 이 원고는 2016년 6월 18일과 25일, 7월 2일에 방송된 원고이다.

교회 김태훈 담임목사, 그리고 대한예수교장로회합동총회 총회교육진흥원 연구원 나현규 목사(현재 예장합동총회 전도법인국 과장)를 모시고 이야기를 나눠보려고 한다.

사회자 _ 세 분은 여름에 더 바쁘실 것 같은데, 먼저 소개를 부탁드린다.

정은상 _ 저는 독일 개신교회 연합에서 진행했던 미성년자 교육과 사역에 대해서 공부했고, 그것을 바탕으로 어떻게 한국교회에 적용할지 연구 중에 있다.

사회자 _ 미성년 교육이라고 범주를 나누셨는데 독특한 것 같다. 미성년 교육이란 무엇인가?

정은상 _ 흔히 주일학교를 개념상으로 성인교육을 포함해서 말하는데, 미성년자 교육은 성인과 구별되지만 성인보다 부족한 신앙을 가진 대상이 아니라 성인들과는 다른 자기들만의 신앙세계를 가진 대상으로 생각하고 사역한다는 의미가 있다.

나현규 _ 저는 예장합동 총회교육진흥원에서 교재 발간과 기획을 담당하고 있다.

김태훈 _ 저는 이 시대의 언어로 다음세대와 소통하는 한주교회를 담임하고 있다. 언론대학원에서 커뮤니케이션을 전공했다. 그래서 이

시대에 소통하는 교육에 대해 고민을 많이 하고 실제적인 여러 시도를 하고 있다.

사회자 _ 지금 한국교회가 열패감과 낮은 자의식을 갖는 이유는 주일학교 교육이 세상 교육에 비해 뒤처졌다고 생각하기 때문인데, 한주교회는 많이 다른 것 같다.

김태훈 _ 우리 교회는 끊임없는 변화를 시도하는데 그 시도가 어느 정도 열매를 맺고 있는 단계인 것 같다. 그것을 목회자들과 나누고 있고 교단에도 참여해서 교육하고 있다.

사회자 _ 먼저 세 분께 각각 여쭙겠다. 한국교회의 교회교육에서 현재 가장 고민하고 계신 부분은 어떤 것인가?

나현규 _ 저는 최근 들어 어떻게 하면 주일학교 교사들을 도울 수 있을까를 깊이 고민하고 있다. 그러면서 교사들의 정체성을 정립하고 세워주기 위해 고민 중이다.

사회자 _ 교사들이 바로 서면 주일학교 교육이 효과적이라는 생각이신 것 같다. 그런 관점에서 볼 때 얼마나 많이 무너져 있다고 생각하는가?

나현규 _ 단순히 무너졌다는 표현보다는 갈급해하고 있다는 표현이 맞을 것 같다. 필요와 채움을 요구하고 있다.

사회자 _ 그런 의미에서 채워줘야 될 기관들이 준비를 해야 한다는 말로 들린다. 정 박사께서는 독일에서 공부하고 들어온 지 얼마 되지 않았기 때문에 쉽게 비교하여 말씀하실 수 있을 것 같은데, 한국교회의 어떤 부분이 가장 고민되는가?

정은상 _ 신대원에서 수업을 진행하면서 들어보면 전도사님들이 좋은 아이디어를 가지고 교회에서 시도하려고 하는데 교회 차원에서 거부하는 경우가 많은 것 같다. 그래서 한국교회에서는 담임목회자 교육이 가장 시급하다고 본다. 전체적인 교회 차원의 교육 결정권은 담임목사와 당회에 있기 때문에 이분들을 대상으로 다음세대를 위한 교회교육이 얼마나 중요한지를 가르치는 것이 시급하다고 생각한다.

김태훈 _ 목회자들이 다음세대에 대한 고민이 많고 교사들도 역시 열정이 식지 않았다고 생각한다. 그런데 문제는 아무리 열심히 해도 교육적 효과가 나타나지 않는다는 것이다. 저는 이것을 언어의 문제라고 생각한다. 나라와 시대별로 분명히 언어가 다른데 아직까지 우리는 기존의 언어만을 구사하고 있다. 외국에 가서 복음을 전한다고 생각하면 좋을 것 같다. 언어가 통하지 않으면 열정과 힘이 있어도 많은 어려움이 있을 것이다. 흔히 선교사들이 외국에 가서 복음을 전할 때 5년 이상 언어공부를 하고 복음을 전하는 것처럼 우리가 이 시대에 소통될 수 있는 언어에 대한 훈련이 필요하다고 생각한다.

사회자 _ 열심은 식지 않았는데 방법에 문제가 있다고 보는 건데, 어떤 부분이 제일 열악한가?

김태훈 _ 교육체계 전반에 대한 패러다임이라고 본다. 예전에는 도스라는 프로그램을 썼지만 지금은 모니터도 좋아지고 마우스도 좋아졌다. 아이들은 업그레이드가 되었는데 도스라는 운영체계가 한 번도 업그레이드되지 않은 것과 같다. 기존의 방식 그대로 진행되는 교육은 문제가 있다고 본다.

사회자 _ 귀한 지적을 해주셨다. 그러니까 한국교회 내 다음세대 양육과 부흥에 대한 각 교회들의 관심과 지원에 대해 열정이 식지 않았다고 하셨는데, 전체적으로 어떻게 평가하시는가?

나현규 _ 담임목사의 가치관에 따라서 차이가 크기에 양극화가 일어난다. 교회별로 천차만별이어서 이런 부분에 있어서 교육이 필요하다고 생각한다.

사회자 _ 신대원에 재학하는 전도사님들이 직접 사역하는 것을 보면서 교회 전체적으로 열정은 있어도 많이 열악하고, 또 주일학교 사역은 담임목회자로 나아가는 과정의 하나로 생각하지는 않은가?

정은상 _ 거의 신대원에 입학하면 교육부서 사역을 담당하게 된다. 이분들을 대상으로 교육전문가로서 교육에 대한 수업을 얼마나 들었고, 또 책은 얼마나 읽었는지 조사해본 적이 있는데 결과를 보고 깜짝 놀랐다. 거의 3권 이상을 읽지 않았다. 그만큼 교육을 너무 쉽게 생각하는 것 같다. 교육을 진행하기 위해서는 학습자에 대한 책도 읽고 방법과 내용에 대한 연구도 해야 하는데, 준비가 부족한 상태에서 오직 몸으로만 많은 시행착오를 겪으면서 무작정 부딪치려고 하는 것 같다. 그렇기에 교육적인 차원에서 질적으로 높은 기독교 교육에 대한 훈련이 선행되어야 할 것이다.

사회자 _ 김 목사께서는 담임목사로서 교회학교의 중요성을 알고 사역하시는 분이니까 그 교회의 사역자들은 생각이 많이 다를 것 같은데 어떤가?

김태훈 _ 아까 언어에 대한 말씀을 드렸는데 언어가 안 되는 사람들의 특징은 비싸면 좋은 것, 그리고 남이 하면 좋은 것이라고 생각한다. 그런데 언어를 할 수 있으면 비싸지도 않고 남이 하지도 않지만 자기 나름대로 나아갈 수 있다. 지금 한국교회는 항상 제일 비싼 것을 생각한다. 교육관을 지어야 교육이 되고 남들이 하는 프로그램을 해야 한다고 생각하지만, 반면에 스마트시대에 함께 참여하는 교육에 대한 인식은 없는 것 같다. 함께 참여하면서 우리 교회만의 교육을 할 수 있는 그런 마인드가 있어야 한다.

사회자 _ 다음세대 육성의 중요성은 인식하지만, 주일학교를 둘러싼 내외환경은 갈수록 어렵고 그 연장선에서 여름성경학교도 마찬가지다. 요새는 아이들의 방학일정도 서로 차이가 많이 나고 교사들의 헌신도 직장과 관련해서, 그리고 아이들도 바빠서 어려움이 많은데, 이런 문제들을 어떻게 해결하고 계시는가?

김태훈 _ 예전에는 7명에서 70여 명까지 부흥시켰던 적도 있는데 지금은 그렇게 하기가 힘든 상황임에는 틀림없다. 초등학생이 1990년에 487만 명, 2000년에 402만 명, 그리고 2014년에는 273만 명으로 거의 반으로 줄었다. 이렇게 수적으로 줄어들었을 뿐만 아니라 예전에는 교사나 교회에서 아이들이 점점 늘어나는 성취감과 부흥에 대한 기대가 있었는데, 지금은 아이들을 어떻게 교육해야 할 것

> **신앙에 대한
> 질적인 고민을 해야 할
> 때라고 생각한다.**

인지 많이 어렵다. 이제는 양적인 고민보다 아이들의 신앙에 대한 질적인 고민을 해야 할 때라고 생각한다.

사회자 _ 교단 안에서 진행하는 여름성경학교 강습회 방향이 좀 달라질 것 같은데?

나현규 _ 우리 합동교단의 금년 주제는 '성품'이다. 이제는 숫자를 세는 함정에서 빨리 빠져 나와 교사나 학생이 함께 성경에서 말하는 본질을 붙잡고, 어떻게 하면 그 안에서 변화될 수 있는가 하는 부분에 초점을 맞춰야 할 것이다.

사회자 _ 환경의 변화에 따라서 기술이 달라지고 목표지향점도 달라져야 한다는 말씀 같다.

정은상 _ 지금의 출산율을 놓고 보면 부흥을 계속하고 있어도 숫자는 계속 줄어들 수밖에 없다. 이제는 주일학교 부흥을 말할 때 숫자를

기준으로 해서는 안 된다. 또 하나는 주변 환경이 어렵기 때문에 이 상황에서 다음세대에 우리 신앙을 잘 전수하기 위해 어떤 일을 해야 하는지를 생각하면서 믿음의 불씨를 살릴 수 있는 노력을 해야 할 것이다.

사회자 _ 시대의 언어를 잘 구사해야 한다고 하셨는데, 어떻게 보면 한국교회는 시대언어 사용결핍증에 걸린 게 아닌가 하는 생각이 든다. 대상에 대한 연구도 많이 필요할 텐데 현재 주일학교 아이들의 관심은 어떻게 변화되었는지 궁금하다.

김태훈 _ 예전에 인쇄미디어를 사용할 때는 설명과 설득하기를 원했고, 그다음에 영상미디어 시대에는 느끼고 감동받기를 원했다. 그리고 지금 소셜미디어 시대에는 내가 직접 참여하기 원한다. 그런데 한국교회는 아직도 설명하고 설득하고 있다는 것이다. 요즘 아이들은 가정에서도 자기가 주인공이고 게임 캐릭터도 자기가 주인공이다. 항상 자신이 중심인데 교회에서는 가만히 앉아서 보라고 하는 게 문제가 있는 것 같다. 아이들은 직접 하기 원한다.

사회자 _ 그러면 교회에서 아이들이 직접 하는 프로그램으로 어떤 게 있는가?

김태훈 _ 우리는 아이들이 기획하고 준비하고 실천하게 한다. 본인들이 주도적으로 할 수 있도록 모든 프로그램을 진행하고 있다.

사회자 _ 그렇다면 이번 여름성경학교에 그런 프로그램이 있는가?

김태훈 _ 물론 이번 여름에도 그렇게 한다. 작년에는 아이들이 직접 영화를 만들었다. 주제를 풀어놓고 의논하면서 아이들이 함께 기도하며 기획하고 촬영하고 시연하는 것까지 모든 것을 아이들이 직접 했다.

사회자 _ 감독도 되어 보고 출연도 해보고 아이들이 정말 좋아했겠다.

김태훈 _ 아이들이 구경꾼이 아니라 주도적으로 나서서 체험하며 직접 경험하기 때문에 적극적으로 참여한다. 이 후에 그 부분에서 든든한 일꾼으로 성장하여 사역으로 이어지기도 한다.

사회자 _ 총회도 그런 것들을 기획하는 것으로 알고 있는데?

나현규 _ 이번 여름교재 중에 중고등부 교재가 교사 중심으로 이끄는 방식이 아니라 인터넷방송 시스템을 교재에 적용해서 아이들이 직접 성경공부를 진행해나가는 방식이다. 컨퍼런스 결과 반응도 좋고 교재 판매율도 꽤 높아졌다.

사회자 _ 말씀을 듣고 보니 여름성경학교 교육의 목표를 어떻게 설정해야 할지 어느 정도는 방향을 제시해준 듯하다. 정 박사께서 보실 때 독일의 경우와 우리의 주일학교를 비교해서 어떻게 말할 수 있겠는가?

정은상 _ 한 가지 특이한 점은 어린이나 청소년을 바라보는 관점의 변화인 것 같다. 어른들이 아이들을 바라보는 관점에서 교회교육이나 방법들이 진행되어 왔었다면, 이제는 어린이들이 스스로 자신을 관찰하고 자기 말로 직접 표현하려는 시도들이 있는 것 같다. 이런 관점의 변화가 가장 중요한 것 같다. 더불어 독일교회에서 이런 관점의 변화를 교단에 호소했고, 실제로 각 교회에서 프로그램에 얼마나 반영되는가를 연구했는데, 20년 동안 살펴본 결과 그게 결코 쉽지 않다는 것이었다. 이 프로그램들이 전국적으로 어떻게 확산될 것인지에 대한 좀 더 많은 연구가 필요할 것 같다.

나현규 _ 성경학교를 준비하는 단계에서 가장 중요한 것은 주제와 관련된 목표를 정하는 것이다. 아이들의 흥미를 유발시키기 위한 선택보다는 전체 큰 그림 속에서 목표를 설정하면 좋겠다고 생각한다. 그런 차원에서 보면 각 교단에서 제시하는 목표가 전체성과 통일성, 균형감이 있다고 본다.

김태훈 _ 예전에는 주일학교의 대상이 불특정 다수의 여러 아이들이었다. 그래서 그 아이들을 만족시키기 위해 이런저런 것들을 시도했다면 지금은 우리 자녀 한 명이다. 이 아이를 신앙으로 교육시킨다고 생각하면 의외로 할 것이 많다. 그래서 이제 단 한 아이라도 포기하지 말고 그 아이가 예수님을 만날 수 있도록 시간을 가지면 좋겠다.

정은상 _ 어린이들은 선생님의 말이 아니라 행동을 보고 배운다. 그렇기에 선생님들이 가르치는 교사로서가 아니라 함께 참여하고 즐기고 최선을 다해서 준비하고 함께 즐기며 그 결과에 대해서도 자족할 수 있으면 좋겠다.

사회자 _ 가장 최악의 교육방식은 내가 하는 행동을 따라하지 말고 내가 하는 말을 따라하라는 것이다. 주일학교 교육은 교회의 교육적 사명을 감당하는 중심기관이다. 그동안 한국교회는 주일학교 교육을 통해 전도의 활로를 뚫어왔고 다음세대의 신앙도 성숙시키는 귀한 사명을 감당해왔다. 그러나 시대의 변화와 함께 교회 주일학교 교육이 위기라는 이야기가 계속해서 들리고 있어서 뜻있는 성도들의 마음을 안타깝게 하고 있다. 교회교육이 위기라는 이야기를 많이 하기도 하고, 또많이 듣기도 한다. 그 이유가 어디에 있다고 보는가?

정은상 _ 위기에 대해서 모두 동감하시는 것과 크게 다르지 않다. 다만 개인적으로 한국교회의 위기가 단순히 숫자가 줄어드는 것에만 있다고 생각하지 않는다. 특별히 성인 그리스도인들이 모범을 보여주지 않기 때문에 아이들이 신앙의 모델을 찾을 수 없는 것도 여러 원인가운데 하나이고, 또 하나는 정교분리의 원칙에 따라서 우리 아이들이살아가는 교육환경에 대해서 기독교가 전혀 대처하지 못했기 때문이라고 생각한다. 실제로 학교교육이 무신론교육으로 나아가고 있고, 이안에서 어떻게 교회교육을 적용할 것인지만 고민하다 보니 우리가 할수 있는 것이 점점 없어지고 있다고 본다. 그렇기 때문에 기독교교육이학교교육에 영향을 끼칠 수 있도록 노력하는 것이 필요하다고 본다.

나현규 _ 저는 교육철학의 부재가 아닐까 생각한다. 특히 담임목사님이 교육의 수장으로서 목회와 목양에는 열정을 많이 갖는 반면, 교육에 대한 생각이나 관심이 부족한 것 같다. 교회교육의 위기는 교회 수장의 입장에서 너무 가볍게 대처한 결과가 아닌가 생각한다.

김태훈 _ 물론 위기이다. 기존의 보여주는 주일학교 교육방식으로는 그 시스템을 채울 수가 없다. 예전의 찬양팀과 율동팀이 이제는 없다. 이미 50%의 교회에 주일학교가 없고 주일학교 교육을 포기했다. 이제는 교육시스템이 변화해야 한다고 생각한다. 한 아이가 참여하고 신앙을 갖게 하는 목표라면 오히려 더욱 적기가 아닌가 보는 것이다. 수가 줄어들어서 오히려 소그룹을 하고 제자훈련을 할 수 있는 절호의 기회라고 본다. 50%의 교회에 주일학교는 없어도 아이들은 있을 것이다. 그래서 아이들에 대한 교육은 지금도 가능하다. 아이들이 직접 참여하는 시스템이라면 지금도 충분히 가능하다.

사회자 _ 이런 상황임에도 불구하고 지금 성장하는 주일학교가 있는데, 도대체 원인이 무엇인가?

나현규 _ 교회교육의 방향이 중요하다고 보는데, 그동안 우리는 몸집을 키우는 데만 집중했던 것 같다. 스모 선수가 아니라 장거리를 달릴 수 있는 육상 선수를 길러내야 한다고 본다.

정은상 _ 교육은 옷장에서 옷을 꺼내 코디하는 것과 같다. 자기 교회에 적합한 방법이 무엇인가를 찾고 창조적으로 선택하고 선별하는 능력이 교육지도자들에게 있어야 한다. 또 하나는 많은 교회에 주일학교가 없다면 지역중심의 어린이사역이 활성화되기를 바라는 마음이다. 이전에는 여름성경학교가 그 지역의 축제와도 같았다. 지역교회들이 연합하면 자연스럽게 축제가 되고 영향력을 끼칠 수 있을 것이다.

김태훈 _ 저도 노회를 통해서 연합하고 있다.

사회자 _ 효과적인 교회교육을 위해서는 가정과도 긴밀한 연결이 있어야 하고, 주일에 모이는 교회교육과도 연계하는 것이 참 중요하리라 본다. 어떻게 하면 좋을까?

김태훈 _ 요즘은 아이들 스스로 교회에 나오는 경우는 거의 없다. 부모님이 아이들의 모든 일정을 조정하고 있어서 이제는 교회교육에 부모님을 참여시키는 것이 정말 중요하다. 요즘은 부모들이 자녀의 신앙에 대한 고민이 많기 때문에 지금까지 아이들 교육에만 집중했다면, 이제는 부모와 소통하고 공감하는 것으로 확장해야 한다고 본다. 그래서 우리 교회는 가정통신문을 보낸다. 주일학교에서 어떤 것을 배우고 있는지, 그래서 가정에서는 어떻게 해줘야 하는지를 요청하고, 아이가 집에 왔을 때 그 부분에 대해 서로 대화할 수 있도록 한다.

사회자 _ 전 세대가 함께하는 성경학교 개념의 교회도 있는 것을 보았다. 아주 어린아이부터 장성하신 어르신에 이르기까지 한 팀으로 묶어서 프로그램을 진행하는 것인데 참신하고 좋은 프로그램이라고 생각한다. 그런 측면에서 본다면 독일교회가 참 궁금하다.

정은상 _ 독일은 국가교회가 있고 자유교회가 있다. 특징은 매주 어린이 예배와 성인 예배를 따로 드리고, 마지막 주에는 3주간 어린이 예배에서 드렸던 말씀으로 어른들과 함께 예배를 드린다. 그렇기 때문에 어른들과 소통하는 예배가 특별한 이벤트가 아니라 1년 내내 일상적으로 일어나는 교육으로 자리 잡게 되는 것이 인상적이었다. 우리도 세대 간의 예배나 부모와 함께하는 예배가 일회성 행사가 되기보다는 1년 내내 자연스럽게 진행되는 것도 좋을 것 같았다.

사회자 _ 큰 교회의 경우는 그렇게 하고 싶어도 못하는 경우도 있는데, 그런 점에서 교육학자로서 교회 형편을 두루 잘 아실 텐데 어떻게 하는 것이 가장 바람직할 것 같은가?

나현규 _ 좀 현실적인 부분을 언급하고 싶은데 가정과 주일학교가 연계되어야 한다는 의식은 많이 높아진 것 같다. 그런데 이것을 연결해주는 역할을 교회 담임목사님이 해야 한다. 여름시즌의 성경학교를 봐도 아이들만 하는 경우가 대부분이다. 이것은 은연중에 어른들은 교육이 필요 없고 아이들만 교육이 필요하다고 말하는 것이다. 부모세대와 다음세대의 교육 고리는 담임목사가 쥐고 있다. 교육적으로 가장 확실한 것은 부모님도 성경공부를 하는 모습을 보여주는 것이다. 그런 차원에서 세대 통합을 언급할 수 있겠다.

사회자 _ 이제 실제적으로 교회교육을 잘하는 교회를 소개해주시면 좋겠다.

나현규 _ 올 연초에 방문했던 평택중앙교회는 어른 성도가 120명 정도이고 청소년들이 어른 예배에 30명 정도 참석하는데, 담임목사님의 교육마인드가 참 남달랐다. 아이들에 대한 관심이 상당히 높았다.

정은상 _ 똑같은 교육방법이어도 지방과 수도권이 다른 것 같다. 일차적으로는 담임목사가 중요하고, 그다음에는 교육담당 교역자와 교사들의 헌신이 기본적으로 중요하다. 부흥하는 교회는 어떤 요청에 민감하게 반응하고 적절하게 진행했을 때 효과가 나타났다. 전북에 있는 한 교회는 학교 앞 전도가 금지되어 있는데, 시험기

> **결국은 눈높이에 맞고 가슴이 통하는 교육이 필요할 것**

간에 교회를 밝히지 않고 김밥을 한 줄씩 나눠주었다. 대부분 시험 당일은 학생들이 아침을 굶고 오는데 그런 필요를 잘 파악해서 사역으로 바꾸는 좋은 예라고 생각한다.

사회자 _ 결국은 눈높이에 맞고 가슴이 통하는 교육이 필요할 것 같다.

김태훈 _ 세대 간 소통이 중요하다고 생각한다. 소통의 어원이 성만찬이다. 결국 말씀이 육신이 되어 우리 가운데 오신 예수님이 귀로만 전해지는 것이 아니라 한 상에 둘러앉아서 맛보고 씹고 뜯고 냄새 맡고 느끼는 것이 중요하다고 생각한다. 우리 교회는 성만찬을 예수 밥상이라는 말로 바꿔서 모든 성도가 함께 나눈다. 이를 위해서 본문 말씀을 똑같이 갖고 함께 묵상한다. 주일도 같고 평일도 같다. 그리고 주일설

교를 3분 정도로 요약해서 단체 카톡방에 올린다. 그것을 보고 어른도 댓글을 달고 아이도 댓글을 단다. 그리고 오후예배는 전 성도들이 함께 한 상에 둘러앉아서 하나님의 말씀을 같이 먹는 것이다.

사회자 _ 우리 모두 하나라는 의식을 심어주는 것 같다. 준비가 많이 필요할 것 같은데, 그럼에도 불구하고 열매가 나타나기에 하는 것이 아닌가? 아무래도 여름성경학교하면 전도를 말하지 않을 수 없다. 어떻게 하면 모일까 하는 것이 담당자들의 가장 큰 고민이다. 모이게 할 수 있는 방법이 있을까?

김태훈 _ 이전의 목회자들은 숫자가 느는 것을 경험하셨기에 지금 사역자들이 많이 힘들 것이다. 올해도 숫자는 줄어들 것이다. 요즘은 부모님이 아이들을 통제하고 있다는 것을 생각해야 한다. 아이들의 마음이 움직여서 오기보다는 부모님이 꼭 보내고 싶어 해야 하는 것 같다. 우리 교회에서는 아이들이 선교일정을 잡고 선교영어를 가르친다. 그리고 주변의 부모들이 영어를 한다는 말에 참여하기를 원한다. 이 아이들이 많이 배워서 선교까지 동참하고 자기 아이를 맡길 수 있다는 생각을 하면 된다고 본다.

사회자 _ 불안한 사회이기 때문에 부모의 마음에 안전감을 느끼게 해주는 것이 중요하다는 말씀이다. 지역교회가 추구해야 할 중요한 핵심인 것 같다.

나현규 _ 지나치게 전도전략으로 접근하면 부담이 된다. 여름성경학교는 말씀을 깊이 공부하는 기간인데 아이들을 불러 모으는 데만 에너지를 다 쏟고, 오히려 말씀을 나눌 때는 지쳐서 소홀히 하게 된다면 이것도 문제인 것 같다. 여름성경학교 강습회를 하는데 학생이 6명밖에 안 되는 교회의 교사들이 오셨다. 그런 분들이 중요하다고 생각한다. 그런 분들이 가져야 할 마음은 이미 있는 우리 아이들을 어떻게 하면 하나님의 말씀으로 가르치고 전달할 것인가에 초점을 맞춰야 한다. 이것은 진정한 균형감이고 교회가 부흥할 수 있는 토대와 기반을 놓는 작업이라고 생각한다. 아이들을 많이 불러 모으는 데 급급하기보다 우리가 택한 주제를 놓고 어떻게 씨름할 것인가 기도하고 준비해야 할 것이라고 본다.

정은상 _ 여름성경학교 교재를 보았는데 8주 전부터 점검목록이 있어서 주 단위로 준비해야 할 것이 너무나도 잘 제시되어 있었다. 그 순서대로 따라하면 방법론적으로는 완벽할 것 같다. 유학에서 돌아와 놀란 것은 집에서 식사하는 문화가 없어졌다는 것이었다. 그러다 보니 친구를 집에 데려오는 것을 굉장히 부담스러워한다. 전도전략이란 평소에 어떻게 접촉하는가가 중요한데, 다른 집에 가는 것보다 우리 집으로 아이들의 친구들을 데려오는 것을 환영하는 방법, 맛있는 것을 해주는 방법으로 평소에도 얼마든지 할 수 있다고 생각한다.

사회자 _ 결국은 평소에 잘해야 한다는 결론이 나오는 것 같다. 우리 교회의 미래는 다음세대를 양육하고 키우는 주일학교 교육과 분명히 직결되어 있는데, 믿음의 세대계승이 끊어지는 것을 생각하면 정말 가슴이 아프다. 현재 한국교회에는 미래를 위해서 무엇을 해도 안 된다는 패배의식이 짙다. 이런 상황 속에서 다음세대를 위한 여름사역을 어떻게 준비하고 진행해야 할지 중요한데, 정말 무엇을 해도 안 되는 것인가 하는 질문이 생긴다. 그러나 모든 패널이 여름성경학교에 대한 독특한 추억이 있을 텐데 소개해주시면 좋겠다.

김태훈 _ 저는 여름성경학교 냄새가 기억에 난다. 사람의 오감 중에 가장 오래까지 기억되는 것이 후각이라고 하는데, 주일학교 때 우리 선생님한테 무엇을 배웠는지는 기억에 나지 않지만 선생님께 화장실에서 땀띠분을 발라 드릴 때 났던 냄새가 아직도 기억이 난다. 저도 그렇게 열심히 뛰고 땀을 흘리고 싶은 마음이 든다.

나현규 _ 아이들과 같이 성경학교를 했던 게 생각난다. 교회에서 아이들을 재우는데 아이들이 잠을 잘 안 잔다. 끝까지 안자는 아이들은 벌칙으로 새벽 2시까지 함께 기도한 적이 있는데 예기치 않았던 은혜가 임했던 시간이었다.

정은상 _ 특별히 어떤 사건이 기억나지는 않지만 마음이 무거울 때 과거 그 장면을 생각하면 가슴이 따뜻해지고 치유가 된다. 여름성경학교도 마냥 좋은 기억으로 남아 있다.

사회자 _ 여하튼 여름성경학교는 우리에게 말씀의 고향 같은 느낌이다. 그렇다면 1년의 주일학교 사역 중에 왜 여름성경학교가 그렇게 중요한가?

나현규 _ 학생 입장에서 볼 때 여름성경학교는 적절한 교재와 교육 환경과 준비된 교사가 기다려진다. 그렇기에 여름성경학교가 주일학교 교육에 필요하지 않은가 생각한다.

사회자 _ 집약적으로 아이들에게만 배려된 시간과 공간과 교사가 있기 때문이 아니겠는가?

김태훈 _ 주일 공과시간은 겨우 15분 내외이고, 오후예배를 드리는 교회가 거의 사라져서 실제적인 교육이 이루어지기는 어렵기에 여름 성경학교는 1박 2일이나 2박 3일 동안 집중적으로 교육할 수 있는 절호의 기회이다. 우리 교회는 요즘 초신자들이 많이 등록하는데 그분들의 공통점은 모두 주일학교 동창생의 학부모들이라는 것이다. 주일학교의 열매라고 생각한다.

사회자 _ 부지런히 뿌리면 언젠가는 열매를 거둘 것이다. 이점에 대해 어떻게 생각하시는가?

정은상 _ 지금의 여름성경학교가 갖는 의미와 제가 어릴 때와는 좀 다른데 대부분 요즘의 어린이와 청소년들은 세상 기준의 요구에 따라서 살아가고 있다. 전혀 다른 세계가 있는 것을 경험하지 못하고 살아가는 것이다. 특별히 여름성경학교가 중요한 것은 성경에서 말하는 신앙 가치관에 따라서 하나님을 만나고 다른 가치가 있다는 것을 배우는 시간이 된다고 생각한다. 특별히 성경시대가 농경사회이고 목축사회인데, 밤하늘의 별을 한 번도 본 적이 없는 아이들이 말로만 성경을 읽는다고 해서 아브라함의 소망이나 분위기 같은 것들을 이해하지는 못할 것이다. 그런 차원에서 평소와는 다른 것들을 직접 체험해볼 수 있는 멋진 시간이 될 것이라고 생각한다.

사회자 _ 문제는 여름성경학교가 이벤트로 끝나는 경향이 있다는 우려이다. 이를 극복하기 위해 어떤 노력이 필요할지 말씀해주시기 바란다.

나현규 _ 이를 극복하기 위해서는 두 마리 사자를 이겨야 한다. 한 마리는 '위기'이고, 한 마리는 '안 돼'라는 것이다. 중요한 것은 이 두 마리는 서로 묶여 있다는 것이다. 서로 으르렁 대면서 위기라고 말하며 안 될 것이라고 말하겠지만 먼저 이 둘을 극복하는 것이 중요하다. 그러기 위해서는 사전에 지도자와 교사들이 확신을 가져야 된다. 하나님께서 이 여름성경학교를 통해 일하실 것을 확신해야 하고, 또 구체적인 작정기도가 필요하다. 이것을 우리 선배들이 보여줬고 우리도 경험했으며, 이제는 아이들도 경험하도록 하는 것이 필요하다. 작정하고 기도하여 준비할 때 분명히 하나님의 역사가 있을 것으로 믿는다. 아울러 숫자에서 자유를 얻어야 된다. 아이들이 하나님을 경험하고 체험하도록 하는 것이 중요하다고 본다.

사회자 _ 깊이 있는 은혜를 경험하도록 하는 것이 중요하지 않겠는가? 어떻게 보는가?

김태훈 _ 교사와 사역자에게 무질서의 두려움을 극복하라고 하고 싶다. 기존의 이벤트성 여름성경학교는 교사와 학생들이 일사분란하게 움직여서 멋진 공연으로 끝나야 된다고 생각했다면, 이제는 아이들이 함께 참여하고 진행하면서 무질서해지게 되는데 그 무질서 속에서 질서를 잡아가는 것 자체가 교육이라고 생각한다. 한 번은 500명의 아이들과 수련회를 하는데 교사들은 다 빠지라고 했다. 아이들이 직접 하도록 한 것이다. 코너 학습할 때 첫 번째, 두 번째 하면

문제는 여름성경학교가 이벤트로 끝나는 경향이 있다는 우려이다.

서 엉키고 난리가 났는데 두 바퀴 정도를 도니까 아이들이 자기들끼리 질서를 잡아가고 헤쳐나가기 시작하더라. 꽃꽂이를 한다면 매번 다시 꽂아야 된다. 그러나 나무를 심으면 열매를 맺는다. 우리 아이들이 조금은 어설퍼 보이더라도 그러면서 배우고 차차 익숙해지면 얼마 지나지 않아 교회의 든든한 기둥으로 자란다.

정은상 _ 여름성경학교 교재와 시간표는 주로 예배, 교육, 레크리에이션으로 되어 있었다. 이 시간들은 무엇이든지 아이들이 일상 가운데 할 수 없었던 것을 하면 좋을 것 같다. 그래서 마음속에 품었던 것들을 해소시키고 해방을 느낄 수 있는 실패를 전제로 한 그런 공간이 되면 좋지 않을까 생각해본다.

사회자 _ 지금 세 분의 말씀을 종합해 보면 '위기의식' 과 '안 돼' 라는 두 마리 사자를 이기고 하나님이 함께하실 것을 확신하고 작정하며 기도하라. 그리고 숫자로부터 자유로워라. 무질서의 두려움을 극복하

라. 실패를 각오하라는 것이었다. 그렇게 준비한다면 이벤트적인 성경학교는 아니라고 할 수 있을 것 같다. 그렇게 되기를 바라며 2016년에 각 교단이나 기관들이 여름성경학교를 위해 특별하게 준비한 프로그램이나 자료들이 많은데, 눈에 띄는 것이 있다면 소개해주시기 바란다.

정은상 _ 교단별로 살펴보았다. 각 교단의 주제는 합동은 '성품', 통합은 '화해', 기감은 '예수님을 만나는 길', 고신은 'QT'였는데, 과연 어린이나 청소년들이 스스로 일상생활에서 적용할 수 있는가를 생각해보았다. 그리고 주제에 집중해서인지 어떤 경우 성경 본문에 중점을 두지 않은 경우도 있었다.

나현규 _ 이번 우리 합동 교재에서는 통합교육 과정을 표방하고 기획했다. 영유아부터 노년에 이르기까지 전 세대를 한 주제로 교육한다는 의미이다. 어른도 성경학교를 해야 하고, 또 할 수 있다는 것이다. 목사님들로부터 좋은 반응이 있었다.

사회자 _ 지금까지는 아이들과 어른들이 전혀 다른 주제로 해왔는데, 올해 처음 시도하는 것인가?

나현규 _ 처음 시도이다. 아이들과 같은 과정으로 어른들 교재가 나왔고 교육자의 매뉴얼 북도 나왔다. 이런 부분을 작은 교회 목회자들이 기뻐하고 환영하는 것을 보았다.

사회자 _ 한국교회가 고민하고 있는 세대통합 교육이라는 새로운 측면에서 진일보한 것 같다. 이와 관련해서 한주교회의 상황을 말씀해 주시면 좋겠다.

김태훈 _ 교육기관에서 참 좋은 자료들이 많이 나와 있다. 문제는 주일학교 아이들이 적은 교회이다. 대부분 어느 정도의 규모가 있고 시스템이 갖춰진 교회에 맞춰져 있는 것 같다. 한두 명에서 네댓 명의 주일학교를 위한 프로그램으로 탐방을 하거나 캠핑을 하면서 할 수 있는 소그룹 프로그램이 정말 필요하다. 우리 교회는 소규모라고 할 수는 없지만 교단에서 주제가 나오면 그걸 우리 교회에 맞게 재해석해서 사용한다. 예를 들면 총회에서 공과가 나오면 아이들과 새로 기획하고 아이들이 조를 짜서 미션을 진행한다. 따로 공과 책을 들고 다니지 않고 선생님이 완벽하게 공과를 암기해서 진행하도록 한다. 선생님을 철저하게 교재로 만들어서 아이들이 공과 책이 없이도 그 과의 모든 것을 이해하고 학습할 수 있도록 하고 있다.

사회자 _ 말씀을 듣고 보니 주일학교 교사들이 준비하기 위해 많은 에너지가 필요할 것 같은데 어떤가?

김태훈 _ 처음에는 교사들이 본인도 뭘 하는지 모른다. 그런데 교사들도 아이들과 해나가면서 스스로 체득하고 이해하게 된다. 교사는 2주 전부터 철저한 교육을 시킨다. 선생님이 아이들을 가르치는 게 아니라 아이와 함께 성경학교를 하는 것이다.

사회자 _ 대단하다. 그럼에도 불구하고 특별히 조심해야 할 것이 있다면 무엇일까? 안전이나 새로운 아이들이 왔을 때 어떻게 하는가?

김태훈 _ 우리는 안전을 제일 우선으로 하고 있다. 그래서 모든 행사를 할 때 먼저 보험에 가입한다. 그리고 권사님들은 같은 시간에 성경학교를 위해서 기도해주신다. 요즘 소통의 시대라고 하지만 아이들이 의외로 관계 맺기를 어려워한다. 왜냐하면 그냥 '팔로우' 하면 친구가 되고, '언팔로우' 하면 친구 관계가 끊어진다. 그리고 '좋아요'를 누르면 관계가 맺어진다. 그래서 함께 스토리를 만들도록 해주는 것이 중요하다 생각하고 미션을 함께하면서 스토리를 만들어가는 것에 집중하고 있다.

사회자 _ 자, 그러면 이제 성경학교를 잘 끝내고 나서 절벽을 느끼는 교역자들도 있고, 아이들도 주일로 다시 돌아가면 어떤 허한 느낌도 있다고 한다. 여름성경학교 이후에 어떻게 양육과 훈련으로 끌어가야 할지, 그리고 여름성경학교에 참석하지 못한 학생들의 이질감을 어떻게 해소시켜줘야 하는지 말씀해주시면 좋겠다.

나현규 _ 아이들을 가르치는 입장에서 그게 참 실제적인 고민인데 우리 교단에서 주제를 성품으로 정했지만 사실 주일학교 교육이 성품교육이다. 핵심은 머리로 공부했다고 해서 되는 것이 아니라 삶 속에서 반복하고 훈련해서 나의 것이 되도록 해야 한다. 그렇기 때문에 성경학교가 끝난 이후가 매우 중요하다. 그래서 이후 3주 동안 계속 점검할 수 있는 다이어리를 제시해서 교육효과를 극대화하고자 한다.

정은상 _ 교육의 양이 너무 많은 것 같다. 반복하는 학습, 심화학습이 필요하다고 본다. 여름성경학교에서 했던 것을 주일학교에서 계속하는 방법도 좋을 것 같다. 그리고 아이들이 이미 배웠기 때문에 스스로 교사가 되거나 아이들이 자기 말로 주변 친구들과 함께 나누는 것도 좋을 것 같다.

김태훈 _ 그 부분은 예전 중고등부를 보면 좋을 것 같다. 중고등부 여름수련회가 상당히 뜨거운데 그것이 연말에 문학의 밤으로 이어졌었다. 이 두 가지가 균형 있게 각각 배우고 사역함으로써 시스템이 돌아갔다. 자신들이 배운 것이 사역이 되도록 한다. 그래서 아이들이 농어촌이나 군부대를 방문해서 사역을 한다. 실제로 그때 디자인을 했던 아이가 지금 디자인 직종에 근무하고 있고, 그때 방송을 맡았던 아이가 지금 교회 방송실에서 사역하고 있다. 이렇게 배우는 것에서 그치지 않고 그것이 자기 사역으로 발전하도록 돕고 있다.

사회자 _ 은사 배치로 이어지는 것이다. 이제 마지막으로 한국교회의 주일학교에서 진행되는 교회교육을 위해서 담임목사나 교역자, 그리고 교사들에게 당부하고 싶은 말씀이 있다면 한마디씩 전해주시기 바란다.

정은상 _ 학교에서 가르치다 보면 교육과 성령의 역사 간에 긴장관계가 있다. 아무런 교육이 없어도 성령께서 역사하시면 모든 게 끝난다. 아무리 좋은 프로그램이 있어도 그것이 사람을 바꾸지는 못한다. 이 둘 사이에 긴장이 있어서 균형을 유지하는 것이 중요하다고 생각한다. 그래서 자동적으로 양적성장을 보장해주는 프로그램은 없다. 단지 우리에게 허락된 각 시대의 과제를 풀기 위해 최선을 다하는 수밖에 없다고 생각한다. 여름성경학교가 매년 돌아오는 행사같이 느껴질지 모르겠다. 그러나 이 순간 최선을 다한다면 하나님이 보시기에는 아주 특별한 행사가 되리라고 생각한다.

나현규 _ 특별히 저는 교사들을 격려하고 싶다. 테드우드 박사님이 그런 말씀을 하셨다. "기독교의 본질을 가르칠 수 있는 사람은 아마추어다." 아마추어의 어원은 아모레, 즉 사랑하는 자에서 나왔다. 우리 주일학교 선생님들은 자격증으로 하는 것도 아니고 하나님의 사랑으로 아이들을 가르치는 분들이다. 이 선생님들이야 말로 기독교의 본질을 가르치는 분들이라는 자부심을 가지고 해주시기 바란다.

김태훈 _ 사람들이 말하기를 한국교회가 유럽교회처럼 될 것이라고 한다. 그런데 한국교회와 유럽교회는 분명한 차이가 있는데 유럽교회에는 저와 여러분이 없었다. 우리는 영혼을 포기하지 않는다. 우리는 그 한 영혼을 위해서 눈물을 흘린다. 이번 여름성경학교를 통해 하나님의 도우심으로 영혼들이 돌아오는 역사가 있을 것을 믿는다.

사회자 _ 오늘 세 분께서 말씀해주신 격려와 축복의 말씀이 이번 여름성경학교에 그대로 적용되어 한국교회가 다시 한 번 비상하는 에너지를 축적하는 시간이 되었으면 좋겠다는 생각이다. 세 분 모두 수고 많으셨다. 감사하다.

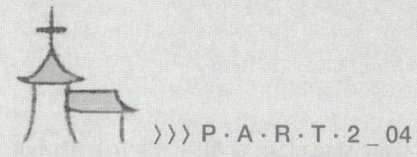

한국교회 청년대학부
사역을 진단한다

　교회의 허리인 청년들이 교회에서 사라지고 있다는 자조적인 목소리가 한국교회 내에 팽배하다. 심지어 자발적으로 예수님을 믿겠다고 교회에 나오는 대학생이나 청년들은 이제 천연기념물로 취급해야 된다는 이야기까지 나오고 있다. 과연 한국교회 청년대학부 사역은 어떤 상황에 이르렀기에 이런 이야기까지 나오게 된 것일까? 그래서 '한국교회 청년대학부 사역을 진단한다'를 주제로 교계전망대를 진행해보고자 한다. 주제와 관련해서 무학교회에서 청년목회를 오랫동안 담당하며 청년목회에 관한 단상을 묶어서 「설레임」이라는 책을 내고 산본교회를 담임으로 섬기는 이상갑 목사와 서울 대학가의 중심인 신촌에서 젊은이들을 대상으로 교회를 개척하고 7년여 동안 섬기다가 역시 젊은이교회인 드림의교회 담임으로 사역하는 김주영 목사와 논의를

※ 이 원고는 2016년 1월 30일과 2월 6일에 방송된 원고이다.

해보려고 한다.

사회자 _ 요즘 한국교회의 현실을 살펴보면 교회의 허리인 청년대학부가 교회에서 점점 사라지고 있다. 지금 교회에 출석하는 성도들 중에서 청년대학부가 어떤 상황이고, 어떤 위치에 있는지 먼저 짚어주시면 좋을 듯 하다.

이상갑 _ 오늘의 청년대학부는 내일의 한국교회 모습이다. 과거 10년 동안 선교단체들이 전반적인 쇠퇴와 정체를 심각하게 경험하고 있는 것이 지금의 현주소라고 생각한다.

사회자 _ 선교단체가 쇠퇴하면서 교회 대학부도 많이 없어지고 있는 상황이 아닌가? 캠퍼스 안에서 재생산이 안 되니까 교회가 죽어가고 있는 것 같고, 또 교회는 선교단체를 지지하는 영적 선순환이 일어나야 하는데 그게 안 되는 기관의 단절로 보아야 하는가?

이상갑 _ 영적 선순환의 문제도 있다. 왜냐하면 캠퍼스 자체가 청년사역의 근원이기 때문이다. 그러나 캠퍼스 선교단체가 이유라고 보지는 않는다. 오히려 청년사역 자체의 근원지가 말라가고 있는 것이다. 그런 의미에서 과거에는 청년사역을 흔히 황금알을 낳는 거위라고 했는데 요즘에 저는 마중물이라고 생각한다. 마중물은 끝까지 마시면 안되고 다시 펌프에 부어서 새로운 물이 나오도록 펌프질을 해야 한다. 그래서 저는 지금의 청년을 마중물이라 비유하고 싶다. 그런 까닭에 지금의 청년을 정말 지혜롭게 섬겨야 하고, 그럴 때 한국교회에 미래가 있다고 생각한다.

사회자 _ 성도들의 구성이 청년들로만 구성된 젊은이 교회를 섬기는 것은 많은 목회자들의 로망인데 젊은이 교회를 섬기는 김 목사께서 보기에 젊은이 교회의 현실은 어떤가?

김주영 _ 교회마다 청년들이 적은데 그런 부분에 대한 안타까움이 있었다. 그래서 청년들에게 더 가까이 다가가서 전도해야겠다는 마음으로 개척했다. 그러다 보니 역설적으로 한국교회의 모습을 보여주는 데는 청년만 있어도 문제라는 것이다. 교회는 아이부터 어른까지 모든 연령대의 성도가 가족 구성원처럼 함께 지내는 게 가장 건강하다고 생각한다. 청년대학부의 문제는 한 20년 전으로 거슬러 올라가서부터 진행되었다고 본다. 가장 먼저 청년대학부에서 교회를 이탈하는 양상을 보였다. 1995년부터 2005년까지 진행된 인구센서스를 보면 10년 동안 기독교 인구가 15만 명 정도 감소했다. 그것은 한 주일에 300명씩 어마어마한 숫자가 줄었다는 뜻이다. 그러니까 그전부터 청년대학부는 감소하고 있으면서 성도수 감소의 가속페달을 밟았고, 지금은 '가나안 성도' 라고 말하는 40~50대가 붕괴하면서 주일학교도 한꺼번에 붕괴하고 있는 상황이다. 출석교인이 1,000명을 넘는 교회도 주일학교 학생의 비율은 깜짝 놀랄 정도로 적은데, 그런 신호들이 나타나고 있다고 본다.

사회자 _ 허리가 잘록한 정도가 아니라 역삼각형이 되었다는 거다. 인구 통계비율로 비교해보아도 자연감소와 함께 청년들이 빠져나가는

데는 의지적인 요소까지 같이 섞여 있는 것 같다. 그런 점에서 청년대학부의 감소요인은 뭐라고 생각하는가?

이상갑 _ 일단 내외적인 요인이 있는데, 내부적으로는 교회가 대부분 장년중심으로 청년에 대한 존중과 이해가 부족한 것이 현실이다. 과거의 패러다임으로 현 청년들에게 접근하기 때문에 거기에서 문제가 생긴다고 보고, 또 공동체 자체에서는 청년사역의 전문가로 헌신하는 사역자들이 부족해서 철학의 빈곤 등과 같은 문제가 생겨난다. 그러다 보니 실제적으로 대부분 교회에서 청년들을 양육하고 제자 삼는 선순환이 일어나지 않고 있다. 그리고 외적으로는 다원주의 문화로 변화되면서 청년 전도가 어렵다. 그리고 기독교의 이미지가 너무 추락한 것이 치명적이지 않은가 생각한다.

김주영 _ 이 목사님의 의견에 동감하면서 교회 안의 문제가 크다고 생각하는데, 매력이 없어진 것이 문제라고 생각한다. 한국의 초기 기독교는 사회에서 박수를 받으며 인정과 존경을 받았다면, 교회가 산업화과정을 거치면서 양적으로는 팽창했지만 질적성장의 과정을 생략했다. 그러면서 청년들은 진정한 그리스도인의 모습을 보지 못하고 실망을 거듭하게 되었다. 또한 교회 안에서 민주적이지 못한 비상식적인 모습을 보면서 이해하기 힘든 부분들이 많이 있었다고 생각한다. 교회 밖에서 찾을 수 있는 원인으로는 세속화가 굉장히 크다고 본다. 이것은 한국뿐만 아니라 전 세계적인 현상이다. 유혹이 많고 강하기 때문이다. 몇 년 전에 인도네시아로 단기선교를 갔는데 그곳은 이슬람이 가장 많은 나라이다. 할랄 음식의 기본이 술을 금지하는 것인데, 인도네시아 젊은이들이 이슬람임에도 불구하고 다 술을 마시고 세속화된 모습을 보았다. 이처럼 세속화가 교회 안에 침투하면서 자연스럽게 교회를 멀리하게 되는 것 같다. 그리고 주일학교 때부터 신앙이 바로 서지 못했기 때문에 대학에 와서는 이 세속화에 저항하지 못하고 넘어진다고 본다.

사회자 _ 교회의 구조적인 문제와 외적인 상황을 이야기했는데 지금 청년대학생들의 입장에서 이야기를 들어보면 좋을 것 같다. 교회에 안 나오는 청년들의 이야기를 들어보면 어떤 입장인가?

이상갑 _ 쉽게 다섯 가지 정도로 짚어보겠다. 첫째, 현실과 괴리가 많다. 교회를 마치 구석기시대라고 느끼는 것이다. 그래서 청년들에게 교회는 도움이 안 되는 곳이라는 인식이 깔려 있다. 둘째, 교회의 신뢰도가 추락했다. 교계의 어른들이 세속화하고 성 문제, 돈 문제, 명예 문제로 신뢰도가 추락해서 청년들이 더 이상 믿을 수 없다고 생각한다. 셋째, 세속화 문제이다. 신앙이 삶에 영향을 주지 못하고, 가정에 변화를 주지 못하고, 직장생활과 연결되지 못한다. 일상과 일터 가운데 신앙이 아름답게 연결되지 못하니까 청년들이 느끼는 것은 아무리 신앙이 있어도 자신과 다를 게 없다는 것이다. 넷째, 맘몬과 아세라의 문제가 한국교회 안에 심각하다. 한국교회도 사회의 부와 명예를 좇아가면서 맘몬과 아세라에 점령당했다고 본다. 그래서 청년들도 돈이면 다 된다는 의식을 갖게 된 것이다. 다섯째, 사회구조적인 문제를 교회가 풀어가지 못하고 있다는 것이다. 예전에 일제 강점기에는 기독교인이 소수였지만 시대의 문제였던 독립에 대해 절박한 과제를 풀어가는 핵심적인 자리에 섰다. 독재시대에도 민주화운동의 선두에 기독교인들이 있었다. 그러나 지금 현대를 진단해보면 경제의 양극화시대, 분단시대의 큰 문제가 가로막고 있는데, 여기에 대해서 교회들이 성경적인 해법을 내놓아야 함에도 불구하고 오히려 교회가 기득권의 입장을 옹호하고 있다고 느껴지는 때가 많다. 또 교회가 개혁과 갱신의 대상이라고 생각되는 경우가 많다.

사회자 _ 그렇다면 실제적으로 목회현장에서 느끼는 것은 무엇이 있는가?

김주영 _ 타 교회에서 옮겨오는 친구들을 상담해보면 교회 안의 문제를 많이 이야기했다. 성경공부가 없어서 배우고 싶어서 온다든가, 아니면 교회 내에서 싸움이 많아서 옮겼다든가 하는 이야기가 많았다. 그런데 요즘은 교회에 안 나오는 친구들의 이야기를 들어보면 교회 내부적인 문제에는 관심이 없고 일단은 친구와 놀고 싶어 하는 경향이 짙다. 청년들의 소비가 커지면서 빚을 내서까지 여행을 가는 시대가 되었다. 이전에는 교회의 시스템을 잘 갖추어놓고 청년들을 초대하면 문제가 풀렸는데, 이제는 신앙이나 믿음이나 교회 자체에 관심이 없어진 모습을 보게 된다. 지금의 청년대학부는 30년 전 숫자로 돌아갔다. 지금은 다시 씨를 뿌려야 하는 시대가 되었다고 본다.

사회자 _ 청년들이 너무 바쁘다. 스펙도 쌓아야 하고 취업해도 시간을 내기가 힘들며, 앞으로 나아가려면 계속 뭔가를 해야 하는데 교회는 현실성이 떨어진다는 게 문제인 것 같다. 하여튼 그래도 우리는 복음의 위대성을 알고 있지 않은가? 교회 안에서 전문적인 청년사역자의 현실은 어떤가?

이상갑 _ 노력을 많이 한다. 그런데 늪지대에 빠져서 허우적거리는 것 같다.

사회자 _ 교회마다 전문성을 가진 청년사역자들이 필요한데 개 교회에서 사역자들을 지원하는 것은 어떤 상황인가?

이상갑 _ 많은 경우 청년사역자들이 2년마다 바뀌는 것이 일반적이다. 그래서 청년사역자가 우직하게 버티면서 양육하고 훈련하는 구조는 잘 갖춰지지 못하고 있다. 기본적으로 적어도 5년 정도는 사역을 해줬으면 하는 바람이다.

김주영 _ 군대를 제대한 청년이 돌아와서도 여전히 만날 수 있도록 최소한 5년은 머물러 있으면 좋을 것 같다.

사회자 _ 새로운 사역자가 와서 의욕적으로 뭔가를 하려고 하면 청년들이 이미 다 해봤는데 안 되더라는 소리를 들을 때 참 씁쓸할 것 같다.

이상갑 _ 청년들을 마루타로 만들면 안 된다. 그런데 2년마다 사역자가 바뀐다는 것은 계속해서 청년들이 실험대상으로 소비되고 있는 것이다. 저는 한 교회에서 10년을 사역하며 처음 2~3년은 열심히 부흥을 경험하고 싶은 마음으로 달렸고, 3~5년은 청년들에게 정말 필요한 게 뭔지를 고민하는 마음으로 바뀌었다. 5년을 넘어서니까 청년들이 동생과 조카처럼 느껴져서 내 문제로 받아들이게 되었다. 이런 변화가 있으려면 청년사역을 장기적으로 할 수 있는 구조를 만들어가고 배려해주는 것이 참으로 필요하다.

사회자 _ 두 분 모두 청년사역을 오랫동안 해오고 계시는데, 특별히 청년대학생 목회와 사역 속에서 강조하고 싶은 당부는 무엇인지 말씀해주시면 좋겠다.

김주영 _ 청년대학 사역에서 가장 중요한 것은 시대정신과 시대에 뒤처지지 않는 마음이라고 생각한다. 요즘 선교적 교회를 많이 이야기하는데 젊은이들에게 적어도 교회가 걸림돌이 되어서는 안 된다. 이들이 교회에 왔을 때 실망하지 않고 예수님만을 바라볼 수 있도록 문화적으로 민감하게 다가가는 선교적 교회의 역할을 잘 감당해주기를 바란다. 또 문화적으로 접근해서 자칫 본래의 목적을 잃어버릴 수도 있다. 이 시대에 문화의 옷을 입는 이유는 복음을 전하기 위함이고 제자삼기 위함이라는 것을 명심하면 좋을 것 같다.

이상갑 _ 청년들에게 말씀을 삶으로 소화시키는 훈련을 꼭 시켜야한다고 생각한다. 기본적으로 어렵지 않은 때는 없다. 하나님의 백성이 말씀과 기도라는 기본기를 붙들고 삶으로 연결하는 훈련을 청년의 때에 할 수 있어야지 결혼생활과 직장생활에서도 말씀이 흘러갈 수 있다. 그래서 청년들에게 이 시대에 강조해야 할 것은 성공이 아니라 성경이라는 것이다. 우리 사회구조가 계속 성공을 말하고 교회마저도 성공을 설교하는데, 오히려 우리가 반드시 붙잡아야 할 가치는 성경이다. 그래서 세상의 성공이 아니더라도 성경을 붙들고 삶 가운데서 치열하게 씨름하고 있다면 그 자체가 성공적인 인생이라고 성경적인 관점으로 바른 해석을 해주어야 한다. 청년들이 일상 가운데서 성경을 붙들고 싸워나가며 말씀으로 살아나도록 도와주는 메시지가 될

시대정신과 시대에 뒤처지지 않는 마음이라고 생각한다.

때 선교도 되고 전도도 된다고 생각한다. 그래서 메시지를 내 안에 가두는 것이 아니라 세상 가운데로 흘러가게 해야 한다.

사회자 _ 한국교회 대학청년부와 선교단체가 2000년대 중반부터 수적감소로 한국교회 전체의 우려를 낳고 있는 상황이다. 특히 2010년 중반을 맞이하면서 위기상황을 인식하고 여러 가지 대안이 제시되고 있지만 캠퍼스사역 전문가들과 청년대학 담당사역자들의 평가는 능동적인 전략이나 한국교회의 총체적인 대책은 여전히 미미하다는 것이 중론이다. 그래서 이제는 "해법이 없다"는 이야기가 나오고 대학부나 청년회가 없는 교회들이 속출하고 있는 상황이다. 이런 상황에서도 왜 청년대학부 사역이 중요하다고 보는가?

이상갑 _ 10년 후의 한국교회를 보기 원한다면 지금 현재의 청년들을 봐야 할 것이다. 왜냐하면 청년이야말로 현존하는 민족의 미래이고 교회의 미래이기 때문이다. 만약에 지금 현재 청년부가 계속 정체한다

면 한국교회는 심각한 타격이 있을 것이다.

김주영 _ 유럽교회와 미국교회를 뒤쫓고 있는 것 같기도 하고 그 속도는 훨씬 더 빠른 것 같다. 한국교회의 주축 세력이 40대가 되어야 하는데 지금은 50~60대가 주축을 이루고 있다. 지금의 경제상황이 40대 이상이 되면 은퇴를 준비해야 하는 시대이기 때문에 교회의 헌금이 줄어들게 되었을 때 과연 하드웨어를 받쳐줄 수 있느냐는 고민이 있을 것이다. 앞으로도 모든 교회가 이 문제로 고민하게 되지 않을까 생각한다.

사회자 _ 실제적으로 미래세대를 가장 염려하면서도 미래세대의 필요성이 무엇인지를 모르고 있는 것이 또한 문제인 것 같다.

이상갑 _ 20년 전부터 미래에 대해 고민하고 치열하게 연구했다면 지금의 청년부는 다른 모습일 것이다. 지금의 토론들이 20년 뒤에는 어떤 모습이 될지 궁금하고 서로 힘든 부분을 열어서 의견을 나누고 함께 해법을 찾아가면 좋겠다.

사회자 _ 기성세대와 청년들이 교회 내에서 서로 담을 허무는 일도 필요할 듯한데, 각자 어떤 노력이 있어야 하는가?

이상갑 _ 서로 담을 허무는 작업은 공유하고 공감하고 소통하는 데서 공생의 영적 생태계가 만들어져야 한다. 그래야 청년들이 건강하게 성장할 수 있는데, 몇 가지는 충분히 시도가 가능하고 또 시도되고 있는 것들이 있다. 예를 들면 봉사와 섬김사역에 세대를 넘어서 같이 동참하는 것이다. 청년들의 보육원봉사를 장년들이 함께해주시고, 또 장년들의 요양원봉사를 청년들이 함께 참여하는 것이다. 특히 열방을 품고 섬기는 선교에 청년과 장년이 한데 어우러질 때 이점이 많다. 청년들에게는 많은 지원이 필요한데 교회는 영적 가족공동체이기 때문에 부모님의 마음을 가지고 계속해서 돌보고 격려한다면 어렵지 않다고 생각한다.

사회자 _ 중요한 이야기다. 봉사와 섬김을 같이 나가면 나이든 세대가 할 일이 있고 젊은 세대가 할 일이 있다. 함께 일할 때 하나 됨, 곧 연합을 이루는 것이라고 본다.

김주영 _ 우리 교회는 청년들로만 구성되어 있어도 그 안에서 또 세대가 나뉘기도 한다. 그래서 기본적으로 담이 있을 수밖에 없는데 저는 의사결정구조에 대해서 말씀드리고 싶다. 어른들이 기도하면서 결정했으니까 젊은세대는 따라가는 것이 미덕이던 시대가 있었지만 이제는 시대가 바뀌었다. 일반 회사에서도 그렇게 해서는 잘 따르지 않는다. 이제는 의사결정구조에서 시간이 더 걸리고 과정이 더 복잡해야 하는 것 같다. 모두의 의견을 들어보고 각자의 의견을 조합하고 어른들의 의견을 들어서 의사를 결정하는 초기단계부터 대화를 통해 모두가 결정하고 결정된 의견은 따른다. 그렇게 했을 때 세대 간의 갈등이 녹아내리지 않을까 생각한다.

사회자 _ 소통과 공감을 전제로 한 합리적 의사결정구조가 필요하다는 말씀이다. 그래야 청년과 어른세대가 가슴을 열고 하나님의 나라를 위해서 움직일 수 있겠다는 것인데, 이게 사실은 어떻게 보면 부흥하는 교회와 부흥하는 청년대학부의 특징이기도 한 것 같다.

이상갑 _ 모든 부흥하는 공동체의 특징은 서로 통한다는 것이다. 서로 통해야 모든 변화가 가능하다. 통하지 않으면 병들고 죽어간다. 부흥하는 곳을 보면 첫째로 복음이 선명하고 복음과 통한다. 청년들도 영혼을 향한 영적온도가 뜨겁다. 두 번째는 많은 프로그램보다 말씀과 기도 위에 성장과 성숙의 과정이 있는 공동체가 성장한다. 세 번째는 청년성이 통해야 한다. 대부분의 교회가 소통이 안 될 때 청년성이 죽어버린다. 그러나 청년이 통하는 교회는 활발하게 살아나게 된다. 그런 교회들은 청년들이 스스로 결정하고 모든 논의 과정에 참여했기 때문에 실행하고 실천하는 데도 앞장선다. 이렇게 잘할 수 있도록 기성세대들이 응원해주면 좋겠다. 마음에 들지 않아도 청년들이 말씀을 실험하길 멈추지 않는 공동체는 결국 그 시대의 대안이 된다고 생각한다. 이런 점에서 한국교회의 장년세대와 청년세대가 더 많이 통하면 좋겠다.

김주영 _ 부흥하는 청년대학부를 보면 많은 청년들이 담임목사를 매우 좋아하는 모습을 본다. 지방에서 올라온 청년들은 처음에는 담임목사와 교회에 대해서 평가하고 자신이 얼마나 은혜를 받을 수 있는 곳인지를 중요하게 생각하는 것 같았다. 교회가 건전하고 담임목사를 존경하고 자랑하고 싶은 매력 있는 교회인지를 생각해보아야 할 것 같다.

사회자 _ 자랑할 만한 교회, 좋은 소문이 난 교회여야 할 것 같다.

이제 청년 자체에 대해서 이야기를 나눠보기로 하자. 그리스도인 직장인 청년들, 그리스도인 학생들이 신앙을 유지하는 방법에는 무엇이 있을까?

이상갑 _ 청년들이 자기 나름대로 뜻을 정한 인생을 살아하는 것이 중요하다고 생각한다. 아무리 어려운 세대이고 여전히 혼란스러운 문제들이 많지만 내 안에서 우선순위를 짚고 가야 할 것이다. 저는 21세기를 '가치 전쟁의 시대'라고 생각하는데 가치 있다고 생각하는 것에 자신을 던지는 것이다. '그것이 하나님과 하나님의 말씀인가, 그리고 하나님의 말씀이 바라는 삶인가?' 하는 것에 뜻을 두지 않으면 대부분은 두 가지 유형으로 나뉘게 된다. 한 부류는 직장이나 캠퍼스에 들어가서 신앙이 좋은 사람들은 세상과 분리가 되고 그들끼리만 따로 논다. 전혀 변화의 능력이 나타나지 않는다. 또 다른 부류는 세상과 전혀 구별됨이 없이 똑같이 닮아가고 살아간다. 그런데 중요한 것은 변혁의 사람이 되려면 분명한 하나님 중심성과 하나님 우선성이 세워져 있어야 한다. 그런 의미에서 청년들의 삶 가운데 QT나 성경 읽기, 영성 일기, 기도 등 나름대로 자신이 정한 영성을 관리할 수 있는 시간을 우선적으로 작정하고 실행하면 좋을 것이다.

또한 10년 동안 청년목회 현장에서 씨름하는 청년들을 지켜보면서 우선순위가 분명한 청년들은 나머지 삶을 끌고 가지만 이 우선순위가 흐린 사람들은 분리의 길을 가거나 혼합의 길을 가는 것을 보았다. 그래서 저는 청년들에게 기회가 되는대로 양육훈련을 받고 말씀과 기도에 기초하여 성경을 삶에 연결하고 적용하고 소화시키는 작업을 많이 하라고 권면하고 싶다. 그래서 캠퍼스에서는 선교단체에 가입하는 것도 좋다고 생각한다. 제대로 양육하지 못하는 교회도 많기 때문에 대학에 들어가서 좋은 선교단체에서 양육받고 훈련받으면 오히려 많은 유익을 누릴 수 있을 것이다. 그리고 직장에서는 요셉에게서 좋은 점을 배우는데 요셉은 모든 일을 주께 하듯 했다. 그렇게 한다면 오히려 불이익을 당하지 않는다고 생각한다. 정말 주께 하듯 한다면 세상은 정직하고 믿을 만한 사람을 찾고 있기 때문에 그 사람은 때가 되면 반드시 드러나게 될 것이다. 그래서 청년들은 끊임없이 말씀에 비춰서 생활하고 자신을 성찰하며, 교회는 말씀을 삶으로 연결하는 청년들을 계속 키워낸다면 각 영역에서 교회 안에서 좋은 사람들이 많이 일어날 것으로 생각한다. 세상 사람들이 혐오하는 것이 위선이고 이중성의 문제이다.

사회자 _ 대학생들의 생활양상을 볼 때 캠퍼스생활과 직장인으로 신앙을 유지하기 위해 어떤 제안을 해주고 싶은가?

김주영 _ 요즘 대학생들은 예전보다 더 개인주의적인 성향이 짙어진 것 같다. 다니엘은 청소년기에 바벨론에 끌려가서 믿음 안에서 어떻게 살 것인가를 스스로 깨닫고 실천했다. 요즘 우리나라 청년대학생들은 공감까지는 하는데, 그러면 어떻게 살아야 하는가를 결정하는 부분에서는 약하다. 이런 상황을 보여주는 이유는 요즘 교육환경은 모든 것을 스스로 결정하는 것이 아니라 학교와 학원과 부모님들이 대신해서 결정해주었기에 스스로 문제를 풀어가는 능력이 많이 약하기 때문일 것이다. 그래서 주께 하듯 하는 것이 구체적으로 어떤 것인가를 일일이 이야기해줘야 한다. 설교할 때마다 적용 부분에서 반 이상을 반드시 제시해줘야 한다.

사회자 _ 이런 맥락에서 청년대학생들을 위해 교회 내 선배세대들은 이들을 어떻게 도울 수 있을까?

이상갑 _ 우선 세부적으로 가르치는 것도 필요하지만 믿어주고 지원하자는 생각을 갖는 것이 필요하다고 본다. 실패는 실패가 아니라 경험이라고 생각한다. 오랫동안 지켜보면서 깨닫는 것은 연약한 지체에게 세부적인 돌봄이 필요하고 어느 정도 양육되고 훈련되었으면 스스로 말씀을 붙들고 세상 속으로 들어가서 부딪히고 씨름하는 게 필요하다고 생각한다. 기성세대의 역할은 멘토나 코칭이라는 말처럼 청년세대가 문제를 갖고 찾아왔을 때 청년들이 스스로 문제를 풀어갈 수 있도록 격려하고 촉진제가 되어줄 필요가 있다. 요즘 청년들은 이전 세대보다 훨씬 주도적이고 자기 삶에 대해 책임 있고 과감하다. 장년세대는 그런 청년세대를 믿어주면서 신앙수준에 따라 양육하고 맞춤식으로 격려하는 것이 필요하다. 특히 장년세대에게 중요한 부분은 본을 보여주는 것이다. 청년들에게는 다양한 모델이 필요하다. 청년들은 일상 속에서 믿음을 녹여내는 사람들을 많이 보지 못했다. 만약 교회에서 그런 분들을 계속 발굴해서 청년들과 교제하고 만남의 장을 열어갈 수 있다면 굉장한 유익이 있을 것이다. 우리도 그런 의미에서 직장인들과 연결하는 사역을 하면서 깨닫는 바는 일단 믿어주고, 시행착오를 두려워하지 말고, 말씀을 붙들고 과감하게 주도적으로 세상으로 들어가도록 도와주어야 한다는 생각이다.

김주영 _ 제가 청년일 때 교회에 가던 시간을 생각해 보니 아침 8시에 갔다가 밤 10시쯤 집으로 돌아왔던 것 같다. 그때는 모든 교인이 그렇게 했었는데 지금은 그렇게 교회 일을 열심히 하다가 지쳐서 아예 교회에 안 나가는 청년들이 많다. 이것을 잠수 탄다고 하는데 시대를 탓할 문제만은 아니라고 생각한다. 청년세대가 열정적일 때는 그렇게 물불 가리지 않고 하다가 그 마음이 식으면 교회가 나를 이해해주지 않는다고 서운해 하면서 한동안 교회에도 안 나가게 된다. 다시 어렵게 교회에 나가면 거기서 열정적으로 하다가 또 지쳐서 쓰러지고, 이런 악순환의 반복이다. 이건 담임목사가 풀어야 할 문제라고 생각한다. 교회 봉사를 하면 청년부만의 문제가 아니고 모든 부서가 연결되어 있기 때문이다. 예전에 옥한흠 목사님께서 대학교 1학년들은 주일학교 교사를 시키지 말고 훈련을 받도록 하라고 말씀하셨다. 이처럼 담임목사의 주재 하에 모든 교역자가 모여서 교회봉사의 아웃라인을 잡고, 한 사람이 지치지 않고 지속적으로 봉사하도록 전체 커리큘럼을 짜야 한다. 청년에게 스스로 알아서 하도록 맡기기보다는 교회에서 가이드라인을 제시해주는 것이 바람직하다.

사회자 _ 이렇게 말씀을 듣고 보니 청년대학생 자녀를 둔 부모들의 역할도 굉장히 중요할 것 같다.

이상갑 _ 물론 굉장히 중요하다. 청년대학생들이 부모님을 그대로 닮아간다. 우리가 예수님을 계속 보면 닮아가듯이 부모님을 계속 보면 닮아간다. 부모님이 서기관과 바리새인, 율법주의자는 되지 않았으면 좋겠다. 정말 예수님의 제자들처럼 청년들과 같이 고민하면서 청년들에게 주장하는 것이 아니라 청년들이 좋아하고 잘하면서 축복의 통로가 될 수 있는 일들을 교회 안에서나 자기 삶의 영역에서 스스로 찾아갈 수 있도록 멘토역할을 잘해주고 길잡이 역할을 잘해주는 것이 중요하다. 요즘은 헬리콥터맘이 있다고 한다. 대학졸업하고 입사면접에도 엄마들이 따라다니고, 심지어 회사연수에도 따라가고, 회사생활에도 계속 간섭하고 따라다니면서 부모님이 다 선택하고 결정하는 청년들이 늘어나는 것은 굉장히 위험한 일이다. 우리 부모세대가 청년을 정말 믿어주고 밀어주어야 한다.

> **우리 부모세대가 청년을 정말 믿어주고 밀어주어야 한다.**

사회자 _ 마무리를 하면서 청년대학부 사역을 향한 바람이 있다면 한말씀씩 부탁드린다.

김주영 _ 미국에 있을 때 11시 예배를 2세대들에게 맡기는 것을 보면서 우리 한국교회의 11시 예배를 다시 한 번 생각해보았다. 우리의 11시 예배가 과연 다음세대까지를 포함하는 곳인지에 대해서 다 같이 지혜를 모으고 마음을 모아 대화를 통해 끊임없이 고민해야 할 것이다.

이상갑 _ 저는 한국교회가 방향을 돌리면 좋겠다. 방향전환이 필요하다. 성공이 아니라 성경을 집요하고 치열하게 추구하면 좋겠다. 그래서 청년들에게 출세가 아니라 출애굽을 말해주어야 한다. 기독교인들은 삶의 자리에서 말씀을 붙들고 살아가는 것이 진정한 성공이라는 점을 계속 강조하면 좋겠다. 그렇게 할 때 이 말씀을 붙들고 자라난 청년들이 우리 민족문제의 대안이 되어줄 것이다. 그래서 이전 세대가 대안이었듯이 지금의 청년이 다음세대의 대안이 되면 좋겠다.

사회자 _ 지금까지 청년대학부 사역의 돌파구와 대안은 없는지 함께 살펴보았다. 결국 말씀으로 다시 돌아가야지만 소망이 보인다는 말씀으로 집약해도 좋을 것 같다. 귀한 말씀 감사드린다.

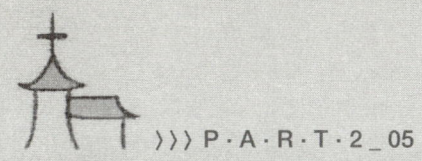

PART·2_05

한국교회 캠퍼스사역의
활로를 모색한다

한국교회 대학부사역의 못자리라고 일컬어져온 대학캠퍼스 사역
이 꽁꽁 얼어붙었다는 이야기가 회자되고 있다. 도대체 대학캠퍼스 선
교사역이 어떤 현실이기에 이런 살벌한 이야기가 오고 가는 것일까?
그래서 대학캠퍼스 선교사역의 현주소를 알아보고 바람직한 방향을
모색해보기 위해 '한국교회 캠퍼스사역을 진단한다'를 주제로 논의를
진행해보고자 한다. 주제와 관련해서 연세차세대연구소 소장이자 신
촌에 위치한 은진교회를 담임하고 있는 김유준 목사, 그리고 보금자리
선교회 대표로 대학생선교사역을 하고 있는 한지훈 목사와 함께 이야
기를 나눠보고자 한다.

사회자 _ 먼저 두 분이 하고 있는 사역에 관하여 소개해주시면 좋

※ 이 원고는 2016년 3월 26일과 4월 2일에 방송된 원고이다.

을 것 같다.

김유준 _ 저는 연세대학교를 중심으로 캠퍼스사역을 20여 년 동안 진행해왔다. '연세차세대연구소'를 세워서 지속적인 캠퍼스사역의 방법을 모색하고 있다. 사역자들이 계속 바뀌어서 지속성이 담보되지 못하고 전문성이 떨어지는 문제가 있다. 그래서 지속적인 사역과 좋은 패러다임을 모색할 수 있는 방향을 찾기 위해 연구소를 시작했다. 캠퍼스에서 계속 학생들을 접하고 있고 세미나나 다양한 경로를 통해 사역하는 방법을 모색하는 중에 있다.

사회자 _ 보금자리선교회라는 이름이 따뜻하게 들린다. 어떤 단체이며 어떤 사역을 주로 하는지 소개를 부탁드린다.

한지훈 _ 저는 원래 전공이 음악이었다. 클래식 기타를 하다가 늦게 신학을 공부했다. 대학에서 CCC를 통해 해외선교에 대한 동기를 부여받았다. 졸업할 때 CCC 간사훈련을 받았고 일본에 가서 훈련받은 것이 계기가 되었다. 결국은 돌고 돌아서 신학을 공부하게 되었다. 그런데 목사안수를 받을 때까지도 사역방향을 제대로 잡지 못했었다. 그러다가 어느 순간 진짜 좋아하는 사역이 뭔가를 생각하다 보니 일본인들에게 선교하고 싶었다. 일본은 연주나 단기선교 등을 위해 20여 년 동안 80번을 넘게 다녀왔다. 그 당시에 한류 붐으로 일본인들이 한국을 많이 찾고 있었다. 그래서 굳이 가서 할 수 없다면 여기서 할 수 있는 방법을 찾아보자 생각했고, 예수님도 보금자리가 없다고 하셨는데 거기서 착안하여 '보금자리선교회'라고 이름을 짓게 되었다. 먼저 이

방인에게 보금자리가 된다는 개념이기도 하고, 또 내가 있는 이곳에서 한다는 뜻이기도 하다. 그리고 영어로는 자리를 JARE라고 이름을 지었다. 중국이나 일본과 관계가 좋지 않은 나라들은 Japan이 들어가면 싫어한다. JARE의 뜻은 Japan Revival의 약자이다. 사역은 일본인들에게 악기를 가르쳐주면서 전도의 접촉점을 찾는 선교활동으로 시작되었다. 처음에는 장소가 없었지만 지인들이 취지를 듣고 공간을 빌려주어서 명동 청어람에서 일주일에 두 번씩 만나고 있다.

사회자 _ 어학당도 역시 캠퍼스 안에 있기 때문에 CCC에서 훈련을 받으셨으니까 캠퍼스에 대한 혜안을 가지고 계실 것 같다. 그렇다면 캠퍼스사역과 일반 교회에서 진행하는 사역의 차이가 있다면 뭘까?

김유준 _ 교회는 청년부에 대학생과 일반인이 포함되어 있기 때문에 아무래도 캠퍼스사역은 일부분인 경우가 많다. 그러나 캠퍼스사역은 대학생이라는 특정한 대상으로 한정된다. 일반인은 대부분 직장생활을 하니까 시간을 내기 쉽지 않은 경우가 많지만, 학생들은 꿈과 낭만에 대한 소망을 가지고 훈련을 받을 수 있는 굉장히 좋은 시간들을 보내게 된다. 평생 하나님을 알아가고 예배할 수 있는 중요한 훈련과 도전을 받는 곳으로 캠퍼스만큼 좋은 시기와 장소는 없다. 보통 학생들이 대학을 4년 정도 다닌다고 생각하는데, 작년 통계를 보니 평균적으로 남학생은 7년, 여학생은 6년을 다니고 있다. 일반학부에서 보내는 기간이 그렇고, 대학원까지 포함한다면 거의 20대 황금기를 전부 대학 캠퍼스에서 보내는 것이다. 그렇기에 이런 신앙적인 훈련과 도전을 받는 시기가 너무나 중요하다.

사회자 _ 교회의 일반 청년사역과는 다른 특성화된 사역이라고 볼 수 있는데, 교회와 캠퍼스사역의 차이점을 살펴볼 때 각각 어떤 효과가 있다고 보는가?

한지훈 _ 교회 안에서 청년사역이 어려운 것은 교회 중심적으로만 사고하기 때문이 아닌가 생각한다. 그리고 캠퍼스에서 사역하시는 분들은 경제적인 어려움을 많이 겪는 부분도 있는 모습을 보게 된다.

사회자 _ 전체적으로 하나님의 나라를 바라볼 때는 캠퍼스 안에서 전도한 학생들이 어느 교회를 가든지 넓게 생각해야 할 필요가 있다. 그런데 요즘은 개교회에서 캠퍼스사역을 하는 일이 좀 드물지 않는가?

김유준 _ 그렇다. 1990년대에는 캠퍼스사역이 활발했다. 대개 3가지 유형이 있었는데, 선교단체와 교회 대학부와 단과대별 기도모임이 중심이었다. 그러다 보니 90년대에는 이 세 단체가 서로 연합하면서 사역을 펼쳐왔다. 캠퍼스사역이라는 측면에서 본다면 교회 대학부사역도 캠퍼스사역의 일부분으로 볼 수 있다. 그런데 교회 대학부 모임은 거의 식사교제 정도에 그치는 경우가 많았다. 다시 말해 교회 대학부 모임들은 1차적으로 모든 훈련과 모임이 토요일과 주일에 개교회 중심으로 집중되다 보니 거기에 많은 에너지를 쏟는다. 그리고 주중에는 최소한으로만 모이는 경향이 있다. 반면 선교단체나 학과 기도모임은 주중에 삶의 현장에서 구체적으로 씨름을 많이 해야 한다. 그런 측면에서는 실제로 어느 교회에 다니든지 간에 삶의 현장에서 받는 훈련이 굉장히 중요하다. 개교회의 대학부사역은 자기 교회를 강조하다 보니 연합에서 어려움을 겪는 게 사실이다.

사회자 _ 이런 측면에서 본다면 교회에서는 토요일과 주일에 신앙 훈련을 받고 주중에는 삶의 현장에서 기독학생으로 살아내야 하는데, 지금 한국교회 대학부의 모습은 전반적으로 어떤가?

한지훈 _ 교회마다 모임 성격이 교역자에 따라 각각 다르기 때문에 "이렇다"라고 명료하게 특정 짓기 어렵고, 이것은 개인적으로도 고민 하는 부분이다. 아무래도 대학은 비슷한 수준의 학생들로 구성하고 있기 때문에 그 친구들에게 접근하여 똑같은 말을 여러 번 할 필요가 없다. 그런데 교회 청년부는 대학생부터 직장인까지 스펙트럼이 아주 넓어서 어느 누구에게만 초점을 맞추기가 어렵다. 그래서 교회는 교회에 맞게 사역하고 캠퍼스에서는 거기에 맞게 사역하는 것이 중요하다고 본다.

김유준 _ 교회 청년들은 부모님으로부터 신앙이 전해져서 성실하게 꾸준히, 혹은 습관적으로 예배에 참석하는 부분이 있다 보고, 그 가운데 새롭게 신앙을 갖는 친구들도 있는데 아무래도 도전적으로 사역하기는 어려운 상황이다. 그러나 캠퍼스 현장은 그리스도인의 비율이 10% 남짓이다. 나머지 90%의 비신자들과 함께 생활하다 보니 그리스도인의 정체성을 드러낸다는 것이 영성훈련으로 준비되지 않으면 상당히 어렵다.

사회자 _ 그렇다면 캠퍼스 선교단체와 교회가 연계하여 연합사역이 이루어지지 않으면 대학생들을 지속적으로 성장시키는 것은 기대하기 어렵겠다.

김유준 _ 그렇다. 캠퍼스에서 훈련을 받고 이런저런 모임에 참여하더라도 결국 선교단체는 파라처치로써 지역교회를 지원하고 도울 수는 있지만, 이들이 졸업한 이후에는 유학을 떠나고 직장생활을 하면 더이상 선교단체에 남아서 훈련받을 수 있는 곳은 거의 없다. 그러다 보니 대학 때 열심히 신앙생활을 하던 사람들도 졸업과 동시에 신앙을 졸업하는 사람이 많다. 그렇기에 선교단체가 적극적으로 지역교회와 연합해서 사역하는 것이 필요하다고 본다. 학원복음화협의회의 청년지도자세미나에서 강의하면서 보니 감사하게도 캠퍼스사역에 관한 주제였지만, 실제로 많은 교회 사역자들이 함께하고 있어서 이제는 이런 부분에 대한 필요를 목회현장에서도 절실히 느낀다는 것을 알았다. 요즘은 청년들이 교회에 잘 나오지 않는다. 그러나 캠퍼스에는 전국에 400만 명 정도가 6~7년 정도를 머물러 있는데 이런 영적 황금어장에 대한 눈을 뜨고 같이 연대하지 않으면 안 된다. 이제는 선택이 아닌 필수로 캠퍼스사역을 감당해야 한다.

사회자 _ 말씀을 듣고 보니 교회에서 강조하는 것은 개인적인 신앙고백과 예배에 집중하게 한다면 선교단체는 큰 틀에서 하나님의 나라를 보게 하는 것으로 생각된다. 생애주기를 놓고 볼 때 대학생 시절에 신앙을 갖는 것을 어떻게 보시는가?

김유준 _ 실제로 교회에서는 예배에 성실히 참석하는 사람을 믿음이 좋은 사람이라고 생각할 수 있지만, 대학에서는 신앙이 없는 사람들 속에서 그리스도인으로 살아가는 것이 무엇인가 하는 정체성을 고민해야 한다. 실제로 정치, 경제, 사회, 문화 등 모든 영역을 바라보는 가치관, 세계관에 대한 변화가 일어나지 않으면 진정한 그리스도인의 삶을 살기가 어렵다. 그런데 우리나라에서는 고등학교까지 오직 학업에만 매달리는 것이 현실이고 겨우 대학에 오면 자유와 낭만을 즐기는 것이 어느 정도 허용되었다. 그런데 요즘은 헬조선이니 흙수저라는 말이 나올 만큼 취업을 비롯해서 각박한 현실에 뛰어들기 위한 또 하나의 학원으로 전락해버린 안타까움이 있다. 여기서 한 영혼에게 복음을 증거하고 양육하고 그 사람이 하나님의 나라를 꿈꾸고 도전할 수 있도록 하는 것이 캠퍼스에서 이루어지지 않으면 직장과 가정에서는 더욱 어렵다고 생각한다. 그래서 대학생 시절의 신앙훈련은 일평생 신앙생활의 기초를 놓고 자기 신앙의 정체성과 세계관을 확립하는 매우 중요한 시기라고 생각한다.

> **선교단체가 적극적으로 지역교회와 연합해서 사역하는 것이 필요하다.**

사회자 _ 그런 의미에서 본다면 기독교대학에서 교목으로 계시는 분들의 역할이 굉장히 크고 일반적으로 선교단체의 역할이 굉장히 클 것 같다. 교회가 개인적인 신앙을 공고하게 만들어준다면 세계관을 가르쳐 시야를 넓혀주는 것은 선교단체의 역할이라고 생각한다. 현재 대학캠퍼스 선교사역기관의 현황은 어떤지 들려주시기 바란다.

김유준 _ 캠퍼스 선교단체는 기독교대학과 비기독교대학을 나눠서 봐야 한다. 미션스쿨의 경우 교목실이나 대학교회 같은 공식기관이 있다. 거기에 교목이 있고, 이분들이 공식적인 채널이나 채플을 통해 기독교 관련과목을 가르치고, 학생들은 반드시 그 과목을 이수해야 졸업할 수 있다. 그렇기에 전혀 신앙이 없는 학생들도 대학을 다니는 동안 기독교에 대해 최소한의 이야기를 들을 기회를 갖는다. 그리고 90년대부터 시작된 기연운동, 곧 기독학생연합회나 선교단체, 또는 학과별 기도모임 등의 학생모임이 있고, 최근에는 서울대나 고려대에서 시작된 학부모 기도모임도 있다. 자녀를 위한 부모님의 기도만큼 강력한 것은 없다. 이렇게 다양한 주체들이 캠퍼스사역을 하는데 때로는 지역교회의 목회자들이 들어와서 함께하기도 하다. 이와 달리 비기독교대학은 대학교회나 교목실은 따로 없지만 기독교인 교수님이나 인근의 목회자들이 함께 연합해서 대학교회를 세우는 경우도 있다. 어떤 면에서는 기독교대학 못지않게 굉장히 복음적으로 활동하기도 한다.

사회자 _ 선교단체들이 상황 변화에 잘 적응하는 편인데, 혹시 일본에서 온 유학생들이 이단이 많은 것에 대해 놀라지 않는가?

한지훈 _ 제가 일본인들에게 복음을 전하기 위해 일본인 목사님께 자문을 구했더니 통일교 등과 같이 안 좋은 이미지를 줄 수 있으니 처음부터 교단을 밝히고 시작하라고 했다. 문화적인 코드로 접근하는 것도 역시 이 시대의 젊은이에게 쉽게 다가갈 수 있는 방법이라고 생각한다.

김유준 _ 요즘 일반교회는 캠퍼스사역을 적극적으로 하지 않는데 반해 이단들은 굉장히 적극적으로 캠퍼스사역을 펼치고 있다. 예를 들면 캠퍼스 인근의 지하철역 가까이에 건물을 임대해서 거기에다 신천지 복음방 같은 것을 운영한다. 그리하여 대학생들이 쉽게 찾아와서 신앙적인 것을 채울 수 있도록 전략적인 거점을 마련해서 공략한다. 그에 반해 한국 대형교회는 어디에도 이런 거점을 마련하지 않고 있다. 이단들은 정책적으로 그렇게 지원하고 있는데, 한국교회가 전반적으로 영적 황금어장인 대학캠퍼스에 대한 다각적인 관심을 보여줄 필요가 있는 때라고 생각한다.

사회자 _ 이런 측면에서 한국교회 캠퍼스사역에 있어서 바람직한 모습은 어떤 것이어야 하는지 말씀해주시기 바란다.

김유준 _ 캠퍼스선교의 중요성과 필요성을 봐야 한다. 인생에 있어서 유일하게 집중적으로 훈련받을 수 있는 너무나 중요한 시기이고, 학생들의 가치관과 세계관이 기독교적으로 형성되어 그리스도인으로서 살아갈 수 있는 중요한 삶의 터전이 될 수 있다고 본다. 그런 측면에서 교회에 청년이 없다고 말하는 대신 전국에 400만 명의 대학생이 있는 것을 기억하고 다양한 전략과 역량을 모아 지속적으로 사역의 길을 모색해야 할 것이다.

한지훈 _ 젊은이들이 문화를 통해 마음을 열 수 있는 콘텐츠를 개발해야 할 것이라고 생각한다. 전문성을 가진 사역자들이 캠퍼스로 들어가야 한다.

사회자 _ 지금 대학생사역에 있어서는 더 이상 "대안도 없고 해법이 없는 것이 아닌가?" 하는 자조적인 이야기까지 나오고 있는 상황이다. 이런 상황에서 대학 캠퍼스사역을 진행하는 데 있어서 꼭 기억해야 할 중요한 원칙이 있다면 무엇이라고 생각하는지 짚어주면 도움이 될 거 같다.

김유준 _ 대체로 대학 캠퍼스사역이라고 하면 자신의 교회로 데려가겠다는 생각을 많이 한다. 그러나 캠퍼스 사역담당자에게 당부하고 싶은 말은 3년 동안 아무도 데려가지 못할 것을 각오하고 사역하라고 말하고 싶다. 실제로 지역교회에서 캠퍼스사역을 펼치는 교회가 몇 년 동안 아무런 열매도 얻지 못한다면 교우들이 계속 기다려주지 못할 것이다. 그러나 캠퍼스사역은 단순히 먹을 것을 준다고 따라가는 것이 아니라 신뢰관계가 형성되어야 한다. 그러면 나중에는 아무 말을 하지 않아도 스스로 찾아가는 경우를 많이 본다. 캠퍼스사역은 충분한 여유를 가지고 진행해야 하고, 결코 혼자 할 수 없다. 만약 교회 규모가 1만 명 정도 된다면 교역자가 상당히 많을 것이다. 그런데 연세대학교만 해도 3만 명의 학생이 있는데 교목실에는 겨우 사역자가 7명뿐이고, 그 외의 여러 캠퍼스 사역자들을 다 합쳐도 50명 정도에 지나지 않을 것이다. 적어도 3만 명의 학생을 대상으로 사역하려면 몇 백 명의 사역자는 있어야 한다고 생각한다.

사회자 _ 여유, 지속성, 연대를 통해 신뢰를 회복하는 것이 필요하다는 말씀이신데 그런 것인가?

한지훈 _ 가장 근본적으로 젊은이들을 향한 구령의 열정이 있어야한다. 대학시절 함께 훈련을 받았던 동기들은 지금 대부분 사역자나 선교사가 된 것을 본다. 개교회에서는 청년들을 만나는 문이 좁은 반면 대학에서는 문이 넓게 열려있으니까 이런 부분에서 효과적인 전략을 가지고 접근해야 한다. 이 시대가 요구하는 모습으로 나아간다면 앞으로 10~20년 뒤에는 한국사회를 이끌 지도자가 나올 것이라고 생각한다.

사회자 _ 어떤 의미에서 캠퍼스선교는 흐르는 물에 빵을 던지는 것이 아닐까?

김유준 _ 교회에서는 당장 손에 잡히는 결과가 없는 것처럼 보이고, 또 교회에 나오더라도 졸업하면 떠난다는 인식을 가지고 있다. 개교회 중심으로 볼 때는 당연히 그렇지만 거시적인 하나님 나라의 관점에서 보면 어느 지역으로 가든 그리스도의 군사로 살아간다는 것은 굉장히 큰 기쁨과 감격이다. 이처럼 하나님 나라의 관점에서 보고 함께해야 할 것이다.

사회자 _ 지금 보도에 따르면 한국에 와 있는 유학생이 9만 명 정도이고, 2020년까지는 20만 명으로 늘리겠다고 한다. 각 나라에 가서는 만나기 어려운 높은 수준의 사람들이 대부분이다. 그 사람들이 한국 땅으로 찾아왔다. 이런 사람들에 대해 선교적 관점에서 볼 때 선교단체나 개교회는 어떤 생각을 가져야 할지 말씀해주시기 바란다.

한지훈 _ 과거에는 한 나라의 문화가 전파되기 위해서는 제국주의의 힘이나 전쟁의 힘이 필요했다. 그러나 이제는 유튜브를 통해 자발적으로 찾아오고 있다. 우리나라의 콘텐츠가 우수한 부분도 있겠지만 하나님이 선교사님들에게 많은 위로를 주시는 것 같다. 저는 93년부터 97년까지 독일에 있었는데, 그 당시에는 김치를 한 번 설명하려면 A부터 Z까지 시시콜콜하게 다 이야기해야 했다. 그런데 지금은 본인들이 직접 여러 종류의 김치를 만들면서 어떻게 하면 더 맛있게 담그는지를 묻는 그런 시대가 되었다. 이와 같이 우리 주변에 땅끝이 있다고 생각을 전환하는 순간 엄청난 전율을 느꼈다. 선교는 나가서만 해야 한다는 고정관념이 있는데, 문화적인 접근으로 찾아오는 친구들에게는 그 방법으로 다가가야 한다. 하나님이 그것을 위해 준비시키셨다 생각하고 거기서부터 시작되어 어느 날 돌아보니까 지금 같은 결과가 만들어져 있었다. 외국인들이 찾아오는 것은 하나님이 기회를 주셨다고 생각한다.

사회자 _ 어떻게 보면 또 다른 선교의 장이 확 열린 것 같다는 느낌이 든다.

김유준 _ 한국 역사에서 지도자 역할을 담당하신 분들을 살펴보면 주로 대학시절에 유학을 떠나 어렵고 힘들게 일하고 공부하신 분들이다. 그 후에 우리나라로 돌아와서는 이 나라의 지도자가 되었다. 이처럼 우리나라에 들어와 있는 동남아나 러시아 지역에서도 찾아오는 많은 학생들이 있다. 이 학생들이 자국으로 돌아가서 정치, 경제, 교육의 모든 영역에서 사회 지도자로 설 사람이기 때문에 한 사람, 한 사람을 섬기는 것은 한 민족, 한 나라를 섬기는 것으로 봐야 한다. 특히 2020년까지 지금보다 두 배 이상 늘린다고 하는데 대학생선교도 미약하지만 유학생선교는 너무나 취약한 상태이다. 한국교회 차원에서 전략이 필요하다. 대학평가나 순위를 위해 유학생을 많이 유치하지만 유학생들에 대한 복지나 상담 등 실질적인 문제점을 제대로 돕지 못하기 때문에 안타까운 소식이 많이 들리고 있다. 이런 시점에서 유학생들을 향해 나가는 선교사만이 아닌 한국에 들어와 있는 학생들에게 한국어로 복음을 전하고, 특히 명절에 교회나 가정에 초대하면 좋은 기회가 될 수 있다. 아이러니하게도 명절이 되면 기숙사도 문을 닫고 주변 식당들도 문을 닫기 때문에 오히려 아무것도 없어서 제대로 먹지를 못한다. 이럴 때 교회가 작은 사랑과 관심으로 다가가는 것이 매우 중요한 사역의 첫 걸음임을 생각하면 좋겠다.

사회자 _ 지금은 선교방향도 자국민 선교로 가고 있는데, 우리말을 알아듣는 유학생들이 복음을 안고 자국으로 돌아간다면 굉장히 놀라운 일이 벌어질 수 있을 것 같다.

한지훈 _ 한국에 오는 일본인들이 좋아하는 아이돌의 음악을 많이 듣고, 그 음악을 통해 교류하고 한국어도 가르쳐주면 아주 잘 알아듣고 좋아하는 것을 보았다. 그 연속선상에서 복음을 전하고 있다.

사회자 _ 유학생들이 많이 들어오면서 캠퍼스 환경이 많이 바뀐 것 같다. 이런 상황에 대해 지역교회의 연대가 필요하다면 효과적인 방안이 무엇이 있을지?

김유준 _ 지역교회와 함께 교단 차원에서 정책적 결단이 필요하다고 본다. 아무리 캠퍼스사역을 오래했고, 그 사역을 지속하기 위해 교단에서 안수를 받으려고 하면 오히려 캠퍼스사역을 내려놔야 하는 것이 한국교회의 현실이다. 캠퍼스사역을 더 잘하기 위해서 신학을 하는데 무조건 교회에서 사역해야 하고 캠퍼스사역을 내려놔야 한다. 캠퍼스사역 같은 전문분야의 사역도 인정하고 안수과정에 다 포함시켜야 하는 것이 시급하다. 그리고 실제로 신학교들의 커리큘럼을 보면 캠퍼스사역에 대한 수업 자체가 거의 없다. 300~400만 명의 젊은이들이 있는 곳을 향한 전략적인 고민이 없다는 것은 분명히 문제라고 생각한다. 들은 소식에 따르면 예전에 새문안교회에서 캠퍼스 사역자를 5명 정도 파송해서 일주일 내내 캠퍼스에만 집중하도록 하는 정책이 있었고, 몇 년 전에는 삼일교회에서 캠퍼스에 사역자를 보내는 것을 보았다. 굉장히 고무적이라고 생각한다. 이처럼 캠퍼스에서 사역하는 많은 분들을 적극적으로 도울 수 있는 방안이 있다 생각하고, 사역지가 없어서 고민하는 사역자들을 캠퍼스로 보내서 지원한다면 지속적이고 장기적인 연합사역이 가능할 것이다.

사회자 _ 각 교단에서 60만 명의 장병을 위해 군목을 파송하는 것을 보면 400만 명이나 되는 학생이 있는 캠퍼스에도 사역자를 더 많이 보내야 할 것이라는 생각이 든다. 심지어 교회에 다니던 학생들조차 제대로 돌보지 못해서 이단에 휩쓸리는 안타까운 일도 많은 것 같다. 대학생들이 군대와 휴학 등으로 말미암아 학업이 간헐적으로 중단되면서 신앙 단절로 찾아오는 경우가 있는 것 같은데, 이 기간을 어떻게 하면 잘 이어가면서 신앙생활을 하는 데 도움을 줄 수 있을지?

김유준 _ 신앙은 아무래도 휴학 여부와 상관없이 개인적으로 혼자만 할 수 있는 것은 아니다. 중요한 것은 자신이 어렵고 힘들 때 곁에서 누군가 격려해주고 지지해주는 사람이 필요한데, 휴학이나 고시공부를 하다보면 주로 혼자 지내는 경우가 많다. 특히 몸이 아프면 지방에서 온 학생의 경우 아무도 돌보지 않고 굉장히 힘들어한다. 그렇기에 적극적으로 신앙공동체를 형성하는 것이 중요하고, 그런 의

> **신앙공동체를 통해 서로 신앙을 붙잡아주는 것이 중요하다.**

미에서 캠퍼스에 많은 선교단체나 학과별 기도모임이 중요하다고 본다. 연세대학교의 경우 1학년 5,000명 전원이 송도캠퍼스에 가 있다. 함께 기숙사생활을 하다 보니 신앙의 열정이 있는 학생들은 같이 모여서 월요일마다 기도모임을 하는데, 재작년부터는 100명 이상이 모여서 기도모임을 한다고 들었다. 그리고 2학년부터 신촌캠퍼스에 와서 다른 사람들을 독려하고 위로하면서 함께 신앙생활에서 중추역할을 감당한다고 한다. 그래서 혼자 신앙생활을 하는 것보다 같이 신앙공동체를 통해 서로 신앙을 붙잡아주는 것이 중요하다고 생각한다.

사회자 _ 어떤 의미에서 영적 안전망이다. 한 목사님도 유학 온 학생들을 섬기면서 실제로 영적 안전망을 통해 격려하고 세웠을 때 어떤 결과로 나타나는가?

한지훈 _ 제가 운영하는 문화교실은 교회가 아니고 접촉점을 만드는 곳으로 출발했다. 3개월 정도 지났을 때 한 친구에게 예수님을 전하

고 싶다고 하니까 무리 없이 받아들이고 세례도 받았다. 그런데 그다음 문제가 보낼 교회를 찾는 것이었다. 그리고 어렵게 교회에 보냈는데, 관리가 제대로 잘되지 않고 양육이 온전히 이뤄지지 않는 등 관련된 몇 가지 시행착오가 있었다. 결국은 캠퍼스 선교단체와 교회가 연합해야 한다고 본다.

김유준 _ 학생들이 개인의 취업과 성공을 위해 스펙을 쌓는 데 관심이 많다 보니 오히려 그런 세상적인 성공보다는 하나님의 나라를 위해 나아갈 수 있도록 도전하곤 한다. 지난번에 태백의 예수원을 방문했다가 인근 교회를 들렀었다. 그런데 시골 오지여서 그곳 학생들은 학업을 제대로 받지 못한다는 이야기를 듣고, 연세대학교 학생과 저희 교회 청년 몇 명이 2박 3일씩 가서 무료로 과외를 해주고 돌아오는 과외봉사를 하고 있다. 실제로 교회에서는 캠퍼스나 어려운 환경에 처한 사람들을 돕는 일을 적극적으로 지원할 필요가 있다. 캠퍼스는 그런 학생들이 대학에서뿐만 아니라 지속적으로 신앙생활을 할 수 있도록 지역교회에 보내는 연계가 중요하다고 여겨진다.

사회자 _ 신촌과 같은 대학가의 경우는 가능한 것 같다. 특히 지방에 있는 대학들이 이런 것에 눈을 뜨면 좋을 것 같다는 생각이다. 이제 대학생 시절에 바람직한 신앙생활을 유지하기 바라는 데 부모님의 역할이 굉장히 중요한 것 같다. 일반대학 안에서도 부모님들이 기도모임을 시작해서 헌신하시는 경우가 있는가?

김유준 _ 연세대학교의 경우 2000년대 초반에 기독학부모 10여 분

정도가 모여서 기도하기 시작했다. 매주 수요일은 캠퍼스에 나와 전도하면서 기도하신다. 모두 자기 자녀들이라고 생각하기 때문에 정말 사랑으로 돌보고 섬기신다. 그렇게 모인지 10년이 넘어서부터는 매주 70~80여 명이 모여서 기도하고 예배드릴 만큼 성장하게 되었다. 이런 모임들이 다른 대학에도 소문이 퍼지면서 자녀를 위한 기도모임이 활발해지고 있다. 그리고 단순히 기도하는 차원을 넘어 캠퍼스사역의 거점역할을 감당하면서 모든 사역에 다 참여하여 격려해주시니까 부모님의 사랑과 마음이 자연스럽게 흘러간다. 그러니 신앙 없는 학생, 믿음에서 떠났던 학생들도 들어와서 그 속에서 아름다운 신앙을 보여주는 경우를 많이 보게 된다.

사회자 _ 정말 캠퍼스선교 자체가 엄혹한 시기를 넘어 봄을 맞이하길 바라는 기대감이 있는데 대학생활을 하면서 삶의 문제로 신앙을 저버리는 학생이 많은 것 같다. 신앙과 삶의 괴리감을 어떻게 좁혀줘야 하는지 말씀해주시기 바란다.

한지훈 _ 만났던 친구 중에 재일교포가 있다. 그래서 일본과 한국, 양국에서 원하는 대로 체류할 수 있는 장점이 있다. 이 친구는 한국에서 뿌리를 찾기 위해 왔기에 자리를 잡도록 도우려 하고 있다. 교회와 선교단체가 연계되어 있다면 일자리를 찾거나 여기서 자리를 잡고 생활할 수 있도록 더 쉽게 도와줄 수 있을 것 같다.

사회자 _ 캠퍼스사역 전문가로서 교회와 대학생, 그리고 부모님께 부탁이 있다면 뭐가 있을까?

한지훈 _ 교회가 청년사역자를 개교회 중심이 아니라 한국교회 미래를 생각해서 캠퍼스로 보내주고, 그러면 이 사역자는 학생들을 교회로 보낼 때에는 자기 교회에서 양육하는 이런 선순환이 계속되었으면 좋겠다. 긴 안목으로 캠퍼스사역을 지원해주시기를 간곡히 부탁드린다.

김유준 _ 대학생 시절에는 하고 싶은 것도 많고 이 시기를 소중하게 보내고자 하는 마음이 가득할 것이다. 이 시기에 예수 그리스도를 만나 그분 안에서 새로운 하나님 나라의 비전에 눈을 뜨는 것만큼 소중한 것은 없다. 약간 지루하고 단순한 것 같지만 대학생 시절에 여호와 하나님을 알아가는 일에 적극적으로 시간과 마음을 기울이는 것이 중요하다. 그러기 위해서는 사역자뿐만 아니라 좋은 신앙인들과 서로 섬기고 배우는 시간을 자주 마련하면 좋겠다. 또 최근 한류를 비롯한 국가 정책차원에서 유학생들이 많이 와 있는데 해외선교 못지않은 지원을 해주시면 좋겠다. 그리고 자녀를 향한 부모님들의 열풍이 강한데, 자녀를 위한 기도의 자리에도 나와서 마음을 모으고 힘을 합해주시면 큰 변화가 일어날 것이다. 마지막으로 교단차원에서 400만 명의 젊은 이가 모여 있는 캠퍼스의 영혼들을 위해서도 힘을 써주시기를 간곡히 부탁드린다.

사회자 _ 대학생들을 위한 캠퍼스 선교사역에 대한 새로운 시각을 열어준 귀한 말씀에 감사드린다.

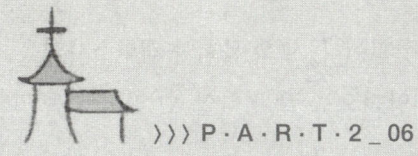

한국교회 캠퍼스사역,
지금이 기회이다

　오늘은 새 학기를 맞은 대학생들을 어떻게 양육하면 좋을지, 또 대학생으로서 어떻게 올바른 신앙생활을 영위하면 좋을지 그 대안을 모색해보려고 한다. 연세차세대연구소 소장이시며 신촌에 위치한 은진교회의 담임목사이신 김유준 목사와 삼일교회 대학청년담당이신 이익주 목사(현재 제자들교회)와 함께 이야기를 나눠보려고 한다.

　사회자 _ 요즘 많이 바쁘실 텐데, 먼저 어떻게 사역하고 계신지 나눠주시면 좋겠다.

　김유준 _ 학기 초가 되었기 때문에 학생들이 새롭게 대학에 입학하고 정착하는 기간이다. 그래서 대학생들이 신앙적으로 좋은 기회를 가

※ 이 원고는 2016년 3월 7일과 14일에 방송된 원고이다.

질 수 있도록 많이 도전하고 있는 상황이다. 교회 목회와 캠퍼스사역을 병행하면서 학생들이 교회에서 신앙적으로 잘 정착할 수 있도록 돕고 있다.

사회자 _ 두 분이 대학가에서 목회를 하시니까 대학교와 밀접한 위치에 있는데 상황이 어떤지, 그리고 삼일교회는 각지에 있는 신입생들이 많이 모인다는 소문을 듣고 있는데 상황이 어떤지 말씀해주신다면?

김유준 _ 연세대학교의 경우는 신입생들이 1년 동안 송도캠퍼스에 가 있다. 그래서 연세대 신촌캠퍼스의 경우는 신입생을 많이 볼 수 없지만 최근에 신입생들을 대상으로 신앙 오리엔테이션을 진행하면서 학생들을 만났었고, 또한 신촌에 있는 많은 다른 대학가가 활기를 띠는 모습을 볼 수 있다.

이익주 _ 실제로 여러 지방에서 올라온 대학생들이 삼일교회에 와서 신앙생활하며 변화와 하나님의 영광을 맛보고 있다. 삼일교회 대학청년부를 섬긴지가 거의 20년이 다 되어간다. 그래서 담임목사님과 당회에서도 대학생들을 어떻게 섬길지 의논도 많이 하는데, 작년에 세 분의 캠퍼스 선교사를 연세대, 서울대, 숙명여대에 시범적으로 파송했다. 그분들이 디렉터로 섬기고 있고, 캠퍼스전도가 2월과 3월에 집중되고 있는데, 캠퍼스전도 담당교역자로 섬기고 있다. 그리고 대학생들을 조금 더 일찍부터 섬겨보자는 취지에서 11월에 수능이 끝나면 4개 고등학교를 선정해서 3~4년째 1,900명 정도를 대상으로 새내기 캠프를 진행하고 있다. 아무튼 청년대학생들을 오랫동안 섬기는 축복을 받았다.

사회자 _ 이제 주제에 다가가서 대학생들의 영적 상태가 어떤지 진단해주시면 좋을 것 같다.

김유준 _ 최근에 많이 나오는 청년들의 신조어를 살펴보면서 생각해보기 원한다. '인구론'이라고 들어보셨는가? 인문계 졸업생들의 90%가 논다는 뜻이다. 그리고 '청년실신'은 청년세대 대부분이 실업자이고 신용불량자라는 뜻이다. 이처럼 청년들의 실업문제가 굉장히 심각한 상황이다. 실제로 대학생활 4년 동안 가장 하고 싶은 것이 무엇인가를 묻는 설문조사를 600명의 학생들을 대상으로 해보았다. 1위가 놀랍게도 취업준비(21.3%), 2위는 학과공부(19.6%), 3위는 여행(13.7%), 4위는 어학연수(13.2), 5위는 동아리활동(8.9%), 6위는 미팅과 소개팅, 7위는 아르바이트였다. 제가 대학을 다닐 때는 관심이 동아리활동이나 미팅이 컸는데, 지금은 대학생들이 취업과 학과공부에 몰두하는 상태라서 영적인 신앙생활에 대해서는 우선순위가 밀릴 수밖에 없었다. 연세대학교만 해도 예전에는 학생들의 30~40%가 그리스도인이었는데 지금은 10~20% 정도도 안 되는 심각한 수준이다.

사회자 _ 그래도 삼일교회에 찾아오는 학생들이 많다는 것을 보면 이러한 상황 속에서는 매우 이례적인 현상이라고 봐도 되겠다?

이익주 _ 과거에는 대학생에게 낭만이라는 단어가 어울렸고 꿈이 있고 설렘이 있었는데, 지금의 학생들에게는 낭만이 사라졌고 입학과 동시에 스펙을 쌓고 취업 준비하느라 굉장히 눌려 있다. 이 시대는 '눌려 있다'는 표현이 딱 맞는 것 같다. 그러다가 아무리 해도 안 되니까 게임 같은 것에 빠져 있는 게 안타까운 마음이 크다.

사회자 _ '3포시대'를 넘어서 '5포, N포시대'라고 하는데, 내 집 마련을 포기했고 인간관계자체도 포기해버린 세대가 지금 세대인 것 같다. 그러나 너무 비관적으로만 볼 것이 아니라 이것이 영적인 과정들을 통해 회복되고, 새로운 돌파구를 열어주는 그런 방향으로 가야 할 것 같은데 어떤가?

김유준 _ 오히려 지금 학생들은 개인적인 스펙을 쌓고 취업준비를 하다 보니 예전처럼 공동체성을 갖고 어울릴 수 있는 기회가 적다. 그렇기에 고독하고 단절된 느낌을 갖는다. 하나님 앞에서 생각해보면 우리는 모두 단독자이기 때문에 내면의 공허함이나 허무함을 느끼는 경우가 많고, 겉으로 보이는 상황들은 경제적인 것에 짓눌려 있고 지쳐있는 부분들이 있지만, 개인이나 교회의 차원에서 직접적으로 다가갈 경우에는 오히려 복음의 문이 활짝 열리는 것을 보게 된다.

사회자 _ 영적인 대안을 제시할 때 받아들여진다는 것인가?

이익주 _ 지금까지 청년들은 눌려 있고 희망이 없다는 이야기가 주를 이뤘지만, 그렇기 때문에 어쩌면 가장 큰 기회가 될 수 있는 시기라고 생각한다. 성경에서도 굉장히 어두운 시기에 빛으로 말씀을 제시해서 일으켜 세웠던 하나님의 계획들을 볼 때 역설적으로 지금이 영적으로 제일 호기이지 않을까 하는 생각이 든다. 지금은 워낙 어려우니까 정말 하나님과 인생과 미래에 대해서 마음 밭은 훨씬 옥토가 되었을 것으로 보고 청년들을 대하고 있다.

사회자 _ 오히려 황폐하기 때문에 영적인 자양분을 공급받기가 더 적절하다는 이야기가 될 것 같다. 그렇다면 신입생 이야기를 좀 해봐야 될 것 같다. 사실 어려운 것이 고등학교까지는 대학에 가면 신앙생활을 한다고 하는데, 이런 상황 속에서 신입생들이 정말 대학에 입학해서 믿음을 가질까?

김유준 _ 첫 단추를 어떻게 끼는가가 굉장히 중요하다. 대학생활에 대한 설렘과 선배들의 유혹이라든지, 이런 부분들에 휩쓸리다 보면 신앙은 뒷전으로 내몰릴 수밖에 없는 것 같다. 연세대학교에서도 신입생 오리엔테이션을 가장 중요하게 여기는데, 입학하자마자 가장 먼저 믿음의 선배와 신앙 지도교수를 만나서 신앙 가운데 생활할 수 있도록 요청하고 있다. 대부분 서울에 교회가 많다 보니 쇼핑하듯 여기저기 돌다가 결국에는 가까운 교회를 가는 것도 귀찮아한다. 급기야 학기 중간쯤되면 자신이 그리스도인인지조차도 불안한 모습을 많이 보게 된다. 신입생이나 복학생들에게 각별히 신앙의 멘토 역할을 해주는 것이 굉장히 중요할 것으로 생각된다.

사회자 _ CCC에서 조사한 내용을 보면 부모님 슬하에서 신앙생활을 할 때는 신앙인의 정체성을 가지고 있다가도, 서울에 올라와서 계속 신앙을 이어가는 학생들은 27% 정도라고 한다. 그래도 교회에 찾아오는 학생들은 신앙의식을 가지고 올 텐데, 문제는 교회들이 어떻게 수용하고 키워내는가가 관건일 것 같다. 어떻게 생각하는가?

이익주 _ 처음 지방에서 올라오면 호기심이 엄청나게 증폭돼서 교회 쇼핑도 하고 여기저기 다니는데, 문제는 그러는 사이에 공동체를 떠나게 되는 것이다. 영적 지도자와 영적 공동체와의 만남이 있어야 서로가 건강한 조언도 하는데, 아무도 관리하지 않고 아무도 상관하지 않는 자유로운 철새처럼 돌아다니다가 나중에는 예배를 드리지 않아도 괜찮은 무덤덤한 시기가 있어서 매년 신입생 때 이런 상담을 하는 친구들이 있다. 신학기에 올라오는 친구들은 이때 좋은 신앙의 공동체를 만나고 좋은 선배를 만나는 것이 가장 중요하다. 대학생이 되면 자기가 자유인이고 완전히 어른이라고 생각하는데 영적으로도 동일하기 때문에 이때가 가장 중요하다.

사회자 _ 실제로 시간과 생각의 여백이 가장 많은 시기가 아닌가? 이 백지 위에 어떤 그림을 그리도록 해주는지가 가장 중요할 것 같다. 이제 체계적으로 자료를 제공해주실 수 있다면 어떤 것이 있는가?

김유준 _ 실질적으로 대학에 왔을 때 자기가 신앙공동체를 찾고자 하지만 그런 것들을 제공해주는 종합적인 가이드가 없는 것이 문제이다. 그래서 최근 신촌에 있는 목회자들의 모임인 '신촌사랑, 신기연'을 매월 정기적으로 하고 있는데, 그곳에 모인 목사님들이 고민하는 부분이 바로 그 지점이다. 여러 교회들이 있기는 한데 청년들이 어느 교회를 가야 할지, 또 각 교회의 특징이 무엇인지를 본인들이 직접 가보지 않으면 알 수 없는 상황이다. 그래서 고민하는 것은 영적 도해를 해서 신촌과 대학가의 청년들에게 건강하고 유익한 좋은 교회들을 연합하는 차원에서 제공하는 것이 필요하다고 생각한다. 그런 면에서 신입생들에게 좋은 공동체와 교회, 선교단체를 소개하고 만남의 장을 마련하는 것이 필요할 것 같다. 그런데 이런 부분들이 이단과도 연관될 수 있기 때문에 개별적으로 하는 만남보다 공신력 있는 기관, 특별히 학교를 통해서 모색해야 할 것으로 보인다.

이익주 _ 2월 신입생 오리엔테이션부터 회사에 반차를 내서라도 학교에 따라간다. 그리고 Cafe차를 2~3년째 운영하면서 거기서 아이들과 만나고 설문지도 받고 신앙생활도 물어보고 한다. 결국은 전혀 안 믿는 아이들을 대상으로 하는 것은 좀 더 진행이 되어야 할 부분이고, 지방에서 신앙생활을 잘했던 아이들을 돕는 것은 2~3월이 제일 중요하다. 그래서 그 아이들을 집중적으로 돕고 있다. 3월 말

> **문제는 그러는 사이에 공동체를 떠나게 되는 것이다.**

에는 전도축제를 제대로 한다. 21년째 하고 있는데, 꽤 많은 대학생들이 초청돼서 복음을 듣고 신앙생활을 하도록 돕는 구체적인 행사를 진행하고 있다. 학생들이 여러 가지에 눌려 있긴 하지만, 여전히 대학생이고 청춘이기 때문에 뭔가 비전과 꿈 같은 것을 살짝이라도 맛보면 굉장히 적극적이 된다. 그래서 하나님에 대해 뭔가를 발견하는 기회를 얻다 보면 낭비보다는 열정어린 모습이 나타난다.

사회자 _ 그런데 한국교회 현실에서는 청년들이 오히려 돈이 들어가야 하는 상황이기 때문에 교회에서는 어떻게 생각하는지 궁금하다.

김유준 _ 대학, 청소년 같은 차세대에 대한 관심도가 실제로 한국 교회의 미래와 직결됨에도 불구하고 일반 목회하시는 분들이나 교회 당회 입장에서는 교회의 재정적인 부분에 도움이 되지 않고 투자를 계속해야 한다는 이유로, 연세가 많으신 어른들에게서 당장 교회가 젊은 이들만 챙기는 것은 아닌가 하는 우려를 듣는다. 그래서 조심스러운 부분이다. 20여 년간 캠퍼스사역을 해왔음에도 불구하고 이렇게 어려운데, 일반 교회의 목회자 차원에서 대학청년부들에 대한 비전을 품지 않고서는 여러 사역 가운데 하나로만 여기지 더 이상의 신경과 관심을 갖기에는 많은 한계가 있다.

사회자 _ 대학청년부에서만 20여 년 가깝게 담임목사처럼 사역을 한 경우는 그리 흔하지 않을 것이다. 오랫동안 사역하면서 주변 교회들을 많이 보고 상담도 하셨을 텐데 어떤가?

이익주 _ 교회는 그야말로 전문성을 요구하는 많은 부서가 있다. 주일학교 부서들이 전문성이 있어야 잘 도울 수 있다. 저도 18년째에 접어드니까 이제 조금 보이는 것 같다. 대학생이 보이기 시작하고, 어느 부분을 어떻게 도와줘야 하는지 알 것 같다. 18년 동안 사역해본 결과, 결론은 대학생을 진정한 그리스도인으로 만들고 사역하기 위해서는 대학생을 대상으로 해서는 늦다고 생각한다. 이미 대학생이 되어서는 군대훈련소로 하면 말년에 해당된다. 고등학교 때는 아무리 공부를 잘해도 아직 정신이 훈련소 마음이다. 고등학생들은 정말 마음이 가난하다. 안 믿는 아이들도 다 순종하고 좋아한다. 그래서 저는 고등학교도 병행해서 5~6년째 찾아가서 사역하고 있다. 미션스쿨 집회를 계속하고 수능이 끝나자마자 새내기 집회를 해서 초청한다. 4개 학교를 선정해서 버스를 50대 보낸다. 수능을 마치면 아이들이 너무 좋아하면서 교회에 처음 와보고 복음도 듣는 기회를 갖게 된다. 대학도 당연히 관심을 쏟지만 이왕이면 고등학교 때부터 관심을 가져주고 사랑을 주고 관계를 갖는다. 이 시기의 아이들이 정말 순수한다.

김유준 _ 저도 캠퍼스에서 사역을 20년 동안 했지만 연세차세대연구소를 개설하면서 청소년과 어린이를 포함시켰다. 결국 대학생사역은 더 어린 시기부터 시작하지 않으면 안 된다는 것을 알았기 때문이다. 실제로 대학생들에 대한 필요만 보더라도 전국에 400여 개 대학교에 387만 명이 있다. 남학생은 평균 7년, 여학생은 6년을 대학에 재학한다고 한다. 취업 때문에 졸업을 많이 늦추고 있다. 거기에 대학원까지 포함한다면 사실 20대의 대부분을 대학캠퍼스에서 보내는 것이다. 문제는 군선교라고 하는 황금어장보다도 더 멋지고 긴급한 곳이 캠퍼스라는 어장이다. 여러 가지 이단문제 때문에 사역자들이 들어갈 수 없는 상황이다. 이제 전문가들이 들어가서 마음껏 사역하도록 블루오션이라고 할 수 있는 캠퍼스에 교단차원의 관심과 집중이 필요하다고 본다.

사회자 _ 두 분 말씀을 들어보니 각 생애 주기에 따라서 시기별로 가난한 마음을 영적으로 어떻게 다루어주는가가 매우 중요하다고 생각된다. 이제 이단에 대한 이야기를 좀 나눠보기 원한다. 계속해서 교계언론에도 보도되고 있는 상황인데, 캠퍼스 안에서 이단이 어느 정도의 활동을 펼치고 있는가?

김유준 _ 실제로 캠퍼스뿐만 아니라 한국교회 전체 교인들 중에서 20%는 거의 이단에 속해 있다고 할 만큼 굉장히 문제가 심각한 수준이다. 사실 예전에는 이단이 꼭꼭 숨어 있었는데, 지금은 당당하게 자신들의 정체성들을 밝히면서 드러내놓고 강조하는 모습들을 보게 된다. 그래서 연대 신촌캠퍼스만 보더라도 신천지, 하나님의 교회, JMS 같은 단체들이 굉장히 활동을 많이 하고 있다. 요즘 이단들이 활동하는 방법은 취업이나 스펙 쌓는 데 실제적인 도움을 주는 프레젠테이션 동아리나 해외연수, 영어스피치 등 일반학생들이 충분히 관심을 가질 만한 것들을 동아리로 만든다. 그래서 선후배 사이로 오랫동안 관계를 맺어가면서 결국 자연스럽게 이단으로 끌어가는 모습을 보게 된다. 특히 방학 동안 교회 선교단체의 경우 수련회 같은 것 때문에 캠퍼스에서 활동하지 않는데, 오히려 이단들은 가장 활발하게 활동하는 시기이다. 그래서 방학기간에 교계나 선교단체가 전략을 바꿀 필요를 느낀다. 그리고 이단들도 역시 고등학교까지 미리 손을 쓰고 있는 상황이다. 무엇보다도 예방이 가장 중요하기 때문에 정기적으로 학생들에게 이단으로 인한 피해사례와 문제점들을 정확하게 알려주는 것이 필요하다. 연세대에서도 채플이라든지 기독교 과목을 통해서 계속 강의를 통해 알려주고 있다.

이익주 _ 저희도 지도자훈련이 매주 토요일마다 있다. 지도자들을 분기별로 가르치고 주시하는 부분이 이단에 대한 강의이다. 지난주에도 탁지원 소장을 모셔서 강의를 들었다. 또 신천지에 있다가 나오신 분의 강의 등 주기적으로 학생들에게 인지시켜주고 맡겨진 팀원들을 잘 가르치도록 하고 있다. 그러나 더욱 공격적으로 잘 가르쳐야 할 것으로 보인다.

사회자 _ 이제 대학생들이 이건 꼭 알아야 한다고 생각하시는 것이 무엇인지 말씀해주시면 좋겠다.

김유준 _ 아무래도 대학은 진리와 자유에 대한 갈망으로 꿈과 낭만을 갖는 시간이다. 그런데 요즘은 젊은이의 패기와 열정이 사라지고 취업만을 위해 시간을 흘려보내고 있다. 그런 모습이 안타깝고 다시 대학생다운 모습을 회복하면 좋겠다. 진취적이고 열정적인 뭔가를 쏟아부을 수 있는 비전이 필요하다고 생각한다. 평생 신앙생활을 하기 위해 믿음의 토대를 놓는 시기인 만큼 영적인 관심을 많이 갖기를 부탁한다.

이익주 _ 대학생 때가 신앙의 황금기라고 생각한다. 중고등학교 때는 공부 때문에 신앙적으로 깊이 있게 성찰할 수 없는 환경이었지만, 대학은 거룩한 습관을 들일 수 있는 좋은 기회이다. 그래서 지금까지 못했던 거룩한 습관들, 기도와 말씀, 큐티를 생활화하면 좋을 것이다.

사회자 _ 이제 대학생들을 구체적으로 어떻게 양육할 것인가 하는 주제를 좀 다루어보자. 대학시기의 신앙생활, 또 생애주기를 봤을 때도 굉장히 중요한 황금시기라고 말씀하셨다. 어떻게 이 시기를 신앙적으로 보내야 하는지가 중요하다. 그래야 나이가 들어가면서 안정된 신앙생활을 할 수 있을 텐데, 이 시기를 어떻게 보내야 할까?

김유준 _ 흔히 고등학교 학생들이 나중에 대학에 가면 신앙생활을 하겠다고 미루는데, 그래서 대학은 더 이상 미룰 수 없는 마지노선이다. 일단 대학을 졸업하고 취업과 결혼하면 정말 영적인 갈급함을 채우고 훈련을 받고 싶어도 시간과 여건이 쉽게 허락되지 않은 상황에 처하게 된다. 그래도 대학 때는 자기 시간을 스스로 통제할 수 있어서 가장 중요한 시기라고 생각한다. 그래서 대학시절에 자기 인생을 위한 믿음의 기초를 잘 쌓으면 나중에 어디에서 무엇을 하든지 거기에서 하나님과의 관계를 지속해나갈 수 있는 중요한 시기이다. 실제로 언더우드 선교사도 26세에 한국으로 오셨다. 그리고 영국에서 노예폐지를 위해 평생 46년을 헌신했던 윌리엄 윌버포스도 27세였을 때 결단했다. 이처럼 역사를 뒤바꿨던 하나님의 사람들은 거의 다 20대 때 하나님께 자신을 드렸다. 이렇게 볼 때 지금 대학시절이 결코 대충 지나가는 시기가 아니라 하나님의 나라를 세워가는 너무나 중요한 시기인 것을 보게 된다.

이익주 _ 대학시기가 신앙생활에 가장 중요한 시기라고 생각한다. 문제는 부모님이 중고등학교 때부터 학업을 이유로 교회에 가는 것을 제제하고 만류한다는 것이다. 그런데 대학에 오면 여러 가지 인생준비를 해야 하는 상황 때문에 신앙생활을 잘 못한다. 또 대학을 졸업하면 직장생활 때문에 신앙생활이 결코 쉽지 않다. 나이가 들어서 결혼하고 자녀가 생기면 또 어렵다. 그래서 결론은 대학시기만큼 중요한 때에 신앙생활을 양보한다는 것은 인생전체의 실패를 계획하는 것이라고 생각해야 한다. 그 정도로 대학생활에서 신앙생활을 실패하면 신앙을 다시 잡는다는 것은 결코 쉽지 않다고 생각한다.

김유준 _ 대학생시절은 어찌 보면 영적인 첫사랑의 시기가 되어야 한다고 생각한다.

사회자 _ 한 번도 신앙적으로 뜨거워져본 경험이 없는 학생들이 이 때 그런 경험을 하는 것이 좋다는 말씀이시다. 정말 마지막 기회로 생각하는 마음을 가져야 할 것 같다. 그렇다면 그렇게 하기 위해서 여러 가지 사역을 하고 계신데, 좀 더 자세히 소개해주시면 좋겠다.

김유준 _ 그동안은 2월에 합격자 발표가 나고 3월에 학생들이 입학하면 3월 초에 전도나 친구 초청집회를 각 교회마다 많이 해왔다. 그런데 요즘 대학은 상황이 바뀌고 있다. 보통 서울의 주요대학은 수시합격자가 있기 때문에 대다수 학생들이 12월 중순이면 자기 대학이 결정된다. 그래서 1~2월이 공백기가 된다. 연세대학교에서도 신입생 신앙오리엔테이션을 2월 말에 하던 것을 1월초로 확 당겨서 학기 초나 방학 때부터 좋은 신앙선배를 만나도록 하고 있다. 가장 먼저 누구를 만나느냐가 너무나 중요하기 때문이다. 무엇보다도 이런 신앙 오리엔테이션을 통해서 만나게도 하고, 그 이후에도 학기 중에는 개인적인 학업이나 취업준비로 바쁘기 때문에 이런 학생들을 만나기 위해 공신력 있는 루트를 개발해나가고 있다. 예를 들면 아예 어떤 부분을 수강과목으로 개설하는 것이다. 연세대에서는 여름에 연세기독학생회 리더십캠프라는 과목을 개설한다. 이 캠프에서는 리더십에 관해 특강할 수 있는 좋은 신앙 지도교수들을 모시기도 하고, 실제 거기에 맞는 멘토역할이 가능한 선교단체 간사님들이나 신앙선배들이 같이 들어온다. 작년 같은 경우 100명 정도의 학생이 수강신청을 했고, 놀랍게도 기독교 신앙과 무관한 학생들도 학점을 받으니까 들어오고, 캠프에 와서 2박 3일 동안

수련회 비슷한 시간을 보내면서 기독교에 대한 이해를 넓게 되며, 수업이 끝날 무렵에는 기독교 신앙을 갖기도 하고, 무엇보다 신앙을 잃었던 학생들이 자연스럽게 신앙을 회복하는 모습을 보게 된다. 물론 이것은 기독교대학에서나 가능하긴 하지만 다른 사회봉사라든지 일반대학에서도 신앙 있는 교수님을 중심으로 얼마든지 시도할 수 있다.

사회자 _ 그렇다면 실질적으로 대학부 전체를 관장하면서 교회에 찾아오는 학생들을 향한 전도법과 캠퍼스를 찾아가는 전도법이 다를 것 같은데 어떤가?

이익주 _ 전도에는 왕도가 없기에 캠퍼스에 찾아가고 있다. 주일에 같이 모여 예배를 드리고 공동체모임을 한 뒤 버스를 3대 정도 대절해서 홍대거리에 나간다. 3월 한 달은 마치 송사리들이 몰려다니는 것처럼 스무 살 새내기들이 홍대거리에 가득하다. 그러면 게임 부스를 가져가서 마음껏 게임도 하도록 하고 선물도 주면서 계속 접촉한다. 새내기들이 있는 곳은 어디든 찾아가야 한다고 생각한다. 우리나라도 선교사님들이 찾아오셨기 때문에 전도를 받았듯이 개교회들은 가만히 앉아서 기다릴 상황이 아니기 때문에 여전히 현장을 찾아가는 것이 중요하다. 사실은 새내기를 만나기 위해 3~4년째 홍대클럽전도도 진행하고 있다. 금요일 철야를 마치고 새벽 2시쯤 홍대거리에 나가보면 클럽 주위에 800~1000명 이상의 새내기들이 가득하다. 처음에는 전도를 나가면서 술 취한 아이들이 과격한 행동을 할까봐 좀 겁이 나서 건장한 형제들을 대동해서 갔었는데, 술 취함과 성령 충만이 많이 비슷하다. 기분이 좋으니까 음료수 하나랑 전도지를 주는데 되게 고마워하면서

잘 받아준다. 새벽에 알바 하는 줄 알고 고생한다고 위로해주기도 하고, 때로는 교회에 다니다 타락했

는데 여기까지 찾아오는 것을 보고는 엄청나게 놀라는 친구들이 꽤 많다. 결론은 새내기를 찾아가자는 것이다. 그런 새내기 때가 너무나 중요하고 학년이 올라갈

> **결론은
> 새내기를
> 찾아가자는 것이다.**

수록 어려워지기 때문에 2~3월에 집중적인 전도가 필요하다.

사회자 _ 대학청년부에서는 3월이 굉장히 중요한 시기이다. 결정적인 시기를 놓치지 않고 자연스럽게 연결되면 참 좋을 것 같다.

이익주 _ 일반 교회에서는 1월부터 엄청난 기도와 물질과 시간을 준비해서 2월과 3월에 입학식부터 한 달은 전도에 있어서도 최고 황금기이므로 열심히 찾아가야 한다고 생각한다.

사회자 _ 이제 전도를 넘어서서 찾아오고 데려온 친구들을 어떻게 양육하는 것도 큰 숙제인데, 어떻게 하는 것이 좋을까? 대학생을 위한 자료들이 많지 않은 것 같은데?

김유준 _ 아무래도 제자훈련이라고 하는 맥락 속에서 많은 교재가 있지만, 최근에 사회적인 논란거리라든지 청년들의 고민이 담긴 교재들은 개발되지 않고 있다. 그래서 교회와 캠퍼스에서 성경공부를 하며 직접 교재를 만들어 쓰기도 한다. 강의를 통해서도 할 수 있는데 이번

학기에도 두 과목 정도 강의를 진행한다. 3학점 수업으로 강의 중 한 시간은 소그룹 성경공부로 할애한다. 뭔가 개별적인 것도 필요하지만 강의를 통해 한 학기 동안 진행하고 나면 결국에는 학생들의 믿음이 세워지거나 새롭게 갖게 되는 모습을 보게 된다. 연세대학교는 기독교대학이어서 '기독교에 대한 이해'라는 과목을 진행한다. 한 100명 정도 되는 수업에서 실제로 80% 이상의 학생이 기독교인이 아니다. 그래서 이 학생들에게는 신약성경을 읽게 하고 성경공부를 진행하다 보면 이 중의 절반 이상이 성경을 읽고 성경공부를 통해 신앙인으로 들어오는 경우를 오랫동안 보아왔다. 무엇보다도 성경 자체가 영혼을 구원하는 힘이 있는 것을 실감한다. 그리고 꾸준히 이 친구들에게 신앙적으로 지속적인 만남과 도움을 줄 수 있는 방식으로 다가가고 있다.

이익주 _ 오랫동안 현장중심, 선교와 전도를 많이 데리고 나가는 게 결국 제일 좋은 신앙 양육이고 가장 중요한 방법이라고 생각한다. 과거에는 제자훈련이 선풍적인 인기를 끌고 많은 영향력을 미쳐서 커다란 열매를 맺기도 했다. 그런데 제자훈련을 마친 상태에서 그치고 더 이상 선교나 양육으로 이어지지 않는다면 그것도 문제이다. 우리도 사실 다른 것에 비해 양육이 약하다. 그러나 아무리 현장, 선교, 봉사, 섬김 같은 것에서 왕성하게 움직였다 하더라도 결국은 제대로 선교, 제대로 헌신, 제대로 봉사를 하려면 양육이 되어야 한다는 생각이다. 그래서 지금은 대학생과 청년중심으로 다양하게 각 단계별로 제자훈련을 진행 중이다.

사회자 _ 훈련과 사역의 조화를 말씀해주셨는데 균형 감각이 필요할 것 같다. 무슨 훈련이든 지속성을 띠어야 하는데 대학생은 연수나 교환학생, 그리고 군대도 가고 해서 훈련의 지속성을 담보하기 어려울 것 같기도 하다.

이익주 _ 젊은이들은 변화무쌍하기 때문에 편안하고 안정되게 하는 제자훈련이나 양육시스템으로 하다가는 중간에 그만두게 되는 경우가 너무나 많다. 그래서 단기간에 끝낼 수 있는 훈련이 필요한 시기이다.

김유준 _ 대학생들이 성취감을 느낄 수 있도록 하는 게 필요한데, 예수님도 제자훈련을 하시면서 3년을 함께 먹고 자고 생활했음에도 제자들이 다 도망갔다. 그러니 제자훈련을 단기간에 한다는 것이 어찌 보면 모순이라고 생각한다. 평생 예수님의 제자가 되기 위해 훈련을 해야 할 것인데, 대학교 1학년 때는 아무래도 캠퍼스를 여기저기 기웃거리다 보니 제자훈련을 하기가 쉽지 않다. 그런데 군대를 다녀오거나 3, 4학년이 되면 신앙훈련을 받고 싶어 하는데 문제는 취업이 앞에 있다 보니 굉장히 힘들어한다. 보통 2년이 짧다고 느낄 때 2~3년을 더 할 수 있도록 분명히 도전할 때 깊이 있는 신앙훈련을 받는 모습을 보았다.

사회자 _ 사실은 조그만 교회의 청년대학 담당사역자들이 많이 힘들 것이다. 일단은 오랫동안 한 부서에서만 헌신할 수도 없는 입장이고, 또 설교도 하고 양육도 해야 하는 책임도 있는데, 그런 사역자들에게 도움이 될 만한 말씀을 해주시면 좋겠다.

김유준 _ 오히려 소수의 공동체 속에서 같이 기도하고 말씀을 보면서 영적인 공동체를 체험하는 것만큼 소중한 건 없다고 생각한다. 그런 경험을 한 사람들은 나중에 어디를 가서도 신앙생활에서 영적인 불쏘시개 역할을 할 수 있다. 예수님도 소수의 제자들과 함께하셨고, 마가의 다락방에서도 무리가 엄청난 영적 체험들을 하고 나자 그 영향력이 지금까지도 크게 끼치고 있다. 그래서 이런 창조적인 소수자의 역할을 감당하도록 도와주는 것이 중요하다고 생각한다.

이익주 _ 저도 작은 교회를 섬겨본 경험이 있는데 작은 교회, 작은 규모가 주는 장점들이 많다. 예수님처럼 깊이 있는 영적 영향을 줄 수 있다는 것에 자부심을 가졌으면 좋겠고, 작은 규모의 대학생이나 청년들을 균형 있게 헌신하도록 도와줄 수 있는 대형교회는 없기 때문에 오히려 더 자부심을 갖고 청년들을 섬길 수 있다고 생각한다.

사회자 _ 대학생들에게 전공과 진로에 대해서도 더 쉽고 깊게 이야기를 나눌 수 있고, 구체적인 기도제목도 내놓을 수 있으며, 또 눈높이를 맞추는 데도 더욱 효과적이라는 말씀이셨다. 그렇다면 이것을 캠퍼스 안으로 끌고 들어가 보겠다. 그리스도인 대학생들에게 학교생활을 이렇게 하는 게 좋다고 조언해주신다면 어떤 말씀을 해주시겠는가?

김유준 _ 어릴 때부터 모태신앙인 경우 대학에 와서 상담을 해보면 교회에서는 모든 봉사에 빠지지 않고 열심히 하기 때문에 주중에는 학과공부만 열심히 하면 된다고 말한다. 그러면서 스스로에게 면죄부를 준다. 우리의 신앙생활은 주중과 주일이 따로 없이 매일매일 삶의 현장에서 그리스도인으로 사는 게 중요하다고 본다. 선배들이 끌어주고 서로 도울 수 있다면 신앙뿐만 아니라 인생의 모든 것에서 많은 도움이 될 수 있다. 교회나 선교단체는 그곳을 떠나면 관계가 단절되는 경우가 많지만, 학과의 경우는 평생 출신이라는 것이 따라다니기 때문에 선후배 간의 관계나 실제로 그 전문영역 속에서 하나님의 나라를 이루어나가는 것이 굉장히 중요하다고 본다. 오히려 학과 내에서, 강의실에서 그리스도인인 것을 분명히 드러내고 선후배 동료들과 함께 그리스도인의 합당한 삶을 사는 것이 중요하다.

사회자 _ 같은 맥락에서 질문을 드리고 싶은 것은 동아리 선택과 대학캠퍼스의 술 문화가 사회적으로도 문제가 되고 있는데 어떻게 하는 것이 좋을까?

김유준 _ 사실 술 때문에 매년 오리엔테이션에서 학생들이 죽어나가고 있다. 미국이나 유럽의 경우는 대학캠퍼스에 술이 반입되는 것 자체가 있을 수 없는 일이고, 실제로 캠퍼스에서 술을 마시면 바로 경찰이 잡아간다. 그러나 우리나라는 오히려 축제 때 술을 쌓아놓고 마시는 잘못된 문화가 있다. 그래서 학교당국에서 정책적으로 정리해주는 것이 필요하다고 본다. 최근 연세대에서는 연세기독학생회 중심으로 축제보다 더 적극적인 선교대회라든지 건강한 집회에 참여함으로써 갈등하는 많은 학생들이 오히려 보람 있게 시간을 보낼 수 있는 모습을 보게 된다. 그래서 폐쇄적인 동아리에 참여하기보다는 좀 건강하게 아우를 수 있는 훈련과 모임을 진행하는 곳에 관심을 갖고 들어가는 것이 필요하다고 생각한다.

사회자 _ 교회생활을 하는 학생들이 주일에 많이 헌신하고 있는데, 어느 범위까지 교회사역에 참여해야 되는지, 자기 신앙성숙을 위해서 봉사와 학과공부를 균형 있게 유지하려면 어떻게 해야 할까?

이익주 _ 신앙과 생활의 양 날개가 중요하다고 생각한다. 그래서 학과공부도 열정을 가지고 죽을 만큼 하는 것도 필요하고, 신앙도 여전히 양보하지 않고 몰두하는 헌신이 필요하다고 본다. 왜 이것이 대학시절에 가능한가 하면 하나님이 이 시기에는 감당할 수 있는 건강과 젊음을 충분히 주셨기 때문이다. 신앙생활은 대충하고 공부만 하는 것도 문제이다. 대학생들이 두 가지를 다 넉넉히 감당하는 것을 많이 보았다. 그래서 이 시기에는 과도하게 헌신하고 과도하게 공부하는 시기로 삼으면 좋을 것으로 생각한다.

사회자 _ 이 시기에는 신앙도 100%, 공부도 100%가 가능하다는 말씀이시다. 이제 마지막으로 그리스도인 대학생을 둔 부모님의 역할이 중요할 것이라고 생각한다. 신앙과 전공과 일상생활에서 부모님이 어떤 방법으로 지도하는 것이 좋을지 말씀해주시고 이야기를 마무리하도록 하겠다.

이익주 _ 결국 자녀들은 부모님을 신앙의 역할모델로 삼기 때문에 정말 믿어주고 신뢰해주어야 한다. 당연히 실수할 수 있는데, 한 번 실수했다고 너무 심각하게 접근하는 것보다 그 실패를 품어주어야 한다. 실수를 격려하면서 세워나가는 것이 필요하다고 보고, 여전히 중보기도의 힘이 크다는 것을 기억하시면 좋겠다. 자녀를 위해 눈물을 흘리는 것만큼 중요한 것이 없기 때문에 눈물의 중보기도가 절대 필요하다.

김유준 _ 대학생들의 신앙현장은 학교와 교회, 가정의 삼각형이다. 그래서 교회에서는 목회자의 도움과 양육을 통해 도움을 받고, 가정에서는 부모님이 따뜻하게 맞아주고 그 존재 자체를 인정해주는 것이 필요하다. 계속 말씀드렸듯이 대학시절이 인생에 너무나 중요한 훈련의 기회이고 영적으로 믿음의 기반을 놓을 수 있는 너무나 중요한 시기이기 때문에, 부모님들이 기도해주면서 격려하는 것이 자녀를 위해서 할 수 있는 가장 중요한 최선의 일이라고 생각한다.

사회자 _ 하나님은 기도에 반드시 응답해주시는 분이심을 기억하고, 다시 한 번 자녀를 위해 기도해야겠다. 두 분의 진솔한 말씀에 감사드린다.

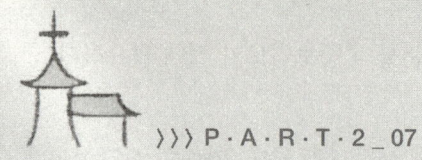

바람직한 비전트립,
어떻게 준비하고 떠날 것인가?

이 땅에 복음이 들어오고 두 세기가 채 되지 않은 짧은 역사 가운데 대한민국은 전 세계적으로 주목받고 있는 선교대국이 되었다. 이런 상황 속에서 지금 한국교회는 단순히 양적으로 많은 선교사들을 파송하는 데 그치지 않고, 선교의 진정한 의미를 생각하고 전략적으로 주님의 지상명령인 선교사역을 감당하는 것이 절대적으로 필요한 시점이다. 많은 교회들이 열방이 주님께로 돌아오는 꿈을 꾸면서 비전트립을 떠나는 것을 보며 '바람직한 비전트립, 무엇을 어떻게 준비하고 떠날 것인가?'를 주제로 비전트립과 단기선교의 의미, 그리고 좀 더 넓게는 이 사역들이 바람직한 선교 방향과 어떻게 연결되어야 하는가를 살펴보려고 한다. 오늘은 예장합동총회세계선교회 GMS 선교국장인 심치형 선교사와 부산 초원교회 담임이신 이동하 목사와 함께 이야기를 나

※ 이 원고는 2016년 6월 4일과 11일에 방송된 원고이다.

누어보려고 한다.

사회자 _ 단기선교와 비전트립은 생각만 해도 가슴 뛰는 그런 사역인데, 먼저 지금 하고 계신 사역을 소개해주시면 좋을 것 같다.

심치형 _ 저는 대한예수교장로회 합동총회 세계선교회 GMS선교사로 베트남에서 19년 정도 사역을 하다가 2015년 말부터 GMS본부 선교국장으로 사역하고 있다. 현재 예장합동 교단에는 170개국에 선교사가 파송되어 있다.

이동하 _ 저는 일찍 하나님의 부르심을 받아서 20여 년간 청년사역을 섬기며 여러 나라로 단기선교와 비전트립을 다녀오다가 지금은 부산 초원교회에서 목회하고 있다.

사회자 _ 먼저 선교의 의미와 현재 한국교회의 선교현황에 대해 심 선교사께서 짚어주시면 좋을 것 같다.

심치형 _ 현장에서 오랫동안 선교한 사람으로서 생각할 때 하나님을 믿지 않는 사람들에게 실질적으로 하나님을 보여줄 수 있는 행위이고, 삶이 곧 선교라고 정의하고 싶다.

사회자 _ 이 목사께서는 많은 청년들과 선교지를 방문하셨는데, 그때마다 청년들에게 선교는 무엇이라고 가르치셨는가?

이동하 _ 장기선교를 하시는 선교사들과는 달리 1~2주 정도 짧게 비전트립을 감당하는 단기선교사들에게는 씨앗을 뿌리고 오는 것과 같다고 늘 이야기한다. 그 이후로 물을 주고 싹이 나고 자라게 하는 일은 현장에서 오랫동안 사역하시는 선교사들과 하나님의 몫이고, 우리는 단지 씨를 뿌리고 선교사들을 위로하고 격려하는 것이 단기선교의 목표임을 자주 들려주었다.

사회자 _ 그런 의미에서 한국교회가 시행하는 비전트립과 단기선교를 짚어봐야 할 것 같은데, 먼저 용어부터 정리해주시면 좋을 것 같다.

이동하 _ 장기선교를 하시는 선교사들과는 달리 자기 인생에서 3년 정도 짧은 기간 동안 현장에 가서 섬기시는 분들을 단기선교사라고 정의한다면, 1~2주 정도 짧은 시간을 이용해서 선교지를 방문하고 선교사들을 격려하고 지원하는 일들을 수행하는 것을 선교여행이나 선교탐방, 곧 비전트립이라고 말한다.

사회자 _ 어떤 의미에서는 각 교회에서 장기선교사를 파송하고 계속해서 선교적인 동기부여를 하기 위한 비전트립에는 나름대로 의미가 클 것 같은데, 어떤 효과를 보았는가?

이동하 _ 선교를 준비하고 다녀와서 얻게 되는 열매의 최대 수혜자들은 선교지의 선교사와 현지인들보다도 그동안 선교지를 방문하기 위해 기도로 준비하고, 또 여러 모양으로 복음의 씨앗을 뿌리고 돌아온 비전트립의 당사자들이 수혜자가 아닐까 생각한다. 그런 경험을 통해 파송한 선교사들을 막연한 섬김의 대상이 아니라 구체적으로 가슴에 품고 기도할 수 있고 그 땅을 가슴에 품고 온다는 것이 비전트립이 주는 최고의 은혜라고 본다.

사회자 _ 결국은 눈으로 들어오는 정보가 제일 많기 때문에 직접 다녀오면 그렇게 은혜를 받고 열매를 누리게 되는 것 같다. 심 선교사께서도 교회에서 비전트립을 왔을 때 경험한 좋은 사례들을 많이 보셨을 텐데 어떠셨는가?

심치형 _ 단기선교의 최고 수혜자가 참여한 사람들이라는 말씀에 동의한다. 단기선교는 다양한 국가, 다양한 언어를 사용하는 현지에 가서 당장 어떤 효과적인 사역을 하기는 어렵다. 선교사 입장에서 보면 단기선교를 오는 분들이 많은 은혜를 받고 열매를 거두도록 하기 위해 돕고 있다. 한국교회와 청년들이 타문화를 경험하고 선교의 다양한 유형을 보면서 지평을 넓히고, 또 선교현장을 경험함으로써 하나님에 대한 신앙과 비전을 찾도록 하는 데 도움을 주고자한다. 그런 의미에서 단기선교는 현장 선교교육이고, 이 선교교육을 통해 한국교회에 선교적인 영향력이 더 커지도록 돕는 것이다. 그래서 오히려 선교현장에서 한국교회를 위해 기여할 수 있는 측면도 있다고 본다.

사회자 _ 그렇다면 비전트립을 갔다 오면 청년들의 신앙적인 깊이가 정말 달라지는가?

이동하 _ 다녀온 친구들은 선교지와 선교사를 위한 기도나 도움을 주기 위해 더 적극적이고 주도적으로 동참하게 된다. 그 외에도 선교지를 향한 뜨거운 열정만 갖게 되는 것이 아니라 선교를 준비하며 서로 같은 마인드로 신앙생활을 할 수 있는 동역자들을 만나는 것이 또 다른 혜택이자 유익이라고 볼 수 있다.

사회자 _ 그렇다면 비전트립을 떠날 때 어떤 자세를 가져야 할지 세밀하게 짚어봤으면 좋겠다. 먼저 보내는 교회나 영적 공동체의 자세에 대해서 심 선교사께서 말씀해주시기 바란다.

심치형 _ 일단 하나님이 지시하시는 땅에 대해 분명한 마음을 읽으면서 같이 방향을 모아가는 준비가 필요하다. 그리고 단기선교팀에서 가득 가지고 간 것을 잘 펼치고 섬기는 부분에 초점을 맞춰야 하지만, 이와 동시에 모든 섬김 이후에 빈손으로 돌아오는 것이 아니라 그 땅, 그곳에서 역사하시는 하나님과 형제들의 신앙을 가슴과 손에 가득 안고 돌아오도록 전체적인 긴 여정들에 대한 생각과 계획이 필요한 것 같다. 해가 거듭할수록 깊이와 넓이가 있어야 하고, 짧은 시간의 경험이지만 긴 인생에 영향을 줄만한 감동 있는 이야기도 더해지면 더 좋을 것이다.

사회자 _ 선교전문가가 이렇게 이야기하는 것을 들었다. 비전트립을 가서 뭘 하겠다는 생각을 내려놓고 아무것도 하지 말고 그냥 기도만 하고 와도 남는 것이라고 했다.

이동하 _ 공감한다. 처음 준비할 때는 줄 게 많을 것이라고 생각하고 갔지만, 준비한 것을 다 펼치지 못해도 그 땅에 가서 영적인 상태를 보고 기도하고 선교사와 교제하는 것만으로도 영적인 유익을 많이 얻는다고 생각한다.

사회자 _ 자의적으로 하는 것보다 성령의 이끄심을 따르는 것이 필요한 사역으로 느껴진다. 심 선교사께서는 많은 비전트립팀을 만나서 섬기셨을 텐데, 이런 측면에서 장기 헌신하는 선교사들과 비전트립팀이 어떤 관계를 유지하는 것이 필요하다고 보시는가?

심치형 _ 큰 틀이 있는 것은 아니지만 일단 현장에서 만나 현지선교사와 현지인이 함께 비전트립팀이 준비한 사역이나 현지에서 받은 감동을 통해 하나님의 마음을 보고 느끼고 나누는 동역자가 된다고 생각한다. 그런 의미에서 굳이 어떤 형식이 있는 것은 아니지만 함께 교제하는 귀한 인연으로 이어진다고 본다.

사회자 _ 그렇다면 현장에 가는 사람들이 무엇을 준비해서 가는 게 가장 중요하다고 보는가?

이동하 _ 준비는 철저히, 훈련은 가혹히, 전투는 치열히, 그런 다음에는 무대 뒤로 조용히 사라지는 것이 진짜 복음의 일꾼이라 들었다. 비전트립에서도 역시 동일한 영적 원리가 적용된다고 본다. 단기선교팀이 준비해야 할 가장 첫 번째는 지원동기를 살피는 것이다. 젊은 친구들 중에는 단기선교를 해외여행의 일환이나 혹은 이전에 경험하지 못한 새로운 경험을 하는 것으로 생각하고 참여하는 경우도 종종 있다.

그런 잘못된 기대감과 지원동기로 참여하는 이들은 항상 선교사역 내내 걸림돌이나 어려움을 주는 요소가 되기도 한다. 그 외에는 철저한 준비가 필요한데, 그 준비는 우리 스스로 결정하는 것보다는 현지에서 오랫동안 사역하신 선교사와 긴밀하고 지속적인 소통과 협력이 필요하다. 그래서 그 땅에 대한 문화나 역사에 대한 이해를 갖고, 또 선교사의 구체적인 요청에 대해 꼼꼼히 준비해가는 것이 가장 중요하다고 생각한다.

사회자 _ 선교지에 장기적으로 계시면서 느끼셨던 부분 가운데 꼭 준비해오면 좋을 것들에 대해 말씀해주시면 큰 도움이 될 것 같다.

심치형 _ 가장 중요한 준비는 단기팀의 여정을 통해 타문화에 대한 이해와 다른 문화권에 대해 체험하는 것이다. 그래서 3개월 전부터 타문화에 대한 깊은 이해와 언어와 선교적 마인드로 선교사가 되어본다는 마음으로 준비를 한다면 현장에서 또 다른 각도의 폭넓은 선교적 이해가 더해질 것이다.

사회자 _ 좀 전에 '준비는 철저히, 훈련은 가혹히, 전투는 치열히, 그런 다음에는 무대 뒤로 조용히 사라지는 것'이라는 원칙만 적용이 되어도 과시적인 사역이 아니라 꼭 필요한 사역을 하고 올 것 같다. 단기선교팀들이 가서 보여주는 현지인들에 대한 태도가 계속 남아 있기에 거기서 사역하시는 장기선교사들한테는 굉장히 중요할 것 같은데 어떤가?

심치형 _ 문화우월주의 같은 것들이 드러나기가 쉬울 수 있다. 또 경제적으로 좀 더 발전했고, 무엇인가 줄 것을 가져간다는 생각으로 단기여정이 시작되기 때문에 늘 그런 역할을 잘 해내고 싶어 하고, 꼭 그렇게 해야만 단기선교를 잘 다녀왔다고 생각하기 쉽다. 그런데 실제로 해당 선교지에 가서는 형제교회라는 의식과 또래들을 만난다는 동등한 수평적 시각이 중요한 것 같다. 그리고 우리가 잘

> **또래들을 만난다는 동등한 수평적 시각이 중요한 것 같다.**

하는 것, 준비한 것을 주면서 동시에 현지인들이 가진 것을 상호교환하는 만남과 사역이 될 수 있도록 신경을 쓰면 서로 더 글로벌한 청년들로 교회 안에서 자라게 될 것으로 본다.

사회자 _ 비전트립을 다녀올 때마다 계속해서 상호소통이 일어나는 것을 많이 보시는가?

이동하 _ 사랑하는 마음과 겸손한 마음이 있다면 충분히 그런 일들이 일어나는 경우를 많이 본다. 때로는 현지에 계시는 선교사의 요청에 따라 이전과는 전혀 다른 창의적 발상의 선교를 했던 적도 있었다. 예를 들어 직접 찾아가는 선교사역이 아니라 한국에서 수련회를 진행하듯 한 거점을 마련해서 선교사가 섬기는 인근 지역의 청소년들을 소집하고 단기선교사라고 일컬어지는 분들과 함께 똑같이 조를 나누어 수련회를 진행하며 공동체 프로그램을 진행했다. 언어가 안 돼서 소통이 불편함에도 불구하고 하나님의 은혜와 사랑을 나누는 일에는 조금도

불편함이 없었던 특별한 기억을 갖고 있다. 그래서 겸손한 마음으로 함께한다면 언어와 문화 차이에서 오는 모든 이질감을 충분히 해소하고 은혜로운 선교를 할 수 있을 것이라고 생각한다.

사회자 _ 특별히 복음에 대해 닫혀 있는 국가들, 종교 탄압이 심한 국가를 향해 비전트립과 선교를 떠나는 이들이 꼭 유의해야 할 점이 있다면 무엇인가?

심치형 _ 미리 그 나라의 상황에 대한 객관적인 정보를 현지 선교사를 통해 반드시 교육을 받는 것이 필요하다. 국가마다 상황이 다르고 예민한 부분들이 있다. 한국적 상황에서 우리가 준비하고 우리가 하고 싶은 것을 주장하다 보면 현장에서 반드시 문제가 생긴다. 이슬람권, 불교권, 공산권에 저마다 각각 예민한 부분들이 있다. 좀 열렸다고 생각되는 그런 지역, 예를 들어 앙코르와트에도 자주 가는데, 많은 관광객들이 모이는 곳에 가서 기독교적으로 드러나게 활동을 한다든지 하는 것 때문에 단기선교를 갔던 현지정부에서도 굉장히 예민하게 반응한 적이 있다. 소승불교의 나라인 M국과 같은 경우에 절은 없어도 온 마을이 그런 종교적 영향을 받고 있는데, 거기에서 노골적인 노방전도나 종교행사를 아무런 사전준비 없이 펼쳤다가 한동안 선교사가 어려웠던 적도 있다. 공산국가도 마찬가지다. 안내나 준비 없이 자의적으로 생각하고 들어가서 행동하던 단기팀 때문에 선교사가 추방되는 경우도 있었다.

사회자 _ 믿음으로 돌파한다고 고집할 때 강력하게 권고하기도 하고, 또 집중력 있는 기도를 하고 떠나기도 한다. 이처럼 전략적으로 잘 준비되어서 가면 좋을 것 같은데, 간혹 그렇지 못한 부분도 있을 텐데 그런 일을 경험하신 적이 있는가?

이동하 _ 하나님께서 도우실 것이라는 뜨거운 열정 하나만으로 현지의 문화와 가치관 등 중요한 것들을 무시한 채 선교사역을 진행하다가 선교사에게 지장을 초래한 경우들이 종종 있다. 그래서 단기선교 무용론을 주장하는 분도 계시는데, 이로 인한 여러 가지 폐해가 있기 때문이다. 이것은 현지 선교사와 지속적인 소통과 사전교육 없이 열정만으로 사역하려고 하니까 그렇다. 서로 대립적이 되고, 전혀 다른 문화권에서 기독교에 대한 이미지가 오히려 안 좋아지고 복음이 가로막히게 된다는 것이다. 단기선교를 준비하면서 선교에 대한 개념과 바른 정의를 알려주는 것이 중요하다. 다시 말하지만 단기선교는 단지 씨앗을 뿌리고 오는 것이기 때문에 열매를 보거나 맺으려는 욕심을 내려놓아야 한다. 자칫하면 선교사들이 평생을 기도하면서 닦아놓은 선교터전을 하루아침에 무너뜨릴 수 있다는 생각을 가져야 한다.

사회자 _ 말씀을 듣고 보니 부지런히 뿌리되 전략적으로 지혜롭게 뿌려야 할 것 같다. 이제 비전트립을 떠나기 위해 준비하는 이들과 교회, 그리고 현지 선교사들께 꼭 부탁드리고 싶은 말씀이 있다면?

심치형 _ 단기선교는 짧은 기간, 짧은 헌신 같지만 하나님의 나라라는 큰 운동의 한부분이고, 또 그 나름대로 역할을 감당하는 의미가 있다. 그래서 짧은 기간에 국한되지 말고 하나님의 나라에서 어떻게 쓰임 받을지를 기대하고 준비하고 경험하면서 선교적으로 더 넓어지고 확장되는 경험을 얻는다면, 그게 바로 의미가 크다는 것을 기억하면서 진행하면 좋을 것 같다.

이동하 _ 선교사역을 아름답게 마무리하기 위해서는 기도와 이해, 그리고 선교사와의 소통, 문화와 가치관에 대해서 공부를 해야 한다. 그리고 무엇보다 현지 선교사들께서는 단기선교대원들에게 준비해야 할 것들을 잘 알려주신다면 서로 시너지 있는 선교의 열매가 맺힐 것이라 생각한다.

사회자 _ 선교전문가들의 이야기를 들어보면 비전트립이나 단기선교가 사전에 철저히 준비된 만큼 아름다운 열매를 거두게 된다는 점을 상기시키면서, 비전트립의 중요성과 함께 필수적으로 준비하고 미리 조심해야 할 사안들을 강력하게 조언하고 있다. 효율적인 비전트립을 위한 준비 내용을 짚어주신다면 어떤 것이 있을까?

이동하 _ 성공적인 비전트립을 위해서는 방문지에 대한 역사와 문화, 현지법에 대해 선교사를 통해 미리 공부하고 충분히 가슴에 새겨 준비하는 것이 상당히 중요하다. 그리고 무엇보다도 선교를 하게 되는 동기와 목적을 바르게 정립하고, 단기선교에 대한 바른 이해가 필요하다. 그것은 씨를 뿌리는 작업이며 선교사들을 위로하고 격려하는 일이라는 것을 끊임없이 지속적으로 가슴에 심어줘야 한다.

사회자 _ 현지 교회와 선교현장에서 비전트립 방문자들을 받을 때 무엇이 가장 필요한지 말씀해주시기 바란다.

심치형 _ 사전에 철저한 준비와 훈련, 채워짐, 만들어짐을 경험한 다음, 현장에서는 비워지는 작업이 필요하다. 그래서 열린 마음이 필요하고 빈 가슴이 필요하다. 왜냐하면 현장에서 담아가야 할 것이 많기 때문이다. 그리고 무엇보다 순종하는 자세가 필요하다. 어떻게 보면 한국에서 준비할 때는 훈련소에서 훈련받는 자의 입장이고 현지에서는 실전이다. 그래서 훈련의 규범과 질서와 시간 속에서 자유롭게 현장에서 벌어지는 상황에 안내를 받아 여유 속에 사역을 풀어나가는 법을 배우는 것이 필요하다. 그래서 선교현장에 도착하면 한국에서 준비한 것을 하나씩 버리는 자세가 가장 필요하다고 생각한다.

사회자 _ 아무리 잘 준비했어도 현장에 가면 다 내려놓는 것이 필요하다는 말씀이시다. 실제적으로 사실은 순종훈련이 아닐까 생각하는데?

이동하 _ 그렇다. 단기선교의 목적이 현지에서 평생 사랑의 빚진 자가 되어서 그 사랑을 갚아나가는 일을 앞으로도 힘 있게 감당하도록 현지 선교사를 지원하고 격려하는 동시에, 또 선교사 혼자서는 감당할 수 없는 일들을 또 다른 인력이 동원되어 펼쳐나가는 것이기 때문에 마음을 내려놓고 비우면서 현지 선교사들이 이끄는 대로 순종하는 것이 가장 좋은 열매를 맺는 방안이라고 생각한다.

사회자 _ 이제 한국교회에서 비전트립은 중요한 사역이 되었다. 그렇게 비전트립을 가서 실제적으로 현지사역에 도움이 되어야 할 텐데, 심 선교사께서 하신 말씀을 들어보면 도움도 주지만 자기 스스로가 뭔가를 받아가지고 돌아오면 좋겠다고 하셨다. 그럼에도 불구하고 제3세계로 가기 때문에 어떤 부분, 어떤 분야가 실제적으로 선교현장에 도움이 되는가?

심치형 _ 일단 한국교회에서 선교지로 나오게 되면 한국교회를 대표하기도 하지만 사실은 세계를 대표해서 그 현장에 가는 의미도 크다. 왜냐하면 대부분 가난한 나라의 교인들을 만나게 되는데 그 사람들은 아직까지 닫혀 있거나 경제적 여유가 없다. 세계를 만나고 싶지만 만날 수 있는 기회가 없다. 그런데 단기팀들을 통해서 다가온 세계를 경험하게 된다. 가는 단기팀은 타문화의 다른 시스템을 경험하는 것이지만, 만나는 현지인들은 또 우리를 통해서 다른 문화, 다른 곳에서 역사하시는 하나님을 만나기 때문에 결국은 누가 주고 누가 받는다는 개념보다 시종일관 함께 주고받는 하나님의 보편적인 교회에서 형제 됨을 더 체험할 수 있는 수준으로 단기선교팀을 끌어올려야 한다고 생각한다. 그래서 사전에 준비를 잘 하고 나누고 베풀며 많은 것을 주는 데만 신경을 쓰는데, 실질적으로 현장에서는 그보다 더 중요한 것이 하나님의 세계가 이렇게 넓고, 하나님의 백성들이 곳곳마다 동일한 신앙, 아니 더 뜨거운 열정을 가지고 있다는 사실을 지켜보면서 오히려 그 신앙을 배워올 수 있다. 한국교회에 주신 복을 나누면서 현지교회의 교인들이 도전을 받고 새로운 비전을 가질 수 있도록 상호 연합하는 그런 형제애를 보여주는 단기선교를 꿈꾼다.

사회자 _ 그렇다면 현장에 갔을 때 하루를 어떻게 보내는 것이 효과적일지, 비전트립을 새롭게 인도하는 사역자들도 계실 텐데 조언해주시기 바란다.

심치형 _ 지역마다 양상은 다를 것이다. 베트남의 경우 아침 시작은 단기팀을 인솔하는 교역자가 말씀과 묵상으로 시작하도록 맡기고, 하루 일정과 방문하는 곳과 그날의 의미를 되새기고 기도하는 것은 현장 선교사가 해주시면 좋을 것 같다. 그 사역이 현장에서 어떤 의미가 있고 이 경험이 선교지에서 어떤 가치를 갖는가를 짚어

> **상호 연합하는
> 그런 형제애를 보여주는
> 단기선교를 꿈꾼다.**

주고, 선교적 의미와 기도제목을 나누면서 그날 하루를 정리해준다. 이게 수 년 동안 해오면서 가장 효과적인 방법이었다.

사회자 _ 어떤 영적 의미가 있는지 현지 선교사의 말씀과 설명을 듣는 부분이 필요하겠다. 그런 부분을 통해서 감동받은 경험이 있으면 소개해주시기 바란다.

이동하 _ 사실 선교지에 가서 가장 큰 은혜의 수혜자는 선교대원이다. 열악한 환경 가운데 순수하게 마음을 열고 하나님께 나오는 이들을 바라보면서 감동이 있고, 평생 하나님 나라의 확장을 위해 문화와 인종이 다른 곳을 위해서 수고하시는 선교사와 교제하면서 얻게 되는 유익이 굉장히 크다.

사회자 _ 선교팀들이 와서 일주일에서 10일 정도 함께 사역하며 그곳의 필요한 부분을 많이 보게 되는데, 그럴 때 어떻게 섬기는 것이 좋겠는가? 기준이 없기 때문에 모호하기도 하지만 현지 선교사들의 입장에서는 어떻게 인도하는 것이 바람직한가?

심치형 _ 현지 선교사들은 도움에 대한 기대가 없는 것은 아니겠지만 한국의 청년들, 미래의 선교주역들이 단기선교를 통해 더욱 성숙해져서 돌아가는 것에 많은 관심과 기대를 갖고 있다. 짧은 기간이지만 가져온 것들이 어린아이들에게 기쁨이 되고, 때로는 단기팀이 와서 건축하는 데 헌금을 내놓고 가는 것이 실질적인 큰 도움이 되기도 하지만, 무엇보다도 가장 보람 있는 것은 함께한 기간 동안 단기팀이 와서 선교지와 선교사를 더 이해하는 경험을 하는 것이다. 단기팀을 통해 팀원과 교회와 선교사와 현지에 모두 동시에 만족이 일어날 수 있는 그런 역학적 관계의 수준이 높아져야 한다. 예를 들면 교회는 단기팀을 보냄으로써 우리 교인들이 현장을 보고 타문화를 이해하면서 더 넓은 시각을 가지고 선교적 역량을 그만큼 키우게 된다고 생각할 수 있다. 그리고 선교지에 온 단기팀들은 직접 현장을 보면서 막연하게 기도하고 기대했던 부분들이 실질적인 경험을 통해 객관적인 정보와 거기에 필요한 전략이나 상황을 이해하게 된다. 그리고 본인도 선교적인 사람으로 성숙하는 결과가 있다면 청년들은 단기팀 경험을 통해 글로벌한 그리스도인으로 세계를 가슴에 품는 진정한 그리스도인이 되어갈 것이다. 그리고 선교사는 외롭게 혼자서 늘 사역하는데, 여러 사람들과 함께 사역함으로써 정신적으로 건강해지고 영적인 동역의 관계도 생겨서 더 오래 사역할 수 있는 힘을 받는다. 또 사역지는 건강한 선교구조들이 함께 맞물려서 돌아가니까 실질적인 도움과 유익을 받게 된다. 한 나라를 본 그 체험이 그 한 나라에 국한되는 것이 아니라 우리 한국 청년들이 세계를 바라볼 수 있는 시스템의 학습, 안목을 넓혀서 선교적인 폭발력을 체험한다면 이것은 한국교회에 굉장히 중요하고 가치 있는 일이라고 생각한다.

사회자 _ 비전트립에서 얻는 유익에 대해서 말씀해주셨는데, 그렇다면 몇 명이 한 팀으로 갈 때 움직이기 가장 적합하겠는가?

이동하 _ 17명에서 20명 정도가 제일 용이한 것 같다. 40여 명에서 50명까지도 팀을 꾸려서 현지를 탐방할 순 있지만, 너무 많거나 적지 않은 17명에서 20명이 사역에 상당히 효율적이고 전략적인 것 같다. 현지에서 선교사들이 차량을 빌리거나 숙소문제를 생각할 때도 그렇다.

심치형 _ 단기선교의 유형들이 좀 더 다양해져야 한다고 생각한다. 예를 들어 부부나 가족단위로도 자연스럽게 선교지를 방문하고 의미 있게 시간을 보내는 것도 좋을 것 같다. 작은 단위로 자녀들과 함께 와서 선교지에서 가족의 만남과 의미를 되새기고 타문화를 경험하는 것도 유익하리라 생각한다. 다양한 의미를 담아서 선교지와 함께하며 선교적 영향을 받는 것에 대해 평소에 교육을 한다면 우리끼리만 의미를 국한시키지 않고 하나님의 나라에 개인을 던지고 가정을 던져보는 그런 경험들이 자유스러워졌으면 하는 바람이다.

사회자 _ 선교사에게 동기부여가 되기도 하는 측면이 있기도 할 것 같고, 아니면 너무 자주 가서 탈진이 되는 것은 아닌가 하는 조심스러운 생각도 하게 되는데, 어떤가?

심치형 _ 선교사 입장에서 방문하는 분들이 수고해줘야 하는 손님으로서가 아니라 동역자와 가족으로 오는 깊은 관계와 여유가 필요하다. 그리고 현장에서 돌아가는 일정 속에 함께 사역할 수 있고 경험할 수 있도록 시간적인 배분도 지혜롭게 할 필요가 있다. 어떤 모습이든지 선교지에서 하나님의 마음을 읽으려는 노력 속에 있는 것이 중요하다.

사회자 _ 비전트립 중 가장 큰 감동을 받았던 경험을 나눠주시면 좋겠다.

이동하 _ 매번 갈 때마다 기대가 넘친다. 그때마다 주시는 색다른 은혜가 있기 때문이다. 한 번은 동네 아이들을 초청해서 잔치를 벌이는 행사였는데, 우기 지역이라 비가 너무 많이 와서 아이들이 올 수 있을까 걱정하며 밤새도록 기도를 했었다. 그리고 나서 트럭을 몰고 나갔는데 아이들이 맨발로 그 트럭으로 모여들었고, 트럭이 가득 차서 교회로 돌아와 함께 예배드리고 성령 충만한 시간을 보냈다. 그리고 아이들이 예수님을 영접한 후에는 그 아이들에게 성령 충만함이 임해서 전도하며 돌아가는 아름다운 모습을 보며 감동스러웠던 기억이 있다. 또 하나는 인도차이나반도에 있는 C국을 선교차원에서 지속적으로 방문하는 것이 필요하다는 확신을 가지고 계속 다녔다. 처음 C국을 방문했을 때 예수님을 믿은 지 얼마 안 되고 사회에서 평범한 삶을 살 수 없는 열악한 구조와 신앙 때문에 많이 고민하는 청년을 만나서 밤새도록 나누며

손잡고 기도해주고 헤어졌다. 그리고 시간이 흘러 8년 뒤에 어느 한 마을을 갔을 때 그 청년을 우연히 만나게 되었다. 그 청년은 두 아이의 아빠로 한 교회를 책임지고 있는 현지 목사님이 되어 있었다. 그리고 한국말을 잘 배워서 통역사로도 사역하고 있었다. 그 친구와의 재회가 평생 잊을 수 없을 것 같다.

심치형 _ 조금 당황했던 사건이 생각나는데, 2~3년 정도 전에 V국에서 원더풀 스토리 캠프라는 어린이 그림성경을 통독하는 캠프였다. 이 캠프를 위해 외국인이 잘 가지 않는 베트남의 제일 남단에 있는 섬에 갔는데 그 캠프 직전 토요일에 경찰이 찾아와서 우리를 조사했다. 그래서 오후 캠프를 못하고 코디와 담당자 한 명만 남기고 다른 곳으로 이동했다. 그다음 주에 주일예배를 위해 모였는데, 우리를 추적했는지 또 경찰이 예배를 드리는 교회에 나타나서 외국인이 신고 없이 예배드리는 것에 대해 위협을 가했다. V국 같은 경우에는 합법적으로 공인된 교회에서는 예배를 드리는 것이 자유이고 외국인이 특별히 하는 것 없이 그냥 동참하는 것은 괜찮은데, 우리가 갔던 곳은 워낙 외국인이 없는 지역이기 때문에 매우 민감하게 반응했던 것이다. 우리는 그 일을 통해 외국인이 현지 교회를 방문하는 것에 아무런 문제가 없다는 인식을 주어서 그 이후부터는 사역이 좀 더 자유로워진 경우가 있다.

사회자 _ 오히려 현지 사역자들이 그 경험을 통해 좀 더 담대해졌겠다. 새로운 차원으로 한 단계 넘어가는 귀한 계기가 되었던 것 같다. 이제 마무리를 해야겠다. 많은 교회가 여러 곳으로 비전트립을 나가는데, 이들에게 당부의 말씀 한마디씩 부탁드린다.

이동하 _ 비전트립을 준비하는 인솔자나 성도들께 3기를 하라고 말씀드리고 싶다. "기도하고, 기대하고, 기다려라"는 것이다. 부족한 자들을 통해 하나님이 얼마나 놀라운 일들을 펼쳐 가실 것인가를 기대하고, 하나님의 복음을 증거하는 일들을 얼마나 기뻐하시는지, 어렵고 힘든 문제가 있지만 그 선교사역을 감당하고 돌아왔을 때 하나님께서 그 고민이나 문제에 대해 실타래 풀 듯 술술 풀어주실 것을 기대하면서 거룩한 사역의 가치를 가슴에 새기고 다녀오시기 바란다.

심치형 _ 단기선교는 누구나 갈 수 있는 것이고, 하나님이 기뻐하시는 일이며, 땅끝에 서는 일이다. 잘 훈련되고 잘 선발된 단기팀들이 교회마다 있고 늘 움직인다. 거기에 덤으로 은혜를 누리는 사람, 사랑의 빚을 나누는 사람이 더해져도 괜찮다고 생각한다. 친구 따라 강남 간다고 잘 준비되지 않은 사람도 티켓만 있다면 함께 참여해보는 시도도 필요하다고 생각한다. 현장 속에서 하나님이 만들어가시는 일들이 분명히 있기 때문이다. 특별한 사람들의 것만 아니라 평소 다른 데에 관심이 있었던 사람이라도 선교현장으로 나가면 단기팀이 받는 은혜를 나누어 갖는 축복이 있다. 어렵게도 갈 수 있지만 쉽게 갈 수도 있다는 생각을 가지고 일단 나가면 하나님이 세계의 중심에서 우리를 만들어가신다는 믿음 하나로 참여하기 바란다.

사회자 _ 비전트립과 단기선교를 통해 헌신자들의 발끝이 닿는 곳마다 뿌려지는 복음이 어떻게 열매를 맺을지 기대하고 기도하고 끝까지 기다리는 그런 사역이 되기를 소망해본다. 두 분께 감사드린다.

한국교회, 사회에 긍정의 시그널을 보내라

. . .

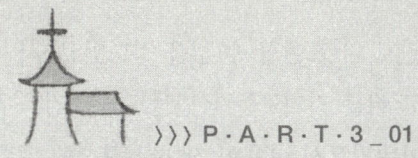

교회, 어떻게 상한 마음을
보듬을 것인가?

　　절대로 일어나서도 안 되고, 일어날 수도 없는 일이 일어났다. 온
국민이 애통해 하고 슬퍼할 수밖에 없는 안타까운 상황이다. 수많은 어
린 생명들의 목숨을 앗아간 세월호 참사가 일어난 후 모든 상황이 정지
된 듯하다. 과연 이런 상황에서 교회는 무슨 역할을 감당해야 하고, 어
떤 몸짓을 보여야 할 것인가를 자문하지 않을 수 없다. 울고 있는 우리
의 이웃들을 보며 모두가 할 말을 잃고 있는 이 대형참사 앞에 '교회,
어떻게 상한 마음을 보듬을 것인가?'를 주제로 연세대학교 연합신학대
학원 권수영 교수, 연세로뎀정신과의원 최의헌 원장과 말씀을 나누어
보려고 한다.

　　사회자 _ 오늘 귀한 시간 내주셔서 감사드린다. 세월호 침몰사고

※ 이 원고는 2014년 4월 26일과 5월 3일에 방송된 원고이다.

Part 3. 한국교회, 사회에 긍정의 시그널을 보내라 | 375

이후 우리 사회의 비통과 슬픔은 말로 다 표현할 수 없을 정도였고, 사고 당사자와 그 가족들은 물론이고 이를 지켜보는 국민들도 무력감을 느끼고 있다. 두 분도 자녀를 둔 아버지로서 마음이 참 착잡하셨을 텐데, 어떠신가?

권수영 _ 개인적으로 고등학교 2학년 딸을 둔 아버지다. 그리고 출석하는 교회가 안산에 있어서 특별히 더욱 마음이 아프다. 지금 안산의 공기는 숨을 쉴 수 없을 정도로 무력감을 느낀다.

최의헌 _ 중학교 2학년과 초등학교 5학년 자녀를 두고 있는데 아이들이 늦게 전화해서 아빠 어디냐고 하면 "바쁘니까 끊어"라고 하는 게 일상이었다. 그런데 이런 행복도 이제는 없어진 사람들을 보며 가슴 아프게 생각한다.

사회자 _ 이번 기회를 통해 자녀의 소중함을 느끼고 있고 국민 전체가 피해자라고 해도 과언이 아닌 것 같다. 온 국민이 스트레스를 겪고 있는데, 지금의 증상을 어떻게 보시는가? 의학적으로 먼저 말씀해 주시기 바란다.

최의헌 _ '외상후 스트레스 장애'라는 진단기준이 있다. 특징은 크게 세 가지가 있는데 둔감함과 민감함, 그리고 재경험이다. 대개 충격을 받으면 자신을 보호하기 위해 둔감해진다. 어떤 자극에도 반응을 잘 하지 않고 멍해진다. 그런데 또 민감함이 같이 있어서 깜짝 깜짝 놀라고 예민하게 반응한다. 그런데 더 중요한 것은 재경험이라는 것이다.

마치 영화의 한 장면처럼 자신이 그 사고나 트라우마의 현장에 계속 그대로 있는 느낌이다. 그러니까 그 사람들한테는 이 경험이 절대로 과거가 아니라 계속 현재진행중이다.

권수영 _ 온 국민이 함께 아파하고 있다고 하셨는데 이 현상을 '대리외상'이라고 한다. 모두가 함께 경험하고 있다는 것이다. 지금 안산에서 상담하고 있는 상담사 몇 명을 지도, 감독할 기회가 있었는데 이분들이 굉장히 힘들어했다. 상담전문가임에도 불구하고 이번 경우는 특별히 무력감을 경험하고 생존자들과 부모들에게 들은 이야기가 계속해서 꿈에 나타나는 어려움을 보고받고 있다.

사회자 _ 지금 학교 선생님들의 보호도 굉장히 중요하다고 하던데, 이분들 중에는 진도에 가 계신 분도 있고, 또 학생들을 가르치기도 해야 하는데 이 상황이 너무 힘든 것 같다.

최의헌 _ 학교가 정상화되는 게 너무 빠르지 않느냐고 말씀하시는데, 지금은 아이들이나 선생님들이 혼자 있으면서 괴로워하는 것보다는 서로 위로하고 애통해하는 마음을 나누는 것이 상처를 더 빨리 치유하고 벗어나는 데 효과적이라고 생각한다.

사회자 _ 외상의 파장이 이렇게 광범위하다면 직접적인 피해자가 겪는 정신적인 고통은 보통사람이 상상하기 힘든 정도이겠는데, 심리적, 정신분석학적으로 어떤가?

최의헌 _ "과거가 아니고 현재다"라는 말을 연장해서 설명한다면 우리도 대부분 이게 꿈인가 이런 생각을 하는데, 수천 번의 재경험을 한다. 그러면서 '이랬다면… 이랬었다면…' 하면서 모든 가능성을 계속 반복해서 생각하기 때문에 일단 생각이 너무 많고, 결국 에너지를 낭비하니까 정신적으로 피로해지고 심지어는 분노가 일어난다. 그 분노가 엉키면 감정의 방향은 어디로 튈지 모른다.

권수영 _ 상담가들에게 가장 힘든 상담이 애도상담이다. 끝없이 어마어마한 장기상담으로 이어질 가능성이 높다. 애도할 때 가장 힘든 것은 죽음을 받아들이는 것이다. 그런데 부인하고 거부하는 현상이 나타난다. 예전에는 이런 말을 했다. "자녀를 묻으면 어디에 묻었는지 알려주지 마라." 왜냐하면 계속 찾으러 다니고 그 무덤을 파기까지 한다. 아이들이 죽지 않았고, 그래서 숨쉬기 힘들다고 생각하는 것이다. 지금도 바다에 묻어버린 어머니의 심정은 상상을 초월할 것이다. 저 죽음을 받아들일 수 있을지, 애도상담이 상당히 오래갈 것으로 보이다. 지금도 굉장히 많은 상담전문가들이 투입되고 있다. 그분들의 손을 잡고 이 어려운 상황을 잘 이겨나갈 수 있기를 바란다.

사회자 _ '슬픔의 깊은 구덩이'에 빠지신 분들이신데 이 슬픔에서 어떻게든 헤어 나올 수 있도록 조금이라도 도와드릴 수 있는 사회적, 혹은 교회의 역할은 무엇이라고 보는가?

최의헌 _ 일단 교회에서 무언가를 해줘야겠다는 생각에서부터 조금 여유로워져야 할 것이다. 최근에 어떤 기자가 인터뷰하러 가면서 자신이 무엇을 묻기보다는 하는 말을 듣겠다는 자세로 나가겠다고 했는데, 그것이 맞다. 욥기에 보면 욥의 친구들이 처음에 와서 가만히 있을 때가 가장 좋았다. 입을 열면서부터 복잡해지기 시작했는데, 옆에 있어 주는 것만큼 중요한 것이 없다. 그것만으로도 큰 위로가 된다.

권수영 _ 심리적으로 가장 좋은 느낌은 받아들여지는 경험이고, 가장 힘든 느낌은 버려지는 경험이라고 한다. 국민적인 애도가 이루어지는 지금은 오히려 나을 수가 있는데, 시간이 점점 지나면서 그 부모님들이 버려지는 느낌을 가지면 어쩌나 하는 염려가 된다. 지금은 전 국민이 애도하지만, 곧 시작되는 월드컵 때문에 나라가 축제 분위기가 되면 어쩌나 생각한다. 그래서 사회지원이나 교회지원이 이번 일만큼은 지속적으로 지원될 수 있고 마음을 나눌 수 있는 그런 분위기가 되어야 할 것이다.

사회자 _ 순수하게 공감하고 지속적으로 위로하며 함께 가자는 말씀인 것 같다. 그러면서 인간을 향한 깊은 이해가 없는 진리를 말하는 것이 오히려 상처가 될 수도 있다는 생각도 든다. 목회자들이 조심하고, 또 조심스러운 접근이 필요할 것 같다.

최의헌 _ 설교할 때도 그렇고 어떻게 해야 한다는 가이드를 주고 싶은 것은 이해가 되지만 가급적이면 가이드를 해주기보다는 들어주고 반영해주는 것이 가장 좋다. 항상 거기서 우리가 무언가를 해야 한다는 부담을 갖다보니 목회자들이 부담을 많이 느낄 것이라고 생각한다.

권수영 _ 저는 이번 부활절에 나사로의 부활을 생각해보았다. 예수님께서는 나사로를 충분히 살릴 수 있는 능력을 가지신 분인데, 왜 나사로의 시신 앞에서 애통하셨을까? 원어성경에 보면 그 눈물을 흘리신 것이 펑펑 쏟았다는 표현이다. 사람을 살리는 것보다 죽음을 애통하고 공감하는 것이 훨씬 더 기독교적인 진리에 가까운 것이 아닌가 생각한다.

사회자 _ 결국 함께 공감하는 것이 참 중요하리라 생각이 드는데, 정말 온 국민이 이번 사고의 유가족이나 실종자 가족들과 한마음으로 아파하고, 한마음으로 슬퍼하고 있는 것 같다. 이렇게 공감해가는 것을 전문가의 입장에서 어떻게 보는가?

최의헌 _ 공감에 있어서는 우리나라는 그래도 희망적이라고 생각한다. 그런 파급효과도 커서 어떤 면에서는 사건을 직접 접하지 않고 소식만 들어도 관심을 가지니까 공감능력에 있어서는 괜찮다. 그런데 조금 더 나아가서 개입하려는 경향성에서 조심해야 하고, 공감을 할 때도 조심해야 하는 것은 내 마음이 너무 앞서다 보니 마음대로 공감하려는 경향성을 갖는다. 그럴 때는 자기 마음을 잠시 내려놓고 정말 상대방의 입장에서 생각하려는 공감능력을 조금만 키워주시면 이번 세월호 사건의 당사자들을 공감하는 데 있어서만 아니라 자기 가족들, 주변 사람들과의 공감능력도 훨씬 커지리라고 본다.

사회자 _ 그렇다면 상담학에서 이 공감이 얼마나 중요한 요소로 대두되고 있는가?

권수영 _ 공감적 이해로부터 상담학이 시작되었다고 봐도 되는데, 이해한다는 것은 영어로 'understand'이다. 우리의 이웃이 처한 가장 밑바닥까지 내려갈 수 있는 힘, 이것이 공감이라고 생각한다. 이번에 순식간에 5천 명의 자원봉사자들이 진도에 모였는데, 사회학자들은 이것을 보고 우리나라가 굉장히 독특한 나라이고 밀집도가 있다고 한다. 그래서 유행도 빨리 되고, 또 서로 함께하는 것도 힘

> **이웃이 처한 가장 밑바닥까지 내려갈 수 있는 힘, 이것이 공감이라고 생각한다.**

있게 결집할 수 있는 나라인데, 이런 어려운 일이 있을수록 더욱더 잘 결집하고, 이런 공감의 힘이 얼마나 큰 것인지 자녀들에게 알려줄 수 있는 기회가 되었으면 좋겠다.

사회자 _ 그래서 성경은 우리에게 "우는 자와 함께 울라"는 말씀을 하고 계신다는 생각도 드는데, 공감능력의 확대 부분을 놓고 볼 때 누구든지 삶 속에 잠재적 위험과 고난을 당할 가능성이 100% 있다. 이런 상황 속에서 심리상담 혹은 정신치료적 접근에서는 어떤 도움을 주셨고, 어떤 효과가 있는지를 말씀해주시면 좋겠다.

최의헌 _ 공감이 단순히 고개를 끄덕이며 이해하는 것을 넘어서 매우 힘든 부분이다. 상담을 배울 때 100시간이 소요된다고 하면 거기에서 공감을 배우는 데 90시간이 든다고 해도 과언이 아니다. 그런데 공감할 때 상대방의 입장이 되기 위해서는 상대방이 되어야 하는데 그 사람의 이야기만 듣고는 상대방이 될 수가 없다. 그래서 가장 많이 하는

것이 그 사람의 안에 있는 것을 겉으로 많이 말하게 하는 것이다. 우리는 들어야만 확인할 수 있다. 그래서 그 사람 안에 있는 것들을 잘 표현할 수 있도록 도울 수밖에 없다. 가령 어떤 어려움을 당한 사람이 있다고 치자. 억지로 입을 열 수가 없다. 입을 열고 이야기하기까지 기다려주고 이야기하기 시작하면 설득하지 말고 들어주어야 한다. 심리학에서 사람은 안 변한다는 이론이 있다. 어떻게든 그 기반의 씨앗이 있기 때문에 웬만해서는 변하지 않는다고 하는데 공감은 사람을 확실히 변화시킨다.

권수영 _ 기독교상담학자로서 이 공감이 굉장히 중요한 기술이라고 본다. 그리고 신학자로서도 이 공감은 바로 하나님의 성육신 사건을 스스로 실천하는 길이라고 생각한다. 하나님께서 하늘에 계실 수도 있는데 이 땅에 내려오셨고 우리의 가슴으로 내려왔다는 것이다. 우리의 가장 수치스러운 자리, 패배자로 있을 수밖에 없는 자리에 내려오셔서 함께하셨던 그 사건, 그 사건이 결국은 우리 그리스도인들에게 가장 중요한 사건이 되었다. 심리학적으로 다른 사람 앞에서 울기란 참 쉽지 않다. 다른 사람의 손을 붙잡고 운다는 것은 그만큼 상대방을 안전하게 느낀다는 것이다. 섣부르고 값싼 위로를 한답시고 말을 많이 하기보다는 우리 앞에 있는 사람의 손을 잡고 함께 펑펑 울어줄 수 있다면 엄청난 공감의 힘을 가질 수 있을 것이고, 우리 가슴으로 공감하는 하나님을 함께 경험하는 기회도 될 수 있을 것이라고 생각한다.

사회자 _ 어려움을 당했을 때 교회에 가면 우리가 위로를 받을 수 있을 것이고 안정을 누리며, 또 소속감도 가지고 자존감도 회복할 수 있을 것이라는 기대감을 줘야할 것 같은데, 억지로 되는 것은 아니지만 이런 상황 속에서 교회와 목회자들과 그리스도인들이 했으면 하는 것들을 말씀해주시면 좋겠다.

최의헌 _ 자기표현이 중요하다고 했는데 우리가 금지시키는 하나님을 원망한다든지 하는 표현들이 있다. 그러나 사실 하나님을 원망하는 표현들이 성경에 굉장히 많이 있다. 그런데 우리는 신앙인들에게 하나님을 원망하면 안 된다고 하면서 접근한다. 그러나 그 사람들의 표현을 지금은 여과 없이 심하게라도 표현할 수 있는 시간을 주면 교회가 정말 무슨 말을 해도 품어주는 품이라는 생각을 갖게 될 것이다.

권수영 _ 저도 같은 생각이다. 시편의 탄원시를 보면 "하나님, 이게 뭡니까? 이거 아니지 않습니까?" 하는 기도를 드린다. 이와 같이 자기 안에 마음을 있는 그대로 충분히 드릴 수 있는 장소, 펑펑 울 수 있는 안전한 장소, 그래서 그런 아픔을 가진 교인들이 잘 지탱해서 살 수 있도록 우리 공동체가 좀 변할 수 있는 기회가 되면 좋겠다.

사회자 _ 그런 부분에서는 아직까지 교회가 활짝 열려 있지 않다는 지적이 있는데, 어떻게 보는가?

권수영 _ 최근에 교회들이 상담이나 치유 쪽으로 훈련받은 사람들을 결집하고 있는 모습도 보이고, 아무쪼록 이번 기회에 그동안 훈련받았던 많은 분들이 교회에서 함께 도울 수 있는 장이 될 수 있으면 하는 바람이 있다.

사회자 _ 지금 최의헌 박사께서는 많은 사람들을 회복시키는 일을 전문적으로 하고 계시는데, 이 일로 인해 찾아오거나 혹시라도 간접경험이지만 힘들어하는 분들에게 연락을 받으신 게 있는가?

최의헌 _ 이 이야기는 꼭 하고 싶은데, 지금 세월호 사건 때문에 비상이지만 그 전에 재난을 경험했던 분들이 완전 비상사태이다. 그래서 병원에 오시고 상담을 시작하시는 분들이 너무 많아졌다. 이 사건이 이전의 일들을 너무 많이 기억시키고 있는 것이 또 문제이다. 겨우겨우 덮고 살아왔는데 다시 현재가 되고 있는 것이다. 교회에서도 찾아보면 분명히 있다. 그래서 그 부분에 관여를 해야 한다. 또 더 중요한 것은 안전에 대한 불감증과 자기중심적인 이유 때문에 이 사건도 일어났는데 교회가 자성하고 탈피하기 바란다. 그래서 교회가 침몰하지 않도록 노력해야 한다고 생각한다.

사회자 _ 헨리 나우엔이 말한 '상처 입은 치유자'라는 말이 생각난다. 당장 지금의 참사와는 관련없어도 모두의 상처가 맨얼굴로 드러나는 상황인 것 같다. 권 교수께서는 이런 부분에 대해 다른 목회자들과도 많이 이야기하실 것 같은데?

권수영 _ 최근에 목회자들이 자기 성찰적인 고백을 하는 것을 많이 듣고 있다. 우리가 흔히 교회를 방주에 비유하는데, 세월호의 침몰을 스스로 묵상하시면서 교회의 침몰, 교회를 이끌어야 되는 선장, 세월호의 선장에 대해 질책을 많이 하는데, '나는 과연 저 선장보다 나은가? 나는 정말 이들을 끝까지 책임지고 방주에서 죽을 각오가 되어있는가? 나는 혼자 나와서 돈을 말리고 있지는 않는가?' 하며 스스로 돌아보는 목회자들이 많았다. 이번에 정말 죄 없는 영혼들을 희생시킨 우리가 하나님이 주시는 메시지에 귀 기울이고 책임을 느끼면서 이번 기회가 절대로 헛되이 지나가지 않도록 새로운 자성과 출발의 계기가 되면 좋겠다.

사회자 _ 세월호 참사 이후 온 나라가 비탄과 슬픔에 잠겨 있는 상황이다. 안타까운 현실을 애써 외면하고 싶지만 외면할 수 없어서 마주하면 몸은 살아 있되 마음은 사형선고를 받은 것과 같은 고통을 느낀다. 전 국민이 고통을 당하는 상황 속에서 주님의 교회는 과연 어떤 응답을 해야 할까? 이 세상의 소망이 되어야 할 교회와 그리스도인들이 전 국민들이 울고 있는 이때에 과연 어떻게 해야 할까? 그리고 인생을 살아가면서 고난, 혹은 인생의 여러 문제들과 마주하게 된다. 그리스도인조차도 인생의 난제 앞에 답답하기는 마찬가지인데, 고난을 겪을 때 가장 자주 묻는 질문은 "왜?"인 것 같다. 왜 나에게 이런 일이 일어났는가? 이런 질문을 어떻게 볼 수 있을까?

권수영 _ 상담하다 보면 그런 경우가 잦다. 왜 나한테 이런 일이 생겼는가? 그 이유를 찾아보니 하나님이 나한테 벌을 주신 것이라는, 이처럼 고난에 대한 인과론적 해석이라고 할까? 그런 질문들을 많이 하게 되는 것 같다. 그 질문에 대한 답을 스스로도 못할 뿐만 아니라 상담자도 답을 주기가 어려운 경우가 많다. 왜 그런가 하면 성경에 이미 그런 이야기들이 나온다. 날 때부터 소경인 자가 누구 때문인가? 이런 질문을 하고 있는데, 이런 질문이 결국은 우리에게 공허할 뿐이긴 하지만 그럼에도 고난의 깊은 의미를 헤아리게 되는 계기가 되는 것 같다.

최의헌 _ 상담에서 대개 "왜?"라고 질문할 때는 받아들일 수 없다는 거다. 이게 나한테는 없어야 되고 말도 안 된다는 입장에서 질문하는 경향이 있다. 또 한 가지는 이유를 알면 해결할 수 있을 것이라는 생각 때문이다. 설령 이유를 알아도 원인이 꼭 해결되지 않고 이유를 알 때 더 허탈해지는 경우도 있다.

사회자 _ 성경은 "왜?"라는 질문에 대해 어떻게 답하고 있는가?

권수영 _ 너무 어려운 질문인데 성경은 '때문에' 신앙보다는 '위하여' 신앙을 먼저 강조하고 있다. 날 때부터 소경된 자의 이야기는 누구의 죄도 아니고 하나님이 하시는 일을 위함이라는 말이 있다. 그런데 그게 또 다인가 하고 생각해보면 성육신사건은 우리의 구원만을 위해 오신 것뿐만 아니라 우리의 고통과 함께하기 위해서다. 이렇듯 함께하는 신앙이 고난에는 중요한 신학적인 해답이 될 수 있지 않을까 생각한다.

최의헌 _ 같은 본문을 생각할 때 결국은 구약적인 방식은 '왜'라는 질문에 하나님의 응답하시는 방식을 징벌이라고 생각한다는 것이다. 그러니까 예수님이 그것 때문이 아니라고 말씀하신 것은 우리가 늘 생각했던 기준이 한계들을 넘어설 수 있어야 한다는 것이지, 예수님의 말씀이 결론이라는 것은 또 아니다. 그게 어떤 식으로든 고정화될 때 그걸 탈피할 수 있는 생각을 가져야 된다고 본다.

사회자 _ 결국은 개인적인 고난도 있지만 사회시스템에서 오는 고난도 많지 않은가? 이건 어떤 의미에서 인간의 죄성이 중첩된 결과라고 보는 것이 옳지 않을까 싶다. 사회시스템 때문에 오는 재난들에 대해 "하나님은 왜 이러실까?"를 질문하는데, 그것도 물론 물어야 되겠지만 그 이전에 인간의 탐욕이 점철되어서 시스템을 붕괴시켰기 때문에 나타나는 결과라는 해석이 있어야 될 것 같다.

최의헌 _ 구약성경에서도 외국의 침략으로 인해 이스라엘 민족이 고난을 당했지만, 결국은 자기 문제가 그러한 결과를 만들어낸 것처럼 이 시스템도 결국 가만히 생각해보면 우리의 많은 잘못과 죄가 가중되어 이루어진 부분이 충분히 인정된다.

사회자 _ 그걸 자연스럽게 연결하는 것이 고난을 만난 사람이 가져야 할 태도와 관련한 부분인데, 어떤 태도를 견지한다는 것이 고난 중에 있는 사람들에게는 쉽지 않겠지만 어쨌든 이야기는 해야 하지 않을까 싶다.

권수영 _ 고난을 당한 분들 중에 신앙을 가지고 있다가 하나님과 멀어지는 분이 있음을 간혹 보게 된다. '어떻게 하나님이 나에게 이런 고난을 주시는가?' 하고 하나님과 멀어지는 경우가 있는데, C. S. 루이스의 「고통의 문제」라는 책에 보면 참 멋진 표현이 나온다. "고통은 귀 먹은 세상을 깨우기 위한 하나님의 메가폰이다"라는 말이다. 하나님께서는 고통을 통해 하나님을 바라보게 하고, 하나님과 함께 가기 원하며, 절대 혼자 두지 않음을 굉장히 크게 이야기하신다. 그런데 우리는 그 메가폰 소리를 듣지 못하고 있다는 말이다. 깊이 생각해보면 오히려 고난의 시기에 하나님과 더 친밀해지고 이웃의 고통에도 더 민감해질 수 있지 않을까 생각한다.

최의헌 _ 말씀하신대로 고난에는 분명히 현상이 있다. 그 현상 때문에 힘들어한다. 그 현상 아래에는 의미가 있는데, 그 의미의 결론을 너무 빨리 내리는 경향이 있다. 신앙적으로나 성경적으로 고난의 이유를 결론 내리다 보니 엇박자가 생긴다. 그래서 고난을 당한 본인이나 주변에 할 수 있는 이야기는 "정말 이 고난의 의미가 뭘까?"라는 의문을 던지는 것이다. 그 의문 속에서 의미를 같이 한 번 찾아보자는 표현이 많은 부분에서 위로가 된다고 생각한다.

사회자 _ 단견으로 보지 말고 함께 높은 곳에 올라가 멀리 조망해보자는 것 같다. 현실의 고난과 슬픔을 극복하는 과정이 사람마다 다 다를 수도 있지만 상당히 지난 한 과정이 될 수 있을 것 같은데, 어떤 과정을 거치게 되는지 정리해서 말씀해주시기 바란다.

최의헌 _ 퀴블러-루스(Elisabeth Kubler-Ross)는 예를 들어 사람이 암에 걸려 죽게 될 때 5가지 과정이 있다고 말했는데, 일단은 안 받아들인다. 그래서 무조건 거부한다. 그다음에는 씨름한다. 설득을 하기도 하고 항의를 하기도 하고 조건을 내걸기도 한다. 그런데도 아무런 변화가 없으면 절망에 빠지고 누그러진다. 그리고 완전히 바닥을 치는데 거기에서 희망은 대부분이 수용할 때 생기게 된다. 그래서 고난을 거부할 때는 이런 여러 가지 과정이 있지만 고난을 수용할 때는 빛이 비춰지고 새로운 길이 열린다는 것이다.

권수영 _ 여러 고난 중에서 사랑하는 사람을 잃은 분들의 애도과정을 보면 일부러 사회적 고립을 자초하는 경우가 굉장히 많다. 혼자 있기 원하고, 혼자 있는 동안에 비극적인 장면을 떠올리면서 혼자 아파하는 경우가 많다. 신앙인조차도 그렇다. 다른 사람의 웃음을 봐도 상처가 되어서 사람들이 있는 곳에는 가기를 꺼리게 된다. 신앙을 가진 분들도 내가 이렇게 고통 받는데 이 고통의 수렁에서 허우적거릴 때 하나님은 잠자코 관찰하시는 분이라고 생각한다. 신학적으로 한 때 성부가 수난 받는다는 것을 거부했던 적이 있다. 그런데 요즘은 고통의 신학에서 성부 성자 성령 하나님이 우리와 함께 십자가에서 죽어가셨고, 우리의 고통을 공감하셨다는 것을 일반적으로 받아들인다. 이렇게 기독교인이 고난을 극복하는 과정을 보면 하나님을 만나는 사건, 그 고난을 통해 결국에는 그리스도의 고난에 동참하는 일, 그래서 이전보다 하나님과 더 친밀한 경험을 하게 된다. 이때 그 고난의 의미를 새롭게 발견하게 되고 신앙의 성숙을 가져오게 되는 게 아닌가 생각한다.

사회자 _ 대부분이 거부의 과정에서 씨름의 과정으로 넘어가는 과정을 거칠 것 같은데, 그 과정 속에서 함께하시는 하나님을 붙잡는 것이 참 중요할 것이다. 과연 주위 분들이 어떻게 도와줄 수 있을까?

최의헌 _ 고난에서 애도나 여러 과정들을 빨리 벗어나려고 하는 것은 불가능하다. 분명히 과정을 거쳐야 하는데 그것을 회피하다 보면 기간도 길어지고, 너무 늦게 경험하면 복잡해지기 때문에 이 과정 자체는 피할 수 없다는 사실을 말해준다. 씨름이라는 과정을 비유로 이야기하자면 씨름에도 기술이 있는데, 만약 싸우는 과정이라면 잘 싸우게 도와줘야 된다. 또 한 가지는 경기에는 규칙이 있다. 부부싸움도 규칙이 있다. 규칙을 지키지 않으면 그건 경기가 아니다. 그러니까 과정도 분명히 거쳐야 하고 그 과정 속에서 지켜야 할 규칙이 있는데 그 규칙을 잘 지키면 과정이 순탄하다. 그런데 그렇지 않으면 복잡해진다. 애도를 돕는 상담사들은 애도를 못하게 하는 게 아니라 애도를 충분히 하고 오히려 더 잘하도록 도와준다. 그리고 거기서 자기가 못하는 부분이 있으면 더 할 수 있게 기술도 가르치고 규칙도 가르쳐준다.

사회자 _ 그 필수과정을 거칠 때 어떤 기술이 필요한지 조금 더 말씀해주시기 바란다.

권수영 _ 가끔 상담을 아주 잘하는 분들이 사회적 약자, 즉 소외계층을 상담하고 오면 상담 받은 분들에게 일종의 만족도 조사 같은 것을 한다. 그러면 놀랍게도 너무 기분 나쁘다고 말씀하시는 분이 있다. 왜 그런가 하면 공감과 동정은 다른데 우리가 너무 쉽게 이해한다 말하고, 너무 쉽게 내가 당신께 다가갈 수 있다고 말하면 안 된다는 것이다. 어떤 면에서 정말 바닥까지 내려가는 그 사람들의 이야기를 오랜 시간 동안 들어주고 함께해야 진실이 통하는 공감이라고 느끼지, 안 그러면 너무 값싼 동정처럼 느껴지고 오히려 역효과가 나기도 한다. 그래서 진정성을 가지고 함께 바닥까지 내려가려고 애쓰는 경험이 쌓일 때 어느 순간에 그 진심이 느껴지고 뜨거운 공감을 하게 되는 것 같다.

사회자 _ 이번에 일어난 아주 어려운 문제를 앞에 놓고 많은 신앙인들이 자기 신앙에 대해서도 돌아보신 분들이 많이 계신 것 같고, 교회도 역시 이런 상황 앞에서 교회는 무엇을 해야 하는가를 생각하게 된다. 신앙의 힘이 무엇인지, 또 신앙한다는 것이 무엇인지를 목회자들이나 그리스도인들이 질문을 던지는데, 이 질문에 대해 어떻게 대답해주실 수 있는가?

권수영 _ 발달심리학적으로 보면 교회가 좀 더 성숙할 수 있는 기회를 얻지 않았나 싶다. 어린아이들은 자기밖에 보지 못한다. 그건 어린아이들이 나빠서 그런 게 아니다. 엄마한테 선물을 하는데 눈깔사탕을 사준다는 거다. 그게 이기적인 게 아니라 자기중심적인 틀이 그거밖에 안 되는 것이다. 우리나라 종교인들의 실태조사를

> **너무 쉽게 내가 당신께 다가갈 수 있다고 말하면 안 된다는 것이다.**

해보면 왜 종교를 믿느냐고, 왜 교회에 가고 절에 가느냐고 물으면 똑같이 대답한다. 70%가 '마음이 편안해서' 라고 한다. 그런데 그것보다 성숙해지는 것은 다른 사람이나 사회를 보고, 약자를 볼 수 있다는 거다. 대한민국 교회들이 그동안 두 번째 단계로 옮겨갔었는가? 물론 여러 가지 사역은 많이 한다. 선교도 많이 하는데, 이번에 정말 국가적인 어려움을 경험하면서 우리 신앙도 다음 단계로 넘어가서 나뿐만 아니라 이웃을 섬기는 계기가 되면 좋겠다.

최의헌 _ 인간의 무기력은 종교를 떠나서 실재이다. 하나님이 계신

다 해도 어쨌든 인간은 현실에서 무기력하다. 우리가 이기적인 신앙생활을 했다는 생각을 하게 된다. 최근에 기독교적인 인간 이해와 비기독교적인 인간 이해를 비교해 보았는데, 비기독교적인 인간 이해가 훨씬 더 인간의 자발성이나 능력을 중요시한다. 인간은 뭐든지 할 수 있다고 강조한다. 반면 기독교적인 인간 이해는 인간이 할 수 없음을 냉정하게 인정한다. 그리고 자신이 죽을 때 비로소 산다고 이야기한다. 그러한 것들은 결국 희생인데, 이 부분에 대해 냉정하게 기독교적인 인간 이해를 가져야 된다고 생각한다.

사회자 _ 그런 의미에서 기독교가 가지고 있는 신앙의 독특성은 성육신하신 십자가 신앙인데, 실제적으로 어떤 힘이 있고 치유의 과정에서 어떤 영향력을 미치는가?

권수영 _ 지난 부활절 때 많은 목사님들이 설교하기가 힘들었다고 하셨는데, 왜 그런 말씀을 하느냐 하면 그 배후에는 그런 게 있는 거다. 십자가는 이미 고통과 죽음을 극복한 경축의 사건이고 부활절은 축제의 날이다. 그런데 한 여성신학자가 십자가 신앙을 트라우마로 연결해서 이해해야 한다는 흥미로운 주장을 한 적이 있다. '트라우마'라는 것이 쉽게 잊어지지 않는 상처지만, 의미 있게 기억하고 받아들이면 어마어마한 변화와 변혁의 힘이 될 수도 있다는 것이다. 십자가가 기독교인에게 단순히 장식품이나 값싼 은혜를 말하는 단순한 메시지가 아니라 함께 아파하고 상처를 보듬고, 또 계속해서 기억해야 할 하나의 치유의 사건으로 이해할 수 있다면 십자가는 고통받는 사람들을 더 많이 품을 수 있는 터전이 될 것이라 생각한다.

사회자 _ 사랑하는 우리 아이들의 희생이 개인적으로도, 사회적으로도 불량했던 여러 시스템, 탐욕으로 물질만을 추구했던 것들에 경종을 울리는 정말 좋은 동인으로 작용하지 않을까?

최의헌 _ 십자가의 큰 힘은 사회를 변혁시키는 것과 동시에 개인을 변화시키는 것이다. 지금 진도에서 분명히 기독교인 부모님 중에 애타게 자기 자녀를 기다리고 있는 사람이 있을 것이고, 분명히 그중에서는 삼삼오오 모여서 예배드리고 찬양도 했을 텐데 십자가 찬양을 하면서 어떤 생각을 했을까? 우리가 생각하는 십자가와는 전혀 달랐을 것이다. 그리고 그분들이 노래하는 찬양이 진짜 십자가의 의미라는 생각을 했다.

사회자 _ 이 '십자가 신앙'이라는 것이 피해자 가족 가운데 그리스도인에게는 정말 생생하고 절절하게 다가왔을 것이라는 말씀을 해주셨다. 이 '십자가 신앙'을 진짜 기억한다는 것은 삶 속에서 어떻게 표현되어야 될까?

권수영 _ '십자가 신앙'은 그동안 오해했던 죽음의 극복으로서, 천국 소망으로서 의미를 갖는 것만은 아니라는 사실이다. 어쩌면 우리가 너무 쉽게 십자가를 이야기하고, 그래서 고통에 너무 쉽게 답을 주는 신앙은 아니었는가? '십자가 신앙'이라는 것은 그 고통에 오래 함께하고 하나님께서 이 바닥까지 내려오셔야 했던 그 의미를 깊이 묵상할 수 있는 깊이 있는 신앙의 단계로 이어질 때, 그 십자가가 값싼 은혜의 상징이 아니라 진정 개인을 변화시키고 사회를 변화시키고 세상을 변화시킬 수 있는 신앙의 핵심이 될 것 같다.

사회자 _ 이렇게 보면 신앙의 영역에서도 공감을 말하고 정신의학의 영역에서도 공감을 말하며 심리학 영역에서도 공감을 말하는데, 실제적으로 십자가가 가진 독특성은 우리의 문제 안으로 뛰어 들어오신 예수님을 이야기하는 것이다. 어떻게 이것들을 서로 구분할 수 있을까?

최의헌 _ 이것을 종교 안에서 설명하는지, 아니면 비기독교에서도 설명하느냐에 따라 차이가 있는 것 같다. 중요한 것은 종교 밖에서 아무리 설명을 하려 해도 십자가 구원의 요소는 종교 안에서 설명하는 것을 포괄할 수 없다는 것이다. 그건 분명하고, 종교 밖에서 원리를 삼아 사용하는 것 중에 가장 이해하기 쉬운 것은 간디의 비폭력주의가 아닌가 싶다. 실제로 상담이론에서도 '비폭력 대화'라는 방식이 있는데, 상대방이 화를 내고 불쾌하게 해도 서로 싸우지 않는 대화 방식을 이야기한다. 결국 십자가는 많은 것을 흡수한다. 모든 고통과 아픔과 죄성을 흡수하고 정화시킨다. 그런 부분에서 우리가 십자가에 관한 이야기를 들으면 소설에나 나올법한 사건인데도 신앙인들은 어떤 원리들을 현재화한다. 그와 마찬가지로 이 원리가 현재화될 때는 사람이 풀어지고 누그러진다. 결국 정신의학, 심리학도 인간의 본질을 생각하는데, 다만 신앙인들은 인간을 하나님의 형상으로 생각하는 부분이 가장 큰 차이라고 생각한다.

권수영 _ 상담학이나 심리학에서 인간에게 가장 중요한 욕구는 인정 욕구인데, 타인이나 중요하게 생각한 사람에게 인정받지 않으면 굉장히 불행해하고, 타인에게 인정받는 사람은 자존감이 높다고 한다. 결국 상담을 왜 받느냐 하면 자존감이 떨어져 있기 때문이고 기가 제대로 서기 위해서라고 한다. 결국 상담의 끝은 내가 누군가에게 평가받을 때 인정받고 받아들여지느냐에 대한 것이다. 그런데 그게 정말 인간적인 인정 욕구는 충족되지 않는 경우가 많다. 그래서 결국 종교의 영역에서 말하는 영적인 자존감, 하나님께 용납되는 것, 그래서 십자가 사건도 내가 아무것도 아닌데 하나님께 받아들여지고 의롭다 여겨지는 칭의의 사건을 경험하게 되면 어떤 상담학이나 심리학이 줄 수 없는 하나님과 하나 되는 경험, 신앙성숙의 사건이라고 볼 수 있다.

사회자 _ 마지막으로 삶의 문제와 고난을 지닌 분들에게 교회는 어떻게 길을 제시해야 할까? 그것을 통해 사회를 치유하는 힘이 분명히 나올 것 같은데 마무리 말씀 부탁드린다.

최의헌 _ 제가 하고 있는 것 중의에 하나가 '자살 가족을 위한 슬픔 극복 프로그램'을 진행하는 것인데, 그 과정 속에서 사람마다 다르지만 슬픔을 이겨내는 과정이 있다는 것을 가르쳐준다. 마치 내비게이션처럼 아직은 가지 않은 길이지만 어디쯤에 있는지 알 수 있고, 어디에 도착하는지 알 수 있기에 안심하게 된다. 그런데 성경은 인간의 모든 고난에 대한 내비게이션을 가지고 있다. 그 부분을 잘 정리해서 보여주면 그분들이 아직 가지 않은 길이지만 그 길을 걸어가면서 충분히 그 과정을 이겨내리라고 생각한다.

권수영 _ 가끔 교회에서 "믿는가?"라고 물을 때가 있는데 정말로 믿어서 "아멘" 하시는 분도 있지만, 그중에 굉장히 당황하시는 분도 계신다. 그분들은 고난을 당한 분들이다. 아직까지 고민하고 의심하고 있기에 쉽게 "믿는가?"라고 묻기보다는 저분들이 믿을 수 있도록 기다리고 함께 할지를 고민하는 교회가 되었으면 하는 바람이다.

사회자 _ 정말 일어나서는 안 되는 고통의 문제를 다루면서 두 전문가를 모시고 이야기를 듣는 가운데 시간이 아무리 길어지더라도 우리 교회와 그리스도인들이 고통당하는 분들과 함께해야 되고, 함께 공감해야겠다는 생각이 든다. 그래야 이 세상에 조금이라도 빛을 던져줄 수 있겠다는 생각이 든다. 어려운 주제에 성심껏 함께해주신 두 분께 진심으로 감사드린다.

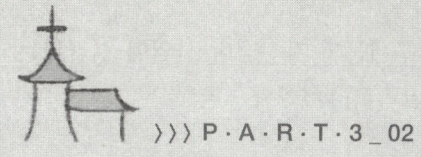

기독교 봉사단체의 나눔,
과연 어떻게 해야 하나?

하나님의 아들이신 예수님께서 고통에 신음하는 이 땅의 진정한 평화와 기쁨을 주시기 위해 오신 것을 묵상한다면 예수님을 닮아가길 소원하는 이 땅의 모든 교회와 성도가 섬김과 나눔을 더욱 힘 있게 펼쳐야 하는 것은 당연한 일이다. 그래서 어떻게 하면 이 땅의 교회들이 더욱 효과적으로 섬김과 나눔을 실천할 수 있을 것인가를 정리해보기 위해 '기독교봉사 단체의 섬김과 나눔, 과연 어떻게 해야 하나?' 라는 주제로 진행해보려고 한다. 오늘은 현장에서 직접 어려운 이웃들과 늘 만나는 구세군자선냄비본부의 사무총장이신 이수근 사관(현재 과천양로원장), 그리고 밥상공동체 연탄은행 대표 허기복 목사와 함께 하나님의 사랑을 전하는 생생한 이야기를 들어보자.

※ 이 원고는 2014년 12월 6일과 13일에 방송된 원고이다.

사회자 _ 12월에 들어서면서 구세군의 자선냄비 사역이 시작되는데, 자선냄비 사역부터 소개를 부탁드린다.

이수근 _ 거리모금인 자선냄비는 금년 12월 1일 시청 앞 광장에서 시종식을 시작으로 12월 31일까지 전국 76개 지역의 360여 개 처소(2014년 12월 기준)에서 진행된다. 약 5만 명의 봉사자들이 수고해주실 예정이다. 올 12월 말까지 전국에서 65억 원을 모금하는 것을 목표로 삼고 있다. 그러나 이 자선냄비는 12월에만 국한되지 않고 연중 모금체제로 돌아섰기 때문에 내년 12월 31일까지는 120억 원을 목표로 삼고 있다.

사회자 _ 날씨가 많이 추워지니까 언론에서 연론은행 사역을 많이 접하게 되는데 '밥상공동체 연탄은행' 사역에 대해서 소개해주시면 감사하겠다.

허기복 _ 가난한 이웃이 주인 되는 세상을 그리면서 사역하고 있다. 지금 고령화사회를 대비해서 재미있는 노인일터를 운영하고 있고 한 달에 10만 원 정도 되는 소득으로 사시는 분들을 위한 일터도 있다. 그리고 연탄을 사용하는 할머니와 함께 지내는 아동들을 위한 아동센터가 따뜻하게 운영되고 있다. 그다음에는 전문화된 복지사역을 위해 밥상공동체의 종합복지사회관이 있어서 건강, 교육, 문화 등 다양한 프로그램을 운영하고 있다. 특별히 겨울을 대비해서 전국에 연탄은행이 31개 지역에서 활활 타오르도록 열심히 노력하고 있다.

사회자 _ 연탄은행은 본부가 원주에 있는가?

허기복 _ 2002년에 원주에서부터 연탄은행이 세워져 이제는 대한민국 전체에 퍼졌다. 법인은 원주에 있다. 지금은 서울 시내와 인천, 전주, 울릉도까지 포함해서 지금 이 시간에도 연탄봉사가 진행되고 있다.

사회자 _ 귀한 봉사사역인데, 궁금한 것은 봉사를 인생의 사명으로 삼은 계기가 있는가?

이수근 _ 사실 1982년에 신학교를 졸업할 당시에는 오직 말씀을 전하는 목회자만이 진정한 목회자라 생각하고 14년 동안 목회만 했는데, 어느 날 시편 41편 1~3절의 "가난한 자를 보살피는 자에게 복이 있음이여 재앙의 날에 여호와께서 그를 건지시리로다. 여호와께서 그를 지키사 살게 하시리니 그가 이 세상에서 복을 받을 것이라. 주여 그를 그 원수들의 뜻에 맡기지 마소서. 여호와께서 그를 병상에서 붙드시고 그가 누워 있을 때마다 그의 병을 고쳐주시나이다"라는 말씀, 그리고 잠언 19장 17절의 "가난한 자를 불쌍히 여기는 것은 여호와께 꾸어 드리는 것이니 그의 선행을 그에게 갚아주시리라"는 말씀을 새롭게 읽게 되었다. 이 말씀을 보면서 복음을 전하는 것만이 하나님의 일이 아니라 가난한 사람을 돌보는 일도 기뻐하신다는 것을 생각하게 되었고, 지역사회와 어려운 사람을 위해 나눠주는 사역을 펼쳐보고 싶다고 생각했다. 현대목회의 트렌드는 말씀과 사회복지를 병행해야 하는 것을 깨닫고 대학원에서 사회복지를 전공하고 14년 동안 이 사역을 해오고 있다.

사회자 _ 성경 말씀이 동기가 되니까 확실한 사역의 동력이 되는 것 같다. 연탄은행 사역에서도 따뜻한 이야기가 많을 텐데, 좀 들려주시기 바란다.

허기복 _ 나 스스로 가난을 경험했고 참 가난한 신학생 시절을 보냈다. 그 어려움을 잘 통과해서 좋은 목사가 되기를 서원했는데 주변의 과정 속에서 도움과 사랑을 많이 받았다. 그래서 목사가 되고 나서는 받은 사랑을 나눠주고자 여기까지 왔다.

사회자 _ 거저 받았으니 거저 주라는 원칙에 입각해서 사역하신다고 생각된다. 두 분 말씀을 들으니 마음이 따뜻해진다. 그런데 사회가 많이 선진화되었다. 주거환경과 시스템이 많이 좋아졌음에도 불구하고 연탄공급이 굉장히 필요한 사역이라 말씀하고 계신다. 어떤 개념으로 받아들이면 될까?

허기복 _ 요즘 사회에서도 문제가 되는 것처럼 사회의 양극화가 심해지고 고령화사회로 재빨리 이동하고 있다. 이에 따라 빈부격차도 점점 커지고 저소득층에게는 동절기 추운 겨울에 난방문제가 굉장히 심각하다. 기름을 사용하면 한 드럼에 20만 원이 넘는다. 연탄은 한 장에 500원이고 한 달에 150장이 드니까 7만 원 안팎의 돈만 있어도 한 달 내내 따뜻하게 지낼 수 있다. 그런데 7만 원도 부담스러워 냉방에서 지내는 어려운 이웃들이 대한민국에 16만 8천 가구나 된다. 이 16만 8천 가구 중에서 누군가가 연탄을 지원하지 않으면 지금 이 시간에도 추위에 떨 수밖에 없는 분들이 10만 가구가 된다. 그런 분들을 위해 주님의 사랑으로 어려운 이웃을 살피자는 취지에서 연탄은행이 세워지게 되었다. 이렇게 연탄을 지원하는 사업을 통해 단순히 연탄에서 끝나는 것이 아니라 그분들의 체력이, 삶이 회복되어 일도 하고 주일이면 교회도 나가시게 된다. 그래서 어떻게 보면 연탄이 우리 시대의 가난한 사람들, 특히 에너지 빈곤층에게 사랑의 친구가 된 것이라고 생각한다.

사회자 _ 에너지 빈곤층이라는 말이 마음에 와 닿는다. 실질적으로 이것 때문에 많이 고통스러워하는가?

허기복 _ 보통 하루에 연탄이 4장 정도 필요하다. 그런데 대개 돈도 없을뿐더러 연세가 많으신 분들이 하루에 4번씩 연탄을 가는 게 쉽지 않다. 대부분 연탄을 아끼려고 구멍을 꽉 막아놓고 춥게 살고 있다. 바로 우리 한국교회가 책임져야 할 사회적인 책무라고 생각한다.

사회자 _ 12월 1일부터 구세군 종소리가 울리면 성탄절이 왔다는 것을 느끼게 된다. 많은 분들의 발걸음을 지켜보셨을 텐데 우리 사회에서 자선, 헌신, 섬김, 봉사가 어떤 상황인지, 최전선에서 얼마나 피부에 와 닿고 계신지를 말씀해주시면 감사하겠다.

이수근 _ 사회가 점점 양극화 되어가는 것은 사실이다. 경제적인 면도 그렇지만 신앙인과 불신앙인의 모습도 많이 나누어진다. 자선냄비는 기독교인들에게는 주님의 사랑을 나누는 통로가 되고, 비기독교인에게는 내 이웃을 돕는 마음으로 함께 살아가는 통로로 사용되는 것 같다. 처음 시작할 때부터 자선냄비는 기독교 모금단체로 국민들에게 다가서기로 했다. 그래서 자선냄비가 양극화된 사회를 하나로 통합하는 역할을 감당할 수 있도록 최선을 다하고 있다.

사회자 _ 두 분이 각각 사역하면서 다양한 경험들이 있을 것 같다. 기억나는 감동적인 이야기를 나눠주시면 좋을 것 같다.

허기복 _ 고물상이 하나 있었다. 파지를 수집하는 곳인데 우리가 보물상이라고 이름을 바꿔서 운영했다. 여기서 일하는 분들 중 열심히 일해서 가정을 복원하고 아이들도 잘 키우는 사람이 있었다. 나중에는 열심히 산 사람으로 선정이 되어서 전국노숙인 가운데 자활대상을 받기도 했다. 이 보물상을 운영하는 형제는 우리나라 경제 5단체장과 함께 2005년에 대통령의 부름을 받아서 청와대에도 들어가는 모습을 보았다. 저게 바로 봉사이고 하나님이 기뻐하는 모습이 아닌가 하고 생각했다. 또 하나는 2012년에 행복센터라는 복지관을 4층으로 건축했다. 그때 1만 원으로 15억짜리 건물을 세워보자는 취지에서 한 명당 1만 원 이상은 헌금을 내지 못하도록 했다. 그런데 우리 어르신께서 만 원만 받으면 어떡하느냐고 이야기해서, 그래도 이렇게 하자고 계속 설득했더니 나중에는 그 어르신이 자기 이름을 30번이나 바꿔서 내신 적도 있다. 그 어른들의 따뜻한 마음을 포함하여 많은 사람들의 정성을 모아 연탄은행에 행복공간을 4층으로 세웠더니 모두 우리 건물이라고 생각하며 행복해하셨다.

사회자 _ 그렇게 함께 가는 것, 모든 분이 의식을 함께 공유하는 것이 참 중요하다는 생각이 든다.

이수근 _ 지금까지 33년 동안 자선냄비를 섬기고 있다. 여러 가지 미담 중에서 2012년 12월 12일 흰 종이봉투에 할머니가 서투른 글씨로 써서 넣은 것이 있었다. 내용은 "3년 동안 파지를 모아서 판 돈이에요. 매우 적지만 어려운 사람들을 돕는 데 써주세요." 그러고는 100만 원짜리 수표 3장, 1만 원짜리 1장, 천 원짜리 2장을 보내주셨다. 3년 동안 모으셨다가 마지막에 자선냄비에 넣으시는 것을 보고 마음이 찡했다. 부디 그 할머니께서 건강하시기를 기도할 뿐이었다. 자선냄비는 무기명으로 하기 때문에 누군지를 찾을 수 없어서 우리는 그저 이런 분들을 이름 없는 천사라고 부른다. 그런 이름 없는 천사가 굉장히 많다.

사회자 _ 숫자로 따지면 한 해에 보통 몇 명이나 될까?

이수근 _ 한 650만 명이 동참하는 것으로 파악하고 있다. 온 국민이 참여해주시기를 기대하고 있다.

사회자 _ 아까 나눠주신 1만 원 운동이나 얼굴 없는 천사들이 함께하는 정신은 모두 비슷한 것 같다. 함께할 때 일어나는 일들이 대단한 것 같다. 그런 의미에서 도움을 받는 분들은 어떤 반응을 보이는가?

허기복 _ 연탄을 드렸더니 한 할머니께서 "제 소원은 200살까지 살면서 없는 분들을 위해 연탄을 나눠주는 것인데, 그게 연탄이 아니라 금탄이란 말이에요"라고 하시는 말씀을 들었다. 연탄을 받는 분들이 이렇게 감사하게 생각하는 것을 보면서 참 감사했다. 비록 현재는 생활이 어렵지만 목숨을 다하는 그날까지 따뜻하게 살고 싶은 의지가 강한 것을 보았다. 그러기에 대한민국 정부나 한국교회가 해야 될 역할이 있다고 생각한다. 연말에 구세군 자선냄비가 울려퍼지는 소리는 사랑의 마음을 널리 퍼뜨리는 것으로 생각한다. 연탄 한 장에 500원인데, 아직도 대한민국에서는 500원이 가치 있는 돈이다. 그 500원으로 연탄은행에 힘을 실어주시면 감사하겠다.

사회자 _ 자선냄비에서 모금된 돈으로 혜택받는 분들도 많으실 텐데, 대부분 어떻게 반응하시는가?

이수근 _ 저희가 모금하는 돈은 은행에 입금한 다음 국내에서 사용한다. 각 지방에서 모금된 돈은 해당지방에서 사용하고 서울에서 모금된 돈은 지방에 나누어준다. 수혜를 받으시는 분들한테 가면 우리는 이렇게 말한다. "우리는 심부름만 해요. 국민들이 모아주신 돈으로 심부름을 했으니 자매님과 형제님보다 어려운 분이 계시면 많이 생각해주시기를 부탁해요."

사회자 _ 두 분의 말씀을 듣고 보니 배분의 원칙에서 투명성을 유지하니까 오랫동안 사역이 지속된 것 같다. 계속해서 사역하면서 많은 고민이 있으셨던 것으로 알고 있는데?

허기복 _ 기독교 단체일수록 투명하고 반듯하게 운영하는 것은 사회법 이전에 신앙양심의 문제이다. 우리 기독교인들이 사회지도자의 모습이라고 생각한다. 후원금이든 헌금이든 간에 두렵고 떨리는 마음이 중요하다고 생각한다. 그래서 작은 것도 소중하게 여기는 가치 인식을 갖고 나눠야 한다고 본다. 연탄은행은 연탄후원을 받아 봉사자들과 같이 배달하느라 달동네 고지대로 올라간다. 지난 월요일 고양시 고지대에서 연탄지게를 지다가 허리가 삐끗해서 오늘 복대를 메고 나왔다. 그렇게 현장에서 직접 나눠지는 모습을 보고 이렇게 투명하게 운영이 된다고 하면 무엇을 못하겠는가 하고 생각한다. 결국은

> **투명하게 운영이 된다고 하면 무엇을 못하겠는가?**

이로 말미암아 우리 사회도 더 따뜻하게 하고 기독교 기관을 통해 사랑의 나눔을 실천하는 운동이 펼쳐진다고 생각한다.

사회자 _ 그런 의미에서 구세군이 주는 청빈함과 절제의 모습이 일반인들에게까지 좋은 기독교 이미지를 고양시키는 것 같은데 마음이 뿌듯하실 것 같다.

이수근 _ 구세군 자선냄비는 역사가 86년이 되었지만 2012년까지는 구세군 내에서 자선냄비 부서가 따로 없었다. 그래서인지 다른 후발 단체에 비해 모금액이 적었다. 2년 전인 2012년도에 구세군 내에 자선냄비 본부가 새롭게 시작되었다. 이왕에 하는 일이고 소외된 이웃들이 있는 한 더 많은 나눔을 하자는 취지에서 시작되었다. 12월 한 달 동안 거리에 자선냄비가 없었다면 놀고 즐기는 문화가 더 확대되었을 텐데 자선냄비 모금운동을 통해 즐겁고 기쁠 때일수록 이웃을 생각하는 것에 대한 경종을 울려야겠다 생각하고 그런 역할을 감당해 나가도록 하겠다.

사회자 _ 성탄이다. 성탄의 본질은 섬김과 나눔, 낮아지심이다. 교계 내의 분위기는 어디로 가고 있다고 생각하는가?

허기복 _ 연탄은행에 대한 문의가 자발적으로 많이 이어지고 있다. 미국에 계신 한 여자 성도님도 대한민국이 어렵다는 이야기를 들었는데, 연탄 2,000장을 사서 나누기 원하신다며 100만 원을 보내오시기도 했다. 그래도 한국교회는 여전히 따뜻하다고 생각한다.

이수근 _ 외형적으로 볼 때에는 나눔문화가 활성화되었지만 아직도 양극화가 심한 것은 사실이다. 우리 그리스도인들이 이럴 때일수록 어려운 이웃을 돕는 일에 더욱 적극적으로 동참한다면 사회를 밝게 하고 주님의 사랑을 전하는 역할을 다할 수 있을 것이라 생각한다. 그 일을 자선냄비에서도 감당하기 원하며 최선을 다하고 있다. 매 년 자선냄비 시종식이 12월 1일에 시작되어 12월 31일까지 진행된다. 바라기는 많은 분들이 빨간 자선냄비를 보면 이웃을 향해서 도움의 손길을 주시고, 그래서 이 사회의 소외된 이웃이 희망을 찾게 되기를 간절히 바란다.

사회자 _ 두 분의 나눔으로 마음이 따뜻해졌다. 함께 공감하는 이 자리에 더 많은 분들이 동참하시기를 기대해본다. 사실 성탄은 주님의 교회들로 하여금 본질적인 사명인 섬김과 나눔을 생각하고 실천하는 계절이라고 해도 과언이 아니다. 앞서 잠깐 소개해주셨지만 밥상공동체 사회복지관을 비롯해서 신나는 아동복지센터, 다시 서는 집 등 여러 사역을 감당하고 계신데, 어떤 사역인지 좀 더 구체적으로 알고 싶고 함께할 수 있는 사람이 있으면 좋겠다 싶은데, 소개를 좀 해달라.

허기복 _ 밥상공동체는 외환위기 시절인 1998년도에 원주천 다리 밑에서 밥 나눔운동으로 시작되었고, 연탄은행은 2002년도에 설립되었다. 연탄 1,000장으로 시작했던 운동이 한국교회를 중심으로 해서 31개 지역으로 늘어나게 되었다. 연탄 가구조사와 연탄 외의 어떤 어려움이 있는가를 살피는 작업들을 진행하고 있다. 여름 같은 경우에는 사랑의 지붕 씌우기, 연탄보일러 교체사업들을 다양하게 하면서 제도권에서 보호되지 못하고 있는 가난한 사람들이 기죽지 않고 어깨를 펴도록 돕고 있다. 손수레를 끌더라도 노래를 부르면서 가게 해드리자는 기독교적 사고로 이어오다 보니 한 해 4만 명가량의 자원봉사자들이 돕고 있고, 어린아이들까지 동참하는 운동으로 확대되고 있는 실정이다.

사회자 _ 어린아이 때부터 나눔을 실천하다 보면 커서도 그렇게 한다는 마음이 심겨지게 되는 게 아니겠는가?

허기복 _ 연탄 한 장이 3.65kg이다. 언뜻 보기에는 검고 작으니 한꺼번에 들려고 한다. 그러나 들어보면 무겁다. 그게 한 장에 500원이라고 이야기하면 아이들은 500원에 대한 소중함을 알고 저축해서 보내오기도 한다.

사회자 _ 연탄 1,000장으로 시작했다고 하셨는데, 지금은 어느 정도 되는가?

허기복 _ 우리가 한 해 동안 많이 나눌 때에는 5백만 장을 나누어 드리고, 초기 시작부터 지금까지 전국에서 나눠드린 사랑의 연탄만

3500만 장정도 되며, 이것을 돈으로 환산하면 200억 정도 된다.

사회자 _ 구세군 자선냄비 이야기를 좀 해보자. 구세군이 국내뿐만 아니라 북한과 캄보디아, 그리고 몽골지역까지 섬기는 사역을 하고 계시지 않는가?

이수근 _ 구세군사역은 북한, 캄보디아, 몽골, 베트남에서도 이루어진다. 실제로 지부가 나가 있는 곳은 몽골이다. 울란바타르 유치원사역을 2009년 8월부터 시작해서 150명 정도의 초등학생에게 다양한 프로그램과 점심식사를 제공하고 있고, 2010년부터는 몽골 아일란이라는 곳에서 노인주간보호센터를 만들어 노인들의 기초생활을 돕기 위해 노력하고 있다. 2012년부터 몽골에 야구단을 조성해서 양준혁 선수가 가서 직접 지도하기도 하고, 야구용품을 보내서 야구 붐을 일으키는 사업들을 진행하고 있다. 캄보디아 쪽은 2012년 11월부터 프롬펜교회, 프롬펜청소년센터 등을 운영하고 있다. 특히 몽골, 캄보디아, 중국에는 선천적 심장병 아이들을 데려다가 수술을 진행하고 있으며, 매 년 캄보디아에서만 10명 정도 돕고 있다. 캄보디아는 물 사정이 열악해서 씻을 물도 부족하다. 그래서 우물과 수도사업을 진행하고 있는데 초등학교 쪽에 수도를 만들어주는 사역도 진행하고 있다. 북한은 현재 길이 막혀서 못하고 있는데, 평안남도 남포시 와우도에 병원을 하나 리모델링해서 의료기기를 지원해주었고, 요구르트 공장을 만들어서 제공하고 있으며, 고성군 쪽에는 북한이 민둥산인데 밤나무 단지를 만들어 밤을 수확하여 먹을 수 있도록 해주었다.

사회자 _ 네트워킹이 잘되고 있는 것 같다. 자료를 보니 연탄은행이 해외에도 있다. 해외에도 연탄을 때는가?

허기복 _ 우리나라에서 파송된 선교사에게서 전화가 왔다. 대한민국도 연탄이 필요하지만 중앙아시아 키르기스스탄의 국민소득이 1천 달러도 안 되는데, 겨울에는 아이들이 동상이 걸리고 고려인들이 추워서 겨울을 나기가 아주 어렵다는 것이다. 그래서 연탄을 보내달라고 요청하셨다. 의외의 전화였기 때문에 많이 고민하다가 직접 가서 살펴보게 되었다. 직접 가서 보니 너무나 열악한 상황임을 확인했고, 키르기스스탄에 연탄은행 설립의 필요성을 깨닫고 위원회를 구성하여 매 년 연탄 10만 장을 보내고 있다. 키르기스스탄 정부에서도 연탄은행을 통해 우리나라 에너지정책이 바뀌었다고 고려인들이 너무 감사하다고 편지도 보내주셨다.

사회자 _ 두 분의 이야기를 들으니 어려운 사람이나 힘든 사람을 그냥 지나치지 못하는 DNA가 있으신 것 같다.

허기복 _ 어느 때는 가난해서 신발을 못 신은 걸인을 발견하여 제가 신은 신발을 벗어드리고 집에 걸어가서 가족들이 깜짝 놀란 적도 있었다. DNA라기보다는 그 사람들이 우리 가족이고 형제라면 지나칠 수 없지 않았을까? 어쩌면 오늘 예수님께서 바로 이런 모습으로 우리 가운데 나타나실 것이다.

사회자 _ 사관님들은 제복을 입고 다니시니깐 뵐 때마다 고개가 숙여진다. 힘든 분들을 보면 그냥 지나치지를 못하시는 것 같은데?

이수근 _ 제복들은 저희 자신을 위해 입는 것이다. 제복을 안 입으면 내가 누군지 모르기 때문에 실수할 수도 있겠지만 제복을 입음으로써 성직자라는 것을 깨닫고 성직자답게 행동할 수 있기 때문이다. S자 두 개가 있는 것은 창립자 윌리엄 부스 대장이 "내가 구원받은 것은 남을 구원받게 하기 위한 것이다"라는 의미이다. 부족하지만 내가 소명을 가진 사람이라는 의미를 가슴에 새기고 주님의 말씀대로 살려고 애쓰며 살려고 하고 있다.

사회자 _ 오늘 귀한 분들을 만나서 참으로 감사하다. 이 사역에 동참하고 있는 홍보대사들도 있는 것 같은데 소개해주시면 감사하겠다.

허기복 _ 연탄은행은 2004년도에 영화배우 문근영 씨와 같이 북한 동포 지원하기, 사랑의 연탄을 지원하면서 같이 활동했다. 2004년부터는 정애리 권사께서 연탄은행 홍보대사가 되셨다. 손수레도 잘 끄시고 지게도 잘 지신다. 얼마 전에도 연탄봉사를 하셨다.

이수근 _ 구세군의 경우에는 한 해 동안 홍보대사를 하게 되면 그 다음 해는 친선대사로 일하게 되는데, 금년(2014년)에는 정조국, 김성은 부부가 홍보대사로 활동을 하셨다고 들었다.

사회자 _ 기독봉사 단체이기 때문에 일반봉사 단체와는 아무래도 구별점이 있지 않을까 싶다. 특히 기독단체에서 함께 자원봉사하는 분들은 어떤 마음으로 섬겨야 할지, 이 봉사단체에서 어떤 게 필요할지 말씀해주시면 좋겠다.

이수근 _ 사실은 이웃사랑 나눔운동이나 구제활동은 조건이 전제되어서는 안 된다고 생각한다. 그러나 우리가 나눌 때 우리의 마음자세는 영혼 구원을 바탕에 두어야 하지 않겠는가? 사실 구세군의 모토기도 하지만 "한 손엔 빵, 다른 한 손에 복음을 가지고 낮은 곳에서 함께 한다"는 목적으로 윌리 엄부스 대장이 창립했다. 구세군에는 3S운동이라는 것이 있다. Soap(비누), Soup(수프), Salvation(구원)이다. 굶주리고 헐벗은 자들을 먹이고 씻기고 구원하는 운동인데, 이웃사랑운동, 나눔운동은 봉사의 초점이 궁극적으로는 영혼 구원에 초점이 맞춰져야 한다고 생각한다. 앞으로 내세우면 역효과가 나기 때문에 그 정신과 마음을 가지고 이웃사랑을 나누다 보면 우리 자체가 그리스도인이니까 주님이 나타나게 되지 않을까 생각된다.

허기복 _ 도와야 할 분이 계시다면 수혜의 대상이 아닌 섬김의 대상이라고 생각하면 좋을 것 같다. 또 하나는 가난한 이웃들이 있을 때 우리의 형제라고 하는 개념, 그리고 끝으로 우리가 주고 싶은 것보다는 그분들에게 필요한 것들을 나누는 게 우리 기독교 봉사단체의 본래 모습이 아니겠는가? 섬기러 갈수록 겸손으로 허리를 동여매서 자원봉사자도 어느 정도 교육을 받아 훈련된 마음으로 갈 수 있도록 낮아짐의 철학이 필요하다고 생각한다.

사회자 _ 그런 면에서 연탄은행의 경우는 자원봉사 교육을 어떻게 시키고 투입하는가?

허기복 _ 연탄 한 장에 3.65kg인데, 거기에 10장을 하면 우리의 체온인 36.5도와 같다. 현장에서 지게는 어떻게 져야 하고 연탄을 깨면 벌금이 천 원이라고 이야기하면서 연탄 한 장 한 장을 정말 소중하게 다루도록 충분하게 교육한다.

사회자 _ 아까 중요한 이야기를 하셨는데 "섬김을 받는 대상은 우리와 다른 사람이 아니라 우리와 같은 형제다"라는 점을 강조하시는 걸로 알고 있는데?

허기복 _ 나 역시도 어려움을 겪었던 사람이었는데 누가 누굴 돕겠는가? 어떻게 보면 '많이 가졌다면 많은 빚을 지지 않았는가' 라고 생각한다. 사랑과 봉사는 하나님의 사랑을 되돌려주는 부채 갚기 행위라고 보기 때문에 무슨 봉사한다고 해서 우쭐댈 것도 없고 더 낮아짐으로써 하면 된다고 생각한다. 거기서 진정한 그리스도의 사랑으로 서로 맥이 통하지 않을까? 거기서 따뜻한 정도 있고 사람도 되고, 멋도 있고, 맛도 있고, 예수 그리스도의 성탄을 함께하는 의미가 바로 그것이라고 본다.

사회자 _ 예수 그리스도께서 우리와 같이 되셨던 것이 핵심이다. 구세군 같은 경우에는 타종을 한다거나 봉사자로 참여하는 길이 언제나 열려 있는가?

이수근 _ 종을 흔드는 것이나 봉사에 참여하는 것이 무슨 크게 어려운 일을 하는 게 아니고 남의 일을 돕는 것이 아니라 오히려 내 일을 하는 것이라고 생각하라고 가르친다. 주로 구세군봉사는 구세군교회 중심으로 이루어진다. 10만 구세군 교회 가운데 약 3만 정도가 봉사를 하는데 개교회 중심으로 자선냄비 모금에 동참하게 된다. 1인당 8시간 정도 봉사를 하는데 2시간 하고 2시간을 쉬면서 봉사한

> **봉사한다고 해서**
> **우쭐댈 것도 없고**
> **더 낮아짐으로써 하면 된다**

다. 구세군인 모두 기쁨으로 일을 감당하고 계신다. 이 일에 2만 명 정도는 구세군이 아닌 일반인들이 자원봉사를 하고 있다. 일반인 가운데는 다른 종교를 가진 사람도 있는데 이웃을 돕는 데 동참하겠다고 자원봉사 요원을 신청해서 함께 일하기도 한다.

사회자 _ 자원봉사자들 가운데 기억에 남는 사람이 있을까?

이수근 _ 우리는 한 가족이 모두 자원봉사를 하겠다는 경우가 많은데, 고등학교 교사 가정에서 아이들 2명과 함께 온 가족 네 명이 다 오셔서 하루를 맡기도 하셨다. 봉사를 원하시면 구세군 자선냄비본부로 연락하시면 얼마든지 봉사할 수 있다.

사회자 _ 아까 연탄이 가볍지 않다고 말씀해주셨는데 무거운 것을 들고 다니며 자원봉사를 하는 분들, 또 연탄을 쓰시는 분들의 주거환경이 좀 평탄하진 않을 것 같다. 혹 기억에 남는 자원봉사자들이 있는가?

허기복 _ 자원봉사자로 14년째, 17년째 섬기는 분들도 있다. 요즘에는 대학생, 어린이, 가족봉사, 70세에 이르기까지 봉사를 하시고, 더 나아가서는 사회지도층 인사들이 연탄봉사를 많이 하지 않는가? 그분들은 일명 고위층이라고 하는데 고위층 봉사가 연탄봉사한다고 많이 회자되고 해서 한 번 생각해봤다. '하나님, 고위층이 이 시대에 무슨 뜻입니까?' 라고 말이다. 그래서 '고통받는 이웃을 위로하는 층'이 진정한 고위층이 아니겠느냐 하는 깨달음을 얻게 되었다. 사회적 신분이나 어떤 위치가 진정한 고위층이 아니라 고통받는 이웃을 위로하는 층이 정말 제대로 된 고위층이다. 대한민국 모든 국민이 그런 마음으로 봉사하는 자세가 필요하다. 진정한 고위층이 연탄은행에도, 구세군에도 계시는 거다. 연탄봉사를 하면서 구세군 자선냄비를 놓고 돕는 것도 좋을 것 같다. 내가 소중하면 이웃도 소중하고 우리 기관의 연탄 나눔이 다른 기관에 의미 있게 쓰이는 것도 필요하다. 서로 봉사 나눔을 윈윈하고 소통하는 것도 중요하다고 생각되기 때문에 좋은 것 같다.

사회자 _ "교리는 서로를 갈라지게 하지만 봉사는 우리를 하나 되게 한다"는 문구가 생각난다. 연탄은행 같은 경우에는 공동체단위로 봉사를 많이 하는 것 같은데?

허기복 _ 그렇다. 연탄을 한 달 사용 할 수 있는 양이 150장 정도인데 이걸 혼자 다 나르는 것이 쉽지가 않다. 굉장히 힘이 든다. 그래서 팀을 이루어서 10명, 20명, 50명, 최고 500명까지 함께 봉사하기 때문에 연탄봉사는 이처럼 서로 손발을 잘 맞추어서 해야 한다. 청년부 전체, 여전도회 회원 전체, 어느 교회 성도들 전체 등 다양하다. 따뜻한 연탄은행 나눔운동에 함께하실 분들은 주저하지 마시고 전화하시면 좋겠다. 1577-9044이다.

사회자 _ 봉사섬김은 주님이 오실 때까지 계속 되어야 하는데 세대가 계승되는 것도 중요할 것이라 생각된다. 사관께서는 33년을 섬기셨다고 하셨는데, 후배들이 계속 이어서 하겠다고 하는 움직임이 있는가?

이수근 _ 우리 교회들이 주님의 사랑을 계속해서 실천하는 모습을 보고, 다음세대의 젊은이들도 이 일을 계속 이어가서 사회를 구원하고 밝히는 일이 필요하다고 생각한다. 사실 우리가 살고 있는 세상은 점점 갈수록 이기주의가 팽배해지고, 이 모든 세태와 문화가 그리스도의 복음을 대적하는 모습으로 나타나는 게 아닌가 생각된다. 이럴 때일수록 우리 그리스도인들은 주님의 뜻을 받들어 이타주의적 삶을 모범으로 보여주면서 지구촌에 하나님의 나라가 임하도록 헌신적으로 살아야 할 것으로 본다. 이런 일들은 돈 벌고 나서 할 것이 아니고 나이가 들어서가 아니라 청년시기부터 해야 한다. 구세군 내에서도 어린아이, 초등학생, 중고등학생도 독려해서 봉사에 나서게 하는데, 사실 이 나눔운동을 한 번 해보면 하기 전에는 느끼지 못하던 감동과 기쁨과 보람이 온통 가득해진다. 이것이야말로 주님의 뜻을 이루는 데 가장 중요한 일이라고 느끼게 된다. 이런 일들을 위해 교회가 앞장서다 보면 하나님의 나라를 이룩하는 데 더욱 크게 쓰임받게 되리라고 생각한다.

사회자 _ 연탄은행의 일들이 방대하게 벌어지기 때문에 많은 동역자들이 필요할 것 같고, 다음세대들이 그 일을 이어가는 세대계승이 필요할 것으로 생각된다. 어떠신가?

허기복 _ 연탄봉사뿐만 아니라 여름에는 전국 연탄가구조사를 한다. 울릉도, 제주도까지 가서 연탄가구조사를 할 때 함께해주는 전문봉사인력도 필요하고, 여러 봉사자들이 봉사할 수 있도록 안내전화를 받아주시는 것도 필요하며, 현장으로 이동해서 언제 어느 때에 해당가정에 연탄이 들어가면 좋겠다고 자원봉사자를 안내하는 분들도 필요하다. 무엇보다도 봉사와 나눔이 처음에는 누구를 위한 것 같지만 하면 할수록 느끼는 것은 오히려 내가 더 감사하고 나를 성찰하게 되고, 남을 기쁘게 함으로써 내 기쁨이 더 증가되며 더 열심히 살아서 나름대로 의미 있는 삶을 살아야겠다고 다짐하게 된다. 그러니까 오히려 봉사는 나를 나 되게 하는 하늘나라의 훈장 같다. 훈장이 대한민국에 많이 걸리는 그런 청년들, 그러면 거기서 긍정의 힘도 생기고 미래에 대한 비전과 미션이 생긴다고 보고, 청년들이 방황하지 않고 자선냄비와 연탄은행으로 달려가 봉사하는 현장으로 뛰어들면 좋겠다.

사회자 _ 짤막하게 "봉사는 이런 것이다"라고 당부하고 싶은 말씀을 한마디씩 부탁드린다.

허기복 _ '봉사는 나를 나 되게 하는 하나님이 주신 명예의 훈장'이라고 생각한다. 함께 이 훈장을 우리 가슴에 달았으면 좋겠다.

이수근 _ 나눔을 '쉐어링'이라고 하지 않는가? 함께 공유하는 것인데, 나눔은 있는 사람이 없는 사람에게 나누어주는 것이 아니라 함께 공유하는 쌍방적인 개념이라고 생각한다. 나눠주는 사람에게도 나눔을 받는 사람에게도 기쁨이 되는 것이 바로 연탄은행이요 자선냄비이다. 그게 우리의 궁극적인 목표라고 생각한다.

사회자 _ 섬김과 나눔을 통해 우리 사회가 예수님의 사랑으로 더욱 따뜻해지면 좋겠다는 바람이 간절하다. 오늘 이 일을 현장에서 몸소 실천하시는 분들을 모시고 이야기를 나누었는데, 정말 두 분께 감사드린다.

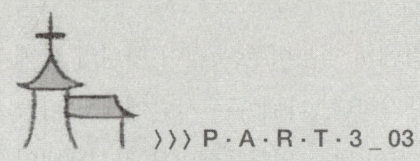

한국교회의 장애인사역을
오롯이 진단한다

　　매년 4월 20일은 장애인의 날이다. 이날은 1972년부터 재활의 날
로 불리다가 1981년부터 국가에서 '장애인의 날'로 명칭을 정하고 국
가기념일로 지켜오고 있다. 이날을 장애인의 날로 정한 이유는 4월은
1년 중에서 모든 만물이 소생하는 계절이라서 장애인의 재활의지를 부
각시키자는 의미라고 한다. 이런 의미에서 장애인의 날을 앞두고 과연
한국교회는 장애인사역을 어떻게 진행하고 있는지 궁금하지 않을 수
없다. 그래서 '한국교회의 장애인사역을 진단한다'라는 주제로 현재
한국교회가 장애인사역을 어떻게 진행하고 있는지, 또 그 현황과 바람
직한 사역방향이 어떤지를 논의해보려고 한다. 오늘 대담자는 시각장
애인 1급이면서 사단법인 한국장애인복지실천회 이사장이며, 새하늘
교회에서 목회활동을 감당하고 있는 정창선 목사와 실천신학대학원대

　※ 이 원고는 2016년 4월 9일과 16일에 방송된 원고이다.

학교 선교학 교수이자 안암동부제일교회 장애인 부서를 섬기는 이범성 교수이다.

사회자 _ 먼저 귀한 발걸음을 해주신 두 분께 감사드린다. 하고 계신 사역을 소개해주시면 좋겠다.

정창선 _ 저는 사단법인 한국장애인복지실천회에서 이사장으로 일하고 있다. 그리고 새하늘교회에 담임목사로 섬기고 있다. 또한 명지대학교 문예창작학과에서 객원 초빙교수로 가르치고 있다.

이범성 _ 저는 원래 역사신학을 공부하다가 선교학으로, 지금은 디아코니아학으로 넘어와 실천신대원에서 디아코니아학을 가르치고 있다. 또 동부제일교회에서 장애인 교우들이 모이는 '더 사랑부'를 섬기는 담당목사로 일하고 있다.

사회자 _ 먼저, 궁금한 것이 있다. 우리나라 장애인 현황이 어떤지 궁금하다.

정창선 _ 통계에 따르면 250만 명 정도 된다고 한다. 가족들을 포함하면 500만 명에 이른다. 장애 정도와 유형의 차이가 매우 크기 때문에 단편적으로 이야기할 수는 없지만, 일단 전반적으로 직업이 안정되지 않고 경제적으로 어려움을 겪고 있는 장애인이 많다. 장애가 있기 때문에 소득이 같아도 더 소비가 많아지는 부분이 있기 때문이다.

사회자 _ 이 교수께서는 독일에서 학위를 하셨는데, 독일과 한국을 비교해서 장애인 현황을 비교해주실 수 있겠는가?

이범성 _ 동서고금을 막론하고 일반적으로 장애인 인구가 전체의 10%를 차지한다고 한다. 장애는 신체나 정신적인 손상 때문에 시작된다. 이 손상이 불편함을 가져오고 그로 말미암아 나타나는 불편함을 장애라고 부른다. 이 불편함이 사회에 불이익이 된다고 생각하는 사회적인 통념 때문에 장애인들은 현재 매우 열악한 환경에 처해 있다.

사회자 _ 통계적으로 드러나 있는 숫자와 숨겨져 있는 숫자를 합쳐 전체 인구의 10% 정도는 장애인이라고 말씀해주셨는데, 장애등급에 대한 전반적인 사항과 그에 대해서 국가나 사회가 새롭게 인식해야 하는 것, 그리고 장애인들에 대한 혜택은 어떠한 것들이 있는지 궁금하다.

정창선 _ 우리나라는 1~6등급으로 이루어져 있다. 보편적으로 1~3등급을 중증장애인이라고 한다. 국가에서 여러 가지 혜택을 받는 경우는 대부분 중증장애인이다. 대중교통, 공공요금 등에서 혜택을 받고 있다. 통신요금이나 전기요금이 대표적이다. 가장 큰 도움은 활동보조인제이다. 또한 국가공무원 시험과 같은 경우에도 장애인 특례제도가 있다.

사회자 _ 장애의 종류도 많다고 들었다. 신체적 장애도 있지만, 또 다른 장애들도 있다고 알고 있다. 이런 부분들이 잘 구분되어 있는가?

정창선 _ 장애등급으로만 분류하다 보니 유형별 구분이 잘되어 있지 않다. 이에 따른 문제로 국가 임용시험에서 일어나는 어려움이 있다. 시각 중증장애인과 지체 중증장애인이 함께 시험을 보게 되면, 지체 장애인 경우에는 읽고 쓰는 것에서는 지장이 없지만 시각 장애인은 읽는 것부터 문제가 생긴다. 반대로 팔다리가 움직여야 하는 평가에 대해서는 시각장애인이 어려움을 겪는다. 이러한 부분들이 전혀 고려되지 않기 때문에 특례를 받는 시험에서조차 여러 가지 어려움과 문제가 발생되고 있다.

사회자 _ 세밀한 분류가 되어 있지 않아 문제가 생긴다는 말씀인 것 같다. 그렇다면 사회 통념적으로 장애등급의 종류에 대한 이해가 얼마나 이루어지고 있다고 생각하는가?

이범성 _ 과거에는 5가지로 분류되어 있었다. 지체장애, 시각장애, 청각장애, 뇌병변장애, 언어장애이다. 지금은 15가지로 나누어져 있다. 그만큼 사회적인 고려가 더 많아지고 세밀해졌다는 이야기다. 이에 따라 복지혜택을 받을 수 있는 방법들이 늘어나고 있다. 그러나 그러한 혜택이 실질적인 상황을 제대로 반영하지 못하는 경우도 많다. 예를 들면 장애인 수당을 받는 대상은 장애 1, 2급과 3급에서 복합장애를 가진 경우이다. 장애인 수당을 받는 입장에서 직업이 생겨서 소득이 발생하면 수급을 받는 금액에서 그 수입만큼을 제하게 된다. 그렇게 되면 오히려 장애인들이 일하고자 하는 의욕을 잃게 된다. 이런 부분에 대한 논의가 시급하게 이루어져야 한다고 생각한다. 장애를 가지고도 얼마든지 사회의 일원으로 살아갈 수 있도록 애를 써주는 사회적 분위기가 필요하다.

사회자 _ 장애 구분은 어느 정도 노력하고 있지만 그 구분에 따른 세밀한 배려가 좀 떨어진다고 볼 수 있겠다. 국가적인 시스템이나 사회적인 상황에 대해 잠시 이야기를 나누었다. 이어서 성경에서 말씀하는 장애의 의미는 무엇인지 정리하고 넘어갔으면 좋겠다.

이범성 _ 장애가 죄의 문제인가라고 예수님의 제자들이 묻는 질문이 있었다. 그러나 예수님께서는 장애가 누구의 죄도 아니고 하나님이 하시고자 하는 일을 나타내고자 함이라고 말씀하셨다. 여기에서 출발점을 삼아서 어떻게 우리 사회가 장애인들과 더불어 살아가는 사회가 될 것인지 고민할 수 있도록 교회에서 이끌어주어야 한다고 생각한다. 하나님께서 실수하셔서 장애를 주신 것이 아니다. 하나님은 대단한 신체기능을 나타내는 체육선수와 마찬가지로 장애인도 100% 하나님의 완벽한 피조물로 만드셨다. 그렇다면 '어떻게 장애를 가지고서도 함께 공동체를 꾸려나갈 것인가?'라고 질문을 던질 수 있다. 사도 바울이 말한 것처럼 약한 지체와 강한 지체가 있어서 서로 돕고 협력할 때 건강한 공동체가 형성되는 것이다. 하나님 나라의 이상이 바로 그런 공동체이다.

사회자 _ 목회현장에서는 장애에 대해 어떻게 설명하고, 어떻게 성도들과 말씀을 나누는지 알고 싶다.

정창선 _ 사전적으로 장애를 정의하면 신체적 장애, 정신적 장애를 말한다. 성경에서 사도 바울은 자기 약함을 자랑하고 있는 것을 볼 수 있다. 약하다는 것을 다르게 말하면 부족하다는 것이다. 교회사역에서 가장 중요한 것은 성도들의 약한 부분을 돌보는 것이다. 그렇게 본다면 장애사역과 비장애인의 연약한 부분을 돌보는 것이 전혀 다를 바가 없다고 생각된다. 그런데 우리는 오로지 장애에만 굴레를 씌워서 구분하기 때문에 문제와 편견이 생기는 것이다. 사실 큰 틀에

> **오로지 장애에만 굴레를 씌워서 구분하기 때문에 문제와 편견이 생기는 것이다.**

서 보면 연약한 사람들, 부족한 사람들을 돕는 것이나 같은 맥락이다. 성경에서 장애는 부끄러운 것이 아니다. 하나님의 특별한 섭리 가운데 있는 것이다.

사회자 _ 그렇다면 지금 한국교회가 장애인에 대해서 어떤 인식을 가지고 있는지 사회현황과 함께 짚어주시면 좋겠다.

정창선 _ 대형교회에 가보면 장애인 부서가 많이 있다. 이런 것들을 좋게 볼 수도 있지만 장애인 입장에서 봤을 때 크게 도움이 되지 못한다. 그런 특별한 대우나 따로 구분하기보다는 똑같이 섬기고 장애인들의 조금 부족한 부분들을 보조해줄 수 있는 방법이 필요하다. 예를들면 미국이나 선진국 학교에서는 통합교육이 대세이다. 부족한 부분을 장학관이 한 사람씩 붙어서 도와주는 방식이다. 교회도 그렇게 가야 한다.

사회자 _ 너무 분리적인 사고방식이나 태도가 벌써 차별로 다가온다. 사실 목회자 양성기관인 신대원에서도 장애인들에 대한 충분한 이해와 교육을 받지 못하고 졸업하는 것 같이 보인다.

이범성 _ 우리 학교 같은 경우에는 초교파적으로 목회자가 재교육 받는 과정이 있다. 디아코니아 학과목이 있어서 장애인 신학을 목회에 어떻게 적용해야 할 것인지를 사례연구까지 보면서 공부하고 있다. 그리고 십수 년간 전국의 장애인 상황에 대해서 관심이 많은 분들이 모여서 장애인 신학연구모임을 계속해오고 있다. 실질적으로 교회에서 장애인을 중심으로 친교가 이루어지고 약한 사람을 중심으로 서로 섬기면서 성장이 이루어질 때 교회가 진정한 하나님 나라의 모양을 찾아가게 된다. 외부에서 교회를 찾아오는 사람들은 교회에서 이 세상과는 다른 가치관들을 찾아보려고 한다. 교회는 이 세상과 다른 모양을 나타내야 하는데, 이처럼 장애가 극복되는 현장이야말로 하나님 나라를 드러내는 양상 중 하나이기 때문에 어떻게 보면 장애를 가진 사람들은 하나님 나라의 전령사라고 볼 수 있다. 그렇다면 주변에 있는 사람들이 어떠한 관계를 통해서든 장애인들에게 관심을 가지고 같이 모여서 친구가 되는 것이야말로 특별한 은혜 가운데 머물러 있는 것이라고 말할 수 있다. 그래야 하나님 나라를 좀 더 빨리 경험하고 그곳에서 성취하는 기쁨도 맛보고 선교할 수 있는 길이 열린다고 본다. 교회 안에 장애인 부서가 따로 있는 것도 문제지만 장애인 교회가 따로 있는 것이 더 큰 문제다. 장애인 교회가 따로 있으면 특별한 장애를 가진 사람들만 모여서 신앙생활을 하기 때문에 다양성을 경험할 수 있는 온전한 통합사회를 경험하지 못하게 된다. 그렇기 때문에 우리 교회는 장애인과 비장애인이 함께 예배를 드린다. 그 이후에 있는 교육이나 모임은 분리해서 진행한다. 왜냐하면 통합교육에서도 통합을 추구하되 그 특성을 고려해야 하기 때문이다. 이게 바로 교회나 사회가 나가야 할 방향이 아닌가 생각한다.

사회자 _ 말씀을 듣고 보니 장애인과 비장애인의 문턱을 없애야 한다는 것에서 출발하자고 제안하시는 것처럼 들린다. 문턱을 좀 낮추고 서로 공감하고 소통하기 위해서 개인이나 영적 공동체인 교회나 사회에서 할 수 있는 일에 대해서 각각 구체적으로 말씀해주시면 좋겠다. 어떤 노력이 시급하게 진행되어야 하겠는가?

정창선 _ 요양시설에 원장으로 있을 때 아침 경건회시간마다 했던 것은 '지금 장애인의 모습, 미래의 내 모습이다' 라는 것이었다. 우리들이 기억해야 할 것은 장애인이란 특별한 사람이 아니라 미래에 나도 그렇게 될 수 있고, 실제로 나이가 들어갈수록 특정부위에 문제가 생겨서 장애진단을 받으면 얼마든지 장애인이 될 수 있다는 것이다. 이런 차원에서 우리 인식을 새롭게 할 필요가 있다. 그런데 가장 큰 문제는 교회이다. 장애인의 문제를 접하는 데 있어서 거룩함이 늘 따라다니기 때문이다. 이러한 문제가 여러 군데에서 나타나고 있다. 교회에서 안내견에 대한 인식이 대표적이다. 이러한 부분에서부터 바뀌어야 할 것이다. 먼저 교회에서 장애인을 많이 세워주고 장애인이 나서서 뭔가를 할 수 있는 기회를 제공해준다면 상당히 달라질 것이다. 국가적으로 보면 일단 제도를 만드는 것이 중요하다. 현재 우리나라에도 좋은 제도가 많다. 예를 들면 장애인 의무고용제 같은 것이다. 그러나 여기에서도 문제가 발생하곤 한다. 그렇기 때문에 철저하게 제도를 시행해야 할 것이다. 장애인들이 할 수 있는 일들을 찾기보다는 장애인들이 하는 일들을 도와주는 것에 더 많은 인력을 쏟는 것이 필요하다고 생각한다. 그렇기 때문에 장애인에게 도움을 줄 수 있는 시스템을 만드는 것이 필요하다. 이러한 부분들이 개선되어야만 장애인과 비장애인 간의 문턱이 사라지지 않을까 생각한다.

이범성 _ 장애인과 비장애인의 문턱을 없애는 것은 개인이나 교회나 사회나 돕는 사람이 따로 정해져 있고, 도움을 받는 사람이 따로 정해져 있는 것이 아니라 서로 친구가 되는 것에서부터 시작한다고 볼 수 있다. 이것은 비장애인뿐만이 아니라 장애인 자신도 하나님께서 100% 완벽한 창조물로 자신을 만들어주셨다는 자의식이 형성되어 있어야 한다는 전제가 필요하다. 그런데 문제는 장애인이 스스로 이런 장애를 극복했다고 하더라도 문 밖에 나갔을 때 여러 가지 일로 말미암아 더 큰 장애를 경험하게 된다. 교회시설이 친(親)장애, 무(無)장애 공간을 따로 만들어놓지 않으면 실질적으로 하나님 나라를 나타내지 못하고 있다고 볼 수밖에 없는 것이다. 적어도 경사로를 만들어야 하고 교회가 그런 것들을 만들 형편이 안 된다면, 적어도 안내위원이 노란조끼라도 입고서 '여기에 도와줄 준비를 갖춘 사람이 있다' 는 모습을 보여줄 필요가 있다. 장애 때문에 예배를 드리는 데 지장받지 않도록 확실한 배려와 방편을 제공하는 것이 필요하다. 사회는 장애인복지에 대해서 앞서나가고 있는데 교회는 여전히 후진에 머물러 있는 안타까운 모습을 보고 있는 현실이다.

정창선 _ 우리나라에 시각장애인 목회자만 300명이 넘는다. 그분들은 대부분 어렵게 사역하고 계시는데 그런 분들을 부목사, 교육목사로 세우면 장애인식을 개선시키는 데 도움을 주지 않을까 생각한다.

이범성 _ 교회는 하나님 나라를 지향하는 신자들의 공동체이기 때문에 하나님 나라의 생각을 품고 하나님 나라의 비전을 가지고 교회생활을 해야 한다고 생각한다. 교회가 세상에서 성공을 지향하는 모습을 그대로 쫓아가면 하나님 나라가 아닌 이상한 기독교왕국으로 대체되는 현상을 초래한다. 그렇기 때문에 교회는 항상 '성도들과 더불어서 하나님 나라가 어떤 모양으로 이루어질까? 장애를 가진 교우들은 여기에서 어떤 역할을 하는가? 우리는 거기에서 어떻게 같이 함께해야 하는가?' 하는 근본적인 질문을 가지고 서로 상호보완하는 모습으로 신앙생활을 해야 한다고 생각한다.

사회자 _ 두 분 말씀을 듣다보니 드는 생각이 있다. "어떤 사람이든지 장애를 가졌든지 그렇지 않든지 완전하신 하나님의 100% 존귀한 형상이다"라는 전제가 깔려 있어야겠다는 생각 말이다. 정창선 목사님의 약력을 보니 새하늘교회를 담임하고 계시며, 또 지금은 명지대학교에도 출강하고 계시는데 시인이기도 하시다. 또 목사님은 굉장히 미남이시다. 목사님께서는 이렇게 활발하게 사역하면서 "장애는 아무것도 아니라"고 말씀하시면서 편견을 깨뜨리고 계신 것 같다.

정창선 _ 정작 저 자신은 장애에 대해서 별로 생각을 안 하는데 주변사람들이 "너는 장애인이야"라고 자꾸 낙인을 찍는다. 장애인 인식

개선에서 가장 중요한 것 중의 하나는 역시 매스컴의 힘이 아닌가 생각한다. 방송을 보면 뉴스나 중요 프로그램, 드라마나 영화 같은 데서 자막해설을 한다. 요즘 보급되는 TV에 보면 리모컨에 있는 버튼을 누르면 장애인들을 위한 자막해설을 해주는데 여기에 어려움이 상당히 많았다. 방송사들은 이 서비스를 하지 않으려고 했기 때문이다. 그래서 시위를 해서 어느 정도 실행되고 있긴 한데, 사실은 이런 부분들이 앞으로 계속 이어져서 비장애인들과 장애인들이 함께 살아가는 사회가 되어야 하지 않을까 하는 생각이 든다. 국가적으로도 4월 20일이 장애인의 날이고 장애영역이 15가지다. 우리나라에선 대개 6가지로 나누기도 하는데, 중증에서 경증까지의 많은 장애영역이 있는데 장애인의 날에 누가 제일 힘들까 생각하면 국회의원들일 것 같다. 왜냐하면 시각장애인 단체에서도 초대하고, 청각장애인 단체에서도 초대하고, 지체장애인 단체에서도 초대하고, 정신지체인도, 발달장애인도 다 오라고 초대하니 도대체 어디를 가야하는지 망설여지기 때문이다. 그래서 좀 더세분화하여 시각장애인의 날, 청각장애인의 날 등 그렇게 정하면 어떨까하는 생각을 해본다. 두루뭉술하게 아무데나 가서 "장애인들을 위하여 열심히 일하겠다"고 그러는데, 도대체 무슨 일을 할 거냐고 묻지 않을 수 없다. 교회에서도 1년에 한 번씩 장애인의 주일을 지킨다. 예를 들면 어린이주일, 어버이주일 같은 건 1년에 한 번이니까 괜찮은데, 장애인 주일은 매달 마지막 주, 또는 첫째 주, 또는 홀수 달 아니면 짝수 달 정도는 되어야 장애인에 대한 문제를 생각할 수 있게 되는 것이다. 누구에게나 장애인의 문제는 미래의 내 모습이다.

사회자 _ 좀 더 섬세함이 필요하겠다. 이 교수께서는 실제적으로 학교에서 디아코니아에 대해서 강조하시고, 또 목회현장에서 장애부서를 담당하고 계신다. 어떤 면에서는 우리가 보지 못하는 부분, 비장애인들이 보지 못하고 전혀 느끼지 못하는 그런 부분들에 대해서 전공을 하셨으니까 평소 느끼는 것들이 많으실 텐데 어떤 것들이 있는가?

이범성 _ 역시 대중매체의 영향이 크다고 생각한다. 전체적인 배경과 분위기들을 만들어내는 것, 장애인 인식개선은 외부로부터도 와야 되지만 결국 장애인 자신으로부터 나와야 된다. 그래서 장애인에게 하는 교육적 투자, 교육을 통해서 스스로 자기 일에 대해 결정하고 논의할 수 있도록 해야겠다. 이 문제에 대한 표어가 있다. '우리 없이 우리에 관한 것은 없다.' 우리가 스스로 나의 이야기를 해야 하는데 남이 내 얘기를 하면 안 되는 거다. 이런 주체적인 만남을 계속 가져야 되고 이 세상은 사실 어느 사회를 막론하고 경제효과를 위주로 사고한다. 그런데 경제중심의 사고방식은 사회가 병들어 정말 치료할 수 없는 상태까지 가서야 후회하는 역사적인 교훈들을 많이 본다. 건강한 사회를 만들기 위해선 장애인이 주체적인 만남을 주도하고 이런 만남들이 주도적으로 확산되는 분위기를 만들어야 한다. 그중에서 특히 교육적인 투자가 중요하다고 생각한다.

사회자 _ 그 말씀을 듣고 보니 한국교회의 여러 가지 사역 방향을 짚어볼 때 장애인사역하는 것은 재정이 많이 든다는 오해가 있는 것 같다. 어떻게 생각하는가?

이범성 _ 예를 들어 "'보행장애인이 우리 교회를 오려면 엘리베이터가 있어야 된다. 그런데 엘리베이터를 설치할 형편이 못 되면 경사로를 놓아야 하는데 경사로가 너무 가팔라서 올라갈 수 없을 것이다." 이런 경우에는 예배위원이 노란 조끼를 입고 만반의 준비를 갖추고 있어서 언제든지 도우미로 섬기겠다는 자세를 보여주면 장애인들이 얼마든지 그 교회를 찾아 올 수 있다. 교회는 말씀사역과 봉사사역이 있는데 말씀으로 은혜를 받고 나면 봉사를 한다고 말한다. 그러나 하나님께서 사람이 되셔서 우리 가운데 오시고 우리를 위해서 죽기 위하여 성육신하신 사건 자체가 하나님으로서는 장애를 입으신 것이다. 그러니까 우리가 해야 될 일은 뭔가 여건이 되고 나서가 아니다. 왜냐하면 우리가 고백하는 복음의 내용이 하나님이 우리를 위하여 행동하셨기 때문이다. 우리의 믿음은 행함을 떠나서는 존재할 수 없다. 왜냐하면 우리는 하나님의 행함을 믿는 것이기 때문이다. 그러므로 장애인사역에 있어서 먼저 교회가 철저하게 자기 정체성을 정확히 설정할 필요가 있다고 본다.

사회자 _ 현재 드러난 한국교회의 장애인은 250만 명으로 보고 있다. 재가(在家) 장애인 수가 굉장히 많고 드러나지 않은, 숨어 있는 장애인들이 많을 것 같은데 왜 그런가?

정창선 _ 일단 장애인 가족들을 두 가지 경우로 나눌 수 있는데 첫번째는 가족들이 장애인을 숨기는 경우가 많다. 두 번째는 본인 스스로가 장애인이라는 것을 밝히기 싫어하는 경우다. 제자 중에 시각장애를 가지고 있는 친구는 자기가 시각장애를 가지고 있다는 것을 절대 얘기 안 한다. 사회에서 등급받는 것조차 싫어하고, 또 어떤 분들은 부모님들이 '내 자식은 장애인이 아니다' 라는 생각을 갖고 있다. 이러한 편견 때문에 드러나지 않는 부분이 많다. 또 하나는 경증인 경우 장애인 복지혜택이 별로 없으니까 그러는 것이다. 가장 크게 보면 편견문제라고 할 수 있다.

사회자 _ 편견, 여러 가지 표현의 부적절함, 이런 것이 장애인들의 자존감을 훼손하기 때문에 싫어하는 것인데, 그래도 인식이 많이 개선되어 사회가 이분들을 품고 연약한 부분을 채워가면서 '우리가 하나 되어서 전진하자' 는 분위기가 조성되고 있는 것 아닌가?

이범성 _ 그렇게 되면 좋겠다. 사실 과거보다 등록 장애인들이 훨씬 많아졌다. 이것은 사회적 혜택이 늘어났다는 방증이다. 요즘은 오히려 장애인이라고 공공연히 내세우는 경우도 있다. 예를 들면 공공시설이나 시장이나 마트나 이런 곳에 장애인 주차장이 있다. 그러면 차를 세우고 걸어가는 사람은 분명히 비장애인인데 그 자리를 떳떳하고 당당하게 차지하고 있다. 그래서 그 앞을 가보면 진짜로 장애인 주차표가 있다. 그러니까 가족 중에 누군가 불편한 분이 있으면 그렇게 만들어서 사용하는 것이다. 실질적인 혜택과 관련해서도 장애인이라는 것을 드러내는 경우가 있는데, 그렇다면 실제로 바깥 생활공간에서 장애인들이 많이 나타나야 한다. 장애인이 없어서가 아니라 활동하기 불편한 환경 때문에 나오지 못하는 물리적인 상황들이 있다는 점을 말하지 않을 수 없겠다.

사회자 _ 그렇다면 결국 교육이 먼저일 텐데, 교육이 잘되어야 인식도 개선되고 장애인들께서도 또 자기 삶을 잘 꾸려나갈 수 있을 것이다. 장애인들을 향한 교육환경, 이런 것들은 국가적 시책들을 살펴볼 때 어떤가?

정창선 _ 장애인이 한 명만 있어도 장애인 교회로 본다. 대형교회는 문제가 안 되는데 소형교회에서는 그런 인식을 받게 되면 교회가 부흥되는데 상당히 어려움이 많이 있는 것 같다.

사회자 _ 국가적으로는 장애인들의 교육에 대한 배려가 많아졌지 않은가?

이범성 _ 일단 장애인이 교육받을 경우에는 학비를 지원한다. 그런 부분은 매우 고무적이다. 아직 복지선진국들조차도 장애인에 대한 완벽한 고려는 불충분한 상황을 보게 된다. 국가가 여기에 관심을 쏟은 지가 사실 얼마 되지 않았다. 물론 교육적 효과는 앞으로 무엇보다도 크게 작용할 것이다. 몸의 손상으로 인해 교육을 받지 못하는 장애를 가져오고 결국은 장애가 사회생활을 하는 데 불이익을 가져오는 단계로 나아가게 된다. 그러나 손상이 있어도 제대로 교육을 받아서, 장애가 있음에도 오히려 적재적소에 배치되어 가능한 일들을 해 나가야 한다. 그래야 이 사람들이 단지 수급대상자가 아니라 이 사회를 함께 움직여 나가는 중요한 일꾼으로 자리 잡게 된다는 사실에 대해서 주목해야 할 것 같다.

정창선 _ 특히 통합교육을 실시하는 일반학교에 장애학생이 많은데 그 속에서 교육받고 있는 학생들은 상당히 큰 어려움을 겪고 있다. 특히 대학교는 매우 심각해진다. 장애인들 중에는 한 학기를 다 끝내고 과제를 내는 학생이 즐비하다. 교육적인 부분에서 그나마 초, 중학교에서는 주교재정도 지원될 뿐이다. 또 시력장애학생이 있다면 확대기, 청각장애학생이 있다면 보청기 등 최소한의 장비는 갖추

> **장애가 있음에도 오히려 적재적소에 배치되어 가능한 일들을 해 나가야 한다.**

어져 있다고 하더라도 근본적으로마음 놓고 학습하기에는 아직 한참 멀었다고 말씀드릴 수 있다.

이범성 _ 최근 늦은 나이에 대학공부를 마친 분을 알고 있다. 4년 동안 공부를 하는데 장애인이기 때문에 장학금을 받아서 공부를 마칠 수가 있었다. 그런 형편은 사실 많이 좋아졌고 계속 더 나아져야 한다고 생각한다.

사회자 _ 정 목사께서는 지금 장애인사역단체의 이사장으로 계신다. 장애인사역단체의 현황을 말씀해주시겠는가?

정창선 _ 단체들이 국가보조금을 받거나 자체 후원자를 모집해서 운영해 나가는데 국가보조를 받는 단체가 그렇게 많지 않다. 큰 복지관 같은 곳이 지원을 받고 있는데 그나마 아주 극소수이다. 많은 일반 법인단체 같은 경우에는 인건비도 지급되지 않아서 경제적인 어려움이 크다. 예를 들면 프로그램을 진행하려고 하면 이동을 해야 된다. 그러

면 차량문제도 있고, 노인장애인 같은 경우 거동에 문제도 있고, 또 보조기가 절대적으로 많이 필요한 경우도 있는데 어려움이 많다. 그래서 기업들이 공동모금회에 돈을 조금씩 내서 도움을 주고는 있는데 시각장애인 같은 경우에는 시각장애인용 컴퓨터가 있는데 한 대에 560만 원이다. 시각장애인이 우리나라에 50만 명인데 공동모금회에서 1년에 60대를 보급해준다. 너무 비싸서 개인이 구입할 수는 없다. 결국 단체에서 이런 문제들을 해결해야 하는데 기부문화가 활성화되지 않다 보니 많은 어려움을 겪고 있다.

사회자 _ 이 교수께서는 독일에서 공부하면서 여러 모범이 될 만한 사례를 보셨을 텐데, 장애복지와 관련해서 좀 소개해주실 말씀이 있는가?

이범성 _ 유학초기에 대학도시에서 등교하면서 깜짝 놀랐던 적이 있다. 장애인 도시도 아닌데 장애인이 너무 많았기 때문이다. 시각, 보행, 각종 장애를 가진 분들이 많이 나와 분주하게 다녔기 때문이다. 나중에 알게 된 것은 그분들에게 활동할 공간이 사회적으로 허락되어 있기 때문에 활동하는 것이지 장애인이 더 많은 것은 아니었다. 그런 면에서 '함께 활동하는 사회가 되어야 하지 않는가?' 그런 생각을 해보았다.

사회자 _ "환경이 만들어져 있으니까 자연스럽게 나온다"는 말씀인 것 같다. 이 얘기도 조금 하고 넘어가면 좋겠다. 장애인들의 구직이라든지, 직업이라든지, 삶의 질 향상이라든지, 이런 부분들에 대해서 생각을 많이 해야 한다고 말씀하셨다. 한국사회에서는 장애인들의 구직이나 삶의 현황을 어떻게 보는가?

정창선 _ 장애유형과 정도를 보면 흔히 말하는 중증장애인이 상당수다. 중증장애인 같은 경우에는 직업생활이라는 게 아예 힘들다. 시각장애인 같은 경우 안마, 물리치료 정도이다. 그리고 교사 등 공직에도 소수 있다. 지체장애인들도 상당히 어려운 환경이다. 사회적 기업 같은 곳에 가서 소품을 만들기도 하지만 어렵게 살고 있다. 우리나라도 의무고용제라는 부분이 분명히 있지만 제대로 시행이 안 되니까 장애인들이 현실적으로 일할 곳은 별로 없다.

사회자 _ 이제 대안적인 얘기를 좀 해주시면 좋겠다. 한국교회가 특별히 장애인을 섬기고 장애인 복지를 위해서 구체적으로 할 수 있는 사역이 있다면 몇 가지 말씀해주시면 좋겠다.

이범성 _ 교회는 일단 대민봉사, 장애인 봉사를 나가기에 앞서 확고한 의지를 가져야 된다고 생각한다. 우리는 모두 예비장애인이다. 예비장애인이라는 용어에 대한 거부감이 있어서 잠깐 사용이 뜸하다가 요즘에 수명이 늘어나면서 사람들이 점점 더 많이 예비장애인이라는 인식을 다시 가지게 되는 것 같다. 어떻게든 교회가 장애를 가진 약한 사람에게, 주목받지 못하는 환경에 있는 사람에게 주목하고, 교회가 관심을 갖고, 교회가 앞으로 살아나갈 방향을 찾아 나가도록 돕는 게 무엇보다 중요한 일이 아닌가라고 생각한다.

사회자 _ 귀한 말씀을 지금까지 들려주셨는데, 이제 끝으로 한국교회가 장애인들을 위해서, 장애인과 예비장애인을 포함한 모든 분을 위해서, 장애인사역과 관련해서 기도를 요청하는 기도제목이 있다면 말씀해주시면 감사하겠다.

정창선 _ 여유 있는 교회에서는 장애인시설에 후원을 하든가, 직접 투자를 해서 장애인들이 마음 놓고 살 수 있는 영역에 물질적으로, 경제적으로 좀 앞장서서 도움을 주었으면 하는 바람이 있다.

이범성 _ 학교에 공부하러 오신 목사님들과 함께 대화를 하면서 보통 기존에 있던 교구, 구역모임을 디아코니아구역으로 전환하여 운영하고, 디아코니아교구로서 지역사회에서 이론이나 생각에 머물지 않고 실천하는 활동을 만들어야 된다고 이야기하고 있다. 우리나라 교회는 지역과 상당히 가까운 생활밀착형 교회이다. 외국과는 달리 가까운 교회의 장점을 살려서 디아코니아적으로, 구체적으로 이 사회를 선도해나가는 역할을 먼저 하는 것이다. 교회가 안내해주고, 그다음에는 자리다툼을 하지 말고 조용히 자리를 내어주고, 또 다시 새로운 곳을 개척해서 또 자리를 내어주는 역할이 교회에 필요하다고 보겠다.

사회자 _ 중요한 것은 마음과 자세인 것 같다. 장애인이든, 지금은 장애인이 아니더라도 모든 사람이 예비장애인이라는 인식을 가지고, 우리가 모두 하나님의 걸작품으로서 함께 손을 맞잡고 서로 잘 섬기고 나누면서 살아갈 수 있으면 좋겠다. 말씀 나누어 주신 두 분께 감사드린다.

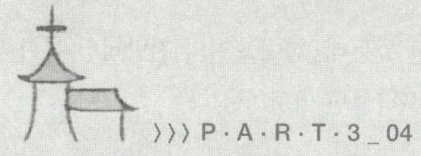

>>> P·A·R·T·3_04

복음, 문화의 옷을
어떻게 입어야 하나?

급속하게 변동하는 사회적 상황 속에서 어떻게 하면 복음의 내용을 변질시키지 않고 효과적으로 세상 속에 전달할 것인가 하는 복음과 문화와의 긴장관계가 큰 과제로 대두된 상황이다. 그래서 오늘은 '복음, 문화의 옷을 어떻게 입어야 하나?'를 주제로 복음과 문화의 관계를 짚어보려고 한다. 오늘 주제와 관련해서 숭실대학교 박양식 교수, 그리고 문화선교연구원 기획실장 김준영 목사와 함께 이야기를 나누어보려고 한다.

사회자 _ 먼저 그동안 문화적 콘텐츠에 복음의 메시지를 담으려고

※ 이 원고는 2014년 3월 29일과 4월 5일에 방송된 원고이다.
※ 박양식 교수님은 이 방송을 3월 28일에 녹음하고 3월 29일 등산 도중 심장마비로 하나님의 부르심을 받았다. 그래서 이 내용은 그의 육성 유작이 되었다.

하는 노력들이 지속적으로 펼쳐져 왔는데, 한국교회의 전반적인 문화 사역 트렌드를 한 번 이야기하고 시작하면 어떨까 싶다.

박양식 _ 트렌드에서 상징적인 일이라고 생각되는 현상이 있다. 집 사님들이 친구들하고 이야기하는데 이런 이야기가 나왔다. 아이들을 결혼시킬 때 일반적인 조건은 거의 다 비슷한데 마지막 하나는 교회만 안 다니면 된다는 것이다. 본인이 버젓이 교회를 다니면서도 그런 말을 한다는 것이다. 이 이야기를 들으면서 교회만 안 다니면 된다고 믿지 않는 사람들이 내세우는 기준을 거론하는 이유가 뭘까 굉장히 중요한 부분이라고 생각했다. 이와 같이 우리가 어떤 트렌드를 변화시키겠다 는 의욕이 넘치는데 사실 세상 사람들은 기독교인을 아무런 영향력을 끼치지 못하는 사람으로 여기고 있다. 그런 차원에서 우리 기독교인들 은 이 같은 문화 트렌드를 깊이 성찰해야 한다고 본다.

사회자 _ 이런 생각이 언뜻 드는데 골리앗 앞에서 아무것도 없는 다윗의 모습이 느껴진다.

김준영 _ 기윤실에서 발표한 바에 따르면, 외부 비기독교인이 기독 교인에게 바라는 바가 단순한 선행에서 사회참여 쪽으로 나아갈 것을 기대한다고 하는데 이 점에 대해서 귀를 기울여야 된다고 본다. 아무리 신앙생활을 잘하고 좋은 일을 많이 한다 하더라도, 이제 사회문제나 사 회현상에 대해서 올바른 가이드라인을 갖고 참여하지 않는다면 기독 교에 대해서 사람들의 기대치가 높은 만큼 실망도 크게 할 것 같다. 기 독교인들이 고민을 많이 해야 되고, 특히 교회다움을 회복해야 할 것이고 복음을 복음답게 전해야 하는 자세도 필요하다고 본다.

사회자 _ 한국교회의 전체 역사 130년을 문화사역의 측면에서 개괄적으로 한 번 정리해주시기 바란다.

박양식 _ 처음에는 문화의 씨를 뿌리는 단계였다. 그게 100년 정도가 된다. 그래서 나름대로 기독교가 많이 성장하는 가운데 문화가 꽃을 피웠는데, 이제 100년이 넘으면서 200년, 300년대까지 역사를 바라본다면 문화가 열매를 맺는 단계이다. 그러니까 지금 130년이 되었다는 한국교회의 역사는 문화의 열매를 맺을 때이다. 그런데 한국교회에는 일반 문화와 관련해서 기독교적이라고 할 만한 특별한 게 없다고 생각한다. 급속히 문명이 변화하는 시기를 맞이하여 새로운 하나님 나라의 문화를 만들어가야 한다는 사실을 모두 공감할 필요가 있다고 생각한다.

사회자 _ 문화란 사회적 흐름과 영향을 주고받는 역학적인 관계에 있는데 아까 말씀에 기독교는 영향을 주려고 굉장히 노력하지만 세상은 꿈쩍도 안한다는 표현을 쓰셨다. 이런 사회적 흐름에 기독교가 얼마나 많이 영향을 받고 있는가? 반면에 영향을 주는 것은 미비한 수준이라는 말인가?

박양식 _ 기독교인들은 나름 영향력을 끼친다고 생각하지만, 세상에서는 기독교인들이 관심의 대상도 아니고 오히려 배제나 무시의 대상이 되고 있는 현실이다. 마음 아프지만 인정해야 한다.

사회자 _ 현장에서는 어떻게 느끼는가?

김준영 _ 이제 소수 기독교인들이 살아가야 하는 방식을 고민해야 하는 시점이라고 생각한다. 한국교회가 100년 정도의 역사를 지속해 오면서 굉장히 큰 성장도 경험했지만, 이제는 소수기독교인으로서 어떻게 사회의 반응에 담담하지만 겸손하게 이야기할 수 있는지를 고민해야 할 상황이라고 본다. 그래서 공적인 영역에 어떻게 하면 성경적인 기준을 잘 제시하고 점진적으로 변화시킬 것인가를 겸손한 태도로 다가가야 한다고 생각한다.

사회자 _ 그런 점에서 요즘 트렌드를 어떻게 봐야 될까?

박양식 _ 요즘 문화트렌드 중에 첫 번째로 꼽히는 것은 '스웨그' 현상이다. 허름하게 차려입고 겉멋이 잔뜩 들어 있는 모양새인데, 기독교적이라고 할 수도 없고 맘에도 안 들지만 그럼에도 우리가 어떻게든 이런 트렌드를 대하고 풀어가야 하는 것이다. 기독교인의 맘에 들지 않는다고 해서 무작정 배제하는데 오히려 상대방은 우리를 배제하는 이런 묘한 상황에 대한 인식이 중요하다고 생각한다.

사회자 _ 한 케이블 방송의 '트로트' 관련 방송 프로그램에 트로트를 부르는 목회자가 출연해 큰 화제를 낳았다. 큰 틀에서 문화사역의 대담한 시도라는 평가가 있는가 하면, 우려 섞인 시선으로 나누어지는 것 같은데, 두 분은 혹시 어떻게 보셨는가?

김준영 _ 일단 유쾌하게 봤다. 어느 장르가 수용되고 허용되느냐에 초점을 맞추기보다는 한발 더 나아가서 트로트를 부르는 목사님의 마음상태가 무엇인지, 그리고 어떻게 교감을 나누고 있는지가 중요하다고 생각한다. 사역하는 현장을 살펴보면 작은 동네에 있는 교회 카페를 이용해서 저녁마다 콘서트를 열면서 인디음악, 요즘 말하는 어쿠스틱음악을 많이 연주하는 모습도 있더라. 사실은 인디정신

> **그럼에도 우리가 어떻게든 이런 트렌드를 대하고 풀어 가야 하는 것이다.**

이 기독교정신과 통하는 점이 있다. 쉽게 만나서 자기 이야기를 사람들과 소통하고 삶을 나누고 서로 다가가고 하는 모습들이 있다. 좋은 시도라고 생각한다.

박양식 _ 영상을 보니 구수한 사투리를 사용했는데 내용은 굉장히 복음적이었다. 그런데 이것을 안 좋게 생각하는 사람들도 있을 수 있고, 물론 좋게 생각할 수도 있다. 그런데 중요한 것은 사람들이 그걸 보면서 복음에 별다른 관심을 나타내지 않는다는 점이다. 우리는 복음이 주목받게 해야 한다. 그런 면에서 트로트 장르로 일단 주목을 받게 하고 있다는 것이다. 약간 장난기가 섞여 있어서 우리 진지한 그리스도인들이 보기에는 너무 가볍게 보일 수도 있는데 주목 끌기 차원에서는 성공이라고 본다.

사회자 _ 복음을 주목받게 하는 점에서는 성공이라고 하셨는데, 그렇다면 문화현상으로 주목받게 해야 되는 것인지, 아니면 복음의 본질

로 주목받을 수 있는 능력이 있는지 중요한데 말씀해주시면 좋겠다.

박양식 _ 요즘은 본질과 현상을 나누기가 상당히 힘들다. 복음에 문화의 옷을 입혀서 전하자고 하는데 일반인들은 거기에 속지 않는다. 이제 기독교의 본질이 문화로 표현되어 나와야 된다. 저는 80년대부터 문화사역을 해왔는데, 90년대에 기독교문화가 조금 나왔다가 다시 여전히 본질과 현상을 논의하고 있다는 것은 기독교가 제자리걸음을 하고 있는 것 같아서 안타까움을 느낀다.

사회자 _ 그렇다면 중요한 것은 문화적 현실인데, 이런 현실에서 인디밴드나 여러 장르들이 앞으로 어떻게 진행이 되어갈 것으로 보시는가?

김준영 _ 젊은 사역자들을 만나보면 훨씬 더 다양한 시도를 하고 있는 것을 본다. 그리고 가볍게만 볼 수 없는 사람들도 많고 진지하게 개인의 삶을 하나님 앞에 드려서 문화형태로 드러내려는 사람들이 늘어나고 있다. 더디기는 하지만 조금씩 성숙해가는 모습들도 있고, 복음의 본질을 잘 표현해내는 사람들이 계속 일어나고 있는 모습은 고무적이라고 생각한다.

사회자 _ 말씀을 듣고 보니 "현상이나 본질보다 그것을 표현해내는 사람이 중요하다"라는 결론으로 귀결되는 것 같다.

박양식 _ 우리가 말하는 복음에는 '내가복음'이 너무 많다. 복음의 능력을 잃고 일반인에게 강력하게 다가가지 못하는 이유가 바로 거기에 있다고 생각한다. 말씀 속에서 예수 그리스도가 보여주신 가르침에 얼마나 충실하냐가 중요하다.

사회자 _ 트로트 형식의 복음노래를 들으면서 고민했던 것은 고난주간에 이것으로 묵상하는 것이 가능할까 하는 점이다. 두 분의 의견을 들려주시기 바란다.

김준영 _ 유연하게 보는 시선이 필요하다고 생각한다. 결국은 성화된 그리스도인들이 삶을 통해서 드러내는 게 문화이다. 거기에서 나타나는 다양한 양식들은 얼마든지 수용가능하고 있는 그대로 봐줄 필요도 있다. 기독교인들이 좀 더 성숙한 자세를 보여야 한다고 생각한다.

박양식 _ 일반 대중에게 예수님이 죽기 위해서 오셨고 우리 삶이 변화되었다고 하는 외침에 대해서는 폭넓게 받아들여야 한다고 생각한다. 그리고 자기 스타일에 맞게 사순절을 묵상하면 된다. 나하고 스타일이 다르다고 해서 무작정 문제시할 필요는 없다.

사회자 _ 문화를 이야기할 때마다 항상 나오는 다름의 문제인데 중요한 것은 문화사역자의 진정성, 사람의 문제인 것 같다.

박양식 _ 트로트 장르에 대해서 이야기를 하자면 어느 교회 목사님이 한 중학생한테 커서 뭐가 되고 싶은지 물었더니 트로트 가수가 되고 싶다고 했단다. 그러자 목사님이 넌 왜 그딴 것이 되려고 하느냐고 말하자 그 중학생은 만약 커서 트로트 가수로 성공하면 아마 우리 교회에서 키웠다고 할 거라고 말하겠지만, 교회에서 이런 식으로 활동한 건 아니라고 말하겠다고 했단다. 우리는 사람을 키워낼 줄 모르고 어떻게 이것을 문화적으로 품어내고 활용하고 누릴 것인가 하는 감각이 부족하다고 본다.

사회자 _ 그것은 한국교회의 전반적인 문화 이해도와 지원하는 여러 가지 행태와 직접적인 관련이 있을 것 같다.

박양식 _ 그런 사역자를 키운다고 하지만 지금 교계에는 CCM 가수가 많이 없다. 제대로 키워내고 지원하지는 않고 문화사역자의 부재만을 탓하고 있는 현실이다.

김준영 _ 문화현장의 실제 사역자들을 만나보면 안타까움을 많이 토로한다. 본인들이 받은 은혜와 달란트는 있지만 막상 그것을 펼쳐낼 공간이 없는 것이다. 교회에서는 문화적 도구라고 하는 것들을 예배에 사용할 수 있는지, 그리고 전도에 적합한가 여부만을 가지고 단편적인 접근하고 있기 때문이다. 한국 기독교가 130년이나 되었으면 이제는 차근차근 경작해나가면서 충분한 수고와 지원이 있어야 하는데, 빨리 빨리 결과물이 나오기만을 원하는 교회들을 보게 된다. 그러니 문화사역자들은 대부분 끼니 걱정을 해야 하는 생존의 위기 가운데 처해 있다. 그분들이 언제까지 문화사역을 계속할 수 있을지를 고민하는 모습을 보면 한편으로 서글픈 마음이 든다.

사회자 _ 문화사역자들이라고 할 때 교회 안에서 성도들을 위한 사역자와 또 공공영역에서 복음이 주목받게 하는 사역자들이 분명히 있을 것이다. 이 구별을 어떻게 해야 될까?

박양식 _ 굳이 구별할 필요가 없다고 생각한다. 문화사역자라는 말은 한국밖에 없다. 자기 믿음을 가지고 자기가 서 있는 현장 속에서 하나님 나라를 펼쳐가고 하나님 나라를 위한 문화를 만들어 나가는 게 문화사역자이다. 누구나 자기 역할을 찾아서 문화영역이든 사회영역이든 복지영역이든 교회 예배영역이든 간에 포괄적으로 접근해야지, 그걸 일반문화와 기독교문화를 따로 구분해서는 의미 있는 사역이 될 수 없다고 생각한다.

사회자 _ 교회 안에서 도식적인 부분들, 곧 밖에서 인기가 올라가면 끌어다 쓰고, 아무리 잘해도 안에 있으면 제대로 인정하지 않는 그런 부분들은 어떻게 생각하는가?

김준영 _ 교회에 소위 말해 문화사역자가 있다면 전적인 지원과 충분히 기다려줘야 한다. 그리고 개인들은 말씀과 복음으로 성화되어 늘 하나님 앞에 서 그 정신이 삶으로 드러날 수 있도록 노력해야 한다. 그래야 한국 기독교가 성숙하고 한걸음 앞으로 나아가는 모습을 보여줄 수 있다고 생각한다.

사회자 _ 공공영역에서 복음을 주목받게 하기 위해서 한국교회가 전략을 세워야 할 것 같다.

박양식 _ 한국교회가 기존에 세워왔던 전략은 세 가지였다. 하나는 방어적이다. 사탄적이라고 해서 관계를 아예 끊게 만드는 것이다. 그러다가 대중문화를 끊지 못하니까 이제는 적극적으로 들여와서 사용하자는 기회주의적 전략이었다. 그런데 이것도 안 되니까 나중에는 정복주의적 전략을 취한다. 복음으로 정복해서 세상문화가 발붙이지 못하게 하자는 것인데 그 성과는 없고 오히려 기독교를 상대하지 않게 만들어서 모두 실패했다고 본다. 사도 바울이 아무도 인정하지 않는 배 안에 타고 있었을 때, 나중에 너의 하나님한테 기도해서 우리를 살려달라는 요청을 받았듯이 내가 역할을 잘하면 사람들이 우리한테 다가올 것이다. 그렇게 역할 지향적 전략을 가져야 한다고 생각한다.

김준영 _ 지금까지 한국교회는 교훈적 형태로 세상을 가르치려고 노력했다. 요즘은 심포지엄이나 포럼 같은 데 사람들이 모이지 않다. 이제는 대중문화나 사람들 안에 내재되어 있는 하나님의 성품과 기독교의 근본정신이 어떻게 드러내고 소통할 수 있는가를 깊이 성숙하게 고민하고, 그 결과를 함께 공유해서 교회에서 진솔하게 하나님에 관해 이야기할 수 있는 장을 다양하게 만들어내는 것이 필요하지 않겠는가 생각해본다.

사회자 _ 현대사회 속에서 문화의 중요성과 필수불가결성을 이야기할 때 문화는 물과 같다고 말한다. 지금 세상에서 각 공동체는 치밀한 전략을 가지고 사람들의 감각에 점점 더 강력하게 호소하는 문화적 경향성을 보이고 있다. 이런 때에 문화를 어떻게 활용해서 복음의 진수를 전달할 것인가 하는 것은 대단히 중요한 문제이다. 하나님의 홍수심판을 소재로 한 영화 〈노아〉가 반 기독교적이고 상업주의라는 논란이 있었다. 개봉 전부터 많은 그리스도인들이 또 하나의 성경 메시지를 담은 영화가 제작된다며 많은 기대를 가지고 기다렸는데, 개봉 후 성경과 다른 스토리 전개에 많은 그리스도인들이 실망이라는 반응으로 보인다. 그런데 재미있는 것은 일반 그리스도인과 전문가 그룹의 의견이 나뉜다는 것이다. 왜 이런 현상이 발생하는 것인가?

김준영 _ 양쪽이 첨예하게 이야기하는 부분도 있는 것 같고, 또 성숙되게 이것들을 표현해서 평가해주시는 분들도 있는 것 같다. 그런데 영화 제목이 〈노아〉이고 성경에 나오는 내용을 가지고 영화를 만들었으니 사람들이 기대하기를 성경 영화일 것으로 생각하고 접근했다가 성경 텍스트와 다른 것을 보고 의견이 분분한 것 같다.

사회자 _ 성경 이름을 붙인 주인공이 나오니까 반드시 성경과 일치해야 하는 것인가?

박양식 _ 꼭 그럴 필요는 없다. 우리 그리스도인들은 성경에 있는 그대로 영화화해야 하는 것으로 생각하는데 좀 달리 사고해야 할 것은 요즘 중요한 신학사상 중 하나가 성경에 들어가서 살기이다. 지금 우리는 성경말씀을 내 사상에 필요한대로 인용하고 있지 성경대로 살지는 못하고 있다. 성경 속에 들어가려고 하면 성경에는 자세히 쓰지 않았기 때문에 거기에 기록되지 않은 내용에 대해서는 은혜롭게 생각해야 하는데, 이 부분을 기독교인이 담당하지 않으니까 비기독교인들이 성경 메시지를 너무 왜곡해서 자기 방식으로 마음대로 끌어다 써서 문제가 생긴다. 성경을 일점일획도 건드리면 안 되는 것이 맞지만 그것은 의미를 바꾸면 안 된다는 의미이다. 그 말씀 안에서 신앙적으로 상상하는 영적 상상력 부분까지 배제한 것은 아니다. 이 부분에 대해서 우리가 놓치고 있었다고 보고 이런 영화가 나오면 반성하게 된다.

사회자 _ 결국 해석학적인 문제라는 말씀으로 볼 수 있을까?

박양식 _ 꼭 해석학적인 문제라기보다 삶 속에서 말씀을 살아낸다면 이런 영화를 봐도 얼마든지 견뎌내고, 오히려 전략적으로 요즘 사람들의 트렌드를 파악할 수 있는 기회도 될 것이다. 그러니까 문화적 전략으로서 어떻게 복음을 전하는 것이 좋을지에 관한 부분으로 접근하면 좋은데, 우리는 항상 교리로 문화를 판단하니까 문화로 접근했던 사람들은 교리로 판단하는 기독교인들과 상대를 안 하려고 한다는 것이다.

사회자 _ 〈선 오브갓〉이라는 예수님에 관한 영화는 지나치게 성경의 고증에 입각해서 제작하다 보니 상상력의 부재라는 평가를 받았는데, 어떻게 생각하는가?

김준영 _ 사실은 〈노아〉라는 영화를 통해서 한국교회가 문화를 어떻게 다루는지를 여실히 볼 수 있는 현상을 드러냈다고 생각한다. 과거 10년 전에 C. S. 루이스의 〈나니아 연대기〉라는 영화를 상영했을 때도 그런 논란이 있었는데 지금도 여전히 그런 논란이 반복되고 있다. 사실 이 영화는 문자적인 유사성으로 볼 때는 비성경적일 수 있지만 본질적 의미에서는 성경의 이야기를 가지고 굉장히 충실하게, 그리고 많은 고증과 고민을 통해서 만들어진 영화로 볼 수 있다. 그런 반면에 〈선 오브 갓〉 같은 영화는 성경을 그대로 재현해내려고 했으므로 사람들에게 교육적인 차원에서 유익하게 활용할 수 있다고 본다.

사회자 _ 그런 점에서 성경을 문화 콘텐츠로 활용할 때 이것을 박교수께서는 "성경에 들어가 살기"라는 독특한 표현을 해주셨는데, 어떻게 의식의 전환이 필요하겠는가?

박양식 _ 의식의 전환과 교회 교육문제를 지적하고 싶다. 교육문제라는 것은 〈선 오브 갓〉 같은 영화처럼 성경 그대로 재현하는 작품도 좋고 필요하다. 그것대로 담백하고 간결하면서도 영적 상상력이 나올 수 있다. 그런데 교회에서는 제대로 교육받지 못했기 때문에 개인에게 새롭게 와 닿는다는 기대가 없고, 또 중요한 것은 성경에 입각한 성경적 사상에 대한 자기 정리가 없으니까 아예 보이지도 않는 것이다. 세상 교육과 섞여 있어서 하나님의 역사하심 속에서 움직여가는 모습들이 영상을 통해서 다가갔을 때에 도대체 어떻게 묵상하는지를 모른다. 그러니까 재미없다고 생각하고 〈노아〉같이 성경을 왜곡시켜서 만든 것은 새롭기는 하지만 말씀과 맞지 않으니 혼돈스러워하고 거부하는 것이다. 이 세상의 문화에는 다 이중성이 있다. 하나님 나라의 것과 아닌 것이 공존할 수밖에 없는데 거기에서도 하나님 나라의 것을 끄집어낼 수 있는 능력을 갖추도록 교회에서 사람들을 교육시켰어야 한다. 그런데 교회가 이분법으로 편 가르기만 잘해왔지 그 안에서 하나님 나라에 속한 것이 어떤 것인지를 판단해서 자기 속에 정리해서 수용할 수 있는 것은 받아들이도록 하는 훈련이 전혀 안 되어 있는 것이 문제다.

사회자 _ 할리우드적 상상력으로 보면 어떤가? 〈노아〉는 그 상상력이 집약된 영화가 아닐까?

박양식 _ 성경을 제대로 보면 성경 안에 하나님께서 주시는 상상력으로 움직여갈 수 있는 게 너무너무 많다. 〈노아〉라는 영화를 예로 들어보면 예전부터 이런 것을 해야 한다고 생각했다. 뭐냐면 하나님 앞에 심판받고 구원받는 장면을 이것만큼 완벽하게 이야기해주는 영화가 없다고 생각하지만 나는 그것을 표현할 수 있는 능력이 없지 않은가? 그런데 그 안에서 일어날 일들, 곧 노아의 손녀가 태어나서 죽이려고 하는 장면도 있다고 하는데 그런 상상력이 필요하다고 본다. 시간적으로 거기서 아이를 낳을 수도 있다. 거기서 노아가 손녀를 죽일 수 있는 이런 상상력 말고 자기 아들과 며느리를 어떻게 끌고 들어갔을지? 그리고 매일 동물과 먹으며 살았을 텐데 그 엄청난 동물들을 먹이는 장면을 생각해보면 거기에는 노아가 하나님 뜻 안에서 방주를 경영하고 운영하는 무엇인가가 반드시 있었을 거다. 그러니까 할리우드식 상상력을 뛰어넘는 차원의 상상력이 필요하다고 생각한다.

사회자 _ 그런 의미에서 기독교 콘텐츠를 가지고 세상을 향해 도전할 때 대중들이 이해할 수 있는 이중언어가 필요하지 않을까? 기독교의 언어를 사회적 언어로 잘 표현해내는 방식이 필요할 것 같다. 요즘 젊은 세대들이 그런 것들을 많이 준비하고 있을 것 같은데, 소개해주신다면?

김준영 _ 영화뿐만 아니라 글과 TV, 라디오, 인터넷 등 많은 매체가 있는데, 그러한 언어로 소통할 수 있는 지점을 창조해낼 수 있어야 하고, 교회만의 언어, 우리만의 문법을 가지고 접근하기보다는 세상의 언어를 수용하면서 그 안에 담겨 있는 하나님의 성품이 무엇인가를 잘 파악하는 것도 필요하다. 영화 〈노아〉 하나만을 가지고 이야기하자면 감독이 지향하는 상상력과 텍스트 안에 담겨 있는 상

> **대중들이 이해할 수 있는 이중언어가 필요하지 않을까?**

상력을 과연 어떻게 받아들여야 하는지에 대해서는 성숙한 자세가 필요하다고 본다. 〈노아〉를 보면서 '좋다' 라고 할 수는 없지만 그래도 나름대로 많은 교훈을 얻었다. 텍스트에서는 불편한 점이 있을 수 있지만 한 인간으로서 깊은 고뇌, 곧 모든 인간이 다 심판받아야 되는데 거기에 나도 포함되어 있다는 것, 그리고 내 자녀와 내 아내도 포함된다는 것에 대한 갈등과 고뇌를 감독이 자기만의 상상력이 아닌 많은 사람들의 고증과 텍스트를 가지고, 우리가 하지 못하는 것을 천재적 상상력으로 보여준 것에 대해서는 의미가 있다고 생각한다.

사회자 _ 결국 그 영화를 어떤 관점에서 볼 것인가가 중요한 의미를 갖는 것으로 보인다.

박양식 _ 좀 전에 교회 언어와 일반 언어를 말씀하셨는데, 김 목사께서 〈노아〉를 의미 있게 볼 수 있었던 것은 영화를 전문적으로 관심 있게 공부한 분으로서 언어를 이해하는 능력이 있기 때문이다. 영상 언

어라는 것이 있는데 교회는 영상 언어를 제대로 이해하지 못한다. 텍스트는 문자이다. 말씀을 읽을 때의 논리전개와 영상을 보며 받는 이해는 다르다. 한국 기독교인들에게 언어철학이 부족하지 않은가 하는 생각이 든다. 그 언어철학을 이해하는 가운데 영상언어나 인쇄매체 언어나 이런 것들을 통합적으로 이해해서 때에 맞게 역할에 따라 사용해야 한다고 생각한다. 성경 말씀을 읽는 사람들이 언어 철학적 측면에서 말씀의 기독교 사상적, 이론적 이해가 구체화되어야 된다고 생각한다.

김준영 _ 성경 창세기의 전반부 1~10장, 요한계시록, 다니엘 7장 이후는 접근하기 어려울 만큼 인간의 언어로는 이해하기 어려운 부분이 많다. 마치 천국을 영화화한다면 논란이 많지 않겠는가? 그런 느낌을 받는다. 그래서 이 〈노아〉라는 영화도 감독이 미국 크리스처너티 투데이에서 인터뷰한 글을 보니까, 성경 본문에 대한 완전성은 전혀 의심하지 않지만 행간에 있는 상상력은 누구에게나 있다고 생각한다는 것이다. 감독인 자신에게도 있지만 성도들에게도 있으니 그걸 부탁하고 싶다고 요청했다. 그 글을 보면서 하나님이 우리에게 하시는 이야기일 수도 있다고 생각했다. 그리고 교회가 영화뿐만 아니라 콘텐츠에 대한 가이드라인이 좀 더 성숙되고 깊어졌으면 한다.

사회자 _ 기독교적 가치관이 있다면 개인적으로 가지고 있는 상상력은 충분히 발휘하는 것이 좋겠다는 말씀인 것 같다. 서울국제사랑영화제는 지난 10년간 기독교적 가치를 바탕으로 '경계를 넘어서는 새로운 시선'으로 기독교 영화 활성화와 다양화에 기여하고 있다고 들었는데, 올해는 어떤 이야기들로 준비되고 있는가?

김준영 _ 지금까지는 '서울기독교영화제'라는 이름으로 하다가 작년에 고민하면서 기독교성이 담긴 언어를 세상 사람들이 어떻게 공유할 수 있을지를 생각해 보다가 사랑이라는 단어를 찾아냈다. 이 사랑은 아가페이다. 서울국제사랑영화제에서 아가페사랑으로 새롭게 시작한다. 세상에 담긴 진실 되고 좋은 사랑을 바로 이 영화를 통해서 이야기하자는 출발점이다. 올해는 주제를 '차별'과 '관용'으로 정했다. 차별이 우리시대의 논란에서 중심에 자리 잡고 있는데, 어떤 계층에 대해서 그리고 어떤 대상에 대해서 어떻게 대하는가 하는 방식이 첨예하게 대립하고 있었다. 그 차별에 대해서 기독교인이 할 수 있는 것은 관용이라고 생각한다. 그래서 정죄하고 편 가르고 가르치려고 하는 것이 아니라 어떻게 수용하고 포용할 수 있는가를 관용이라는 언어로 이야기하려고 한다. 개막작은 〈라이프 필스 굿〉(Life Feels Good, 2013, 폴란드)이라는 작품인데, 한 지적장애인이 세상과 소통하는 방식이다. 이 장애인이 살아가면서 자기에게는 언어를 표현할 수 있는 방법이 없다. 그러다가 자기를 이해해주는 한 사람을 만나서 처음 하는 말이 "나는 식물이 아니다"라고 한다. 지금도 전율이 온다. 기독교가 세상과 소통하는 방식도 있고 차별받는 사람들이 차별하는 사람들과 소통하는 내용에 대해서 어떻게 고민해야 하는지가 영화에 잘 담겨져 있다.

사회자 _ "나는 언어를 이해하는데 표현할 수 있는 방법이 없다"는 말이 와 닿는다. 이 말이 바로 우리 기독교인들이 고민하고 있는 지점인 것 같다.

박양식 _ 언어철학을 어렵게 생각하는데 사실은 문화의 의미가 바로 이런 것이다. 우리 삶 속에 어떻게 성경을 끌어들이는 것이냐의 문제이다. 제가 전에 중국으로 찬양팀과 같이 갔는데, 거기서는 찬양을 부를 수가 없어서 가요와 팝송으로 하되 복음적 가치를 담은 주제를 선정해서 강력하게 노래하고, 나머지 하나님의 역사 속에 사람들이 복음을 받아들이느냐 여부는 다른 차원이라고 생각했다. 참 의미 있는 시간이었다.

사회자 _ 그런 점에서 문화는 급진적으로, 그러나 본질은 깊이 있게 하는 균형이 중요하다고 생각된다.

박양식 _ 급진적(radical)이라는 말도 원래 근본적이라는 뜻이다. 내가 성경에 들어가거나 내 삶에 성경을 끌어들이면 자연스럽게 근본적인 언어 접점을 찾아서 복음을 본질적으로 나눌 수 있게 된다는 것이다.

사회자 _ 여전히 숙제로 남는 것은 문화현장에 있는 분들과 성도들의 고민은 어디까지 허용하고 제한해야 되는지가 되는 것 같다.

박양식 _ 이것도 성경으로 예를 드는 게 좋을 것 같은데 예수님이 사마리아 여인을 찾아가셨던 것이다. 거기서 예수님이 네 남편을 데려오라고 말했을 때 여인이 "나는 남편이 없나이다"라고 대답한다. 그러니까 예수님이 "네 말이 옳도다"라고 하신다. 이 "네 말이 옳도다"라는 말이 참 새롭게 다가왔다. 왜냐하면 예수님은 일단 네 말이 옳다고 인정해주시고 그다음에 본인의 말씀을 하셨다. 그러자 사마리아 여인이 놀라서 "내가 보니 당신은 선지자이시다"라고 했다. 그런 차원에서 접근하는 기준을 생각해보아야 한다고 본다.

김준영 _ 어디까지 허용이 되고 용인해야 되는지에 관해서는 모두가 알고 있다고 생각한다. 기도하면서 방송이나 영화 같은 매체에서 종사하는 분들이 많다. 복음 안에서 성숙한 상태로 한 개인을 키워내고 거기에서 드러나는 현상을 진지하고 겸손하게 해석할 수 있느냐가 중요하리라고 본다. 그렇기 때문에 좀 더 성숙한 자세가 필요하다고 생각한다.

사회자 _ 그렇다면 한국교회의 구성원들이 문화를 바라보는 시선을 어떻게 해야 할까?

박양식 _ 내가 믿음대로 살아간다면 그게 곧 문화로 드러난다. 진짜 성경을 살아내고 내 삶 속에서 성경이 살게 함으로 문화로 표출되는 영적 내공이 있으면 자연스럽게 풀릴 수 있다고 본다.

김준영 _ 〈노아〉 감독의 인터뷰를 볼 때 그 사람이 제작자와 함께 〈노아〉 한 편을 만들기 위해서 얼마나 연구하고 고민했는지는 상상할 수 없을 만큼이었다. 그런데 한국교회는 가이드라인을 제기해야 할 목회자들이 그 한 본문을 얼마나 깊게 연구하고 묵상했는지 돌아봐야 한다고 생각한다. 두 번째는 누가 이렇게 하더라고 말하기보다 자기가 직접 들어가서 보고 판단할 수 있는 능력이 필요하다고 생각한다. 세 번째는 한국교회가 문화영역에서 종사하는 분들을 좀 더 지원해주고 기다려주는 것이 필요하다고 생각한다.

사회자 _ 오늘 두 분의 말씀을 들으면서 성경적인 삶만이 가장 문화적인 삶이라는 생각을 하게 된다. 시간이 걸리는 부분이어서 한국교회가 기다려주는 것도 필요함을 깨닫게 된다. 귀한 말씀 감사드린다.

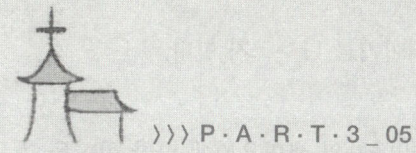

무너지는 생명윤리,
교회는 무엇을 할까?

생명은 하나님께서 우리 인간에게 부여하신 최고의 선물이다. 그래서 인간의 생명이 소중하다는 사실은 우리 모두가 잘 알고 있는 진실이다. 그러나 우리 사회에 만연한 이기주의와 물질만능주의 속에서 생명의 존엄에 대한 이해가 부족해서 생명경시 풍조가 종종 일어나고 있는 모습도 직면하고 있다. 그래서 이 시간에는 세상에 단 하나밖에 없고 천하보다 귀한 가장 소중한 가치로 인정받아야 할 우리 생명에 대해서 "무너지는 생명윤리 교회의 역할은?"이라는 주제로 태어날 때부터 이 세상을 떠나면서 죽음을 맞이할 때까지 어떤 의식을 가져야 할지 심도 있게 살펴보려고 한다. 이 시간에는 샘병원 대표원장이신 박상은 국가생명윤리위원장, 새세대교회윤리 연구소장이자 남서울대학교에서 가르치시는 문시영 교수, 자살예방단체인 라이프 호프(Life Hope) 사

※ 이 원고는 2016년 11월 5일과 12일, 19일에 방송된 원고이다.

무총장이신 장진원 목사와 함께 이야기를 나누고자 한다.

사회자 _ 각자의 자리에서 우리나라의 생명윤리에 관한 현실을 피부로 느끼실 텐데, 지금 하시는 사역에 따라서 느끼는 게 조금 다르실 것 같다. 어떻게 느끼시는지 듣고 싶다.

박상은 _ 우리가 '세월호'를 비롯해서 '가습기 사고'도 그렇지만, 참 많은 생명들이 안타깝게 우리 곁을 떠나가는 경험들을 하고 있다. 그 배경에는 생명의 존엄성이 훼손된 결과가 자리 잡고 있지 않은가 생각한다. 그래서 평형수가 있어야 될 자리에 돈을 좀 더 벌겠다고 컨테이너를 집어넣는 식으로 의식구조 자체가 물질을 숭배하고 있는 데서 초래된 결과라고 생각한다. 그래서 지금이야 말로 다시금 생명의 존엄성을 되찾아야 할 그런 시점이라고 생각한다.

사회자 _ 아주 뼈아픈 현실을 짚어주셨다.

문시영 _ 개인의 자유로운 선택이 강조되고 있는 시대이다. 거기다가 의생명과학기술이 발달해서 이 두 가지가 아주 복잡하게 얽혀 있다. 그래서 생명에 대한 가치관이 급속히 하락하고 변화되고 벼랑으로 몰리고 있는 것 같다. 이럴 때 기독교가 앞장서서 생명존엄을 말해야 할 것이다. 기독교가 무슨 말만 하면 시대착오적이고 의생명과학기술 발전에 발목을 잡는 집단으로 내몰리고 있는 모습이 참 안타깝다. 생명윤리를 가르치는 입장에서 하나님의 생명주권에 기초한 생명존엄의 책임윤리를 많은 분들이 인식하고 교회 안에서 확산해가는 일이 아주 절실해지고 있는 때라고 생각한다. 특히 생명에 관해서도 복음적 내러티브(narrative)에 기초해야 된다는 사실, 그리고 교회가 이 일에 교회다운 관심과 접근방법을 찾는 노력이 더 절실해지고 있는 현실이 아닌가 하는 생각을 갖는다.

사회자 _ 총체적으로 또 교회 현실까지 쭉 짚어주셨는데, 지금 실제적으로 자살예방을 위해서 'Life Hope'가 열심히 뛰고 있다. 현장에서는 어떻게 느끼는가?

장진원 _ 한국사회에서 죽음의 문제라든지 또 생명의 문제가 이제는 더 이상 개인의 문제가 아니라 사회적인 책임을 논의해야 하는 문제라고 본다. 문화의 문제, 또 가치의 문제, 그리고 영성의 문제까지 다가가고 있고, 특히 생명의식에 대해서 다음세대들이 가지고 있는 생각들이 한국사회의 생명윤리를 어떻게 회복하게 될지 등과 같은 많은 분야에서 다 함께 고민해야 할 부분이라고 생각하고 있다.

사회자 _ 그렇게 본다면 오늘 전문가 세 분이 나오신 것은 굉장히 중요한 네트워크가 될 수 있겠다는 생각이 든다. 이제 이 무너지는 생명윤리에 대해서 교회가 해야 될 역할이 무엇인가 살펴보려고 한다. 그 첫 번째 주제로 '생명의 탄생'과 관련된 이야기를 해보려고 한다. 이와 관련하여 낙태문제를 이야기하지 않을 수 없는 그런 상황이다. 먼저 이 생명의 탄생과 낙태에 관련된 실태를 좀 짚고 가면 좋겠다.

박상은 _ 낙태는 우리나라에서 오래 된 문제 중에서 가장 중요한 생명윤리적인 문제다. 과거 초창기 의사시절에는 세 명이 임신하면 두명의 아이는 낙태를 당하고 한 명만 태어났었다. 지금은 조금 나아져 일 년에 35만 건 정도 낙태가 이루어지는 것으로 알고 있다. 상당히 심각한 문제라고 생각한다.

사회자 _ 지금 이 문제는 생명을 언제부터 봐야 하는가? 이 문제가 윤리적인 측면에서 가장 심각하지 않은가? 과학적인 측면에서 어떻게 보시는가?

박상은 _ 생명은 의학적으로 볼 때는 난자와 정자가 합쳐져서 수정란이 되지 않는가? 그러면 아버지로부터 온 23개의 염색체와 엄마로부터 온 23개의 염색체가 합쳐져서 46개가 된다. 그때부터는 엄마의 것도 아니고 아빠의 것도 아닌 독자적인 제3의 독립적인 유전정보가 완성된다. 그다음부터는 영양분하고 산소가 공급이 되면 그 정보대로, 설계도대로 자라는 것이다. 그다음의 시점에서는 이제 이쪽저쪽을 나눌 수 없는 혁명적인 변화의 시간이 이어진다. 그렇기 때문에 의학적으로는 수정의 순간을 인간 생명의 시작으로 보는 것이 가장 보편적인 이론이나 학설이라고 본다. 그러나 여러 가지 과학이 발전되면서 인간 배아에 대한 연구도 해야 되고, 그런 실험들을 하기 위해서 인간 생명의 기간을 좀 다르게 보려고 시도하는 움직임들이 있다. 그러다 보니 여러 가지 갈등이 그 안에서 생겨나는 것 같다.

사회자 _ 윤리적 관점에서는 이걸 어떻게 봐야 되는가?

문시영 _ 현대 생명의료윤리학이 발전하면서 생명의 시점을 말하는 여러 이론들이 등장했다. 가장 광범위한 이론 중에는 상징적 상호작용 가능성이 확인되어야 생명이라고 말하는 사람들까지 생겨났다. 수정되는 순간부터 생명이라는 관점은 기독교 윤리학에서 절대로 변경할 수 없는 중요한 원칙이다. 생명은 하나님께서 주신 것이고 존엄한 것이며 또 이 가치를 상실해서는 안 된다는 선언을 말해주는 상징적인 것이다. 저는 윤리학자의 한 사람으로써 "When question?", 곧 "언제부터 생명이냐"는 이 문제에 대해서 선언적으로 받아들이고 있는, 거의 신앙고백과 같은 이 부분에서 물러서서는 안 된다고 생각하고 있다. 다만 "HOW question!", 곧 그 외에 생겨나는 낙태현상들에 대한 방지책과 대안에 대해서는 좀 더 많은 고민이 필요한 것 아닌가 하는 생각을 갖고 있다.

장진원 _ 근본적으로는 생명의 시작이 누구로부터 오는 것이냐는 근본적인 가치관의 차이에서 오는 것 같다. 우리는 하나님께서 주신 아름다운 생명과 또 생명에 대한 책임감에서 시작한다고 보기 때문에, 생명의 존엄성이라는 것은 개인의 생명이 아니라 모든 생명이 서로 연결되어 있고 부모의 생명에서 또 다른 생명이 연결되는 희생의 문제라든지, 사랑의 문제로 보아야 한다. 그러니까 기독교적 입장에서 낙태는 전혀 다르게 보아야 하는 중요한 생명윤리의 문제라고 생각한다.

사회자 _ 눈에 보이지 않기 때문에 생명이 아니라는 것은 정말 유물론적인 관점이다.

박상은 _ 그렇다. 과거에는 눈으로 못 본다고 생각했는데, 지금은 4차원 초음파를 통해서 움직이는 생명을 눈으로 뻔히 보면서도 그것이 생명이 아니라고 이야기한다는 것이 얼마나 아이러니한지 모르겠다.

사회자 _ 그렇다면 낙태와 관련된 우리나라의 법규는 어떻게 규정되어 있는가?

문시영 _ 기본적으로 많이 인용하는 부분이 우리나라의 형법 제27장에 낙태의 죄라는 항목도 있다. 특히 이제 모자보건법 14조, 모자보건법 시행령 15조 등 여러 법규들이 있는 것을 알 수 있다. 법률적으로 임신한 날로부터 24주일 이내에 있는 자에 한하여 할 수 있다는 등 여러 가지 이야기도 있다. 임산부에게 유전성 질환이 있거나 강간 또는 근친상간으로 임신한 경우 등 특별한 사정이 있는 경우에 시행할 수 있다는 등 이러한 단서조항들이 있다. 미성년자나 미혼여성의 낙태 등이 불법으로 인식되고 있다는 점에서 암암리에 행해져 왔고, 또 기존 법규에 따르면 의사 면허정지가 1개월에 제한되어 있어서 좀 실효성이 없다고 본다. 그래서 최근 불법 낙태수술에 대한 처벌을 강화한다는 보건복지부의 입법 시도가 있었는데, 이런 부분들에 대해 우리 사회에서 이미 낙태와 관련된 법규는 제정이 되어 있으나 그 실효성에 있어서는 보완되고 좀 더 많은 논의가 필요하다고 본다.

사회자 _ 낙태문제와 관련해서 어떤 여성단체들에서는 "내 자궁은 내 것이다"라고 생각하고 이래저래 많은 움직임을 보이는 것 같다. 어떻게 보시는가?

박상은 _ "내 자궁은 내 것이다"는 슬로건은 사람들의 마음에 동감을 불러일으킬 수 있는 슬로건인 것 같다. 자궁은 본인의 의사대로 판단할 수 있을지 몰라도 그 자궁 안에 있는 생명체는 본인이 마음대로 할 수 있는 게 아니다. 마치 우리 집에 손님이 왔다고 해서 내 집은 나의 것이니까 우리 집에 온 손님을 내 마음대로 할 수 있는 대상은 아니지 않은가? 마찬가지로 자궁 속에 들어와 있는 독립된 인

> **생명체는 본인이 마음대로 할 수 있는 게 아니다.**

격체인 이 생명은 그 여성의 것도 아니고 실은 그 생명을 잉태하는 데 조력한 남성의 것도 아니고, 그 생명은 하나님의 것이며 생명 자체의 것이기도 하다. 그렇기 때문에 자궁이 내 것이라 하는 주장하고 자궁 안에 있는 생명체를 내 마음대로 죽일 수도 있다는 낙태권이 보장되어야 된다는 주장하고는 차원이 많이 다른 부분이다.

사회자 _ 생명이 어디서부터 시작됐는가를 잘 생각해야 한다는 내용이 기독교적으로는 굉장히 중요할 것 같다.

장진원 _ 아까 말했듯이 법과 윤리는 차이가 있다. 일단 법을 규정해 놓으면 하나는 불법이 되고 또 다른 하나는 합법적이 되는데 거기에서 숨겨져 있는 부분이 윤리라는 사실이다. 그게 법 이전에 생명을 윤리적인 가치로 보고 있느냐에 대한 문제이기 때문에 우리나라의 '낙태법'도 실효성과 실정법 사이에 큰 차이가 있고, 현장 의사들도 의료행위와 윤리 사이에 차이가 크다. 더 큰 문제는 그런 상황에 처해 있는 여

성의 문제들, 이어서 원치 않는 임신이라든지, 그 외에도 이 사람들을 돌보는 문제에 이르기까지 낙태문제와 기형아의 탄생을 어떻게 보느냐, 또 이런 문제들을 사회적으로 어떻게 인식하고, 어떻게 다 함께 키워나가야 하느냐는 등의 문제까지 두루 살펴본다면 법 테두리를 넘어서 윤리적으로 확장하여 다룰 수 있는 중요한 논의의 대상이라고 생각한다.

사회자 _ 그런 측면에서 볼 때 어려운 상황에서 임신을 했거나, 또 범죄에 의해서 임신할 수밖에 없었던 사람들, 이런 문제들에 대해서 기독교적으로 어떻게 조언을 해야 할지 궁금하다.

문시영 _ 실제로 굉장히 현실적인 문제이고 대처하기 어려운 부분인 것도 사실이다. 스탠리 하워드라는 분이 쓴 글을 읽은 적이 있다. "강간으로 임신당한 소녀가 있었는데 이 소녀를 정죄하지 말고 교회에서 받아들이고 출산할 수 있도록 도와줘야 한다. 그리고 이 소녀는 미혼모가 되었지만 그래도 거룩한 생명의 탄생과정인 출산을 축하해주는 공동체가 되어야 한다"는 내용이었다. 이렇게 말하는 이유는 예수 narrative, 곧 복음의 다음세대가 태어난 것이라고 생각해야 되기 때문에 오히려 환영해줘야 한다는 취지로 말한 것이다. 물론 모든 상황을 다 환영한다는 뜻이 아니라 교회가 좀 더 깊이 고민해야 된다는 뜻이다. 일반적으로 기독교에서는 무조건 낙태가 안 된다고 말하는데 굉장히 율법적이고 정죄하는 식이다. 그래서 소통이 안 되는 것처럼 인식을 당하고 있는데 윤리학에서 사용하는 용어로 하면 미끄러운 경사길, 이런 말을 좀 유기적으로 쓸 수 있을 것 같다. 여기서부터 무너지면 생명존엄에 대한 모든 제방이 무너지는 것과 같다고 생각된다. 생명의 시작에 대한 중차대한 책임의식을 교회가 인식해야 된다. 예를 들어 우리나라 법에도 명시되어 있는 원치 않는 임신 등 여러 경우에 대해서 과연 한국교회가 어떤 태도로 임하고 있느냐를 먼저 짚어보는 것이 중요할 것 같다. 대개는 율법적으로 정죄하고 비난하고 교회로부터 멀어져야 할 무엇인가로 규정하는 그런 관점에서 바라본다. 그래서 대부분의 일들을 본인이 암암리에 처리해야 하는 것처럼 인식되고 있다. 어떻게 하면 이 부분에 대해서 좀 더 생명존엄의 가치를 실천할 수 있을까에 대한 이야기들이 진행되어야 할 것 같다. 예를 들면 미혼모시설을 교회가 찾고 후원한다든지 다양한 대안들에 대해 교회가 좀 더 신경 써야 되는 부분이라고 생각한다.

박상은 _ 낙태의 피해자도 여성이 되고, 또 아이를 낳아도 모든 부담을 여성이 지고 가야 되는 현상황은 아주 문제가 심각하다고 본다. 그래서 유럽만 해도 미혼모가 아이를 낳게 되는 경우에 그 아이를 임신하게 했던 남성을 끝까지 추적해서 모든 양육비를 부담하게 한다. 책임을 여성 혼자 짊어지게 해서는 여성들이 모든 것에 대해서 부정적인 생각을 가질 수밖에 없는 현실이 되고 말 것이다.

사회자 _ 우리나라의 개방된 성 풍조에 대해서 쓴 짤막한 글을 보니 "남성들이 첫사랑을 생각하고 울적하여 술 한 잔을 하면서 눈물을 흘릴 때 여성들은 피눈물을 흘린다"는 촌철살인과 같은 내용을 보았다. 남성들의 윤리의식이 고양되어야 된다는 쪽으로 흘러가는 것 같은데, 어떻게 보는가?

문시영 _ 그렇다. 낙태문제는 단순히 낙태라는 하나의 현상에 국한되는 문제가 아니다. 성 윤리, 하나님 앞에서 책임의 문제와 관련해서 생각해야 하는 것이다. 특히 교회가 이 문제에 대해서 설교하거나 가르칠 때 어떤 입장에서 가르칠 것인가가 굉장히 중요하다. 우리가 특히 그리스도인으로서 복음에 합당한 삶을 살아가야 한다는 것이 관념적인 구호에 그쳐서는 안 되고 성문제를 비롯하여 삶의 모든 영역에서 온갖 책임을 충실하게 져야 하는 문제들에서 바른 가치를 세워야 된다고 생각한다. 물론 율법적으로 '이래라 저래라' '해라 말아라'고 가르치는 것을 넘어서서 복음이 한 사람의 성품으로 자리 잡게 되고 그 삶에 체득되어서 나타날 수 있도록 하는 좀 더 깊은 접근이 필요할 것 같다.

박상은 _ 교회에서 성(性)을 가르치지 않기 때문에 성직자들 스스로도 이 성에서 많이 넘어지지 않은가? 그래서 성의 본질과 의미가 무엇인지, 또 왜 하나님께서 우리에게 성을 선물로 주셨는지를 잘 깨닫도록 교회에서 가르쳐야 한다. 이 성을 쾌락의 도구로만 알고 있지만 전제조건은 사랑이여야 되고, 그리고 생명이 잉태될 가능성이 존재한다는 점, 쾌락과 사랑과 생명이라는 세 가지 요소를 의식하면서 성을 배워야 되고 또 실행해야 한다. 이 부분을 교회가 젊은이들에게 잘 가르쳐서 일탈하지 않도록 해야 된다고 본다.

사회자 _ 실질적으로 목회자들이 예방할 수 있는 이야기를 교회에서 해주지 않으면, 사실은 우리 사회의 둑이 무너진다는 느낌이 드는데 어떻게 생각하는가?

장진원 _ 자살뿐만 아니라 모든 분야에서 치료과정이 있다. 가장 초기에는 공동체 치료가 선행되는 게 최고로 건강하다고 생각한다. 어떤 상담이나 약물치료하기 전에 모든 것을 공동체에서 일차적으로 책임을 나누어지고 서로 토론하면서 합의에 이른다면 모든 문제가 술술 잘 풀리게 된다. 그런데 이런 의미에서 요새 청소년들의 낙태와 관련된 성 문제는 근본적인 부분이며, 특히 청소년기에 성에 대한 의식이 가장 중요할 것 같다. 교회에서 데이트나 관계훈련, 연애 같은 교육을 하기가 쉽지 않지만 그래도 적극적으로 임해야 할 필요성을 느낀다. 이런 개방적인 흐름을 막을 때 교회에서 일어날 수 있는 일도 고민해야 된다. 개방적인 흐름을 막으면 뒤에 숨어서 하게 되고 나중에는 오히려 죄의식조차 없어지고 결국 윤리가 무너지는 일도 생기게 될 것이다. 그래서 저는 교회 안에서 연애하는 청년들이 있으면 지켜보고 점검하고 적극적으로 조언해준다. 연애가 아니라 하나님이 주신 가정이 목적이다. 그걸 위해서 지킬 것들을 구체적으로 가르쳐주는 게 필요할 것 같다. 어느 선까지는 지켜라, 뭐 이런 것들을 좀 담대하게 이야기해주는 것도 역시 목회자로서 져야 할 책임이 아닐까 생각한다.

사회자 _ 좀 더 정확하게 목표를 설정해주는 것을 오히려 많이 기대한다는 것도 느낀다. 처음 생명이 잉태되고 난 다음에 보호되어야 하는 과정 속에서 앞으로 교회나 국가 같은 곳에서 어떤 역할을 감당해야 될지, 또 어떤 방향으로 갔으면 좋을지, 또 우리 성도들께 부탁하는 말씀이 있다면 어떤 것이 있을까?

박상은 _ 예수님께서 이 땅에 오신 날이 다들 크리스마스라고 알고 있지 않은가? 그러나 그때는 출산하신 날이었고, 하늘나라 영광을 버리고 이 땅에 성육신하신 날은 실은 그로부터 10개월 전에 마리아의 태중에서 정말 눈에 보이지 않은 인간 배아의 모습으로 잉태되었을 때이다. 바로 그때가 하나님의 영광을 버리고 이 땅에 가장 작은 자의 모습으로 오신 것이다. 왜 예수님께서 그 10개월의 기나긴 세월을 마리아의 깜깜한 태중에서 인간 배아와 태아의 모습으로 지내셨을까? 그것은 인간생명이 얼마나 소중한 것인가를 우리에게 보여주신 것이 아닌가 생각한다. 낙태문제를 이야기하면서 어쩌면 우리가 무심코 처리하는 생명이 또 다른 예수님일 수도 있는 것이다. 낙태하지 않고 이 땅에 태어났던 많은 생명들이 나중에 그렇게 고백한다. 어쩌면 내가 사라질 수도 있었는데 결국은 우리 어머니가 나를 태어나게 한 것에 대해서 감사한다고 한다. 예수님께서 작은 자의 모습으로 이 땅에 오신 것을 생각하면서 정말 지극히 작은 배아와 태아에 대해서 인간 생명으로서의 존엄성을 지켜내야 한다고 생각한다.

사회자 _ 가만히 생각해 보니 교회가 성육신을 가르칠 때 크리스마스 때부터 가르쳤던 거 같다. 그 이전으로 생각해야 한다는 굉장히 중요한 말씀을 주셨다.

문시영 _ 낙태문제는 하나만 떼어놓고 설명할 수 있는 부분은 아니라는 사실, 특히 이것이 직접적으로 하나님의 생명주권과 연결되어 있다는 사실을 늘 인식해야 한다고 생각한다. 이 표현이 시대착오적인 것처럼 들릴 수 있고 교리적인 것처럼 들릴 수 있지만 사실은 우리 목사님들이 감당해야 될 직무가 참 다양하고 많다. 그 과정에서 늘 머리에

잊지 않고 기억해두어야 할 중요한 요소 중에 하나라는 사실을 윤리학자로서 강조하고 싶다. 그리고 우리 사회에서 열심히 일하고 계신 기독교 단체들을 교회에서 관심을 갖고 적극적으로 후원하면서, 이런 부분에 대한 입법청원이나 그와 관련한 과정들이 있을 때 교회가 적극적인 의견을 개진하고 함께할 수 있는 마음을 가져야 한다고 생각한다. 그래서 복음의 다음세대인 청년들에게 성, 낙태 등 모든 부분이 가능하다, 불가능하다 혹은 율법이다, 아니다 하는 이분법적인 문제로 접근할 것이 아니라 복음의 사람으로서 성화되어가는 과정에서 얼마나 중요한 요소인지를 깨닫게 해야 한다. 그것이 내 삶에서 어떻게 구현되는 것이 가장 바람직한 것인가에 대해 고민하도록 설교하고 교육하고 이끌어주는 노력이 교회에서 관심을 가져야 할 부분이 아닐까 생각한다. 한국교회가 많은 부분에서 신경 쓰고 관심을 가져야 하겠지만 하나님의 생명주권, 생명존엄에 대해서도 역시 동일하게 소중한 관심을 가져야 한다고 생각한다.

장진원 _ 인구학적으로도 계속 인구가 줄고 있기 때문에 낙태는 막았으면 좋겠다. 한 생명의 미래가 어떻게 결정될지는 아무도 모르지 않은가? 하나님께서 주신 사명이 있고, 그런 의미에서 아무리 세상이 변하더라도 교회는 인간의 본질을 말할 수 있는 곳이어야 한다. 그리고 전문가 집단이 생겨서 많은 사회적 합의를 이루어내고 사회와 함께 소통하는 일들, 이런 것들이 앞으로 생명존중과 낙태문제에서도 중요하게 함께 협력한다면 아름다운 행복한 나라가 되리라고 생각한다.

사회자 _ 안타깝게도 지금 대한민국은 경제적인 풍요를 경험하고 있는지 모르지만 자살률에 있어서는 OECD국가들 가운데 최고라는 오명을 계속 벗어나지 못하고 있다. 지금 대한민국은 안타깝게도 생명을 살리는 영보다는 죽음의 영이 지배하는 문화 속에 살고 있다고 해도 과언이 아닌 상황이다. 생명의 탄생과 관련된 문제도 참 어렵고 복잡한 문제이지만 생명을 파괴하는 자살에 대한 이 이야기도 참 다루기 어려운 주제이다. 우선 정의부터 제대로 하고 가면 좋겠다. 죽음, 자살에 대한 정의를 어떻게 내리는가?

박상은 _ 스스로 자기의 생명을 중단시키는 행위를 이야기한다. 그 안에는 여러 가지 정신 질환의 결과로 일어나는 자살일 수도 있고, 또는 사회 환경적인 요인 때문에 일어나는 자살일 수도 있다. 원인별로 다양한 분류가 있겠지만 어쨌든 궁극적으로 스스로 자기 생명을 마감하는 그런 행위가 자살이다.

사회자 _ 'Life Hope'에서는 자살을 어떻게 규정하고 있는가?

장진원 _ 일단 죽음에 대한 공통적인 주제를 다루기 때문에 스스로 목숨을 끊는다는 의미에서 '자살'이라는 표현을 쓰고 있다. 또 한 가지 자살의 문제는 이미 개인의 문제를 지나서 사회적인 타살이라고 주장하는 의견도 있다. 정신의학적으로는 질병에 의한 질환으로 자살을 보기도 한다. 그런 의미에서 자살은 한국사회의 심각한 상황을 반영하는 문제이기에 이를 예방하기 위해서 새로운 자살의 개념도 많이 논의되고 있는 상황이다.

사회자 _ 윤리학적인 측면에서 자살을 어떻게 다루고 있는가?

문시영 _ 자살문제를 '생명의료윤리' 영역에서는 아주 다양하게 이야기하고 있는 거 같다. 예를 들면 미국의 잭 커버키언 박사(Dr. Jack Kevorkian) 같은 경우에는 '의사조력 자살'이라는 용어를 쓰게 만든 인물이다. 자살은 자살인데 '의사가 조력해서 자살한다'는 말이 나오게 만든 장본인이다. 여러 원인들도 있고 연령대별로도 여러 분석이 있지만 "내 생명의 처분권이 나에게 있다"라는 의식의 변화, 생명에 대한 가치관의 변화로부터 이런 자살의 문제들에 대한 다양한 어려움이 생겨나는 게 아닌가 생각한다. 윤리학에서는 과거의 고대 유명한 철학자와 사상가들이 일부 자살한 이야기도 거론하면서 자살의 역사성을 말하기도 하는데, 이 자살이라는 것이 현대사회에서 어떻게 재조명되어야 하는 것인가에 대해서 이야기하는 사람도 있다. 여러 가지 양상으로 좀 복잡하게 이야기가 진행되고 있다.

박상은 _ '의사조력 자살'이라고 말씀을 하셨는데, 실은 지금 우리 사회에서 이루어지고 있는 자살의 상당수는 깊이 들어가보면 자살이 아니라 타살인 경우도 많다. 예를 들어 요즘 '자살카페'에서 만나서 동반자살을 시도하지 않는가? 그러면 모텔에 방을 구해가지고 거기서 번개탄을 피우지 않는가? 이 번개탄을 피우는 행위를 한 사람이 같이 누워 있는 옆 사람에게 일종의 타살행위를 감행한 것이다. 같이 죽기로 동의해서 거기에 있지만 이제는 '자살과 타살'이 합쳐져서 동반자살이 되었다. 예를 들어 특히 가족들이 같이 동반자살하는 경우를 보면 나이 어린 아이들은 스스로 결정해서 자살하는 게 아니라 아이들을 살해하고 자기가 자살하는 것이다. 그래서 세 명의 타살과 한 명의 자살을 합쳐서 우리가 동반가족자살이라고 이야기하는데 그런 어휘자체가 상당 부분 우리를 혼동하게 만든다. 마치 그것이 자살로 포장되지만 일종의 살인과 뒤범벅이 된 것이다. 그래서 이런 부분을 명확히 해야 될 필요가 있다.

사회자 _ 결국 자살은 사회적 문제인 것으로 받아들여지는데, 어떤가?

장진원 _ 사실 동반자살이라는 표현은 좀 맞지 않는다. 아까 살해 후 자살이라는 표현도 있었다. 이게 한국사회에서 나타나는 좀 독특한 현상들이 있다. 자살이 급격하게 증가했는데 '한국형 자살'이 무엇인가 하는 논의도 계속되고 있다. 아직 우리가 연구기간이 짧고 '자살예방조례법' 같은 것도 통과된 지 얼마 안 됐지만 이런 자살문제에서 사회적인 영향이 분명히 있다고 생각한다. 최근에는 어떤 '분노형 자살'이라든지, 사회적인 이슈에 의한 영향이라든지, 경제적인 문제라든지, 이런 것들이 다각적으로 영향을 미치고 있는 복합적인 상황이다.

사회자 _ 이왕 말씀하신 김에 우리나라의 자살현황을 좀 세밀하게 한 번 짚어주시면 좋겠다.

장진원 _ 많은 분들이 이 문제의 심각성은 알고 있다. 그런데 얼마만큼 심각한지는 우리가 생각하는 그 이상이다. 'OECD 국가 중 자살률 1위' 같은 이야기를 너무 많이 듣다 보니 이제 그다지 심각하게 느꺼지지 않는다. 2015년도 보고가 14,513명 정도이다. 물론 조금씩 줄고 있어서 자살예방하시는 분들의 수고에 참 감사하고 있다. 그럼에도 불구하고 2위 국가하고 2~3배 정도 차이가 난다. 2위가 헝가리인데 두 배 이상 차이가 난다. 보통 OECD에서는 자살률을 10만 명당으로 이야기하는데, 보통 평균이 한 10명 이하, 적어도 5명 이하가 안전한 국가 수준인데, 우리나라 같은 경우에는 26명 정도이니까 굉장히 불안한 국가로 분류할 수 있다. 그리고 청소년 자살이 1위가 아니다. 사실 청소년 자살률은 그렇게 높지 않다. 2015년 기준으로 숫자적으로 보면 노인자살이 굉장히 높고 80대 이상에 집중되어 있다.

> **자살문제에서 사회적인 영향이 분명히 있다.**

그런 의미에서 보면 모든 세대가 다 많다고 말할 수는 없지만 그런 경향성은 있다. 특히 자살의 시도자 같은 경우에는 제대로 숫자파악이 안 되고 있다. 일 년에 최소한 60만 명 이상이 자살을 시도해서 바로 성공하는 경우는 거의 없다. 성공률이 한 10~15%정도라고 본다면 일 년에 약 60만 명에서 100만 명 정도가 자살을 시도하는 것이다. 그런 분들이 시도해서 실패하면 다음에 또 시도한다. 또 그에 따라 충격을 받은 유가족과 고위험군까지 포함하면 일 년에 한 360만 명, 약 부산시 정도의 인구가 매년 자살에 연관되어 있어서 엄청나게 고통을 받고 있다고 본다. 이런 상황이 지속된다는 것은 우리 사회를 구성하는 사람의 삶에 자살이 얼마나 심각한지를 여실히 보여주는 현상이라고 할 수 있다.

사회자 _ 자살징후나 이런 것들을 파악하는 방법들이 있는가?

장진원 _ 의학적으로는 우울증에 기반해서 우울증 검사라든지 심리검사가 있지만 대개 남성이 여성보다 두 배 이상 많다. 남성들의 자살은 물론 보이지 않는 정신적인 질환도 있겠지만 충동이 대부분이다. 사회적인 상황에 영향을 많이 받고 있다. 극히 정상적으로 생활하다가 갑자기 실행하는 경우가 있다. 주위에서 조금만 더 관심 있게 지켜보면 자살을 준비하고 있다는 걸 발견하게 된다. 그냥 갑자기 자살하는 경우는 거의 없다. 평균적으로 6개월 이상 준비하면서 그 과정에서 끊임없이 고민한다. 또 흔히 도중에 누군가가 도와주기를 바라는데, 거기에 대해서 공동체나 교회나 가족이 모르고 있다면 갑작스럽게 일을 당하게 되는 것이다. 그런 것들이 사회적인 문제라고 볼 수 있다.

사회자 _ 수능시험을 전후로 '수학능력시험'을 본 학생들이 자살을 많이 한다는 이야기들이 나오는데, 이것은 어떻게 봐야 될까? 여러 가지 사회구조적인 문제나 개인의 윤리의식이나 또 상황적인 판단이나 이런 것들이 서로 많이 결부되어 있는 것 같은데 어떻게 보는가?

문시영 _ 사회학자 뒤르껭(Emile Durkheim)은 자살 자체를 이미 사회병리로 규정하면서 자살에 대한 사회적 지평에서 논의가 진행되고 있다. 여러 원인이 있겠지만 그 가운데 하나가 어느 개그맨이 했던 말처럼 "일등만 기억하는 사회", 이러한 '피로 사회증후군'과 무관하지 않다고 생각된다. 어떤 분이 문화적으로 한국 사람들은 질리고 지쳐야 그만둔다고 말한다. 하여간 남들이 알아줘야 되고, 내가 할 만한 것은 다 해봐야 되고, 이런 데서 오는 여러 가지 좌절, 우울감 같은 것들이 지나친 경쟁과 관련되어 있다는 것을 인정해야 되겠다. 우리 사회에서는 성적순으로 줄 세워서 무엇인가를 이룰 수 있다고 생각하게 만드는, 특히 수능과 관련해서 생각해 본다면, 이제 갓 20세의 청년이 들어간 대학이 아주 높은 서열의 대학이라고 해서 그 사람의 인생이 그렇게 서열화 되는 것은 아니지 않은가? 그렇게 만드는 우리 사회에 문제가 있다. 이런 현상은 또 교회 안에서도 마찬가지라고 생각한다. 교회 안에서도 늘 번영하고 복 받아야 되고 잘되어야만 가치 있는 삶인 것처럼 가르쳐오고 그런 문화에 익숙해져왔다. 반성해야 할 부분이다. 번영의 복음, 축복, 이런 것에 관심을 갖게 하고, 심지어 거기 집착하고 중독하게 되면 이것이 결과적으로 사회병리로 이어질 수 있는 중요한 요소가 될 수 있다. 교회가 먼저 자살문제에 대해서 예방하고 가이드라인을 줘야 하는데, 먼저 이 문화에 대해서 분명한 자기 성찰이 있어야 되지 않겠나 생각해본다.

사회자 _ 이제 그리스도인들과 자살의 관련성에 대해서 이야기를 해야 될 것 같다. 특히 기독교 신앙을 가지고 있다고 보였던, 또 그렇게 자기 간증을 많이 했던 분들이 자살에 이르기도 하는데, 그래서 그리스도인들의 가슴을 많이 아프게 만들고, 도대체 이것은 무엇인가 하는 혼돈으로 몰아넣는 그런 경우도 잦다. 이런 경우를 자주 경험하지 않는가?

박상은 _ 장로님, 목사님 같은 경우도 자살에서 예외가 아닌 현실이 너무나 안타깝다. 결국 아까 나온 것처럼 세상의 어떤 잣대가 그대로 교회 안에 들어와서 교회와 세상이 별 차이가 없어졌다. 아마 자살률도 큰 차이가 없는 것으로 알고 있는데 이 생명에 대한 인식과 자각이 너무 잘못되어 있지 않은가? 내가 누릴 수 있는 생명권은 분명히 하나님의 선물이지만 생명결정권이랑 많이 혼동하는 것 같다. 우리 심장이 뛰는 동안 마음껏 이 세상에서 생명을 누리는 가운데 하나님께 감사하면서 또 다른 사람들과 함께 기뻐하면서 사는 권리가 생명권인데, 생명결정권은 생명의 시작과 마지막을 내가 결정하겠다는 것이다. 이것은 하나님께 속한 권리이고 우리가 그것을 마음껏 누리라고 주신 생명권인데 마치 이것이 내 것인 양 결정하려는 생각이 어느 순간에 우리를 지배하게 된 것이다. 그래서 저는 생명에 대한 새로운 교육과 정립이 교회 안에서 필요하다고 생각한다. 우리 '국가생명윤리위원회'에서도 자살문제를 중요하게 다룬다. 응급실에 자살환자가 많이 오는데 사망진단서에 자살이라고 적히는 것을 굉장히 꺼리는 문화이다 보니 자살로 표기하지 않는 경우가 많다. 그래서 실제는 그보다 훨씬 더 많은 자살이 있다고 보고, 특히 청소년들은 자살숫자에 많이 반영이 안 되어 있다. 그래서 우리가 생명의 존엄성을 지켜내야 되겠다고 생각하고 '생명존중선언문'을 발표했었다. '생명존중선언문' 내용 중에서 핵심은 "우리 생명은 선물이다"는 것이다. 네 가지를 이야기했다. 첫째, 생명의 책임성 : 내가 지키지 않으면 지켜낼 사람이 없다. 내가 지켜야 된다. 둘째, 생명의 평등성 : 외모나 학식이나 재물로 비교될 수 있는 게 아니라 생명은 그 자체가 하나님 앞에서 평등하다. 셋째, 생명의 안정성 : 이것은 우리 사회가 지켜내야 된다. 넷째, 생명의 관계성 : 혼자 힘으로 어렵다. 그래서 이 사회가 안전망을 세워서, 특히 교회가 촘촘한 그물망이 되어서 빠져나가는 생명이 없도록 지켜내야 되는 것이 바로 우리의 역할이 아닌가 생각한다.

사회자 _ 촘촘한 안전망이라는 말씀을 주셨는데, 라이프 호프는 계속해서 자살예방에 앞장서서 일하면서 한국교회 안에서 자살이라는 주제를 들고 나오는 것 자체가 굉장히 힘들었을 것 같고, 또 터부시되는 주제이니까 어떤 의미에서 저항도 많이 받았을 것 같다.

장진원 _ 물론 초기에는 굉장히 어려웠다. 자살을 왜 다루냐는 질문들이 많았고 그 원인은 교리적인 것이었다. 교리적인 부분에 대해서 연구하고 활동하면서 느낀 것은 한국만의 독특한 상황이 있었다. 전 세계 어디에서도 개신교 국가에서 자살을 교리적으로 정죄하는 국가는 거의 없고, 우리가 신앙을 이어받은 북미나 유럽에서도 당연히 거기에 대한 질문은 사실 한국적인 상황이었다. 그런 의미에서 분명히 한국교회가 갖고 있는 오해 중에 하나가 있을 수 있다는 것이고, 이제는 교리적인 것을 떠나서 유가족들을 생각하고 또 자살예방을 생각했을 때는 그런 것들을 좀 더 전향적으로 생각해야 한다는 것이다. 그런 의미에서 장례나 이런 문제들이 많이 개방되어서 공식적으로 장례문서가 나오고 있다. 자살의 문제를 믿음, 교리, 회개의 문제로 다루기보다 우울증의 문제, 또 돌봄의 문제로 보아야 한다. 성경에서 우는 자와 함께 우는 그런 섬김의 문제로 접근하는 것이 자살예방을 위하고 성도를 살리기 위해 우리가 해야 될 부분이라고 본다.

사회자 _ 같은 맥락에서 이 질문을 좀 드리고 싶다. 결국은 자살한 사람들과 함께 살았던 유가족들에 대한 교회의 태도가 중요할 것 같다.

어떻게 보고, 또 어떤 방식으로 계속해서 나눔을 가지고 있는지?

장진원 _ 우리는 유가족 크리스천 모임을 진행하고 있다. 그분들이 즐겁게 시간을 보낸 다음에 공통적으로 하는 말은 "내가 이렇게 행복해도 되는가?" 자살유가족들은 마음을 치료하지 않고 대부분 참고 있다. 그리고 말 한마디 때문에 공동체에서도 못 견디고 나온다. 그들이 제일 궁금하게 생각하는 것은 "내 자녀가, 내 부모님이 자살했는데 천국 갔는지 지옥 갔는지" 하는 것이다. 또 그런 분들은 평생 불행하게 사신다. 남은 자들이 어떻게 살아야 되는가? 남은 사람들은 평생 행복하면 안 되고 죄인으로 살게 만드는 것이 정말로 예수님께서 원하시는 일일까? 교회가 그런 분들을 정죄해야 될 것인가? 자살 이후의 유가족들은 초기 치료가 가장 중요하다. 3개월 이내에 어떻게든 치료를 해야 한다. 고통을 참고 평생 불행하게 사는 것이 아니라 회복하고 대안을 주기 위해서 교회와 사회와 전문가들이 함께 그분들을 치료한다면, 훨씬 더 행복하게 살 수 있고 특히 자살률을 충분히 예방하고 낮아질 수 있다고 본다.

박상은 _ 자살을 경험한 그 유가족들이 또 다시 자살하는 경우가 많다. 그래서 '심리부검'이라고 시체 부검하듯 그 자살 원인을 좀 심층적으로 분석하면서 동감이나 이해하는 과정을 통해서 가족들이 새로운 모색을 시도할 수 있다. 그래서 교회가 감당할 역할이 많은 것 같다. 자살을 너무 쉬쉬하는 게 아니라 그 가족들에 대해서는 오히려 적극적으로 다가가서 이야기를 나누는 것이 바람직하다. 그냥 방치했을 때는 오히려 확산되는 계기가 되는 것 같다.

사회자 _ 목회적인 차원에서 목회자들이 자살 유가족들을 어떻게 대해야 될는지 원칙이 있는가?

문시영 _ 언젠가 자살문제에 대해 토론하는 자리에서 목회상담학자 한 분이 이런 말을 했다. "이론적으로 언론이나 보도에 자살이라는 단어가 많이 노출되지 않게 하는 것이 중요하다. 크리스천 명사들의 자살을 언론에서 자주 언급하면 부정적인 효과들이 있다. 가급적이면 노출빈도를 낮춰야 된다." 목회적 관점에서 보면 노출빈도를 낮추는 것이 이론적으로 의미가 있다고 생각된다. 그러나 가장 중요한 것은 마치 믿음이 없어서 자살했다거나, 또는 죄를 지었다고 정죄하는 관점으로부터 목회자들의 인식이 변화되어야 할 것 같다. 자살문제를 해결하기 위한 첫 번째 출발점은 교리에 대한 극복일 것이다. 이 교리 자체를 이제부터 좀 더 진지하게 현실에 기반하여 신학자들이 다시 논의를 시작해달라고 요청해야 할 것 같다. 계속 강조하고 싶은 것은 율법적으로 정죄하는 것으로 문제가 해결되지 않는다는 점이다. 자살예방을 위한 목회적 마인드를 갖는 것이 가장 현실적이고 바람직하지 않겠는가 생각한다.

사회자 _ "자살은 예방이다." 이렇게 정리할 수 있겠다. 여기서 교회의 역할을 무엇이라고 생각하시는지 한 분씩 말씀해주시고, 오늘 이야기를 정리하겠다.

장진원 _ 교회의 가장 기본적인 역할은 영혼 구원과 하나님 나라를 위한 헌신이겠다. 그 속에서 자살 같은 사회문제에 관심을 갖고 기도하고 유가족을 돌보는 일이 진행되어야 할 것이다. 또 지역 네트워크가 굉장히 중요하다. 사실 교회는 각 지역마다 재능 있는 상담가나 목사님들 같이 이러한 대상을 돌볼 수 있는 자원이 충분히 있다. 그런 차원에서 교회들이 실질적으로 이 사회의 자살예방 또 생명문화를 위해서 헌신할 수 있는 다양한 교육과 프로그램들, 그리고 일 년에 몇 번 정도는 교회지도자들에게 교육하면 좋겠다. '자살예방' 전문교육은 온 국민이 받아야 된다. 그래서 옆에 있는 사람들을 돌봐주고 또 전문가에게 연결시켜주는 일들을 효과적으로 할 수 있는 공동체가 한국교회의 희망과 회복을 위해서 꼭 필요한 일이라고 강조하고 싶다.

사회자 _ 교회만큼 사회안전망이 조밀한 데가 없다. 그런 측면에서 도움을 받고 자살예방에 대한 이해를 얻기 위해 'Life Hope'에 연락하면 되는가?

장진원 _ 'Life Hope' 홈페이지를 보면 무지개 강사교육이라는 게 있다. 거기서 목회자들의 인식변화와 학교나 지역사회에서 할 수 있는 교육 프로그램들, 특히 최근에는 크리스천 유가족모임 같은 것들이 좀 더 활성화되고 있다. 뒤에 숨어계신 분들이 이제 밖으로 나오셔서 좀 힘들어도 우리를 찾아오신다면 함께 치유하고 함께 고민을 나눌 수 있다.

사회자 _ 교회의 역할에 대해서 조금 더 말씀을 주실 수 있다면, 무엇이 있을까?

문시영 _ 최근에 읽었던 책에 이런 문장이 있었다. "자살, 그럼에도 불구하고 죄라 하지 않을 수 없다." 어떻게 보면 교리에서 자살을 죄로 규정했던 것이 보호막역할을 했던 것도 사실이다. 그러나 한 사람의 신학자로서 제안해본다면, '자살예방'에 초점을 맞춰서 목회자들이 쉽게 납득할 수 있고 설교에 반영할 수 있고 교회교육에 반영할 수 있는 현장중심적 논의가 신학자들 사이에서 활발하게 일어나기를 제안하고 싶다. 또 이것을 기반으로 하여 자살예방을 위해서 수고하는 시민단체와 깊이 협력하는 단계로 나아가야 되겠다고 생각해본다.

박상은 _ 응급실에서 자살과 관련된 경우를 많이 접하게 된다. 청소년들의 자살은 정말 안타깝다. 그 어머니가 통곡하면서 하는 말이 아이가 아침까지 멀쩡했다는 것이다. 겉으로 봐서는 알 수 없기에 더욱 문제인 것 같다. 특히 청소년들에게는 관심을 가지고 군중 속의 고독을 느끼지 않도록 든든한 버팀목이 되어주어야 한다. 비교의식으로부터 자유롭게 아이들을 풀어주어야 한다. 나태주 시인의 '풀꽃'이라는 시가 생각난다. "자세히 보아야 예쁘다. 오래 보아야 사랑스럽다. 너도 그렇다." 정말 한 아이의 그 소중함을 우리가 자세히 들여다보면서 격려해줄 필요가 있다. 또 독거노인들의 고독사도 문제인데 아무도 찾아오는 이가 없는 빈 집에서 마지막을 보내는 부분도 나이 드신 어르신들의 자살에 많은 원인으로 작용하는 것 같다. 그래서 교회가 지역사회에서 가장 촘촘한 안전망을 구축하고 있는데, 이를 자살예방 활동에 잘 활용해서 시민단체와 네트워크를 구축한다면 각 지역마다 자살예방의 중심으로 지역교회가 역할을 감당할 수 있을 것으로 기대한다.

사회자 _ 생명윤리가 무너지는 상황에서 교회의 역할은 무엇인가를 주제로 자살문제를 다뤄봤다. 결국 예방이 가장 중요하고, 거기서 교회의 역할은 굉장히 중요하다는 이야기를 세 분께서 나눠주셨다. 어려운 주제에 대해서 심도 있는 말씀을 해주신 것 감사드린다.

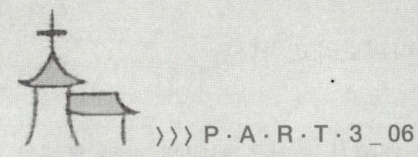

어그러져가는 병영문화,
해법은 없는가?

국가안보를 위해서 군대의 중요성은 아무리 강조해도 지나치지 않다. 그러나 병영 내의 폭력과 사고 등으로 우리 군대는 대한민국의 안보를 책임질 만한 준비된 군대인가 하는 우려가 커졌다. 그래서 군대내 사건사고가 일어날 때마다 병영문화 개선을 위한 여러 가지 대안이 제시되고 있고 군의 선진화를 위한 논의도 활발하게 진행되고 있는 듯하다. 그중에 군종들의 사역이 무엇보다 중요하다는 입장이 큰 힘을 얻고 있다. 이런 상황 속에서 과연 병영문화 개선을 위한 바람직하고 효과적인 방안이 무엇인지를 알아보기 위해서 '병영문화 개선, 해법은 없는가?' 라는 주제로 대담을 진행하고자 한다. 오늘은 미래군선교네트워크 사무총장인 윤병국 목사, 그리고 한국기독교군선교연합회 부설생명존중센터장이자 열매맺는교회의 담임인 이용락 목사(현재 특별사

※ 이 원고는 2014년 8월 16일과 23일에 방송된 원고이다.

역 실장)를 모시고 함께 이야기를 나눠보려고 한다.

사회자 _ 요즘 대한민국 군대 내에서 부적응 사병에 관한 문제가 심각한 것 같다. 이 부적응 사병들을 다시 회복시켜서 군인 본연의 임무를 잘 감당하도록 해야 될 것 같다는 이야기가 있는데, 그중에 군종제도의 중요성이 크게 대두되고 있다고 한다. 현재 군종제도의 현황은 어떤가?

이용락 _ 현재 육·해·공·해병대에서 근무하고 있는 군목의 수가 260여 명이고, 기독교·천주교·원불교를 모두 합해서 440명으로 파악되고 있다.

사회자 _ 군대의 안전사고나 힘든 일이 발생할 때마다 군종제도의 활성화가 이뤄져야 한다는 이야기는 무성한 것 같은데, 현실적인 어려움에는 어떤 것이 있는가?

이용락 _ 사건사고가 날 때마다 군목의 역할과 군종제도가 중요하다고 부족하다고 생각하는 것은 일부의 생각이고 국방부에서는 그렇게 생각하지 않는 것 같다. 왜냐하면 연대급 단위로 배치된 군종장교로는 제대로 병사들의 영적, 심리적 상태를 다 돌볼 수 없다. '윤일병 사건'으로 알려진 28사단 사건은 포병부대에서 일어난 사건인데, 이 포병연대에는 대대뿐만 아니라 연대 전체에도 군종장교가 배치되어 있지 않았다. 오래 전부터 군종장교의 인력 충원에 대해서 제기했는데 수용되지 않았고, 또 군대에서 유일하게 장군이 없는 병과가 군종병과이다. 계급구조 속에서 장군들이 할 일이 많은데 군종은 장군이 없어서 오랫동안 군종병과의 장군 진급을 위해서 노력했지만 아직은 요원한 실정이다. 미국 같은 경우는 이미 대대급으로 군종을 배치하다 보니 1,300여 명 정도가 활동하고 있는데 반해, 우리는 65만의 대군인데 440명뿐이고, 그중에서도 기독교 군목은 260명에 지나지 않는다. 심지어는 연대급에도 군종 병력이 배치되어 있지 않기

> **군종병과의 중요성을 인식하고 군종장교를 보충해야 한다.**

때문에 병사들이 종교적, 심리적으로 치료를 받고 성직자의 도움을 받는다는 것은 힘든 일이라고 생각한다.

윤병국 _ 현실적으로 보면 어려움이 있는 것은 사실인데, 우리 한국군도 '국방개혁 2020'을 하면서 전투병과 위주로 군을 개편하였고 비전투병과는 아웃소싱하겠다고 했다. 그런 논리로 보면 우리 군종병과는 현역 군종장교로 들어올 수가 없는 것이다. 일반 성직자를 아웃소싱으로 군에서 쓰겠다는 계획을 갖고 있다. 미군 같은 경우도 그런 아웃소싱 계획에 의해서 사실은 군종을 폐지하려고 했었다. 그런데 걸프전을 치루면서 대대급과 함께 호흡하는 군종장교들을 보면서 군종병과만큼은 아웃소싱의 대상이 아니라고 생각하고, 오히려 그 전쟁 이후에 군종이 보강되었다. 그리고 현역으로 유지하는 방안을 실천하고 있다. 그런 점에서 우리나라도 국방을 책임지고 있는 분들이 군종병과의 중요성을 인식하고 군종장교를 보충한다든지 하는 차원의 검토를 해주기 바란다.

사회자 _ 그런 차원에서 한국교회 전체가 힘을 합쳐서 군종장교에 대한 물적, 인적자원의 헌신 같은 것이 있어야 되지 않겠는가?

윤병국 _ 민간차원에서 아직까지는 별로 없는데, 한국교회 전체가 연합해서 외부에서 군종활동을 지원하는 일이 활성화된다면 어느 정도 부족한 부분을 상쇄할 수도 있을 것으로 생각한다.

이용락 _ 이제 한국교회가 이런 부분들에 대해서 힘을 실어줘야 한다고 생각한다. 물론 병사들에게 햄버거나 초코파이를 주고 세례식을 진행하는 것도 중요하지만 정책적인 부분도 상당히 중요하다. 그런데 입문과 세례에만 집중하고 있는 현실이다. 군대라는 질서 속에서는 개개인이 무엇을 강하게 요구할 수가 없다. 이런 부분에 있어서는 한국교회가 힘을 강하게 실어줬으면 하는 바람이다.

사회자 _ 군종제도의 활성화에 대한 이야기가 많이 나오고 있다. 좀 전에 현역군종이 필요한 이유가 병사들과 함께 먹고 자고 하기 때문이라고 하셨는데, 단순히 상담만 하는 것을 넘어서서 병사들이 어떤 사고를 하고 어떤 시스템으로 가고 있는지를 제대로 아는 게 참 중요할 것 같다.

윤병국 _ 병사들은 같은 군복을 입고 함께 호흡하는 군종성직자를 대하는 게 다르다. 민간인 성직자도 물론 그 속에 들어가서 애쓰기는 하지만 자신들과 같지 않다는 느낌 때문에 마음을 못 여는 경우가 많다. 그러나 한편으로는 대대 군목이 없으니까 일반 성직자들이 선교사로 들어가 있다. 그래서 이분들은 일반 목회를 하지 않고 군에서 선교하시는 분들인데 생활적인 측면이나 모든 면에서 굉장히 열악하다. 이분들이 군목 없는 대대에서 군 선교사라는 의식을 가지고 마음껏 병사들을 위해서 헌신할 수 있도록 일반교회에서 힘을 모아준다면 상당한 효과가 있을 것이라고 생각한다.

윤병국 _ 서현교회 김경원 목사님은 군 선교에 뜨거운 열망을 가진 목회자를 군 선교사로 파송했다. 지금은 파주 쪽에 있는 포병대대에서 사역하는데 교회에서 전적으로 선교비와 사역비를 후원한다. 그리고 부대주변에 살도록 집도 마련해주었다. 이분은 별다른 애로사항이 없다. 그래서 주일뿐만 아니라 주중에도 병사들 속으로 들어가서 지휘관의 허락 하에 운동도 같이 하면서 함께 호흡한다. 그러니까 지휘관이 군 선교사님을 신뢰하고 병사들을 상담하거나 정보가 필요하면 언제든지 듣게 한다. 그래서 이 대대가 교회 목사님의 강한 영향력을 받으면서 활성화되어 있다. 이렇듯이 한 교회가 군을 위해서 헌신할 때 엄청난 영향력을 미칠 수가 있다. 현재 군 대대교회가 약 750여개 인데 한국교회 중에 군 선교에 동참하는 교회들이 대략 2%정도이고 해외선교가 10%정도라고 알고 있다. 약 5%만 군 선교에 관심을 가지고 참여해도 군대의 문화나 선교현장으로써 완전히 달라질 것으로 생각한다.

사회자 _ 한국사회는 다음세대를 많이 염려하는데, 다음세대 선교에 있어서도 굉장히 좋은 교두보가 될 것으로 생각한다.

이용락 _ 일반교회에서 군 선교사를 대대급에 파송하자고 말씀하셨는데 그것만으로는 100% 충당하기가 어렵다. 왜냐하면 민간 성직자들이 가서 활동할 수 있는 부대는 후방부대이다. 이번에 28사단 같은 사건처럼 GOP부대나 해안대대 같은 곳은 민간인의 출입이 제한되어 있다. 그곳에 있는 장병들이 제일 힘들다. 그래서 오래 전부터 해안대대나 GOP 같은 대대만큼은 군종장교를 배치해달라고 했다. 해안대대나 GOP대대는 한 20여 명만 충원이 되도 큰 도움이 된다. 이번에도 독립부대에서 사고가 발생했다. 이번에 사건이 나니까 갑자기 국방부에서 GOP대대에 민간상담관을 배치하겠다고 했는데 민간인이 가서 어떻게 할 수 있을지 상당히 우려스러운 부분이 있다. 이 부분은 국방 실무자들이 생각을 바꿔서 오래 전부터 군종병과가 요구했던 해안대대나 GOP대대에 군종장교를 배치하는 것이 더 효율적일 것이다. 선교에 있어서 동질문화라는 것이 상당히 중요한데, 국방부에서 민간상담관들을 작년에 뽑아서 배치했는데 그런 곳마다 상황이 너무 열악하니까 상당히 많은 사람들이 중도에 포기했다. 그래서 국방부에서 다시 추가모집을 하는 어이없는 일도 있었다. 이런 것을 볼 때 벽오지부대에 군종장교를 배치하는 것이 올바른 판단이라고 생각한다.

사회자 _ 벽지와 오지부대는 함께 먹고 함께 뛸 수 있는 군종장교의 파송이 절대적으로 필요하다는 것과 동시에 전문상담사들은 후방부대로 갈 수 있도록 하는 것이 좋을 것 같다. 또 중요한 것은 군대 내의 구성원들이 관심사병이나 부적응자를 보는 의식전환이 필요할 것 같다.

윤병국 _ 의식전환은 가능하다고 생각한다. 보통 병사들이 신체적 아픔을 말하고 병원에 가서 치료를 원하면 꾀병이 아닌 이상 병사가 진료를 받게 해준다. 우울증도 표현하기를 마음의 감기라고 했는데 마음도 병을 앓는 것이다. 그런 인식을 병사들한테 심어줘서 몸이나 마음이 어느 부분이든 병이 날 수 있고, 긍정적인 인식을 가지고 치료받도록 인식을 전환하는 교육이 필요하다고 생각한다.

> **군종장교를 배치하는 것이 더 효율적일 것이다.**

이용락 _ 왕따의 문제는 군대문제만이 아니라 사회 전체의 문제이다. 왕따문화의 발원지는 학교이다. 청소년 시기를 보낸 아이들이 군대에 오고 군대를 제대한 사람들이 다시 사회로 나가게 된다. 학교의 왕따문제가 여과 없이 군대로 들어오기 때문에 더 염려가 되고 있다.

사회자 _ 그런 의미에서 본다면 군과 민간이 함께 해결해야 할 문제인 것 같다. 고민하신 것들을 나눠주시면 좋겠다.

윤병국 _ 병영문화 개선에 초점을 맞추면 사실 군입대 전의 사회와 따로 떼어놓고 이야기할 수 없다. 사회생활은 잘했는데 군대에 가서 별종이 되었다고 생각하는 것은 어불성설이라고 생각한다. 성장과정에서 잘 갖춰져야 할 인성이 잘못돼서 망가진 아이들이 초중고를 지나고 성격적으로 취약한 시기에 군에 들어온다. 그런 아이들을 군에서 책임지라고 하고 문제가 생기면 군대에 모든 책임을 떠넘기는 듯한 경우가 많은데 바람직하지 않다고 생각한다.

사회자 _ 이번에 한국사회 전반의 시스템을 볼 수 있는 기회로 삼고 뭔가 해결책이 나와야 될 것 같다.

이용락 _ 그렇게까지는 너무 시간이 오래 걸리고 광범위한 것 같다. 군대가 보호관심병사를 잘 관리하고 그 병사들에 대한 의식전환도 필요하다. 그런데 먼저 보호관심사병으로 분류된 인적자원은 군대에 보내지 않는 것이다. 그런 인원들이 군대에 들어오면 안 된다. 교육과 훈련을 강화해서 적과 싸워 이기는 군대를 만들어야 대한민국의 안전이 보장된다. 그런데 문제는 이 시스템이 무너졌다는 것이다. 여러 사람들에게 책임이 있겠지만 우리 군대가 이렇게 되기까지는 정치인의 책임이 가장 크다고 생각한다. 우리 현실은 정치 논리가 국방현실을 무시한다는 것이다. 단적인 예로 1992년부터 2007년까지 4번의 대통령 선거가 있었다. 근데 이때마다 여당이건 야당이건 대통령 후보들의 공약이 복무기간 단축이었다. 그래서 30개월에서 지금 21개월로 줄어들었다. 한 달이 줄어들 때마다 병력이 얼마나 더 필요하냐 하면 25,000명이 필요하다. 그러니까 1993년도에는 대한민국의 남자 20세가 40만 명이 넘었다. 그 40만 명 가운데 18만 명만 현역병으로 입대했다. 그런데 지금은 만20세 징병검사를 받는 청년들이 36만 명이었다. 그중에 335,000명이 현역병으로 입대한다. 25,000명밖에 남지 않았다. 놀라운 것은 2020년이 되면 입대자원은 335,000명이 필요한데, 그때 만20세 남자가 225,000명이다. 이런 상황인데도 정치권에서는 표를 의식하느라 아무런 조치도 취하고 있지 않다. 복무기간에 대해서 진지하게 고민해야 하고, 입대한 자원들에 대해서는 끌려와서 썩는다고 생각하지 않도록 국가가 보상을 해줘야 한다. 군가산점제를 계속 이야기하는데 몇몇 인권단체에서는 이게 특권이고 특혜라고 보는 것 같다. 그런 시각 자체가 잘못된 것이라고 생각한다. 군대에서 복무한 군인에게 가산점을 주는 것은 특권이 아니라 보상이어야 한다. 이 문제를 해결하지 않고는 지금 우리가 논의하는 이런 문제들은 계속해서 되풀이될 수밖에 없는 악순환의 문제라고 본다.

사회자 _ 기본적으로 징집시스템이 바뀌어야 한다는 말씀이신 것 같다.

윤병국 _ 그 부분은 '국방개혁 2020'이 군대를 슬림화시키겠다는 것이다. 미래에 병력을 충분히 보충할 수 있는 사회가 아니기 때문에 무기체계를 고도화시키고 대신 병력은 축소시키겠다는 계획이다. 그런 면에서 군대는 여야가 따로 없기 때문에 정쟁의 대상으로 만들지 말고 아껴주고 보호해주는 자세가 필요하다고 생각한다.

사회자 _ 이제 군 선교회에서 실질적으로 일선에 계셨던 분들이고 오랫동안 군 복무도 하시면서 병사들을 섬겨오셨는데, 한국교회와 성도들에게 바라는 말씀이 있으시면 좀 해주시기 바란다.

윤병국 _ 군대는 교회가 마지막으로 붙들어야 할 선교의 보루라고 생각한다. 지금 청년대학부 신자가 4%가 안 되는데, 병사들이 아무 종교도 없이 군에 들어왔다가 복음을 받아들이는 경우가 많기 때문에 우리나라 군대에서는 기독교인의 비율이 27%정도나 된다. 군대가 훨씬 더 많은 신자를 보유하고 있는 셈이다. 군대는 교회 차원에서 보더라도 잘 붙들어서 미래세대를 얻어야 할 소중한 선교의 현장이고 자산이기 때문에, 한국교회가 이 부분에 대해서 분명한 계획을 가지고 정신적, 물질적으로 투자하고 다가가서 군 선교가 성공적으로 이루어지기를 바라는 마음이다.

이용락 _ 병영 내에서 사건사고가 일어날 때마다 물론 국방부 책임자나 정책 입안자들이 분위기를 바꾸는 게 중요하다고 생각을 하지만 사실은 내부의 구성원의 문제도 중요하다. 국방부에서 매년 종교 전수 조사를 하는데 기독교인 장병의 숫자는 27~30%로 나온다. 무교를 빼고 종교인을 대상으로 조사하면 약 55%가 나온다. 그런데 안타까운 것은 몇 년 전에 강화도에서 총기난사 사건이 있었는데 그때 동조자가 신학생이었다. 그리고 이번에 윤 일병이 어이없게 구타로 사망했는데 윤 일병이 독실한 기독교 신자였다. 그렇다면 그 부대에 최소한 30%의 기독교인이 있었는데 그 장병들은 무엇을 하고 있었는가 하는 것이다. 군대도 우리의 선교지다. 우리 가정에서 군대에 보낼 때 특수지에 가는 선교사라는 의식을 심어줘서 보내면 좋겠다고 생각한다. 그래서 최근 3년 전부터 한국기독교 군선교회연합회 중심으로 활발하게 그런 활동이 전개되고 있다. 이것도 결국 내무생활을 책임지고 있는 것은 병사들에게도 일정한 책임이 있기 때문에 병사들의 의식이 변화되어야 한다. 그런 중요한 부분을 기독교 장병들이 앞장서서 변화시켜줘야 한다고 생각한다.

사회자 _ 시스템도 바뀌져야 하지만 복음 자체가 사람을 바꾸는 놀라운 일들이 일어나면 좋겠다. 그래야 이런 안타까운 사건이 다시는 일어나지 않을 것 같다는 말씀이셨다. 오늘 두 분 수고해주셔서 감사드린다.

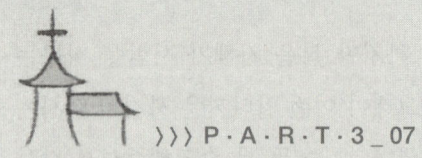

>>> P·A·R·T·3_07

분노하는 사회,
어떻게 회복을 이야기할까?

지금 대한민국이 들끓고 있다. 국가운영시스템이 무너지고, 리더십이 실종되어버린 상황 속에서 도대체 무엇을 신뢰하고 어디를 바라보아야 할지 혼동 그 자체라고밖에 달리 표현할 수가 없다. 그래서 '분노하는 사회, 어떻게 회복을 이야기할 수 있을까?'라는 주제로 이야기를 나눠보려고 하는데, 이 자리에 서현교회 담임이자 한국기독교목회자협의회 대표회장이신 김경원 목사(현재 명예회장)와 성락성결교회 담임이신 지형은 목사께서 나와주셨다.

사회자 _ 국정농단이라는 말이 계속 나오고 나라가 많이 혼란스러운 상황이다. 국정공백을 걱정하는 분들도 많다. 먼저 이런 사태를 어떻게 바라보고 있는지 여쭙고 싶다.

※ 이 원고는 2016년 11월 26일과 12월 3일에 방송된 원고이다.

김경원 _ 모든 국민이 느끼는 감정 그대로 역시 혼란스럽다, 안타 깝기도 하고, 좌절감마저 느껴지는 상황이다. 사건자체도 문제이지만 이 사건 이후에 소위 정치지도자들이 이 사건을 어떻게 해결할 것인지 에 대해서 양극단이 충돌되기 때문에 국민들이 불안에 떨고 있는 게 아 닌가 한다.

지형은 _ 두 가지를 말씀드리겠다. 첫 번째는 언어표현의 문제다. 언론을 비롯한 많은 곳에서 '국정농단' 이라는 표현을 많이 사용한다. 그런데 앞에 붙어 있는 '국정' 이라는 단어가 정확하지 않다고 생각한 다. 국정은 국가 정치를 의미하는데 이번 사태의 경우 국정만을 농단한 것이 아니기 때문입니다. 국가 정치영역만이 아니라 국가의 기반, 국가 의 기초, 국가의 가장 중요한 기둥인 국기를 문란하게 한 사건이라고 말해야 더 정확할 것 같다. 다른 한 가지는 오히려 드러난 것이 감사하 다고 볼 수 있다. 이 사건이 드러나지 않고 1~3년간 더 진행되었다면, 남미의 마약조직이나 이태리의 마피아 조직처럼 사회에 뿌리 깊게 자 리 잡아 더 이상 손쓸 수 없는 상황에까지 이를 수 있는 일이기 때문이 다. 하나님의 섭리로 보면 드러나게 하셨으니 하나님이 회복시키실 은 혜도 가지고 계신다고 할 수 있겠다.

사회자 _ 몇 주간 사건이 일어난 이후에 강단을 지키시면서 고민들 이 많으셨을 것으로 생각된다. 말씀을 듣는 성도들의 눈빛, 표정을 보 면서 성경적인 메시지를 설교에 어떻게 담을 것이며, 기독교적인 관점 에서 어떻게 이 사건을 바라보아야 하는지 궁금증이 많았을 것이라고 생각된다.

김경원 _ 거의 모든 교회 목회자가 같은 고민을 하고 있을 것이라고 생각한다. 교회는 다양한 구성원으로 구성되어 있다. 그렇기 때문에 조금은 강경한 입장의 젊은세대와 온건한 입장의 장년세대 모두에게 맞는 설교를 한다는 것이 그리 쉽지 않다. 그래서 섣불리 이 부분에 대해서 설교하지 못했다. 부끄럽게도 성경 속에서 답을 찾지 못하였고 확신 속에서 정리해내지 못하고 있다. 기도하고 묵상하는 가운데서 이 사건을 성경적으로 어떻게 볼 것이며, 이 사건을 통해서 하나님께서 한국교회에 주시는 말씀이 무엇일지, 또 이 민족을 향해서 전해야 할 말씀이 무엇일지 묵상하는 가운데 있다. 이미 이 문제를 깊이 있게 고민하고 말씀으로 다루신 분들도 있겠지만, 목회자는 어느 쪽이든지 너무 편향된 시각으로 자기 주관적인 말씀의 선포가 아니라 철저하게 선포하시는 하나님, 그리고 이 불의가 드러나게 된 것이 오히려 다행스럽게 생각된다는 관점이라든지, 성경에서 말하는 교훈들을 깊이 생각해야 할 것 같다.

사회자 _ 교회의 역사적 흐름을 볼 때 정교분리의 여러 가지 원칙이 권력과 가깝게 혹은 멀게 계속해서 오갔던 것 같다. 이것이 오용된 상황은 아니었는가?

지형은 _ 한국 기독교가 정치와 너무 가까이 있었고, 또는 야합이라고 말할 수 있는 측면도 있었다고 볼 수 있다. 공교회는 권력집단과 거리를 두어야 한다. 예언자적인 비평이 가능할 수 있는 거리에 두어야 할 것이다. 중요한 것은 교회사적으로 볼 때 교회라는 하나님의 거룩한 기관과 일반 세속정부, 이 두 가지가 다 하나님의 막대기라고 말한다.

하나님은 교회와 세속정부라는 두 가지 막대기를 가지고 세상을 섭리해나가신다고 말할 수 있다. 이 두 가지가 혼합되어서는 안 된다고 보는 것이다. 한국의 보수교단은 사실 보수정권의 권력과 너무 가까이 있었다는 것을 꽤 많은 사람들이 알고 있는 사실이다. 그리고 진보적인 그룹도 김대중 정부의 각료로도 들어갔었다. 저는 그것이 한국의 진보기독교가 가진 가치가 훼손된 슬픈 상황이라고 보았다. 권

공교회는 권력집단과 거리를 두어야 한다.

력에서 일정한 거리를 유지해서 예언자적인 비판, 사랑으로 감싸는 것도 마찬가지다. 그 거리를 유지하는 것이 매우 중요하다.

사회자 _ 말씀을 듣고 보니 용어정리가 필요할 것 같다. 정교분리보다는 권력과 교회의 분리라고 표현해야 옳지 않을까?

지형은 _ 정교분리보다는 정치와 종교, 정치와 신앙이 하나님의 섭리 안에 있는 것이다. 정교분리보다 제자리에 있으면서 하나님의 섭리에 순종한다는 점 때문에 세속정부가 정의롭지 못하면 교회는 세속정부를 비판, 비평, 책망할 수 있어야 하는 것이다. 그리고 세속정부에 대한 저항의 권리가 성경적으로도 입증되는 것이다.

사회자 _ 여러 가지 이야기를 귀담아 듣고 정말 권력지향적이지 않은 교회에 대한 기대를 품어야 될 것 같다. 종교개혁 500주년을 앞두고 있다. 앞에서 그런 말씀을 해주셨다. "죄 된 것을 드러내시고 공의

를 세우시는 하나님의 절묘한 타이밍이다." 지금이라도 드러난 것이 다행이라고 말씀하셨는데, 우리 그리스도인들이 어떤 소망을 가지고 기도해야 할까? 이 부분도 중요할 것 같다.

김경원 _ 첫째는 하나님 주권사상이다. 국가의 흥망성쇠도 하나님 손 안에서 이뤄진다는 것을 알아야 한다. 성경의 역사 속에서도 통치를 잘했던 왕도 있었고 그렇지 못한 왕들이 있었는데, 하나님께서 통치를 잘못하는 왕들을 다스리시고 그 잘못들을 궁극적으로는 다시 회복시키시는 역사를 보면서 하나님 주권사상을 가지고 이 사건을 바라보아야 할 것이다. 그리고 성경은 어떤 경우에서든지 절망으로 끝나지 않는다. 상황은 희망을 이야기하기 어려운 상황일 수 있다. 그러나 우리가 성경적으로 볼 때 아무리 어둡고 힘든 상황이라도 희망을 이야기할 수밖에 없다는 것이다. 지금이라도 이것을 발견하게 해서 다시 고칠 수 있는 기회가 있다는 게 희망이 될 수 있다. 그리고 가장 절망적인 상황 가운데서 결국은 인간에게 희망을 주시는 하나님, 한 국가의 사건 속에서도 역시 하나님은 이것을 통해서 결국 하나님의 공의가 실천되어지고 교회가 깨달을 수 있게 하시는 것이다. 또 이것이 마침 종교개혁 500주년과 맞닿아 있다. 이런 것을 통하여서 교회가 개혁적인 정신으로 바로 세워지는 기회로 삼고, 바로 설 때 궁극적으로 국가가 바로 세워진다는 믿음 안에서 이 사건을 보자는 것이다. 지금은 보이지 않지만 교회는 희망을 놓지 않아야 한다.

사회자 _ 삶을 살아가는 데 있어서 제일 무서운 것은 신뢰가 무너지는 것이라는 말이 있다. 지금 대한민국이 맞이한 상황은 리더십에 대한 신뢰가 무너지면서 모두가 위기라고 말하는 때를 지나가고 있다. 이런 때에 과연 주님의 교회는 무엇을 말하고, 어떻게 회복의 방안을 제시할 수 있을까 싶다. 결국 기독교가 20%가 넘는 높은 비율을 차지하고 한국사회의 근대사에 큰 영향을 끼쳤다고 하는 시점에서 교회가 과연 제대로 성도들을 목양해서 각 영역 속에 제대로 세웠는지 질문하지 않을 수 없다.

김경원 _ 지금 대한민국이 당면한 위기상황을 보면서 교회적인 입장과 또 목회자의 입장에서 이런 생각을 먼저 가져본다. 교회가 잘했더라면 이런 일이 안 생겼을 텐데, 목회자가 좀 더 잘했더라면 이런 일이 안 일어났을 것이라 생각한다. 성도가 자신이 있는 위치에서 제대로 잘 살았다면 이런 사태가 안 생겼을 것이라는 자책과 안타까움을 동시에 가진다. 물론 사회적으로 이 사건을 보고 일반 국민들은 이 사건의 발단이 누구 때문인지와 그를 비판하고 있고, 그것이 정당하긴 하지만 교회적인 입장, 목회자와 성도적인 입장에서는 단순히 누구를 욕하는데서 끝나는 것이 아니라 이것을 교회가 끌어안고 이 문제에 대한 책임을 지고 하나님 앞으로 나아가야 될 것이다. 교회가 그런 책임의식을 느껴야 된다고 생각한다.

지형은 _ 목사님께서 큰 틀에서 말씀해주셨는데, 좀 더 세부적으로 보면 지금 일어나고 있는 사건과 사태에서 겉으로 드러난 것에서 가장 쉽게 볼 수 있는 것은 돈과 권력의 문제라고 할 수 있을 것 같다. 또 대기업 총수들은 자기들은 당한 입장이라고 하지만 당한 것만이 아니라 대기업이 정경유착으로 찬조금을 냈었고, 어쨌든 근본적인 문제가 돈과 권력이다. 최순실이라는 사람이 끊임없이 추구한 것이 권력이었고, 그 권력을 통해서 돈을 끌어 모았던 것이 사실이다. 그렇다면 이 사건에 연루된 그 사람들이 가지고 있는 세계관과 가치관과 사고방식이 돈과 권력이면 다라는 것인데, 한국교회는 여기에서 자유롭다고 할 수 있을까 싶다. 한국교회는 워낙 스펙트럼이 다양해서 일률적으로 얘기할 수 없지만 한국교회가 적어도 일반사회 속에서 비춰지는 것은 중요한 문제다. 그런데 오늘날 한국사회가 한국교회를 볼 때 '세상 사람들이 돈과 권력을 쫓지만 교회는 안 그래' 라고 생각하는 것 같지는 않다. 우리가 스스로 생각하기에도 저 같은 목회자와 장로님들이나 교회의 지도자들이 스스로 신앙적인 양심으로 교회와 자신을 살피면서 돈과 권력이 최고의 가치가 아니고 사람이 떡으로만 사는 것도 아니고 하나님이 섭리하신다고 말하는데, 과연 여기에 대해서 진정성이 얼마나 있을까? 솔직히 진정성이 별로 느껴지지 않는다. 물론 예외도 있다. 한국교회가 이번 사태를 계기로 다시 한 번 더 철저하게 자기를 돌아보는 일이 있었으면 좋겠다.

사회자 _ 자기반성에 인색한 공동체일수록 쉽게 와해된다는 말이 있다. 결국 이런 시기에 한국교회에 오피니언 리더들, 특히 목회자들의 리더십이 새로워져서 한국사회 전체를 이끄는 리더십으로 고양되어져야 하겠는데, 특별히 오랫동안 목회자들을 가르치는 일을 해오셨으니까 두 분께서는 어떤 이야기를 목회자들에게 들려주시겠는가?

김경원 _ 결국 세상이 가진 가치관과 오늘날 교회의 가치관에 차이가 없다는 것이 문제다. 기복적이다. 교인들이 하나님의 복을 기복적인 것으로 이해하고 있고 부끄럽게도 목회자가 기복사상에 발맞춰서 강단도 기복적 강단이 되어버렸다. 또 만일 권력이 주어질 기회가 있다면 언제든지 권력지향적으로 되어버리는 목회자와 교회지도자들도 많을 것으로 보인다. 그래서 지금 대한민국이 당면한 상황과 다루어지는 사건을 보면서 철저하게 리더들을 시작으로 가치관에 대한 새로운 정립이 시작되어야겠다는 생각을 갖는다. 목회자와 교인들도 세속적이고 세상과 차이가 없으니까 교회가 세상을 책망할 수 없는 것이다. 오히려 그것을 반면교사로 삼아 우리가 새로워져야 한다. 목회자들이 개혁의 주체가 되고, 교회지도자들이 이 사건을 통해 다시 성경적인 가치관의 회복운동을 일으키고, 리더의 영향 속에서 성도들의 가치관을 회복하고, 그들이 세상 속에 있는 위치 속에서 제대로 성도답게 처신함으로써 이런 일이 생기지 않도록 할 수 있지 않겠는가 생각한다.

지형은 _ 목사님의 말씀을 받아 제가 한말씀 더 드리겠다. 목사님께서 성경적인 가치관을 다시 회복해야 하고 다시 세우자고 하셨다. 말씀하신대로 돈과 권력을 쫓는 것은 성격적인 가치관이 아니다. 요한복음 8장 32절에 "진리를 알지니 진리가 너희를 자유롭게 하리라"고 했는데 진리 곧 성경의 가치관이다. 성경적 가치관을 제대로 깨달으면 돈과 권력, 맘모니즘의 노예가 되는 것에서 자유롭게 될 수 있는 것이다. 그런데 구원받은 그리스도인답게 산다는 것이 과연 일상과 사회적인 삶에서 구체적으로 무엇을 의미하는 것일까 질문해야 한다고 본다. 평소에 교회가 세 가지 문제에 대해서 입장이 분명하지 않고서는 구원받은 교회공동체의 모습이라고 얘기할 수 없다고 늘 생각했다. 하나가 법치민주주의, 두 번째가 상생의 시장경제, 세 번째가 인도적 인륜도덕이다. 법치민주주의는 성경이 말하는 정치형태를 얘기할 때 인류역사의 발전 중에 가장 바람직한 것이 무엇인가라는 질문에 독재는 아닌 것이 분명한 것 아닌가? 그래서 법치민주주의라는 것이다. 그런데 이 얘기를 하면 신앙이 굉장히 깊은 분들이나 리더들 중에서는 교회는 민주주의가 아니라 신본주의라고 얘기하기도 하지만 교회사적 성서적 근거가 다 있다. 물론 하나님의 절대주권은 무시할 수 없지만 구약에서 모세가 통치할 때도 사실 사람들과 같이 어우러져서 이끌어나가는데 하나님의 절대주권이 현장에서 실현되는 과정에서는 하나님의 절대주권을 해석하는 해석이 절대적이지는 않았던 상황이다. 그래서 교회가 법치민주주의에 대해서 확신을 가지고 그 방향으로 가고 있느냐의 문제가 중요하다. 상생의 시장경제는 사실 30여 년 계속되어 온 신자유주의적 시장경제가 수명을 다했고, 이것으로는 세계가 다 살지 못한다는 것은 신자유주의를 이끌어온 사람들도 하는 얘기다. 그렇다면 한국교회에는 신자유주의 시장경제 말고 다른 성서적 대안이 있느냐? 사실 오랫동안 얘기해온 성경적 토지정의, 희년개념 그런 것이 대안으로 제시되고 있다. 이것을 구체적으로 정책으로 펼쳐질 때는 전문가들이 다듬어야 할 것이다. 인도적 인륜도덕, 어려운 사람을 도와주고 죽어가는 사람 먹이는 것이 당연한 일 아닌가? 그런데 한국교회가 어려운 사람 편에 섰느냐? 한국교회는 돈 있고 권력 있는 사람 편에 서지 않았느냐 하는 말이다. 그래서 이 세 가지에 대해서 한국교회 입장이 분명해야 성경적인 가치관에 섰다는 것을 현실에서 말할 수 있다고 생각한다. 여기에 대해서 한국교회가 그렇게 떳떳하지 못하다고 본다.

사회자 _ 그렇다면 이 부분을 제대로 된 자기반성을 해야 되지 않겠는가 싶다. 그런 부분들에 대한 의견을 제시해주신다면 어떤 것이 있을까?

지형은 _ 그래도 여전히 소망스러운 부분이 참 많다. 작은교회 운동도 좋다고 본다. 그런데 이 한 가지로는 한국교회가 나갈 길을 100% 설명할 수 없다고 본다. 적어도 한국교회 내부에 있는 약하고 병들고 타락한 모습, 현재의 병든 모습을 보면서 어떻게 해서든지 이것을 탈피할 수 있는 몸부림으로 여러 가지 시도를 해봐야 될

> **한국교회가
> 그렇게 떳떳하지
> 못하다고 본다.**

것 같다. 작은교회 운동도 그렇고 요즘에 점점 임지가 없어지니까 자비량목회운동 이런 것도 생겨나는 것 같다. 그래도 여전히 한국교회는 하나님 말씀과 하나님의 절대주권, 섭리적 은총에 신실한 사람들이 많다는 생각이 든다.

사회자 _ 그래도 여전히 한국교회가 우리 사회의 소망의 그루터기로 서 있었던 역사적인 상황들이 있었지 않나 싶다. 어떤 것들을 꼽을 수 있을까?

김경원 _ 지금 일어나고 있는 상황 속에서는 교회의 부정적인 이미지가 우리 안에도 있고 세상 속에서도 많이 비춰져서 교회는 정경유착과 권력의 시녀가 되어 부정적인 일만 했다고 생각하기 쉬운데, 어떤 면에서는 교회가 정권과 거리가 멀어진 상태에서 그 역할을 한 역사적

사건이 많이 있었다. 예를 들어 6·25동란 때 전쟁 상황 속에서 피난민들이 중심되어 부산 초량교회에서 일어난 나라를 위한 구국기도운동이 있었는데, 그것이 큰 전기가 되어서 하나님께서 그 기도를 들으시고 전쟁의 상황을 역전시켜주셔서 좋은 결과를 가져왔다. 물론 일반 역사와 전쟁사나 정치사에서는 그것이 나타나지 않지만, 교회 역사 속에서 볼 때에는 이것은 분명 하나님께서 하신 일이고 교회가 함께 기도하고 회개하고 도우심을 구했을 때 그런 일들이 일어났다. 4·19나 5·18 등 여러 사건 속에서 위기 때마다 성도들이 정말 나라를 위해서 처절하게 몸부림치면서 기도하고 힘썼다. 그 결과 하나님이 들으시고 주권적으로 역사하셔서 오늘의 선한 결과를 가져왔다고 본다. 이것이 교회사적인 측면에서 세속적인 정치사에서는 인정하지 않지만 신앙적인 관점에서 볼 때 그러했고 이어져왔다. 그래서 이번 사건 속에서도 이런 기대를 해본다. 이런 기회를 통해서 오히려 교회가 회개하고, 하나 되고, 자정운동을 벌이고, 나라를 위해서 더 간절하게 기도하는, 나라를 생각하는 그런 교회가 될 때에 하나님께서 이 민족을 구원해주실 역사가 나타날 것이라고 믿는다.

지형은 _ 보통 우리 대한민국의 해방 이후에 걸어온 길을 이야기하면 흔히 산업화세력과 민주화세력으로 크게 나눌 수 있다. 해방 후 지금까지 이어져 온 것을 큰 틀에서 보는 데는 도움이 되는 도식이라고 본다. 그런데 산업화와 민주화에 교회의 순기능과 역기능 있다고 생각한다. 산업화는 먹고 살아야 했기에 중요했다. 전쟁 후 폐허의 상황에서 이만큼 살게 된 것에는 산업화가 큰 기여를 했다. 그래서 한국교회에 한참 유행했던 적극적인 사고방식, 긍정적인 희망의 메시지가 참 중요하다고 생각한다. 그러나 그것 자체로 복음을 대체한다면 기독교 신앙의 명백한 타락이고, 심지어는 배교라고까지 할 수 있다. 하지만 기독교 신앙고백에 근거해서 기독교인이 긍정적이어야지 부정적이어서 되겠는가? 희망적이어야지 절망적이어야 되겠는가? 그래서 사실 긍정적이고 적극적이고 어려워도 하나님이 축복하신다는 메시지는 산업화하는 데 우리 국민 전체의 정신적인, 기본적인 내면의 자세에서 굉장히 중요한 기여를 했다. 그런데 돈, 권력, 세속적인 성공에 너무나 매몰된 것은 부정적인 면이 있다. 그리고 민주화도 독재정권 시절에 그야말로 고난의 가시밭길, 형극의 길을 간 것은 기독교 진보그룹이었다. 그래서 기독교 안에서 진보와 보수는 두 바퀴로 함께 가야한다고 본다. 예를 들어 진보, 보수성향이 분명한 사람이 저쪽이 없었으면 좋겠다고 생각하지만 종교현상이라는 생태구조에서 저쪽이 없으면 이쪽도 결국 같이 악해진다. 그래서 극좌와 극우는 둘 다 나쁘고 어느 정도 선을 그을 것이냐는 사람마다 다르지만 중도보수, 중도진보는 명백하게 같이 있어야 교계나 사회가 굴러간다. 민주화운동에서 한국기독교가 해온 역할을 빼고 민주화를 얘기할 수 없다. 그래서 교회는 양쪽에 중요한 기여를 했고, 또 양쪽에 있어서 어두운 그림자도 있다는 것이다.

사회자 _ 큰 틀에서 목회자와 한국교회의 전반적인 얘기를 해주셨는데, 각자의 자리에서 말씀을 붙잡고 살아가는 건강한 이 땅의 그리스도인들에게 한 말씀씩 부탁드린다.

김경원 _ 지금 일어나고 있는 여러 가지 위기 상황 속에서 크리스천 국회의원들이 여야를 초월해서 모여 나라를 위해서 기도하라고 부탁하고 싶다. 자기 당을 뛰어넘는 논의를 하고 기독교적인 관점에서 해법을 제시하면 분명히 길이 보인다고 본다. 우리가 원론적으로 아는 것처럼 모든 그리스도인이 삶의 현장에서 정말 그리스도인답게 늘 빛으로 소금으로 사는 것이 필요하고, 교회는 정말 이 문제를 두고 더 많이 기도하는 기도운동이 일어나야 된다고 생각한다.

지형은 _ '분노하는 사회, 어떻게 회복을 얘기할 수 있을까'가 주제인데 분노 그 자체가 선이라고 볼 수는 없지만, 과정적으로 보면 분노는 절망과는 비교할 수 없을 정도로 좋은 것이다. 일종의 에너지이기 때문이다. 그런데 분노가 불안으로 바뀌면 에너지가 없어진다. 그래서 분노의 에너지가 좋은 쪽으로 전환되어서 회복될 수 있으려면 그것과 더불어 미래에 대한 희망이 분명해야 된다. 기독교적인 희망은 조건 없는데도 희망할 수 있는 절대희망 아니겠는가? 십자가는 사실 아무 희망도 없는 곳인데 거기에서 하나님께서 부활로서의 희망을 보여주신 것이니까 어떤 면에서 이렇게 어려울 때에야말로 기독교의 복음이 분노를 희망의 에너지로 전환시키는 순기능을 할 수 있을 것이라고 본다.

사회자 _ 거룩한 분노, 창조적인 분노는 필요한데 그것이 기도를 통해서 표현되어서 하나님의 뜻을 아는 방식으로 나왔으면 좋겠다는 말씀을 해주셨다. 그리고 일하면서 기도하고 기도하면서 일하는 그런 그리스도인이 되었으면 좋겠다고 말씀해주신 것 같다. 여러 가지 복잡한 문제가 있지만 교회가 희망을 계속해서 이야기해 가야 한다는 것에 공감할 수밖에 없다. 어려운 시간, 어려운 주제를 가지고 말씀해주신 두 분께 감사드린다.

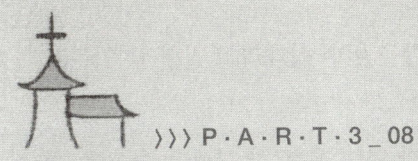

분단 70년, 선교 130주년, 한국교회의 할 일은?

2015년 한국교회는 해방과 분단 70년, 선교 130년을 맞아 역사적으로 중요한 해를 지나가고 있다. 이런 때에 한국교회가 과연 어떤 방향으로 나아가야 할지 고민하지 않을 수 없다. 그래서 많은 목회자와 전문가들이 한국교회가 당면한 문제와 그 해법을 제시하고 있는 상황이다. 문제는 실행력인데 귀한 시기를 놓치지 않고 의미 있는 실천과 방향성이 중요하다는 생각이다. 그래서 이 시간에는 '분단 70주년, 선교 130주년 한국교회의 할 일'이라는 주제를 한국교회의 바람직한 방향을 모색해보려고 한다. 오늘은 예장통합 사무총장이신 이홍정 목사(현재 KNCC 총무)와 서울신학대학교 역사신학 박명수 교수, 그리고 대한성공회 강동교회를 섬기고 계시는 최은식 신부를 모시고 말씀을 나눠보고자 한다.

※ 이 원고는 2015년 5월 16일과 23일에 방송된 원고이다.

사회자 _ 한국교회의 현재 상황을 어떤 상태라고 말할 수 있는가?

최은식 _ 삼손의 위기라고 본다. 삼손은 감히 상상할 수 없는 하나님의 은혜를 받고 블레셋과 싸우도록 세움을 받았지만 오히려 블레셋의 노예로 끌려가는 처참한 신세가 되었다. 바로 한국교회가 그런 것 같다는 생각이다. 한국교회는 지난 130년 동안 정말 하나님의 큰 축복을 받고 이 세상을 변화시키고 개혁시켜야 할 귀중한 소명을 받았는데, 이제는 그 소명을 잘 감당하지 못하고 있는 것은 아닌가 생각한다.

박명수 _ 한국교회가 지금 어려운 상황이라는 것은 누구나 잘 알고 있는 객관적인 사실이다. 한국교회사 전체를 볼 때 지금처럼 어려운 때는 없었다. 이전에는 외적요인으로 어려움을 겪었다면 지금은 박해가 없는데 어려움을 겪고 있다. 이 어려움의 원인을 두 가지 측면에서 말씀드린다면 교계 언론이나 교회가 내적요인, 즉 구조적, 윤리적인 원인을 찾고 있는 것 같다. 내적요인이 있다는 것을 100% 동의하고 아무리 지나치게 강조해도 부족함이 없다. 이와 동시에 한국교회를 둘러싸고 있는 외적요인도 달라졌다는 것을 인식해야지만 현재의 문제에 대한 해결책을 얻을 수 있다. 외적인 요인이란 과거에는 한국교회나 기독교가 모든 문제에 대답을 줄 수 있는 위치에 있었다. 정치적, 문화적으로도 그랬고, 서구문명을 도입하는 부분도 그랬고, 특히 일제강점기에는 기독교가 아니고서는 독립운동을 펼쳐나갈 수 없는 상황이었다. 그러나 지금은 상황이 많이 달라져 오히려 그 역할이 축소되고 있는 현실을 진단해야 한다. 그래서 한국교회의 문제를 다룰 때 1차적으로 내적인 영역에서 도덕적 갱신도 말해야 하지만, 이보다 우선적으로 과학적, 객관적, 정치적, 사회적, 문화적인 위치들이 어떤지를 먼저 연구해야 한다고 본다.

사회자 _ 그렇다면 외부적인 상황이 많이 커졌기 때문인가? 우리가 축소되었기 때문인가?

박명수 _ 제가 볼 때는 한국교회가 열심히 노력해서 한국사회를 발전시켜왔다. 그런데 아이러니하게도 발전시킨 한국사회 속에서 한국교회는 점점 작아지고 있다.

이홍정 _ 기독교는 늘 변화하는 환경 속에서 살아왔다. 이 변화하는 환경에 어떻게 복음으로 응답할 것인가가 문제인데, 이 복음으로 응답하기 위한 내면의 문제를 해결하지 못한 부분이 문제인 것이다. 변화하는 환경에 적응하지 못하고 나르시시즘에 빠진 것이다. 고도로 성장한 교회가 여전히 잔치 분위기에 흠뻑 빠져 있다는 생각이 들고, 자기연민과 자기 의(義) 사이에서 한국교회의 지속가능성에 분명히 빨간신호등이 켜졌음에도 불구하고, 나는 아니고 우리는 아니라고 하는 인식론적인 부조화가 문제라고 생각한다. 두 번째 결정적인 이유는 한국교회의 일치를 저해하는 내재된 냉전의식이라고 생각한다. 그렇기 때문에 총합적인 지혜를 만들어내지 못하고 집단지성을 창출하지 못하고 있다. 그리고 또 다른 하나는 돈과 권력과 명예를 추구하는 세속화가 한국교회 안에 깊이 뿌리내려져 있고, 이것을 회복하기가 점점 불가능한 게 아닌가 생각해보게 된다.

사회자 _ 중요한 말씀을 해주셨다. 우리에게 총합적인 지혜가 없다고 하셨는데 자연스럽게 한국교회는 최대 당면과제인 연합과 일치에서 실패했다. 그러니까 내부분열 상황이 크다고 보는 것인가?

이홍정 _ 그렇다. 이항대립, 이분법적인 세계관, 이것은 그야말로 허구적 세계이다. 이 허구적 현실을 극복하기 위해서는 이항에 서 있는 각각이 서로 변화가 필요한 존재라는 자각이 있어야 하는데, 그런 자각을 못하게 하는 게 결국은 냉전이데올로기의 모순이다.

사회자 _ 한국교회의 연합과 일치의 방향, 상황도 말씀해주셨는데 해결책과 방향을 말씀해주시면 좋겠다.

박명수 _ 한국교회가 초기에는 연합과 일치를 잘했다. 초기 한국교회에 4개의 장로교가 들어와서 1개의 장로교를 만들었고, 2개의 감리교가 들어와서 1개의 감리교를 만들었다. 그리고 함께 학교와 병원을 만들었다. 그런데 해방이후 주도권이 한국사람에게 넘어오면서 서양기독교의 문제와 한국기독교의 문제가 같이 묶이면서 복잡하게 분열되었다. 그런데 한국기독교의 연합이 어디에 근거해야 하는가? 대부분의 한국 기독교인이 생각하는 공통분모를 잘 반영하면 된다고 생각한다. 그리고 현실적으로 하나의 교회를 이룬다는 것은 매우 어려운 일이다. 그렇기 때문에 여러 교파들이 연합해서 서로의 다양성을 존중하는 가운데서 공동성을 찾아내야 한다고 본다.

사회자 _ 최은식 신부께서는 한국교회의 연합을 향한 방향성에 대해 어떻게 보시는가?

최은식 _ 사도 바울이 말씀하시는 몸 된 교회에서 생각해보기 원한다. 몸은 구조적으로 서로 다르다. 그러나 몸은 하나이고 함께 움직여 나가듯이 한국교회도 그렇게 되어야 한다고 생각한다. 그런 면에서 열린 보수와 열린 진보가 만나는 장이 커지고 외형적으로도 드러나야 한다고 본다. 그런데 각자의 그룹에 대한 이기적인 생각이 너무 강하기 때문에 안 된다고 생각한다.

사회자 _ 사회가 분열되었기 때문에 교회가 분열된 것인지, 아니면 교회가 본을 보이지 못했기 때문에 사회가 분열된 것인지, 말씀해주시면 좋겠다.

이홍정 _ 물론 분단사회의 구조가 기본적으로 지니고 있는 갈등요인이 교회의 일치에도 영향을 미치는 것은 사실이다. 그러나 그럼에도 불구하고 복음적으로 대응하기 위해서는 복음이 지닌 온전성과 총체성을 지향하는 신학으로 거듭나야 한다고 생각한다. 두 번째는 교파주의에 대한 인식이다. 우리는 교파주의를 이식받았다. 종교개혁 이후에 다양한 종교개혁 사상이 민족주의와 연합되고, 그것이 절대 교파주의 시대를 열고 정통주의시대를 지나가면서 19세기 위대한 선교의 세기에도 교파주의가 그대로 이식된 것이다. 그렇기 때문에 교파주의에 대한 탈식민주의적인 비판과 성찰이 반드시 있어야 하고, 그럴 때 다양성 속에 일치와 연합이 가시화될 것으로 생각한다.

사회자 _ 그 연장으로 개교회주의에 대해서도 짚어주시면 어떨까?

이홍정 _ 한국교회의 성장에 근간을 이루었던 것이 개교회 중심주의, 교파 경쟁주의였는데, 지금은 그 열매를 따고 있는 것으로 보인다. 그것은 어차피 구조적, 현실적으로 그렇게 될 수밖에 없었던 필연이 그 속에 내포되었다고도 볼 수 있다. 그러나 이것을 끊임없이 정당화하면서 개교회주의로 치달았던 한국교회의 지도자들에게도 문제가 있다고 생각하는데, 그 배경에 교권주의가 자리 잡고 있다고 생각한다. 지금도 교권주의적 동기를 가지고 여전히 연합기관들을 통일하기만 하면 마치 가시적인 일치를 이루는 것으로 생각하고, 그것을 목표로 삼아 질주하는 분들이 계시는 것 같다. 그것도 굉장히 중요하지만 이제는 기구중심의 에큐메니칼에서 지역교회의 일치를 지향하는 에큐메니칼로 전환해야 한다. 그럴 때에 지역교회와 지역사회의 성장을 도모할 수 있을 것으로 생각한다.

사회자 _ 선교 130주년이 되었는데 국내선교나 해외선교에 대해서 어떻게 파악해야 하고, 또 바람직한 미래 방향을 어떻게 설정해야 하는지 말씀을 나누면 좋겠다.

박명수 _ 국내선교와 해외선교는 밀접한 관계를 갖고 있다. 국내선교가 제대로 되지 않으면 해외선교도 될 수 없다. 그런데 국내선교의 상황을 살펴보면 확산되기는커녕 한국기독교는 정반대의 상황을 맞이하고 있다. 이전에는 한국교회가 개인전도도 열심히 했고 교육사업이나 사회봉사, 의료선교를 통해서 많이 전도했는데, 지금은 이런 곳들이 대체로 정부기관으로 바뀌고 국가세금으로 운영한다. 한국교회가 중요하게 생각해야 하는 것은 선교할 수 있는 곳이 점점 줄어들고 있다는 것이다. 옛날에는 선교의 기회가 많았는데 오늘날은 적어졌다. 더 안타까운 것은 한국기독교가 정부와 한국사회를 향한 선교의 기회가 줄어드는 것에 대해서 명백하게 이건 종교의 자유에 대한 침해임을 밝히고 선교의 자유를 확보하는 것이 중요한데, 미션스쿨이나

> **제3세계를 향해서 끊임없이 종교의 자유를 요구하고 요청해야 한다.**

사회복지기관에서도 종교를 말하지 못하는 상황에 놓였다. 이런 기관들을 통해서 선교적인 환경을 확보하는 데 더 큰 관심을 기울여야 된다고 생각한다. 해외선교의 경우 개신교가 상당히 발전하고 있다는 이야기를 들을 때 매우 감사하게 생각한다. 그러나 종교의 자유가 있어야 선교가 가능하다. 종교의 자유는 인류 보편적 자유이기 때문에 우리 한국의 기독교인들이 제3세계를 향해서 끊임없이 종교의 자유를 요구하고 요청해야 한다고 생각한다. 그래서 이런 큰 과제를 정해놓고 선교를 이야기하면 좋겠다고 생각한다.

사회자 _ 선교적 생태계 자체가 파괴되어가는 느낌이 든다. 교단에서 선교사들을 지원하면서 여러 가지 상황을 지켜볼 때 어떻게 생각하는가?

이홍정 _ 지금 우리는 세계관이 변화된 시대를 살아가고 있는데, 이제는 서구문명이 지향했던 세계관에 종언을 고하고 21세기라는 생

명의 세기에 생명의 세계관이 우리에게 바람직한 세계관으로 도전을 주고 있는 상황이다. 거기에 걸맞게 선교에 대한 세계관이 바뀌어야 되는데 우리 선교가 여전히 소위 기독교 왕국을 지향하는 선교관에 매몰되어 있다고 생각한다. 그래서 서구와 비서구를 나누고 기독교문명과 비기독교문명을 나누는 이분법에 전착해 있기 때문에 변화된 세계관에 제대로 전착하지 못하고 계몽주의시대의 선교방식을 따라 한국교회의 선교가 진행되고 있다고 본다. 이분법적인 세계관을 극복하고 생명의 세계관에 기초해서 선교를 재구성할 시점에 와 있다. 오늘 이 시대의 상황을 어떻게 볼 것인가 하는 것도 역시 생명의 세계관에 근거해서 보아야 한다고 생각하고, 이 시대의 상황은 그야말로 예수 그리스도의 복음선교의 가장 핵심적 과제였던 치유와 화해를 갈망하는 시대에 맞는 하나님의 선교에 부름을 받고 있다고 생각한다. 그래서 전 교회가 전 복음을 전 세계에 전하도록 부름받은 이 시대의 선교적인 사명에 응해야 한다고 생각한다. 그러기 위해서 협의회적인 선교운동을 해야 한다. 개 선교회 중심이나 일방적으로 한국선교사가 파송되어서 현지에는 마치 아무런 하나님의 역사나 흔적이나 도구가 없는 것처럼 일방적으로 진행하는 선교가 아니라 선교현장에 하나님께서 이뤄놓으신 선교의 역사와 하나님의 일꾼들과 함께 전 협의회적 선교운동을 해나가야 한다.

사회자 _ 지금 말씀을 들어보니 가시적 선교, 물량적으로 세워지는 선교가 아니라 사람과 사람과의 협력적 선교, 생명적 연대가 필요하다는 말씀이신 것 같다.

이홍정 _ 결국 한국교회의 양적 성장과 해외선교의 확장이 궤를 같이 하고 있는데, 한국교회의 양적 성장이라고 하는 것은 물론 선교에 대한 열정도 있긴 하지만 한국교회의 재정적인 성장을 의미했다. 그런데 지금 한국교회가 지속 가능성이 약화된다고 생각했을 때 이제 선교를 그만둘 것인가 하는 문제가 제기된다. 그런 선교는 지속할 수 없다고 본다.

최은식 _ 결국 선교는 땅끝선교와 유다와 사마리아선교가 있다. 선교의 핵심은 내가 가르친 것을 가르치라는 것이다. 삼손의 위기는 생명의 복음을 잃어버리는 것이다. 삼손이 블레셋 사람들에게 낸 수수께끼가 "먹는 자에게서 먹는 것이 나오고 강한 것에서 단 것이 나온다"는 것이었다. 이것은 블레셋의 가치관이었는데 그것으로 해결하려고 했던 것이다. 결국 위기에 봉착하게 되고 복음의 상실하게 되는데 우리도 부활을 살아가는 교회가 되지 않으면 선교의 힘, 맥, 빛을 잃어버린다고 생각한다.

사회자 _ 올 한 해에 이것은 꼭 생각해야 한다는 것이 있으면 한 말씀씩 부탁드린다.

박명수 _ 기독교의 생명력이 살아 있는 삶, 예수 그리스도가 마음속에 계시다면 증거가 외적으로 나타나야 되는데, 그 증거가 없기 때문에 세상 사람들은 예수님을 볼 수가 없는 것이다. 이런 점에서 다시 한국교회가 성경으로 돌아가서 살아 움직이는 것을 주변에 있는 이웃에게 보여주는 역사가 있어야 한다.

최은식 _ 거대한 세속화의 흐름 속에서 생명을 보여줘야 한다. 한국교회가 중병 속에서 생명을 전하는 교회, 다시 복음으로 돌아가야 한다고 생각한다.

이홍정 _ 이 시대의 대중은 기독교인으로 존재를 살아가는 사람을 보고 싶어 한다. 존재론적인 선교가 어느 시대보다 필요하다. 꽃의 향기처럼, 빛처럼, 소금처럼 존재로서 충분히 복음을 증언하는 삶을 살아야 할 것이다.

사회자 _ 오늘 세 분의 말씀을 들으면서 계속해서 라틴어 '아드 폰테스'(Ad Fontes), 즉 '근원으로 돌아가라'가 생각난다. 그동안 한국교회가 교회개혁과 교회갱신을 많이 외쳐왔는데, 과연 지금 한국교회의 현주소를 어떻게 진단해야 할까? 그리고 현재 당면하고 있는 현실을 감안할 때 과연 어떤 방향으로 나아가야 바람직할지 참 궁금하다. 좀 구체적으로 말하자면 특별히 교회학교의 위기에 대해서 이구동성으로 말하고 있는데, 이 부분에 대해서 교단에서 어떻게 대안을 세우고 계신지 말씀해주시면 좋겠다.

이홍정 _ 교회의 지속가능성이 약화된 것에 대해서 누구나 공감하고 있다. 인구학적 변화가 예측되고 한국교회의 신뢰도가 추락해서 교회성장을 위한 사회환경이 열악해졌고, 또 변화하는 시대를 교회가 제대로 적응하지 못하는 소위 세계관의 문제가 노출되어 있다고 본다. 이 문제에 대해서 저희 총회의 경우 '교회성장운동 5개년 계획'을 다시 세웠다. 이 운동은 소위 '복음으로 사는 그리스도인'이라는 주제에서 내포하고 있는 것처럼 복음의 재발견이다. 복음 안에서 끊임없이 갱신되어가고 복음을 살아가면서 자기를 비워내고 복음의 증인으로 메시지처럼 살아가는 존재가 되자는 운동이다. 특히 세대간 지도자들의 영성훈련을 통해서 이 부분에 응답하려고 애쓰고 있다.

사회자 _ 실질적으로 교단의 노력과 더불어 사회 외적인 상황이 다음세대들로 하여금 복음에 노출되지 못하도록 하고 그릇된 사고를 가지도록 요구하는데, 이런 것들에 대해서 교과서에 대한 문제 제기라든지 많이 하고 계신 것으로 알고 있다.

박명수 _ 일차적으로 가장 중요한 문제는 어린 아이들이 줄어드는 것이다. 한동안 여권신장운동을 강조하다 보니 출산이 줄어든 문제가 있는데, 사실 미국의 복음주의 운동에서는 다산(多産)은 하나님의 축복이라고 하면서 출산장려운동을 펼치고 있다. 이슬람이 저렇게 강력하게 등장하는 원인은 바로 다산(多産)이다. 한국교회도 출산을 장려하는 운동을 다시 해야 하지 않나 생각한다. 종교사회학자 모딘스탁의 글에 따르면 초대교회는 다른 공동체보다 여성이 살기 좋은 사회였고 여성이 살기 좋다는 것은 출산을 많이 할 수 있었다는 것이다. 그러므로 기독교가 로마제국을 극복하고 제일 큰 중요한 종교로 발돋움하였다고 주장했는데, 사실 자녀를 갖는 것이 하나님의 축복이라는 기본적인 교육부터 다시 해야 할 것으로 생각한다. 그리고 한국기독교가 근대화와 일제강점기, 그리고 해방이후 건국운동, 산업화운동, 민주화운동까지 중요한 일들을 많이 했는데 학교에서 이런 교육을 시키지 못하고 있다. 이런 점에서 한국기독교가 한국역사 속에서 어떤 일을 해왔는지, 그리고 그것을 근거로 한국과 세계 속에서 중요한 지도자가 되도록 교육할 때 바로 미래세대를 준비하는 한국교회가 되지 않을까 생각한다.

사회자 _ 실질적으로 오랫동안 현장목회를 섬겨 오셨는데, 다음세대들에 대해서 어떻게 보고 사역하고 계신지?

최은식 _ 이 문제가 제일 답답한 문제 중에 하나이다. 우리 성공회 같이 작은 교단일수록 더 심각하다. 급격한 세속화의 물결이 우리 안에 팽배한 것으로 생각된다. 믿음의 부모조차 자기 아이들이 믿음 안에서 자라나는 것보다는 학교에서 좋은 성적을 거두고 좋은 대학과 좋은 직장에 들어가는 것에 매몰되어 있기 때문에 교회에 대한 매력이 없는 것이다. 그리고 미래가 행복하기 위해서는 남보다 더 출세하고 성장하는 것에 초점이 맞춰져 있는데, 교회는 그런 것들을 줄 수 없기 때문에 청년들의 급속한 이탈이 일어나는 것으로 보인다. 깊이 고민해야 한다.

사회자 _ 급격한 사회상황의 변화 때문에 한국교회가 노력해야 하는 부분도 많은 것 같다. 노령사회로 나아가고 있고 다문화, 외국 이주민을 향한 준비는 어떻게 되는지 점검해야 할 것으로 생각된다. 최 신부께서는 노인복지를 오랫동안 해오셨는데, 어떻게 보는가?

최은식 _ 이전에는 교회가 주도적으로 복지를 해왔는데 지금은 국가로부터 위탁을 받아서 하는 상황이 되었다. 실질적으로 노인세대가 늘어나고 있는데 교회에서는 분명한 방향성이 필요한데 아직은 구체적인 것이 없다는 점이 고민이다.

이홍정 _ 예장통합 교단도 노인세대에 대한 깊은 관심을 가지고 다양한 방식으로 접근하고 있지만 노인세대를 선교대상으로만 생각하는 것에서 빨리 벗어나야 한다. 고령화사회가 되면서 노인들이 선교의 주체가 되는 것을 구상하지 않으면 안 된다고 생각한다. 사실은 노인세대는 인생을 회고하는 자리이기도 하기 때문에 인생의 기억 속에서 상처들을 치유하고 화해하고 생의 성숙과 온전함을 이뤄가는 시기로 보내면서 재생산할 수 있다면, 그분들을 이 시대의 치유와 화해자로 세울 수 있지 않을까 생각한다.

사회자 _ 선교적인 주체가 될 수 있도록 교회가 매뉴얼을 준비해야 한다는 말씀인 것 간다. 그분들의 좋은 경험이 어떻게 발휘될 수 있을 것인지를 생각해야 한다는 말씀에 동의한다.

박명수 _ 한국교회에서는 어린이가 줄어들고 노인들은 많아지는 상황인데, 복음의 본질로 돌아가서 노인세대에게 영원한 생명에 대해서 가르쳐주고 그런 가운데서 은혜로운 죽음을 준비할 수 있도록 해준다면 그거야 말로 기독교가 해야 할 가장 본질이 아니겠는가? 저도 장인, 장모님이 계시는데 교회에서 운영하는 노인대학에 가는 것을 중요하게 생각하고 즐거워하신다. 가정과 사회에서 소외된 분들에게 교회가 적극적으로 다가가는 것이 좋다고 생각한다. 또 한 가지는 실버세대 가운데 가난한 은퇴교역자들의 문제이다. 한국교회가 해결해야 할 가장 중요한 부분은 은퇴교역자들이 최소한의 삶을 살 수 있도록 해줘야한다. 하나님 나라에 가는 그날까지 기쁘게 사실 수 있도록 도와주는 것이 한국교회가 해야 할 일이라고 생각한다.

사회자 _ 아까 말씀드린 다문화가정에 대해서도 이야기를 나누고 싶은데, 그렇다면 교단 내에 이런 종합적인 과제를 맡아서 움직이는 컨트롤타워가 있는가?

이홍정 _ 우선 이런 부분들에 대해 정부의 인식이 중요하다고 생각한다. 여전히 사회적 통념이 자민족 우월주의에 빠져 있는 것이 우리의 모습이다. 성숙한 다문화를 이루기 위해서는 공존의 윤리, 상호 돌봄의 윤리, 자문화 중심주의에 의한 일방적인 사회통합이 아니라 다문화간의 주체적인 상호통합의 윤리들을 펼쳐나가야 한다. 그러나 아직도 인식론적인 부족함이 우리 사회전반에 퍼져 있다는 생각이 들지만, 그런 것들을 가장 성숙하게 도전할 수 있는 집단이 바로 교회가 되어야 하지 않는가 생각한다.

박명수 _ 미국에서 공부할 때 미국 침례교회에서 일한 적이 있다. 미국 침례교회는 소수민족들이 있어서 그 담당을 어디에 세우는 것이 좋은지, 그리고 사역자들의 여러 법적인 상황을 자문해주는 곳이 있었다. 미국의 남침례교회 같은 경우는 백인중심으로 하는 교회는 상당히 쇠퇴했지만 이렇게 소수민족을 섬기는 교회는 상당히 성장했다. 그래서 우리나라도 총회나 노회에 소수민족 담당을 세워서 그 사람들로 하여금 전문적으로 비자문제 등 어려운 문제의 해결을 도와주면 좋을 것 같다. 또 한 가지는 근본적으로 우리나라가 단일민족임을 강조하다 보니 다문화와 다인종에 익숙하지 않다. 그런 점에서 성서신학적으로 이야기한다면 성서에 있는 여러 다문화적인 것들을 발굴할 필요가 있다고 생각한다. 미국에서 공부하면서 이민자들을 대상으로 목회했는데 성경의 이야기가 다 이민자 이야기였다.

이홍정 _ 다문화선교에 대한 많은 장치가 교회 안에 있는 것이 사실이지만 다문화가정을 여전히 시혜의 대상으로 생각하고 있고, 이주노동자나 다문화가정이 한국사회를 함께 건설해가는 동반자의식보다는 도구적 대상, 전략적 이용의 대상으로 폄하하는 경우가 많다. 이주노동자에 대해서 깊은 관심을 가져야 된다고 생각하는데,

> **다시 돌아가고 싶어 하도록 만드는 일을 해야 한다.**

떠나온 이주노동자들이 복음을 들고 고향으로 다시 돌아가고 싶어 하도록 만드는 일을 해야 한다. 이것이 세계 선교 안에서 생명의 망짜기를 통해서 충분히 될 수 있다.

사회자 _ 복음적으로 은혜를 받은 분들이 자기 고향으로 돌아가서 실질적 선교사역을 감당하면 좋겠다. 이제 교회를 허물려고 하는 세력인 이단들에 대해서 좀 다루고 싶다. 한국교회가 이단 때문에 피해를 많이 봤고 앞으로는 더 할 것이라고 하는데 어떻게 봐야 할까?

이홍정 _ 근본적으로 관심을 가져야 될 것이 이단은 끝이 다른 것인데, 그렇다면 기존 교회 안에 본질적인 이단성을 내포하고 있지 않은가 하는 점에 대한 끊임없는 비판적 성찰이 있어야 하고, 그 핵심이 돈과 권력과 명예를 좇는 맘몬의 숭배, 탐욕의 우상이 아닌가 생각한다. 그 연장선상에서 이단이 발생하는 교회적이고 사회적인 환경을 어떻

게 개선할 것인가? 소위 번영과 안정을 추구하는 대중사회를 향해서 값싼 은총을 사고파는 행위들이 결국 이단의 파생을 도모할 수 있고, 세대주의적인 인식과 종말론의 파급을 포함하여 이런 환경들이 이단을 양산시키는 모판이 된다고 생각한다. 한 가지 이단을 규정하고 해지하는 과정에서도 금권, 교권정치는 정말 우리가 막아내야 할 것이다.

사회자 _ 내적 순수성을 비춰보는 자기반성이 절대적으로 필요하다는 말씀을 주셨다. 다음은 통일에 대한 생각을 나누겠다. 결국 해방 70주년과 선교 130주년을 맞는 한국교회가 바람직하게 통일을 준비하자는 이야기를 많이 하는데, 성도들의 통일 인식은 조금 다른 것 같다. 이 부분을 어떻게 해결해야 하는지에 대해 최은식 신부께서는 어떻게 보시는가?

최은식 _ 이 문제를 제대로 풀어가려면 교회가 먼저 이것을 담아낼 수 있는 그릇이 되지 않으면 결국은 말만 앞세우는 것이고 설득력이 없어진다. 예비군 총기사건을 봤는데 통제관들이 이 사고를 막아야 함에도 불구하고 막상 사고가 터지니까 다 도망갔다. 이게 바로 우리의 현실이다. 이런 문제를 해결하기 위해서는 우리 안에 내재되어 있는 분열의 이데올로기를 극복해내지 않으면 안 될 것이다. 지역이데올로기도 굉장히 강한데 교회 안에서는 이런 말이 사라져야 한다. 교회 안에서조차 이런 문제를 해결하지 못한다면, 도대체 어떻게 그보다 훨씬 어렵고 거대한 통일문제를 다룰 수 있겠는가? 통합적인 신학과 신앙이 필요하다고 생각한다.

박명수 _ 한국기독교가 통일문제에 있어서 어느 누구보다도 중요한 주체라고 생각한다. 주류가 이북에서 내려온 기독교인들이고, 현재 탈북민들도 기독교를 가장 많이 선택하고 있고, 그 과정에도 기독교인들이 많이 활동하고 있기 때문에 통일문제만큼은 우리 기독교가 도저히 떼려야 뗄 수 없다고 생각한다. 통일문제에 있어서 한국기독교가 가장 중요하게 생각해야 할 것은 역시 종교의 자유이다. 우리는 하나님을 섬길 수 있는 나라, 그런 사회가 오도록 통일을 해야 한다고 생각한다.

사회자 _ 성도들의 이야기를 들어보면 통일이 되면 교파 교회를 세우려고 모든 교회가 움직이지 않을까 우려하는 목소리가 크다. 실제적으로 교단을 섬기는 분으로서 어떤 방향으로 계획하고 계신지 듣고 싶다.

이홍정 _ 지금 현재 우리 교단의 북한선교와 관련한 입장 표명서 안에는 초교파적인 교회에 대한 목표와 설립을 분명히 제시하고 있다. 그러나 그것은 우리 교단만으로는 부족하고 그 부분에 대한 한국교회 전체의 동의가 필요하고, 이를 이뤄가기 위해서라도 조금씩이라도 가시적인 일치를 이뤄가야 한다고 생각한다.

사회자 _ 다양성 속에서의 연합과 여러 가지 절체절명의 과제들에 대해서는 원탁에 둘러앉아서 서로 허심탄회하게 이야기를 나누는 것이 필요하지 않을까? 어떤 진척이 되어가고 있는가?

이홍정 _ 중국교회를 통해서 그런 부분을 배워야 한다고 생각한다. 중국교회는 공공연하게 선언하기를 자기네 교회는 탈교파적이라고 말하면서 하나의 교회를 가시적으로 증언하고 있다. 그런 부분에 대해 한국교회가 기꺼이 동의하고 하나 되려고 하는 의지를 갖고, 우리 자신들의 선교전략을 수정해가려는 마음이 있다면 그 일은 가능하지 않을까 생각한다.

최은식 _ 남(南)인도 같은 경우는 하나 된 교회를 만들기 위해서 성공회가 기득권을 포기했다. 성공회라는 교단 이름을 내려놓고 남인도교회라는 이름을 쓰고, 인도교회 같은 경우는 참관자로 참여하고 있다. 한국교회도 지금부터 그런 작업을 해야 통일 뒤에 북한에서 선교가 자유로워진다. 만약 교파적으로 가게 되면 중국에서 어려움을 겪었던 것처럼 북한에서도 어려움을 겪게 될 것이다.

사회자 _ 대담을 마무리하면서 이 뜻깊은 해에 한국교회의 지도자들과 성도들에게 당부의 말씀이 있으면, 마지막으로 해주시기 바란다.

박명수 _ 한국기독교는 지금까지 한국사회를 위해서 크고 중요한 일을 많이 해왔다. 그러나 현재는 그렇지 못한 부분이 있는데, 정말 예수님께서 사셨던 삶의 모습을 다시 한국사회에 보여준다면 희망이 있다고 본다. 이런 점에서 큰일부터 생각하지 말고 한 사람, 한 사람이 진짜 신자가 되면 오히려 쉽게 문제가 해결될 수 있다고 생각한다.

최은식 _ 한국교회가 세례자 요한으로 돌아가면 좋겠다고 생각한다. 리더십도 있고 성장된 모습도 보여줬는데, 400년 만에 나타난 절대적인 예언자가 예수님 앞에 무릎을 꿇고 자신을 낮췄듯이 한국교회야말로 복음과 진리 앞에서 자신을 낮출 때 한국사회에 비전을 줄 수 있을 것이라고 생각한다.

이홍정 _ 한국교회가 미완의 해방 70년을 살아오면서 분단이 고착화되어가는 사회 속에 한국교회의 역할이 무엇인지를 정말 한 번 비판적으로 성찰하고, 우리 민족공동체를 치유하고 화해하고 평화통일로 이끄는 교회가 되기 위해서는 어떻게 우리가 새롭게 변화되어야 하는가를 심사숙고할 수 있길 바란다. 그러기 위해서 십자가 아래에서 부활을 살아가는 그런 교회로 거듭나기를 함께 노력해야 되겠다.

사회자 _ 더 겸손하게 성육신하신 모습을 구현해나가는 한국교회가 되면 좋겠다는 바람을 말씀해주셨다. 귀한 말씀 나눠주신 세 분께 진심으로 감사드린다.

한국교회 목회자와 교회에게 바라다

. . .

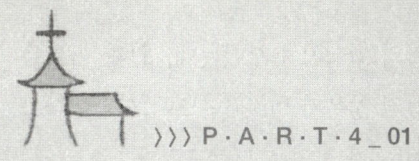

목회자의 자기 갱신과
나아갈 방향은?

10월 31일은 이 땅의 모든 교회가 종교개혁 기념일로 기억하여 지키는 날이다. 특히 올해는 종교개혁 500주년을 불과 2년 앞두고 있는 시점이라 더욱 큰 의미가 있다. 개혁교회는 항상 개혁되어야 한다는 종교개혁의 정신이 한국교회 전체에 다시 한 번 새롭게 각인되면 좋겠다. 그런데 이런 소망과는 달리 최근 일부 목회자들의 세상 상식에도 미치지 못하는 불미스러운 사건으로 말미암아 안타까운 상황이 벌어지고 있다. 그래서 오늘은 (사)교회갱신협의회 대표회장이자 인천제2교회 담임이신 이건영 목사(현재 (사)교회갱신협의회 이사장)와 함께 개혁교회의 의미를 다시 한 번 되새기면서 '목회자의 자기 갱신이 교회의 새로움과 성숙에 얼마나 중요한가'를 짚어보려고 한다.

※ 이 원고는 2015년 10월 31일에 방송된 원고이다.

사회자 _ 사단법인 교회갱신협의회라고 소개했는데, 원래 이름은 '교회갱신을 위한 목회자협의회'였지 않은가? 1996년도에 시작했다고 들었는데, 이 단체가 어떤 사역을 하는지 설명을 부탁드린다.

이건영 _ 특별히 교회갱신협의회가 중심을 두고 있는 것은 목회자의 철자한 자기 갱신이다. 그다음 교단의 갱신도 품고 있는 것은 사실이다. 1996년 3월 7일 고(故) 옥한흠 목사님을 중심으로 형성된 목회자 자기갱신 그룹이다. 목표는 세 가지 정도 있다. 첫째는 한국교회가 하나로 일치하는 데 쓰임받기 원한다. 두 번째는 목회자의 의식개혁이다. 특히 모든 교단구조의 갱신을 위하여 말하고 행동하기로 작정하고 진행하고 있다. 세 번째는 한국교회가 사회를 향해서 철저히 헌신하고 섬기기를 원한다. 약 1,500여 명의 목회자들이 초심과 열심과 뒷심을 잃지 않고 그런대로 잘 사역하고 있다.

사회자 _ 벌써 20년이 넘었다. 그동안 여러 가지 우여곡절도 많았을 것이고 힘든 부분도 많으셨을 텐데, 기억나는 게 있으면 소개해주시면 좋겠다.

이건영 _ 여러 교단의 구조적인 문제, 심지어 선거제도까지도 기도와 행동으로 어느 정도 바꿀 수 있었고, 그로 말미암아 금권, 권력 남용에 대한 견제세력으로서 광야의 외치는 소리와 행동을 보여주었음에 자부심을 갖고 있다.

사회자 _ 고(故) 옥한흠 목사님께서는 '교회갱신협의회'가 없어지는 것이 목표라는 말씀도 하셨던 것으로 기억한다.

이건영 _ 그렇다. 정말 이러한 갱신그룹이 없는 그날을 꿈꾸며 진행하고 있다. 그러나 교갱협이 있기 때문에 이 정도라도 유지할 수 있는 안목도 갖고 있고 여러 비난도 있지만, 잘 감수하면서 여기까지 왔다.

사회자 _ 목회자의 자기 갱신, 자기반성은 아무리 강조해도 지나치지 않을 것 같다. 최근에 또 일반 언론에까지 나왔는데 여러 종류의 성직자들 가운데 가톨릭 성직자의 신뢰도가 가장 높고, 그다음에 승려, 그다음이 교회 목사라고 발표되었다. 이렇게 한국교회를 바라보는 시각이나 목회자를 바라보는 시선이 곱지 않은 근본적인 원인이 무엇이라고 생각하는가?

이건영 _ 한국교회를 바라보면서 아파하고 있는 원인은 결코 교인이나 장로들에게 있지 않다. 우리 목회자에게 있다. 이유는 교회 안팎에서 들리는 모든 부정적인 사건의 중심에 거의 90% 이상 목회자가 관련되어 있는 것은 부인할 수 없는 사실이다. 특별히 작은 교회의 목회자, 재정이 어려운 교회의 목회자가 아니라 교인수가 많고 재정이 넉넉한 교회 목회자들의 일탈로 말미암아 교회 안팎의 사람들에게 아픔을 안겨주는 고통은 이루 다 말할 수 없다고 본다. 믿지 않는 분들이 봤을때 목회자들에게는 상식이 통하지 않는다는 이야기가 나올 지경이니더 안타깝고 아픈 상황이라 생각한다. 다른 말로 표현하면 "뭐 우리보다 못하네?" 하는 모습이 개신교 일부 목회자의 모습이고, 나머지도 크게 다르지 않다고 본다. 저에게도 나쁜 모습이 있음을 하나님 앞에서 고백하지 않을 수 없다. 지금은 교회 성장만큼 중요한 게 교인, 장로들보다 우리 목회자들이 십자가 뒤에 숨어서 자기를 죽여야 한국교회가 살 수 있고, 예수님의 복음이 살 수 있다고 생각한다. 특히 규모가 있는 교회의 목회자나 노회, 총회 연합회에서 직분을 가진 목회자들의 자기 갱신이 있어야 작은 교회 목사들도 힘을 얻어 목회할 수 있고, 교인들도 교회에 다니는 것을 자랑스럽게 이야기할 수 있지 않을까 생각한다.

사회자 _ 스스로 뼈를 깎고 피를 토하는 심정으로 말씀해주셨는데, 세상 사람들이나 교인들의 목회자에 대한 기대치가 높지 않은가? 이것을 어떻게 보는가?

이건영 _ 목사들을 자주 만나는 교인들보다 목사들을 거의 만나기 힘든 불신자들 사이에서 목회자에 대한 신뢰가 더 높다. 그리고 성직자로서 대하는 모습이 더 분명하다. 그러나 문제는 그만큼 신뢰할 만한 성직자로 보았는데, 자기들보다 못할 모습을 보일 때에 기대한 만큼 실망도 엄청나게 크게 나타난다. 그것이 한국교회에 악영향을 미치고 있기에 이 부분에서 뼈를 깎는 아픔을 가지고 자성해야 한다고 생각한다.

사회자 _ 최근에 정말 일어나지 말아야 할 사건들을 통하여 목회자들이 피를 흘리는 모습까지 세상에 보여주게 되었는데, 어떤 생각이 들고 앞으로 어떻게 정리해야 할까?

이건영 _ 이번에 있었던 목회자들끼리의 칼부림사건은 한국교회 목회자의 윤리의식이 더 이상 내려갈 곳이 없을 만큼 막장이라고 봐도 과언이 아니라고 생각한다. 한 후배 목사 이야기에 따르면, 청년이 찾아오더니 자신이 계속 교회를 다녀야 할지를 염려하고 기도해야겠다고 한다는 소리를 들으며 아무런 대답을 못했다고 한다. 정말 먼저는 저에게 피를 토하면서 이야기하고 싶고, 그다음에는 우리 모두에게 한국교회의 개혁은 목사의 개혁이라고 말하고 싶다. 신학교에 대한 이런저런 이야기, 무인가 신학교에 대한 이야기도 큰 의미가

뼈를 깎는 아픔을 가지고 자성해야 한다고 생각한다.

없고 지금은 목회자들이 공인의식을 회복해야 한다고 생각한다. 그래서 늘 어떻게 말하고 행동해야 하는지를 한 번쯤은 좀 더 묵상하고 행동하고 말했으면 한다. 그리고 우리 목회자끼리 동료의식이 회복되어야 한다. 한국선교연구원에서 발표한 자료를 보니 170명의 선교사를 대상으로 설문조사를 했는데, 선교현장에서 벌어지는 가장 큰 문제는 같은 국가, 같은 지역에서 사역하는 선교사끼리의 갈등이 53%라고 했다. 이제는 우리가 서로 싸울 때가 아니라 피를 토하며 회개하는 가운데 공인의식과 동료의식을 회복해야 한다. 그래야 나머지 모든 목사님도 평안한 가운데 복음을 전하는 데 매진하지 않을까 생각한다.

사회자 _ 말씀을 들으면서 우리가 어떤 푯대를 향해 가야 하는지 조금 더 선명해지는 것 같다. 그러나 또 한편으로 그럼에도 불구하고 인정할 만하고 칭찬할 만하고 모범을 보이는 목회자들도 많지 않은가?

이건영 _ 상상외로 많다. 그리고 이런 분들을 향하여 그 지역의 민

지 않는 분들도 기대를 걸고 있다. 그러니까 한국교회 전체에 대한 신뢰도는 떨어졌지만 지역교회에 대한 신뢰도는 점점 상승하고 있다. 그 지역의 작은 교회, 중형교회, 심지어 개척교회, 또 일부 대형교회들이 지역을 잘 섬기고 있기에 나타나는 긍정적인 모습이 분명히 있기 때문에 모든 한국교회가 매도당하는 것은 옳지 않다고 본다.

사회자 _ 어찌 보면 이것이 언론의 기능과도 연결되지 않을까?

이건영 _ 언론의 기능이 분명히 있고, 그 기능을 인정한다. 그러나 기독교와 목회자를 향한 비판을 위한 비판을 일삼는 언론들에 의해서 만들어진 기사가 여과 없이 전파되는 상황인데다, 현실보다 더 부풀려진 것도 부정할 수 없는 상황이다. 이처럼 우리 기독교의 연약함으로 인해 나타나는 아픔뿐만 아니라 긍정적인 역할도 많이 있다는 점도 한편으로는 기억해주시면 좋겠다.

사회자 _ 목사님께서는 오랫동안 목회를 해오셨는데, 그 시간 동안 공인의식을 가지면서 설교하고 사람들을 대하고 지역사회를 품는 것이 쉽지 않으셨을 것 같은데, 개인적으로 어떤 동력이 있으셨는가?

이건영 _ 그 동력이란 철저히 성령님께 의지하고 자기 밖에서 볼 수 있는 묵상이 필요하다고 생각한다. 목회자가 바쁜 것은 그다지 좋지 않다고 생각한다. 자기 자신을 바라볼 수 있는 묵상의 시간을 가지면서 성령님 앞에서 늘 자신을 돌아보고 평가해야 한다. 저도 온전하진 않지만 예수님의 그림자라도 따라가려고 애썼을 뿐이다. 그다음으로 저를 비롯한 목회자가 은퇴할 때까지 추구해야 할 것은 강단에서 말한 것이 삶으로 입증될 수 있도록 헌신하는 데까지 새로운 갱신이 필요하다고 생각한다. 그래서 교인들이 봤을 때 강단에서 말한 것이 가정과 목회현장에서 윤리적인 문제와 물질적인 문제, 그리고 취미와 여가활동까지도 일반 평신도들이나 믿지 않는 사람들이 이해할 수 있는 수준으로 자신을 쳐서 복종시켜야 한다고 생각한다.

사회자 _ 역시 권위는 말이 아니라 삶에서 뿜어져 나온다는 말씀인 것 같다.

이건영 _ 저는 권위주의는 배격하지만 권위는 강단에서 내뱉은 말을 교인들에게 삶으로 입증할 때 세워진다고 생각한다.

사회자 _ 한 교회에서 평생 동안 시무하셨는데, 아주 독특하고 재미있는 것 같다.

이건영 _ 지금 시무하고 있는 인천제2교회는 제가 태어난 교회이다. 여기서 태어나서 27년 동안 교인으로 있다가 소명 받았다. 신학교에 가서 7~8년 동안 서울에서 부교역자 생활을 했다. 그리고 지금까지 한 30년을 계속 여기서 목회하고 있다.

사회자 _ 삶으로 보여주지 않으면 성도들이 말씀에 대한 은혜를 받기가 힘든 것 같다. 그런 의미에서 목회자의 자기 갱신만이 개혁의 지름길이라고 말씀해주셨는데, 실제적으로 이런 의식이 얼마나 저변으로 확대되고 있는가? 20년 동안 교갱협사역을 계속해오셨고, 대표회장도 두 번째 중임하고 계신 것으로 알고 있는데, 어떠신가?

이건영 _ 갱신이라는 것은 정말 쉽지 않고 마라톤과 같다고 생각한다. 마라톤을 하는 과정에서 20년 동안 많은 성명서를 발표하기도 하고, 우리의 입장을 밝히고, 그에 따른 변화를 추구해왔다. 흔히 사람들은 그냥 성명서만 발표하는 단체라고 보기도 하지만, 그 성명서에 동의하는 많은 성도와 목사님들의 기도와 성원 때문에 성령님이 친히 앞서 가시도록 하면서 사역했다고 생각한다. 그러나 성명서만큼 중요한 것은 개혁의지가 있는 분들이 총회나 연합회에 들어가서 점진적인 개혁을 전염시키는 것도 더욱 필요하기 때문에, 앞으로도 계속해서 계획과 실행이 필요하다고 생각한다. 어쨌든 갱신을 위하여 몸부림치는 분들이 더 많아지면 한국교회도 희망이 있다고 생각한다.

사회자 _ 후배들이나 성도들은 목회자들을 향해서 희망을 보여달라고 절규하는 것 같다. 계속해서 실사구시적인 관점으로 성명서도 발표했고 한 발걸음씩 갱신을 향해서 움직이고 계시는데, 후배들은 이 길을 잘 따라올 것 같은가?

이건영 _ 우리에게 달려 있다. 우리가 얼마나 선명성을 보이면서 폭력적이지 않는가가 문제이다. 우리 행동을 예의주시하고 있는 후배들을 느끼고 있다. 그래서 교회성장 프로그램이나 교회부흥에 대해서 말하기보다는 최소한 한국교회의 갱신은 목회자의 갱신이라고 봤을 때, 공인의식 회복과 동료의식 회복을 위해 좀 더 많은 세미나와 포럼,

성명서, 기도회를 가져야지만 올바른 한국교회의 방향이 설정될 것이라고 생각한다.

사회자 _ 교갱협의 사역방향과 동시에 한국교회 성도들께 드리고 싶은 당부의 말씀을 부탁드린다.

이건영 _ 목회자들 때문에 이런 현상이 일어났는데 성도들에게 뭘 당부하겠는가? 우리 목사들은 교회와 사회 앞에 진심으로 사죄하고 용서를 받아야 된다. 사죄와 용서의 모습을 우리의 삶 속에서 보여주는 것이 진정한 갱신의 모습이라고 생각한다. 다만 지금 한국교회의 아픔을 다 부정적으로만 생각할 것은 아니라고 본다. 어떻게 보면 한국교회가 건강해지는 과정을 거치고 있는 것이다. 지난 130년

> **목사들은 교회와 사회 앞에 진심으로 사죄하고 용서를 받아야 된다.**

동안 한국교회는 너무 기형적으로 커졌다. 지금은 한국교회에서 나쁜 지방덩어리가 제거되고 영적 다이어트를 진행하는 과정이라고 생각한다. 이러한 과정을 성령님께서 앞서가고 계시고, 이 과정이 끝날 무렵에는 한국교회가 불교나 천주교만큼 되면 좋겠지만, 그러한 종교들과 대등한 건강성을 지니고 나아가는 과정 속에서 성령님이 역사하시는 모습도 정확히 볼 수 있는 영적안목이 있기를 소망한다.

사회자 _ 알곡과 가라지를 구분하는 과정이라고 하시는 것 같다. 오늘 귀한 말씀 감사드린다.

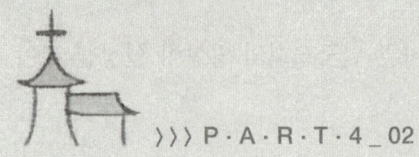

목회자 계속교육의
필요성과 중요성을 말하다

　　어느 시대 어떤 공동체를 막론하고 앞서 섬기는 지도자의 중요성
은 아무리 강조해도 지나치지 않다. 지난 날 한국교회는 목회자들의 앞
장선 헌신과 성도들의 귀한 섬김으로 유례없는 성장을 경험했다. 그런
데 어느 순간 한국교회는 성장이 멈춘 것을 넘어서 감소세로 돌아섰고,
오히려 비관적인 미래 전망을 염려해야 하는 어려운 처지에 직면했다.
이런 상황에서 특히 염려해야 할 것은 교회를 전문성 있게 섬겨야 하는
목회자들의 영성과 지성, 그리고 인격과 도덕성 함양이 무엇보다 중요
하다는 지적이 그 어느 때보다 크다. 이를 위해 새로운 환경 변화를 직
시하면서 발 빠르게 모든 상황에 능동적이고 대안적으로 실천하며 사
역할 수 있는 실질적인 목회자 재교육의 필요성이 더욱 높아지고 있다.
그래서 실천신학대학원대학교에 손인웅 총장(현재 이사장)과 웨스트민

※ 이 원고는 2016년 8월 27일과 9월 3일에 방송된 원고이다.

스터신학대학원대학교 정인찬 총장을 모시고 목회자 재교육의 필요성과 중요성에 관하여 말씀을 나누어보려고 한다.

사회자 _ 먼저 한국교회의 목회자 재교육의 필요성부터 짚어봐야 할 것 같다.

손인웅 _ 어느 조직이든 재교육 시스템이 없는 곳이 거의 없다. 공직사회나 민간기업까지도 다 재교육 프로그램을 강도 높게 운영하는 데 비해, 유일하게 목회자 세계에만 재교육제도를 제대로 실시하지 못하고 있는 형편이다. 이 시대에는 급변하고 목회환경은 변함없이 돌아가고 있는데, 교회는 섬현상이라고 할까? 역사 앞에 가만히 주저앉아서 그냥 정체되고 있다. 특히 교역자들이 새로운 목회의 생태환경에 적응하는 능력을 길러야 하는데, 제자리에 안주하고 있기 때문에 오늘날 교회의 문제가 여기서 생겨난다고 본다. 그래서 재교육은 반드시 해야 하고, 그리고 모든 교회, 교단이 필수적으로 이것을 제도화하고 실천해서 새로운 것을 수용하고, 또 적극적으로 변화를 모색해야만 새로운 시대를 견인해나갈 수 있다고 본다. 그래서 재교육은 반드시 필요하다고 본다.

정인찬 _ 교육개혁이 필요하고 또 목회자 재교육이 필요하다는 것은 오래 전부터 필요성을 느껴왔던 부분이다. 신학대학원을 졸업하고 목사안수를 받는 분들은 대부분 일반대학 4년을 졸업하고 3년 신학교육을 받고 나면, 그다음에 강도사과정을 거쳐서 목사안수를 받는다. 목사안수를 받고 나면 완전한 목회자인 줄 생각하는데 고인물이 썩는 것 같이 반복적인 것을 계속 답습하게 된다. 금방 한계에 도달하게 되고, 또 성도들을 돌보는 새로운 아이디어나 새로운 면도 전혀 보여주지 못하게 된다. 그래서 목회자 재교육, 계속교육, 평생교육이 반드시 필요하다.

사회자 _ 용어정리를 정확하게 해주셨다. 계속교육, 계속성숙을 향해 달려가는 것이 필요하다는 말씀이 와 닿는다. 대개 목회자들이 목사 안수를 받으면 그 뒤로부터는 훈련을 받고 싶어 하지 않는다. 어떻게 보는지?

정인찬 _ 어거스틴도 "안 배우려는 것이 가장 커다란 교만"이고 "무지가 곧 죄"라고 했다. 배우려는 겸손이 있어야 하고, 또 점점 전문화시대가 되어가기 때문에 한 번 배운 것으로 끝나지 않고 계속해서 전문가들의 영성이나 품성, 그리고 사역에 대해서도 재교육은 어쩌면 당연한 것이다. 또 재충전하기 위해서도 계속교육, 평생교육을 이어가야 한다고 생각한다.

사회자 _ 긴 시간 동안 현장에서 담임목회를 하시면서 목회자의 연장교육, 계속교육의 필요나 사역환경, 그리고 목회환경, 곧 목회 생태계가 너무 빠르게 변하는 것을 느끼실 텐데, 어떤 말씀을 학교에서 건네주고 계신지?

손인웅 _ 목회환경을 말할 때 사회변화에 대한 이야기를 같이해야 한다. 교회가 사회와 격리되어 있는 공동체가 아니라 사회 안에 있기 때문에 사회가 변하는데 교회가 변하지 않고 있으면 안 된다. 교인들은 사회에서 모든 새로운 지식과 새로운 정보와 기술을 접하고 추구하는데, 교회는 여전히 옛 것을 고수하고 있다면 대처할 수 없고 또 사회에 대한 사명을 제대로 감당할 수도 없게 된다. 그렇기 때문에 목회자가 예민한 감각을 가지고 사회변화에 대응할 수 있도록 먼저 공부해야 한다. 그래서 메시지나 교육과 같은 모든 교회 프로그램에 사회변동을 잘 반영해서 교인들이 사회와 격리되지 않고 사회 속의 그리스도인으로 승리할 수 있도록 지도해주어야 한다. 목회자는 끊임없이 사회변화와 역사변화의 중심에서 자기가 먼저 그것을 깨닫고 취득해서 잘 소화한 다음 교인들에게 전달하고 양육을 해야 한다. '카이젠' 이라는 말을 자주하는데 '개선' 이라는 뜻이다. 무엇이든 끊임없이 개선해나가자는 것이다. 교회 모든 프로그램부터 시작해서 모든 것을 개선하지 않으면 교회는 정체되고 역사에서 버림받는 결과가 나온다는 걸 항상 느꼈기 때문이다. 그래서 계속해서 진행해왔고, 지금 덕수교회 후임자도 그걸 그대로 이어서 나아가고 있다.

사회자 _ 선도적 개선을 할 수 있는 길을 열어가는 사람들이 바로 목회자라고 말씀을 해주셨다. 목회 생태계의 변화나 사역환경의 변화를 과거와 지금으로 나누어서 비교해보았을 때, 어떻게 보시는가?

정인찬 _ 이전에는 백 년 걸려서 변화될 것이 지금은 10년 안에 변화가 되고, 10년 안에 변화될 것이 1년 안에 변화가 되고, 또 1년 안에 될 것이 일주일, 또 하루만에도 급변하는 시대 속에 살고 있다. 또 신자들이 성경지식이나 변화에 대한 감각이 상당히 높은 수준에 올라와 있다. 그래서 오히려 목회자가 계속교육을 받지 않으면 평신도들보다도 훨씬 더 뒤떨어질 수 있다. 우리가 변화에 적절히 대응해나가면서 변질되지 않고 멈추지 않고 계속 발전하기 위해서는 재교육이 더욱 절실히 필요하다고 생각한다. 또 하나는 목회자들이 이론교육이라든지 교실에서 공부하는 것도 중요하지만 지속적인 영성과 품성 그리고 자기 사역에 대한 전문성을 계속 키워나가야 한다. 목회자가 아는 만큼 가르치고 감동된 만큼 느끼게 하고 변화된 것만큼 변화시키기 때문에 전 교역자들의 분위기 자체를 반드시 계속교육을 해나가야 하는 쪽으로 만들어가는 것이 참 바람직하다고 생각한다.

사회자 _ 계속교육의 필요성을 말씀해주셨는데 문제는 현실이 참 녹록치 않다는 점이다. 담임목회자들은 자기 나름대로 주일설교를 준비하기에 참 바쁘고, 또 여러 한국교회 설교자나 목회자들만큼 설교준비를 많이 하는 사람들도 없다. 다른 나라에서는 설교가 그렇게 많지 않다. 이런 녹록치 않은 현실 속에서 목회자들이 어떤 어려움들을 가지고 있는지, 또 우리 총장님들께서 보실 때에 어떤 안타까운 현실이 있는지 말씀해주시면 어떨까 싶다.

손인웅 _ 담임목회자는 교회공동체 전체를 담당하기 때문에 책임이 크고 한국교회 목회현장은 담임목회자들이 설교의 부담을 많이 갖고 있다. 그래서 설교의 부담을 좀 줄여줘야 된다고 생각한다. 설교 횟수가 너무 많다. 부교역자들과 나누어서 설교를 맡는 것이 방법 중 하나이다. 전체적으로 담임목사가 끌고 가지만 각자 사역을 전문화시킨 다음, 부교역자 팀을 통해서 자기 분야의 전문성을 발전시켜 나가도록 하면서 역할분담을 해야 한다. 그러면서 담임목회자는 시간적 여유를 가지고 세계 교회도 돌아보고 다른 현장도 좀 살펴보고 하면서 자기가 먼저 변하려고 노력하는 것이 중요한 사명이다. 그리고 부교역자들은 자기 분야에서 계속 전문성을 키워갈 수 있도록 밀어주고 역할을 분담하면서 교회가 새로워져가는 팀사역이 되어야 한다.

사회자 _ 지금 말씀해주신 것은 사역의 다변화를 생각할 때 담임목회자의 역할과 부교역자가 전문성을 좀 많이 개발해야 한다는 것이었다. 그런 측면에서는 웨스트민스터신학대학원대학교에 많은 학과를 두고 있다는 게 큰 의미가 될 수 있을 것 같다.

정인찬 _ 부교역자 교육도 상당히 중요하다고 본다. 부교역자들이 성경신학, 조직신학, 실천신학 같은 분야만 공부했지, 인간관계나 섬김, 품성 같은 부분들을 어떻게 도와야 하는지에 관해서는 실제적인 교육을 제대로 받지 못한다. 그러니까 갈등이 일어나고 교회 안에서 여러 가지 많은 부담을 떠안게 된다. 또 담임목사도 새벽예배에서 일주일 내내 설교하고, 주일예배, 저녁예배, 심방예배, 철야기도 등에서도 계속 설교하다 보니 거의 탈진상태에 이르게 된다. 그래서 너무 많이 설교하고 가르치기보다는 정말 전문성을 가진 분에게서 여러모로 많이 배워야 한다. 물이 넉넉하면 언제나 맑은 물을 흘려보낼 수 있는 것처럼 목회자가 풍성한 지식과 영성을 가질 때, 성도들과 목회에 대해서도 지치지 않고 계속해서 잘 해나갈 수 있을 것이다.

사회자 _ 담임목사의 인식변화와 함께 다음세대를 책임져야 할 부교역자들에 대해서 계속교육을 받을 수 있는 배려가 좀 필요하다는 지적이 많다. 어떻게 생각하는가?

손인웅 _ 부교역자들이 석사과정, 박사과정을 밟으면서 계속 공부하도록 교회에서 지원하고, 그다음에 교육이면 교육, 디아코니아면 디아코니아 등 자기가 맡고 있는 사역분야에서 전문사역을 하기 때문에 자기 분야만큼은 교회에서 가장 전문가가 되도록 키워내야 한다. 부교역자가 담임목사보다도 전문가가 되어야 한다. 그래서 각 분야에서 부교역자들이 자기가 맡은 사람들을 지도하고, 담임목사는 전체를 돌아보고 조정해주고 지원해주는 구조와 시스템을 갖추어야 한다. 그래야 교회가 건강하게 자라나고 교인들의 필요를 충족시키는데 도움이 된다. 담임목사 혼자가 아니라 부교역자들과 같이해야 한다.

사회자 _ 계속교육에 오는 목회자들은 그 필요성에 대해서 많이 공감하는 것 같다.

정인찬 _ 신학대학과 총회교육국 같은 데서 제대로 그런 교육을 받을 수 있도록 커리큘럼을 짜서 교육을 진행하면 좋겠다는 말을 많이 한다. 제대로 교육다운 교육을 받을 수 있는 프로그램과 커리큘럼을 짜면 되기 때문에, 우리가 계속교육과 평생교육을 개발해나가고 발전시켜 나아가야겠다는 과제를 진지하게 고려해야 한다고 생각한다.

사회자 _ 목회자들이 계속교육을 받아야 되는 부분에 대해선 필요성들을 많이 인식하고 있는 것 같은데, 교회를 구성하고 있는 성도들의 입장에서 혹시 사역현장에 공백이 생기는 것 아닌가 생각할 수도 있을 것 같은데, 어떻게 생각하는가?

손인웅 _ 오히려 교인들은 담임목사가 공부하러 가는 것, 새로운 것을 접하고 배우고 연구하는 것을 의외로 굉장히 좋아한다. 담임목사가 어디에 가서 1년씩 머물면서 여러 가지를 공부하거나 경험하고 돌아오면 아주 새로운 모습이 보인다. 이럴 경우에 담임목회자는 자신이 교회를 비우는 걸 조금 불안해한다. 교회를 비우면 정치현실이 좋지 않고, 또 때로는 시험에 들기도 한다. 그래서 불안해서 잘 비우지 못하곤 하는데, 사실은 교인들이 아주 안정되게 교회를 지키면서 담임목사가 마음 놓고 쉬면서 공부하고 돌아오도록 해줘야 더욱 새로워지고 좋아진다.

> 교회에서
> 가장 전문가가 되도록
> 키워내야 한다.

정인찬 _ 그런 성도들은 목회자에 대한 배려와 인식에 변화가 있어야 되겠다는 생각을 한다. 목회자가 배우고 오면 좋게 여기는 분도 있지만 교인들 심방도 해야 하고 우리 교회 자체일도 바쁜데 담임목사나 교역자들이 밖으로 나가는 것을 달가워하지 않는 분도 있다. 목사는 더 이상 배울 것도 없고 이미 다 완성된 것으로 생각한다. 그러나 혼자 모든 능력을 발휘하고 모든 것을 결정하는 일인 지도자시대는 모두 지나고 여러 사람들이 골고루 역할을 분담해야 하는 시대가 왔다.

사회자 _ 말씀을 듣고 보니 목회자들이 계속교육을 받기 위해서는 교회구성원 전체가 함께 고민하고 합의가 필요하고 배려가 필요하다는 생각이 든다. 그럼에도 불구하고 교단이야기를 잠깐 하고 넘어갔으면 좋겠는데, 목사안수를 준 교단이나 이런 차원에서 목회자 계속교육에 대한 시스템이 필요하지 않을까 하는 생각이 많이 드는데, 어떻게 생각하는가?

손인웅 _ 예장통합교단의 경우는 제도적으로 그렇게 되어 있다. '목사 계속교육원'이 있어서 거기에서 교육을 한다. 그러나 의무적으로 하지 않고 충분히 유익을 얻는다는 측면에서도 충족되지 못하기에 다른 곳으로 가는 경우가 더 많다.

사회자 _ 그런 측면에서 본다면 요즘 대학원대학교 같은 좋은 학교들이 많으니까 서로 연계해서 위탁교육 같은 것들을 생각해보신 적은 없는가?

정인찬 _ 너무 좋은 말씀이다. 대개 교단에서도 전도사교육, 강도사교육, 부교역자들에게 목회자로서 갖춰야 할 교육을 한 번 하고 나면 끝이다. 그래서 교단에서도 좀 더 영성교육, 품성교육 같은 영역을 계속 교육해주면 좋겠다 싶고, 각 교단마다 상황이 많이 다르니까 각자 어떤 대학원이나 각 교육기관이 있겠지만, 목회자들에 대한 계속교육과 재교육을 할 수 있는 어떤 통일된 연합기구나 기관을 세워서 교육을 한다면 훨씬 좋을 것이다.

사회자 _ 한국교회 수준과 미래는 교회를 앞서 섬기는 사역자로 부름받은 목회자의 수준과 깊이에 달려 있다고 해도 과언이 아니다. 현실적으로 목회자 계속교육이나 재교육에 대한 기회들은 교계에서 많이 제공되고 있고, 교계신문을 보면 하단에 도배가 되듯이 광고들이 나오고 있다. 실질적으로 학교의 커리큘럼은 어떻게 운영되는지 각 학교들의 상황을 좀 들어봐야 할 것 같다. 웨스트민스터신학대학원대학교, 우리가 보통 '웨신'이라고 표현을 하는데, 웨신은 어떤 상황인가?

정인찬 _ 웨신대학원대학교에도 사실 본 신학대학원도 있지만 그 외의 상담학과, 복지학과, 사회복지, 교육학과 같은 학과들이 골고루 다 있다. 그럼에도 이렇게 연합으로 모여서 연합기관을 만들어서 교육을 한다면 한 단계 더 발전된 계속교육을 할 수 있는 계기가 되지 않겠나 생각이 든다.

사회자 _ 어떤 의미에서 목회자들은 이 강의도 듣고 싶고 저 강의도 듣고 싶은데 학교가 여기저기 다 흩어져 있으니까 쉽지 않을 수도 있다. 이곳저곳 필요에 따라 돌아다니면서 들을 수 있고 나중에 공동학위를 받을 수도 있도록 하는 게 꿈일지는 모르겠지만, 어떻게 보는가?

손인웅 _ 지금 한국교회에 여러 가지 많은 문제가 있지만 신학교육의 문제가 상당히 중요하다. 한국교회뿐만 아니라 세계교회가 다 그렇지만 신학교육이 이론교육에 너무 많이 치우쳐 있다. 교회신학의 실천성이 부족하다는 것이 목회현장의 교역자들도 고백하고 교인들도 그런 방행을 원하고 있기도 하다. 이론적인 것을 많이 공부하더라도 실제 목회현실에 적용하고 교인들과 같이 살면서 하나님의 말씀으로 삶에 변화를 일으키고, 교회를 새롭게 하고, 세계를 새롭게 하는 실천적인 노력이 부족하다는 것이 사실이다. 또 교회가 교파별로 나누어져 있어서 교파신학을 너무 강화하는 바람에 한국교회가 연합하고 일치하는 데 막대한 지장을 가져왔다. 그런데 세계교회가 나아가는 분위기는 이 모든 교회가 함께 하나의 교회로 나아가는 방향이고, 하나님도 이 일을 원하신다고 생각한다. 그런 면에서 지도자들이 나서서 교파를 초월하여 신학교육을 함께할 수 있는 그런 제도적인 장치를 마련해주면 제일 좋고, 느슨하지만 연대하려고 노력하면 우수한 교육자와 신학자들이 더 많은 기여할 수 있을 것으로 본다. 이런 분들을 잘 묶어서 배치한다면 굉장히 풍성한 프로그램을 만들 수 있다. 이게 결국 한국교회가 더욱 풍성해지고 건강해지는 비결이다. 그러니까 어떻게 하면 서로 연대하고 함께 신학교육을 할 수 있느냐 하는 것을 좀 심도 있게 지도자들이 연구하고 노력해야 한다고 생각한다. 실천신학대학원대학교는 교육부에서 목회자 재교육을 시키는 목적으로 설립허가를 받았다. 그래서 커리큘럼 자체를 기존 신학교에서 하는 것들을 완전히 새롭게 전부 재구성해서 누구든지 종합적으로 공부할 수 있는 시스템을 만들었다. 그리고 참여하는 학생들이 전부 다른 교파에서 온다. 여기에 와서 지내는 동안 서로 친해지고 신학적인 교류를 하고 신앙적인 일체성을 추구하고, 그래서 이게 하나의 모범적인 모습으로 자리 잡아 나가고 있다.

사회자 _ 목회자 계속교육은 이 시대의 현장목회자들이 가장 고민하는 그런 어떤 내용들로 콘텐츠가 채워지는 것이 가장 중요하지 않을까 싶다. 어떤 부분을 제일 중요하게 여기고 목회자들에게 제시하려고 애를 쓰는가?

정인찬 _ 사실 이론과 실제는 아주 중요하기는 하지만, 교실에서 이론공부만 하고 목회현장으로 가다 보니 실제로 현장에 가서 목회할 때 전도, 선교, 심방 또는 목회방향을 어떻게 설정할지를 잘 모른다. 그래서 이런 분야를 오히려 더 활성화하고 실질적으로 목회에 접목할 수 있도록 교육하는 게 중요하다고 생각한다. 신학자 슐라이에르마허라는 분이 "성경신학이 나무의 뿌리라면 조직신학이 몸체이고 실천신학이 열매"라고 말했다. 열매 없는 나무가 쓸모없는 것처럼 이론적으로만 배우고 나가서 목회현장에 실제로 접목시키지 못한다. 학교에서 배운 것과 목회현장에 괴리가 생기다 보니 학교수업은 졸업하고 안수받기 위한 과정일 뿐이고, 목회는 자기 나름대로 여기저기 다니면서 배우고 직접 몸으로 부딪치면서 적용하게 된다. 그러므로 이번 계기를 통해서 우리 웨신대학원대학교와 실천신학대학원이라도 연합해서 교육하되, 현재 이론교육을 했던 것과 실천신학 목회현장에서 사용할 수 있는 것들을 개발해서 접목시킬 수 있는 일이 중요하다고 본다. 또 해외선교사나 선교사역과 관련한 구체적인 교육도 필요하다. 그래야 미래에 우리 한국선교가 세계를 주도해나가는 터전을 마련하리라고 생각한다. 지금은 다문화가 되어서 다른 나라 사람도 많이 들어와 있다. 한국 사람이 다문화를 돌보는 목회도 해야 하지만 이제 앞으로 각 나라 출신의 목사가 나와서 목회를 하게 되어야 한다. 그럴 때에도 이런 통일된 신학과 목회가 진행되어야 하는데 앞으로 이런 연합 교육기관이 생겨서 계속교육과 평생교육을 담당한다면, 지금 시대에 들어맞는 미래를 내다보는 교육이 아닐까 하는 생각이 든다.

사회자 _ 지금 실천신학대학원대학교는 그런 점에서 사회를 읽어내기 위해서 굉장히 애를 많이 쓰는 것 같은데, 어떻게 진행되고 있는가?

손인웅 _ 첫 번째, 교단 신학교에서 훈련받은 사람들이 하나님의 백성 공동체라는 넓은 관점에서 교회론을 좀 더 새롭게 볼 수 있는 눈을 열어준다. 교단신학에 익숙한 사람들이 처음에는 충격을 받는다. 그러나 그런 관점을 재정립해 나가도록 계속 교육하면서 종교사회학, 목회사회학 분야의 교수들이 강의한다. 이 과정을 통하여 사회에서 보는 교회와 사회인들이 보는 교인에 대한 신랄하게 눈을 열어준다. 그래서 지역사회와 한국사회 전체, 더 나아가 세계를 볼 수 있는 눈이 열리기 때문에 점차 그런 분야에 대해서 개발하기로 결단하게 된다. 이 과정에서 새로운 지평이 생기는데 아주 중요하다. 그렇게 하면 스스로 방향을 잡아서 열심히 자기 분야를 발전시켜 나간다. 그래서 교회를 새롭게 한다. 우리 학교에 온 학생들이 졸업을 할 때 보면 교회가 전혀 새로워진다. 그것은 곧 목회자 자신이 새로워진다는 것이고 궁극적으로 세계가 새로워지는 것이 우리가 강조하는 지점이다.

사회자 _ 두 분의 말씀을 가만히 들어보니 결국은 실천과 이론의 균형을 굉장히 강조하시는 것 같은데, 그렇다면 물론 깊이 있게 학문을 연구하신 이론전문가 교수들이 강의하는 것도 굉장히 필요하고, 동시에 현장에서 실천하는 목회자들이 강의할 수 있도록 교단에 설 수 있는 분들을 발굴하는 것도 굉장히 중요할 것 같다.

정인찬 _ 바로 현장에 적용할 수 있는 프로그램 개발위원회를 만들고, 또 현장에 있는 목회자들과 함께 어떤 교육과 프로그램을 목회사역에 적용할 필요성이 가장 절실한지를 물어본다면, 한층 더 새로운 계속교육이 되리라고 믿는다. 물론 각 교단별로 자기 나름의 신학적인 특색은 있다. 그러나 자기 교단 신학만 주장하면 너무 독자적이고 독선적인 면이 있어서 각 교단과 교파들이 서로 배타적이 되고

> 자기 교단 신학만
> 주장하면 서로
> 배타적이 되고 만다.

만다. 그래서 한 그리스도와 한 세대, 한 성령, 한 예수님, 한 복음이라는 생각으로 이러한 계속교육을 통해서 연합하는 모습을 보여준다면, 이게 교단연합과 교회일치를 향하여 나아갈 수 있는 발걸음을 떼는 동시에 분열을 화합으로 바꾸어 화해로 나아가는 길이 되리라 믿는다. 또한 계속교육을 통해서 서로의 장단점을 따서 접목하도록 한다면 아주 좋은 시도가 될 것이며, 이런 좋은 측면을 존중하면서 재교육 과정에서 계속교육을 통하여 풀어낸다면 정말 멋진 발전된 목회자들로 성장할 수 있을 것이다. 그로 말미암아 한국교회도 역시 더욱 성숙한 모습을 보여주지 않을까 생각한다.

사회자 _ 바람직한 방향성을 제시해주셨는데, 혹시 학위가 남발되지 않을까 하는 우려도 있다.

손인웅 _ 목회학박사 프로그램을 처음 시작할 때는 계속교육을 위한 것이었다. 목회자 계속교육을 1년 코스, 2년 코스로 하다가 그 과정

을 다 마친 목회자들이 2년 동안이나 열심히 했는데 수료증 하나 받으니까 좀 허전하게 느껴졌다. 그래서 이런 허전함을 조금이나마 충족시키기 위해서 목회학 박사과정을 만든 것이다. 그게 장점이 있으니까 점차 발전되었고, 이제는 전 세계적으로 목회학 박사과정이 너무 남발되고 있다. 그래서 목회학 박사지만 요즘엔 목회학 신학박사라고 수준을 좀 올리게 되었다. 자격요건도 강화하고 나름대로 전문성을 갖춰서 공부하는데, 그래도 양에 차지 않는 사람들을 위해서 Ph.D.과정, Th.D.과정도 많이 한다. 이처럼 목회자들은 학위에 관심이 참 많다. 그런데 관심이 많은 건 좋은데 단순한 학위자격증이 아니라 그 내용을 견실하게 채워야 한다. 목회현장을 변화시키고 교회를 변화시킬 것인지를 고민해야 한다. 목회학 박사 수가 많아지면 한국교회가 그만큼 새로워져야 한다. 학위만 남발하면 문제다. 그래서 요건이나 기준 같은 것을 더욱 강화하면 좋겠고 이론과 실제 실천에 대한 이야기를 했는데, 첫째는 커리큘럼을 잘 만들어야 하고, 둘째는 팀티칭을 하는 것이 중요하다. 그게 우리 학교의 특징이다.

사회자 _ 실천신학대학원대학교가 실제로 그렇게 가르친다는 말씀이신가?

손인웅 _ 우리 학교의 특징이 팀티칭이다. 그러니까 이론을 전공한 전문 전임교수가 있고, 그 분야에서 Ph.D.학위를 가진 사람들이 있다. 그다음에는 임상교수가 있다. 임상교수는 목회자로서 자기 전공분야에서 학위를 가진 사람들이다. 그 사람들이 임상교수로 들어오고, 그다음에 특임교수, 석좌교수는 주로 원로교수들이다. 해당분야에서 교수로 은퇴하신 분이나 목회자도 원로목회자들을 초빙한다. 이렇게 세 분이 함께 팀티칭으로 가르치는 것이 기본이다. 그리고 수업방식이나 진행은 거의 토론이다. 학생들이 전부 참여한다. 자기 목회현장을 꺼내 놓고 분석하면서 그에 관한 대안을 찾아보고 서서히 방향을 잡아나간다. 그런 방법이 이론과 현장을 서로 연결하고 통합하면서 실제로 학생들이 새로운 것을 자기 나름대로 만들어갈 수 있도록 돕는 교육시스템으로써 그 안에서 상당히 많은 변화가 일어나고 있다고 말씀드릴 수 있다.

사회자 _ 두 분께서는 사실 한국교회의 가장 중요한 원로로서 역할을 감당하고 계신다. 두 분께서는 과연 긴 시간 동안 사역하면서 어떻게 계속교육의 문제를 스스로 해결하셨을까, 그 방법이 궁금하다.

정인찬 _ 저는 책을 읽다가 "배우지 않은 자는 지도자가 될 수 없다"는 내용을 보고서 충격을 받았다. 또 하나님의 말씀에도 "배우고 확신하는 일에 거하라"고 한다. 그래서 많이 설교하는 것보다 "이스라엘 백성들아 들어라"는 말씀처럼 많이 듣는 사람이 잘 전하게 된다. 그래서 대학을 졸업하고도 거의 12년 동안 목회를 하면서도 실천신학, 교회론, 목회의 새로운 패러다임, 목회, 새 목회, 뉴 패러다임을 위해서 어떻게 해야 하는 것인가 하는 질문들을 가지고, 어디에나 적극적으로 참여하고 공부하려고 노력을 많이 했다.

손인웅 _ 저희가 신학교 다니던 시절의 학교 상황은 교수진도 부족하고, 학교가 광나루로 이전해서 상당히 많이 불편했다. 우리 생각과 기대는 참 컸었는데 3년 동안을 계속 갈등하면서 공부하다 보니 별로 배운 게 없다는 생각이 들었다. 졸업 후에 우리 목회자들끼리 연구회를 만들어 끊임없이 새로운 것을 연구하고 공부하고 훈련하고 발표하고, 또 실험하고 했다. 이게 지금 한목협까지 연결되어 이제 40년 이상 이어져왔다. 거기서 봄, 여름, 가을, 겨울, 계절마다 세미나를 열고, 또 전체 프로그램을 열어서 목회자훈련을 했다. 최고의 강사들을 모셔다가 초교파적으로 운동하고 많이 훈련했다. 또 목회자가 새로워지지 않으면 교회가 새로워지지 않는다는 것을 알았기 때문에 자기개발 노력을 꾸준히 이어가서 그게 지금도 계속되고 있다고 본다. 저는 지금도 목회자들이 개인적으로 항상 공부하고 자기개발을 해야 한다는 것과 혼자서는 힘든 까닭에 친구들과 함께든지 교단 내에서나 어떤 단체를 같이 만들어 공동으로 연구하고 공부하고 발전해 나아가는 것이 반드시 필요하다고 본다. 교회를 새롭게 한다는 것은 큰 교회들이 작은 교회에 매월 얼마씩 선교비를 지원하는 것만으로는 부족하다고 본다. 그렇게 할 게 아니라 작은 교회 목회자들이 공부하려는 욕구가 많은데, 그럼에도 형편이 안 되어서 공부를 못하는 교역자들이 허다하다. 이런 교역자들에게 공부할 기회를 지원하는 것이다. 그렇게 하면 한국교회가 새로워지고 교역자들이 새로워지고 나름대로 개발되면 교회가 세워진다. 그래서 이런 시스템을 지금 만들어가고 있다.

사회자 _ 두 분 총장님의 말씀을 들어보니 굳이 학위과정이 아니라 할지라도 연대를 통해서 철이 철을 날카롭게 하는 것처럼 어떤 학습의 과정들을 열어가면 좋겠다는 말씀이신 것 같다. 척박한 목회환경 속에서 고갈되지 않도록 좀 물에 푹 잠길 수 있는 에너지를 공급받을 수 있는 시스템을 만드는 게 굉장히 중요하다는 말씀으로 들린다. 마지막으로 한국교회와 목회자들과 성도들께 부탁하고 싶은 말씀을 해주시면 감사하겠다.

정인찬 _ 사람이 교육을 받지 않으면 길들여지지 않는 소와 같다고 생각한다. 고삐를 묶고 훈련이 안 되면 가는 곳마다 난장판을 치는 것처럼 잘 교육받지 않는 교역자가 부임하면 교회를 깨고 교단을 깨고 교파를 깨고 문제가 생기는 것이다. 그래서 주의 종에 대한 교육은 굉장히 중요하다. 그러므로 앞으로 우리 목회자교육은 영성교육과 품성교육, 응용교육, 실천교육을 바로 시키면 좋겠다. 교단마다 따로 하기보다는 서로 연합기구를 만들어서 목회자다운 목회자, 그리고 목회자가 현장에 가서 바로 적용하고 접목할 수 있는 커리큘럼을 만들어나가면 좋겠다. 여러 전문가들이 함께 진행하고 공유하게 된다면, 나 하나의 독선이 아니라 새로운 공동체를 함께 만들어가면서 한국교회의 미래를 열어가는 좋은 방향을 구축해나가면 좋겠다.

손인웅 _ 우리 한국교회가 세계에서 제일 열심이 많기는 한데, 방향 없는 열심이라서 때로는 위험한 결과를 초래하기도 한다. 또한 교인들을 제자삼는 목표를 가지고 제자훈련도 많이 하는데 자기 제자가 아니라 하나님의 백성을 길러내야 한다. 모든 교회가 자기 교파의 교인을 만드는 게 아니라, 감리교인, 장로교인, 성결교인 만드는 게 목표가 아니라 하나님의 백성을 길러내는 훈련에 집중해야 한다. 그러면 어디를 가든지 하나님의 백성으로서 공동체를 이루고 하나님의 나라를 위한 일꾼들이 될 수 있다. 하나님의 백성을 길러내고 예수님의 제자를 신실하게 길러내면 그 사람들이 하나님의 나라를 세우는 일꾼들이 된다. 지금 그게 안 되는 것이 한국교회의 가장 커다란 병폐 가운데 하나이다. 그래서 요즘은 공공신학이라는 이야기들을 많이 한다. 모든 신앙과 교회의 공공성을 강조해야 한다는 것이다. 그래서 우리 사회 전체를 하나님의 나라로 만드는 데 공동으로 같이 힘써야 한다는 것이다. 그러면 교파의식도 저절로 사라지게 될 것이다. 나하고 다른 신학이나 교파에 대해서 배타적인 태도를 취하지 말고 정죄하지도 말자는 것이다. 우리는 그리스도 안에서 모두 한 형제요 자매요 한 가족이다. 한 백성이라는 공동의식만 가지면 얼마든지 교회가 하나 될 수 있다. 이것이 우리한국교회의 가장 시급한 문제이다.

사회자 _ 지금까지 목회자 계속교육의 필요성과 중요성이라는 주제로 말씀을 나누어 보았다. 계속교육의 중요성, 아무리 강조해도 지나치지 않은 것 같다. 두 분의 말씀을 잘 들어보면 꼭 필요하다는 점을 공감할 수밖에 없을 것 같다. 오늘 함께 말씀을 나눠주신 두 분께 감사드린다.

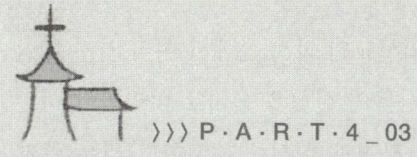

해외선교사의 사명과
헌신을 숙고한다

복음이 들어온 지 130주년이 넘은 한국교회는 지금까지 세계교회
에서 유래를 찾아볼 수 없는 부흥의 역사를 기록했다. 해외선교에 있
어서도 전 세계교회가 주목할 수밖에 없는 결과를 일궈왔다. 기독교
인구 대비 세계 최대선교국으로 성장했고, 특히 선교사파송은 지난
30년간 빠른 속도로 성장하고 있다. KWMA(한국세계선교협의회)가
지난 1월 8일 보고한 바에 따르면 2014년도에는 170개국 26,677명
(2016년 현황은 172개국 27,205명 파송)의 선교사들을 파송한 것으로
보고하고 있다. 한국교회 내부적으로는 성장 정체 등 여러 위기에 대
한 자성의 목소리가 들려오고 있지만, 그럼에도 불구하고 복음의 열정
을 가지고 전 세계로 이렇게 많은 선교사들을 파송하고 있을 뿐만 아
니라 파송숫자가 꾸준히 늘어나는 추세는 상당한 의미가 있다고 본다.

※ 이 원고는 2015년 1월 17일과 24일에 방송된 원고이다.

많은 선교사들이 파송된 만큼 해외선교의 과정 속에서 여러 가지 위험과 어려움에 노출되어 있는 선교사들의 현실을 올바로 바라봐야 하는 상황이다. 그래서 '해외선교사의 사명과 헌신을 숙고한다' 라는 주제로, 한국위기관리재단 사무총장 김진대 목사와 KWMA 총무 서정호 목사(현재 KAMSA 사무국장)를 모시고, 더욱 전략적이고 효율적인 한국교회의 선교 방향을 짚어보려고 한다.

사회자 _ 해외선교사들이 사역현장에서 안타까운 상황을 맞이하는 경우가 종종 발생한다. "말레이시아 항공기에 탑승했다가 실종한 박성범 선교사와 일가족 3명의 뉴스"는 듣는 모든 이들을 안타깝게 하고 있다. 선교사 복지와 위기관리에 관하여 KWMA에서는 어떻게 이야기하고 있는가?

서정호 _ 1990년 KWMA가 세워졌을 당시에는 100개국에 1,950명의 선교사들이 파송되었는데 엄청난 성장을 가져왔다. 선교사가 많이 나가 있다 보니 선교사들에게 개인적인 위험이 상당히 많이 발생하고 있다. 그래서 2006년 한국지도자 선교포럼에서 이 문제를 다뤘다. 그 결과 결의문으로 채택하기를, 선교현지에서 사고사로 돌아가시는 경우, 장례는 현지에서 치루며 시신은 장묘나 화장을 하기로 결정하였다. 그리고 현지 장묘의 경우 현지선교사와 협의하여 한국인 선교사 묘지를 조성하기로 하고 해당선교사의 업적을 기리면서 선교에도 좋은 영향력을 끼칠 수 있도록 하였다. 또한 용어에 대해서도 정리하기를, 순직은 선교사역 과정에서 생긴 사고사로 돌아가신 것으로 규정하고, 순교는 종교적 신념을 부인하라고 강요당하는 상황에서도 죽음으로 이를 지켜냈을 때 사용하기로 하였다. 그러니까 이번에 고(故) 박성범 선교사 가정의 경우는 순직한 것으로 구분할 수 있다.

사회자 _ 상황에 따른 대응매뉴얼이 세분화되어 있다고 볼 수 있는데, 이런 위기상황이 벌어지면 제일 먼저 움직이는 기관이 한국위기관리재단일 것 같다. 어떤가?

김진대 _ 일단 선교사역에서는 주님의 십자가를 진다는 분명한 사명이 있는 반면, 또 한편으로는 너희를 핍박할 경우에는 이 마을에서 저 마을로 피하면서 지혜롭게 행동할 것을 권면하는 성경 말씀도 분명히 있다. 그런 차원에서 선교사들은 어떤 신앙에 따라 움직일 것인가가 매우 중요한데, 대체로 열악한 선교현장, 더구나 해외현장은 어떤 경우에든 많은 위기가 수시로 닥쳐올 수밖에 없다. 그러다 보니 다양한 위기상황을 만나게 되고, 경우에 따라서는 순직하거나 순교, 사고사, 또는 선교사 탈락까지도 나아가게 된다. 특별히 순직이냐 순교냐는 문제가 위기관리 차원에서 보면 상당한 의미를 갖는다. 생명존중이라는 성경적인 기본정신을 고려해야 하고, 또 하나는 접근 제한지역에서 선교사가 사망했을 경우 순교인지, 순직인지, 사고인지 국내에서 어떻게 처리하느냐에 따라서 선교현장에 있는 선교사들에게 예기치 못한 위험이 따를 가능성도 있다. 그런 측면에서 이번에 지침서 재개정 작업을 진행하면서 선교사의 순교와 순직에 관한 지침서도 마련했다. 그렇기 때문에 이 모든 것을 국내뿐만 아니라 해외에 있는 선교사들도 반드시 숙지해서 분명하게 구분해야 한다. 또한 각각의 필요에 따라서 정확하게 예우하고 생명존중을 보여주는 기독교 본연의 자세를 가지고 대응한다면, 좀 더 명확하게 위기관리 차원에서 대비할 수 있을 것으로 생각한다.

사회자 _ 좀 전에 고 박성범 선교사 같은 경우는 순직이라고 하셨는데, 이 사건에서 선교사 부부의 시신은 발견되었지만 아직 그 따님은 실종상태로 알려져 있다. 그러면 이런 경우는 현지에서 장례식을 치르게 되는 것인가?

서정호 _ 이와 같은 경우는 파송한 교회나 교단, 선교단체에서 협의할 내용이기는 하지만, KWMA의 입장에서는 가능하면 현지에서 치르는 방향으로 유도하고 있다. 그러나 이것은 어디까지나 KWMA의 입장일 뿐이고, 그것을 진행하는 교회와 단체의 입장을 전적으로 따르고 있다.

사회자 _ 여러 곳이 함께 관련되어 있는 상황이기 때문에 그런 것 같다. 이야기를 들어보니 선교사들이 각종 사고나 위험에 노출되는 빈도수가 높아지고 있는 것 같은데, 어떻게 생각하는가?

김진대 _ 일반적으로 재외국민들의 사건이나 사고노출 정도가 외교부 통계에 따르면 계속 증가하는 추세인 것으로 나타나고 있다. 2013년 경우 5,000건 가까이 된다. 그중에서 선교사들도 다수 포함되어 있는데, 2011년도 말에 선교단체를 대상으로 사건, 사고들을 조사한 적이 있다. 그때 전체 130개 선교단체를 대상으로 조사했는데, 여기에 답변한 단체가 30여 개 정도였다. 그중에 중대한 위기사건으로 보고된 것이 64건이었다. 대부분 환경적인 위기, 지진이나 강도 같은 것이었고 내적인 관계에 관한 것도 30% 정도였다. 이런 추세는 계속적으로 늘어나고 있다. 2014년 말 현재 '선교단체의 위기관리 현황 설문조사'를 통해서 3년 만에 다시 그와 같은 사건, 사고에 관한 조사를 진행하고 있다.

사회자 _ 세계정세도 극단적인 이념에 따라서 테러가 빈번하게 일어나는 상황이니까 이런 위험노출은 계속적으로 늘어날 수밖에 없는 상황인 것 같다. 선교사들이 겪는 위기상황의 구체적인 사례를 좀 말씀해주시면 감사하겠다.

김진대 _ 여러 가지 범주로 나누어서 말씀드려야겠다. 그 가운데 자연재해 사건과 사고에 노출되는 경우, 정치적인 급변상황이나 격변에 휘말리는 경우, 질병이나 전염병에 걸리는 경우, 또 하나는 심리적, 정신적인 혹은 관계적인 위기상황으로 몰리는 경우 등으로 나눌 수 있다. 실제로 2010년 이후로 강도피격이나 정부에 구금되거나, 고문을 당하거나 교통사고로 가족이 대부분 사망하는 경우, 어떤 때에는 항공기가 추락하는 경우도 있다. 강도에게 피격을 당하는 경우는 너무 많다. 특히 지역별로 편차가 크다. 모든 지역이 다 위험하기는 하지만 어떤 지역은 추방하는 경우도 많고, 어떤 지역은 테러가 빈번하고, 특히 무슬림지역은 보안상태가 매우 안 좋다. 에볼라나 풍토병, 말라리아나 황열, 사스 같은 전염병이 국지적으로 일어나는 지역도 있다. 중남미나 필리핀 같은 경우는 총기 소지를 허용하기 때문에 범죄가 많다. 또 필리핀은 홍수나 태풍 같은 자연재해도 많다. 그래서 각 지역별로 특성이 있기 때문에 우리 선교사들이 나름대로 정보력을 동원하여 사전에 미리 정세를 판단하면 도움이 될 것이다.

사회자 _ 특히 온 가족이 움직이기 때문에 위험에 많이 노출되지 않는가? 선교행정적으로 볼 때에 사명 때문에 나가시는 선교사들의 자녀교육이나 다른 여러 가지 예우 문제도 복잡한 점이 많을 것 같은데, 어떤가?

서정호 _ 1990년에 선교사 숫자가 1,650명이었고, 2014년 12월 말에는 26,000여 명이 되었으니까 굉장히 많이 증가한 것은 사실이다. 그 이유는 한국인의 특유한 열정 때문인 것으로 보인다. 한때는 선교사들을 무조건 많이 보냈다. 그래서 사명감을 갖고 열심히 정말 수고를 많이 했다. 그러다 보니 2000년대에 들어와서 1만 명이 넘어가면서 여러 가지 문제가 발생했다. 오로지 선교사를 보내는 데만 집중하느라 그 이후로 선교사들을 올바르게 돌보는 부분이 크게 취약했다. 그래서 KWMA에서는 2001년부터 '선교사 평생 돌봄 체계'를 구축했다. 8개 영역에서 선교사들을 돌보고 있다. 특히 신체건강을 위해서 8개 병원과 협력관계를 맺어서 도움을 드리고 있으며, 정신 건강을 위해서 심리상담단체와 연결해서 점검하고 있다. 그리고 선교사 자녀 교육문제, 안식년 동안 국내로 들어와 본국 사역을 펼치는 과정에서 여러 가지 측면에서 돌봄사역을 진행하고 있다. 그리고 마지막으로 은퇴와 복지부분이다. 지금 현재 8개 영역 중에서 가장 약한 부분이기도 한다. 정확한 통계는 아니지만 향후 10년 이내에 은퇴하는 선교사가 3천 명가량 될 것으로 보고 있다. 그래도 지역교회를 섬기는 목회자 같은 경우에는 어느 정도 은퇴준비가 가능하지만, 선교사들은 은퇴 이후의 준비를 전혀 할 수 없기 때문에 참 어려운 문제이기도 한다. 그래서 KWMA에서는 선교사들에게 개인연금을 들도록 유도하고 선교단체와 함께 퇴직연금을 들도록 권고하고 있다.

사회자 _ 선교사 한 분을 파송하는 경우에 교회와도 긴밀하게 연결되어 있고 가정과 가족과 한국교회 전체가 서로 복잡하게 연결되어 있기 때문에 쉽지 않은 것 같다. 선교사를 파송하기 전에 대부분 각 선교단체에서 교육을 진행하는데, 어떤 부분을 집중적으로 교육하고 있는가?

서정호 _ 그 전에만 해도 선교훈련은 선교단체에서 3~6개월 정도 훈련하는 것으로 끝났었다. 그런데 KWMA에는 선교훈련분과위원회가 있다. 거기에서 선교사 전 생애 훈련발표회를 진행하면서 선교사역 전 과정에 대한 선교훈련 지도를 그리도록 한다. 선교사 선발에서부터 선교사 은퇴까지 계속적인 교육이 필요하다고 보는 것이다. 선교사는 만들어진다고 표현할 수 있다. 그래서 각 선교훈련은

> **선교사 선발에서 은퇴까지 계속적인 교육이 필요하다고 보는 것이다.**

평생교육의 관점에서 보아야 한다는 것이다. 각 단계와 상황에 따라 필요한 교육을 제공함으로써 평생선교사를 돕는 길을 모색해왔다. 선교사 파송 이전과 선교지에서 사역할 때, 그리고 은퇴 이후에 어떻게 적절한 교육을 진행할 것인가에 대한 단위개념의 선교훈련 프로그램을

준비해서 실시하고 있다.

사회자 _ 특화하여 움직이고 있다고 말씀해주셨는데, 위기관리재단에도 그런 프로그램이 있다면 소개를 부탁드린다.

김진대 _ 선교사 대상 교육에는 3가지 측면이 있다. 곧 후원하는 교회 측면, 선교사를 파송하는 선교단체, 그리고 선교현장에서 다른 선교사와 연합하는 측면이 있다. 여러 정책 중에서도 선교사에 대한 위기관리를 위해 가장 효과적으로 대응하는 방식은 선교사들에게 적절한 교육을 제공하는 것으로 본다. 이 교육을 통해서 각 단체의 위기관리 체계와 정책과 지침이 어떤 방향을 가지고 움직이는지, 실제로 사건이 발생했을 때 본부와 해당지역, 개인과 가족이 어떻게 움직여야 하는지에 관한 매뉴얼을 갖추게 된다. 그리고 지속적인 교육이 필요하다. 실제로 현지로 나갈 때는 해당지역이나 여러 상황에 맞추어 그에 따른 위기관리 교육을 실시한다. 보통 최소한 6시간 정도 집중교육이 필요하다. 그런데 대개의 선교단체에서는 2시간 정도 교육하는 것으로 보인다. 미국 같은 경우는 3일간 합숙훈련을 실시한다. 그런 점에서 우리도 역시 충분히 훈련받고 나갈 수 있는 여건이 조성되어야 할 것이다.

서정호 _ KWMA에는 한국선교평가원이라는 독립된 기관이 있다. 이곳에서는 선교단체의 건강성을 6가지 기준으로 평가한다. KWMA의 회원으로 들어오려면 반드시 이 평가원의 평가를 받아야 한다. 그래서 이 결과물을 가지고 이사회에서 가입여부를 결정한다. 그만큼 중요하다. 평가원의 평가항목 중에 위기교육 부분이 들어가 있다.

사회자 _ 안타깝게도 정말 사역을 잘 했음에도 불구하고 한 번의 위기를 제대로 잘 관리하지 못해서 사역의 길이 막혀버리는 경우도 있지 않은가?

김진대 _ 그런 경우도 종종 있다. 예를 들어 우리가 말하는 단기선교팀들이 해당지역에 가서 실수를 저질러 10년 넘게 만들어놓은 시설은 물론이고, 모든 것을 남겨놓은 채 비자를 발급받지 못하거나 강제추방을 당하는 경우도 있었다. 특히 교통사고도 많이 당하고 강도 피격의 위기에도 많이 노출되는데, 그러면 선교사역 자체뿐만 아니라 본인 가정과 선교단체에도 치명적인 위기를 초래하기도 한다.

사회자 _ 교회의 역할도 매우 중요할 것이다. 교회에 부탁드리고 싶은 말씀이 있다면 한 말씀해주시면 감사하겠다.

서정호 _ 교회는 언제든지 위기상황이 발생할 수 있다는 사실을 늘 기억해야 한다. 그리고 선교사를 보내놓고 기도하면서 위기관리 재단의 도움을 받는다든지 하는 방법으로 선교사를 더 잘 도울 수 있도록 지속적인 정보공유가 필요하다. 그리고 교회도 늘 선교지에서 정치적, 사회적으로 어떤 위기가 발생할 수 있는지를 잘 파악하여 선교사들에게 긴밀하게 제공함으로써 선교사들이 위기를 잘 극복할 수 있도록 도와주는 역할까지도 해주어야 한다.

사회자 _ 두 분의 말씀을 들어보니 이미 선진화된 커리큘럼이나 매뉴얼이 있고, 아주 특화된 전문사역을 담당하는 위기관리재단 같은 단체가 있는데, 교회에서는 이런 기관과 얼마나 잘 상호협력이 이루어지고 있는가?

김진대 _ 저희 재단이 창립된 지 현재 4년이 되었다. 작년부터는 선교현장으로 가서 선교사들에게 직접 위기관리교육을 진행하고 있다. 그러나 사실 아직 한국의 각 지역교회에까지 인식이 확산되는 데는 분명히 한계가 있다. 2007년 이후로 매년 4~5회 정도 여름휴가철마다 지역별로 단기선교팀의 위기관리교육을 진행하고는 있지만, 단기선교를 많이 나가는 큰 교회나 선교사를 많이 파송한 교회는 그나마 관심을 가지는데, 그렇지 않은 교회에서는 아직까지 미미한 상태이다. 그래서 2015년에는 선교단체와 함께 지역별로 교회들을 동원해서 위기관리교육을 위한 방안을 마련 중에 있다. 특히 이 문제가 교회차원의 문제를 넘어서서 정부에서는 재외국민 보호차원에서 외교부와 문화체육관광부가 교회를 지원하는 사역을 담당하고 관심을 기울이고 있다. 그리고 국내와 국외에서 이러한 사역을 진행할 수 있도록 실제로 정부에서 많이 지원해주고 있다. 지역교회를 위해서는 더 많이 분발해야 한다고 생각하고 있다. 지금도 사실 매주 2~3번 정도 최신 위기정보에 해당하는 대륙별 위기사건 관련 정보들을 지속적으로 제공하고 있다. 이런 정보를 받으려면 kcms.or.kr에 각종 위기정보와 세미나 등 모든 정보가 올라와 있다. 많은 분들이 이곳을 통해서 유익한 정보를 제공받으면 좋을 것 같다.

사회자 _ 다음으로 현재 세계선교의 현장이 어떻게 변화되어가고 있는지를 한 번 짚어주시면 좋겠다.

김진대 _ 일단 과학기술의 급격한 발달로 말미암아 인터넷 세상이 되었다. 지구촌 구석구석의 일들이 내 옆집에서 일어나는 것처럼 환히 드러나고 교통이 발달해서 어디든지 갈 수 있기 때문에, 이제는 나름대로 투명성이나 정직성이 담보되지 않으면 장기적으로 갈 수 없다. 또 사회화나 세계화가 급속히 진행되다 보니 빈부격차나 종교갈등이 극대화가 되고 있다. 최근에는 알카에다라든가 IS의 출현으로 말미암아 선교현장 자체가 급변하며 격변하고 있다. 그런 차원에서 좀 더 세밀하게 정보를 수집하고 분석하고 제공해서, 그에 따라 지혜롭게 대처할 필요가 있다고 생각한다.

서정호 _ 전 세계가 이제는 지구촌이다. 멀고 가까운 곳을 가릴 것 없이 어디든 다 손 안에 들어 있는 세상이 되었다. 앞으로 미래선교의 방향이 본부 중심이 아니라 현지 중심, 곧 선교지 중심적으로 선교에 대한 획기적인 사고의 전환이 이루어질 것이라고 보고 있다. 두 번째는 목사나 선교사가 나가서 사역할 수 있는 지역이 극히 제한적이기 때문에, 평신도 전문인 선교사역이 굉장히 늘어날 것이고 '모든 성도는 다 선교사'라는 '월드 크리스천' 마인드를 가진 사람들이 많이 일어날 것이다. 또 해외여행이 해마다 급증하고 있는데 이제는 해외여행을 나갈 때에 선교여행이 아닌 여행선교라는 말이 나올 정도이다. 이처럼 여행을 가더라도 선교사나 종교에 관심을 가지고 여행을 떠나는 여행선교도 발전할 것이라고 전망하고 있다.

사회자 _ 선교적인 여행이라는 뜻으로 들린다. 이처럼 선교도 이제는 철저히 현장중심으로 이동하는 듯한 느낌을 받는다. 그런 면에서 선교사 양성교육도 좀 바꾸어야 하지 않을까?

서정호 _ 선교사들도 건강한 인격을 갖춰야 하는데 이것은 매우 중요한 부분이다. 이것은 단기에 안 되기에 주일학교 때부터 교육 커리큘럼에 선교분야를 넣어서 아예 선교적인 소양을 훈련하면서 건강한 인격을 가진 선교사가 배출될 수 있도록 해야 한다. 두 번째는 선교에 대한 소명이 매우 중요하다. 물론 바울처럼 다메섹 도상에서 하나님의 강권적인 역사에 의해서 선교사로 나가는 사람도 있지만 모든 성도는 다 선교사인 것이다. 그렇기에 "어디를 가든지 무엇을 하든지 나는 선교사다"라는 정체성을 분명히 인식하는 것이 중요하다.

사회자 _ 모든 성도는 자기가 서 있는 곳이 선교현장이라는 생각을 갖자는 것이다. 그렇다면 양성이나 파송에 관하여 인식의 전환이 확실히 이루어져야 할 것 같은데, 어떻게 보는가?

김진대 _ 특히 위기관리와 관련하여 믿음과 책임의 조화가 필요하다고 본다. 무턱대고 믿음으로 선교를 나갔다가 무슨 일이 생기면 도와달라고 손을 벌리는 것은 그다지 좋은 모습으로 보이지는 않는다. 믿음으로 할 것은 믿음으로 하더라도 우리가 사람으로서 준비하고 대책을 세우고 대비해야 할 부분에 대하여는 분명히 대응해야 한다. 결국 위기관리교육은 의식개혁 차원에서 준비되어야 한다는 것이 근본적인 위기관리의 핵심적인 내용이다. 또한 앞으로는 합법적인 선교를 하라는 것이다. 비자의 목적대로 활동하고 가족과 찾아오는 사람들과 현지인과 모든 관계도 적법하게 맺으라는 것이다. 예전에 인터넷이 없을 때는 한국에서 선교사로 파송을 받고 현지에서는 다른 활동을 펴기도 했는데, 이런 상황이 지금은 다 노출되고 있다. 얼마 전에 일어난 비행기 추락사건 같은 경우에도 인터넷에 어느 교회가 선교사로 파송했는지가 곧장 드러나는 것을 보면 알 수 있다. 그러면서 보안에 굉장히 유의해야 한다는 것을 강조하고 싶다. 위기관리라는 것은 한 우산 안에 들어가는 것을 말한다. 선교현장에서도, 국내 교회에서도 마찬가지로 격변하는 열악한 세계 선교현장 가운데서 효율적으로 주님의 사명을 감당할 수 있는 길을 적극 찾아나서야 하지 않을까 생각한다.

사회자 _ 전 세계가 지구촌화되면서 땅 끝으로 나가는 선교사의 수적 증가가 계속 필요하고 가능한가? 확연하게 증가성이 둔화되지 않겠는가 하고 생각되는데, 어떤가?

서정호 _ 2014년 말 통계수치는 그 전 해인 2013년 통계에 비해 932명이 감소되었다. 이로 미루어 봐서 한국교회의 선교 추세가 하향곡선을 그리고 있지 않은가 많이 우려하시는데, 실제로는 전혀 그렇지 않다. 통계숫자가 줄어든 것은 선교사 파송이 늘지 않아서 줄어든 것이 아니라 보안문제가 굉장히 심각하여 선교단체에서 이를 제대로 공개하지 않기 때문이다. 또한 이러한 것들이 발표됨으로 말미암아 장기적인 선교사역에서 안전문제가 불거질 수도 있기 때문에 빠져 있다고 본다. 따라서 발표되는 숫자보다 더 많은 선교사가 존재하기에 작년보다 줄긴 했지만 굳이 그렇게 보지 않아도 될 것 같다.

사회자 _ 2015년 1월 8일에 KWMA 총회를 연 것으로 알고 있다.

각 나라별, 대륙별 선교사 파송현황이 구체적으로 나와 있는가?

서정호 _ 물론 나와 있다. 보안 사항이긴 하지만, 그래도 제일 많이 나가 있는 지역이 동북아시아에 6천5백 명 정도이고, 동남아시아 5천 명 정도, 북아메리카 3천 명, 그리고 남아시아, 서유럽, 중동, 라틴아메리카 순이다. 결국 한국과 가까이 있는 동북아시아와 동남아시아에 50% 정도가 사역하고 있다는 사실이 무척 고무적이다. 그리고 한국교회의 선교사들이 주로 펼치는 사역은 대부분 교회개척이다. 50% 이상을 차지한다. 그다음은 제자훈련으로 8천 명 정도가 이와 같은 사역을 펼치고 있으며, 캠퍼스사역에 2천5백 명 정도가 헌신하고 있다.

사회자 _ 문화적, 환경적으로 다른 곳에서 선교사들이 사역할 때 위기관리재단에서 반복적으로 교육하겠지만, 다시 한 번 이 부분에 대해서는 꼭 유념해야 하는 것이 무엇인지 알려주시면 도움이 될 것 같다.

김진대 _ 결국은 위기관리교육을 사전에 충분히 받고 나가는 동시에 현지에서도 실제로 적용할 수 있는 체계가 갖추어지면 좋겠다. 지난번 동남아시아 지역에서 15개국 정도를 대상으로 3일간 세미나를 했는데, 각 나라의 책임자들을 모아서 이것들이 실제적으로 현실화되도록 지혜를 모았다. 그렇게 되기 위해서는 이 책임자들이 각 나라로 돌아가 선교사회 안에서 팀이나 조직을 만들어서 구체적으로 실현할 방법들을 나름대로 찾아내야 할 것이다. 세미나에 참석한 분들에게 전체적으로 사후 관리차원에서 재단에서 준비하고 있으니 피드백을 달라고 전달하기도 했다. 올해에는 조금 더 현장중심으로 국가별로 위기관리 체계를 구축하고, 그와 더불어 훈련도 제공할 예정이다.

사회자 _ 지금 선교사들이 파송된 지 오랜 시간이 지났고 자녀들도 많이 컸다. 현재 한국에 들어와 있는 자녀들이 많다. 선교사들의 상황이 이렇게 바뀌면서 시니어 선교사들이 많이 배출되고 있다. 이것을 효과적으로 KWMA에서 선교 동력화하는 전략들이 세워지고 있는가?

서정호 _ 작년에 조사한 통계를 보면 국내로 들어와 있는 선교사 자녀의 현황이 1만 8천 명 정도이다. 우리나라의 언더우드 선교사가 4대까지 선교하지 않았는가? 사실 선교에 가장 좋은 자원은 선교사 자녀들이다. 왜냐하면 선교사 자녀들은 일단 한국말과 현지어, 영어에 능통하다. 3개 국어를 유창하게 구사할 수 있다. 그렇기에 이들이 아버지를 이어서 선교에 뛰어든다면 굉장히 귀중한 선교자원이 될 수 있다. 그러나 실제로 뚜껑을 열어보면 선교사들이 자녀를 교육하는 데는 굉장히 큰 어려움이 따른다. 그래서 이 부분을 생각하여 KWMA에서는 한국선교사자녀교육개발원, 곧 '콤케드'라는 단체를 만들어 독립적, 전문적으로 교육하고 있다. 여기서 선교사 자녀를 위한 프로그램과 한국어 교재도 만들어내고, 수련회도 열어서 선교사 자녀를 위한 한국형 국제학교를 지속적으로 개발하려고 한다. 그리하여 선교사 자녀들이 제2의 선교사가 될 수 있도록 노력하고 있다.

사회자 _ 계속해서 선교정책은 굉장히 선진화되어가고 있는 느낌을 받는다. 그럼에도 불구하고 한국교회가 선교해야 하고 선교 동기부여를 위하여 소위 '단기선교'라는 단어를 쓰면서 젊은이와 성도들이 하계방학이나 겨울에 선교현지를 방문하게 된다. 그런데 과연 이 '단기선교'라는 단어를 사용할 수 있는가? 아니면 선교전문가들에게는 정돈된 다른 언어가 있는가?

서정호 _ 공식적으로 KWMA에서는 단기선교에 대해서 3개월 이상 2년 미만의 선교를 단기선교로 규정하였다. 따라서 일반적으로 교회에서 여름과 겨울에 선교현지에 나가는 것은 엄격한 의미에서 그냥 '비전트립'이라고 이야기한다. 앞으로도 단어를 사용할 때 유념해주시면 좋겠다. 그래서 '비전트립'이나 '미션 스터디여행'이라고 이야기해야 한다. 또한 이분들이 가서 철저하게 현지 선교사를 돕는 비전트립이되어야 한다. 이렇게 해야 위험요소를 많이 줄일 수 있다고 생각한다. 이 부분은 위기관리재단에서도 크게 고려하고 있다.

김진대 _ 이 부분은 특별히 2007년 아프간피랍사건 때에 이슈가 된 부분이다. 단기선교냐, 단기 봉사팀이냐에 따라서 문제를 해결하는 방향이 전혀 다른 쪽으로 흘러간다. 위기관리재단에서 발간한 2007년 아프간피랍사건 종합보고서를 살펴보면 초기 단계에서는 이슬람세력의 단체들이 납치한 사람들에 대해서 그다지 심각하게 생각하지 않았었다. 그러나 국내에서 단기선교팀이라는 보도가 국내와 세계에서 일제히 나가게 되면서 이슬람 단체들도 납치한 이들이 선교팀이라는 사실을 인지하고 태도가 바뀌었다. 미리 석방을 하려고 했다가 완전히 태도를 바꾸었고, 그 이후의 사건 전개에 대해서는 우리가 널리 아는 바와 같다. 정말로 선교사라는 단어가 고귀한 것만큼 실제로 선교하는 분들에게 선교사라는 용어를 사용해야 한다. 1, 2주 동안 잠깐 선교현장을 방문하는 경우에는 큰 사역을 하기보다 오히려 겸손한 마음으로 현지인들과 교류하고 선교사들의 사역을 직접 두 눈으로 보고 은혜를 받으면서 배운다는 입장에서 단기봉사팀이나 비전트립, 리서치팀 같은 이름으로 나가는 것이 맞다. 그리하여 선교사는 선교사답게 사역하고, 잠깐 나가는 단기 봉사팀에게는 겸손한 마음으로 배울 수 있고 은혜받는 자세가 필요하다. 특히 위기관리 차원에서 중요한 것

> **이름 자체가
> 그 팀의 성격을 말하고
> 사역을 말하는 것이기 때문**

은 접근금지구역이나 기독교를 허용하지 않은 곳에서 단기봉사팀이 문제를 일으키는 경우, 예를 들어 사고가 나서 병원에 실려가고 현지 경찰이 사고를 조사하는 과정에서 단기선교팀이었다는 사실이 드러나게 되면, 그 나라에서 활동하는 선교사들을 위태롭게 만들 수 있기 때문에 한국교회에서는 용어에 대하여 분명하게 정리하는 것이 바람직하다고 생각한다.

사회자 _ 위기관리의 시작이기에 용어 정리부터 제대로 하고 가자는 의미로 들리는데 맞는가?

김진대 _ 그렇다. 왜냐하면 이름 자체가 그 팀의 성격을 말하고 사역을 말하는 것이기 때문이다. 그 이름이 그대로 국내외적으로 언론을 자극하고 국제언론에서 다시 보도되는 구조이기 때문에, 이제는 몇 사람이 쉬쉬한다고 하여 막을 수 있는 일이 아니다. 그래서 보안에도 각별히 유의할뿐더러 합법적으로 모든 활동을 펼친다는 측면에서도 중

요하다. 단지 일주일 동안 무슨 대단한 선교사역을 펼치러 가는 것이 아니라 그냥 여행 비자로 가는 것이니 얼마든지 여행이나 봉사활동이라고 생각할 수 있다. 이 부분에서 지역교회들이 신경을 써서 인식이 변화된다면 위기관리 차원에서도 우리 스스로를 보호할 수 있는 대책이 될 것이라고 생각한다.

사회자 _ 지나치게 영웅담을 만들기 위하여 오버하지 말아야 한다는 교훈을 받는다. 이제 선교사 파송 이후에 교회의 역할에 대하여 이야기를 나누고 싶다. 한국교회가 다 그런 것은 아니지만 선교사 파송에만 그치는 것이 아닌가 하는 느낌을 받는다. 교회가 어떻게 역할을 감당해야 할까? 선교단체가 있고 선교를 후원하는 단체들이 있는데….

서정호 _ '선교사 평생 돌봄' 사역이 필요하다. 파송에서 은퇴까지. 이것은 파송하는 교회와 파송하는 단체 그리고 선교사, 이 세 팀이 하나가 되어서 함께 문제를 고민하고 해결해야 한다. 그래서 지금 뜨거운 감자로 부각되고 있는 선교사 은퇴문제, 복지문제에 대해서도 이런 차원에서 설명해야 할 것 같다. 엄격히 말하자면, 선교사의 은퇴연령은 65세, 70세로 정해져 있다. 그런데 어떤 단체에서는 은퇴 자체가 없다. 왜냐하면 선교지에서 은퇴하고 한국으로 돌아오게 되면 담임목사의 은퇴 문제만으로도 복잡한 가운데 있는 한국교회 상황에서 이들을 제대로 돌보고 대처할 수 있는 방법이 전혀 없다. 그래서 2006년 한국교회 선교포럼에서 다룬 이야기가 되도록이면 선교지역에서 은퇴연령 없이 사역하다가 현지에서 뼈를 묻는 방안이 압도적으로 지지를 받았다. 그러나 선교 리더십에는 연령 제한을 두어서, 예를 들면 65세, 70세 정도에는 리더십을 내려놓고 후진양성에 지장을 주지 않도록 하면서 계속 현지에서 사역하도록 유도하고 있다. 그렇게 하기 위해서는 교회의 이해가 절대적으로 필요하다.

사회자 _ 시니어 선교사님들의 이후 사역에 대하여 생각하지 않을 수 없다. 에어 아시아가 추락한 사건이후 과정을 지켜보면서 교회들이 열심히 기도하고 모든 문제를 안고 가기 위해서 몸부림치고 있는 모습들을 보았다. 선교사 파송 이후에 위기가 발생하면 교회에서 어떤 역할을 해야 할까?

김진대 _ 일단 선교사 위기관리를 감당하는 책임은 선교단체에 있다. 지역교회가 그 전문성까지 가지고 있을 수 없다. 단지 교회는 선교모판으로서 선교사 후보생을 위탁하고 교육시켜서 파송하는 일을 하며, 모판교회로서 끝까지 책임질 수 있는 어머니처럼, 어머니의 품처럼 어렵고 힘든 위기 상황 속에서도 여전히 계속해서 보호받고 있다는 느낌을 가질 수 있도록 지원해야 한다. 그러면 선교사들이 조금 더 안심하고 사역할 수 있다고 생각한다. 교회는 파송하는 선교사를 맡겨서 잘 돌볼 수 있는 선교단체를 선택하는 것이 책임이다. 그런 면에서는 지역교회가 전문성 있는 선교단체가 어떤 단체이고 위기를 만났을 때 대처하는 역량과 재원이 있는 곳을 잘 선택하는 것이 매우 중요하다. 그렇게 하면서 동시에 전체적인 그림을 놓치지 않고 상호 이해하면서 협력해 나간다면 훨씬 더 좋은 건강한 방향으로 사역할 수 있다고 본다.

사회자 _ 이제 한국교회는 한반도 땅에 복음이 들어온 지 선교 130

주년을 넘겼다. 그동안 한국교회가 파송한 선교사들이 나가 있는 숫자도 그렇고, 우리나라가 선교에 강한 나라로 알려져 있는데, 선교 전문 사역자로서 향후 전망을 어떻게 하고, 앞으로 어떤 소망을 가지고 있는지 듣고 싶다.

서정호 _ KWMA의 비전선언문에 보면 "우리는 상호협력과 연합함으로 남은 선교과업을 완수한다"는 내용이 나온다. 이것은 한국교회의 비전선언문과 같은 것이다. 이런 비전 선언문을 향하여 나아가고 있기 때문에 주변에서 한국교회가 어렵다거나 침체라는 이야기가 들려오고 있지만, 적어도 선교에서만큼은 그렇지 않을 것이라고 본다. 남은 과업완수를 위해서 앞으로도 계속 매진할 것이라고 생각한다. 또한 감사한 것은 아직까지 한국교회가 선교에서만큼은 하나 되어 있다. 선교를 위해서라면 함께 금식하면서 기도하고 물질을 내놓는 따뜻한 마음이 있고 사명이 있기 때문에 아직 희망과 비전이 있다고 생각한다. 2030년까지 세계선교를 한국교회가 주도적으로 감당할 것이라는 목표가 이루어지리라고 믿는다.

사회자 _ 동역자 의식이 선교영역에서는 확보가 되어 있다는 말씀이다. 그러니까 이런 모습들이 계속 심화되길 원한다는 것인가?

서정호 _ 그렇다. 그런 면에서 교단이 120개로 엄청나게 많이 분열되어 있는 한국교회 상황에서도 한국세계선교회(KWMA)는 16개 선교단체가 똘똘 뭉쳐서 선교계에서 유일한 연합기구인 선교협의체로 여전히 건재하게 남아 있기에 감사하게 생각한다.

김진대 _ 한국위기관리재단은 현장 국가별로 선교사 위기관리 체계가 구축되어 운영되고 있다. 실제적으로 현지에서 사역하시는 선교사님들이 선교현장의 상황을 가장 잘 아시는 분들이기 때문에 협력해서 처리해야 할 문제들이 원활히 진행될 수 있도록 재단의 영향력을 강화할 것이다. 국내적으로는 선교단체와 지역교회들도 이러한 위기 상황을 맞이하여 잘 대처할 수 있도록 교육프로그램을 제공할 예정이다. 특히 여러분께 부탁드리고 싶은 것은 선교 현장이든 국내든, 선교와 관련하여 위기 상황이 발생했을 때에는 비상연락망을 숙지하여 곧바로 저희 재단(02-855-2982)에 연락해주시면 감사하겠다. 저희는 외교부나 문화부를 비롯하여 각 국가의 책임자들, 여러 언론과 잘 연결이 되어 있기 때문에 초동 대응능력에 효과적이므로 제일 먼저 연락해주시면 좋겠다.

사회자 _ 교회와 성도는 선교적 사명을 위해 존재한다는 이야기로 마무리하면 좋을 것 같다. 한국교회가 올 한 해에도 쉼 없이 주님이 주신 지상명령을 잘 수행해나가길 바라는 마음이 간절하다. 감사드린다.

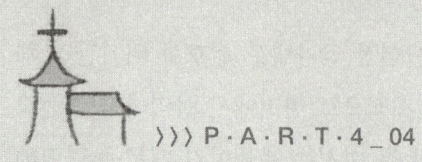

목회자의 이중직을
어떻게 볼 것인가?

복음에 충실하기 위해서 애쓰다가 은퇴한 존 파이퍼 목사가 동료 목회자들에게 보낸 편지를 묶은 책 「형제들이여, 우리는 전문직업인이 아닙니다」를 보면, 목회자는 직업인이 아니라 소명자라는 것을 계속 강조한다. 최근 이 시대의 목회자가 어떤 정체성을 가져야 하는지를 깊이 생각하게 하는 설문결과가 나왔다. 바로 목회자의 이중직에 관한 설문조사이다. 다원화된 사회구조 속에서 이 시대의 목회자들이 목회사역 외에 생계를 위한 별도의 직업을 갖는 것에 대한 논의가 활발하게 이루어지고 있는 상황이다. 그래서 실천신학대학원대학교 조성돈 교수와 하늘빛사랑교회 정용훈 목사를 모시고 '목회자의 이중직, 어떻게 바라볼 것인가?' 라는 주제를 살펴보려고 한다.

※ 이 원고는 2014년 5월 31일과 6월 7일에 방송된 원고이다.

사회자 _ 목회자의 이중직, 어찌 보면 양립할 수 없다고 생각되는데, 오늘 이 자리에서 논의해야 할 정도로 어찌 보면 트렌드라고 표현해도 좋을지 모르겠다. 왜 이 같은 현상이 나타났는지 배경을 먼저 알아보기로 하자.

조성돈 _ 어떻게 보면 상당히 슬픈 일인데 일단은 '기독교인들이 늘어나지 않는다' 는 사실과 또 하나는 '개척교회들이 어렵다' 라는 사실이다. 옛날에는 '개척교회' 라는 말을 사용할 때는 일단 그 시기가 지나고 나면 교회가 자연스럽게 성장한다는 개념이 있었다. 그러나 요즘은 '개척교회' 라는 말을 잘 안 쓰고 '작은 교회' 라는 말을 쓴다. 그 이유는 시간이 지나도 성장하지 않는다는 것이다. 이전에는 교회가 성장해가면서 목회자들의 생계비가 교회를 통해서 나오는 것이 당연했지만, 요즘은 그런 뒷받침이 될 만큼 성도들이 모이지 않기 때문에 많은 목회자들이 일단 교회를 개척해놓고 경제적인 어려움 가운데 있는 분들이 늘어나고 있는 것 같다.

사회자 _ 이제 '개척교회' 라는 말보다 '작은 교회' 라는 말이 익숙하다는 것이다. 숫자적 성장이 없는 현실이 목회자들로 하여금 새로운 직업을 가질 수밖에 없는 상황으로 내몰게 만든다. 이것을 하나의 현상이라고 볼 수 있을까?

정용훈 _ 하나의 현상이라고 볼 수 있다. 저는 '작은 교회' 라는 단어보다는 두 가지 다른 용어로 구분한다. 그건 바로 '미자립교회' 와 '자립교회' 이다. '미자립' 인 교회는 끊임없이 목회자들의 생계가 현실적으로 어려운 상황에 처해 있다. '미자립교회'는 특히 임대교회가 많기 때문에 임대문제도 큰 어려움으로 다가오고 있다. 특별히 후원하는 분이 없다면 목회자들의 생계가 아주 어려운 형편에 있다고 보고 있다.

사회자 _ 교회의 유지 자체도 신경을 써야 하지만 기본적인 생계 자체가 어렵다는 말씀인 것 같다. 그럼 '미자립교회'와 '자립교회'는 어느 정도의 비율인가?

정용훈 _ 노회나 지방회 같은 곳에서 일반적으로 이야기할 때 미자립인 교회가 80% 정도라고 말한다. 자립하는 교회는 20% 정도인데 도시중심으로 구성된 노회들의 현실이 그런 것 같다.

사회자 _ 도시는 아무래도 임대문제가 많이 걸릴 것 같다. 상상을 초월하는 액수도 있는 것을 봤다.

정용훈 _ 일반적으로 교회만 운영하면 관련이 없는데 교회와 사택을 함께 운영할 경우 최소한 30~50평 정도라고 하면 기본적으로 월세 100만 원이 넘는다. 그렇다면 성도가 최소한 100명 정도는 되어야 사례비와 임대비를 책임질 수 있다고 생각한다.

사회자 _ 거기에 더해서 사역까지 해야 하니 기하급수적으로 비용이 늘어날 것 같다. 우리나라만 그런 상황인가?

정용훈 _ 유럽이나 미국의 경우도 마찬가지다. 그쪽도 기독교인이 줄어들고 있기 때문에 별 수 없이 그렇게 되고 있다. 미국 같은 경우는 미션얼 처치(Missional Church)때문에 오히려 직업을 갖는 것이 별로 부담스럽지 않은 상태이다. 그런데 우리나라 같은 경우는 기독교인은 줄어드는 반면, 목사가 되고자 하는 사람은 늘어나고 있다는 것이다. 지금도 신학교에 들어가는 학생들의 비율을 보면 상당히 높다. 그리고 거기서 나오는 사람들은 워낙 많기 때문에 결국 이러한 일들이 점점 심각하게 초래되는 것으로 볼 수 있다.

사회자 _ 우리나라 상황만도 아니고 인구와 성도의 감소 속에서 목회자들의 생존 자체가 위협받고 있는 것으로 봐야 할 것 같다. 이번 설문조사의 두드러진 결과를 한 번 나눠주시면 좋겠다.

조성돈 _ 900명 정도를 설문조사한 결과가 나왔는데, 목회자들의 생계가 얼마나 어려운지를 봤는데, 법정기준 같은 경우는 4인 가족의 경우 최저생계비가 244만 원이다. 그것을 기준으로 치면 목사들 중에서 여기에 이르지 못하는 경우가 85.6%에 이른다. 그렇다면 우리가 보통 말하는 '미자립교회'가 80%라는 게 맞는 것 같다. 또 하나는 목사들의 겸직에 대한 의식조사를 했다. 그 결과 겸직에 대해서 '적극 찬성'이 21.5%였고, '찬성'이 52.4%였다. 그래서 찬성한다는 입장을 나타내신 분들이 모두 73.9%였다. 그리고 '반대'가 22.9%, '적극 반대'는 3.2%밖에 안 나왔다. 과거에 우리가 생각하는 목사는 제사장이었다. 그래서 교회에서 나오는 사례를 가지고 살아야 된다는 의식을 많이 갖고 있었는데, 지금의 목회자들에 대해서는 현실적인 상황 속에서 오히려 74% 정도가 직업을 갖는 것에 찬성한다고 나타나고 있다. 특히

20대 목회자들에게 물어봤을 때 이분들은 진짜 다급한 상황이라고 볼수 있는데, 92%가 찬성한다는 의견을 나타냈다. 그리고 중요한 사항은 '왜 겸직을 해야 하는가?' 이유를 물었을 때 가족생계에 대한 대답이 많았다. 70.4%가 '가족생계' 때문에 겸직을 해야 한다고 대답했다. 목회자들이 가족생계에 어려움이 많은 것으로 볼 수 있을 것 같다.

또 하나는 실제로 교회사역을 하면서 경제활동을 하는지를 물어봤는데 37.9%가 '그렇다'고 대답했다. 40% 정도의 목회자들이 현재 목회 이외에 생계를 위해서 뭔가를 하고 있다는 것이다. 아주 특이한 경우로 담임목사, 전임사역자, 파트사역자, 협력목회자로 나눠서 살펴볼 때 담임목사 같은 경우는 35.2%가 다른 일을 하고 있고, 전임사역자는 27.3%, 파트사역자는 62%, 협력목회자는 73%였다. 담임목사가 부교역자보다 더 많이 다른 일들을 하고 있다는 결과가 나왔다. 그것이 오늘 한국교회의 현실이다. 오히려 시간이 있고 자기 목회를 하는데도 부목사보다 수입이 낮다는 것이다. 이렇게 살펴본 결과 80만 원 미만으로 받는 분들도 상당히 많이 있었고, 80~120만 원을 받는 경우가 40%, 120~180만 원을 받는 경우는 27%여서 약 70% 정도는 최저생계비 이하를 받고 있었다. 이런 상황들을 종합적으로 생각해보면 과연 목사니까 목회에만 전념하라고 말할 수 있을지 고민해봐야 할 것 같다. 그리고 목회 때문에 혼란을 겪고 있는 경우, 곧 생계를 위해서 이렇게까지 해야 하는지에 대해 고민하는 경우도 상당수가 있었다. 조사하면서 안타깝게 느꼈던 것은 목회자들이 어렵게 개척을 했는데 성도들은 안 모이고 월세를 못 내서 결국은 보증금도 없어지고 목회를 끝내는 경우가 있다는 이야기를 듣고 충격을 받았다.

사회자 _ 겸직이 목회자의 정체성을 훼손하는 것이라고 보는지, 아니면 하나님 나라를 세우는 데 있어서 목회자가 꼭 필요하니까 움직이는 것으로 보는지 여러 가지 생각을 나눠주시기 바란다.

정용훈 _ 겸직하는 것이 좋다고 생각한다. 실제 사례를 들어보자면 현장에서 일을 하실 수 있는 목회자가 한 분 계신다. 나이가 50세쯤 되셨는데, 성도는 한 명도 없고 집세는 계속 나가고 있고 자녀들은 고등학생들이다. 그러다 보니 방법이 없어서 저희 목회자 네트워크를 통해서 이야기를 털어놓는데 이제 과연 목회를 접어야 하는가 하는 문제였다. 그 말을 듣고 너무 마음이 아팠는데, 그러지 말고 차

> **40% 정도의 목회자들이 현재 목회 이외에 생계를 위해서 뭔가를 하고 있다.**

라리 일자리를 구하라고 말씀을 드려서 지금은 일을 하고 있다. 주일은 쉬면서 예배를 드린다. 제 생각으로는 차라리 일도 하면서 목회에 대한 소명을 계속 가지고 나아가면 좋겠다.

사회자 _ 복음전파를 위해서는 목회자들이 건강해야 하니까 그런 것들을 아우를 수 있는 기본적인 토대가 필요하다는 이야기다. 이런 질문은 어떨지 모르겠다. 그렇다면 성도들은 어떻게 생각할까?

조성돈 _ 어떻게 보면 가슴 아픈 일이면서 안타까운 일이다. 성도들 입장에서는 목회자가 전념해주면 좋겠지만 많은 교회들이 결국 목회자의 생계를 자신들이 책임질 수 없다고 결정하고 다른 활동에 참여

하는 것을 지지한다고 한다. 목회자에게 적극적으로 권하기도 하고, 또 사모에게 권하기도 하고 그런 상황 속에 한국교회가 놓여 있다.

사회자 _ 그렇다면 성도들과 조화롭게 이해를 얻어가고 있는 것 같은가?

정용훈 _ 의외로 그렇지 못한 것 같다. 이전에 부목사로 사역할 때 그 교회의 사모가 일을 하고 있었다. 물론 전부는 아니었지만 성도들 중에는 탐탁지 않게 여기고 일을 그만 두길 바랐다. 성도들의 생각이 아직까지는 각각 반반인 것 같다. 그러다 보니 겸직을 안 했으면 좋겠기에 결국 사모들이 일자리로 내몰리는 형편에 이르게 되는 것이다.

사회자 _ 그런데 이것은 목회자들은 청빈하고 가난해야 한다는 고정관념이 깔려 있기 때문인 것 아닐까?

조성돈 _ 그 정도로 한가롭게 이야기할 상황이 아닌 교회들이 너무 많다. 실제로 100만 원도 못주는 교회들이 상당수여서 이제는 교회도 감당을 못하는 상황에 이르고 있는 것이다.

사회자 _ 이 문제는 현실문제뿐 아니라 신학화하는 작업도 필요할 것으로 보이는데 어떤가?

조성돈 _ 이번에 인터뷰하면서 느낀 건데, 일부 목회자들은 교회에서 사례 안 받고 사역하겠다는 마음으로 일하시는 분들도 있지만, 그동안 만나봤던 분들이 이구동성으로 하시는 말씀은 이런 것이다. "내가 설교를 너무 관념적으로 했다. 성도들의 삶을 몰랐다. 이렇게 힘들게 일하는지 몰랐고, 성도들에게 십일조를 내라고 말하는 것조차도 부끄럽게 느껴질 정도였다. 얼마나 힘들게 일하는지를 내가 직접 체험하여 알게 되니까 성도들을 다르게 보기 시작했고, 이들에게 어떤 설교를 해야 되는지를 알게 되었다"는 것이다. 또 하나 의미 있게 보았던 것은 목회자라고 밝히면서 일을 하시는 것이다. 그러다 보니 상담이 시작된다고 한다. 어느 한 분은 학교지킴이 일을 하시는 분인데 선생님들이 찾아와서 선생님들 대상으로 상담도 해주고 기도모임까지도 연결되었다고 한다. 다른 곳에서도 직장수요모임이 생겨서 인도하는 분도 계신다. 오히려 교회에는 교인이 없는데 그곳에서 더 많은 교인들을 만나게 되고 삶의 의미, 목회의 의미, 소명에 대해 재발견하는 분들도 있는 것 같다.

사회자 _ 복음의 현장성이라는 부분에서는 겸직이 상당히 효과가 있을 것 같다.

정용훈 _ 그런 곳에 들어가서 직장 신우회를 통해 사역하시는 분들도 몇 명이 계신다. 직장 신우회에서 설교하면서 교회에서는 파트사역자였지만 직장 신우회에서는 담임목사 같은 책임감을 가졌다. 한 목회자가 버스회사에 들어갔는데 거기서 과거에 목회했던 것보다 직장에서 더 활발하게 사역했다. 많은 분들 앞에서 복음을 전하고 직장 신우회를 통해서 그리스도인의 모범을 보여주니 오히려 믿지 않는 사람들이 와서 예배를 같이 드린다는 점에서 볼 때는 상당히 좋은 면이 있다고 생각한다.

사회자 _ 목회자가 교회 안의 사람들만 만나는 것이 아니라 교회 밖의 사람들을 직접 만날 수 있는 현장이 있다는 측면에서도 권장할 만 하다는 것이다.

조성돈 _ 신학적으로 상당히 중요한 부분이라고 생각을 하는데 신학적인 개념으로 목사란 어떻게 보면 바울의 '텐트 메이킹' 같은 일들을 분명히 해봐야 되는 것이다. 목사와 제사장을 함께 생각하는 것이 과연 올바른가를 생각해야 할 것이다. 특히 오늘날과 같은 시대 상황 속에서 과연 목회자들이 교회에 앉아서 교회로 오라고만 할 수 있겠는가? 오히려 세상 속으로 들어가서 사람들과 함께 사람들의 삶을 이해하고, 그 현장에서 복음을 선포하고 하나님 나라를 이해하는 것이 필요하다고 생각한다. 그래서 예전에는 목회자들이 주로 교회에만 머물러 있었지만, 이제는 마을로 나가서 사람들과 어울리고 공동체를 만드는 일들이 더 빈번해지고 있는 게 현실이다. 이전에 지역공동체에 대한 인터뷰를 많이 했는데 어떤 목회자가 의미 있는 이야기를 했다. 상당히 어려운 농촌교회인데 어느 날 밤에 마을 주민이 술을 마시고 찾아왔더란다. 술김에 하는 이야기들을 들어주고 있었는데 그분이 하시는 말씀이 "우리 보고 자꾸 교인되라고 하지 말고 목사님이 우리 동네 주민이 먼저 되시는 게 어떻겠어요?" 그분은 이 말에 너무 충격을 받고 사역을 바꾸었다. 이게 상당히 중요한 전환점이라고 생각한다. 우리가 이러한 일들을 계기로 삼아서 목사들의 의식을 바꿔나가는 것도 상당히 중요하다고 본다.

사회자 _ 처음에는 생계를 위해 목회자도 일이 필요하다는 출발점에서 시작해서 오히려 복음의 효과적인 전파를 위해서도 목회자가 성별된 의식을 가지고 현장으로 나아가는 것이 중요하다는 것으로 이야기가 옮겨간 것 같다. 문화센터를 운영하고 계신 것으로 아는데 어떠한가?

정용훈 _ 다양한 사람들이 오는데, 문제는 교회라는 색안경을 끼고 오시는 분도 있고 좋은 곳으로 생각하고 오시는 분도 있다. 그런데 처음에 문화센터를 열었을 때 교회와 같이 운영하다 보니 들리는 소리가 교회에서 운영하는 곳이기에 안 오려고 했다는 말이었다. 보통 문화센터 이름을 지을 때 교회와 똑같이 이름을 짓는다. 그런데 우리는 문화센터 이름을 교회와 다르게 지었다. 신자와 비신자가 반반씩 모이는 것 같다.

사회자 _ 또 이런 질문을 드려볼 수가 있을 것 같은데, 어쩔 수 없이 생계를 위해 일을 해야 되는 분들, 복음의 확장성이나 복음의 현장성을 생각할 겨를 없이 일에 파묻혀 있는 분들을 많이 만나보지 않았는가?

조성돈 _ 우리 학교 같은 경우는 현재 목회를 하시는 분들인데 수업시간에 이런 이야기를 나누면 당장 부딪친다. "저희는 먹고 살 게 없다." 그 정도까지 고민할 여유가 없을 만큼 어려운 경우도 있다. 이번에 인터뷰 중에 들었던 가슴 아팠던 이야기는 본인이 목회에 전념하기 위해서 사모들이 일을 한다. 그런데 사모들이라고 특별한 능력이 있는 게 아니니까 파출부도 하고 가정부도 한다. 대학까지 나온 사모가 남의 집 부엌살림을 해주는 모습을 보면서 너무 마음이 아프다고 한다. 그러다가 사모들이 병들고 결국은 일을 할 수 없게 되어서 본인이 나서게 되었다는 것이다. 이게 한국교회 안에 있는 현실이다. 그런데 사람들이 모른 척하는 것도 큰 문제라고 생각한다. 이제 의식을 바꿀 때가 된 것 같다. 그분들이 교회나 교단, 노회, 지방회 등에서 숨겨야 되기 때문에 더 위험한 일을 하게 되는 것이다. 이번에 조사해보니 많이 하는 일이 밤새워서 일하는 택배하차, 대리운전, 택시운전 같은 것들이었다. 밤새워서 일하고 새벽에 들어와서 예배인도하고 잠자리에 드는 것이다. 이것은 어떻게 보면 위험한 일로 목회자들을 내몰고 있다는 것이다. 복음과 목회자에 대한 이해를 바꿔서 오히려 목사들이 할 수 있는 일들을 교단차원에서 찾아주면 좋을 것 같다.

사회자 _ 그런 측면에서 각 교단의 입장은 어떤가?

조성돈 _ 침례교를 제외하고는 거의 모든 교단이 목회자의 이중직은 금지하고 있고 불법이다. 그렇지만 현실적으로 제재는 가하지 않고 있다. 80%가 생계가 어려운데 굶으라고는 할 수 없으니까 제재는 못하는 것이다. 결국 인정하면서 놔두는 것이다. 더 생각해봐야 할 부분은 그 가운데서 공식적으로 인정되는 것이 있는데 학교출강, 기관목사 등은 허용한다. 이것도 직업에 있어서 귀천을 나누는 건데 많이 생각해봐야 할 부분이다.

사회자 _ 한국교회 안에서 목회자는 성직자이기 때문에 목회사역에만 전념해야 한다는 것이 통상적인 관념이었다. 2000년대 초반까지만 해도 목회자가 목회사역 외에 또 다른 직업을 갖는다는 것은 거의 논의조차 되지 않았다. 그런데 사회환경의 급속한 변화와 맞물려 목회 현장 역시 변화를 맞으면서 목회자가 목회현장이 아닌 다른 직업활동 으로부터 생활비의 일부를 조달하는 현상이 많이 일어나고 있다. 목회 자들이 어쩔 수 없이 생계 때문에 이중직을 가질 수밖에 없는 상황이라 고 할지라도 소명에 대한 갈등이 있지 않을까?

조성돈 _ 목회자들을 많이 만나 보면 기도와 말씀에 전념하기 원하 지만, 정말 생계 때문에 일을 할 수밖에 없는 상황에 대해서 고민이 많 은 것 같다. 그런 갈등에서 벗어나지 못하다 보니 결국 자괴감을 느끼 게 된다. 목회자는 소명으로 살고 그 소명 때문에 목회에 전념하는 사람들인데, 결국 목회를 관둬야 되는 상황을 맞게 되면서 월세를 못 내고 보증금마저 바닥나서 쫓 겨나는 신세가 되는 것이다. 이런

이제 의식을 바꿀 때가 된 것 같다.

상황을 들으면서 너무 가슴이 아팠다. 보통 개척하려면 2~3억이 든다 고 한다. 보증금과 내부 장식비, 그리고 어느 정도의 생계를 이어갈 돈 이 필요하다. 모두 자기 돈으로 개척할 수는 없고, 부교역자를 사역하 는 교회에서 개척자금으로 어느 정도를 대주고, 자신이 가진 돈을 모두 합하고, 개인적으로 주변에서 빌릴 수 있을 만큼 빌려서(목회자는 대출 이 안 되니까) 개척을 시작했는데, 결국은 보증금까지 날리고, 집안 전 체가 무너지고 목회를 관둬야 하는 상황에서 목회자의 심정은 이루 말 할 수가 없는 것이다.

사회자 _ 실제적으로 개척한 후 여러 어려운 과정을 겪으신 분으로서 개인적으로나 주변에서 보고 들었던 이야기들을 말씀해주시기 바란다.

정용훈 _ 그런 어려움을 당하는 분들을 여럿 봤다. 월세를 못 내서 보증금으로 깎여나가다 보니 결국 법정으로까지 일반인과 목회자가 나가게 되는 경우가 있다. 그럴 때 목회자로서 느끼는 자괴감이 크고, 결국은 거기서 쫓겨나서 몇몇 분들은 도망치다시피 선교라는 이름으로 외국으로 나가는 경우도 있다. 또 어떤 경우는 아는 사람한테 이리저리 다 연락해서 돈을 빌렸는데, 임대료도 내야하고 빚도 갚아야 하는 상황에 내몰리다가, 그게 계속 누적돼서 또 점점 더 어려워지면서 결국은 현실적으로 목회자가 일을 할 수밖에 없는 지경에 이르게 된다.

사회자 _ 미자립교회가 80%라고 하셨는데, 이런 상황 속에서 어떻게든 자녀들은 교육시켜야 하는 현실적인 문제로 고통받는 목회자들이 많을 것 같다.

조성돈 _ 그렇다. 목회자가 되려면 대학원까지 나와야 하는데 정작 자기 자녀는 대학조차도 보낼 수 없는 형편인 경우가 많다. 그런 자녀를 둔 아버지의 심경을 이해하고 목회자가 가족을 위해서 가장의 역할을 수행할 수 있도록 해주는 것이 필요하다고 생각한다.

사회자 _ 생활고를 느끼기 때문에 어쩔 수 없이 직업을 가져야 되는 분들에 대해서 허용하고, 오히려 이분들을 도울 수 있는 체계를 만들어주고, 일하면서 목회사역도 효과적으로 감당할 수 있게 도와주는 네트워크는 없는가?

정용훈 _ 예전에는 교회를 개척하면 거의 선교원을 같이했다. 그러다가 어린이집이나 유치원을 운영하거나 공부방이나 영어강의를 하는 분들이 많았다. 그런데 요즘은 시대가 많이 바뀌어서 목회자들이 상담쪽으로 관심을 두고 있다. 이런 식으로 목회를 전념하면서도 자기 달란트를 활용하면 훨씬 효과적으로 목회할 수 있을 것 같다.

사회자 _ 결국 목회자들이 다변화된 사회에서 복음을 효과적으로 전달하기 위해서 새로운 직업 속에서 지역 주민들을 만나거나, 그 일에 종사하는 사람들을 상담하고 격려하고 세워주면서 어떤 의미에서는 사목처럼 역할하는 것도 새로운 지평이 아닐까?

조성돈 _ 그런 것들이 굉장히 중요하다고 생각한다. 목회자들이 교단의 금지 때문에 밤에 위험하게 일을 하는 경우가 잦다. 이런 위험으로부터 목회자들을 보호해달라는 말을 들었다. 교단이 오히려 이중직에 대해서 넓은 생각을 가지고 목회자가 할 수 있는 것을 목록으로 만들고 직업교육도 시켜서 일을 연결해주는 것도 상당히 중요하다고 생각한다. 그리고 문화센터 같은 경우도 있을 수 있고, 카페에서도 일할 수 있고, 지역아동센터, 도서관, 공부방 등 다양하게 연결할 수 있다. 그것을 선교적인 관점에서 이해시켜주는 게 상당히 중요하다. 이번에 인터뷰하면서 의미 있게 봤던 것은 NGO의 사무총장 역할을 하는 것이다. 목회자들이 사무능력과 조직능력과 작아도 교회공간이 있으니까 주중에 NGO활동을 하면서 사회적으로도 의미 있는 일을 하는 과정에서 주민들을 만나는 통로를 얻을 수 있다. 더 나아가서는 'Social Designer'라고 하는데 사회를 변혁시키는 디자이너의 역할까지도 감당하면 한국사회에서 다양한 역할을 감당할 수 있는 새로운 지평을 열어갈 수 있다고 생각한다.

사회자 _ 반론의 말씀을 드린다면 성도들의 의식이 변하고 있지 않다. 우리 교회를 맡고 있는 목회자는 좀 더 교회의 목회사역에 전념해주길 원하는 것 같은데, 정 목사께서는 어떻게 이런 문제들을 돌파했는지 말씀해주시기 바란다.

정용훈 _ 성도들 입장뿐만 아니라 목회자인 저도 목회에만 전념하고 싶다. 어느 목회자 한 분은 트렌드가 완전히 다른 분이셨다. 보통 교회들은 비싼 임대료를 내면서 주일과 평일 저녁 몇 번만 사용한다. 평소 낮에는 텅 비어 있다. 그래서 이 목회자는 내부장식을 잘해서 학원을 만들었다. 그러고는 입학하러 오는 학부모들에게 복음을 전했다. 처음에는 10명 정도였던 학생이 지금은 40~50명 정도 되었고, 이제는 학원을 안 하고 교회를 확장했다고 한다. 고정관념을 버리고 교회개척을 하시는 분들은 다양한 방법을 시도하면 좋겠다고 생각한다.

조성돈 _ 교인들 마음은 언제든지 교회에 가면 목회자를 만날 수 있기를 원하는 것 같다. 그렇기 때문에 목회자들이 이중직을 할 때 정규직을 구할 수가 없고 택시기사를 많이 한다. 또 퀵서비스를 하는 분도 있는데, 그건 건수대로 하니까 시간을 사용할 수가 있어서다. 목회자들도 성도들이 찾을 때는 언제든지 만나겠다는 마음으로 있다는 것이다. 이중직을 하시는 분들은 돈을 벌어서 잘 살겠다는 마음으로 일하는 게 아니라 어쩔 수 없는 선택이다. 좀 더 나아가 이에 대한 의식을 변화시킨다면 오히려 복음을 전하는 데 도움이 되지 않을까 하는 생각도 든다. 그리고 성도들 입장에서도 보면 이전보다 피부에 와 닿는 설교를 한다고 한다. 그건 분명하다. 야간신학교에서 강의했을 때의 일이다. 뒤늦게 목회자의 길로 들어서서 공부하러 오신 분들이 있었다. 그분들에게 이야기를 들어보면 목회자들이 직장생활에서 겪는 성도들의 어려움이나 고충을 너무나 모르고 아무 생각이 없이 질타하고 훈계한다는 것이다. 그래서 자신이 목회자가 되어서 성도들의 안타까움과 억울함을 풀어주고 싶다는 분도 있었다. 목회자의 이중직이 그런 면에서 긍정적일 수도 있다는 것을 말씀드리고 싶다. 사실 목회자들은 항상 직장생활에서 승리한 사람들의 이야기만 듣지 실패한 사람들의 이야기는 잘 못 듣는데, 사실 성도들 가운데 80%는 목회자의 설교를 삶에 적용하기 어려운 사람들이다.

사회자 _ 늘 정답만 말씀하시는 목회자가 아니라 나에게 맞는 답을 주시는 목회자가 필요한 것이다. 그런 차원에서 본다면 이런 생각도 필요할 것 같은데, 목회자들이 생계를 위해서나 다른 이유로 직업을 가진다든지 할 때, 이왕이면 목회자로서 수련을 닦은 전문성이 효과적으로 발휘되는 직업들을 소개받고, 그게 나눠질 수 있도록 도와주는 교단의 역할과 제도가 있다면 얼마나 좋을까?

조성돈 _ 예를 들어 사회적 기업이나 협동조합, 마을을 살리는 운동 등과 같은 일들은 목회자들이 적극적으로 참여하면 좋을 것 같다. 많은 사람들을 만나고 조직하고 사회가 발전하는데 도움을 줄 수 있기에 의미 있다고 생각한다. 그리고 상담역할도 있고 지역에 있는 학교에 가서 교양특강을 하기도 한다. 저 같은 경우는 자살예방 쪽에서 생명존중 교육을 담당하면서 강사를 추천해주고 있다. 이번에 목회자의 이중직과 관련하여 조사하면서 더 많은 분들을 연결시켜주려 하고 있다. 그런 의미 있는 일들을 하면서 보람도 느끼고, 오히려 그곳을 목회 현장으로 볼 수도 있고, 교회 울타리 안에서만 이루어지는 목회가 아니라 지역사회 전체를 목회지로 아우른다는 관점으로 생각할 수도 있을 것이다.

사회자 _ 복음의 확산이라는 측면에서 목회자는 많은 사람들을 만나야 한다는 당위성을 갖고 있는데 어떤가?

정용훈 _ 목회자들이 조금만 생각을 바꾸면 많은 일을 수행할 수 있다. 과거에는 저도 물류센터에서 밤새 일하기도 했다. 그런데 어느 날 가만히 생각해 보니 '내가 무엇을 위해서 사는지? 목회를 하고 있는 것인지? 아니면 일을 위해 살아가는 것인지?'에 대한 의문이 생기고 의미가 없어졌다. 그래서 생각을 바꾸고 목회자가 할 수 있는 일을 생각했다. 학교 같은 경우는 폭력예방 강의도 할 수 있고 방과 후 학교시간에 강사를 많이 모집한다. 자격만 되면 얼마든지 갈 수 있다. 그리고 어린 학생들에게 복음을 증거할 수도 있고 교사들을 상담해주기도 한다. 그다음에는 경로원이나 주민센터에서 일하기 위해 적극적으로 찾아가면 얼마든지 가능하다. 목사라는 신분을 밝히면 훨씬 좋은 효과를 얻을 수 있다.

조성돈 _ 상당히 중요한 부분이라고 생각하는데 작은교회 목회자들을 만나 보면 쉽게 말해서 주눅이 들어 있다. 교회 안에서는 복음을 전할 수 있는 상황이 안 되고 밖에서는 전하면 무관심하고 욕을 먹기까지 하니까 오히려 교회 골방으로 점점 들어간다. 그러다 보면 심리적으로 위축이 되어서 오히려 복음을 전하지 못하는 상황

> **다변화된 사회 속에서 목회자의 다양한 삶에 대해서는 배우지 못하는 것 같다.**

이 되고 대인관계가 어려운 분들도 상당히 많이 있다. 그러나 이런 통로를 통해 다양한 사람들을 만나서 심리적인 안정과 자신감을 찾으면 목회에도 분명히 도움이 될 것이다.

사회자 _ 여러 가지 사역의 지평을 넓히자고 말씀해주셨는데, 그렇다면 신학교육의 커리큘럼도 많이 바뀌어야 되지 않을까? 어떻게 교회를 세우는가에 대해서는 많이 배우는데 다변화된 사회 속에서 목회자의 다양한 삶에 대해서는 배우지 못하는 것 같다. 어떻게 생각하는가?

조성돈 _ 그 부분이 상당히 중요하다. 저희 학교는 목회자를 대상으로 하기에 더 많이 강조하는 건데, 지역공동체 운동, 카페, 아니면 지역에서 할 수 있는 NGO 활동 같은 것을 강조하고 있다. 지금 현대사회에서는 목회자들이 교회 안에 있는 것보다 밖으로 나가서 사람들을 만나고 지평을 넓혀가고 교회뿐만 아니라 지역사회가 함께 발전하는 방

향을 찾는 것은 상당히 중요하다고 생각한다. 제가 아는 신학교에서는 목회실습을 하는데 교회로만 보내지 않고 NGO로도 보낸다. 거기서 몇 달간 실습한 것을 학점으로 인정해주는데 이런 학습이 신학교육에 꼭 필요하다고 생각한다. 지금까지 한국교회는 목회의 성공만을 지향했었다. 선배 목회자들이 전하는 간증은 오직 기도했더니 되었다는 것이다. 그러다 보니 오히려 상처를 받는 모습도 보았다. 자신도 기도 열심히 하고 소명을 받았는데, 왜 이렇게 힘든가 하는 고민이 생기는 것이다. 그래서 이런 부분에 대해서 현실적인 교육이 뒤따라야 된다고 생각한다.

정용훈 _ 합신교단으로 알고 있는데, 7~8명의 목회자들이 자비로 '개척학교'라는 방식을 통해서 개척을 준비하는 분들에게 모든 것을 가르쳐 드린다. 개척을 준비하는 분들은 거의 다 미자립교회의 목회자들이다. 이런 분들과 이야기를 나누다 보니 "개척이 힘들다" "이것을 어떻게 해결할 것인가?"를 이야기한다는 것이다. 성공한 목회자들은 하나같이 기도만 하면 되었고, 가서 말만 하면 성도가 되었다는 것이다. 그러나 지금 시대는 그렇지 않다. 저도 전도하러 나가지만 치열하게 전도전쟁을 벌이더라도 열매는 극히 드물다. 신학교육에서 개척에 대한 강의가 있어야 한다고 생각한다. 요즘은 유능하고 스펙이 강하신 분들은 개척을 하지 않고 큰 교회의 부교역자로 간다. 그리고 교인이 어느 정도 있는 교회에서 청빙광고를 내면 이력서가 100~200장이 들어온다고 한다. 그만큼 개척이 어렵다는 사실을 알고 있다는 것이다. 신학교에서 개척을 가르쳐주지 않고 부교역자생활을 하면서 습득하다 보니 이런 현상이 일어나는 것 같다.

사회자 _ 전략적인 개척이 필요하다는 말씀인 것 같다. 요즘 개척하려면 바늘 꽂는 것과 같은 정교함이 필요하다고 하는데, 이것은 또 목회자의 양성과 수급문제와도 직결이 되는 것 같다.

조성돈 _ 맞다. 이제는 목회도 경쟁상황이 되어버렸다. 실제적으로 작은 교회들이 몰려 있는 곳은 임대료가 싼 곳이다. 적은 돈으로 개척을 해야 하기 때문이다. 그래서 작은 교회의 목회자들끼리 경쟁해야 하는 상황이다. 이런 부분들에 있어서는 결국 한국교회 전체가 이 부분을 심각하게 생각해야 되고, 이 시대에 어느 정도의 목회자가 필요한지를 파악하고, 또 목회자로서의 가치를 갖고 지속적으로 살아갈 수 있도록 지원해주는 것이 정말로 필요하다.

사회자 _ 소명 없이 목회자가 된 분은 없을 것이다. 눈물 없이 이 길을 걷는 분은 없을 텐데, 목회자의 이중직문제는 정말 절박한 현실문제로 다가온 것 같다. 이런 현실 속에서 어려움을 겪고 계시는 목회자와 성도들이 계실 텐데, 이 분들께 마지막으로 한 말씀 부탁드린다.

정용훈 _ 마음을 넓게 가지고 목회자들이 바깥에서 하시는 일은 다 소명으로 하는 일이라고 생각해주시길 바란다. 그래서 그 일도 목회의 한부분으로 인정해주고 격려해주고 기도해주시면 감사하겠다.

조성돈 _ 어떻게 보면 죄송한 말씀이다. 안수는 해주고서도 공동으로 책임을 못 지니까 말이다. 또 하나 부탁드리고 싶은 것은 일하는 곳을 또 하나의 선교의 장으로 생각하고 그곳에서 하나님 나라를 만드셨으면 좋겠다.

사회자 _ 성별된 의식을 가지고 일하면 그곳은 어디나 성직을 수
행하는 곳이라는 말씀이 생각난다. 오늘 두 분 말씀 진심으로 감사드
린다.

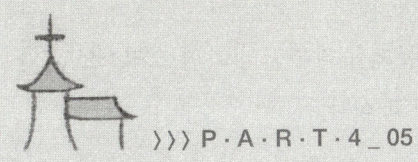

가장 작은교회인
가정을 위한 교회의 역할은?

세상에서는 가정을 사회의 가장 작은 조직이라고 부른다. 그런데 우리 그리스도인들에게는 가정이 가장 작은 주님의 교회라고 할 수 있다. 전통적으로 그리스도인들은 가정에서 예배와 깊이 있는 교제와 집중력 있는 기도를 통해서 하나님의 자녀들을 양육해왔다. 교회의 형태가 원래 가정에서부터 출발한 것이다. 그래서 오늘은 '가장 작은교회, 가정을 생각한다'는 주제로 어떻게 해야 우리 시대의 가정을 하나님께서 보시기에 기뻐하실 만한 가정으로 세울 수 있을지, 그리고 이를 위한 교회의 역할은 무엇인지에 관해 대안을 모색해보도록 하겠다. 오늘 이 자리에는 사랑의교회 사랑패밀리센터 남성사역연구소장 이의수 목사와 가정을 살리는 여자로 소개되고 있는 라브리위기가정회복센터 전혜련 소장과 함께 이야기를 나누어보도록 하겠다.

※ 이 원고는 2015년 5월 2일과 9일에 방송된 원고이다.

사회자 _ 교회 안에서 가정의 문제를 다루면서 과연 그리스도인 가정이 얼마나 건강한지 한번 여쭤보고 싶다.

이의수 _ 완벽하게 건강한 몸이 없듯이 우리 가정에서도 다들 이런저런 문제가 있는데, 그래도 그리스도인 가정이 좀 나은 것은 믿음 안에서 세워가는 가정들이 있기 때문에 그나마 갈등관리가 좀 더 쉽다. 상담을 진행해보면 말씀과 기도라는 은혜의 통로를 통해서 중간지대를 찾아가고 소망의 출발점을 빨리 찾아낸다. 문제는 많지만 회복의 능력이 빠른 장점을 갖고 있다. 이 땅에 살아가는 우리는 모두 불완전한 존재이기 때문에 자신이 완전하다는 착각을 버리고 하나님의 은혜와 도우심이 필요하다는 영적 실존으로 내 삶의 주변을 이해하는 것이 필요하다. 누구도 근심 없는 사람이 없고 고통 없는 사람이 없는데 자신만은 괜찮다고 한다면 그 사람이 제일 문제다.

전혜련 _ 실제적으로 저희 집에서 여러 분들이 같이 살고 있기 때문에 저는 피부로 느끼는 것을 말씀드릴 수 있을 것 같다. 평신도인 제가 보는 관점으로 볼 때 가정이 건강한가에 대해 "No"라고 말하고 싶다. 교회들이 너무 양극화되어 있고 성장 또는 비대해가면서 더 힘없고 연약한 분들이 교회생활에 동화되기가 점점 어려워지고 있다. 그래서 아픔의 현장을 많이 본다.

사회자 _ 우리 주변에서 그렇게 좋은 가정을 쉽게 찾아볼 수 없다면 하나님 앞에서 목표가 있어야 하지 않을까? 아니면 성경의 인물 가운데 우리가 모델로 삼아도 될 분이 있을까?

이의수 _ 뜻밖에도 믿음의 가정인 아브라함과 이삭과 야곱의 가정은 가정문제를 점진적으로 해결해나가는 사례들이라고 볼 수 있다. 창세기에 나타난 많은 가정들은 아무런 문제없는 신실하고 믿음에 합당한 기준을 가진 것이 아니라 오히려 역기능 가정의 대표들이라고 할 수 있다. 그런 가정들이 문제를 극복해가고 나아가는 과정에서 성경 속 믿음의 영웅들도 역시 자기 나름대로 취약점을 보여주고 있으며, 오히려 믿음의 2인자들에게서 나타나는 영적인 순결함과 고결함이 고스란히 드러나게 된다. 사도 바울과 동역했던 브리스길라와 아굴라는 믿음의 영웅들보다 더 순결하고 순전한 믿음의 부부로 볼 수 있다.

사회자 _ 위기가정회복센터에서 실질적으로 위기의 가정들을 끌어안고 사신다고 하셨는데, 정말 어렵지 않은가? 어떤 말씀을 많이 전해주고 있는가?

전혜련 _ 왜 하나님은 이런 일을 맡겨주셨는지 부족하지만 감당하고 있다. 지난 15년 동안 현장에서 비행청소년을 만나고 있는데 판사가 부모에게 부모교육을 받도록 판결하면 그 부모에게 저는 이렇게 이야기한다. "부부가 먼저 친밀하지 않고는 아이들을 제대로 양육할 수 없습니다." 부부가 친밀하지 않으면 아이들은 튕겨져 나갈 수밖에 없다. 아이들이 위태한 상황이어도 부부가 친밀하면 아이들이 회복되는 경우가 90%라고 이야기한다.

사회자 _ 일단 한국사회에 대해 먼저 이야기해야 할 것 같다. 우리 사회가 건강한 부모를 양육하는 데 있어서 역할을 잘 감당하고 있다고 생각하는가? 아니면 고쳐야 될 점은 무엇인지 말씀해주시면 좋겠다.

이의수 _ 한국사회가 지난 50년 동안 아무도 예측하지 못했던 발전과 성장이 있었다. 그러나 한국사회가 실질적으로 제대로 본 것도 없고, 들은 것도 없고, 할 줄 아는 것도 없는 영역이 바로 가정에 관한 부분이다. 무엇을 어떻게 해야 하는지? 아버지와 어머니가 누구인지? 가족 관계 내에서 서로 어떻게 해야 하는지? 우리에게 필요한 롤모델을 갖기에 적합한 시점과 상황을 충분히 갖지 못했다. 그래서 정치인들도 이런저런 정책을 쏟아내고 있지만 그 정책 속에는 포퓰리즘이 가득 담겨 있는 뻥튀기 같은 형태이다. 그리고 가족에 대해 가르치는 교수들마저도 이론적으로 공부만 했기 때문에 가족 자체를 얼마나 잘 가르칠지는 의문이다. 실질적으로 상담가들에게 물어보고 싶은 것이 정말로 가정 안에서 치유와 회복을 경험한 상태에서 상담하고 돌보고 있는가 하는 것이다. 자기도 아픈 사람이 다른 아픈 사람을 돌보고 있는 그런 형국이다. 믿음 안에서 건강한 가정은 무엇이고 한국사회에 적합한 믿음의 가정은 무엇인지, 이런 바람직한 롤 모델을 찾아내고 개념을 구체화하는 일들이 필요하다. 교회 내의 가정이 이런 형편이니 예수 믿지 않는 가정은 어떻겠는가? 그래서 일반 언론에 몇 년 동안 칼럼을 게재하고 있다. 칼럼에서 말하고 있는 것은 기독교적 세계관이다. 꼭 예수님을 말하지 않고도 우리 이야기를 전하는 것이 필요하다. 우리가 말할 수 있는 개념들, 감사와 축복과 위로와 소망과 용서, 이런 언어들은 세상이 쓰지 않는데 용서라는 단어는 더더욱 있을 수 없다. 심리학자들은 대개 사람들이 용서를 안다면 정신병원 환자들의 1/3은 집으로 돌아갈 것이라고 한다. 최근 심리학에서 용서라는 개념을 이야기하지만 우리가 믿음 안에서 말하는 용서라는 개념은 세상에 없다.

사회자 _ 그렇다면 건강한 부부를 세우기 위해서 한국사회가 어떤 부분에서 더 노력해야 한다고 생각하는가?

전혜련 _ 요즘 TV 켜기가 무서울 정도로 걷잡을 수 없이 발생하고 있는 청소년들의 비행과 음주, 흡연, 가출, 중독, 폭력, 자살, 강간, 성매매, 원조교제, 살인, 오토바이 폭주족 등 예전에는 들어볼 수도 없었던 단어들이 화면을 장식하고 있다. 이렇게 심각한 상황 속에서 어떻게 아이들을 양육해야 하는지 우리가 모두 안타까운 심정으로 걱정하고 있지만 특별한 대안이 없다. 지금까지 많은 그리스도

> **우리가 믿음 안에서 말하는 용서라는 개념은 세상에 없다.**

인들이 하나님께서 태초에 만드신 건강하고 아름다운 가정을 세우기 위해서 열심히 노력하고 고민해왔다. 종말을 향해서 가고 있는 이 세상이 온통 전쟁터인 것을 실감한다면, 이 시대의 부모들이 하나님의 음성에 좀 더 귀를 기울이고 하나님께서 우리에게 무엇을 하라고 명하시는지 고민해봐야 할 때라고 생각한다.

사회자 _ 교회가 이 역할을 더 잘 감당해야 할 것 같은데, 목회현장에서 볼 때 한국교회가 그 사명을 잘 수행하고 있는가?

이의수 _ 저희 집에도 아이들이 세 명인데 최근에 와서 더욱 깊이

생각하는 것은 한국의 서당식 교육문화가 자녀교육을 많은 부분에서 망치고 있고 어렵게 한다고 본다. 한국의 소유 개념, 내 집, 내 차, 내 것을 좋아하는 태도, 자녀에 대한 개념 등 전반적으로 그런 것 같다. 〈디사이플〉이라는 잡지에 누가복음 15장에 관한 글을 쓰면서 탕자의 아버지에 대해서 다시 한 번 묵상해보았다. 그러면서 왜 탕자의 아버지는 말도 안 되는 아들의 요청에 순순히 "yes"라고 대답했는가? 또한 그 많은 돈을 들고 나가는 아들에게 후견인이라도 한 명 정도 붙여줄 수 있었을 텐데, 왜 이 아버지는 그냥 보냈을까? 이번 묵상에서 깨달았던 교훈으로는 탕자의 아버지가 아들의 주인이 하나님이심을 알았다는 사실과 이 아버지는 광야학교에 나간 탕자가 머지않아 학교를 마치고 돌아올 곳이라고는 집밖에 없다는 사실을 잘 알고 기다리고 있었다는 것이다. 이 묵상을 통하여 부모들의 사고방식이 좀 바뀌면 좋겠다고 생각하는 것은 '내 자식' 이라는 관점을 내려놓았으면 좋겠다는 것이다. 모든 것을 자녀들이 선택할 수 있도록 길을 비켜주고, 그리고 하나님께 맡길 수 있는 마음이 되어야 한다. 그러면 아까 말했던 불량한 아이들도 얼마든지 집으로 들어와서 자기 이야기를 털어놓을 수 있는데, 아이가 겪는 갈등과 고통의 문제들을 집에 와서 말할 수 있는 환경이 안 되니까 아무것도 안 되는 것이다.

사회자 _ 가정이 안전지대가 아니라는 말씀인 것 같다.

이의수 _ 그렇다. 안전한 항구가 아니라 폐차장 같은 느낌이다. 아이들이 각자 방에 들어가서 부모를 걱정한다고 한다.

사회자 _ 참 씁쓸하다. 신앙을 가진 부모들을 상담해보면 어떤 부분을 가장 힘들어하는가?

전혜련 _ 슬픈 현실이 교회에서는 겉으로 보기에 훌륭한 장로와 권사 직분자이신데, 그 자녀들이 상담을 와서는 자기네 엄마, 아빠가 교회에서 언제 사고를 치고 본색이 드러날지 너무 불안하다고 한다. 그런 이야기를 들으면 같이 울 수밖에 없다. 미안하다고 하면서 오히려 저 자신이 사과한다. 그런데 그 부모들은 오히려 절대로 상담하러 오지 않는다. 그런 분들을 볼 때 마음이 아프다.

이의수 _ 교회에 대한 충성도가 영성이라고 계속 착각하면서 살아갈 것인지, 아니면 실제적인 생활영성으로 살아갈 것인지를 잘 구분해야 한다. 목회자가 자기 필요에 따라서 마음대로 쓸 수 있는 사람을 영성 깊은 믿음의 사람으로 계속 추켜세울 것인지, 아니면 교회를 떠나 언제 어디서든 다른 사람들과 더불어 화평을 이루어가고 그리스도인다운 삶의 표지를 갖고 살아가는 사람을 믿음의 사람으로 인정할 것인지 선택하고 결단해야 한다.

전혜련 _ 현대교회에서 말하는 직분자와 성경에서 말하는 직분자가 너무 다르다.

이의수 _ 진정한 믿음이 무엇인지에 대해서 가르쳐야 한다. 성령이 우리 안에 거하시고 하나님의 말씀이 우리 생각과 마음을 붙들고 있다면 우리가 바르게 선택할 수 있는데, 우리는 그 성령이 우리 안에 계시다고 말하면서 또 하나님의 말씀을 내가 들었다고 하면서 교회를 벗어나기만 하면 왜 전혀 다른 사람이 되는지? 이 부분에 대해서 고민이 많다. 세상은 원래 교회와 다르다. 가정사역을 할수록 복음을 가르쳐야 하고, 그 복음에 따라 살아가는 일을 교회가 구체적으로 멘토링해야 한다고 본다.

전혜련 _ 성도에게 성도의 역할을 잘하라고 말하기 이전에 교회가 교회의 역할을 잘해주고 사역자들도 자기 역할을 잘해주시길 정말 바란다.

이의수 _ 가정 사역자들도 실제적으로 심리학을 가르칠 게 아니라 교회에 사람들이 왜 오는지를 이해할 필요가 있다. 교회는 심리학이 아니라 하나님의 말씀을 통한 하나님의 마음, 그리고 그 말씀 앞에서 우리가 어떻게 살아갈지를 도와주는 도구로 단지 심리학을 활용할 뿐인데, 오히려 그게 주객이 전도되어 말씀의 권위와 자리를 차지하여 가르치다 보니 교회나 밖에서나 듣는 것이 똑같아서 회복의 능력을 발휘할 수 없게 된다.

사회자 _ 심리학은 통계적으로 딱 맞아떨어지니까 뭔가 분명하게 지침을 주는 것 같은데, 단지 말씀을 많이 읽고 기도하라고만 하는 것도 너무 두루뭉술하다는 이야기를 듣는데, 이것에 대해서는 어떻게 대답해주어야 할까?

이의수 _ 실질적으로 이야기해야 한다. 로마서 8장이 말하는 사도 바울의 엄청난 믿음의 분량, 견고하게 확신에 찬 고백을 내놓기 전에는 바울에게도 내적 갈등이 있었다. 사도 바울은 이 부분을 솔직하게 말한다. 자기 연약함과 또 다른 자아에 대해서 이야기하고, 9장에서는 1절과 2절에 내가 참 말을 말한다고 하면서, 내 마음에 그치지 않는 고통이 있다고 한다. 우리는 바울의 이 위대함을 본받을 필요가 있다. 왜 내게 이런 믿음의 확신과 선언이 필요한가? 그건 바로 지금 내가 현실 속에서 직면하고 있는 고통을 은혜 가운데로 이끌어가고, 그와 같은 은혜로 계속해서 살아가기 위해서는 이런 은혜의 확신을 날마다 선포하면서 날마다 죽는다는 그 바울의 믿음과 영성을 온전히 배우고 가르치기 위해서라고 생각한다.

사회자 _ 전 소장께서는 상담하실 때 이렇게 정확하게 이야기해주는가?

전혜련 _ 상담할 때 직면법을 많이 사용한다. 왜냐하면 사실은 내담자가 올 때 문제와 함께 답도 나름대로 가지고 오기 때문이다. 본인들도 알고 있지만 그렇게 하기가 싫은 것이다. 자기 마음을 알아주고 자기가 원하는 말을 해주기를 바란다. 그런데 이렇게만 하다가는 문제를 제대로 해결하지 못하고 그냥 덮어놓을 뿐이다. 그랬다가 나중에 감당할 수 없는 상태로 뻥 터져버리면 결국은 내담자가 상담자를 탓하게 된다. 그래서 정확히 문제를 볼 수 있도록 눈을 열어주고 같이 마음을 공감해주고, 그리고 상처를 싸매어주는 작업을 성령님과 함께할 수 있도록 기도하면서 진행하고 있다.

이의수 _ 저는 요즘 솔직하게 이야기하지 말라고 한다. 솔직하다는 말은 나의 편견이 개입된 것이고 상대방을 문제 삼지 않는 것이다. 우리는 그런 부분에 대해서 서로의 마음을 열어서 아주 투명하게만 접근해줘도 서로를 실망시키지 않고 가정문제들이 상당히 많은 부분에서 해결될 수 있을 것으로 생각한다.

사회자 _ 그러면 한국교회에서 특히 가정의 문제가 해결되고 건강한 부부가 되기 위해서는 솔직해져야 한다고 말하면 되겠는가?

이의수 _ 부부의 친밀감 중에 가장 늦게 나타나는 것이 영적인 친밀감이다. 대개 믿는 분들이 자기들은 서로 영적으로 친밀하다고 하는데 대부분 아니라고 생각한다. 여러분들에게 물어보고 싶다. 부부간에 기도제목을 나누고 계시는가? 정말 친밀감이 있지 않다면 기도제목을 나누지 못한다. 본인들이 믿음 안에서 살지 않으면 말하지 않는다는 것이다. 정말 믿음 안에서 서로의 아픔, 주님의 만지심이 필요하고, 하나님의 사랑이 필요하다는 것을 있는 그대로 내어놓을 수 있는 부부야말로 자녀들에게 어떤 문제가 얼마든지 있을 수 있지만, 그 문제를 하나님의 보좌 앞으로 가져가 믿음으로 풀어낼 수 있다고 본다. 마지막으로 한 가지 더 제안하고 싶은 것은 이인삼각 배필이 되면 좋을 것 같다. 같이 어깨동무하고 같은 방향을 향하여 나가며 하나님의 뜻을 찾아낼 수 있는 관계 말이다. 삶의 목적과 가치가 분명한 가정, 그래서 믿음의 친구로서 한 방향으로 나아가는 영혼의 동반자이자 친구요 소명의 동반자로서 삶의 자리들을 함께 자리매김하는 사이야말로 건강한 가정의 기초가 되고 미래의 희망이 되리라고 생각한다.

전혜련 _ 상담현장에서 만났던 잊히지 않는 부부는 고슴도치 같은 남편과 장미 같은 아내라고 서로를 표현하는 분들이었다. 이분들이 상담하러 찾아오셨을 때 아내가 자기 남편에 대해 표현하기를 "이 남자는 어디를 가나 폭폭 찔러대요"라고 이야기했다. 그랬더니 남편은 "이 여자는 어딜 가나 향기가 풍부하다"라고 하는 거다. 상담을 하다 보니 고슴도치 같다는 남편이 오히려 너무 부드럽고 내면에서 많이 아파하고 있었다. 그리고 장미향 같은 아내는 그 안에 가시가 있어서 많이 찌르는데 향기가 있어서 감춰지는 거였다. 여자에게 사소한 것이 남자에게 중요할 수 있고, 남자에게 사소한 것이 여자에게 중요할 수 있는데 이렇게 다른 것을 인정하지 않기 때문에 갈등이 일어난다고 생각한다. 그래서 서로의 다름을 인정하면 훨씬 더 행복해질 수 있다고 본다.

사회자 _ 믿음의 자녀를 키운다는 것은 우리 모두가 가슴앓이하고 있는 아주 중요한 주제이다. 이 숙제를 풀어보려고 두 분을 모셔서 이야기를 나누고 있는데, 현재 우리 자녀들의 영적 상태가 어떤가?

이의수 _ 한국사회는 세대 간의 갈등이 참 깊고 가정상황이 매우 복잡하다. 한번은 신문기자와 인터뷰를 하면서 상담을 해줬는데, 자기 아버지가 이상하다는 것이다. 이해가 가는 듯 이해가 안 간다고 하기에, 그것은 겉과 속이 달라서 그렇다고 했더니 이중인격자인 거냐고 하더라. 우리 부모님 속에는 농경시대와 현대가 동시에 자리 잡고 있다. 그만큼 부모세대와는 패러다임이 일치하지 않는 부분이 있다. 자녀는 우리 관심이 필요한 대상이고 단순히 예배를 드리러 가는 것에 만족하는 게 아니라 예배 후의 영적교제와 친밀한 나눔이 필요한 아이들이다.

사회자 _ 청소년들의 위기상담을 하시면서 부적응 정도를 얼마나 느끼는가?

전혜련 _ 정도가 정말 심각하다고 느끼고 있다. 1998년도에 리스본에서 코피 아난 유엔 사무총장이 세계 청소년담당 장관회의를 주재하면서 이렇게 말했다. "청소년을 배제시키는 사회는 자신의 생명선을 자르는 것이다. 그리고 그 사회는 출혈과다로 죽을 수밖에 없는 운명에 놓여 있다"고 했는데, 지금 우리가 바로 그런 처지가 되었다. 한국은 지금 자살률 1위이고 주변에서도 자살하는 아이들을 종종 보게 된다. 초등학생들이 자살을 고민하는 숫자를 보면 2008년도에는 37명이었는데 2010년도에는 99명으로 증가했다. 교육과학기술부가 조사한 바에 따르면 지난 5년간 자살을 시도한 학생수가 2005년도에 136명이었는데 4년 만에 202명으로 증가했다고 한다. 그래서 이 아이들이 왜 자살을 시도했는지 알아보았더니 성적이나 상급학교 진학에 대한 두려움이 59.4%, 그리고 자기 부모와의 문제도 10%나 되었다. 법무부 위탁으로 지금까지 10년 동안 이 아이들을 상담하고 있는데, 80~90% 아이들은 재범률이 떨어지고 회복되는 것을 볼 수 있었다. 다시 한 번 이 자리를 빌어서 국가와 교회에 부탁드리고 싶은 것은 더 많은 관심을 가지고 치료 프로그램을 할 수 있도록 도와주시길 요청드린다.

이의수 _ 실제적으로 이런 아이들에게서 진로와 학업은 직접적인 자살시도의 원인이 아니다. 사실상 가정 안에서 부모가 만들어놓은 각본과 지시들로 가득 차 있다. 아이들이 왜 그렇게 학원에 끌려다녀야 하는가? 진학이나 진로가 어려워져도 있는 그대로 수용되어야 하는데,

그 결과 자체를 좋은 자녀인지 아닌지를 판가름하는 기준으로 만들어 놓고 있기에 그런 비극적인 일이 발생하는 것이다. 저에게는 자녀가 3명인데 둘째는 쌍둥이다. 그중 한 명은 틀릴 게 없어서 걱정이고, 한 명은 맞을 게 없어서 걱정이다. 그런데 우리 집은 성적으로 아이를 평가하지 않고 성적 때문에 혼내지도 않고 성적 때문에 뭘 사줘본 적도 없다. 그 이유는 저마다 갖고 있는 특성이 다르고, 각 아이의 인생이 지금 결정되는 것이 아니기 때문이다. 최근에는 우리 아이들이 가엾다는 생각이 들었다. 제가 목사로서 보이지 않게 아이들에게 요구했던 사항들이 엄청 많았다. 인생은 언젠가 한 번은 어려움을 당해봐야 자기 삶의 가치를 제대로 찾아갈 수 있다는 것이다. 그래서 아이한테 하고 싶은 대로 하라고 했더니 오히려 저도 평안하고 가정이 은혜롭다.

전혜련 _ 그런데 사실은 이런 부모를 진단해봐야 한다. 어디에서 이런 자유가 왔는지, 정말 그리스도 안에서 온 것이면 천국일 테지만, 사회가 만들어놓은 틀에 반항하기 위한 것이면 방임하는 부모가 되는 것이다.

이의수 _ 맞다. 맞벌이부부들은 관심을 갖는 것 같지만 사실은 돈과 시스템으로 때우면서 방임하는 경우가 많다. 무작정 학원으로 내모는 것이 아이들을 사랑하는 방법은 아니다. 그래서 아이들의 채워지지 않는 텅 빈 마음이 분노와 반발, 그리고 애정결핍으로 가득 차게 된다. 이렇게 말씀드리는 이유는 우리 아이가 나의 것이라고 생각하며 살았던 것을 회개했기 때문이다. 그동안 저는 믿음이 없는 목사였던 것이다. 아이의 인생에서 주인은 하나님이신데, 나의 기준과 바람이 내 아이의 인생의 법칙이 되어야 하는 건 아니다. 아이를 향한 하나님의 계획은 따로 있고 나에게는 아이를 사랑하라고 맡겨주신 것일 뿐인데, 마치 내 뜻대로 만들어가는 것이 나의 소명이라고 착각하고 있었다는 깊은 반성이 있었다.

사회자 _ 학교폭력, 왕따문제도 가정의 구조와 연관이 있다고 하셨는데, 어느 정도로 심각한가?

전혜련 _ 오죽하면 대통령이 4대악을 선포하는 나라가 되었겠는가? 10년 동안 가정폭력 행위자들을 치료하다 보니 그 가정의 문제로 말미암은 피해자인 자녀들이 결국은 학교폭력을 가하는 모습을 보게 된다. 그래서 학교폭력을 근절하기 위해서는 가정폭력을 근절해야 한다. 학교폭력 가해자들의 부모들은 8시간 동안 부모교육을 받아야 한다. 처음 부모교육할 때는 우리에게 찾아와서 소리를 지르고 욕하고 그랬다. "학교에다 아이들을 맡겼더니 아무 책임도 안지고 부모한테 교육이나 받으라고 해?" 하면서 말이다. 그랬는데 꾸준히 교육하다 보니 자기들이 몰라서 그랬다고, 부모로부터 제대로 배우지 못했기 때문이라고, 정말 잘못 했다고 고백하는 모습을 보게 된다. 그리고 의외로 남자 분들이 많이 운다. 자신도 아버지로부터 그렇게 취급받으면서 자랐고, 그렇게 대하는 게 아버지의 역할인 줄 알았다는 것이다. 이제 더 이상 자식이 품에 안 들어와서 슬펐고 외로웠고 힘들었다는 것이다. 그런데 오히려 자식이 문제를 일으켜서 여기까지 오게 된 것이 감사하다고 한다.

사회자 _ 하나님 없는 교육은 영리한 악마를 만드는 것이라는 유명한 말이 있지 않은가? 지금 교회는 믿음의 다음세대를 길러내는 역할을 잘 감당하고 있는 상황인가?

이의수 _ 나름대로 노력하고는 있지만 잘 안 되는 상황이고, 문제는 교회 안에 전문가들이 없다는 것이다. 교회교육도 체계적인 시스템으로 접근하지 못하고 있다. 초창기에 교회는 성경을 참 잘 가르쳤다. 요즘은 좀 모호해진 경향이 있다. 물량주의와 세속주의가 들어와서 흥미위주로 교육한다. 그리고 학교와 마찬가지로 교회에 맡겼으니 교회가 신앙교육을 책임지라고 한다. 그러나 청교도교육은 밥상머리 교육이고 가정교육이었다. 저는 청소년 부모들에게 자녀들과 갈등을 겪는 시간을 보내라고 말한다. 갈등은 나쁜 것이 아니다. 갈등한다는 것은 내 가치관과 자녀의 가치관이 충돌하고 있다는 것이다. 충돌한다는 것은 파괴가 아니라 서로 부딪쳐서 조정하고 수용한다는 뜻이다. 서로의 세계를 이해하지 못하는 가치충돌이 아니라 궁극적으로 서로를 받아들이고 용납하는 가치융합의 시간이다.

> **교회에 맡겼으니 교회가 신앙교육을 책임지라고 한다.**

전혜련 _ 지금까지 우리는 자식 앞에서 싸우는 것을 굉장히 수치스러워했다. 그런데 저는 부부싸움을 하면서 서로 잘 이기는 싸움을 하고, 그 후에는 반드시 화해하는 모습을 보여달라고 한다.

사회자 _ 이제 한국교회에 대한 이야기를 좀 해야 할 것 같다. 한국교회가 자녀양육에 대해서 간과한 점을 하나씩만 말씀해주시면 좋겠다.

이의수 _ 한국교회의 교육은 어떻게 보면 한국사회의 축소판이다. 한국교회는 실질적으로 성장이라는 부분에 집중했었고, 그러기 위해선 성도들의 무조건적인 헌신이 필요했다. 그러다 보니 교회에 온 가족이 나왔는데 단 10분도 함께 머물러 있을 시간이 없었다. 믿음 안에서 가족이 함께하는 구조를 만들지 못했다는 것이다. 사랑의교회 같은 경우는 오래 전부터 저녁예배를 가족예배로 정하여 모두 가정에서 모이도록 했다. 한국교회가 '가정을 교회처럼 교회를 가정처럼'이라는 슬로건을 많이 썼는데, 정말 믿음 안에서 가정을 세울 수 있도록 도와주었는지 깊은 반성이 필요하다고 생각한다.

사회자 _ 전 소장께서는 다문화가정사역을 10년 넘게 해오셨는데, 요즘 어떤 상황인가? 잘 적응하고 있는지 궁금하다.

전혜련 _ 선진국에서 배웠던 것이 나그네인 외국인들이 자기 나라에 왔을 때 잘 돌봐주고 환대하는 것이었다. 현장에서 사역하면서 어떻게 하면 결혼이민자 여성들과 노동자들을 도울 수 있을지가 숙제였다. 그런데 상담을 하러 오는 결혼이민자들이 가정폭력으로 갈 곳을 찾지 못하는 경우가 생겨나기 시작했다. 그분들은 특수하고 열악한 상황에 있다. 남편 한 사람만 보고 한국에 들어왔는데, 실제로 다문화가정에서는 돈을 주고 신붓감을 사서 결혼했다는 개념을 갖고 있어서 이 여성들을 무시하곤 했다. 그래도 결혼해서 왔으니 어떻게든 살아야 한다는 생각으로 몇 년을 참고 있다가 결국에는 그 폭력을 견디지 못하고 뛰쳐나온 것이다. 그 여성들이 다시 가정으로 돌아가도록 도와줄 수 있는 기관이 더 많아지면 좋겠다. 다문화가정의 결혼이 파괴되는 비율은 현재 약 40% 정도이다. 실제로 파악되지 않고 잠재되어 있는 숫자는 훨씬 더 많을 것이다.

이의수 _ 저도 정부와 연관하여 가정방문 상담사들을 교육하는데, 다문화가정을 이룬 한국남자들은 대부분 자기 정체성 문제를 안고 결혼을 시작한다. 한국 사람과 결혼하지 못했다는 낮은 자존감으로 시작하는 것이다. 남성과 여성이 서로 매력을 느끼고 사랑하게 되고 융합되는 과정이 결혼인데, 이들은 낮은 정체성으로 말미암은 결핍을 다른 방식으로 메워가는 것이다.

전혜련 _ 한국 남성들에게서 나타나는 문제가 정말 사랑하는 여성과 결혼한다는 게 아니라 그에 합당한 대가를 지불하고 종속물처럼 아내를 데려왔기 때문에 맘대로 할 수 있다는 생각과 문화에 젖어 있다는 것이다. 먼저 이에 대해 올바로 교육하지 않고서는 이 결혼을 아예 허락하지 않는 게 좋다고 생각한다. 그런 상태에서 자녀를 양육하기 때문에 문제가 너무 심각하다. 3년 전부터 다문화가정과 탈북자가정의 아이들 문제가 전체 청소년문제의 30%에 이르고 있다. 굉장히 심각한 상태이다.

사회자 _ 이건 이미 벌어진 일이기 때문에 대응전략을 세우며 갈 수밖에 없을 것 같은데, 결국 교회가 대안을 세워야 하지 않겠는가?

이의수 _ 이제는 이들을 특별하게 대하지 않는 것이 필요하다고 생각한다. 한국사회에서 이제는 일반화시키고 우리사회의 일원으로 받아들여야 한다. 가정생활세미나 같은 것에 함께 참여하면서 한국사회를 이해할 때 그런 남편도 이해할 수 있다고 본다.

전혜련 _ 교회를 보면 다문화예배가 따로 있는데 참 안타깝다. 그러다 모이는 인원이 많아지면 각 국가별로 예배를 드린다. 이들은 늘 비주류의 삶을 살면서 교회의 일원으로 자리 잡지 못하게 된다. 그러다 보니 그 아이들도 따로 돌보아야 한다. 한국 국적의 아이들인데, 외국인도 아니고 한국인도 아닌 정체성이 모호한 교육을 받게 된다. 교회에서부터 담을 헐어야 한다.

사회자 _ 가정이 소중하기 때문에 나눠야 할 주제가 많은 것 같다. 이제 마지막으로 건강한 가정을 위해서 꼭 기억해야 할 것을 말씀해주시면 좋겠다.

전혜련 _ 가정과 교회, 사회를 독립시키지 말고 하나로 가져갈 수 있으면 좋겠다.

이의수 _ 저는 감사하는 마음을 다시 회복하면 좋겠다고 생각한다. 왜 우리는 서로를 함부로 대하고 미워하고 이해하지 않는가? 서로에 대한 가치를 인정하고 존중하기 위해서는 감사하는 마음이 필요하다.

그러면 서로에게 상처주지 않을 것이다. 위대한 구호보다 작은 마음이 더 소중하다고 본다.

사회자 _ 가족이 함께 사랑을 나누는 아름다운 날이 각 가정에 자속되었으면 하는 바람 간절하다. 함께해주셔서 감사하다.

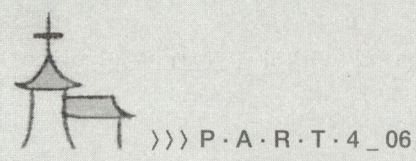

성경적 재정관리,
어떻게 가르쳐야 할까?

그리스도인에게는 하늘을 바라보며 살아가야 하는 독특한 삶의 특성과 함께 이 땅이라는 현실에 발을 붙이고 살아가야 하는 피할 수 없는 일상이 자리 잡고 있다. 그러니까 이 땅에서 하나님의 나라를 바라보아야 하는 이중적인 삶을 살아가고 있는 것이다. 그래서 현실이 주는 삶의 무게를 무시할 수가 없고, 특히 항상 인간적으로 염려할 수밖에 없는 것이 바로 물질에 관한 것이다. 실제로 주거비와 생활비, 그리고 교육비와 세금부담은 늘 만만치 않다. 가계부채가 계속 늘어나고 재정에 대한 부담이 클 수밖에 없는 현실은 이 시대의 신앙인들도 함께 동일하게 짊어지고 있는 공통적인 짐이다. 그래서 오늘은 보이지 않는 맘몬의 권세 앞에 무릎 꿇지 않고 그리스도인들이 어떤 재정관을 가지고 살아야 할지 '성경적 재정관, 지혜로운 재정관리 어떻게 할 것인가?'

※ 이 원고는 2015년 5월 30일과 6월 6일에 방송된 원고이다.

하는 주제로 대담을 진행하고자 한다. 오늘은 한국청지기아카데미 대표인 강팔용 장로와 돈 걱정 없는 우리 집 지원센터 박상훈 팀장을 모시고 구체적인 이야기를 나눠보려고 한다.

사회자 _ 귀한 발걸음 해주셨는데, 먼저 두 분이 하시는 사역을 간단히 소개해주시기 바란다.

강팔용 _ 성경에 기록되어 있는 재정과 경제에 관한 내용을 우리 그리스도인에게 교육하는 전문 NGO선교단체이다. 이미 30년 전부터 미국에서는 이런 사역이 왕성하게 일어나고 있었으며 전 세계 80여 개국에 전파되어 있다. 한국에는 2008년부터 들어와서 본격적으로 시작되었으며 이 사역을 전문적으로 감당하기 위해서 만든 선교단체가 바로 '한국청지기아카데미'이다.

박상훈 _ 우리는 가정경제상담을 통해서 그리스도인들을 돕고 있다. 성경의 재정원리를 현실에서 어떻게 적용시킬 것인가를 상담하고 있다. 자주 돈보다 사람을 세우는 가정경제가 가장 중요하다고 말씀드리고 있다. 특히 말씀 안에 살아가는 원칙 안에서 사람을 세우는 역할을 감당하고 있다.

사회자 _ 오늘 대담을 시작하기 전에 박 팀장님 저서를 한 권 받았는데, 「빚 걱정 없는 결혼준비」라는 제목이다. 이 제목은 젊은이들의 환상이자 목표인데, 압축하자면 어떤 내용을 다루고 있는지, 정말 그게 가능한 것인지 궁금하다.

박상훈 _ 빚 없는 결혼준비가 실제로 쉽지 않다. 다만 적절한 원칙을 정하고 무리하지 않는다면 빚에 대한 걱정을 덜 수 있다. 그리스도인 청년들이 빛과 소금으로 가정을 통해서 복음대로 살아야 함에도 불구하고, 그러지 못한 채 빚에 속아서 살아가고 있는 현실이 안타깝다. 그래서 빚에서 벗어날 수 있는 원칙을 소개해드리면 좋을 것 같다는 생각으로 책을 썼다.

사회자 _ 요즘 신혼부부들의 현실이 어떤가?

강팔용 _ 한마디로 말하자면 이 사람들의 삶 자체가 희망을 기대하지 못하는 안타까운 상황이다. 장기적으로 볼 때, 특히 재정적인 관점에서는 소망 없는 삶을 살아가는 젊은이들이 너무 많다. 특히 사회적인 흐름이 빚을 권하는 사회, 빚으로 시작하는 사회이기 때문에 세상의 영향을 너무나 많이 받고 있다. 그러나 하나님은 빚지지 말라고 권면하고 계신다. 성경에 보면 "부자는 가난한 자를 주관하고 빚진 자는 채주의 종이 되느니라"고 기록되어 있다. 하나님은 빚지는 것을 가장 불행하게 생각하신다. 그래서 하나님의 경제로 다시 돌아오면 신혼부부들의 소망 없는 경제적인 삶이 다시 밝은 빛으로 나아올 수 있다고 믿는다.

사회자 _ 요즘 젊은이들이 많이 똑똑하지 않은가? 실제로는 좀 어떤가?

박상훈 _ 똑똑함에도 불구하고 막연한 불안감에 휩싸여 신앙인이나 비신앙인이나 모두 똑같이 힘들어한다. 그래서 미래 때문에 염려하지는 말되 나름대로 준비는 해두라고 말해준다. 최소한 벌어들이는 소득에서 준비해야 하는데, 전세를 살면서도 자기 집을 마련할 대안이 별로 없고, 빚을 갚을 수 있는 상황도 아닌 가정들이 참 많다. 그래서 최소한 벌어들이는 소득 범위 안에서 저축할 수 있는 구조를 만들고, 향후 5년, 10년 후에는 가정의 자산이 증가할 수 있는 시스템을 만들어나가는 게 중요한데, 너무 복잡하게 생각하지 말고 통장을 제로로 만들어서 규모 있게 살아가면 된다. 성경에 나오는 것처럼 기쁘게, 기꺼이, 마땅히 해야 할 자기 몫은 다하면서 최소한 버는 것에서 저축할 수 있는 시스템을 만드는 것이 오늘날 신혼부부의 가장 큰 숙제가 아닌가 생각한다.

사회자 _ 어떻게 보면 세상의 논리와 게임을 하는 듯하다. 그런 상황 속에서 많이 이기는 것 같은가? 지는 것 같은가?

박상훈 _ 많이 지는 것 같다. 세상 속에 나가면 말씀 안에 살면서도 월요일부터 삶의 현장이 치열하게 시작되다 보니 실제로 재정적으로나 소비영역에서 여러 탐욕으로부터 자신을 지키기가 정말 쉽지 않은 현실이다.

사회자 _ 이런 상황에서 바람직한 재정관리란 어떤 의미가 있다고 봐야 하는가?

강팔용 _ 먼저 우리 관점부터 바꿔야 한다. 우리는 오랜 기간 세상 경제로부터 학습과 세뇌를 받아왔다. 세상 경제는 많이 벌어서 많이 쓰자고 하고, 돈이 사람의 가치를 측정하고 성공을 측정하는 도구가 되어 있다. 그런데 성경 안에서 하나님은 명쾌하다. 맡겨진 물질을 지혜롭게 사용하는 것이 성경적 재정원칙이다. 세상은 버는 것에 초점을 두고 있지만 성경은 바로 어떻게 쓰느냐에 초점을 두고 있다는 것이다. 그리고 재정의 역할에 대해서도 뚜렷하게 구분하고 있다. 하나님의 역할이 있고 우리의 역할이 있다. 하나님의 역할은 천지가 하나님의 것이기 때문에 하나님은 우주만물의 소유자로서 주관하고 통치하고 관리하신다. 그리고 우리의 필요를 따라 때를 따라 공급해주시는 공급자이시다. 그래서 하나님은 소유자, 주관자, 공급자이시다. 우리는 맡겨진 재물을 하나님의 방법으로 관리하는 청지기이다. 청지기가 세상의 방법으로 관리한다면 실패할 수밖에 없다. 맡겨준 주인의 매뉴얼대로 관리해야 하는데 그 매뉴얼은 바로 성경이다. 그래서 우리는 성경을 공부해야 하는 것이다.

사회자 _ 그렇다면 성경에 기록된 매뉴얼과 실제적으로 신혼부부의 삶을 상담하면서 많은 괴리감이 있었을 것 같은데?

박상훈 _ 빚진 자는 채주의 종이 된다는 잠언 말씀처럼 실제로 신혼가정들이 전셋집에 대한 부담이 매우 큰 게 현실이다. 무리하지 않아야 됨에도 불구하고 현실적인 원칙이 없다 보니 무리하게 빚을 내서 시작하는 경우가 잦다. 우리 그리스도인들은 분명한 원칙을 좀 기억하면 좋겠다. 그것은 다름 아닌 3020원칙이다. 전세값의 30%만 대출받고, 남편의 소득에서 20%씩을 갚아나가는 것이다. 만약 둘이 가진 돈이 7천만 원이라면, 결혼식을 치르는 부대비용을 줄여서 7천만 원으로 전세금을 마련하고, 3천만 원을 더 대출받아서 1억 정도로 시작할 수 있다. 그런데 이것을 넘어가는 수준으로 너무 무리하면 안 된다는 것이다. 아무리 힘들어도 50%는 넘지 않아야 한다. 여기서 50%라면 2억짜리 아파트에 들어가기 위하여 1억을 대출받는다는 뜻이 아니라 1억 원의 50%인 5천만 원을 넘기지 않는다는 원칙이다. 그래서 강의할 때마다 내거는 슬로건은 '하나님 안에서 기마전을 하자' 라는 것이다.

소비와 욕망과 탐욕으로부터 자신을 지켜나가는 전쟁이라고 생각한다.

그것은 '기쁘게 일하고 마땅히 저축하고 준비된 만큼 삶을 살아가는 전쟁에서 승리하자' 는 뜻이다. 이 전쟁은 영적전쟁, 소비와 욕망과 탐욕으로부터 자신을 지켜나가는 전쟁이라고 생각한다. 그래서 우리에게 준비된 만큼 삶을 살아가는 과정을 연습하고 훈련하게 되는데 그게 바로 신혼시절이다. 지금 신혼인데 전세로 살면서 대출이 있는 경우라면 최소한 남편의 소득에서 열심히 빚을 갚아나가는 시스템에 집중하고, 아내가 수입이 있다면 차근히 전세금을 준비해보자. 그러면서 올해나 내년에 무리하게 빚을 내는 것이 아니라 준비된 만큼 차차 빚을 줄여나가는 지혜가 필요하다고 본다.

사회자 _ 요즘 대출이자가 너무 낮으니까 쉽게 돈을 빌려서 낮은 이자를 잘 활용하면 된다고 많이 생각하는 것 같다. 이 부분에 대해서 어떻게 생각하는가?

강팔용 _ 성경에서 말하는 빚지는 원리 중에 하나가 내일을 가정한다는 원리이다. 그래서 장사를 하려고 빚을 지면서 내일은 잘될 거라고 희망하는 것이다. 그런데 경제는 늘 사이클을 탄다. 미리 예측할 수는 없지만 다가오는 미래를 항상 대비해야 하는데, 그 대비를 위해서 빚을 낸다는 것은 절대 성경적이지 못하다. 그리고 이 빚으로 말미암아 채주의 종이 된다는 것은 다른 말로 하면 빚 갚기 위해서 모든 역량을 쏟아붓다 보면 하나님과의 관계도 힘들어질 수 있고 가정에서 서로의 관계도 힘들어지게 된다. 모든 문제가 뒤죽박죽되고 희망이 없어지는 것이다. 그래서 그리스도인 가정에서는 빚지는 것을 절대 금하는 것이 좋겠다고 생각한다.

사회자 _ 요즘 젊은 부부들이 겪는 가장 커다란 경제적 문제는 무엇인가?

강팔용 _ 젊은 부부들을 대상으로 상담하고 강의를 하다보면 이 사람들이 어디서부터 잘못되었다는 것을 스스로 발견하기 시작한다. 주로 발견되는 것이 카드를 통해서 부담 없이 지출하는 습관들이 잘못되었다는 것이다. 또한 본인의 부채가 자기 능력으로는 너무 버겁고 부담스럽다는 것을 발견하게 된다. 이런 발견을 통해서 방향을 트는 작업을 시작한다. 그래서 카드를 잘라버리거나 빚 갚는 과정을 통해서 재정을 다시 재정비하는 작업을 시작한다. 특히 비교하는 세상문화에 익숙해져 있다 보니 자기도 모르게 이웃과 비교해서 소비에 집중하는 생활을 영위하기 때문에 이런 문제들의 원인이 생겨나게 된다. 결국은 이런 삶으로부터 방향을 전환하는 모습을 많이 지켜보게 된다.

사회자 _ 말씀을 듣고 보니 비교의식부터 처리해야 제대로 해결되겠다는 생각이 든다.

박상훈 _ 강의할 때 "너희는 이 세대를 본받지 말고 오직 마음을 새롭게 함으로 변화를 받아 하나님의 선하시고 기뻐하시고 온전하신 뜻이 무엇인지 분별하도록 하라"는 로마서 12장 2절 말씀을 자주 인용한다. 지금처럼 우리가 세상과 비교해서도 안 되고 세상에서 비교를 당하지도 않기 위해서는 가정에서 충분한 대화를 통해서 나의 정체성을 다져가야 한다. 그런데 이렇게 하지 못하니까 무슨 소비를 하더라도 자존감 소비가 아니라 자존심 소비를 하게 되는 것이다. 이리저리 끌려다니면서 이것도 해야 하고 저것도 해야 하고, 좋은 가방도 사야 되고, 좋은 차도 타야 하는 것이다. 그렇지 않으면 모임에 나가서도 마음이 흔들리게 되고 잔뜩 주눅 들게 되는 것이다. 그래서 주님 주신 말씀 안에서 소비가 제일인 세상을 이겨내려면 가정의 재무목표와 중요하게 품고 있는 말씀 안에서 진정한 가치가 무엇인지를 서로 이야기하면서 실제로 재무적인 상황과 연결시켜야 된다고 생각한다.

또 드리고 싶은 말씀은 신용카드를 쓰지 말도록 많이 강조하지만, 사실상 카드를 끊기가 굉장히 어렵다. 카드로 겨우 한 달씩 살아가는데, 갑자기 끊게 되면 몇 달은 생활이 안 되는 것이다. 그런 악순환이 계속되고 있어서 카드를 정 끊기 어려운 분들은 현명하게 사용하도록 안내하고 있다. 카드의 문제점은 하나님이 주시지 않은 것을 쓰는 것이다. 정해진 소득 안에서 사는 게 아니라 다음에 돈이 나오겠지, 벌겠지, 사업하면 잘되겠지 하는 막연한 기대감을 갖고 카드를 긁는다. 그러나 결론적으로 말씀드리면 비정기적인 지출들에 대해서는 미리 예산을 잡아놓고 그 범위 안에서 돈을 사용하라는 것이다. 예를 들어 비정기적인 지출은 여름휴가와 추석, 성탄 등이 있다. 1년 가운데 자동차세와 보험, 1월 명절까지 포함한다면 비정기적으로 지출되는 금액이 700만 ~1,000만 원까지 올라가는 가정이 많다. 그래서 이런 지출들에 대해서 예산을 잡아놓고 쓰면 좋겠다. 만약 신용카드를 끊기 힘들다면 이런 비정기적인 지출을 위한 통장을 따로 만들어놓고 그 통장에서 결제가 이루어지게 해야 한다. 어차피 1년에 걸쳐서 쓸 돈이니까 매달 모으면 된다. 그렇게 모아놓은 통장에서 신용카드를 쓰면 현명한 카드 사용이 될 것이다. 지출을 하다 보면 가정에서 다툼도 생긴다. 그것은 일상적인 지출 때문이 아니라 비정기적인 지출로 말미암아 다투게 된다. 이와 같은 방식으로 카드를 사용하면 다툼도 줄어들고 현명한 카드 사용이 될 수 있기에 꼭 권해드리고 싶다.

사회자 _ 지금 젊은 부부들은 비정기적인 지출로 제일 높은 비중을 차지하는 항목이 여행인가?

박상훈 _ 그렇다. 여행의 비중이 상당히 높다. 전세비와 출산비용을 준비해야 하는데, 그 돈은 없다고 하면서도 태교여행을 떠나기도 한다. 태교여행으로 500만 원, 그리고 1년에 한 번씩 해외여행도 가겠다고 한다. 전세금이나 마땅히 기쁘고 기꺼이 드려야 할 부모님에 대한 용돈, 효도자금, 헌금, 십일조 등을 하지 못하는 상황에서도 의외로 돈이 나가는 경우가 많은 현실적인 상황이다. 돈을 아끼고 쥐어짜는 것이 아니라 하나님이 주신 돈을 기쁘게 잘 관리해서 꼭 써야 할 건 쓰더라도 최소한 마땅히 해야 할 건 제대로 감당하는 시스템을 만드는 것이 중요하다고 생각한다.

사회자 _ 강의를 하실 때 신혼부부들이 이것만은 꼭 들어야 된다는 본질적인 가르침을 주는 강의가 있다면 무엇인가?

강팔용 _ 몇 가지가 있다. 그중에 '조언'이라는 주제가 있다. 부부들이 의사를 결정할 때 대개는 지갑과 의논해서 결정하고 거기에 너무나 익숙해져 있다. 그런데 모든 재정적 의사결정을 내릴 때 성경 말씀에 의지해서 의사결정을 내리라는 것이다. 성경적 의사결정인가, 아닌가? 그게 첫 번째이고, 두 번째는 대개 부부간에 의논하여 합의를 통해서 의사결정하지 않는 점을 지적한다. 즉흥적으로 지출해버리는 경우가 너무 잦다. 그럴 경우에도 이제는 즉흥적이 아니라 부부합의에 의해서 의사결정을 내리라는 것이다. 그래서 조언을 받는 순서가 제일 먼저 성경 말씀에 근거하고, 그다음은 배우자의 조언을 받아야 하고, 세 번째는 그 분야의 경건한 그리스도인에게 조언을 받고, 그다음은 세상의 전문가에게 조언을 받아야 한다. 경제활동을 하거나, 집을 사거나, 자동차를 사거나, 투자를 할 때 대개의 경우는 자기 지갑이나 세상 전문가에게 의존해서 의사결정을 내린다. 이 부분이 잘못되었다는 것이다. 물질을 맡겨준 하나님의 매뉴얼대로 의사결정을 하지 않고 세상의 방법으로 의사결정을 하기 때문에 재정문제가 생겨나게 된다.

사회자 _ 의사결정 과정에서 우선순위가 뒤바뀌었다는 말씀으로 이해된다. 실제로 재무영역에서 부부들이 대화를 많이 나누는 것으로 보이는가?

박상훈 _ 재무에 관한 대화는 우리 센터에서도 8년 전부터 계속 강조했던 내용인데, 재무 설계, 재테크 등 이런 말들을 굉장히 많이 하기는 하지만 어디서부터 시작해야 될지를 잘 모른다는 것이다. 대부분 행복해지려고 돈을 버는데 실상 뭐가 행복한지를 모른다. 돈을 버는 목표와 이유에 대해서 서로 알고 구체적으로 전략을 세워나가야 하는데, 돈을 버는 수고의 의미에 대해서 서로 많이 다르게 생각한다는 것이다. 그래서 돈을 버는 목표와 이유에 대해서 구체적으로 자녀양육이라든가, 내 집 마련, 부모님, 노후 등으로 나누어서 구체적으로 대화를 나누고 살펴보아야 한다. 재무상담을 받아보면 대부분 나열하는 단어들이 비슷한데, 무엇이 우선인지를 제대로 이야기하지 못한다는 것이다. 그래서 평소에 꼭 재무와 관련한 이런 대화들을 많이 나누면 좋겠다는 생각이 들고, 재무대화를 할 수 있는 방법을 두 가지 정도 말씀드리자면 자신들에게 수입과 지출이 어느 정도이면 되는지를 정확히 알고 돈을 쓰는 것이다. 지금 소득이 얼마이고 이 소득이 반으로 줄면 지출되는 것 중에서 뭘 줄일 수 있을 것인가 하는 재정 소방훈련, 내지는 안전점검훈련이 반드시 필요하다. 무엇을 내려놓고 무엇을 포기할 수 있는지, 고정적인 지출을 어떻게 끊을 수 있는지, 임대, 할부 같은 것들에 대해서도 냉철히 판단해보면 좋겠다. 그리고 서로 돈을 버는 가치와 이유에 대해서 대화를 나누자고 했는데, 어디서부터 시작해야 되는지를 모르는 가정이 많아서 좀 더 쉽게 말씀드리겠다. 지금 당장 5천만 원이 생긴다면 나는 무엇을 하고 싶은가? 기본적인 의식주를 제외하고, 내가 하고 싶고, 쓰고 싶고, 누리고 싶고, 드리고 싶고, 나누고 싶은 다섯 가지 용도와 금액을 정해서 재무 버킷리스트를 만들어보고, 부부가 서로 교환하여 살펴보면서 각자의 마음을 읽고 나누는 과정, 그리고 부부가 합친 10개의 목록을 활용하여 다시 다섯 개로 우선순위를 정리해가는 과정을 거치면서 부부간에 재무대화를 나누면 좋겠다.

강팔용 _ 가계부를 쓰고 한 달의 결산을 내서 그 결과를 가지고 부부간에 대화를 나누고 서로 격려하는 마음으로 다가간다면 재무대화는 얼마든지 가능하다.

박상훈 _ 그렇다. 자기 돈이 어떻게 흘러가는지 가계부를 통해서 점검해보는 것이 중요하다. 빚 권하는 이 세대를 본받지 말고, 정말 하나님이 기뻐하시는 온전한 삶을 살아내면서 비교하거나 비교당하지 않는 축복의 모델이 되고, 복음을 전하는 통로가 되어 주시길 간곡히 부탁드린다.

강팔용 _ 특히 맞벌이 부부간에 재정은 반드시 합쳐서 관리하는 것이 하나님의 방법이다.

박상훈 _ 맞벌이를 많이 하는데 밥벌이를 하지는 않았으면 좋겠다. 경제적으로 매우 어려운 분도 많지만, 맞벌이하는 부부들은 남편의 소득으로는 최소한 저축하는 시스템을 꼭 만들면 좋겠고, 아내가 버는 소득은 하나님이 기뻐하시는 더 가치 있는 곳에 쓸 수 있으면 좋겠다. 돈이 제자리를 찾아가도록 하는 연습과 훈련을 통해서 제대로 된 소비를 하기 바란다.

사회자 _ 돈이 온 세상을 지배하고 주인 노릇하는 맘몬주의 시대를 살아가고 있다. 이런 상황에서 하나님을 주인으로 모시는 우리 그리스도인에게 돈의 지배를 받을 것인가, 아니면 돈을 다스릴 것인가 하는 문제는 대단히 중요한 부분이다. 이제 중년부부 그리스도인들이 가져야 할 성경적인 재정원칙을 말씀해주시면 좋겠다.

강팔용 _ 중년부부들이 재정갈등은 상당히 심각한 상황이다. 갈등 중에 하나는 현재 생활 수준을 은퇴 이후까지 계속 가져가고 싶은 욕망이 하나이고, 또 다른 하나는 준비 안 된 은퇴에 대한 두려움이 있다. 욕망과 두려움이 동시에 자리 잡고 있는 것이다. 이 두 개가 내면에서 굉장히 갈등을 일으키고 있는 구조 때문에 대한민국의 시니어들의 고민이 많지 않을까 생각한다. 모두에게 공통적인 고민이다.

사회자 _ 지금 신혼부부뿐 아니라 중년부부에게도 동일하게 적용되는 중요한 단어로써 욕망과 두려움을 말씀해주셨다. 어떤가? 우리가 물질을 지배하는 것이 아니라 지배당하는 상황이 아닌가?

박상훈 _ 그렇다. 경제적인 막연한 불안감 때문에 부부가 온전한 신앙생활을 유지하기 어려운 경우들이 있다. 직접 상담했던 사례인데, 결혼한 지 25년이나 되었고 25년 전에는 결혼 축의금도 온전히 헌금으로 드릴 정도로 믿음이 두터웠던 가정이었는데, 5년 전부터 남편과 아들은 교회에 안 다니고 있었다. 이 가정의 부채를 뺀 순 자산은 5천만 원밖에 안 되는 상황으로 임대아파트에 살고 있는 현실이었다. 안타까운 것은 이웃을 돕고 말씀 안에서 살려고 헌신했던 분들에게, 그 과정에서 오히려 씁쓸한 상처만 남았다는 것이다. 이 여집사님도 아직까지는 믿음을 잘 지키는 분이지만, 1년에 한 번씩 해외단기선교 나갈 때마다 남편과 갈등이 생기고, 헌금하는 부분에 있어서도 갈등을 겪고 있다고 했다. 이런 가정들이 의외로 생각보다 많다. 말씀 안에 살면서도 현실적으로 제대로 준비가 안 된 가정들이 생각보다 많아서 구체적인 삶 속에서 그런 영역들에 대한 대비가 충분히 되어 있지 않다 보니 번번이 갈등양상으로 치닫는 상황들이 안타깝다.

사회자 _ 이 시대를 살아가는 그리스도인 중년부부들이 어떻게 재물을 보아야 할까? 이 시각이 문제일 것 같다.

강팔용 _ 성경에는 자산에 관하여 3가지 분류가 있다. 첫 번째는 진리자산이라는 것이 있다. 영적인 자산이다. 이것은 하나님과 나와의 관계가 낳은 자산이다. 마태복음 22장에 나오는 "마음과 목숨과 뜻을 다해 주 하나님을 사랑하라"는 계명과 직접 연결되는 자산이다. 신실하게 주님을 섬기고 예배하고 헌신하는 과정에서 들어가는 물질과 시간과 달란트를 쌓아놓는 것이 진리자산이다. 두 번째는

> **말씀 안에 살면서도 현실적으로 제대로 준비가 안 된 가정들이 생각보다 많다.**

관계재산이다. "네 이웃을 네 몸과 같이 사랑하라"는 두 번째 계명과 곧장 연관되는 것이다. 내게 맡겨진 물질로 가족을 섬기고 가정을 윤택하게 하고 이웃을 섬기고 선교를 후원하는 것과 같은 모든 영역을 관계자산이라 할 수 있다. 세 번째가 물질자산이라고 할 수 있다. 성경에는 이 물질자산이 진리자산과 관계자산을 섬기기 위한 도구라고 말하고

있다. 그래서 돈은 도구이다. 우리가 재물에 대하여 갖고 있는 잘못된 시각은 재물을 목적으로 보기 때문에 그런 것이다. 물질이 도구가 아닌 목적이 되기 때문에 삶의 주인자리를 돈이 차지하게 되는 것이다. 그래서 우리가 돈을 어떻게 다루느냐는 하나님과의 관계에 엄청난 영향을 미치게 된다. 또 우리는 자기 삶 속에서 삶의 주인으로 하나님을 모실지, 돈을 모실지에 대해 늘 갈등하는 구조에서 살고 있다. 그런데 하나님은 우리에게 맡긴 돈을 지혜롭게 사용하라고 권면하고 계신다. 그래서 성경 말씀에는 돈에 대하여 수없이 많은 구절들이 나오는데, 무려 2,360구절이나 돈에 대해서 기술하면서 훈계하고 있다. 그 이유는 우리가 돈 때문에 이렇게 잘못된 실족하는 관계에 빠질 것을 예상하시고 그렇게 적어놓으신 것이다.

사회자 _ 이런 현실을 앞에 놓고 볼 때 상담자로서 상담을 계속해 나가다 보면 사람들이 도대체 왜 이렇게 살아가야 하는가에 대해서 마음에 울분이 쌓이지 않는가?

박상훈 _ 그렇다. 실제로 맡기신 재물을 잘 관리해야 하는데, 그러지 못하고 그냥 흘러나가는 경우도 많다. 주신 재물을 잘 관리하지 못하고, 잘못된 보험이나 부동산, 잘못된 투자나 투기로 낭비해서 주님께 더 달라는 것은 부끄러운 모습이라 생각한다. 재정적인 어려움이 생기지 않도록 선행적이고 예방적인 교육이나 재정적인 원칙들이 강조되어야 하는 것이다. 특히 중년세대 분들은 은퇴에 대해 걱정이 많고, 교회에 재정적으로 헌신하고 싶기도 한데 그러한 여유가 없는 분들이 대부분이다. 무리한 대출로 힘들어하는 분들이 많다. 상담한 사례 중 남편이 대기업에 다녔는데, 퇴직한 이후에 소득이 1/3로 줄고 실제적으로 노후자금이 부족하니 최악의 선택을 하였다. 국민연금을 미리 다 받아버린 것이다. 1년에 6%씩 삭감이 되어서 5년만 당겨 받아도 30%의 손실을 받게 된다. 이런 현실 속에서 어려움을 겪고 있었다. 이 가정에서 촬영해놓은 영상을 보니 넓은 거실을 보유한 주택이었다. 아마도 경기도 어느 지역에 위치한 60평가량의 아파트로 보였다. 이들은 윤택한 삶을 내려놓을 생각은 하지 않고, 그 수준을 계속 유지하는 상황에서 대출을 끌어안고 있었다. 그런데 이제는 남편의 소득으로는 안 되니 국민연금에서 끌어다 사용하면서 30%의 손실이 나고, 결국에는 아내가 밥벌이를 하러 나가는 상황을 맞이하게 된 것이다. 이 부부에게는 더 번다고 해결되는 상황이 아니라고 말했다. 거실에 커다란 십자가가 걸려 있는 모습을 보면서 이분들에게 올바른 재정적인 원칙이 없었구나 하고 생각하게 되었다.

그런 의미에서 노후에 대한 두 가지 원칙을 말씀드리고 싶다. 막연하게 불안감을 가지지 말고 염려하지 않되 오히려 제대로 준비는 해놓도록 하자. 대신 준비할 때는 여러 가지 제도적인 부분을 활용하도록 하자. 국민연금을 잘 활용해야 한다. 50대 분들은 무조건 국민연금을 가입하셔야 한다. 앞으로 20년 뒤 우리나라가 전 세계에서 국민연금을 가장 많이 쌓아놓은 나라가 된다. 너무 걱정 안하셔도 된다. 물론 이 시기 이후에는 고령화로 말미암아 재정이 고갈될 수 있는 문제가 생길지도 모르지만 너무 염려하지 않아도 된다. 국민연금을 얼마나 받는지, 또 주택연금을 얼마나 받을 수 있는지에 대해서 자신이 먼저 올바로 알아야 한다. 또 두 번째로는 얼마나 돈을 쓰고 있는지 정확히 알아야 한다. 노후에 얼마나 생활비가 필요한지를 모르는 이유는 지금 얼마나 쓰고 있는지를 모르기 때문이다. 중년부부 상담사례 중에서 남편이 한 달에 150만 원이면 된다고 말하였지만, 사모님이 작성해온 계획서에 따르면 그 정도로는 전혀 해결이 안 되는 수준이었다. 특히 중년부부들은 연중 가끔씩이라도 나가는 비용 가운데 경조사에 대한 비중이 크다 보니 지출이 만만치 않다. 이것들을 잘 염두에 두고 평소 한 달에 생활하는 비용은 검소하게 지켜나가면서, 1년간 비정기적으로 나가는 내역들은 따로 예비해두는 게 필요하다. 이 두 가지가 전체적으로 얼마나 나가는지 파악해 놓는다면 미래에 대한 불확실성을 줄여나가면서도 재정적으로 헌신하고 헌금할 수 있는 여유가 생기지 않을까 생각한다.

사회자 _ 얼마를 받는지와 얼마를 쓰고 있는지에 대해 정확히 잘 확인하라고 말씀해주셨다. 중년부부에게, 특히 은퇴를 앞둔 세대들에게 현실적인 조언을 해주신다면 어떤 것이 있겠는가?

강팔용 _ 먼저 관점을 바꿔야 한다. 은퇴 이후의 삶이라는 것은 왕성한 활동기가 있고, 과거를 회상하는 회상기가 있고, 마지막으로 강등기가 있다. 이렇게 연령에 따라 단계가 있고, 사람에 따라 시기는 다르지만 이 시점마다 들어가는 매월 생활비가 달라지게 마련이다. 얼마나 들어가는지에 대하여서 나름대로 확인해볼 필요가 있다. 이 내용에 따라 현재 자산으로 충분히 충당이 가능한지 아닌지를 점검해나가는 과정을 통해서 거기에 맞지 않는 영역을 어떻게 추가로 조정하고 맞추어 나갈 수 있는가를 찾아내야 한다. 그중 하나가 은퇴 이후에도 계속해서 일할 수 있는 일거리를 찾는 것이 중요하다고 본다.

박상훈 _ 노후에 대해서는 두 가지로 접근하면 좋겠다. 일단 기본적인 생활비에 대한 점검이 중요한데, 노후에는 단지 노후생활비만 필요한 것이 아니라 여러 삶의 변화가 생긴다. 그래서 노후에 필요한 목적자금을 예비해두어야 한다. 실제로 75세가 되면 정적인 노년기에 접어들기 때문에 생활비 자체는 줄어드는 양상을 띠는데, 이때부터 목적자금이 필요한 시기이다. 선교나 여행, 나눔, 자녀 등의 영역이 있지만 중요한 것은 간병비가 많이 든다는 점이다. 그리스도인들도 이 부분에 대한 준비가 거의 안 되고 있다. 어떤 교회 장로님, 권사님 부부가 있었는데 한 달에 100만 원도 쓰지 않던 검소한 부부였다. 이들에게 저렴한 실손 의료비를 준비하게 하였다. 정말 노후 걱정을 하지 않아도 되겠다고 생각했지만 상담 후 두 달이 지났을 무렵 장로님에게 전화가 왔는데 아내 권사님이 난소암에 걸렸다는 소식이었다. 실비보험을 들어놨기 때문에 실제로 병원비는 300만 원밖에 들지 않았다. 그리스도인들이 너무 보험에 의지하지는 않더라도 최소한으로는 대비하는 것을 원칙으로 삼아 노후를 접근하면 좋겠다. 두 가지 노후생활비를 꼼꼼히 따져보고 노후 목적자금을 꼭 정해서 간병비를 준비할 수 있기를 바란다. 보험이 있으면 좋겠지만 그렇다고 모든 것을 보험으로 해결하겠다고 생각하지 않으면 좋겠다. 또한 보험이 없다고 하더라도 간병비로 쓰기 위해 돈을 모으는 계획을 세우기 바란다. 이런 원칙을 염두에두고, 5년, 10년, 20년 남은 노후를 단단히 준비해두면 좋겠다. 지금이라도 긴 노후를 서서히 준비하면 좋겠다. 제발 그저 밥벌이로 맞벌이를 하지 말고, 맞벌이로 추가적인 돈을 목적 자금으로 준비할 수 있는 계획을 세워둔다면 하나님 안에서 무엇이 두려울까 생각한다.

사회자 _ 그럼에도 그리스도인 가운데에는 하나님 보험이 더 중요하다고 말하는 분도 계신다. 이런 분들에 대하여 어떻게 조언하는가?

강팔용 _ "다만 염려하지 말고 모든 일에 기도와 간구로 너희 구할 것을 구하라. 그러면 모든 것을 다해 주겠다"고 말씀하신 것처럼 이해하는데, 성경에는 분명히 염려하지 말라고 하였지 준비하지 말라고는 하지 않았다. 은퇴에 대한 준비는 반드시 해야 한다. 이게 요셉의 법칙에서 알 수 있다. 요셉은 7년 풍년기 동안 7년 흉년기에 대비하여 매년 소출의 20%를 저축하였다. 이를 통하여 흉년기를 지혜롭게 해결할 수 있었다. 그와 마찬가지로 우리 인생의 풍년기는 왕성한 경제활동을 이루어지는 기간이다. 이 풍년기 동안에 소득의 일부를 흉년기에 대비하여, 그러니까 경제활동을 펼치기 어려운 시기를 위해 준비하는 것이 참으로 중요하다. 이것이 바로 요셉의 법칙이다. 만약 이런 준비가 안 되면 제대로 멋지게 인생을 마무리할 수 없다. 은혜롭게 하나님이 주시는 귀한 사역들을 감당하면서 은혜 안에서 모든 것을 마무리하고, 자녀들에게도 부모의 은혜로운 마무리를 믿음의 유산으로 넘겨주어야 하는데, 재정적 문제 때문에 전혀 그렇게 할 수 없는 결과가 발생하면 모두가 굉장히 불행해지게 된다. 그러므로 반드시 은퇴준비를 제대로 해두는 것이 성경적이고 지혜로운 삶이다. 품격 있고 아름다운 마무리를 위해 반드시 있어야 한다.

사회자 _ 같은 맥락으로 질문하고 싶다. 부모님과 자녀들 사이에서 재정문제로 빚어지는 갈등이 참으로 많다. 부모는 자식들을 최선을 다해 섬겼다고 생각하는데, 반면에 자녀들이 부모만큼 헌신하거나 되돌려주지 못한다는 인식의 차이가 생기면서 갈등이 참 많다. 어떻게 지혜롭게 설명할 수 있을까?

박상훈 _ 돈에 대한 갈등은 참으로 첨예하다. 실제로 돈에 대한 걱정은 원칙만 잘 지키면 다 해결된다. 좀 더 복잡하고 첨예한 갈등은 돈 걱정보다 돈 갈등이라 생각한다. 돈에 대한 갈등은 쉽게 말하면 내가 너희에게, 내가 당신, 혹은 다른 누군가에게 해준 게 얼마나 많은데 하는 생각들로 말미암아 갖게 되는 현실적인 태도에서 발생한다. 곧 마음과 현실적인 상황 사이의 격차가 태도 문제로 나타나

> **돈에 대한 걱정은 원칙만 잘 지키면 다 해결된다.**

면서 가족 간에 상처를 주고받는 경우가 많다. 그리스도인 가정들 중 부모와 자녀세대와 부부끼리도 돈에 대한 갈등은 별다른 원칙이 없었기 때문에 겪게 되는 것이다. 대표적으로 결혼문제가 있다. 결혼을 준비하는 과정에서 자녀들에게 돈을 보태주시다 보니 우리 부모님 입장에서 원하는 삶을 살아가도록 요구하게 된다. 집이라든가 결혼준비라든가 본인의 생각들을 많이 강요하다 보니 이런 기대감이 자녀들에게 짐이 되는 것이다. 자녀들은 자기들이 원하는 삶을 살고 싶어 하기 때문이다. 앞서 신혼기에 대한 문제를 다루었는데, 자녀결혼에 대해서 부모가 느끼는 부담과 관련한 원칙으로 가장 먼저 말해주고 싶은 것은 "절대 빚을 내거나 주택담보대출을 받아서 결혼자금을 보태주지 말라"는 것이다. 본인들이 정한 기준에서 본인들이 함께 합력하여 해결하도록 하라는 것이다. 자녀들이 스스로 자기 삶을 개척해나갈 수 있도록

해야 한다는 것이다. 혹 아무런 빚을 지지 않고 주실 수 있다면, 스스로 독립하도록 도와주기 위하여 3천만 원 범위 내에서 주시더라도 더 이상 자녀들의 삶에 돈으로 관여하지 말아야 한다. 자녀들이 주체가 되어서 결혼을 준비할 수 있도록 냉철한 선긋기가 필요하다.

사회자 _ 이런 상황 속에서 지혜로운 해결 방법은 무엇이 있을까?

강팔용 _ 성경에 3가지 자산 중 결혼자금, 취업 전 자녀의 활동자금 문제는 모두 물질자산을 관계자산보다 우선시하여 일어나는 현상이다. 부모와 자녀 사이의 관계자산은 하나님이 주시는 아름다운 관계가 어릴 때부터 가정 안에서 가정예배, 하나님과 부모님의 모습을 통해 충분히 전달되고 교육되어야 하는 것이다. 그런데 이런 것들이 가정에서 잘 이루어지지 않음으로 말미암아 일어나는 문제들이다. 이러한 문제들에 대한 현실적인 해결방법으로 자녀가 중고등학생만 되더라도 모든 재정현황을 공개해서 우리가 가지고 있는 것은 이만큼이고 앞으로 우리 가정에 필요한 자산 소유는 이러저러한 것이라고 설명해준다. 나는 이 물질로 말미암아 관계가 깨어지는 것보다 더 돈독해지기를 원한다고 말해둔다. 이와 같은 방법으로 관계자산을 잘 쌓아간다면 결혼 문제를 둘러싸고 물질과 관련하여 자녀와 부모 사이에 겪는 갈등을 상당히 줄일 수 있을 것으로 생각한다. 부모의 노후생활에서 최고 적이 자녀라고 이야기하지 않는가? 그러므로 이러한 문제는 사전에 물질자산으로 갈등이 생기기 전부터 관계자산으로 풀어가는 것이 중요하다.

사회자 _ 이야기를 듣다 보니 교회 안에서 부모님과 자녀들이 함께 성경적인 재정강의를 듣는 것도 좋을 듯하다. 그만큼 재정문제가 현실적으로 큰 문제이기 때문일 것이다.

강팔용 _ 부모가 이 강의를 들으면 거의 자녀들이 함께 강의를 듣게 된다. 재정은 가정에서 상당히 큰 문제이고 성경 안에 지혜가 있다는 것을 몰랐던 것이다. 예수님의 말씀 중에서 15%인 38개 중 16개의 비유가 재정에 관한 비유의 말씀이다. 재정에 대해 성경은 많은 것을 말하고 있다. "내 백성이 지식이 없으므로 망하는도다." 호세아 4장 6절의 말씀처럼 하나님께서는 자기 백성이 하나님에 대해 충분한 지식을 갖지 못하므로 일어나는 이 땅의 고통을 해소하기 위한 준비를 다 해두셨다.

사회자 _ 성경적 재정원칙을 가지고 성도들과 긴밀하게 상담하고 계시는데, 한국교회 성도들이 적어도 재정에 대해선 꼭 이렇게 노력해야 한다고 조언하고 싶은 것이 있다면 무엇인가?

강팔용 _ 왜 성경을 통해 재정문제에 대해 배워야 하는가를 알았으면 좋겠다. 여기에는 세 가지 이유가 있다. 첫 번째로 우리에게 맡겨진 돈의 주인은 하나님이시다. 그러므로 하나님께 물어보고 사용해야 한다. 두 번째로 재정은 하나님의 권세와 축복을 전달하는 수단으로 사용되어야 하기 때문이다. 신명기에 보면 재물 얻을 능력을 주셨다고 말씀하신다. 또 재물과 부유를 주어서 재복을 누리게 하심은 하나님의 선물이라 말씀하고 계신다. 하나님은 우리에게 축복의 수단, 권세를 전달하는 수단으로 물질을 주셨다. 성경을 통해 이 물질을 어떻게 다루어야 하는지 배워야 한다. 셋째로 사탄은 물질을 통하여 우리에게 시험을 주는데 사탄의 유혹에 벗어나기 위해서라도 성경에 있는 재정에 대해 공부해야 한다. 이것을 실천적으로 삶 속에 적용하기 위해서는 반드시 가계부를 써야한다. 하나님의 방법으로 기록된 가계부를 써야 한다. 가계부를 기록하면 그 내용을 가지고 내가 하나님께 올바로 사용하였는지 여쭤보고 점검하며 영적인 상태를 진단할 수 있게 되는 것이다.

박상훈 _ 재정문제를 가만히 생각하다 보면 깜깜한 터널이 있다. 그런데 그 끝에는 환한 양지가 있다. 이 터널로 들어갈 때 전혀 불안하고 두렵지는 않다. 어디로 가야 할지 계획과 방향만 있다. 긴 노후에 대한 불안감을 덜 수 있다고 생각한다. 또 자신감 있는 그리스도인 가정경제가 되기를 바란다. 나를 믿는 것이다. 이것은 하나님을 믿는 나를 믿는다는 의미다. 이 원칙으로 자신감 있는 가정경제를 꾸리기 바란다. 마지막으로 세 가지를 짧게 말하겠다. 첫 번째, 제도적인 장치를 충분히 활용하기 바란다. 국민연금, 주택연금을 충분히 잘 활용해야 한다. 50세 이후 만 60세 생일이 지나기 전에 국민연금을 무조건 가입해야 한다. 두 번째, 무리하여 30만 원 이상은 안 되고, 부부가 힘을 합쳐서 자녀를 제외하고 20만 원 정도의 보험을 드는 것이 중요하다. 세 번째, 맞벌이로 단순히 밥벌이를 위해 일하지 않아야 한다. 기본적 주택연금, 국민연금을 잘 활용하면서도 노후에 대한 간병비나 목적자금에 대한 부분을 잘 준비해두어야 한다. 60대가 되면 저절로 인생을 행복하게 살아가기 시작하는 것이 아니기 때문에 연습하고 훈련하고 대화를 나누면서 부부가 서로 원하는 삶에 대해서 준비하실 수 있으면 좋겠다.

사회자 _ 오늘 나눠주신 말씀대로 우리에게 재정을 주시는 주인은 하나님이시고, 우리는 단지 청지기란 사실을 잊지 말고 지혜롭게 노후대책도 세우고, 은퇴 이후의 삶도 계획하면 좋겠다. 두 분께 감사드린다.

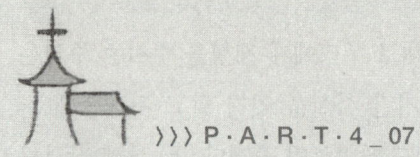

그리스도인, 성탄절을 어떻게 보낼 것인가?

하나님의 아들이신 예수님께서 우리를 위해서 모든 것을 내어주신 성육신을 깊이 묵상하는 '대림절기'가 오면 늘 어떻게 성탄절을 뜻 깊게 보낼 것인가를 깊이 생각하게 된다. 과연 평화의 왕으로 이 땅에 찾아오신 예수님의 탄생을 기뻐하는 성탄절을 어떻게 보내야 할까? 그래서 '그리스도인, 성탄절 어떻게 보낼 것인가?'를 주제로 주님의 성육신을 다시 한 번 묵상하고 성탄의 의미를 짚어보는 시간을 가져보려고 한다. 오늘은 실천신학대학원대학교에서 실천신학을 가르치시는 박종환 교수, 문화선교연구원 객원연구원이자 소망교회 청년부를 담당하시는 태원석 목사와 함께 이야기를 나누어보려고 한다.

사회자 _ 요즘은 캐럴이 거리에서 많이 안 들린다. 저작권 문제도

※ 이 원고는 2015년 12월 12일과 19일에 방송된 원고이다.

있겠지만 종교편향에 대한 예민함이 한국사회에 있다 보니 그런 것 같다. 소비위축이나 청년실업 문제도 있고 여러 가지가 겹쳐서 성탄을 맞이하는 우리에게 밝은 면보다는 어두운 면이 더 많은 것 같기도 하다. 정말 화이트 크리스마스, 빛의 크리스마스로 가야할 텐데, 어떻게 생각하는가?

박종환 _ 예전만큼 크리스마스 캐럴이나 성탄절의 의미를 기억하는 분위기가 많지 않은 것 같다. 오직 백화점이나 쇼핑몰 같은 곳에서 켜놓은 화려한 전등이 별 생각 없이 우리 마음을 소비문화로 이끌어가고 있는 것 같다.

사회자 _ 이런 현실 속에서 어떻게 성탄을 보낼 것인가 하는 이야기를 좀 나누어보아야 될 것 같다. 예배학적 관점에서 성탄절을 기다리는 대림절 기간을 어떻게 보내야 하는 것인가?

박종환 _ 먼저 교회력에 대한 이야기를 잠깐 하겠다. 기독교 교회학에서 가장 중요한 두 절기를 꼽자면, 아기 예수가 이 땅에 오신 것을 기념하는 '성탄절'과 그 예수께서 사역하다가 고난 받으시고 십자가에서 돌아가신 다음 부활하신 것을 기념하는 '부활절'이다. 그래서 '성탄절'과 '부활절'을 두 축으로 형성된 교회력이 있고, 여기서 성탄절을 기다리는 4주 동안의 시간을 '대림절'이라고 한다. 부활절을 기억하며 준비하는 시간이 '사순절'이다. 그리고 이 대림절은 또 대강절이나 강림절이라고도 한다. 기다릴 대, 임할 임, 절기 절이라는 말로, 이 세상에 오실 우리 주님을 기다린다는 절기이다.

사회자 _ 사실 굉장히 기쁘고 흥분되고 기대감으로 넘쳐나야 하는 기간이라고 볼 수 있는데, 우선 두 분의 어린시절에 대한 이야기를 잠깐 해보면 좋겠다. 성탄절을 기다리면서 어떠셨는가? 성탄절이 되면 어떤 기대감이 있었는지, 그리고 어떤 추억이 있었는지 궁금하다.

태원석 _ 저는 성탄절하면 가장 먼저 올나이트가 떠오른다. 공인된 외박, 그래서 성탄 이브에 교회에서 함께 외박하면서 선물교환도 하고 함께 성탄절 새벽을 맞이했던 기억이 가장 많이 남는다. 또 대림절을 맞이하면서 당시 중학생, 고등학생, 대학생, 형과 동생들 다같이 모여서 크리스마스트리를 준비하고 여전도회 권사님, 집사님들이 간식도 챙겨주셨던 그런 따스함이 지금까지 제일 기억에 남는다.

박종환 _ 저는 성탄절과 관련해서는 5~6세 때였던 것 같은데 기억이 난다. 그 시절에는 성탄절 이브에 교회에서 특별한 공연을 했었다. 모든 부서가 가장 예쁜 옷을 입고 나와서 가장 기쁜 캐럴을 부르곤 했던 한바탕 축제였다. 성탄절 이브 공연에서 사회를 보다가 너무 긴장을 해서 오줌을 쌌던 기억이 있다. 아주 웃긴 추억이다.

사회자 _ 어떤 분들은 교회에서 받은 무지개떡이 생각난다고도 한다. 바깥에서 느끼는 소외감과 쓸쓸함이 교회 안에만 들어오면 따뜻함으로 느껴지는 기억으로 남아 있는 것이다. 이미 대림 절기에 대해서 이야기해 주셨는데, 청년들은 요즘 성탄절을 '블루 크리스마스'라고 조금 비틀어서 말하기도 하는데 어떤가? 성탄절의 따뜻함이나 교회가 주는 영향력이 어느 정도일까 생각해보지 않을 수 없다.

태원석 _ 그래도 예전에는 성탄절이 교회만의 잔치가 아니라 지역 사회와 함께하는 마을잔치였다. 요즘은 워낙 상업문화가 발달해서 그럴 수도 있겠지만 교회와 지역사회가 공유하는 문화가 예전 같지 않은 것 같다. 그런 면에서 조금 더 지역사회와의 연관성을 확대할 수 있었으면 좋겠고, 자칫 성탄절이 교회만의 행사라든지, 아니면 상업주의로 흘러 백화점에서 쇼핑이나 하는 쪽으로 나가는 등 양극단으로 치우치는 것 같아 아쉬움이 많다.

사회자 _ 어떤 측면에서는 지나치게 상업화되는 반면, 또 다른 측면에서는 지나치게 교리화되어 무미건조한 교리와 형식에만 치우친 경향이나 문화도 있지 않는가?

박종환 _ 그렇다. 성탄절이란 본래 우리 아기 예수가 태어나 어두운 세상에 작은 빛으로 오신 것을, 2천 년 전에도 그랬고 오늘날에도 많은 어두움과 폭력과 테러와 죽음의 문화 속에서 작은 불빛, 지극히 낮은 자리로 임하신 생명을 기억하는 기간이다. 이 작은 불빛이 어떻게 온 세상을 밝히고 우리 내면을 밝혀서 구원하시는지에 대한 기대감을 갖는 절기이다. 그런데 너무 지나치게 교리화되거나 경직되어 예수 그리스도가 이 땅에 오신 의미를 충분히 증거하지 못하고 있는 게 아닌가 하는 생각이 든다.

사회자 _ 이런 모습 속에 있는 한국교회를 좀 더 구체적으로 생각해 보았으면 좋겠다. 지금 한국교회가 지키는 대림절 기간과 성탄절의 모습을 어떻게 평가하고 싶은가? 평가라기보다 우리를 향한 자기반성일 수도 있겠다.

박종환 _ 일단은 전반적으로 예배나 설교 같은 모든 부분이, 특히 개신교에서는 회중의 종교적인 소비에 그치고 있는 것 같다. 각 사람들이 처한 삶의 문제를 해결해주고 고통을 위로해주는 것이 더욱 중요한 목회사역임에도 불구하고 말이다. 더 중요한 것은 왜 예배를 드리고 이런 교회력을 기억하는지에 관한 부분이다. 우리가 모이는 이유는 이 땅에 오신 하나님을 기억하고 예배하면서 그 정신을 이 땅에 실천하기 위함이다. 교회력은 어떻게 보면 하나님의 이야기, 하나님이 이 세상을 어떻게 사랑하고 구원하시는지에 대한 구속사 이야기가 우리 예배 안에서 구체화되고 경험될 수 있게 하는 장치이다. 그래서 이 성탄절에도 아기 예수가 우리 각자에게 어떤 의미를 갖는지에 대해 같이 고민하고 경축해야 하는데, 그런 의미들은 점차 사라지고 있는 현실이 아쉽다.

사회자 _ 그런 의미에서 대림절 기간에는 우리가 날마다 새로워지는 삶을 살아야 하고, 또 그리스도를 향해서 점점 더 다가가는 삶을 살아야 할 것 같은데, 목회적 관점으로 볼 때 무엇을 강조하고 계신가?

태원석 _ 크리스마스트리의 원래 기원을 보면 주변을 밝힌다는 성탄의 의미가 담겨 있다. 이와 같이 우리가 세상의 빛으로서 어두운 세상을 아름답게 밝힐 수 있는 그런 마음들을 가지면 좋겠다. 특별한 이벤트가 아니더라도 각자 삶의 자리, 각자의 일터에서 특별히 이 대림절 기간에 우리의 착한 행실로 말미암아 하나님께 영광을 드릴 수 있기를 바란다. 마태복음 5장 16절의 말씀과 같이 그런 빛의 사명을 다하기 위하여 청년목회의 현장에서 우리 청년들이 조금이라도 더 마음을 모은다면 세상이 지금보다는 훨씬 더 훈훈해지지 않을까 하는 마음들을 나누고 있다.

사회자 _ 그런 점에서 목회자들께도 도움의 말씀을 주시면 좋겠다. 이 기간 동안에는 주로 어떤 메시지를 준비하고 어떤 예배 흐름으로 가는 것이 좋을지 제안이 있는가?

박종환 _ 역사적으로 오랫동안 서방교회나 동방교회에서 행했던 대림절 예배들을 보면 때로는 금식하면서 아기 예수의 탄생을 준비하기도 하고, 또 그분이 탄생했을 때 마음껏 기뻐하는 축제를 차분히 기다리는 마음으로 대림절을 보냈다. 그래서 우리 교회에서는 이 기다림에 대한 의미, 곧 이 세상에서 화려한 불빛이 아니라 소박하고 작은 불빛으로 오신 작은 예수 그리스도를 기억

> **그분은 위대하게 오신 것이 아니라는 사실에 초점을 맞추자는 거다.**

하자는 의미로 대림절을 보낸다. 그러면 우리가 진정한 복음으로 살아가는 것이 어떤 의미인지를 기억하고 생각해볼 수 있는 중요한 시간이 될 것이다.

사회자 _ 그분은 위대하게 오신 것이 아니라는 사실에 초점을 맞추자는 거다. 그런 측면에서 본다면 성탄은 단순히 가족들끼리 누리는 기쁨을 넘어서 목자들과 동방박사들에게까지 교회 울타리를 넘어서는

강력한 느낌을 준다. 교회 울타리를 넘어선 성탄에 대해 아까도 잠깐 강조를 해주셨는데 어떤가?

태원석 _ 국내의 성탄문화축제 중에 관심 있게 보는 것은 부산에서 올해 벌써 세 번째로 진행되는 '세계 크리스마스 문화축제'이다. 부산 경남 지역의 이주 노동자가 전체 인구의 4.4%나 되는데, 이주 노동자들과 시민들과 상인들이 처음에는 각 나라의 특징 있는 크리스마스트리를 제작하고 점등하고 나누는 모습을 보여주는 것으로 소박하게 시작하면서 점차 굉장한 가능성을 보게 되었다. 이런 프로젝트나 축제에 지역교회와 한국교회가 다 같이 참여해서 우리만이 아니라 우리 울타리를 넘어서서 이주 노동자들이나 한 부모 가정들의 자녀들, 독거노인들, 또한 소년소녀가장들처럼 정말 어둡고 힘겹게 지내는 이웃들과 함께 이런 일들을 세워가면 더 좋겠다고 생각한다. 여기에서 한국교회가 조금 더 성탄의 정신을 충실히 되살려 가면 어떨까 하는 마음을 갖게 된다.

사회자 _ 중요한 것은 성탄절기의 주인공이 누구냐 강조해야 할 것 같다. 대개 목사님들이 설교의 초점을 아기 예수 그리스도에 맞추겠지만 예배학적인 관점에서 이 부분이 조금 더 강조되어야 하지 않을까?

박종환 _ 그렇다. 아기 예수가 이 땅에 오신 이유는 가난하고 소외되고 병들고 고통받는 자들과 함께하기 위하여 오셨다는 것이다. 그게 바로 정확하게 그분의 탄생을 기다리는 대림절에 축제를 하는 이유이다. 교회에서 따뜻한 느낌을 받을 수 있도록 이국땅에 와서 고생하는 노동자들이나 삶이 어려우신 분들과 함께 아기 예수의 탄생을 기억할수 있다면 진정한 의미의 대림절이고 성탄절을 준비하는 마음이라고 생각한다.

사회자 _ 중고등학생들을 대상으로 한 설문조사를 보니 성탄절을 '산타클로스의 날'이라는 대답이 1위로 나왔다. 거의 30%가 넘는 결과였다. 교회의 허리라는 젊은이들도 비슷하지 않는가?

태원석 _ 성탄절은 선물을 주고받는 날이라는 의미로 접근하는 분들이 많이 있는 게 사실이다. 서로 선물 교환도 많이 하기도 하지만 성탄절에 받는 진짜 선물은 바로 예수 그리스도이심을 기억하고, 이웃들에게 이 같은 선물의 의미들을 잘 부여해서 나누게 된다면 한국교회가 위기라고 하지만 오히려 또 한 번의 기회를 맞이할 수도 있지 않을까 한다. 어쨌든 성탄절에는 다른 어떤 날보다 더 많은 관심을 갖긴 하니까 잘 활용하면 좋겠다.

사회자 _ 그런 의미에서 이 성탄은 교회의 교회됨을 회복하기 위한 아주 중요한 출발점이 아닐까 싶다. 아까 교회력에 대해 잠깐 말씀해주셨지만 어떻게 보는가?

박종환 _ 교회의 교회됨을 회복하는 가장 중요한 시기이고, 어찌 보면 교회가 이 땅을 위해서 할 수 있는 가장 중요한 사역이 무엇인지를 기억하고 실천할 수 있는 가장 중요한 교회력이 성탄 절기지 않을까 싶다.

사회자 _ 그런 점에서 교회의 교회됨을 가지고 세상과 소통한다는 점에서 '문화선교연구원'은 이 부분에 대해서 많이 강조하는 것 같다.

태원석 _ 교회가 예전에는 자체적인 공연을 많이 했는데 요즘은 상업적인 공연을 따라갈 수 없다. 그러나 우리끼리 우리 이야기를 소박하면서 새롭게 재해석하여 풀어내는 것도 좋을 것 같은데 그런 노력들이 점차 많이 사라지는 듯하다. 그런 면에서 좀 더 지혜와 열정을 모으면 좋지 않을까 싶다.

사회자 _ 세상이 교회의 문화에 대해 가장 매력적으로 느낄 수 있는 것이 성탄절 아닐까 싶다. 이 대림절 기간을 지나고 성탄절을 기다리면서 한국교회 성도들에게 부탁드리고 싶은 말씀이나 비그리스도인들에게 어떤 형식으로 다가갈 수 있을지에 대한 제언을 부탁드린다.

박종환 _ 예수님의 정신은 '환대정신'이라고 생각한다. 기대하지 않았던 예수님의 사랑을 경험하도록 하는 것이다. 그래서 삭개오가 예수님을 보기 위해서 뽕나무 위로 올라갔을 때 "내가 오늘 너희 집에 거하겠다. 너와 함께하겠다"고 말씀하신 것이 바로 복음의 메시지고, 외롭고 소외되고 아픈 자들에게 주님이 함께하겠다고 말씀하신 그 메시지가 바로 이 대림절에 가장 중요한 '환대정신'이라고 생각한다. 이 땅에서 외롭고 지쳐 있는 분들과 함께할 수 있는 중요한 시간이 되면 좋겠고, 교회가 믿지 않은 세상과 또 세상이 무엇 때문에 고통스러워하는지에 조금씩 더 관심을 가지고 교회 내에서 이루어지는 행사로 그치는 게 아니라 세상과 함께 아기 예수를 기억할 수 있는 그러한 시간이 되면 좋겠다.

태원석 _ 성탄절 아침에 진짜 선물로 우리에게 오신 예수 그리스도를 기대하는 사람들이 한국교회에 좀 더 많아지면 좋겠다. 성도들도 단지 선물을 받는 것 이상으로 이 땅에 오신 예수 그리스도에 대한 기대를 좀 더 회복하고, 그런 기대감 속에 설레는 마음을 우리 울타리 안에서만이 아니라 우리 주변의 여러 사람들과 공유하고 함께 나눌 수 있는 마음이 우리 성도들의 마음과 교회에 가득해진다면 진짜 더 훈훈한 성탄절이 되지 않을까 하는 생각이다.

사회자 _ 성탄 절기를 보내면서 안타까운 것은 성탄이 지나치게 상업주의와 세속주의에 물들었고, 또 한편으로는 완고한 신학과 교리 때문에 성탄의 따뜻한 정감이 사라지고 메마른 형식과 이론만 남아 있는 것 같기 때문이다. 성탄 절기를 맞이할 때마다 예수님 자리를 대신하고 있는 여러 가지 형상을 보면서 신학자로서, 문화의 중요성을 강조하는 목회자로서 두 분은 어떻게 생각하는가? 또 어떤 점을 개선할 필요를 느끼는가?

박종환 _ 종교 편향에 대한 논의나 한 종교가 지나치게 상업적인 문화를 지배하는 것에 대한 비판은 다 좋다. 그러나 아기 예수가 이 땅에 오신 것을 기억하며, 믿는 신자든 믿지 않는 분들이든 모두가 함께 기뻐하고 기억할 수 있는 성탄절 축제의 의미가 사라져가는 것과 이 시대의 큰 상징이랄까 아이콘이 단지 백화점의 화려한 불빛으로 바뀌어 가는 것이 정말 안타깝다. 그것은 단지 우리의 소비를 자극하면서 무엇인가를 소비하면 우리 마음이 행복해질 것이라고 유혹하는 잘못된 메시지를 계속해서 우리에게 전파하고 있다. 아기 예수가 이 땅에 진정한 행복을 주기 위해 오셨는데 이 상업적인 세상 속에서 어떻게 그 메시지를 기억하는가가 중요한 이슈인 것 같다.

사회자 _ 말씀하신 것에 조금 더 연장해서 여쭙고 싶은 것은, 예배학 관점에서 보면 성탄을 준비하면서 지금 각 교회가 드리는 예배를 어떻게 볼 수 있을까?

박종환 _ 성탄절을 기다리면서 4주간의 대림절 기간 동안 예배를 드리고 있다. 대림절이라는 기다림의 시간, 아기 예수를 생각하면서 이 땅에서 우리가 어떻게 살아야 하는지, 메시아는 어떤 모습인지를 기억하면서 차분하게 우리 마음을 가다듬고 있다가 드디어 성탄절이 왔을 때는 축제를 벌여야 한다. 대림절의 의미를 깊이 묵상해야 하는데 지금 우리 교회들 가운데 이 대림절을 축하하거나 대림절 원래 의미를 기억하고 교회력에 따른 예배를 충분히 잘 드리는 교회가 많지 않은 것 같다. 우리 내면에 자리 잡고 있는 고통에 지나치게 집중하다 보면 사실 아기 예수가 제대로 보이지 않는다. 아기 예수가 이 땅에 오신 것은 우리 마음 가운데 있는 것을 조명하고 비추고 또 세상을 환하게 밝히기 위함인데, 정작 우리 마음은 너무 어둡고, 또 세상의 불빛은 너무 화려해서 정작 아기 예수가 보이지 않는 것이다.

사회자 _ 이런 맥락에서 성탄절이 자꾸 반복이 되니까 오히려 새로움이 없다는 느낌을 받는다고 말하는 성도들이 있다. 이런 부분은 어떻게 대답해주고 해결해주어야 할까?

태원석 _ 성탄을 준비하는 과정에서 문화적으로 가장 대표적인 일은 역시 크리스마스트리를 만드는 것이라고 생각한다. 그런데 이 크리스마스트리에 대한 의미를 제대로 계승하지는 않는 것 같다. 크리스마스트리의 근대적 기원이라고 할 수 있는 루터의 사건, 밤늦게 산책하다가 달빛에 전나무가 반짝이는 걸 보면서 주변이 밝아지는 걸 목격하게 되었다. 그래서 이 전나무를 베어다가 성탄 트리를 시작한 것이 근대적 크리스마스트리의 성탄목 기원이라고도 할 수 있다. 요즘은 성탄 트리를 준비할 때 이것이 무엇을 의미하는지, 에덴동산의 생명나무, 예수 그리스도의 십자가, 그리고 네 가지 상징물을 달면서 예수 그리스도의 오심과 생명의 떡이 되고, 장미꽃과 금단의 열매를 상징하는 것들이 있다는 것을 충분히 나누면서 성탄 트리를 제작하고 준비하면, 조금 더 의미들을 깊이 새겨볼 수 있지 않을까 하는 생각이 든다.

사회자 _ 성탄의 의미를 잘 새기고 이를 잘 실천하는 게 중요할 것 같은데, 역시 한국교회는 몸의 종교가 아니라 말의 종교라는 비판을 많이 받고 있다. 쉽지 않겠지만 구체적으로 실천을 해야 하는데, 권면의 말씀을 주신다면 어떤 것이 있을까?

박종환 _ 한국교회는 몸의 종교가 아니라 말의 종교라는 참 재미있는 표현을 해주셨다. 사실은 성탄이야말로 "구세주가 이 땅에 몸으로 우리와 함께하신다"는 가장 중요한 메시지를 담고 있다. 그래서 아무리 훌륭하고 아무리 대단한 사람이라도 나와 함께하지 않으면 그분의 임재와 존재를 느끼지 못하는데, 몸으로 우리와 함께하신 하나님이라고 하는 개념은 너무나도 중요한 성탄절 메시지다. 특히 어렵고 아프고 힘든 분들, 그분들과 함께 몸으로 함께하신다는 메시지야 말로 우리가 이 성탄절을 기억하면서 가장 중요하게 기억해야 할 메시지가 아닌가 생각한다.

사회자 _ 먼저 우리가 찾아 가야겠다. 그런 의미에서 성탄은 서로 간의 나눔이 가장 활발하게 일어나는 시기가 아닌가 싶다. 지금 한국교회에서는 구세군의 종소리가 울리기 시작하면서부터 본격적으로 나눔에 집중하고 있다. 너무 여기에만 집중해서도 안 되지만 어쨌든 성탄이기 때문에도 그렇고, 이 추운 겨울을 따뜻하게 나기 위해서도 그렇고, 절대적으로 필요할 것 같은데, 어떻게 보는가?

태원석 _ 소외된 곳을 직접 찾아보고 몸으로 느끼는 것은 매우 중요하다고 본다. 그래서 저희는 청년들과 같이 이런 섬김과 나눔을 우리 지역사회에 어떻게 실천하면 좋을까 함께 고민하면서 청년들과 마음을 나누다가 경비원 아저씨들에게 새벽송을 돌기로 했다. 성탄절 아침 5시 30분에 1부 새벽예배를 드리고, 청년들과 함께 빨간 주머니에 방한 용품과 과자를 준비하여 찾아가서 캐럴과 축복송을 부르고 선물을 2개씩 나누어드렸다. 교대하시는 분들이 계시니까. 저희도 굉장히 감동이었다. 어떤 경비원 아저씨는 신앙인이지만 일 때문에 교회에 가지 못해 안타까웠는데 이렇게 청년들이 와서 새벽송을 해주니 너무 좋다면서 오히려 우리 청년들에게 기도해주신 분도 계셨다. 저희가 축복해드린 것이 아니라 오히려 그날 아침에 삶의 현장에 계시는 경비원 아저씨들로부터 기도를 받고 온 청년들의 가슴 뭉클한 고백도 있었다. 이런 일들에 우리 교회가 관심을 갖고 찾아본다면 성탄절에 대한 현재적인 의미들을 조금 더 잘 되새기며 공유할 수 있지 않을까 싶다.

사회자 _ 일단 실제적인 상황을 직접 찾아보는 눈이 중요하겠다. 우리 주변에 누가 계신지, 어떤 교회에서는 재래시장에 가기도 했다고 하더라. 그동안 성탄절에 많은 섬김과 나눔을 해오셨을 텐데, 어떤 게 기억에 남는가?

박종환 _ 성탄절을 기다리면서 'One day outreach'로 섬기는 사역들을 많이 하시더라. 그래서 서울역에 가서 노숙자들과 식사를 나눈다든지, 그분들의 이야기를 들어준다든지, 함께 예배를 드린다든지, 또 독거노인들을 찾아가서 음식을 대접하고 그분들의 손을 잡아드리고 함께 찬양하는 등 이런 행사들을 참 많이 했던 것 같다. 어렸을 때는 소록도에 갔던 기억도 있다. 그때 참 충격

> **몸으로 우리와 함께하신 하나님이라고 하는 개념은 중요한 성탄절 메시지다.**

이었던 것은 나병으로 문드러진 손을 잡고 함께 기도했던 신앙적인 체험이었다. 예수님의 마음이 굉장히 뭉클하게 느껴졌던 순간이었다. 낮고 작은 소외된 곳에 예수님이 함께하신다고 하는 그런 현장들을 온 몸으로 한 번 경험해보면 마음의 뭉클함이 어떤 것인지, 또 그분들의 마음과 예수님의 마음, 그리고 세상을 향한 하나님의 고통의 마음을 조금이나마 느낄 수 있지 않을까 생각한다.

사회자 _ 지금 지구촌 곳곳이 테러 때문에 얼룩져 있고, 그런 상황 속에서 평화의 왕으로 오신 예수 그리스도가 이번 성탄절에는 그 누구보다도 부각이 되어야 할 것 같은데, 신학적으로는 어떻게 전달되어야 할까?

박종환 _ 얼마 전 뉴스에서 한 기사를 보았는데, 내용은 파리 테러 이후에 바타클랑 극장 앞에서 추모 행사가 있었다. 한 방송국 기자가 어떤 동양계 아이와 아버지를 인터뷰하는 장면이었다. 이 아이는 처음에는 왜 이런 일들이 벌어졌는지 잘 이해하지 못했지만 "우리가 이사를 가게 만들었다. 그래서 참 나쁜 사람들이다"라고 이야기했다. 아이는 두려워서 이사를 가야한다고 생각하고 있었다. 그때 이 아빠가 이어서 말하길 "이사 갈 필요 없다. 프랑스가 우리의 집이다"라고 하자, 아이는 "그렇지만 이 사람들은 총을 들고 있다. 우리를 죽일 수도 있다"라고 말했다. 그때 아버지는 "아니야. 우리는 이 초와 꽃을 들면서 테러로 죽으신 분들, 돌아가신 분들을 기억하고 이 땅에 평화를 가져올 수 있다고 이야기하는 거야"라고 말해주는 인상적인 장면을 보았다. '과연 꽃과 작은 초가 총을 이길 수 있을까? 폭력과 어두움을 이길 수 있을까?' 라고 생각하면서 이것이야말로 정확하게 성탄절에 예수님이 이 땅에 오신 메시지라고 받아들였다. 어두운 세상의 작은 마구간에 불빛으로 오신 예수님, 그리고 예수님 자신이 이 세상의 폭력과 테러와 죽음의 문화로 말미암아 십자가에 달리셨다. 그분이야말로 테러의 희생자였다. 그 폭력의 희생자였던 예수님이 오히려 우리 인간 안에 있는 폭력성을 드러내시고, 또 그 사람들을 용서하시고, 온 몸으로 폭력과 어두움을 이기셨다. 그분의 삶과 그분의 죽음이 결국은 이 성탄절에 가장 분명하게 기억해야 할 메시지가 아닌가 하고 생각하게 되었다.

사회자 _ 아주 핵심적인 내용을 말씀해주셨다. 실제적으로 문화선교연구원에서는 이런 부분들을 문화화해서 비그리스도인들과 소통하기 위해 애를 많이 쓰지 않는가?

태원석 _ 성탄절에 함께 나눌 수 있을 정도로 해석이 가능한 영화나 책 같은 것들을 선정해서 함께 나누고, 또 공연도 하며 교회와 함께 나누려는 노력을 하고 있다. 대학로 동숭동의 동숭교회에서는 '빈방이 있습니까?' 가 벌써 수십 년째 앙코르 공연되고 있다. 대림절과 성탄절의 의미들을 더욱 문화적으로 해석하여 함께 공유할 수 있는 것들을 나누려는 마음을 가지면 좋을 것 같다.

사회자 _ 성탄절을 맞이하여 좋은 소비를 하는 것이 필요하다고 본다. 어떻게 생각하는가?

태원석 _ 그렇다. 예수 그리스도의 오심은 이사야의 말씀을 통해 "가난한 자에게 복음을 전하고, 눈 먼 자가 다시 보게 하고, 포로 된 자에게 자유를 선포하러 오셨다"고 말씀하셨는데, 그럴 때에 복음이 비로소 말의 종교가 아닌 몸의 종교가 될 것이다.

사회자 _ 디아코니아 정신이 다시 한 번 세워지는 좋은 시간이 되면 좋겠는데 어떤가? 지금 노숙인 사역하는 곳이 많지 않은가? 그런 곳에도 같이 연대해서 가실 수 있고, 꼭 한 교회가 모든 것을 다 책임질 필요는 없을 것 같은데, 소개해주실 만한 곳이 있을까?

태원석 _ 저희는 '원데이 아웃리치'를 한다. 매우 다양하게 진행하고 있는데, 가까이에 있는 어린이병원 소아암 병동에 가서 함께 선물을 나누고 예배드리고, 또 중증장애인들을 위해서 목욕도 같이 하고, 청소도 해드리고, 함께 밥도 먹는다. 또 장애인선교도 하고, 또 힘들게 정착하고 있는 탈북청년들을 초청해서 같이 예배하고, 영화 보고, 이야기하는 사역도 있다. 그런가 하면 '거리의 천사들'과 함께하는 노숙자사역에도 동참한다. 또 지금은 고아원이 없는 듯해도 아직 많다. 그곳에 가서 우리 청년들이 같이 예배하고 놀아주는 사역을 한다. 지역교회와 지역사회에 조금 더 관심을 갖고 눈을 열어 보면 여전히 나눌 게 많다.

사회자 _ 사적인 섬김은 오른손이 하는 일을 왼손이 모르게, 그러나 공적인 섬김은 오른손이 하는 일을 왼손도 거들 수 있도록, 그렇게 나아가는 방향으로 진행하면 좋을 것 같다. 오늘 두 분께서 좋은 말씀을 주셨는데, 끝으로 성탄절과 대림절이 어떤 방향으로 지켜지면 더 영향력 있고 복된 성탄절이 될 수 있을지, 그리스도의 낮아지심과 복음의 핵심이 세상에 더 잘 전달될 수 있을까?

태원석 _ 지금 현장에서 청년들과 함께 지내고 있는데, 우리나라 건국 이래 이렇게 청년들이 힘겨워하는 건 처음이지 않을까 싶다. 결혼과 취업에 대해 굉장히 큰 절망의 늪이 있다. 교회가 조금만 더 청년들에게 관심을 가져주시고, 교회 예산의 아주 작은 부분이라도 청년들의 주거문제, 또 아르바이트에 따른 노동과 삶의 문제들에 대해 조금 더 관심을 가져주시면 좋겠다. 교회가 연합해서 청년들의 주거환경 개선을 위한 주거공유 차원에서 조금만 더 마음을 갖고 도와주시면 이 대림절과 성탄절의 의미들을 다음세대 청년들과 함께할 수 있을 것이라는 마음이다. 저는 늘 그런 마음으로 사역하고 기도하고 함께 고민하고 있다.

박종환 _ 저는 예배학자이다 보니 예배에 대한 관심이 높다. 각 교회에서 성탄절을 기다리면서 대림절 기간에 어떻게 하면 더 소박하고 겸손하게 세상을 섬길 수 있는 예배가 될까에 대한 고민을 훨씬 더 많이 해주셨으면 하는 바람이다. 그것이 바로 복음의 메시지이기 때문이다. 그래서 우리 교회가 과연 그분들을 기억하고 그분들과 함께 울어주고 있는지에 대한 반성이 있었으면 좋겠다. 소외되고 고통받는 분들의 탄식을 하나님께 올려드리는 것이 예배이다. 그 탄식 안에 있는 하나님의 고통과 하나님의 눈물도 볼 수 있는 우리 모두가 되기를 바라며, 그것이 예배 안에서 잘 이루어질 수 있기를 바라는 마음을 갖고 있다.

사회자 _ 지금까지 두 분의 말씀에 감사드린다. 성탄절과 대림절의 진정한 의미와 이 세상에서 가장 위대한 사랑이야기에 대해서 우리가 어떻게 지켜나가야 할지에 대해 짚어보았다.

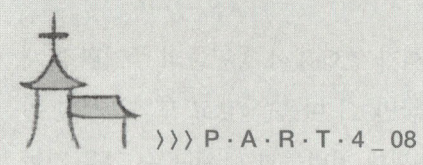

한국교회의 예전,
다시 십자가로

예수 그리스도께서 우리에게 베푸신 십자가의 무한한 사랑을 실감하고, 그 사랑을 어떻게 우리의 삶을 통해 나타낼 것인가를 묵상하고 실천하는 부활 절기를 지나면서 이 시대를 살아가는 그리스도인들이 과연 무엇을 생각하고 무엇을 행동에 옮겨야 할 것인가를 돌아보지 않을 수 없다. 그래서 이번 대담에서는 실천신학대학원대학교 박종환 교수, 춘천동부교회 김한호 목사와 함께 사순절 절기의 의미와 한국교회의 예전에 대한 바람직한 방향을 모색해보려고 한다.

사회자 _ 먼저 귀한 시간 내어주셔서 감사드리며, 요즘 개혁신학을 추구하는 교단들에서는 사순절을 지키고 있지 않지만 한국교회의 많은 교단들이 사순절을 보내고 있는데 두 분은 사순절을 어떻게 보내는가?

※ 이 원고는 2014년 4월 12일과 19일에 방송된 원고이다.

김한호 _ 대개 한국인들이 절기에 맞춰서 신앙생활을 한다는 게 어려울 것으로 생각했는데 의외로 참 잘하고 있다. 왜냐하면 서구에서는 교회절기와 사회문화가 서로 긴밀하게 연결되어 있어서 쉽게 절기를 지키는데, 한국에서는 그렇지 않기 때문이다. 서구의 경우 사순절 기간에는 사람들이 고기를 먹지 않으며, 심지어 음식점에서도 고기를 팔지 않고 생선으로 대신하기도 한다. 이처럼 교회절기가 사회문화 속에도 그대로 스며들어 있기 때문에 교회절기를 지키기가 그다지 어렵지 않다. 그런가 하면 이 시기에 학생들은 입교식을 많이 하는데, 입교식 준비를 위해서는 학교의 결석이 공식적으로 허용된다. 반면 한국에서는 꼬박꼬박 절기를 지키면서 신앙생활을 하는 게 어려울 텐데, 오히려 이런 기간에 더 많이 기도생활을 집중하고 하나님의 말씀 안에서 살아가려고 노력하는 것을 보면서 은혜를 많이 받고 있다.

박종환 _ 한국 개혁교회에서는 절기를 중요하게 다루고 있지 않고, 제대로 절기를 가르치고 있지 않는 것도 사실이다. 물론 개혁교회가 사순절을 교회의 절기로 지키지 않은 까닭 가운데 하나는 실컷 마시고 즐기는 사육제와 관련되어 있기 때문이기도 하다. 그러나 기독교의 최대 절기 가운데 하나가 부활절인데 이 부활절을 전후로 40일이라는 사순절 기간을 경건함과 기도와 묵상 가운데서 주님의 삶과 죽음과 부활을 기념하는 일은 고무적이라고 생각한다.

사회자 _ 한국교회가 부활절을 통하여 내면적인 신앙의 품격을 높여가고 있다고 보신다는 말씀으로 들린다. 사실 부활절은 교회력에 따른 절기인데, 교회력이 무엇인지, 또 어떤 의미가 있는지 설명을 해주시면 감사하겠다.

박종환 _ 교회력은 예수님의 삶과 죽음의 이야기를 1년이라는 시간 단위 안으로 스며들게 하는 잔치라고 생각한다. 하나님 자신이 이 땅에 몸을 입고 오셔서 살고, 죽고, 부활하고, 다시 오겠다고 하셨던 주님의 이야기, 구원의 드라마는 역사 가운데 일회적 사건이었다. 그러나 우리가 살아가는 세상은 1년이라는 시간 단위와 계절이 반복되는 순환과정이다. 그래서 이 영원한 일회적 사건을 주기적인 시간의 반복 안으로 끌어들인 것이 교회력의 핵심이다. 이 교회력은 과거의 죽은 산물이 아니라 지금도 여전히 살아 있는 우리의 이야기이고 주님의 이야기다. 그래서 오늘날 젊은 세대가 지켜야 할 가장 소중한 기독교 유산이라고 생각한다. 이런 소중한 기독교 유산인 교회력에 대해서 한국 개혁교회가 더 많은 관심을 갖기 바란다.

김한호 _ 목회자로서 교회력은 마치 달력을 넘기는 것 같다. 달력을 따라가다 보면 1년이 엄청 빨리 지나가는 것을 경험한다. 예수 그리스도의 전 생애에 맞춰진 교회력을 보면서 목회자가 1년 계획을 세우는 것은 굉장히 중요하다. 설교 주제를 정하고 강단 장식과 교회 행사를 준비하는 기준이요 중심이다.

사회자 _ 교회 현장이라는 측면에서 본다면 교회력이 모든 활동을 펼쳐나가는 중요한 기준이 된다는 말씀을 해주셨다. 그렇다면 사순절의 유래와 변화에 대해서 말씀을 부탁드린다.

박종환 _ 교회와 예배의 중심은 하나님 자신의 구원 이야기가 선포되어지고 이 땅에서 경험되는 것이 목표이다. 그 중심에 하나님의 계시 사건인 예수님의 탄생과 이 땅에서 하신 공생애 사역, 십자가 사건, 그리고 부활하신 이야기, 다시 오시겠다는 약속, 그에 기초하여 도래할 미래라는 가장 중요한 하나님의 스토리가 있는 것이다. 교회력은 사실 4세기 이전에는 존재하지 않았다. 왜냐하면 초대교회는 예수님의 재림이 바로 일어날 것으로 믿었기 때문에 상당히 종말론적 신앙이었다. 그래서 시간의 반복성이나 순환성을 이야기할 필요성이 없었다. 매 주일이 부활주일이었고 감사와 승리의 잔치였다. 그러다가 재림이 지연되고 기독교가 국교로 편입되면서, 그리스도의 일회적인 사건이 교회 역사 안에서 반복적, 규칙적으로 기억되어야 했다. 그 후 니케아 공의회에서 교회력이 형성되기 시작하여 지금까지 계속해서 교회력이 제정되었다. 특히 사순절이라는 말은 본래 40일을 의미하는데, 참회의 수요일부터 성금요일까지 주일을 제외한 40일이다. 초대교회에서는 부활절 새벽에 세례가 베풀어졌는데 그 예비세례자들이 회개한 이후에 세례를 받기까지 준비했던 기간이 40일이었다. 이미 세례를 받은 자들도 자신이 받은 세례를 기억하면서 내면을 되돌아보고 갱신하는 일에 힘썼던 기간이기도 하다. 또 이 40일은 예수님이 광야에서 시험받으신 기간을 상징하기도 하고 시내산에서 이루어진 모세의 금식을 상징하기도 한다. 또 이스라엘 백성들이 광야생활을 했던 40년, 예수님이 부활해서 승천하시기까지 기간을 40일로 계산했던 초대교회의 전통을 따르고 있다. 사순절은 '재의 수요일' '성회 수요일' '속죄일' 같이 주님의 고난을 가장 잘 기억하고 지키는 시간이라고 생각하면 좋겠다.

사회자 _ 잠시 역사적인 이야기를 정리해주셨는데, 교회의 목회자들이 인식하고 적용하고 있는 상황은 어떠한가?

김한호 _ 결국 교회력이란 예수님의 전 일생을 계승 발전시켜 과거의 성도들과 현재의 성도들을 하나로 묶어주는 역할을 감당하고 있다고 생각한다. 초대교회, 중세, 바티칸 이후 등 각 시기마다 변화되면서 개혁교회에서 동일하게 지켜지지는 않았다. 그러나 각 시기와 시대마다 예수 그리스도의 정신을 전하기 위해서 칸타타나 성극 등을 통해 분명한 메시지를 전하려고 했다. 중요한 것은 예수님의 정신을 놓치지 않고 예배 속에 담아야 한다는 것이다.

사회자 _ 그렇다면 전통적으로 사순절을 지켜왔던 천주교와 개신교 기독교회가 예수님의 정신을 지금 여기 우리의 삶에 맞게 어떻게 효과적으로 전할 것인가 하는 부분에서는 차이가 있을 것 같은데, 천주교와 개신교 양쪽을 비교해보면 어떤가?

박종환 _ 한국의 개신교가 천주교처럼 엄격하게 절기와 예전을 지키지 않을 뿐이지 개신교에서도 일상적으로 많이 강조한다고 본다. 특히 예배의 예전적 측면에서 보면 가톨릭은 중세 1,000년의 기독교 역사가 그 안에 녹아든 부분이 있다. 하나님의 구원 이야기를 그런 식으로 체질화하기 위한 충분한 시간이 있었는데, 한국 기독교는 200년이 채 안 되었다. 세계 교회에 비하면 여전히 어리다고 볼 수밖에 없다. 그러나 우리가 갖고 있는 교회에 대한 열정과 신앙의 헌신과 충성은 전 세계적으로 유래가 없을 정도라고 생각한다. 이제 그것이 내면화되어 삶에서 체질화되어야 하는데, 이 같은 하나님의 이야기가 이 땅과 교회와 공동체 안에서 구체적으로 실천되기에는 아직도 약한 부분이 있다고 생각한다. 가톨릭에서는 기독교의 절기예식에 해당하는 것을 '오르도'(Ordo)라고 부르는데, 하나님의 구원사건을 표현하는 예배의 형식적인 측면을 절대로 바꾸지 않는다. 제2차 바티칸공회에서 어떤 부분은 바뀔 수 있고 어떤 부분은 바뀔 수 없다고 규정했다. 여기서 절대로 바뀔 수 없는 부분이 바로 '오르도'이고, 그것이 하나님의 구원방식이라고까지 말한다. 다시 말해 가톨릭의 예전은 우리가 하나님께 드리는 제사를 넘어서 하나님이 이 땅을 구원하시는 방식이다. 반면 개혁교회는 하나님의 구원 이야기를 예전이나 형식보다는 설교로 많이 풀어내는 경향이 있다. 한국교회는 18~19세기 북미교회의 부흥과 대각성으로부터 영향을 많이 받았기 때문에 회심중심, 전도중심의 예배형식을 갖췄다. 그래서 상당히 많이 찬양하고 설교하고 광고하고 끝나는 단순한 예배형식을 보인다. 최근 세계의 개혁교회가 예전에 대해서 다시 관심을 갖기 시작한 것은 단순히 형식을 회복하는 차원을 넘어서 하나님의 구원 이야기를 설교자 중심이 아닌 하나님의 구원사적 중심으로 옮기려는 움직임이다. 그리고 이 세상을 하나님이 통치하시는 장으로 설명하기 위해서 한국 개혁교회가 신학적 관심을 기울여야 한다고 생각한다.

사회자 _ 하나님의 구원이라는 관점에서 본질을 잊어버리지 않는다면, 이를 더 고양시켜주고 자극시키며 이해하기 쉽도록 만드는 예전이 필요하다는 말씀이다. 그렇다면 외국생활을 오래하신 김 목사님은 어떻게 생각하는가?

김한호 _ 한국교회는 절기를 모두 설교로 풀어간다는 박 교수님의 말씀에 동의한다. 우리 교회에서는 독일교회가 하고 있는 사순절 첫날 수요일 저녁, '재의 수요일'을 3년 전부터 지키고 있다. 처음 시작할 때는 교인들로부터 가톨릭에서 하는 형식이 아니냐는 이야기를 들었다. 그래서 본래의 기본정신을 교육하였다. 올해로 3년 되었는데 이제는 모두 좋아한다. 성도들이 자녀들과 같이 예전에 참여한다. 예배를 말씀으로만 듣던 것에서 눈으로 보고 느끼는 예배로 바꾸면서 사순절의 의미를 찾아가는 모습을 본다. 종교개혁이란 본래적 의미를 찾으려고 했던 것이지, 형식을 모조리 버리려고 했던 게 아니었다는 사실을 개혁교회들이 다시 한 번 생각하면서 절기를 교회 안에서 하나씩 회복해가면 좋겠다.

사회자 _ 형식만 취하지 말고 그 안에 본질적인 내용들을 잘 담아낸다면 형식도 굉장히 중요하다는 말씀인 것 같다. 다시 한 번 2천 년 전의 초대 기독교로 돌아와서 그 당시에는 어떻게 사순절을 지켰는지 궁금하다. 그리고 사순절의 본질은 어디에 있다고 생각하시는지 말씀해주시길 바란다.

박종환 _ 초대교회에서는 최대 신앙사건이 부활절이었다. 그 부활절을 준비하면서 금식하고 회개하고 부활절에 침례를 받기 위해 준비하는 시간이 사순절이었다. 사순절은 '재의 수요일'로부터 시작된다. 이날은 구약 전통에 따라 타고남은 재를 머리에 뿌리고 베옷을 입고 금식하며 회개하는 날이었다. 북미교회의 전통에서도 재를 사용하여 이마에 십자가를 그으면서 "당신은 흙이니 흙에서 왔다"라고 말해주고,

우리는 피조물로서 하나님의 구원에 의존하는 존재이며, 그분의 은혜 가운데 살고 있다는 사실을 깨닫게 해준다. 교회 역사가 진전되면서 사순절 금식기도 기간에는 저녁 한 끼만 먹는 것으로 정해졌다. 그래서 '콜레이션'(collation)이라는 간단한 식사로 때웠고, 육식은 금하고 목축에서 나오는 우유, 치즈, 버터와 같은 것도 금지되었다. 그리고 이 사순절 기간에는 의복도 고난과 회개를 상징하는 보라색 옷을 입었고, 성전 휘장도 보라색으로 장식하는 전통을 갖게 되었다. 사순절이 시작되는 '재의 수요일'과 사순절의 정점인 '성금요일'에는 엄격한 금식을 권장한다. 우리의 연약함을 통해 하나님의 구원이라는 의미를 경험하자는 뜻이 담겨 있다.

> **절기를 교회 안에서 하나씩 회복해가면 좋겠다.**

김한호 _ 이 시기에는 금식과 훈련이 있다. 초대교회부터 세례식을 거행할 세례자를 훈련해왔었는데, 요즘은 대다수의 교회들에서 세례교인이라는 말이 없어졌다. 이민교회나 우리나라의 교회나 세례에서 별다른 신앙훈련도 없이 그냥 형식화되어 가는 모습을 보게 된다. 사순절 기간의 훈련과 경건생활이 다시금 우리 한국교회에 정착되고 자리매김해야 한다고 본다.

사회자 _ 다시 말해 금식과 경건훈련을 회복하자는 말씀인데, 지금 사순절을 맞이해서 각 교회들이 생명나눔운동이나 이웃돕기 캠페인 등 사회를 섬기는 사역을 확대하는 모습을 보이는데, 어떻게 생각하는가?

김한호 _ 굉장히 바람직하게 생각한다. 왜냐하면 결국 하나님께서는 인류를 사랑하셔서 독생자 예수 그리스도를 이 땅에 보내셨다. 많은 교회들이 부활주일 헌금을 어려운 이웃을 위해 사용하고 있다. 초대교회와 같이 매 주가 부활주일인 것처럼 여기면서 하나님으로부터 받은 이러한 은혜를 어떻게 삶의 현장에서 실천할 것인가를 계속 고민해야 한다고 생각한다. 우리 교회 같은 경우에는 이번 사순절 특별새벽기도 기간에 모인 헌금은 장애인을 섬기기로 했다.

사회자 _ 고난주간을 앞두고 있는데 하나님과 깊이 있는 교제를 회복하는 기간으로 보내기 위한 당부의 말씀을 해주시면 좋겠다.

박종환 _ 사순절 기간을 통해서 하나님의 구원이 조금 더 우리 안에 체질화되었으면 좋겠다. 이것이 교회력의 진정한 의미이다. 여기서 체질화된다는 것은 회심사건에서부터 시작하여 하나님의 구원에 관한 말씀을 듣고 예배를 드리는 가운데 자연스럽게 우리의 감정과 성격이 변하고 기질이 변하는 것을 말한다. 이것은 한 개인뿐 아니라 예배를 드리는 공동체 안에서 일어나는 것이고 교회가 그리스도의 몸으로 바뀌어가는 것이다. 결국 우리가 살아가는 이 세상이 하나님의 나라로 변하는 굉장한 의미가 있다. 예배와 실천은 서로 연결될 수밖에 없고 예배와 디아코니아는 반드시 하나님의 은혜가 임하면서 사회로 흘러갈 수밖에 없다. 그래서 우리 안에 이 신앙이 체질화되기를 부탁드리고 싶다.

김한호 _ 사순절에 대다수의 교회들은 칸타타를 하고 기도회도 하지만 교회 밖에서 볼 때 동떨어진 모습으로 보인다. 그래서 이 시기에는 교회 안의 일들을 교회 밖으로 가지고 나가면 좋겠다고 생각한다. 우리 교회 같은 경우는 특별새벽기도회를 마치고나면 그 지역을 청소한다. 그리고 칸타타를 교회 안에서뿐만 아니라 교회 밖, 거리에서도 부른다. 또 지역 사람들에게 달걀도 나눠주는데 이렇게 절기를 교회 밖으로 가지고 나간다면 훨씬 더 풍부해질 것이다.

사회자 _ 이제 우리 주님이 고난 받으시고 십자가에 달려 돌아가신 고난주간과 3일 만에 부활하신 것을 찬양하는 부활주일에 대한 이야기를 좀 나누어보자. 고난주간과 부활주일을 맞이할 때마다 "과연 우리는, 특히 한국교회는 주님의 십자가를 제대로 묵상하고 십자가의 삶을 제대로 삶 속에서 구현해내고 있는가?"를 진지하게 자문하지 않을 수 없다. 어떻게 보내고 계시는가?

김한호 _ 1년 중에서 가장 많이 검정색 옷을 입는 기간이 고난주간이지 않나 하는 생각을 가진다. 목회자로서 교회가 이런 절기를 보낼 때마다 우리끼리만 즐거워하고 시간을 갖기보다는 어떻게든지 교회 주변사람들과 함께할 수 있는 것이 없을까를 생각한다. 그래서 고난주간 특별새벽기도회 이후에 동네 청소를 했는데, 그 시간이 굉장히 즐거웠다. 또 새벽기도회 기간의 헌금은 장애우를 돕는 데 사용하기도 했다.

박종환 _ 성금요일과 부활절 사이에 성토요일이 있다. 성토요일은 주님의 죽음 이후에 부활을 약속받았지만 아직은 현실화되지 않은 어두운 터널과 같은 시간이다. 특히 한국교회가 고난과 부활 사이에 끼어 있는 현실화되지 않은 미래의 약속을 바라보는 성토요일에, 하나님을 신뢰하고 의지하고 바라보는 신앙의 태도를 더욱 키워갈 수 있기를 바라며 고난주간을 보내는 것도 의미가 있다.

사회자 _ 절기에 대한 이야기를 나누다 보면 개혁교회의 예배가 정말 주님의 고난과 부활을 묵상할 수 있도록 동기부여를 하는 데 예전이 중요하다는 생각이 많이 든다. 그런데 지금에 와서는 '예전'이 많이 약화되었다고 한다. 아마 '예전'이라는 용어 자체도 낯선 분들이 계실 것 같다. '예전'이란 무엇이고, 어떤 의미가 담겨 있으며, 어떤 유익을 주는지, 그리고 형식화된 예전이 아니라 진정한 의미에서 어떻게 회복되어야 하는지에 대한 이야기를 나누고 싶다.

김한호 _ '예전'이라 하면 상징과 반복이 떠오른다. 독일에 있을 때 한 교회에 가서 예배를 드리게 되었다. 여기서는 매 주일마다 장애우와 함께 예배를 드렸다. 정상적으로 대화를 나눌 수는 없지만 반드시 손바닥에 십자가를 그려준다. 그리고 매 주마다 성찬을 베풀었다. 이게 상징이고 반복이다. 기독교 교육은 그 전통을 계속 후대에까지 내려오게 하는 상징과 반복을 통한 예전이 핵심이라고 생각한다. '재의 수요일'을 처음 교회에서 지킬 때 '당신은 재에서 왔으니 재로 돌아갈지라' 하며 이마에 십자가를 그어주는데 성도들이 모두 좋아하고 아이들도 참여시킨다. 이런 상징을 통해서 하나님의 임재를 느끼고 싶어 하는 것이다. 예전에도 분명한 메시지가 담겨 있다고 생각한다.

박종환 _ 예전을 살펴보기 위해서는 초대교회로 돌아가야 한다. 초대교회에서는 성도들이 교회에 모이려면 사도들의 가르침을 받고 회개하고 그리스도인이 되어야 했다. 그리고 나서 세례를 받아야 하는데 1년에서 3년에 걸친 오랜 기간의 세례교육과 철저한 훈련을 병행했다. 교회, 인간, 그리스도, 성령님, 하나님에 대해서 공부하고 금식하고 준비하면서 세례를 받고 첫 번째 성찬에 참여하게 된다. 매주 모여서 하는 것이 사도들의 말씀을 듣고 떡을 떼는 일이었다. 그런 다음에는 세상을 섬기도록 파송되어 나간다. 초기 교회부터 말씀과 성찬은 기독교 예배의 가장 중요한 뿌리였고 핵심이었다. 주후 2세기 경 초대교회 교부 저스틴(Justin)에 의하면 주일에 그리스도인들이 모일 때마다 성찬을 지켰다고 한다. 그런데 중세를 지나면서 기독교 예전이 성찬중심으로 지나치게 기울어진다. 예전 자체가 지나치게 신비화되고 많은 장식을 갖게 되면서 상징성을 과다하게 사용하였다. 이것이 개혁교회에 부담이 되었고 비판의 대상이 되었다. 그러면서 개혁교회는 복음을 선포하는 설교 형식으로 기울게 된다. 초기 기독교와 마찬가지로 16세기 종교개혁자들에게도 성찬이 관심의 대상이었다. 츠빙글리(Zwingli)를 제외하고 루터(Luther)나 칼빈(Calvin)의 경우 참다운 교회는 말씀이 바로 선포되고 성례전이 올바르게 집행되어야 한다고 주장했다. 한국교회는 상당 부분 미국의 18~19세기 대각성운동 이후의 부흥 전통을 따르고 있기에 회심과 복음전도에 맞추어져 있는 것이다. 그러다 보니 예전이 많이 약화되었다. 그런데 오늘날 예배 갱신운동이 일어나면서 종교개혁자들이 오히려 초대교회의 예배 원형을 회복하고자 노력했던 것을 깨닫게 된다. 그래서 오늘날 신학자와 개혁교회들이 말씀과 성찬의 균형과 노력에 관심을 갖게 된 것이다.

사회자 _ 성경적인 초대교회의 원형 회복은 곧 예전의 회복으로 귀결된다는 말씀인 것 같다. 그런데 이것은 서방교회로 돌아가자는 의미가 아니고 초대교회가 가졌던 상징성과 의미와 능력을 회복하기 위한 '예전 회복'이라는 뜻인데, 예배의 문화화는 교회로 하여금 회중의 입맛에 맞는 예배를 추구하다가 '하나님을 향한 의식'으로써 예배의 본래 목적을 잃어버리게 만들었다는 지적이 있다. 어떻게 보는가?

박종환 _ 한국 개혁교회의 예배는 사실 1980년대 이후에 미국 대형교회의 예배를 벤치마킹했다. 새들백교회나 윌로크릭교회 등 불신자들에게 복음을 전하여 짧은 시간 안에 성장했던 교회들이 80년대 이후에 한국교회의 모델이 되었다. 그러면서 대형교회, 소위 말해 메가처치가 세워지는 데 커다란 영향을 미쳤다. 그런 교회들에게서 나타나는 예배의 특징은 전도예배였다. 특히 회심에 많은 관심을 보였고, 또 다른 하나는 성도들이 당면하고 있는 문제들, 예를 들면 재정문제, 인간관계 문제, 자녀교육 문제 등 아주 개인적인 영역에 집중하면서 이를 해결하는 방식으로써 예배와 설교의 초점을 맞추었다. 사실 신학자의 관점으로 봤을 때 이와 같은 현상을 개인화되고 사유화된다고 표현한다. 우리가 하나님의 이름으로 잘되는 것으로 신앙생활을 이해한다면 이것은 굉장히 협소한 기독교 신앙과 복음에 대한 이해이다. 우리가 선포해야 할 것은 하나님의 나라이고 따라야 될 것은 예수 그리스도의 삶의 흔적들인데 잘되는 것에만 목표를 둔다면 이것은 심각한 오류라고 생각한다. 또한 예전의 회복이란 중세 가톨릭으로 돌아가자는 것이 아니라 초대교회가 가졌던 신앙의 순수성과 형식 안에서 예수 그리스도의 삶이 내면화되고 체화되었던 경험들을 다시 한 번 회복하자는 의미이다. 그래서 최근에 '성례 회복운동'이 일어나고 있다고 생각한다.

사회자 _ 그런 면에서 김한호 목사께서는 예전적인 예배를 드리고 있다고 했는데, 그 내용이 무엇인지 말씀해주기 바란다.

김한호 _ 성도들은 예배가 자신과 맞지 않으면 마치 예배의 정신을 잃어버린 것처럼 생각하는 경우가 있는 것 같다. 그러나 사실은 중세의 많은 교회들이 다양한 의식을 통하여 하나님을 만난 경우도 있었다. 종교개혁시대는 의식을 뛰어넘어 오직 하나님의 말씀으로만 하나님을 만나고자 했던 때이다. 각 시대마다 나타나는 공통점은 어떻게 하든지 하나님을 만나는 것이었다. 그렇기 때문에 회중이 어떻게 하면 하나님을 만날 수 있는지 생각해본다면 예배의 목적을 잃어버리지 않을 것이다.

사회자 _ 그렇다면 개혁교회가 예전을 어떻게 발전적으로 적용할 수 있을지 박 교수께서는 대안을 제시해주실 수 있는가?

박종환 _ 기독교 전통의 성례를 회복한다는 차원에서 다양한 요소들을 접목할 수 있으리라고 생각한다. 그 가운데 하나로 성찬을 자주 드릴 것을 권하고 싶다. 그리고 특히 초대교회의 예전은 4중 구조로 되어 있었다. 지금 거의 모든 감리교, 장로교, 성결교가 채택하고 있는 예배 형식으로써 모임의 예전, 말씀의 예전, 성찬의 예전, 파송의 예전이 바로 그것이다. 먼저 모임의 예전을 살펴보면 다함께 모여서 하나님의 임재를 선포하고 각자의 죄와 공동의 죄를 고백한다. 그러고 나서 사죄 선언을 하고 용서의 말씀을 하면서 우리의 몸을 정결하게 했던 세례의식을 기억한다. 세례에 담긴 무한한 신학적인 의미를 한 번 선포하고 회복하는 시간이 있으면 좋을 것이다. 초대교회의 예전적인 요소를 참고하여 교회력에 따른 색깔, 강단 장식, 때로는 긴 침묵의 시간, 기도 등을 통해서 침묵과 기도 가운데 우리 자신의 모순과 세상을 하나님 앞에 내려놓는 예전적인 행위가 우리 안에 회복되기를 바란다.

사회자 _ 그렇다면 이런 예전적인 행위를 통하여 성도들이 변화하는 모습을 보는가?

김한호 _ 성찬식 얘기가 나왔는데 한국에서는 성찬식 주제가 없고 늘 동일하다. 그런데 우리 교회는 성찬 주제를 정한다. 또한 성찬에 참여하는 성도들도 형식적으로 하지 않으려고 노력한다. 성찬위원들이 예수님의 섬기는 정신을 따르기 위해서 성의를 입는 대신 앞치마를 두른다. 연초에 거행하는 성만찬은 한 해 비전을 선포하는 주제를 정하고, 종려주일 성만찬 때는 예수님의 고난을 기억하고, 성령강림절에는 또 그에 맞는 주제를 정한다. 그리고 성만찬 때는 반드시 어떻게 사회와 연결할 것인가를 찾는다. 작년 성령강림절에는 다문화권 사람들과 연결하였고, 또 탈북자들과 연결하였으며, 추수감사절에는 농촌교회 사람들과 함께하는 것으로 주제를 정해서 예배하고 설교한 다음, 그 분들을 돕는 운동을 펼쳤다. 그러자 함께 참여하는 성도들이나 섬기는 분들도 예수님의 정신을 다시 한 번 기억하는 기회가 되었다. 성만찬을 준비하기 위해서 토요일에 따로 모여서 교육하는데 그 의미를 분명하게 전해주니까 참여하는 사람들도 굉장히 좋아한다. 또 하나는 입교인데 한국교회에서는 형식적으로 하는데 우리는 아이들의 축제로 성인식과 같이 연결해서 어린이날 저녁에 입교예배를 따로 한다. 그 전에 순결교육도 하고 신앙고백도 하고 아이들에게 반지도 끼워주며 축제를 열어준다. 원래부터 교회 안에 있던 예전을 해보니까 교회가 살아나고 기쁨이 찾아오는 모습을 볼 수 있었다.

사회자 _ 그러고 보니 예전의 회복을 통하여 영적인 영향력을 강하게 미칠 수 있는 것 같다.

박종환 _ 거기에 좀 더 보충하자면 한국교회에서 성찬을 터부시하는 이유는 신학적인 이유도 있고 어떤 행사를 치러야 한다는 이유도 있다. 뭐냐 하면 성만찬은 예수님의 죽음을 준비하는 마치 장례식 같다는 것이다. 지나치게 무겁고 슬픈 감정을 유발하다 보니 고통스럽게 느껴진다는 것이다. 한국교회 예배 자체가 가라앉아 있는데 성만찬은 더 그렇다는 지적이다. 마치 성만찬이 예배의 장식처럼 마음

> **지나치게 무겁고 슬픈 감정을 유발하다 보니 고통스럽게 느껴진다는 것이다.**

대로 붙였다 떼었다 하는 것처럼 생각한다. 그러나 성찬식 안에는 굉장히 많은 신학적 보고와 의미가 담겨 있다. 그래서 해당 주의 설교 주제가 헌신이나 봉사, 회개, 공동체, 관계 등 다양할 수 있지만 이 모든 주제가 성만찬의 신학 안에 다 들어가 있다는 것이다. 다시 말해 설교에서 선포되는 말씀을 확증하고 경험하는 것이 바로 성찬이다. 예수님의 죽음만 기억하는 장례식이 아니라 부활의 의미도 충분히 담겨 있고 인간사의 모든 영역을 포괄한다고 볼 수 있다. 이런 식으로 성만찬의 신

학이 확장되고 이해되어야 한다.

사회자 _ 개혁교회 안에서 이루어지는 성례란 성찬과 세례 아닌가? 지금 두 분의 말씀을 정리해보면 성찬의 본래 의미를 회복하자, 그러기 위해서 좀 더 자주 거행하고 훨씬 더 감격을 누릴 수 있는 방향으로 진행하자는 것인데, 그렇다면 1년에 몇 차례를 해야 하는가?

박종환 _ 개인적으로는 자주 할수록 좋다고 생각한다. 우리는 매주 성찬 예배를 드리고 있다. 그럼에도 불구하고 1시간 10분 정도 안에 예배를 마친다. 예배에서 불필요한 시간을 줄이고 최대한 예전적으로 아름답게 준비하면 별 문제없이 다 소화할 수 있다.

사회자 _ 김 목사께서는 초대교회가 성만찬을 거행하면서 사용했던 이미지를 7가지로 분류해 놓았다. '감사 예전으로서 성만찬, 회상사건으로서 성만찬, 하나 됨을 위한 성도의 교제로서 성만찬, 그리스도의 희생으로서 성만찬, 그리스도의 임재로서 성만찬, 성령의 역사하심으로서 성만찬, 최종적인 성취로서 성만찬'이었다. 이것들은 하나도 뺄 것이 없고, 교회현장에서 절기 때마다 적용할 수 있을 것 같다. 직접 하시면서 어땠는지 들려주시기 바란다.

김한호 _ 한국교회에서는 성만찬하면 슬픈 분위기이고, 이전에는 우리 교회도 마찬가지였다. 그런데 성만찬의 참된 의미는 섬김의 의미이다. 거기에 헌신의 의미를 담아서 다양한 주제와 함께하다 보니 이제는 오히려 기다려지고, 예배가 살아나서 기쁨으로 참여하여 하게 되고,

오랜만에 뜨거움을 느꼈다고 말하기도 한다. 무슨 새로운 것을 해서가 아니라 원래의 예전을 잘 활용하였을 때 큰 기쁨을 찾을 수 있다는 뜻이다.

사회자 _ 준비를 잘하면 기대감으로 다가갈 수 있는 예배가 될 것으로 생각된다.

박종환 _ 성찬에서 많은 은혜를 받는다. 신학교에서 강의를 듣는 목회자들에게도 예배를 잘 인도했느냐가 아니라 예배를 잘 드렸는지 묻는다. 그러면 굉장히 많이 고민한다. 결국 한국교회 목회자들이 가진 부담감은 성도들에게 은혜를 끼쳐야 된다는 것과 그로 말미암은 강박감이 심한 것을 보게 된다. 근본적으로 은혜는 하나님 자신이 우리에게 주시는 것이고 구원의 사건 속에서 흘러나오는 것이다. 단지 목회자는 성도들과 함께 무릎 꿇고 예배하는 예배자 가운데 하나일 뿐이다. 그래서 하나님이 인도함과 임재 가운데 예배를 드려야 하고 그 은혜 가운데 푹 빠져들 때 자연스럽게 성도들에게도 그대로 전이된다. 그렇기 때문에 성찬을 드리면서도 충분히 은혜를 받을 수 있다고 말씀드리고 싶다.

사회자 _ 한국교회가 붙잡아야 할 것은 십자가 사건이다. 이 메시지를 가장 강력하게 전해야 하는 부활절기에 꼭 당부하고 싶은 말씀이 있다면 부탁드린다.

김한호 _ 종교개혁가 루터는 교회가 굳어지고 화석화되는 모습을 보면서 교회의 본질, 곧 이웃에 대한 섬김을 회복해야 한다고 일갈했다. 1848년 교회의 날을 기념하는 행사에서 비헤른은 독일교회가 올바로 정신 차리지 않으면, 곧 교회가 사회에 나가서 섬기지 못하고 실천하지 않으면 안 된다고 설파했다. 지금 한국교회가 바로 이 이야기를 듣고 선포해야 할 때라고 생각한다. 예수님이 이 땅에 오셔서 보여주셨던 바로 그 섬김의 모습, "나는 식탁에 시중들러 왔다"는 분명한 메시지가 이번 부활주일을 맞아 한국교회에 생생하게 들리기를 바란다.

박종환 _ 부활절기에 초대교회의 전통과 개혁교회의 전통이 한국교회 안에 부활되었으면 한다. 개혁교회의 정신은 항상 개혁한다는 것이다. 16세기 개혁자들의 신학에 머무르는 것은 개혁교회의 정신이 아니다. 16세기만을 떠받드는 것은 잘못된 풍조이다. 늘 개혁하고 그 시대에 맞게 하나님의 구원사를 선포하고 나눌 수 있는 방식으로 변해야 한다. 초대교회가 가졌던 예배의 정신을 되살려야 하고 어떤 방식이 현대에 가장 적절할까 고민해야겠다. 또 하나는 부활하신 그리스도는 몸에 고난의 흔적을 갖고 계셨다. 한국교회가 지금 고난가운데 있다고 생각하는데, 이 고난의 시간을 온 몸으로 받고 온 몸으로 경험하면서 통절히 반성하고 회개한 자만이 부활의 기쁨에 동참할 수 있을 것이다.

사회자 _ 매년 부활절기를 맞을 때마다 늘 생각하는 것이지만, 우리 주님께서 원하시는 진정한 부활의 생명과 능력이 한국교회 안에 넘쳐나기를 바라는 마음 간절하다.

이 글을 쓰고 있는 2017년, 한국교회는 뜻 깊은 종교개혁 500주년을 보내고 있는 시점이다. 돌아보면 2017년 한 해 동안 한국교회의 뜻있는 모든 지도자와 성도들은 주님의 교회에 새로운 역동성이 일어나기를 기대하고 부흥을 갈망하는 시간을 보냈다. 이 땅의 모든 교회가 목 놓아 부르는 '부흥'이라는 찬양가사에 나오는 것처럼 "성령께서 이 땅을 고치시고, 성령의 바람이 불어와 주의 영광 가득한 새 날을 달라"는 것이 모든 성도의 소원이요 기도제목이었다. 한국교회 어디를 가보아도 부흥을 꿈꾸지 않거나, 부흥을 위해 기도하지 않거나, 부흥을 위한 프로그램이 없는 교회는 그 어느 곳도 없었다. 그러나 냉철하게 자기반성을 해보면 한국교회는 부흥을 이루어내기에는 내적, 외적으로 여러 가지 극복해야 할 과제들 앞에 직면해 있는 것이 현실이다.

현재 한국교회 전체를 둘러싼 현실적인 상황과 미래 전망을 냉철하게 본다면, 정말 결코 녹록한 상황이 아니다. 시시각각 새로운 모습을 하고 다가오는 교회의 여러 가지 안타까운 현실 앞에 과연 한국교회는 소망 있는 미래를 위해, 또 교회적인 용어인 부흥을 위해 도대체 무슨 일을 어떻게 해야 할까?

일찍이 종교개혁자 마틴 루터는 당시 교회개혁의 지난함을 걱정하던 동역자에게 "우리 인생에 언제 어렵지 않은 적이 있었는가? 오늘 우리에게 문제가 되는 것은 상황이 어려운 것이 아니다. 우리의 믿음 없음이 가장 큰 문제다"라는 말을 했다. 루터의 고백처럼 결국 질그릇과 같이 보잘것없는 것 같아 보여도 그 안에 약할 때 강함 되시는 삼위일체 하나님에 대한 신앙고백을 하는 주님의 교회라면 모든 문제는 기도의 제목이지 결코 해결하지 못할 문제는 아닌 것이 분명하다.

이런 이해를 바탕으로 그동안 각 영역에서 한국교회의 부흥을 갈망하며 혼신의 힘을 다해 뛰고 있는 귀한 선후배들과 때로는 깊이 있고 둔중하게, 때로는 가볍게 여러 가지 주제를 가지고 이야기를 나누었다. 그 속에서 적어도 한국교회가 이런 주제들에 대해서 집중하고 대안을 마련한다면 우리 사회 속에서 소망의 그루터기로 설 수 있을 것이라고 생각했다. 그래서 책을 전체적으로 마무리하면서 귀한 분들과 나누었던 이야기들 중에 한국교회의 미래를 위해서 반드시 고민해야 할 주제들을 객관적인 데이터를 통해서 살펴보고, 부족하지만 그에 대한 나름의 대안을 제시하면서 이 책을 마무리하고자 한다.

〉〉〉 교회 내적인 전망과 대안

출산율 저하로 인한 인구절벽과
주일(교회)학교 감소에 대한 대안이 필요하다.
2016년 통계청 자료는 대한민국 합계 출산율이 1.17명으로 계속해서 낮아지고 있고, 경제협력개발기구(OECD) 회원국 중 출산율 꼴찌를 기록하고 있다는 현실을 보여준다. 통계청이 내놓은 '2017년 2월 인구동향' 자료를 보면 2월 출생아 수는 3만 600명으로 지난 2016년 같은 달보다 4300명(-12.3%)이 감소한 것으로 보고되고 있다. 실제로 저출산 진행속도가 빨라지면서 연간 신생아 수도 사상 처음 40만 명 아래로 떨어질 것이라는 분석과 함께 2030년이면 우리나라 전체인구는 5,216만 명, 2045년이면 4천만 명대로 인구절벽이 현실이 될 것이라고 전망하고 있다.

이런 상황에서 교세 감소현상은 현실로 드러나고 있다. 대한예수교장로회(합동)는 2016년 101회기 총회에서 교세현황 추이상황을 다음과 같이 보고했다. 먼저 교회 수 추이는 11,593개(2013년), 12,078개(2014년), 11,700개(2015년)로 감소된 것으로 나타난다. 교인 수 역시 285만 7065명(2013년), 272만 1427명(2014년), 270만 977명(2015년)으로 감소한 것으로 파악되고 있다(〈국민일보〉 2016년 9월 22일자 미션면 참조).

예장합동 교단의 경우 공식 통계를 내진 않지만 교단 소속 교회 중 50% 정도는 주일학교가 없는 것으로 추산하고 있다. 2014년 초 예장통합 교단의 교육자원부는 총회 소속교회 8383개 중 절반가량은 교회학교 학생이 한 명도 없고, 6000여 곳은 교육전도사가 없다는 충격적인 보고를 했다(〈국민일보〉 2014년 11월 28일자 미션면 참조).

이 같은 결과가 초래된 데는 저출산현상에 따른 영유아와 어린이, 청소년 인구의 감소가 큰 영향을 미친 것이 틀림없다. 그러나 이런 외부적 요인만이 아니라 주일학교 지도자와 전문가들은 1등이 아니면 그 외는 모두 실패한 인생이라는 세속적 가치가 교회 내에도 진입하면서 입시를 위해서라면 무엇이든 양보할 수 있다는 장년성도들의 의식이 이런 결과를 초래한 주된 요인이라 탄식하고 있다. 이런 상황에서 믿음의 세대계승은 결코 순적하게 일어날 수 없다는 것이 중론이다.

그렇다면 이에 대한 대안은 무엇일까? 단도직입적으로 말한다면 우선 첫째로 믿음의 세대계승을 위하여 목회적으로 출산장려운동을 해나가는 것이 무엇보다 필요하다. '취업-결혼-출산-육아'로 이어지는 사회시스템 속에서 반드시 변화되어야 할 국가정책에 대해서 교회가 연합하여 발전적인 정책이 세워질 수 있도록 노력해야 하는데, 그중에서도 새 생명의 출산이 얼마나 복을 받은 것인지 교회 내에서 말씀을 통해 출산문화를 형성하는 게 필요하다는 말이다.

둘째, 믿음의 말씀을 통해 복음적 가치를 가진 다음세대들을 세우는 것이 중요하다. 어릴 때부터 말씀 안에서 양육되는 것이 중요하다는 사실을 부모들에게 인식시키고, 부모들과 함께 영적인 깊이를 가지고 공동으로 기독교세계관에 기초한 양육방향을 모색하는 새로운 교과과정을 만드는 것이 필요하다. 또한 효과적인 교육이 될 수 있도록 IT기술과 멀티미디어 등이 접목된 흥미롭고 감동이 넘치는 다양한 말씀 교육 방법을 개발해야 할 필요 역시 고려해야 할 부분이다. 또한 교육은 결국 사람에 달려 있는 만큼 주일학교 전문가를 양성하고 지원하는 체계적인 시스템 마련이 필요한 것은 두말할 필요가 없다.

셋째, 아이들의 돌봄시스템 마련이 필요하다. 평일에도 방과 후 아이들을 믿고 맡길 수 있는 곳이 교회가 되어야 하며, 교회와 가정과 학교가 이를 위해 어떻게 협력할 수 있을 것인지 대안을 모색하는 것은 시급하고도 중요한 일이다.

미래학자들은 한국교회가 2028년이 중요한 터닝 포인트가 될 것이라고 예견하면서 "복음은 망하지 않는다. 하지만 교회는 망할 수 있다. 한국교회는 10년의 시한부생을 선고받은 상태이다. 이 마지막 골든타임 10년을 놓치지 마라"(최윤식, 최현식 공저, 「한국교회미래지도 2」, 생명의말씀사, 2015, p.9.)고 경고하고 있다. 한국교회가 근대화와 일제강점기, 그리고 해방이후 건국운동, 산업화운동, 민주화운동까지 중요한 역할들을 감당해온 것에는 이론의 여지가 없다. 근간에 이르기까지 사회 각 영역에서 그래도 도덕성과 실력을 겸비한 지도자들로 꼽히는 분들을 보면 주일학교에서부터 하나님의 말씀으로 양육받은 이들이었다는 사실을 시사하는 바가 크다. 결국 당장의 성장이나 열매가 눈에 보이지 않는다고 주일(교회)학교 교육이 교회사역의 관심 밖으로 밀려나거나 주일(교회)학교를 섬기는 목회자들이 주일(교회)학교 사역을 목회의 징검다리로 생각한다면, 교회의 미래는 지금의 위기로 끝나지 않을 것이 분명하다. 결국 다음세대가 다른 세대가 되지 않도록 하기 위해서 교회는 최우선순위에 주일(교회)학교 교육을 놓고 가정과 더 나아가서는 학교와 연대하여 어린 영혼들을 섬기는 사역을 해나가야 할 절대 필요가 있다.

청년세대의 이탈에 대한 대안이 필요하다.
탈종교현상은 전 세계적인 추세다. 2015년 통계청 조사결과 역시 우리나라도 예외가 아닌 것을 확인할 수 있다. 실제로 '종교 없음'이라고 표현한 인구는 2005년 47.1%에서 2015년에는 56.1%로 10년 사이에 9%나 되는 인구가 종교를 포기한 것으로 나타났다. 통계청은 '종교 없음'이 종교인구를 앞지르기는 처음이라고 밝히고 있다. 그런데 더 큰 문제는 연령별로 보았을 때 20대의 종교인구 비율이다. 자그마치

64.9%가 '종교가 없다' 고 표현을 했다. 그다음으로는 10대가 62.0%, 30대 61.6% 순으로 '종교 없음'의 비율이 높은 것으로 나타나 10대부터 30대까지 종교가 없는 비율은 63%나 되어 전체 평균 56.1%에 비해 훨씬 높은 비율로 파악되었다(〈기독신문〉 2017년 1월 21일자 참조).

이런 상황 속에서 젊은층의 종교이탈현상과 종교인 감소비율은 향후 10년, 20년 이후 더욱 급격한 상황이 될 것이라고 내다보고 있다. 실제로 지금 한국교회는 교회의 허리인 청년들이 사라지고 있고, 자발성을 띠고 교회를 나오는 대학생과 청년들을 '천연기념물'이라고 불러주는 우울한 현실을 맞이하고 있다. 이런 상황을 극복하기 위해서는 적어도 다음과 같은 대안이 필요하다고 본다.

첫째, 청년들의 눈높이에 맞는 말씀교육과 교리교육의 방법들이 계속 개발되고 지속성 있게 적용되는 것이 필요하다. 경험적으로 말씀과 복음의 본질을 변질시키지 않는 범위에서 청년들의 언어와 문화를 이해하고 그들의 눈높이에 맞추어 접근했을 때 청년들이 감동받고 환호하는 것을 수없이 경험했다. 결국 변질시키지 않아야 할 본질은 지키면서 변화시켜도 좋은 것에 대해서는 융통성을 발휘하는 목회적인 대응이 필요한 것이다.

둘째, 다음세대인 청년들이 마음껏 뛸 수 있는 자발성을 장려하는 교회문화와 분위기를 형성하는 것이 교회 내적으로 필요하다. 설익은 부분도 있지만 청년들은 이미 자의식과 자신의 전문성을 나름 개발한 상황에 있다. 결국 자발성에 기초하여 그들이 모일 수 있는 공간과 하나님의 나라를 위해 달려가야 할 공동의 목표를 자신들의 논의과정을 통해 설정하고 달려갈 수 있도록 한다면 청년들은 다시 교회로 발길을 돌릴 것으로 본다.

셋째, 교회와 교회를 앞서 섬기는 목회자들을 비롯한 지도자들이 힘들고 어렵지만 끊임없는 자기 갱신의 모습을 보이는 것이 필요하다. 교회를 향한 청년들의 시각이 냉소적인 이유는 지도자들에 대한 불신이 가장 크다. 결국 교회의 지도자들이 끊임없는 자기 갱신을 통해 신뢰를 쌓을 때(이런 맥락에서 대학청년부 사역을 담당하는 목회자들은 장기 사역을 감당할 필요가 있다) 대학청년들의 발길은 다시 주님의 교회로 방향을 유턴하게 될 것이다.

넷째, 교회가 대학청년들이 직면한 삶의 문제를 직접적으로 해결해주는 대안공동체라는 것을 보여주는 점이 필요하다. 사회적으로 가장 불안하고 바쁜 시기를 보내는 대한민국 청년들의 현실을 교회가 얼마나 품어낼 수 있는가가 교회를 떠나는 청년들을 다시 주님 앞에 세우는 관건이 된다는 점을 사역현장에서 늘 체감했다. "아르바이트와 취업준비로 너무 바빠서 교회에 나갈 여유가 없다"고 하는 청년들, "주일날 출근이 많은 직장을 다니기 때문에 교회에 갈 수가 없다"고 밝히는 청년들, 열악한 주거환경을 벗어나지 못해 힘들어하는 청년들에게 교회의 전향적인 조치와 배려는 대학청년 목회를 위해서는 대단히 중요한 사역이다. 실제로 학사운영을 하는 교회나 구직 멘토링과 알선 프로그램, 청년희년은행과 같은 시스템을 가진 교회는 청년들에게 엄청나게 긍정적인 실제적 영향력을 끼치고 있다. 대학생 중에 단 2%만 교회를 다닌다는 우울한 보고가 있지만, 결국 자신의 삶의 필요성에 부응하는 공동체가 삶의 희망으로 자리 잡을 수밖에 없는 만큼 청년들의 삶의 필요성을 꿰뚫어보는 목회사역을 통해 다시 희망을 노래하고 믿음의 세대계승을 계속 꿈꿀 수 있는 놀라운 일이 나타나기를 바라는 마음이 간절하다.

노년성도 증가에 대한 대안이 필요하다.

대한민국 사회가 고령화사회를 넘어 '고령사회'를 향해 가고 있다는 것은 주지의 사실이다. UN이 정한 기준은 65세 이상 고령인구가 전체 인구 중 7% 이상이면 '고령화사회'라 부르고, 14% 이상이면 '고령사회', 그리고 20% 이상이면 '초고령화사회'다. 통계청이 발표한 '2014년 고령자 통계'에 따르면 65세 이상 고령인구는 전체 인구 중 12.7%로 우리나라 5가구 중에 1가구는 고령가구인 것으로 나타났다. 이 같은 현실 속에서 향후 2024년에는 19.0%, 2034년에는 27.6%로 계속 늘어날 전망이라고 예측하고 있다. 그리고 중요한 것은 베이비부머 (1955년-1963년 사이에 태어난 인구)가 포함된 준고령자가 전체 인구 중 20.8%를 차지하고 있다는 점이다(통계청, '2014 고령자 통계' 자료집, 2014. 9. 29., 4면 참조).

이와 연동하여 이미 살펴본 대로 40대 이하의 젊은 연령층들의 종교 이탈 비율이 크다는 점은 고령층 종교인구 비율이 그만큼 많다는 것을 미루어 짐작할 수 있다. 통계청은 이미 2005년 국내 총인구가 4704만여 명이었을 때 65세 이상 기독교인은 76만여 명이었다고 발표했다. 2015년 통계청 조사결과를 보면 70세 이상 고령층의 종교인구 비율은 모든 연령층에서 가장 높은 58.2%에 달하는 것으로 파악된다(〈국민일보〉 2014년 12월 5일자 미션면, 〈기독신문〉 2017년 1월 21일자 참조).

결국 교회의 희망찬 미래와 부흥을 꿈꾼다면 건강 100세 시대를 바라보는 상황에서 노인목회에 대한 시각을 교정하는 것이 절대적으로 필요한 상황이 되었다. 따라서 기존의 노년에 대해 편만해 있는 '병약하고 고독하며 할 일이 없다'는 편견을 버리고, 노년세대가 주체적으로 교회사역에 참여할 수 있도록 하는 것이 중요하다. 특히 은퇴를 앞두고 있는 베이비붐 세대는 교육수준이 높은 세대다. 따라서 이들을 '뉴 시니어'(New Senior)세대로 규정하고 익숙해 있는 전문성과 에너지를 전문인선교와 전도, 그리고 후배들을 멘토링하는 현장에서 그 역량이 발휘되도록 목회시스템을 정비하는 것이 빠르게 필요하다. 그리고 현재 대한민국 사회에서 초고령 연령층에 있는 4명 중의 1명이 돌봄 취약지대에 있는 것을 감안하여 지역자치단체와 협력하여 돌봄과 섬김사역이 활성화되도록 하는 것 역시 중요한 한국교회의 사역이 되어야 할 필요가 있다.

또한 영적으로 경륜 있고 사회적 경험과 육아경험이 풍부한 노년들을 중심으로 교회 내에 팽배해 있는 자녀교육에 대한 세속적인 가치관을 바꿀 수 있도록 사역의 장을 만들어 '가정 같은 교회, 교회 같은 가정'을 형성하는 견인차로 노년세대의 역량을 활성화하는 등 노년들이 존중받고 동시에 헌신할 수 있는 사역의 대응전략을 마련할 때 건강한 교회의 미래를 꿈꿀 수 있을 것이다. 지금 노인사역 전문가들은 저출산·고령화에 대한 한국교회 차원의 기초연구가 없다는 것을 대단히 안타깝게 생각하고 있다. 개교회의 힘만으로 호스피스사역이나 노인대학과 같은 노인교육사역이 힘을 얻기 위해서는 통전적인 조사와 대안이 필요한 만큼 교단이나 노회의 도움이 절대적으로 필요한 것으로 판단된다.

나홀로 신앙인의 증가에 대한 대안이 필요하다.
1인 가구의 대폭증가는 사회구조의 전면적인 재편을 가져오고 있다. 2017년 2월 기준에 따르면 서울시 전체세대수 4,200,761 중 1인 세대가 1,572,481로 37.43%에 달해서 서울시내 3가구 중 1가구가 1인 가구로 파악되고 있다. 실례로 마포구만 하더라도 전체 169,514가구 중 70,989가구로 거의 절반에 가까운 상황이다(2017년 2월 〈행정자치부의 주민등록인구통계〉 참조). 특히 2030청년세대를 중심으로 '혼밥'(혼자 밥 먹기), '혼여'(혼자 여행하기), '혼영'(혼자 영화 보기) 등의 문화가 확산되고 있는 게 현실이다.

실제로 2030세대 2명 중 1명은 자신을 '나홀로족'이라고 여긴다는 조사결과가 나왔다. 이 같은 사실은 취업포털 사람인이 지난 4월 20일 자사회원 20~30대 성인남녀 1593명을 대상으로 '본인이 나홀로족에 해당하는지'에 대한 설문조사 결과 52.5%가 '그렇다'고 응답한 것으로 뒷받침 된다(www.christiandaily.co.kr/news/나홀로족-71870.html 참조).

이 같은 사회적 상황은 그동안 교회가 진행해왔던 전체가 모이는 집회형식의 목회사역 역시 강화되어야 하지만 동시에 공동체성을 활성화하고, 그 연대를 끈끈히 할 수 있는 방안은 무엇인가가 중요한 과제로 떠올랐음을 의미한다. 따라서 목회자들과 성숙한 교회 지도자들이 세심하게 한 영혼 한 영혼을 찾아서 살피는 목회적인 돌봄사역과 소그룹사역의 강화, 그리고 24시간 언제나 개인적인 소통이 가능한 SNS사역의 기술적인 활용이 대단히 중요한 사역인 것을 인식할 필요가 있다. 결국 신앙도 나홀로 하려는 '혼족'들에게 공동체의 가치를 다시 확인시켜야 할 책임이 한국교회에 있는 것이다.

신앙은 가졌지만 교회에 나가지 않는
성도(이른바 가나안성도)의 증가에 대한 대안이 필요하다.
기독교인으로서의 정체성은 가지고 있지만 현재 교회에 출석하지 않으면서 개인적으로 신앙생활을 하는 기독교인을 가리키는 말로 '가나안성도' 라는 말이 있다. 이스라엘 백성들이 가나안 땅을 찾아다녔듯이 '새로운' 교회를 찾아다니는 사람들을 일컫지만 '가나안' 을 거꾸로 읽으면 '안 나가' 인 것과 같이 교회에 나가지 않는, 또는 의도적으로 영적 공동체인 교회를 거부하는 사람들을 가리키기도 하는 말이 '가나안성도' 다. 2012년에 조사하여 2013년에 한국기독교목회자협의회에서 발표한 〈한국기독교 분석리포트〉는 현재 기독교인 중 10.5%가 교회에 출석하지 않는다는 결과를 밝히고 있다. 이 기준을 전체 인구 중 967만 명으로 발표된 '2015년 인구주택총조사' 결과에 대입해보면 최소한 100만 명 이상은 가나안성도로 추정할 수 있다.

신앙을 가졌으면서도 이렇게 많은 그리스도인들이 교회에 출석하지 않는 이유를 살펴본 결과, 최근 〈국민일보〉에서 종교개혁 500주년을 맞이해서 조사한 설문결과가 이를 잘 보여준다. 설문결과를 보면 1순위를 차지한 것이 '목회자들에 대해 좋지 않은 이미지가 있어서' 27.3%, '시간이 없어서' 21.9%, '교인들이 배타적이고 이기적이어서' 17.2% 등의 순으로 나타났다.

'영적이지만 종교적이지는 않은' (spiritual but not religious) 특성과 '믿기는 하지만 소속되기는 원하지 않는' (believing but not belonging) 특성을 지니는 '교회 없는 기독교인들' (churchless Christian)이 더 이상 양산되지 않도록 하기 위해서는 결국 목회자 갱신과 교회공동체의 회복이 대안인 것을 확인할 수 있다. 목회자와 교회공동체에 대해 실망했다는 것은 그만큼 목회자와 교회에 대한 기대가 크다는 사실도 반증한다. 그러므로 목회자를 비롯한 교회 전체의 건강성 유지를 위해 더욱 깊이 기도하고 강점은 살려내며 해결해야 할 과제는 리더십들이 빠른 소통과 공감을 통해서 갱신하는 것이 필요한 것이다.

다문화사회에 대한 대안이 필요하다.

지금 한국사회가 빠르게 다문화사회로 변화되어가고 있다는 것은 주지의 사실이다. 2015년 6월 말 기준으로 1,757,000여 명의 외국인이 들어와 있고, 그중에 외국인 근로자는 61만여 명, 결혼이민자 15만여 명, 다문화가정자녀 20만여 명, 새터민 2만 8천여 명, 외국인 유학생 8만 6천여 명으로 전체 주민 등록인구 대비 3.4%에 달하고 있는 것으로 확인되고 있다. 전문가들은 국제결혼의 증가로 여성결혼이민자들과 자녀들이 점점 늘어나 2020년에는 다섯 가구 중 한 가구, 전체 인구의 20%가 다문화가정이 될 것이라는 전망을 내놓고 있다(〈기독일보〉 온라인판 2017년 4월 22일자 참조).

이런 상황 속에서 "나그네와 고아와 과부를 위하여 남겨두라"(신 24:19)는 하나님의 말씀은 교회가 반드시 지켜야 할 중요한 말씀이다. 따라서 목회적으로 긍휼의 목회를 추구한다면 새로운 선교전략으로 이 땅을 찾아온 외국인들을 위한 대단히 중요한 사역이 될 것이다. 특히 이 땅을 찾아온 다문화 가족들에게 복음을 전하고, 복음을 받은 이들이 자신의 고국으로 돌아가서 태어난 곳의 방언으로 선교적인 사명을 다할 수 있도록 하는 것은 선교전략에 있어서도 대단히 중요한 방안이다. 또한 '미리 찾아온 통일'로 일컬어지는 탈북민들을 섬기고 그들에게 복음을 전하는 목회전략 역시 한국교회가 미리 준비해야 할 절대 과제인 통일준비를 위해서도 놓칠 수 없는 사역이다. 따라서 이미 이런 사역에 앞장 서 있는 선교단체와 주요기관들의 노하우를 교회가 배우고, 선택과 집중을 통한 동역이 절대적으로 필요한 상황이다.

〉〉〉 교회 외적인 전망과 대안

교회 내적인 현실과 대응에서 이제 조금 더 시야를 넓혀 한국교회 전체가 연합하여 힘을 결집해서 대응해야 할 교회 외적인 과제들을 정리해 보면 적어도 다음과 같은 주제들이다.

기독교의 사회적 신인도 하락에 대한 대안이 필요하다.

2017년 3월 5일 기윤실이 발표한 2017년 한국교회에 대한 전반적 신뢰도는 조사결과 '신뢰한다'는 응답이 20.2%로 나타났다. 5점 만점 기준으로는 평균 2.55점을 받은 것이다. 반면에 응답자들 가운데 '신뢰하지 않는다'는 응답은 51.2%나 되는 성적표를 받았다(기윤실, 〈2017 한국교회신뢰도조사 자료집〉, p.9.).

자료집을 보면 한국교회 신뢰도 제고를 위한 사회적 활동으로 비기독교인들이 1위로 꼽은 것은 '윤리와 도덕 실천운동'(45.3%)이었다. 결국 교회와 그리스도인의 사회적 책임과 사회적 신인도는 직결되어 있는 것을 확인할 수 있다. 주님은 그리스도인을 향해 "세상의 소금, 세상의 빛"이라고 말씀하셨다. 그러므로 세상 어디에도 소망을 발견하지 못하는 동시대를 살아가는 사람들에게 우리 믿음의 선배들이 그랬던 것처럼 아무 대가를 바라지 않고 더욱 순수하고 윤리적으로 투명하게, 그리고 지속성을 띠고 섬기는 것이 필요하다. 그리고 할 수 있는 대로 믿음의 동역자들과 전략적으로 연대하여 봉사하는 것이 필요하다. 이런 과정을 통해서 교회의 복음적 사회책임이 점진적으로 확대되고, 밀도가 깊어지고, 한국교회의 대 사회적인 신뢰도는 점점 회복될 것이라고 본다.

이단사이비의 확산과 파상적인 공격에 대한 대안이 필요하다.

한국교회는 이단과 '전쟁 중'인 상황이라고 해도 과언이 아니다. CBS 기독교방송을 비롯해서 기독교일간지인 〈국민일보〉는 계속해서 특정 이단과 법정 소송중인 상태이고, 한국교회 연합기구 가운데 보수적인 연합기구는 이단옹호 문제로 사실상 갈라져서 여전히 갈등 중에 있다. 그렇다면 과연 교회 현장과 성도들은 어느 정도로 이단들의 피해를 입고 있는 것일까?

대한예수교장로회(합동) 교단이 2013년 3월부터 11월까지 전국 16개 시·도의 합동교단 소속 담임목회자 632명을 대상으로 설문조사한 '기독교 이단활동 실태' 결과를 보면 예장합동 소속교회 4곳 중 1곳은 이단 단체의 피해를 경험한 것으로 조사되었다. 또 교회 및 교인에게 가장 많은 피해를 끼친 이단으로 꼽은 것은 신천지예수교증거장막성전(신천지)인 것으로 드러났다. '교회가 이단 피해를 본 일이 있는가?'라는 질문에 응답자 25.9%가 '그렇다'고 답했고, '피해 유형'은 '교인 미혹'이 80.8%로 가장 많았고, 교회 혼란(15.0%)과 교회 분열(4.1%) 등의 순이었다. 교인(또는 가족) 피해 유형은 가출(22.7%)이 가장 많았다. 또 가정파탄(15.5%)과 이혼(7.3%), 가정폭력(1.8%) 등이 뒤를 이었다(〈국민일보〉 2014년 2월 14일자 미션면 참조).

2013년의 상황이 이렇다면 미루어 짐작컨대 2017년의 상황과 향후 한국교회 미래상황 속에서 이단의 움직임은 상상초월의 적극성과 대담성을 가지고 그 기세를 더해갈 것이 틀림없다. 그래서 한 기독언론인은 2015년 인구센서스에서 967만 명으로 파악된 개신교인들 가운데 약 200만 명 정도는 이단 사이비 교파에 포섭된 신도일 가능성이 높다고 말한다. 이런 상황에서 한국교회는 더욱 하나님의 말씀의 토대 위에서 신앙생활을 할 수 있도록 말씀교육을 강화하고, 그리고 말씀을 체계화시킨 기독교 교리교육 역시 강화해야 할 필요가 있다. 그뿐만 아니라 이단들의 공격에 수구적으로만 당할 것이 아니라 뱀 같은 지혜와 비둘기 같은 순결함으로 대응하는 전략을 마련하고 훈련하는 사역 역시 필요하다. 이 일이 더욱 효과적이기 위해서는 건강한 기독교언론과 연합기구의 역할이 중요하며 지속적인 연대가 가능한 방안을 계속 주문하고 제시할 필요가 있다.

이슬람 세력의 확산에 대한 대안이 필요하다.

세계 곳곳에 끔찍한 테러사태가 일어날 때마다 테러 배후를 자처하면서 전 세계를 공포에 떨게 하고 있는 이슬람의 호전성과 과격성은 어제오늘의 일이 아니다. 미국의 〈퓨리서치〉에 의하면 세계 주요 종교 가운데 다산정책을 추구하는 이슬람교는 신도 수가 가장 빨리 증가하는 종교로 꼽히고 있고, 현재의 인구학적 추세가 지속된다면 금세기 말이면 이슬람교 신도 수가 기독교인 수를 추월할 것으로 예상되는 상황이다 (http://www.christiantoday.co.kr/articles/299054/20170406/향후-20년-이내-무슬림-신생아수-기독교인-초과-미완.html 참조).

이런 상황 속에서 국내의 이슬람 인구는 2016년 현재 약 25만 명으로 추정하고 있는데, 이슬람권에서 온 이주민들의 결혼을 통한 포교와 자녀들을 향한 이슬람 신앙전수 방식은 더욱 빠른 속도로 이슬람 세력의 확산을 전망할 수 있다. 특히 국내 특정지역에 조성되고 있는 '할랄 음식가공공장'은 이미 쟁점이 된 지 오래다. 앞으로 10년 안에 무슬림 인구가 100만 명에 육박할 것이라고 전망이 나오는 상황에서 한국교회는 지금까지 역사 속에서 경험하지 못했던 이슬람의 강력한 도전 앞에 놓이게 된 것이다.

특히 이슬람은 한국이 법적으로 종교의 자유를 보장받고 있는 사회이기 때문에 동아시아에서 한국을 목표로 하고 있다. 각 교단이 이슬람대책위원회를 세우고 전국에서 세미나를 갖고 있지만 이슬람교의 교리와 문화, 사회적 태도와 같은 이슬람 종교 전반에 대한 깊이 있는 연구가 턱없이 부족한 상황에서 이에 대한 대책 마련이 시급하다는 것을 절감한다. 실제로 FEBC극동방송과 CTS기독교방송 등의 교계시사대담프로그램에서 이슬람전문가를 패널로 초대하려고 할 때 그 수가 상당히 제한적인 것을 늘 경험했다.

세속화된 기독교로는 종교교리와 국가가 결합된 이슬람이라는 파도를 제대로 막을 수 없다는 것이 전문가들이 내놓는 전망이다. 막강한 오일달러와 종교문화로 무장한 이슬람에 어떻게 대처하는가는 향후 한국교회의 가장 시급하고 중요한 과제가 될 것이 틀림없다. 결국 한국교회는 피상성에 머무는 반대나 논리 부재의 막연한 비판이 아니라 이슬람의 교리와 제도와 문화 전반에 걸친 전문성 있는 연구를 통해 설득력 있게 이슬람을 바라볼 수 있는 기독교인 전문가들을 길러내고, 그들의 말에 경청하고 전략적으로 움직여야 할 상황에 놓여 있는 것이 한국교회의 상황이다.

반기독교적 세속문화에 대한 대안이 필요하다.

반기독교적 세속문화가 극단으로 치닫고 있는 정점에는 동성애문제가 올라앉아 있다. 지금 미국교회는 미국의 최대 교단 중 하나인 미국장로교(PCUSA)가 결혼에 대한 정의를 '남녀'가 아닌 '두 사람' 간의 결혼으로 재정의함으로써 소속교회의 교단탈퇴가 이어지는 등 미국 개신교 내의 갈등이 심각하게 일어나고 있다. 국내의 동성애 갈등 역시 세계적인 흐름과 맥을 같이 하고, 한국교회 역시 이 여정에서 동성애와 정면충돌하고 있는 양상이다. 여기에 더하여 차별금지법의 제정 움직임은 종교적 자유와 신념을 제한할 심각한 우려마저 낳고 있다.

이런 상황에서 교회는 분명하게 "결혼은 남자와 여자의 결합"이라는 하나님의 말씀에 근거하여 동성애가 죄라는 것을 천명할 필요가 있다. 그리고 이와 동시에 목회적으로 가져야 할 중요한 자세는 동성애자들 역시 하나님 앞에 회개하고 돌아와서 구원받아야 할 목회적 대상인 것을 인식하는 것이다.

지금 한국사회는 여전히 보수적이기는 해도 세계적인 추세에 따라 동성애를 점차 용인하는 방향으로 흐르게 될 것이 전망되고 있다. 이런 사회적인 흐름 속에서 한국교회는 동성애문제에 대해 보다 분명한 입장을 견지하면서 차별금지법이 제정되지 않도록 전체적인 힘을 모아야 할 필요가 있다. 그리고 좀 더 전략적으로 각종 드라마나 영화, 미디어 속에서 동성애를 다루는 방식에 예리한 눈길을 늦추지 말고 청소년들이 동성애에 노출되지 않도록 하며, 동성애에 대한 올바른 비판의식을 키워주고 교육하는 데 힘써야 할 것이다. 결국 세속문화의 끝이라고 할 수 있는 동성애문화가 자연 소멸되도록 아름다운 데이트와 결혼 및 행복한 가정을 일구는 데 목회적으로 더욱 치밀한 준비를 해야 할 필요가 있다.

인공지능시대와 4차산업시대의 흐름에 대한 대안이 필요하다.

2016년 3월, 구글 딥마인드(Google DeepMind)에서 개발한 인공지능 바둑 프로그램인 알파고(AlphaGo)가 이세돌 9단과의 대국에서 승리하면서 한국사회에서 인공지능(artificial intelligence, AI)에 대한 관심이 그 어느 때보다 높아졌다. 사실 AI는 예상하지 못한 채 갑자기 하늘에서 뚝 떨어진 존재도, 전혀 예측할 수 없는 막연한 존재도 아니다. AI의 등장은 첨단 테크놀로지의 발전과정 속에서 나타나게 된 예상되고 예측된 결과인데, 단지 그 등장속도가 급격하게 빨라지면서 한국사회와 교회의 현장에서 관심을 불러일으키게 된 것이다.

분명한 것은 각 분야에서 AI의 발전속도가 예상과 예측보다 급격히 빨라질 것이라는 사실이다. 그 이유는 컴퓨터와 인터넷을 기반으로 하는 3차산업을 뛰어 넘어 4차산업은 정보통신기술에 기반을 두고 초연결(hyperconnectivity)과 초지능(superintelligence)을 특징으로 하는 새로운 산업의 물결을 형성할 것으로 내다보기 때문이다. 4차산업은 2016년 세계 경제포럼(WEF: World Economic Forum)에서 처음으로 언급되었다. 이후 19대 대통령선거를 치루는 과정에서 보았듯이 모든 대통령 후보의 공약은 4차산업에 대한 공약들로 가득했다. 그만큼 4차산업은 급속한 사회변화를 견인할 것으로 전망되는 것이다.

4차산업 상황 속에서 전문가들은 AI 프로젝트의 1차 목표가 인간 같은 사고가 가능한 '인간처럼 되는 것'이라고 전언한다. 그러나 지금 AI 프로젝트는 이 정도의 수준에서 머무는 것이 아니라 인간을 넘어서서 궁극적으로는 신과 같은 AI를 출현시키는 것에 그 목적을 두고 있다. 그러므로 4차산업 속에서 인공지능과 관련한 논의의 초점은 감성, 창조성, 예술성이 가능한 AI가 아니라 이 모든 것을 가진 AI가 과연 자유의지나 양심이나 도덕성까지도 지닐 수 있는가에 대한 윤리적인 담론으로 옮겨간다는 점이다.

여기서 영성공동체인 교회는 대안이 절대적으로 필요하다. 기독교윤리학자인 김동환 교수는 "인간을 모방하여 '인간의 이미지(형상)'를 기계 속에 담아내려는 AI 프로젝트의 노력은 하나님을 닮은 존재로서의 인간을 말하는 신학에서의 '하나님의 형상' 담론과 교차된다. 즉 '하나님의 형상을 닮은 존재인 인간'에 대한 기독교 신학적 담론과 '인간의 형상을 닮은 존재인 AI'에 대한 현대 과학기술의 담론이 서로 교차된다"(교갱협 제21차 영성수련회 주제특강, 'AI 시대의 목회윤리', 2016. 8. 23.)라고 지적했다.

이런 맥락에서 4차산업의 AI 프로젝트의 최종지향점은 인공지능을 통한 영생하는 신으로서의 AI인 것이 분명하다. 이러한 담론을 형성시킬 수 있는 분야는 분명히 신앙의 영역이고 전문적인 관점에서는 신학의 영역이기에 이에 대한 교회의 준비는 절대적으로 필요한 상황이다. 예측이나 예상하기 어려운 과학기술의 발전에 대해 과연 하나님에 대해서, 그리고 사람만이 가질 수 있는 고유한 영역인 영성의 영역과 인간이 가진 감성에 대해서 영성공동체인 교회가 어떻게 응답하고 대안을 제시해야 할 것인가 깊이 고민하지 않을 수 없다.

통일시대를 대비하는 것이 필요하다.

한국교회가 한반도의 평화와 조국의 통일을 위해서 기도하는 교회인 이상 가장 현실적으로 기도하며 해결해야 할 과제는 남북의 평화통일이다. 금년 초 〈국민일보〉에서 국제포럼을 준비하면서 실시한 설문조사 결과에 의하면 한국교회 성도들의 남북통일의 당위성에 대한 의식은 이렇게 파악되었다. 한국교회 성도들은 통일의 당위성에 대해 '그렇다'(매우+약간)는 긍정적 응답이 65.4%였고, '그렇지 않다'(별로+전혀)는 부정적 견해는 27.5%로 3명 중 2명 정도가 통일의 당위성을 피력하는 것으로 파악되었다. 반면에 목회자들의 통일에 대한 인식은

'그렇다' (매우+약간)는 긍정적 응답이 94.0%로 압도적으로 높아 성도들보다 훨씬 깊은 통일에 대한 신념을 보이는 것으로 나타났다.

십자가의 복음은 이방인의 막힌 담을 헐고 하나 되게 하는 복음이다 (엡 2:14-16). 남북의 막힌 담은 복음의 능력이 드러나야 하는 장이다. 그러므로 갈수록 광기를 더해가는 핵무장과 자유 없음과 공포, 그리고 굶주림의 도가 더해가는 북한 대중들을 위해 한국교회는 모든 예배와 집회를 통해 끊임없이 함께 기도하고 통일을 방해하는 사회적인 한계를 극복할 대안을 찾아내야만 할 무한책임이 있다.

사실 한국교회는 세계교회에서 그 유래를 찾아볼 수 없는 놀라운 성장을 했고, 최소한 물량적으로만 따져도 상상할 수 없는 복을 받은 영적 공동체다. 왜 하나님께서 이런 유래 없는 복을 허락하셨을까? 그 이유를 묵상해보면 우리끼리만 잘 먹고 잘 살라고 주신 것이 아니라 지금 한국교회가 보고 있는 고통당하고 눈물 흘리는 이웃, 지금 억압 가운데 온갖 고초를 겪고 있는 이웃인 북한을 섬기라고 주신 것이 분명하다. 그러므로 평화통일의 전령사로 미리 대한민국을 찾아온 탈북자들과 먼저 소통과 공감을 통해 통일 이후를 대비하고, 하나님의 뜻을 따라 급작스럽게 이루어질지도 모르는 통일을 한국교회가 연합하여 기도하며 함께 논의하여 인적 · 물적 자원을 구체적으로 준비하는 것이 필요한 상황인 것이다.

이 책의 에필로그를 마무리하는 2017년은 기독교 역사적으로 '종교개혁 500주년'을 맞이하는 뜻 깊은 해였다. 돌아보면 지난 한 해 한국교회의 수많은 강단에서는 어김없이 중세 가톨릭교회의 신학적, 영적, 윤리적, 정치적 부패상을 지적하면서 16세기 종교개혁의 필연성과 의

의를 강조했다. 그리고 성도들에게도 개혁교회의 신학과 영성, 윤리와 정치의 우월성을 각인시켰다. 그러나 냉정한 시각으로 보면 종교개혁의 정신을 내면화시키고 이를 통한 실천을 위해 몸부림치기보다는 종교적으로 과소비한 듯한 인상을 지울 수 없다. 그 결과 한국교회가 당면한 대내외적 현실은 여전히 희망적이라고 말하기는 어려운 상황에 직면해 있는 것으로 보인다.

건강하고 밝은 미래를 내다볼 수 있는 공동체는 적어도 '삼 세대'가 공동체 내에 균형 있게 구성되어 있는 영적 공동체다. 공동체의 초석을 놓은 1세대로부터 현재 공동체를 책임 있게 끌고가는 2세대, 그리고 1세대와 2세의 뒤를 이어 다가올 공동체의 미래를 견인하기 위해 준비하는 3세대가 균형 있게 포진되어 있을 때 그 공동체에는 미래가 있다. 이런 맥락에서 존경받는 1세대와 앞장 서 교회를 섬기는 2세대가 최선을 다해 달려가며, 그리고 교회를 책임질 3세대가 집중적인 관심과 사랑을 받으면서 체계적으로 양육되고 있는 교회로 서 있기 위해서는 냉철한 자기반성이 필요하다.

일찍이 조나단 에드워드가 "대부흥은 하나님의 주권적 선물이다. 그러므로 이런 은혜는 아무 곳에나 임하는 것이 아니다. 그러나 부흥은 간절히 사모하는 곳에 임한다"라고 설파한대로 항상 부흥을 갈망하며 준비한 공동체에 하나님은 부흥을 선물로 주시리라 믿어 의심치 않는다. 아울러 18세기 영국 부흥의 주역으로 하나님을 위해 불타오른 전도자 조지 휘트필드가 "녹슬어 없어지는 인생이 되기보다는 다 닳아 없어지는 인생"이 되기를 소원했던 것처럼 하나님 나라의 동역자로 부름받은 귀한 동역자들이 하나님께서 세우신 자리에서 지금까지 그래왔던 것처럼 창조적 소수가 되어 계속 헌신하기로 결심한다면, 하나님께서 냉랭하고 어두운 현실을 궁극적으로 회복시키시고 부흥의 은혜를 새롭게 부어주실 것이라 믿어 의심치 않는다.

한국교회 구성원 전체가 누구랄 것도 없이 냉정한 자기반성을 통해 다시 실현 가능한 목표를 세우고, 모든 일과 생각의 표준인 주님의 십자가 앞에 다시 엎드려 성령의 능력을 구하므로 하나님이 운행하시는 역사 속에 새로운 미래를 열어가는 견인차로 한국교회를 우뚝 세우게 되기를 간절히 기원하며 글을 마친다.

"모든 상황이 아무리 어두워도 생명의 빛이신 주님이
머리이신 교회만이 이 땅의 영원한 희망이다."

■ 나의 목회 변혁 1

이 책을 읽고 나의 목회 가운데 가장 시급하게 개혁해야 할 것은
무엇이라고 생각합니까? 나의 목회 변혁 방향을 적어보세요.

....

....

....

....

....

....

....

....

■ **나의 목회 변혁 2**

이 책을 읽고 나의 목회 가운데 가장 시급하게 개혁해야 할 것은 무엇이라고 생각합니까? 나의 목회 변혁 방향을 적어보세요.

....

....

....

....

....

....

....

....

■ 나의 목회 변혁 3

이 책을 읽고 나의 목회 가운데 가장 시급하게 개혁해야 할 것은
무엇이라고 생각합니까? 나의 목회 변혁 방향을 적어보세요.

....

....

....

....

....

....

....

....